リヒトホーフェン姉妹

思想史のなかの女性　1870-1970

マーティン・グリーン
塚本明子訳

みすず書房

THE VON RICHTHOFEN SISTERS

The Triumphant and the Tragic Modes of Love
Else and Frieda von Richthofen,
Otto Gross, Max Weber,
and D. H. Lawrence, in the Years 1870-1970

by

Martin Green

First published by Basic Books 1974

Japanese translation rights arranged with
Martin Green, Cambridge, Massachusetts, U. S. A. through
Tuttle-Mori Agency, Inc., Tokyo

同じ情熱を、そして他の多くのものを、共にしてくれた
ジム・ハーヴェイに捧げる

いったい男が、永遠の主役である男が、底知れぬ深い情念の腹をもつ女から生まれたのだろうか？　それとも女が、深い情念の腹をもつ女が、はじめに創られた、能動的な、男のあばら骨から生まれたのだろうか？　男が、為す者、知る者、存在の原点である男こそが、人生の主なのか？　それとも女が、大いなる母が、愛の子宮から人を生みだす女こそが、至高の女神なのか？

それはあらゆる時代が抱いた問いである。

D・H・ロレンス『無意識の幻想』より

目　次

姉妹、その十五年後——第二版への序　v
まえがき　xiii
謝　辞　xv
リヒトホーフェン姉妹との出会い　xviii

I　さまざまな冒険　一八七〇年から一九三〇年まで　1
1　エルゼとフリーダ——ハイデルベルクとミュンヘン　3
2　マックス・ヴェーバーとD・H・ロレンス——ベルリンとノッティンガム　142

II　百年史　一八七〇年から一九七〇年まで　245

III　さまざまな帰結　一九三〇年から一九七〇年まで　305
3　姉妹の後半生と二人の比較　307
4　ヴェーバーとロレンス——二人の遺産とその変様　397

エピローグ　487

ロレンスの著作になげかける光とは　487
すべてを知ったいきさつとは　524
訳者あとがき　549
作品名索引
人名索引

姉妹、その十五年後——第二版への序

『リヒトホーフェン姉妹』執筆作業中にたてていたタイトルはずっと『姉妹（*The Sisters*）』であった。この物語には「姉妹であること」に由来する多くの問題が潜んでいると私には思われたからである。しかしもとの出版社に家族の姓を入れなさい、そうしないと、読者は何の話かわからないから（だがその結果、テーマがぼけてしまった）、また、副題を入れなさい、そうしないとそもそも買ってもらえないから、と説得された（本文が著者のものなのだから、表紙ぐらいは編集者に任せてもよい、というのが私の持論である）。そういうわけで、私としてはフリーダとエルゼ（そして末の妹のヌーシュ）をいわば女三銃士と考えているのである。彼女たちはかくも長く闘ったし（エルゼが亡くなったのは九十九歳であった）、三人は何度も会って、自分たちの新しい冒険について互いに語りあっていたからである。それで私はこの小論をデュマの『三銃士』の続編、『二十年後』にちなんだ表題にすることにした。しかし実際にはここでの話は姉妹の死後のことであり、むしろ本のかたちをとった姉妹の物語のその後のことである。

　話に焦点を与えるために、一つの日付からはじめたい。一九一二年、フォン・リヒトホーフェン姉妹の人生は大きな転機を迎えたといえる。これはフリーダ・フォン・

リヒトホーフェン・ウィークリーが、夫の許を離れ、D・H・ロレンスと駆け落ちした年である。が、この年はまたエルゼ・ヤッフェ＝リヒトホーフェン、マックス・ヴェーバー、オットー・グロス、その他の多くの感受性に富み、かつ冒険的な人々にとっても危機のときに当たっている。もちろん一九一二年という年そのものは記憶のための手がかりにすぎず、何か歴史的な説明をしようというのであれば、一年ではなく、十年単位で考えるべきである。一九一二年前後の十年間、あるいはその前後半世紀をとれば、今日なおわれわれの関心を引きつづける人々に多くのことが起こり、またその人たちが多くのことを引き起こしていたことがわかる。ここではこうした事柄のうち、一九七二年に『リヒトホーフェン姉妹』が出版された後で明らかになったこと、また今明らかにされはじめたことを、いくつか述べたいと思う。

　私の著書について賛否両論にわたって、もっとも熱心に議論したのは当然のことながら、当時のドイツの新聞や雑誌であった。しかも私の記憶違いでなければ、彼らの関心は主としてマックス・ヴェーバーの物語についてであった。つまり本書はヴェーバーの醜聞を暴露し、彼の偉大な権威を傷つけるもの、ないし、傷つけようとしたものである、と受け取られた（ある敵対的な批評家は私の「閨房の研究」について語った）。しかし私が十年後にドイツをふたたび訪れたときには、彼らの関心は別のところに移っていた。『リヒトホーフェン姉妹』を引用している本が数冊新しく出ていたが、その引用はヴェーバー以外の――全然別の――人物、たとえばオットー・グロスとかフランツィスカ・ツー・レーベントローについてであった（後者は『リヒトホーフェン姉妹』ではごく小さな役割しか果たしていないが、フリーダの生涯にとっては重要である。エルゼ・ヤッフェが私に語ったところでは、二人はミュンヘンで一九〇六年ごろに会い、フランツィスカがフリーダを刺激して、エロス的自由の道へと誘ったのであった。たしかにフリーダは自叙伝的な小説の断章の中でフランツィスカという女性について書いている）。グロスやレーヴェントローの著作の新版が出され、彼らの生涯についての研究がなされ、本も書かれていた。

　実のところ、私自身も同じような関心の変化を示していた。私がヨーロッパへ行ったのも、一九〇〇年から一九二〇年にかけて多くの急進的な人物が集まったスイスの村アスコナの史実収集のためであった。この主題についての私の著書『真理の山』の副題は「カウンター・カルチャーが始まる」というもので、私の関心はリヒトホーフェン姉妹から、と言うよりはむしろD・H・ロレンスやマックス・ヴェーバーから、もっと野性的でもっと自己破壊的な人生の実験者たちに向かっていたのである（二人とも新しい観点から見ると保守的に見えてきた）。

しかしながら、フランツィスカ・ツー・レーヴェントローについてのもっとも興味深い新資料については、私の知るかぎり、まだ書かれていない。彼女は一九一四年以前の二十年間、ミュンヘンの芸術家仲間では有名な人物であり、また何よりも、ときに複数の恋人と同棲する自由な女性として知られていた。彼女は一時期（一九〇七年およびその後断続的に）フランツ・ヘッセルおよびアンリ＝ピエール・ロシェと「三角関係」にあった。ヘッセルはユダヤの憂鬱なテーマを扱った才能ある作家であり（なかでも、一九一三年の『幸福の雑貨店』は優れた作品である）、のちにパリに移住した。彼はヴァルター・ベンヤミンと友人になり——彼らは二人とも大都市の生活のもつ想像性に興味をもっていた——ベンヤミンはこのテーマで書かれたヘッセルの作品を尊敬していた。ロシェはパリの芸術界で有名であり、『ジュールとジム』（一九五三年）の作者である。これは一九〇七年の三角関係を小説化した作品で、もし一九一〇年、レーヴェントローがパリの二人のところにやってきたとしたら（実際もう少しでやってくるところだったのだ）、起こったかもしれない空想の物語である。ヘッセルがジュール、ロシェがジム、そしてレーヴェントローがカタリーナである。

レーヴェントローの恋愛事件はつねに危機にあり、危機にあっての彼女の選択肢も、避難方法も、ほとんど奇抜なものであった。一九一〇年、彼女は実際アスコナに引っ越し、そこでバルト海地域出身の男爵と結婚した。彼はお抱え洗濯女のほうが気に入っていたのだが、自分の家族を喜ばせて財産分与にあずかるために、高貴な生まれの妻を必要としていたのだ。彼女にはその他にも二つの選択肢があった。一つはエルゼの夫、エドガー・ヤッフェに支払いを頼んでオットー・グロスの精神分析を受けること、もう一つはパリに行って美術展を開催し、それから映画の仕事をすることであった。この場合には当然ロシェと一緒になることになる。ロシェはパリのアトリエ中で知らない者はなく、彼がピカソをガートルードおよびレオ・スタインに紹介したのだった。

のちにロシェはマルセル・デュシャンと親しい友人になる。彼らがミュンヘンの太母《マグナ・マーテル》祀りについて議論したかどうかわれわれには知る由もないが、『彼女の独身者たちによって裸にされた花嫁、さえも』で頂点に達するデュシャンの仕事はそもそも一九一二年のミュンヘン訪問にはじまったもので、あの一連の絵画はこの冷笑に満ち冒瀆的な女性祀りの一部をなしている。ミュンヘンのインテリたちのことをロシェは知っていたし、このグループに入っていたレーヴェントローは彼らにとって太母の化身であった。だからロシェとデュシャンがこうした女性祀りについて議論したことは十分ありうるし、もし議論したなら、レーヴェントローが話題に出たに違いない。そうだとすると、フランツィスカ・レーヴェントローはわれわれが今日ポストモダン的想像力と呼んでいるものを、遅ればせに、謎めいたかたちで、冷笑的に支配していたと言えるかもしれない。しかし、それは別として、トリュフォーの映画でジャンヌ・モロー演じるロシェのカタリーナ像は、レーヴェントローの生きた声をわれわれに伝えるものであり、一九〇六年にフリーダ・フォン・リヒトホーフェンを夢中にしたあの自由が、一九六〇年代の一般聴衆に同じ効果を与えていることになる。今日のわれわれにとってこれらの人たちが関心を引くと先に述べたのは、このような意味においてである。その関心は彼らを描いた作家や画家に由来するとわれわれは思いがちだが、しかし、このように多くの芸術家が同じ主題に興味を抱いていたことから考えれば、むしろわれわれが引かれるのは、その主題のほうにあるのではないだろうか？

オットー・グロスについてはもっと多くの研究書が出ており、とくにエマヌエル・フルヴィッツの『オットー・グロス――フロイトとユングのあいだで天国を求める人』（チューリッヒ、一九七九年）が有名である。私は『真理の山』でこの本をしばしば利用させてもらった。この本が分析しているのは、二人の著名な精神分析家が、お互いの関係において、また彼らの技術が一つの科学へと発展する展開の中で、グロスの問題を一つの危機として、また一つの範例として扱ったやり方である（それはとくに一九〇八年、二人がグロスの共同の医師であった当時のグロスの扱い方である）。グロスを扱うほとんどの著述家もそうであるが、フルヴィッツは社会的・知的制圧の犠牲者すなわち抑圧された天才をもっと正当に扱うことを要求している（今日グロスの重要性が認められているもう一つの領域はダダ芸術である）。

しかしながらレーヴェントローの場合と同様、もっとも興味深いところは、まだ十分研究されていないグロスの思想にあると私には思われる。ただし、彼の場合にもたらされるべき効果は、グロスを現在に引っぱってくることではなく、むしろ歴史の中へひき戻し、太古の昔からの何ものかを示す一例として見ることである。グロスの生涯はきわめて多くの点でシェリーの生涯と著しい対応を示している。二人のあいだには一世紀の隔たりがあり、それぞれ異なった国に生まれ、詩と精神分析という異なった領域で仕事をしている。しかし二人とも早熟な子供で（とくに科学と哲学にすぐれていた）、また倫理的にも情緒的にもとても敏感であった（二人とも動物屠殺に耐えられない菜食主義者であった）。二人とも父親と絶体絶命の敵対関係にあり、父親はともに息子を狂気扱いにするところまでいっている。理論家としてまた無政府主義者として、二人とも当時の革命運動の重要人物であった。二人とも若い女性が両親の暴政に反抗することを助けた。そして二人とも女性の弟子とのあいだに、女性が救い主に絶望的に恋におち、絶望のうちに自殺するという悲劇的な関係をもった。二人とも明らかに高貴で理想主義的であったが、他人を抽象的な観念として扱って傷つけてしまった。

このように似通う点が多くあるのみならず、グロスを実際に知っている人がその相似点を認めている証拠がある。とくにD・H・ロレンスがそうである。彼ははっきりと二人を比較したわけではないが、たしかに結びつけて考えており、グロスにぴったりあてはまることをしばしばシェリーについて述べている。たとえば『ミスター・ヌーン』の中で、ヨハンナの（つまりフリーダの）夫（エヴェラルト）は内気な官能派とされ、彼女は主人に背を向けてまったく反対のタイプのエーベルハルト（つまりグロス）と恋愛事件を起こすのだが、彼は次のように描写されている。「非官能的な、シェリーのようにまったく精神的な詩人であり、……ヨハンナはエヴェラルトから、シェリー型の方向へ、天国的で精霊的なものへ向かったのであり、それはいまだに性的ではあるが、まったく精神的に性的なものであった。性は人々の会話に出てくる他の話題とまったく同じようにオープンで、ありのままで、単純な話題であった。そしてこれこそ精神的プログラムの論理的帰結なのである」（一九三ページ）。しかし性は完全に精神化されえないのであるから、プログラムそのものは誤っているとロレンスは考えている。

さらに、一九一二年のすぐあとに書いた論説の中で、ロレンスはいろいろな対立関係の組み合わせを展開しているが、その中でシェリーは一つの重要な傾向ないし「方向」ないしロレンスがときに「極限（infinity）」と呼ぶものの例とされており、これにバランスをとるためにまったくの反対者が必要である、と言われている。こうした論旨は『イタリアの薄明』『王冠』『トマス・ハーディ研究』などに出てくる。これらはロレンスのもっとも優れた作品であり、もっと研究されるべきである。一つの対立関係はシェリーとシェイクスピアを対抗させるものである。シェリーは純粋な雄であり、シェイクスピアは雌雄両性で、したがってより優れたモデルである。もう一つの対立は〈父〉と〈子〉の対立関係で、すなわち霊の肉にたいする、自由の権威にたいする、したがって、シェリーのすべての父親と暴君にたいする対抗である。ロレンスがここで主として打ち出している文脈はキリスト教の神学で、〈父なる神〉と〈子なる神〉、旧約と新約、モーゼの十戒と山上の垂訓である。しかしロレンスがこうした思想を練っていた一九一三年には、フォン・リヒトホーフェンの世界に生きていた者ならだれでも、ハンス・グロスとオットーのことを考えずに父と子の葛藤を語ることはありえないことだった。この年にハンスが自分の息子を逮捕、監禁させたのだから。

こうしてみると、ロレンスが一九一二年と一九一三年に強力であったグロスの挑戦（かくも優れた才能の持ち主、愛の予言者、フリーダにとって重要な、そしてかくもドラマティックな運命）を、彼とシェリーと重ね合わせることで、またシェリーという名のもとに語ることで理解しようとしたことは明らかと言えよう。『トマス・ハーディ研究』の中で、彼は「シェリーは本来の意味で生を生きたとは言えない。彼は生を越えていった。しかしわれわれは生を越えたくはない。われわれが生なのだから」と言っている（『不死鳥』四八五ページ）。このような「われわれ」の用い方あるいはこのような「生」の観念は、ロレンスがフリーダにたいしてこうしたことばをグロスについて使っていたのではないか、あるいはフリーダがロレンスにこのことばを使って話していたのではないかと思わせる。

　また、グロスとシェリーがなぜそこまで似ているのか、ということももちろん興味をそそる問題である。これはほとんど同一性と言うべきであって、相似性はその兆候にすぎないのかもしれない。私に言わせれば、これはわれわれが現在もっているような世界支配的な文明というものは、たえず自分自身への反抗の種を蒔いているのだ、ということを示している。この文明が生みだす圧迫や緊張が、多くの個人に罪悪感と反発というかたちで感じとられる。支配的な人種や階級へ従属する他の人種や階級にたいする、人という種のために犠牲にされる他の種にたいする、白人男性中心主義の犠牲になる他の性（女、子供、同性愛者）にたいする、罪悪感である。そして反発は国家や法にたいしてのみならず、家族にも向けられる。家族はいろいろな意味において国家建設の単位になっており、夫や父の役割は主人の役割と同一化される。革命期にはこうしたストレスが平時よりも増大する。そしてこの反抗の種がシェリーやグロスのような少年の肥沃な精神に落ちたとすれば、その精神が才能にあふれており、敏感で高慢で独占的な父親に振り回され、持ち上げられ、育てられ、刺激され、たえず父親の名《ノム・ド・ペール》をさらなる高みに持ち上げようとせかされているとしたら、グロスやシェリーが有していた悲劇的で自己破滅的な、そして高貴で自己犠牲的なアイデンティティができあがるのは当然ではないだろうか。

　このようなアイデンティティは他の人たちも他の時代にもっていたにちがいないし、とくに宗教家たちにもっとも多く見られたであろう。フリーダ・フォン・リヒトホーフェンもまた、同時代のアッシジのフランチェスコを探していた。彼女はそれを自分の父親に、のちにはロレンスに見たと思った。おそらくはグロスにその大部分を見いだしていたことであろう。

　そういうわけで、フォン・リヒトホーフェン姉妹の物語は今日いまだに挑発的であり、興味深い。これについての考え方の鍵をうまく合わせることさえできればだれでも、さまざまな可能性のドアを開けることができるのである。

引用文献

D. H. Lawrence, *Mr. Noon*, Cambridge University Press, Cambridge, 1984.
D. H. Lawrence, *Phoenix*, Heinemann, London, 1936.

まえがき

一八七〇年、ビスマルク下のプロイセンがフランスを打倒し、ドイツを統一国家とし、さらに帝国となしてから、そこに生まれた新しい種族は超男性的な男たちであった。セダンやヴェルサイユでの勝利に酔うドイツの腹から生まれてきたのは、誇り高く、居丈高な支配者的人種で、あらゆる男性的特徴がそこに誇張されていた。しかし同じ血統に属する娘たちや姉妹たちの中には、この男性的特徴に反抗し、もう一つの人間の可能性、すなわち〈女〉の理念を自ら体現しようとする者もいたのである。一八七〇年の戦争でプロイセン将校だったフリードリヒ・フォン・リヒトホーフェンは戦争直後に結婚したが、彼の子供たちはすべて、新ドイツ帝国誕生後の十二年間に生まれている。彼の娘のうちの二人が、男たちの世界に反抗しつつ、かつ互いに競い合い、反発し合ったのだった。二人は正反対の道を進み、それぞれ相手に劣らぬ輝かしい栄光を手にした。この非凡な二人の女性はそれぞれ、ドイツで、イギリスで、そしてアメリカで、他の人たちの霊感の源となった。その生涯において、またその著作において、二人は知り合った男たちすべてに刺激を与えつづけた。ともに美しく、ともに情熱的で、ともに才気煥発であったが、しかし二人の魅力はまったく異質なものだった。姉は高い学歴と自立をかちとり、大学での研究や社会科学を修め、理性的な議論と政治的改革の道を進んだ。妹は愛と自然を信じ、自分の内側からあふれでる女性的本性と無意識な無邪気さのもつ生命的再生力を信奉した。彼女は若くして結婚したが、相手はずっと年上で異質な人間であり、その結婚は彼女にとって幸せなものではなかった。姉は同じ知的関心をもち合わせた男と結婚したが、これもまた不幸な結婚であった。彼女は当時のドイツ文化の中心をなしていたハイデルベルクの指導的サークルと交わり、そして偉大な社会学者マックス・ヴェーバーと、その弟子として、友人として、愛人としての交わりをもった。その名はエルゼ・ヤッフェ。エルゼは二十世紀の批判的知識人の詩神《ミューズ》となった。妹は夫と子供を捨てて年下の男と駆け落ちをした。その男は彼女に導かれて偉大なロマン主義の小説家となり、世界的名声を得た。彼女の名はフリーダ・ロレンス。フリーダはわれわれのエロス的想像力の詩神《ミューズ》となった。

本書の主な物語は二つの部分から成る。第I部は一九三〇年までの姉妹の人生とオットー・グロス、マックス・ヴェーバー、D・H・ロレンスのそれぞれの思想についての議論であり、第III部は一九三〇年から一九七〇年にいたる姉妹の人生と、三人の男性たちが後世に与えた影響、そして姉妹がのちに知り合うことになる男たちの思想についての議論である。中間にはさまれた第II部は（読者の便宜のための）姉妹の生涯の年代記で、一八七〇―一九七〇年の一世紀間に起こった社会の出来事との関連をつけるためのものである。エピローグはいくぶん付記的なもので、現代の文学史や文芸評論にとくに関心のある読者のため、という意味合いをもっているが、一般の読者にも興味あるものと私は信じている。

謝辞

まず私は、出版社のために原稿の一部を書き改め、原稿全体をチェックしてくれたフィリップ・ローゼンバーグの編集作業と、たゆまず元気いっぱいで写真の収集にあたってくれたキャロル・ヴァンスに深く感謝しなければならない。

次に研究費を補助していただいたアメリカ哲学会に感謝したい。また本書の主たる研究の場となったミルウォーキーにあるウィスコンシン大学のレミング教授と二十世紀研究所に謝意を表したい。私を暖かく迎えて、原稿や写真についていろいろ助けていただいたテキサス大学のロバーツ教授と人文科学研究所にもお礼を申し上げたい。ハーヴァード・コレッジ・ライブラリー、イェール大学のバイネッケ稀購本・資料図書館には、所蔵本についての参照と引用を許可していただいた。マグワイア氏とプリンストン大学出版局には、まだ校正段階にあったフロイト＝ユング往復書簡の中のオットー・グロスへの言及部分を参照させてもらった。またフランツ・ユングが書いたオットー・グロスについての未刊論文のマイクロフィルムを送って下さった東ベルリンのクレール・エーリングさん。ご自分の訳されたグロスの手紙を利用させて下さったのみならず、一九六七年のご自分のヤッフェ夫人インタヴューのコピーを見せて下さったり、ドイツからさまざまな資料を送って下さったロイス・マディソン・ホフマンさん。オットー・グロスの写真やレギーナ・ウルマンについての情報をいただいたエレン・フォン・クラフト＝デルプ夫人とシスター・カミラ・ウルマン。この他にもいろいろな国のおおぜいの方にお世話になったが、その数があまりに多くていちいち申し上げることはできない。

とくにフォン・エッカルト夫人には母上の生涯についての回想記や書簡を見せていただき、感謝にたえない。またバウムガルテン教授は個人的に託された手紙をお見せ下さり、そこからの引用や抜粋を許していただいた（バウムガルテン教授が精選したマックス・ヴェーバーとヴェーバー宛ての手紙三百通は、一九七五年にハンブルクのホフマン・ウント・カンペ社から出版される予定である）。

最後に、ヤッフェ夫人に、一九七三年の春、自分の私的な所有と決めていた書類を人に見せる決心をし、それによってエッカルト夫人とバウムガルテン教授が実際に私に見せることを可能にして下さったことを感謝しなければならない。

また、写真使用の許可にたいし以下の方々および諸機関にお礼を申し上げたい。フォン・リヒトホーフェン男爵夫人とエルゼとフリーダ、エルゼ・ヤッフェ、エドガー・ヤッフェ、エルゼとその息子、フリーダ・グロスとその息子の写真をエッカルト家から、フリーダ・ウィークリー、ロレンス一家の写真をオースティンにあるテキサス大学の人文科学研究所から、アーネスト・ウィークリーの写真をバーバラ・バーから、少年時代のオットー・グロスの写真をシスター・カミラ・ウルマンから、D・H・ロレンス、ジョン・ミドルトン・マリ、ヴィルヘルム・ライヒの写真をグレンジャー・コレクションから、マックス・ヴェーバーの写真をフォト・ライフ・ガイゲスから、ヴェーバー家の写真をテュービンゲンの出版社J・C・B・モール（パウル・ジーベック）から、フリーダ・ウィークリー母子の写真をモンタギュー・ウィークリーから、アルマ・マーラー母子の写真をブラウン兄弟から、アルフレート・ヴェーバーの写真をM・ルオマ教授から、マリアンネ・ヴェーバーの写真をF・H・カーレから、ジェシー・チェンバーズの写真をアーベル・コーツ夫人から、イザドラ・ダンカンの写真をベットマン・アルヒーフ社から、ルー・アンドレアス＝ザロメの写真をＨ・Ｆ・ピーターズ教授から、エマ・ゴールドマンの写真をリチャード・ドリノンから、Ｆ・Ｒ・リーヴィスの写真を『ガーディアン』紙から、カール・ヤスパースの写真をカルヴァー・ピクチャーズ社から、タルコット・パーソンズの写真をハーヴァード大学ニューズ・オフィスから、それぞれ貸していただいたことを、深くここに感謝したい。

リヒトホーフェン姉妹との出会い

タオスでフリーダ・ロレンスに私が会ったのは一九五五年、彼女の亡くなる前年のことであった。印象に残っているのは主としてその声で、ロレンスが彼女について書いたことがすべて正しいと納得させるものだった。いかにも力強く、ハスキーで、活力にあふれ、気どらぬ確信に満ちていた。実に魅惑的な声だった。ただし、ロマンティックなケルトの薄明といった雰囲気は皆無だった。その声は自然の喜びと自然のエネルギーそのものであり、強度を高められ、確認され、純化されればやがて音楽となることを約束していた。

フリーダはかなり小柄に見え、彼女の面目を表わすのはその声であった。顔についても、当然肖像画で見る雌獅子のようなヴァイキング型の横顔に、あの有名な黄褐色の目をしていたはずなのだが、なぜかそうは見えなかった。彼女は一人の生気あふれる小柄な老女であった。その全エネルギーを会話に注ぎ、たまたま私がイスラムに関するペリカン文庫本をもっていたため、いきおい二人で世界の宗教について熱心な会話をかわすことになった。話があまりに熱してしまったので、私は帰りぎわに本をあげましょうと言わざるをえなくなってしまい、彼女も辞退はしたものの、それほど情熱的な関心を示してしまった以上、受けとらざるをえないような具合になってしまった。そういうわけで、私はもう一冊その本を買うことになったが、彼女のほうは九九パーセント、私が置いたあの位置からその本を取り上げはしなかったにちがいない。そしてまた、私の辞したあときっと、ほっとして夫に向かって——彼は私が訪れたとき、スマートに一礼して場をはずしていた——ロレンス自身があれほど豊かにもっていた生の資質を、ロレンスの信奉者ときたらまったくもちあわせていないのだから、と彼女がこぼしたこともまず確実である。しかし、私としては彼女がそれにあまりこだわりつづけないだけの気品をもちあわせ、またあとで、いったい今日会った人間は何者だったのかしらと一人で思いめぐらすだけの賢明さもあったと信じたい。

　今となってはあの半時間は私の記憶の中で、彼女の他のエピソードや写真などと混じり合ってしまっている。私の会った女性は、あの段々の襞かざりのついた白いサテンの洋服を着て亜麻色の髪をした明るい目の少女がくるっとふりかえり、いかにもはにかんで写真家を見あげているさまとは、だいぶ違っていた。あるいはまた、大きな黒いフードを被った魅惑的な一瞬を捉えた写真のフリーダ、映画スターのようなフリーダとも違っていた。また赤ん坊の長男を抱いた、大きな目の聖母子像ともいうべき写真とも違っていた。意外なほど早々に中年太りになって、胸豊かなマダム然とした姿——写真によっては、意地悪な運命の女神による詐欺か仮装と見えることもあった——とも、もちろん似ていなかった。しかしどのイメージにも共通して、あの、身をのりだしてくるような、それでいて傷つきやすい、「ほらここに私が、これが私ですよ」という彼女の自己主張——もし受け入れられなかったとしたら、それも彼女が期待するような価値で受け入れられなかったとしたら、どれほど傷つくかわからないような自己主張——が感じられる。そしてこの甘やかされたお嬢さん気質と並んで、彼女には豊かな知性と感受性と、勇気と緻密さとが備わっているのだが、ただそれらがちぐはぐで、また彼女の根本的な自己肯定の考えともしっくりしていないのだった。そしてそれに加えて、こういった不調和があってもかまわないのだという考え——「私の言い方はまちがっているかもしれないけれど、でも私そのものはまちがっていないでしょう?」——が彼女にはあった。フリーダには(他人に再確認してもらわずにはいられなかったが）自分には大事なものはすべて備わっている、という自信があって、ことの順序とか、ものが正しく言い表わされているかどうかなどは大したことではないと思っているようだった。

「そもそも私がここにいるのだから、それで十分あなたは嬉しいはず。そうでしょう、違うかしら？」

　これこそ、フリーダの写真や記憶の中から私に響いてくる声である。

　フリーダの二人の姉と妹、ミュンヘンのクルーク夫人とハイデルベルクのヤッフェ夫人に会ったのは一九七一年のことであった。フリーダに会った一九五五年当時に比べると、そのときの私はロレンスについてもフリーダについてもずっと多くのことを知っていたが、この二人の姉妹についてはほとんど何も知らなかった。フォン・リヒトホーフェン家の姉妹たちは慎重でけっしておしゃべりでなかった――フリーダですらも。彼女はオットー・グロスについて、極力わずか必要なことしか話さなかった。そして私が思うには、フリーダはいつも相手の男に、かつての男についてはほんのわずかしか語らず、語っても、その男についての自分の気持ちしか打ち明けなかったにちがいない。この三人の姉妹はみな、男たちに月並みなことを言うのを恥ずかしく思わせるというすばらしい天分をもっていたが、その一方、ことばに関するかぎり、彼女たちからは月並みなことば以上には何も返ってこないのだった。彼女たちのもつ刺激的な魅力はその応答の仕方にあって、しかも文章的な部分ではなく、ほとんど間投詞にあったのである。

　クルーク夫人は映画スターのような美しさをまだ保っており、その黒い瞳はきらきらと輝いているだけでなく、年配の女性には似つかわしくないほど澄んでいた。肌はしみもそばかすもなく、部分的に赤らんだり、あるいは色褪せていることもなく、真っ赤な口紅を塗っているところをのぞいてはすべて透きとおるように白かった。あちこち動き回ることこそできなかったが、ほっそりとした身体はしゃんとしていた。話は必ずしも一貫していなかったが、若いときに放ったといわれる魔力をいまだにふりまいていた。夫人は私を見ると目をきらりとさせ、大きな、紅をぬった、肉感的な口をあけて、いまだに食欲旺盛で輝くような歯――自分の歯――をのぞかせた。椅子にすわったまま身体をはずませ、ボストンでの生きいきとした記憶から、「思わず」私の手を握ってしまった——あとでわかったのだが、私を知人とまちがえたのだ。その独特のスタイルのゆえに、彼女の前ではすべての批判の試みが恥じて逃げかえってしまうような、非凡な女性であった。愛らしい女性はそれだけで十分で、余計な弁解はいらない。

　リヒトホーフェン男爵は娘たちを三美神《スリー・グレイシズ》と呼び、ロレンスは「女神三柱《ゴデシーズ・スリー》」と呼んだ。たしかに姉妹の写真を見ていると、美女へのリンゴをだれに捧げようかと迷うパリスの気持ちになってしまう。その魅力は三種三様であった。クルーク夫人ヨハンナは、豊かで華やかで、絢爛とした美しさをもち、きめといい色あいといい、いかにも贅沢な肌に、ふさふさとした豊かな栗色の髪をし、顔の輪郭線は濃い目のバラ色の陰をなしていた。あとの二人の姉妹はともに金髪で色白だった。しかしフリーダの美しさが言うなれば肯定の美——たんなる自己中心《エゴ》を越えた、熱心な自己肯定——であるのにたいし、エルゼの美しさはほとんど否定の美と言ってよかった。それは形式美であり、線と形の美的勝利とも言うべきで、顔立ちは純粋そのもので澄みきった表情をしており、姿は細く、まっすぐで、象牙の冷たさをもっている。その写真を見ると、彼女はあたかもカメラ・テストに耐えているかのようである。身を委ねるというのでもなく、美人コンテストに挑もうというのでもなく、ましてや愛の奴隷になる気はさらさらない。彼女はただそこにいて、見られており、どのような範疇で見られようとも無関心であるといったふうであった。フリーダとヨハンナが、私が美しくないと言えるなら言ってごらんなさい、と挑んでいるとすれば、エルゼは、私の美しさがどこにあるか言ってごらんなさい、とでも、いやむしろ、どうにでも勝手になさいと言っているようだった。

　ヤッフェ夫人はハイデルベルクの老人ホームにいたが、それは彼女がだれにも面倒をかけたくなかったからであった。私が部屋に入ったとき、彼女は立って、杖によりかかっていたが、私には彼女自身が魔法の杖のようにのびて見えた。その声はフリーダの声にびっくりするほど似ていたが、ただ発音にこめられる力が彼女独特で、次の単語へと急ぎ移るのでなく、むしろ語句のはじめにたち戻って、文全体をきちんと刻んでよくわかるようにする、というところが違っていた。われわれは会話を交わしたが、私が聞きたかったことには何一つ答えてもらえなかった。彼女は暗黙のうちに、それを断固拒否していたが、しかしそれでいてすばらしく私を楽しませてくれた。それはフリーダのような、すべてを包みこむような自己肯定と生の肯定をもってではなく、一種の皮肉な挑戦とぬけめのない通のやり方で、私がうまく応答すれば十分それとして評価するが、まずい応答をすれば容赦なく非難し、さらに今度は、彼女の答えを非難できるならしてごらんなさいと挑戦してくるようであった。この会見は結局、あらゆる種類の事柄にわたって彼女が私にインタヴューしたのだが、すべて私がだれなのか、ということに関わっていた。自分がだれなのかについては、完全に「公けにされた種類の」情報以外には何も与えてくれなかった。しかし、彼女はそうした会話が確実に、私たち二人にとって楽しいものであるようにすることを忘れなかった。そして自分に会いにきた他の学者たちについて話し、また友人のバウムガルテン教授について、「まだほんの七十歳のあの坊やは」ときどきは「叱って《シンプフエン》あげないと」、などと言うのを聞くと、そこに彼女の存在を通して、意識下に結ばれてくる人々の全体像を得ることができた。エルゼはエリザベス女王であって、われわれはみなエセックス公でありレスター伯で、彼女にからかわれ、彼女に挑まれたり、ちやほやされたり、試されたりする役であった。彼女はわれわれが教えられることを知りたがり、そして教わろうとしていたが、しかし同時に私たちが及ぼせる力には限度があることをわきまえさせようとしていた。これまで会った人々の中で、エルゼという人は会話における最高のアイロニーの達人だと私は思っている。たとえば、若い女友達《フロインデイン》がついさっきもってきたという手製のクッキーを深皿にのせて私にすすめながら、何ておいしそうなんでしょう、それにわざわざ届けてくれるとは、何て親切なのでしょう、と彼女は言った。しかしさっそく同調して私が賞めだすやいなや、「でも食べてみるとあんまりおいしくないの、召しあがってごらんなさい」と言い放つのだった。その若い女友達の親切も思いやりも、そのクッキーのおいしそうな色も匂いも、彼女がほんのわずかに唇をすぼめただけで、一瞬のうちに消え失せてしまった。もちろん、クッキーの価値がなかったというのではない。その価値がどんなに重要か、はっきり認めたのはほかでもない彼女なのである。ただ、クッキーとしてそれがおいしいかどうかということは別問題ではないかしら、というわけであった。

エルゼについても、私が彼女と会った記憶の中に、別のさまざまなイメージや逸話や写真が入り混じってきてしまう。じつに美しい女性であった。すらりとして優雅な顔立ちをし、頭を垂れながらも誇り高く、いかにも悲しげにまぶたをふせていた。嘲笑にも似た知性の輝きのかげに、そしていかにも優美なたたずまいの下に、かぎりなく傷つき、かぎりなく悲しみに満ちた諦めが隠されていた。彼女はつねに妹フリーダの放つ強い香りに耐え、その香味を崇拝する男たちにたいし自らを弁護しなければならなかった。ちょうどフリーダが、姉のもつ優雅さと悲しみに反抗しつづけ、悪いのはいつも自分だと感じないように努めねばならなかったように。結局、エルゼは自分がいるためにみなが「とても嬉しい」のだという確信を得たいとか、ましてや、そうあってほしいと要求したいとは夢にも思わなかっただろう。ただ、ある特別な人たち――重要な人たち《ベドイテンデ・メナー》――にたいしては、たしかに彼女は自分の資質を認めてほしい、彼女がその人たちの真価を認めることができるという、まさにそのことによって自分の真価を認めてほしい、と期待していた。しかも彼女は彼らの評価が敬意に満ちたものであることを期待していた。「あなたがどんなに賢いか私がわかるからといって、あなたがたいして独創的なことを言っていないときに、私がそれに気づかないと思わないで下さいよ。それにまた別の賢い人が、あなたの言うことにうまく反論していることもあるのを、私は知っています。でもお互いに気を悪くするのはやめようではありませんか。それぞれの見苦しさは許しあうことにしましょう。その点については干渉するのはやめましょう。」

これがエルゼから聞こえる声である。

フリーダとエルゼの二つの声はまったく正反対であった――一方の声はもう一方の声がとぎれがちになるところで力強く響いた。そしてまさにそのゆえに互いを鮮やかに説明するものであった。この二人の人格は、心の中でつきあわせてみると、ジグソーパズルの二つのピースのようにぴったりとはまる。そしてなおこの二枚が一幅の絵となり、相互に依存しつつ、同一の生の文脈《コンテキスト》に属しているのである。それぞれの声が語ることばの「内容」は異なるが、姉と妹の声はその強度において、生命力において、人生への要求という力において、相通じている。その人生への要求とは、とりもなおさず、自分たちの人生に課された要求にたいする、それぞれに攻撃的な返答なのだ。

I

さまざまな冒険

一八七〇年から一九三〇年まで

I　エルゼとフリーダ
――ハイデルベルクとミュンヘン

ドイツ的背景

ドイツの歴史において、一八七〇年にはじまる時期は何よりもまずビスマルクの時代であった。すべては彼の戦争すなわち一八七〇―一八七一年の普仏戦争と、彼の帝国すなわち第二ドイツ帝国にはじまった。ヴィルヘルム一世のもとでドイツはついに一つの国となり、フランスをも打ち負かす統一国家となった。そしてその統一は野蛮で利己的で、反理想主義的、反イデオロギー的、反自由主義的な一人のユンカーの、厳密に言えば一人の擬似ユンカーの指導のもとでなされたのだった。ビスマルクという人はユンカーの典型的なプロイセンの土地貴族として自らを演出しようとするレールモントフ流ないしプーシキン流の英雄で、単純で伝統以外のものが見えない、規律と自己規律だけの人間であった。言いかえれば一八四八年のドイツ統一は、見識のあるすすんだ思想をもつ人々の指導のもとでおこなわれたのではなかったということである。とはいえ一八七〇年にはすでにドイツはヨーロッパの一強国であり、世界の一強国となっていた。ドイツは突如として豊かになり、強力で、自己を意識していた。突然、自らが「若き巨人」であるのに気づいたのである。ドイツはこの恩恵のすべてを、一人の恥知らずな利己主義者で、政治的悪魔で、野蛮な権力の奴隷で、心的生活に一滴の敬虔さをも認めない者の手を通して受けとったのだった。ビスマルクがドイツに及ぼした影響と、その結果ドイツがヨーロッパ全体に及ぼした作用とが、二十世紀の歴史を決定したのである。

　ビスマルクが創造したドイツは彼によって、したがってユンカー主義とプロイセン主義と極端な男性中心主義によって、その想像力が支配されることとなった。彼の国は西ヨーロッパにおけるすべての父権的要素を強化し誇張しており、自ら父権的男性のカリカチュアと化していた。しかしカリカチュア化されたかたちでであるとしても、この国がヨーロッパのもっていた多くの価値を表わしていたことは確かである。ヨーロッパ的規準で言えば、ビスマルクのドイツにはばかばかしく悪趣味なものが多々あり、反動的で旧式なものに満ちみちていたが、経済上、産業上は成功者であり、軍事的・外交的に強力であった。だからこそ人々の想像力のうちに誇張された父権制が浸透していくことができたのである。

　父権的な家庭とは、夫と父親が主人である家族である。父権的人格とは、主人らしい特徴が強調された人格で、父権的な文化とは、権威当局の諸制度、たとえば軍隊とか監獄のような制度が肥大し、権威一般のあり方が軍隊的ないし懲罰的であるような文化である。父権的という用語で私が表わそうとした観念を定義するには以上で十分なのであるが、これは私の議論の主要概念となるので、もう少し述べておかねばならない。現代の感覚では父権制は権力の集中に、つまり（基本的に父権的である）われわれの文明に支配的な意志に結びつく。この意志にたいする抵抗の中心となるのは地域社会的なもの、地方的なもの、ないし村落的伝統とその生活様式であり、最終的には個々の家庭であり、母が生活の中心であるもの、ということになる。これは〈女〉の世界であり、男たちの世界、すなわち監獄と議会と軍隊と政治とにしばしば対立する世界である。男たちの世界はまた公的世界すなわち公的な経歴と業績とがものをいう世界であって、ここでは女性は男性よりも小さな役割しか果たせず、またこの世界に入ってゆくためには女性もある程度男性的な生き方をせざるをえない仕組みになっている。エルゼ・フォン・リヒトホーフェンは、父権制に抗議するため、この学問と社会改革の世界に入っていった。フリーダのほうは、大学の環境にいったんは入ってみたものの、そこを逃れて、男たちも女性的な生き方をする農民の世界と「原始的な《プリミティヴ》」文化にくみしたのだった。〈女〉の世界は生と愛の価値によって生きられ、男たちの世界は法律と秩序によって生きられる。しかし実はこの二つの世界の対立が攻撃的な戦闘状態になることは、めったにないのである。文明社会においては、〈女〉の世界は男たちの世界に従属し、国家の政策を管理・統括したり、歴史的進化の方向を操作しようとはしないのが伝統である。極端な危機に瀕したときにのみ、あるグループが〈女〉の諸価値を男たちの価値を踏みこえて優位に立てようとすることが起こる。まさにそのような危機をビスマルクが挑発してしまったということである。彼が、母権的価値がほとんど無と化す国を、国の諸価値がほとんど全面的にプロイセンの将校の価値にもとづく国を、手短かに言えば、ビスマルクその人を制度化したような国を、創り出してしまったからである。

オットー・フォン・ビスマルクは一八一五年、エルベ川の最東にあるシェーンハウゼンで生まれた。ビスマルクの家は、小麦とビート畑と、羊と牛のための牧草地をもち、裏には林のある典型的なユンカーの農場であった。そのあたりの住人もビスマルク家の人々も、ずっと十八世紀のイギリスの保守的田舎貴族に似た生活をつづけていた。ただイギリスの田舎貴族に比べると、ユンカーはより直接に農業の仕事に携わっており、ときには自分でも乳しぼりをしたり、近くの町の市場へ羊毛を売りにいったりもしていたのである。国王、階級そして家族にたいする忠節はきわめて強固であった。ルーカス博士によると、フォン・リヒトホーフェン家では六年に一度、家族の日《ファミリーエンターク》を設けて、多岐に分家した一族のすべての男性たちが集まり、カルパティア山脈での猪狩りや鹿狩り、オーデル川での鮭釣りといったユンカーの伝統的な楽しみを味わうことになっていたそうである。ユンカーたちは戦時においても平時においてもきわめて新教徒的であり、ドイツ的であり、そして小作人たちにたいしてはきわめて封建地主的であった。言いかえれば彼らはごく伝統的な意味で父権的であり、旧式で、度量が小さく、時代遅れで無害であった。しかも、ビスマルクはつねに自らをユンカーであり、プロイセン人であり、王に仕える一兵士であると考えていた。実に彼はこの方法であの偉大な新帝国を築いたのであった。彼のユンカー的理想と、自らをユンカーとみなしたという逆説のゆえに、彼は過去《パッセ》のものとならずにすんだのである。

　ビスマルク一家は隣人たちとまったく同じではなかった。オットーの母であるヴィルヘルミーネ・メンケン・フォン・ビスマルクは、官僚‐学者の家庭の出身で当世風の自由主義的な意見と知的野心をもち、息子が自分に代わってその野心を実現してくれるものと決めてかかっていた。しかし彼女は愛情深い母親とは言えず、オットー・フォン・ビスマルクが早くから父親のようになりたい、頑丈で男性的になりたい、インテリにも、進歩的にもなりたくない、と心に決めていたのは、母親への復讐であったことは明らかである。彼は生来きわめて頭の回転が速くて、短気で、神経質で、感傷的で落ちつきのない性分であったのだが、まったく正反対の性質を具現することによって、つまりがさつな欲をむきだしにし、やたらに荒っぽく乱暴な、伝統的きまりにとらわれた単純な人間として、主人の威を借りる人間として、世に出たのだった。彼は意図的に父権的であった。

　政治思想も含めた思想に関するかぎり、ビスマルクは根本からねじ曲がっていた。すばらしく、ほとんど優雅にと言ってよいほど現代的な諸条件を備え、国際的で洗練されたスタイルを自らも身につけ、かつ評価することができたのに、時代の趣味すなわち真面目な趣味の逆をゆくことを意識的に自らの課題ときめたこの男は、十九世紀の啓蒙的・自由主義的進歩思想に反逆した。――世界からすべての対立と叙階と隷属を徐々になくし、富んだ者も貧しい者も、老いた者も若い者も、男も女も、すべての市民にすべての社会的な機会を与えられるようにしようとする、時の思想の逆を行ったのである。ビスマルクは民主主義的平等や、他人との友好のうちに生きる努力をしなかった。彼は自分の主人に、自分が皇帝とした人間に仕え、そして他のすべての人間を支配したのであった。

　彼の支配のもとに、プロイセンは一八六四年にデンマークを、一八六六年にオーストリアを、一八七〇年にフランスを打倒した。彼の支配のもとに、ドイツ帝国がヴェルサイユの広間で名のりをあげた。その後の二十年間にドイツの多くの都市の規模と富は倍増した。それほどに商業上、産業上の急発展は大きかったのである。そして一八八〇年代以降、同じく彼の支配のもとに、ドイツは、アフリカ、南太平洋、東インドに植民地を獲得しはじめ、「原始的な《プリミティヴ》」人々に自らの文明を強要したのだった。

ビスマルクの人柄はその風貌とともにドイツでは語り草になっている。彼の頑丈な肥満体、「喉の奥のほうの咳ばらいで中断される」ひどく高い声、長い柄のついためがね――そのめがね越しに彼は敵でも味方でも遠慮なしにじろじろながめた――、訪問者をことごとく震えあがらせた、彼の人慣れしていない犬たち、議会の席で彼がぐいっと一飲みにする、湯気の出ているパンチの巨大なグラス、こうした詳細については、ハイデルベルクの哲学教授であり、マックス・ヴェーバーの友人でもあったハインリヒ・リッケルトがよく覚えていて、語っている。

ある日のことだった、とリッケルトは回想する。ビスマルクが帝国議会で演説をしていたとき、彼は自分が説明している政策にたいして、だれかが小声で「卑怯だ《ファイクハイト》」と言うのを聞いたように思った。彼は話をやめ、議員たちを睨みつけ、だれが言ったのか知りたい、と言った。みながおし黙っていると、彼は演壇をおり、列のあいだを一人一人じろじろ見ながら行ったり来たり歩いた。だれも一言も発しなかった。それで彼は怪しい議員を捉えては質問を繰り返しながらその肩をゆすりはじめた。だれもあえて抗議しなかった。とうとう彼は聞き違いだったと納得し、また話を続けるために演壇に戻った。しかししばらく沈黙したままで、それからそっと言った。「だれも何も言わなかったことを神に感謝したまえ」と。

このような逸話が流布する社会とは、権力、すなわち父権的な権力にとり憑かれた社会である。しかもこの逸話は自由主義的な学園都市であるハイデルベルクに流れていたのであり、そこで大学教授までがビスマルクという実例に刺激され、これを何らかのかたちで真似ようとしていたのである。マックス・ヴェーバーの弟アルフレート・ヴェーバーが言ったように、ビスマルクは彼らに「権力ウイルス」を伝染させたのだった。

もちろん、何もかもビスマルクのせいにしすぎないように注意しなければならない。ここ数年というもの、ドイツの大学の機構全体がそれまでなかったほど、あるいは他に例をみないほど、強大なものになっていたのである。教授たちは、たとえばアメリカの教授たちに比べてずっと高い給料を受けていた。彼らの生活のスタイルは、とくにヴェーバーのいたハイデルベルクのような所では、中産階級一般よりずっと威厳のあるものであった。彼らの地位は、他の国の教授に比べても、またドイツ社会内の他の部分に比べても、相当高いものだった。学生たちに及ぼす彼らの権力は専制的であり、父権的であった。実際、ドイツの学問の知的スタイルそのものは群を抜いて充実していた。こうしたやり方のすべてにおいてドイツの教授団は「まさにドイツ的」だったのであり、ビスマルクが直接になしたこととは言えない。しかし大学の現状は政治的事実と調和していたし、さらに、すべてが相互に補強しあっていた。

　ドイツのプロイセン化が活発にすすんでいたことを認識することは重要である。その動きは二十世紀に入る直前の数十年間に起こっており、ある意味でそこから二十世紀がはじまっていた。それは、それまでの現状維持からの変化であり、少なくとも自由主義者の見るかぎりにおいて歴史的傾向に逆行し、時代精神を裏切っての変化であったがゆえに、ますます劇的であった。

　それ以前には多くのドイツがあった。精神と想像力を旨とする人間にとっては、プロイセンはそのうちのとるに足らない一つのドイツであった。一八七〇年以降にも複数のドイツが存続しつづけたが、しかしもはや選択可能でも、相互代替可能でもなくなってきた。今ではこれらと並んでもう一つのドイツも存在していたからである。つまり、複数のドイツが階層をなし、最上位にプロイセンが立つというかたちになっていたのである。バーデンの自由主義かバイエルンのロマン主義かが、わずかに国民が選びうる選択肢であった。しかし商業、都市建設、軍隊訓練、その他もろもろが含まれる政治面では、この二つはともにドイツではなかった。バーデンとバイエルンはせめてプロイセンの勢いを批判し、修正しようと望むのがせいいっぱいであった。ドイツ全体がますますプロイセン一色となり、そこで封建層、軍人層、官僚層は相互依存しながら共存していた。ユンカーが軍隊を支配し、将校の地位がドイツ全体でもっとも特権的なものとなったために、ユンカーのスタイルがこの国を支配したのである（軍隊は、公式の場ではつねに軍服を着ていた皇帝の直接命令のもとに行動していた）。将校は中産階級の価値と生活様式とに対立し、かつ優越する何ものかを代表していた。名誉をもって争いを解決するためには、決闘をせねばならぬ、そして決闘しうるためにはそれにふさわしい社会的身分、すなわち「名誉回復」をもたねばならぬ、と将校たちは言った。第一次世界大戦中に、姉妹の遠縁にあたるマンフレート・フォン・リヒトホーフェンは、ほかならぬこの決闘のスタイルを構造化された戦術に翻案し、こうしてユンカーの伝統をさらに延長したのだった。大戦前の平時の数年間に、諸大学の学友会では決闘がおこなわれており、ブルジョアの学生たちは「封建化されて」卒業し、その一方では、地所を買いとりそれに相続人限定を設定することによって爵位を得る、便利な組織もあった。このような手段によってビスマルクのドイツは、その文化の封建的・父権的性格を強化し、それは知識人のあいだにもひろがっていった。

ドイツ的生活の中心制度としての軍隊に密接に結びついていたのが官僚制度である。この官僚制度にマックス・ヴェーバーが社会学者として大きな注意を向けたが、それは彼がそこに、西洋文明が避けることのできない未来の支配者と、あらゆる自発性と自由の死とを見てとったからである。一九一〇年の論文でアルフレート・ヴェーバーは、当時のドイツに商業部門では五十万の労働者にたいし十五万の官僚が、工業部門では八百五十万の労働者にたいし八十六万の官僚が（一八八二年当時のほとんど十倍）いると計算している。一八八二年には経済の民間、公営企業あわせて七十万の官僚がいたが、一九一〇年にはその数はほとんど二百万に届いていた。非農業経済の全領域で「自由」業は二、三十万しかなかった。これこそマックス・ヴェーバーが、国民の生活を締めあげる鉄の檻ないし鋼《はがね》の囲いと言っている意味である。閉じ込められたのは私的生活も同様である。官僚の膨張によって合理性と計量性が何千倍にも強化され、一方それに応じて自発性と個人的責任は減少した。こうした官僚化はビスマルク個人の気性とは相容れない要素であったことは確かである。彼の権威主義的スタイルそのものは、むしろファウスト的ないしカリスマ的なものに傾斜していた。しかし彼は官僚制をしっかりと活用したのであり、それが彼の権力とドイツの本質的な部分をなしていた。

実際のところ、ドイツ官僚は、十八世紀に徴兵制を実現し軍事税を課すための手段の一つとして成長したもので、すぐれてプロイセン的かつ軍国主義的現象であった(他の国家は土地に軍隊が付着したものであるのにたいし、プロイセンは軍隊に土地が付着したものだと言われた)。官僚行政は国王の直接の支配下にあったが、その機能の仕方はまったく非人格的であった。高度に専門化され、身分別に形式化され、あらゆる政治から切り離されていた。官僚となるには国家試験があり、腐敗の影はほとんどなかった。下級官僚は主として退役兵士たちによって占められ、上級の地位は、軍隊におけると同様ユンカーたちのためにとっておかれた。十九世紀になっても、ユンカーが企業への道をすすむことはタブーだったのである。最高級の官吏は貴族と結婚し、彼らが世界でもっとも効率のよい官界を支配していた。官僚教育は法学と司法制度に密接に結びつき、討議の術よりも行政の術に結びついていた。こうしてドイツ市民は国家権力の存在をつねに身近に感ぜざるをえなかったのである。

国家権威の軍事的・官僚的様相は、ドイツの場合はルター派である国教によって支持されていた。ルター主義では政治は現世の不幸に属するもので、贖罪の見込みはない罪と悲しみの領域に属するものとされていた。それは「国の権威に」任せるしかない。それはとりもなおさず、当局が自分の特権を十分自覚する一方で、庶民はこうした状況をほとんど宗教的な義務感で受け入れるしかない、ということを意味していた。さらに、もし神が政治の世界は国家の権威に属すると定めたのであれば、権威にあずかった者はその政治的ふるまいについては神に責任があることになる。したがって高級官吏のあいだには、自らの義務にたいする極端なまでの献身がみられ、義務の観念そのものへの崇拝すら起こった。政治から手をひくようにと促される国民大多数に適用された国家ルター主義は「女のための宗教」であった。ビスマルク自身の結婚を、宗教とドイツ政治との関係を示す象徴的なものと見ることができる。彼が妻にむかえたのは献身的な敬虔主義者《ピエティスト》で、人格的存在として彼と人格的に競おうとしたり、倫理的に彼を批判する気配のまったくないような人であった。彼は友人たちに、「女性の」敬虔主義はとてもよい、と語り、彼のヨハンナは「やりやすい

(facile à vivre)」と賞めていた。彼の結婚はすぐれて父権的な結婚であり、フォン・リヒトホーフェン姉妹が反抗したのはこの種の結婚にほかならない。

政治面、経済面、そして家庭生活の面でも、権威を握る者への権力の集中という似たような現象がみられた。他のヨーロッパの国々に比べ、ドイツでは民主主義的な連帯責任という観念は非常に薄弱であった。帝国議会で民主的な議会制がまったく根をおろさなかったのは、一つにはビスマルクがそれを回避する手段を講じたからであるが、しかしまた、ドイツの政治家たちが党を結成して協力することを学ぼうとしなかったからでもある。さらに体制か反体制かを一人一人にはっきりただすという一般的風潮が極端なイデオロギーを育成していったため、マルクス主義者と保守反動主義者とは繁栄したが、自由主義の育つ場はほとんどなかった。もちろんドイツの自由主義が弱体であった原因には経済的な事情もある。イギリスの経済学者R・H・トーニーが言うように、何しろドイツは、イギリスでは二百年かかった経済上、産業上の革命を一八五〇年から一九〇〇年までのあいだに大いそぎでやってしまった。その結果ドイツ経済は、他の国では古典経済学の自由主義的理論の土台となった小資本家の経済的個人主義の段階を素通りしてしまった。つまりドイツには、自由主義的見解の砦となるべき階級が欠如していたのである。

ドイツ自由主義の弱体の原因が何であったにせよ、マックス・ヴェーバーの父親が属していた国民自由党の帝国議会での議席数は、一八七四年の一五二議席から一八八一年には四五議席に落ちこんでしまったというのが事実である。ヴェーバー家で一八八一年にベニヒゼンとリッケルトとの対立が生じ、国民自由党を決定的に分裂させることになった。アルフレート・ヴェーバーは「われわれ若者にとっては」一八九〇年までにあの「井戸端《シュヴァッツ》会議《ブーデ》」つまり議会への道を経歴にすることはいかにも奇怪な考えと思われるようになっていた、と言っている。彼らはそれよりもむしろドイツのフェビアン協会にあたる大学の社会主義同盟に加わった。

この一般的な非自由主義が、ドイツの社会生活においてもっとも顕著に表われているのはたえず肩書きを使用し、また次々と肩書きを重ねてゆくこと、そして肩書きの効果、つまり職業と身分の複雑な分類体系によって私的生活の位階が決まるということである。それはとくに結婚に関する事柄にはっきりとあらわれている。アングロ－サクソンの文化圏におけるよりもずっと大きな権威が夫と父親に充当され、彼らが家族のアイデンティティを形成するのにずっと大きな役割を果たしていた。だから妻は夫の職業上の肩書きを名のり、今日ですら、ドイツの教授の妻は教授夫人《フラウ・プロフェッソール》と呼ばれている。

結婚の社会的次元が強調されるということは明らかに、生活と感情の一局面としてのロマン主義的恋愛が、結婚から比較的独立した、ないしは結婚に反対するものとなるという事実に関連している。アングロ－サクソンのロマン主義は現実的なロマン主義であり、結婚における愛と自分の社会的経歴との両方に関心をもつ、と、私がこうした考えの多くを借りたタルコット・パーソンズは言っている（フリーダ・フォン・リヒトホーフェンは、D・H・ロレンスの結婚観がとくにイギリス的であるとたえず感じていた）。ドイツのロマン主義はとくに結婚からの逃避であり、したがって絶対的にロマンティックであった。

そしてそれは悲劇的でもあった。恋愛について真剣になるとき、ドイツ人はその真剣さにおいて悲劇的であった。この点においてドイツが他のヨーロッパの国に似ているとすれば、それは世紀末ヨーロッパに限られるであろう。『トリスタンとイゾルデ』『アンナ・カレーニナ』そして『ボヴァリー夫人』を情熱的恋愛の記念碑としてとりあげてみると、そこでは幸福と成就の喜びがついには罪と悲しみのために色褪せてしまうのが常である。これが父権的世界観における恋愛の役割なのであった。しかし十九世紀末には、そしてとくにドイツでは、エロス主義が感情的な喜びのみならず倫理的価値の源泉として、すべての健康的生の源泉として祝福されはじめていた。

フロイトは自身の他の思想によって重大な変容を受けていたとは言え、その教説の中核はこのエロス中心主義であった。われわれの物語の登場人物たちがそれぞれいかに重症の神経症に悩んでいるかはまったく驚くばかりである。マリアンネ・ヴェーバーの不眠症、フリーダ・グロスの足痛、仕事にかかろうとするマックス・ヴェーバーを必ず襲った頭痛と消耗、オットー・グロスの薬物中毒——これらすべての症状から、とくにドイツというところでは、十九世紀的生活の負担が感性の敏感な人間にとって耐えがたいまでに増大していたのだという感を免れない（こうした友人たちからみれば、姉妹の健康さはしばしばきわだっていた。他の人たちにとって彼女たちは魅力的でもあったが同時に度しがたいものだった）。もっと純粋なエロスの祝祭が見いだされたのはフロイト主義運動の外であった。

『宗教社会学』の中で、マックス・ヴェーバーはエロス主義を、愛が「職業専門家的タイプの人間のもつ、必然的に禁欲的な特徴と衝突するときに」必ず起こってくる、愛の礼賛であると定義している（彼は近代的生活条件が不可避的に職業専門家をつくりだすと考えていた）。だから結婚外の恋愛こそが人間を「すべての生の自然的源泉」に結びつける絆であると見えてくるのである。そのような愛こそ、すべての合理主義とすべての福音主義に勝利を占めるものであった。「自らを惜しみなく与えること、それはすべての機能性、合理性、普遍性に根本から対立する。……愛する者は自らの根が真に生きるものの核にあり、その核は合理的な努力によって外から近づこうとしても不可能なものであることに気づく。彼は自分が日常性の反復の陳腐さからまったく自由であるのと同じほどに、合理的な秩序の、冷たい骸骨の手から解放されることを知っている。」この種のエロス主義はすでに宗教的信仰である。

十九世紀末期のドイツでこの信仰を表現していた芸術作品と人物とは、エロス運動（erotic movement）と呼びうるものを形成し、これは、一時はフォン・リヒトホーフェン姉妹の両方を、そしてフリーダに関してはその一生をひきこんでいったゆえに、われわれの注意を惹くものである。ドイツでこれが強力な運動となったのは、この運動が攻撃した父権的道徳主義とシニシズムがドイツにおいて特別に強力だったからにほかならない。バイエルンとミュンヘンで大いなる母《マグナ・マーテル》ないし乱婚《ヘタエラ》主義の役割を理想化するという行動を通して母権中心的反抗を表現しようとする運動が起こった。この役割において女性は夫‐父‐主人に従属することなく、多くの愛人をもち多くの子供を生むことを「宗教的な」使命と感じたのである。この母権反抗運動は、エロス運動の中のもっとも鮮明なかたちであり、エロス運動そのものはもとをたどれば生の哲学《レーベンスフィロゾフィー》の運動の一環で、これは当時ヨーロッパ全体にわたって科学的唯物主義および実証主義に反抗し、生の諸価値すなわち直観と本能を讃える運動であった。ドイツではこうした運動が異常に活発であったが、それはまさに闘う相手が異常に強固であったからである。

リヒトホーフェン家の人々

フリードリヒ・フォン・リヒトホーフェン男爵は数々のビスマルクの戦争で戦い、そこで負傷し、そして戦争の結果台頭したドイツに自分の人生の指針を見いだしていた。彼は十七歳で軍人となった。その年一八六二年は、ビスマルクがプロイセン国王から最高権力を与えられ、それにたいしビスマルクが国王に国家予算ぬきで統治できることを約束した年にあたっている。つまり議会は毎年その支出予算をチェックすることによって軍隊を管理する権利を要求していたのであるが、ビスマルクはこうしたかたちの民主主義的管理から国王を救ったわけである。この年はまた、かの〈鉄の宰相〉が有名な演説の中で「今日の重大な問題は演説と多数決によってではなく……血と鉄によって決定されるであろう」と語った年でもある。

フリードリヒ・フォン・リヒトホーフェンもプロイセンのユンカーの旧家の出身であるが、彼自身は比較的影の薄い、傍系のハイネルスドルファー家に属していた。彼は一族の者たちとはあまり付き合っておらず、同じく軍隊にいた実の兄ですら例外ではなかった。彼の娘たちが成長するにつれて知り合いになったと思われる唯一の国家的名声をもつフォン・リヒトホーフェンと言えばオズヴァルトで、植民省に勤め、ビスマルク失脚後は外務省に勤めていた。オズヴァルト・フォン・リヒトホーフェンは、もっとも早い時期のドイツ帝国主義者の一人であった。フリーダとヨハンナは一八九〇年代にベルリンの彼のもとに滞在していたことがあり、当時国家主催の舞踏会に出席して、皇帝《カイザー》が彼女たちの美しさに言及したことがあると言われている。

姉妹はロレーヌのドイツ軍駐屯の町メッツで育った。メッツは戦前はフランス領であった。父親は占領地の行政官であったから、彼女たちは敵国占領軍に属していたことになる。戦争が始まってから二年間に、メッツのもとの人口の四分の一がフランス国籍をとり戻すために国境を越えて移動していった。こうして出ていった人口の空き分は侵入してきたドイツ人――そのほとんどが軍人であった――によって埋められ、一九〇五年までには、町には二万五千の兵士と三万五千の市民がいたと考えられる。プロイセンをドイツ帝国に変えたあの戦争において、フォン・リヒトホーフェン男爵は鉄十字の勲章を獲得したが、そのかわりに右手が使えなくなっていた。従軍活動から離れた彼は技師としての訓練を受けて、メッツ周辺の土地の行政の仕事に送られた。とくに町の周囲の運河の管理が彼の特別任務であった。しかし彼のもとの連隊がこの町に駐屯していたから、社会的には彼は依然として軍に属していたのである。彼が結婚したのはまだ駐屯将校だった時代であり、一八七四年、一八七九年、一八八二年にそれぞれ生まれた三人の子供は、新生ドイツ帝国下の子供たちであった。

　何年も後に、フリーダがD・H・ロレンスと駆け落ちしたとき、彼女は彼をメッツへ連れてゆき、散歩の途中知らず知らずのうちに軍隊の区域に入りこんでしまったことがある。ロレンスはスパイとして捕えられ、彼を釈放するのにフリーダの父親が仲裁しなければならなかった。ロレンスにとってこれは男爵に会った最初であり、またプロイセン軍国主義との主たる接触でもあって、象徴的に意味深いものである。フォン・リヒトホーフェン男爵は軍人であり、プロイセン人であり、将校であり、そして紳士《ジェントルマン》階級に属していた。ロレンスは失業中の教師であり、芸術家をめざし、イギリスの労働者階級の出であった。二人の男は相異なるもの、相反するものを代表し、橋わたししようのない溝の向こう側とこちら側に立ってお互いを見つめ合っていた。唯一の架け橋は一人の男の娘がもう一人の男の妻だという事実であった。

　ふしぎなことにロレンスは、プロイセンの将校を描くにあたってフォン・リヒトホーフェンをモデルにしていない。フリーダの父親は、外面的には物語「悩みの種」の中で「男爵《ザ・バロン》」として簡単に述べられている。しかし彼の倫理的側面の描写はむしろ『虹』と『恋する女たち』のウィルのうちに、また「浮世の煩わしさ」の中の若い将校に見いだされる。すなわち、彼は性急で機敏で敏感な気性と、独自の感受性を備えていたのだが、しかし、彼の抱いている主要な観念はすべて因襲的なもの、プロイセンの将校が因襲的にもっているものの枠を越えられなかった。彼はたしかに勇敢な男であったが、その勇気は生涯変わらず決定的に少年の勇気で、面と向かった敵にたいしては強いが、公けの場とか、自分より重要な人物には弱かった。ちょうどウィル・ブラングエンのように、彼は庭づくりに熱心で、模型づくりがうまく、動物や鳥をこよなく愛した。フリーダが父親をアッシジのフランチェスコになぞらえたことがある。娘たちの目から見ると、彼は権威主義的な熱血漢という役割を演じるにはふさわしくないように思われた。彼自身はただ社会から割り当てられた役を演じるだけで、自分が演じなければならない役割がおよそ自分の本性に合わなかったとしても、別な役に変わろうとはしなかった。かつてヤッフェ夫人、つまりエルゼが私に、ぐわっと目を光らせる、プロイセンのおきまりのやり方でカメラを睨みつけている写真を見せてくれたことがある。「父は厳格に見えますが、ほんとうはそうではなかったのです。」彼女は意味深長とも思える一種の優しさをもってそう言ったのだった。この姉妹は三人とも男たちにたいする優しいへりくだりがあったが、それは父親にたいする態度に由来するものであった。彼女たちは心から父親を愛していた。父は気むずかしかったが、すぐれて愛すべき、威厳ある性質をもっていたのだ。しかし彼女たちは、彼が矛盾した存在であるため、憐憫の情をも抱いていたのである。この矛盾はまた彼とロレンス（およびフリーダ）との対決の象徴ともなっている。フリーダは、徹底的な感受性と非因襲性を貫いた人間（つまりロレンス）と並んで父親に対峙していたが、父親はすでにその人間を自分の内部に葛藤の相手としてもっていたのである。

しかしその役割がいかにしっくりしないものであったにせよ、いかに外面だけであったにせよ、フォン・リヒトホーフェン男爵は、たしかにプロイセン将校で*あった*。そして当時プロイセン将校であるということは一つの運命を意味していた。フリーダがロレンスと駆け落ちしていったところは結局のところ、プロイセンの将校としての彼の栄光を記念する、ビスマルク下の軍隊生活五十年を祝う場だったのである。その五十年間はビスマルクの帝国の五十年間とほぼ重なっていた。そしてわずか二年後の一九一四年には、メッツの周辺の要塞施設が、大戦勃発の際のロレーヌにおけるフランスの大軍の行動を妨げる手段となったのだった。

五十年間の軍隊生活の中で、男爵はビスマルク帝国に大いに奉仕した。自分自身に奉仕するところがいかに少なかったとしても（もちろんこの対照は、『虹』の中のアーシュラと恋人アントン・スクレベンスキーとの、戦争についての対話の背後にある。アーシュラがアントンに言うことばはフリーダが父親に言いたかったことそのままである）。

人格的な重みという点から言って、フォン・リヒトホーフェンを圧倒していた人物は、何よりもまず彼の妻であった。しかし彼は些細な精神的打撃にも立ちむかえなかった。ヤッフェ夫人は二十歳のころのある日、父親が、自分は破産したと宣言して床から起きあがろうとしなかった日のことを覚えていた。彼は賭けで大金を失ってしまったのだ。この家を売却するしかない、と彼は言った。だがエルゼ、おまえがまず指揮官のところへ行ってローンで金を貸してくれるように頼みなさい、そうしたら私が指揮官に借用書を書こう、と彼は言ったのである。彼女は言われたとおりにした。

この逸話は父親の呆れた責任逃れと、娘が早くからその責任を引き受けていたことをまざまざと見せつけるのであるが、その他にこの話はまたそこに語られていない部分においても驚くべきである。この決定的な取り引きに妻であり母である人物が何の役割も果たしておらず、ぜんぜん関わっていない。彼女はある意味で自分の夫から手を引いてしまっており、そのため娘が彼女の代わりを務めていた。さらに、他の娘たちも登場しておらず、相談も受けていない。これはふつうの姉妹がつくる〈若草物語〉的共同体とはまるきり違っている。取り引きは完全にエルゼと父親だけのあいだだけでおこなわれているのである。

あるいはこのような逸話が示しているのは、何よりも「男たちの世界」という概念でくくられる経験のジャンル全体にあてはまるのかもしれない。「男たちの世界」とは、社会の父権的な側面を非イデオロギー的に表わす表現であって、フリーダにとってもロレンスにとっても、きわめて重要なものであった。「男たちの世界」の主たる指示内容は、賭け事をしたり、取り引きをしたりするあのメッツの将校たちのグループである。彼らは自分たちが「征服した」フランスの風景の中を馬で乗りまわし、その豊かな風土にそぐわないけばけばしい制服の色を押しつけ、また次の、そのまた次の戦争のために、徴集兵たちを訓練しつづけたのである。彼らのすることは、賭け事と賭けに負けることだけで、そして今度は妻に顔を合わせられず、娘を呼んで、自分の愚行の後始末をしてもらうしか能がないのであった。エルゼが金策をして父親や将校であった妹の夫を救ったのはこのときばかりではない。一度などは男爵とある愛人との醜聞が立って、エルゼが彼女にお金を払って引きとってもらわねばならなかったこともある。この事件は、ロレンスとフリーダが同棲して以後のことであるが、フリーダの小説にドラマ化して書かれている、それ以前のいろいろな出来事によって、フォン・リヒトホーフェン家は邸を売り、生活レベルを落としてずいぶん質素にせざるをえなくなっていた。その心理的な影響についてフリーダは次のように記述している。「その日から、アンネとフレデリク［彼女の母と父］は互いを憎みはじめ、二人を結びつけているのはただ慣習と子供たちとなった。二人の生活は、人の心の中にある最善のものを破壊するものであり、日常的接触の中でたえず新たに生みだされる猛烈な憎しみは殺人的というべきであった。子供たちは理解できないままに、闘争の雰囲気を漠然と感じとっていた。子供にとって性の闘いには何かしら恐ろしいものがある。性とは子供には理解できず、自分たちから隠されているものであり、しかもいつも空気中を漂って、自分たちの生活を歪めたり、苦しめるものだった。とくに敏感なシビル［つまりエルゼ］の場合、両親の闘いによって彼女のうちの何ものかが壊され、その傷は一生癒えることがなかった。」

リヒトホーフェン男爵夫人は旧姓をアナ・マルキエと言い、シュヴァルツヴァルト地方にある町ドナウエシンゲンの資産家の家庭に生まれた。そこは領主が在住していたフュルステンブルク州の住宅地で、彼女は完全に十八世紀的雰囲気のうちに育った。彼女はずっとその風景を愛しつづけ、また自然一般を愛し、読書を愛し、そして気のきいた興味深い男たちとの会話に重きをおく、地方色豊かで貴族的な生活を愛しつづけた。ロレンスは彼女を『恋する女たち』の中で「田園の男爵夫人《カントリー・バロネス》」と記述している。彼女は非ビスマルク的な、過去に深く根ざしたドイツに属していた。それはビスマルク以前の、小規模で非政治的な文化国家《クルトゥアシュタット》ドイツであった。彼女の町はゲーテなき小ヴァイマールといった感じで、ビスマルク帝国に対抗するのに、無視する以外の術を彼女はもたなかった。

ロレンスは彼女をアナ・ブラングエンとして、夫より強い人格をもち、同じほどに熱血的で、ずっと強靭で、けっして恥をかくということがない人物として描いている。ロレンスの描いたアナと同様、リヒトホーフェン男爵夫人は母としても、家政についても、友人関係でもいつもうまくいっており、本や花や動物を愛することに誇りをもち、人生を満喫しているように見えた。男たちの世界にはあえて入っていこうとはしなかった。そこでは自分が傷つくかもしれないと感じとっていたからである。しかし自分の生活領域では、ロレンスのことばを借りれば、まさに勝利のアナ《アナ・ヴィクトリックス》であった。社交生活を楽しみ、生活はおもてむき一連の慣習を必要としたが、彼女は深いところできわめて非因襲的な気質をもっていた。きわめて感性的な女性で、だいたいにおいて「異教的」であり「キリスト教的」でなかった。彼女はまた根っから健康な女性であった。彼女の悲嘆も喜びも楽しみも倦怠も、すべて他の人々に手本として示され、それはもっとも洗練された趣味と啓蒙された精神をもった男たちにとってすらそうであった。彼女のまわりには献身的な友人が集まり、なかには文学や絵画の領域ですぐれた業績をもつ男性、女性もあったが、彼女はつねにその中心に女王のごとく君臨していた。そして彼女が自らのまわりに創りあげたのは、生と愛に仕える母権的世界であった。

男爵夫人はロレンスと大の親友となり、世界中から送られてくる彼の手紙を首を長くして待っていた。二人は同じ価値観をもっていた。彼女が教団《シュティフト》の他の老夫人たちにたいし、いかにも女王然とふるまう態度を、彼は賛嘆しながらも叱った。彼女のほうでは『チャタレイ夫人の恋人』をせっせと読んでいた（彼女は晩年、シェイクスピアの全作品も読みとおした）。ロレンスはフリーダから以上に彼女から、自分の欲したものを得たと言ってもいいかもしれない。いやあるいは、彼が二人から得たものにたいして彼女にはフリーダに支払ったよりずっとわずかしか支払わなくてもよかった、ということだったのかもしれない。彼が二人から得たものとは、あの溢れんばかりの健康と豊饒の感覚であり、まっとうな生活の喜びであって、それは倫理的・精神的な価値にまで高まるほどに強烈であった。

子供時代の娘たちからみると、母である彼女は高圧的で、冷酷ですらあった。彼女は事情をしまいまで聞かずに罰し、それがあとで不当であったとわかっても意に介さなかった。夫の浪費のために召使いを手放さねばならなくなると、彼女は子供たちの長い髪をくしけずるのに疲れて、全部短く切らせてしまった。三人の小さな少女がそろって哀れなざん切り頭になっている写真がある。子供たちにとっては母親が父親を攻撃することがつらかった。父親のほうが細かい点によく気づくし、彼は家族の権威構造の外にいたから、娘たちはみな父親の味方であった（こうした状況は「英国よ、わが英国よ」に反映していると考えられる）。しかし時が経つにつれ、姉妹の感情は変わってきた。少なくともフリーダの場合——彼女は母親にいちばん似ていた——やがて母親に非常な親近感をもつようになったのは明白である。彼女は母親宛ての手紙に「主におけるあなたの妹」と署名している。彼女もエルゼも母親の強力な「おしおき《シンプフェン》」を貴重なものだと考えるようになった。そしてこれがロレンスの男爵夫人についてのイメージの中心となっている。戯曲『バルバラの戦い』の中で、彼は、駆け落ちをした直後に男爵夫人が自分を訪ねてきて容赦なく叱りつけたときのことを材料に用いている。娘たち同様、ロレンスもまた彼女の勢いのよさをすばらしいと感じた。そして彼らは自分たちも同じようなエネルギーをもっていると自負するようになっていったが、それは〈愛〉の病いに冒されていない、健康な生命的価値を表わすものであった。

姉妹は三人とも、母親が生きているあいだは互いに親密であった。一九二〇年代には四人で一種の母権制社会をつくりあげていた。夫たちのさまざまな姿は力の焦点となっているこのグループの外にあった。あるいはこの女のグループがある程度遠心力を及ぼしたために、男たちは周辺の位置にはじき出されていたとも考えられる。実際、フォン・リヒトホーフェン家の気性のるつぼから発生してくる一人一人の力は圧倒的である。この三人の娘たちはそれぞれ違ったふうに強力な性格をもち、三人三様に、非凡で、めげることなく、容赦なかった。単純な身体的な健康そのものをとっても三人とも驚くべきであり（ロレンスは作中人物の一人である中年の女性が、その健康を武器として用いている、と記述している）、そして、彼女たちは心理的・倫理的にも劣らず健康であった。フリードリヒ・フォン・リヒトホーフェンとアナ・フォン・リヒトホーフェンとの組み合わせは、互いにしっくりいかなかったが、ロレンスの言う意味での「生」にとってはきわめてプラスであった。二人のつくる家では、自然の尊厳と活力と正統性がきわめて高く讃えられ、はっきりと洞察され、豊かに報われており、『虹』のブラングエン家のような一家であった。ここに働く力は、もちろんビスマルクが奉仕した権力とはまったく反対のものであった。が、やはり一つの力であり、他の人々はそれを祝福する一方で、またその力の影響を受け、支配されてもいた。ただこの力は女の世界が讃える力であって、男の世界が尊ぶものではなかった（ロレンスはブラングエン一家は、母権制であると言っている）。

さて、このような母と父のあいだで三人の娘たちは成長した。頭脳も早熟で責任感も早熟だったエルゼは『虹』のアーシュラに似たやり方で反応したようである。少なくともフリーダが自分の小説の中でおこなった解釈ではそうだった。彼女は、カメオのように整った顔立ちの中にあらわれるエルゼの憂鬱について、彼女の重く、ふせがちな瞼について、家庭から逃れて学校や本や思想の中へのめりこんでゆこうとする憧れについて語っている。アーシュラの少女時代の物語の大半が、主としてフリーダの姉のことを言っているとみておそらくまちがいないであろう。アーシュラの社会的・政治的批判についても、全体として反抗的な性格についても、またとくに母権制にたいする反抗についても、エルゼにことごとくあてはまっている。たとえばアーシュラは母親が小さな「くるみちゃん《ヌーシュ》」（ヨハンナ）に十分優しくしていないと信じて、妹にたいして母親代わりになろうとしている。

エルゼは十七歳で学校の教師になり、大学での学費を自分で賄い、経済学の博士号をとったあとでカールスルーエの工場視察官になっている。一九〇〇年のことであり、彼女はバーデン州で女性工場労働者の権利を保護する仕事に任命された最初の女性であった。アメリカにおけるフロレンス・ケリーと同様、彼女は工場内の女性の労働条件を管理し軽減するために、あるいは少なくとも公けに知らせるために何かしたいと願ったのである。エルゼが女性視察官という草分けの地位を得られるように尽力したのがマックス・ヴェーバーであり、ヴェーバー宅で彼女はドイツの女性運動の指導者たち、ゲルトルート・ボイムラー、ヘレーネ・ランゲ、アリス・ザロモンといった人たちに会えたのだった。彼女の博士論文は、一八六九年以降にドイツの権威主義的諸政党が労働者保護立法にたいしてどのような態度の変化をみせたかを追ったものである。このテーマはヴェーバーが最初の女子学生であったエルゼに示唆したのであるが、それは彼女自身が自由と正義のために尽くした全行程をぴったりと象徴している。父権的抑圧にたいする彼女の反抗のやり方はつねにヴェーバー的でありハイデルベルク的であった。つまり、自由主義的で、改革主義的で、合法的、知識人的であった。彼女はヴェーバーが一八九八年に病いに倒れたときベルリンへ行き、アルフレートを含むヴェーバー家の家族と知り合いになるが、一九〇〇年にはハイデルベルクに戻り、以後七十年以上、ここが彼女の故郷となる。一九一一年から一九二五年までバイエルンに住んではいたが、しかし彼女はバーデンの人だった。エルゼの人生はメッツからハイデルベルクへの旅であった。ちょうどヴェーバーの人生がベルリンからハイデルベルクへの旅であったように。彼女はベルリンで、社会学者ゲオルク・ジンメル、経済学者アドルフ・ヴァーグナー、グスタフ・シュモラーといった著名な学者の講義に出ており、またハイデルベルクではパウル・ハンゼル、ゲオルク・イェリネクのセミナーをとったが、彼女の師はあくまでヴェーバーであった。これはもちろん当時のドイツ女性としてはまったく特別な経歴である。一九〇〇年にハイデルベルクではわずか四名の女子学生の入学が認められ、バーデン州では同じ年の二月に女性が正規学生になりうることを認めたばかりであった。エルゼ・リヒトホーフェンは一九〇一年に博士号を得た。彼女を先達として一つの大きな運動がはじまった。一九〇九年には一三九名の女子学生が入学したのである。

一方、妹たちは「エルゼほど頭がよくない」と思われて迷惑していた。ヌーシュ〔ヨハンナの愛称〕はまだ幼く、エルゼが先生をしているクラスの生徒になるほどであった。ヨハンナが自分は先生の妹だということで特別扱いしてほしいと要求したこと、そして、それが厳しく拒否されたことは家族の語り草である。これはいかにもありそうな話で、というのはヨハンナはつねに特別扱いを要求するタイプであり、エルゼはつねに学校の先生然とふるまう感じがあったからである。エルゼはまた教師であるのと同じ程度に学生でもありつづけ、彼女の人間関係は、この二つの役割のどちらか、あるいは両方の特徴をもっていた。彼女自身の告白によると、彼女は三十歳になるまで、妹たちを一人前とは認めていなかったそうである。つまり妹たちは自分が面倒をみ、保護し、矯正し、責任をとってやる対象ではなく独立の人格をもっているのだとは気づかなかった。どんなに冗談めかした誇張であるにせよ、多少はそれが真実でなかったら賢明な彼女がそのように言うはずはない。それにまた、妹たちがある程度協力してくれなければ、それが真実になりようもないことにも、敏感な彼女は気づいていたはずである。ということはつまり、フリーダとヨハンナとが、可愛くて、分別の足りない、無頓着で無責任な少女の役割をすすんで演じたにちがいない、ということになる。彼女たちは、いわば休日の世界に棲む、楽しみを愛し、楽しみを与える存在であったのであり、大人になってからも彼女たちの人格の中にその痕跡を見いだすことができる。ヨハンナはそうした役割を一生演じつづけたと言ってよいだろう。しかしフリーダは、仕事の世界にはあくまで敵対しつづけながらも、自分が重要でない人物に分類されるのは我慢できなかった。彼女は、父権的なドイツにおいてすら自分が重要な存在であり、重要な女性であることを示さないではいられなかった。もっともそれはエルゼの経歴とは正反対の経歴を通して実証されなければならなかった。もちろんこれを達成するのに、彼女は自分を母権的または反父権的世界観の生全体の象徴的源と見立ててくれたすぐれた男たちを必要とした。

フリーダは野性児であった。『虹』の若きアナであった。彼女は自分が通っていた修道院付属の学校で、修道尼たちがいつも彼女の後を追いかけて「静かに、静かに、フリーダお嬢ちゃん（Doucement, doucement, ma petite Frieda）」と叫んだものだと語っているが、ある意味で彼女はすべての人が彼女の後を追って叫びつづけるべきだと決めていたふしがある。このような自我意識はたいした障害にぶつかることなく発達していった。フォン・リヒトホーフェン家では、野性的生命力が秩序正しさに劣るとは考えられていなかったからである。だからフリーダはロレンスの死後、ポーラという人物になぞらえて自らを語っている。「ポーラの母親が次のように言っていたのを、彼女は忘れたことはなかった。〝ポーラ、お前は先祖返りなのですよ。〟いまや長い人生を生きてきて、ポーラは母親のことばがほんとうであることを悟った。彼女はどう考えても現代風《モダーン》ではなかった」と。フリーダは自分が夫の言う意味で「原始的《プリミティヴ》」であると定義しており、またロレンス夫妻は原始の人を見つけようと世界中を熱狂的にめぐったが、そこにはつねに自らをも原始の人と見立てようとする要素が認められる。そしてこのような原始の人こそ、ビスマルク下のドイツが、そしてイギリスが、撲滅しつつあったものだった。

　ヤッフェ夫人が、われわれが議論している十九世紀末に、ロレンスとマックス・ヴェーバーがまったく相容れないことを記述する文脈の中で、ロレンスについて「先祖返り」ということばを用いているのは興味深い。彼女が言うのに、ロレンスはすべての「精神《ガイスト》」に反感を抱いていた。それは彼が先祖返り的であったからである。エルゼ自身はと言えば、もちろん、先祖返り的ではなかった。精神《ガイスト》こそ彼女がその人生を捧げたものであった。

　この二人の姉妹の対照が、精神《ガイスト》の権化であるゲーテにたいするそれぞれの態度にあらわれていたのは当然である。エルゼはいつも変わらぬ特別な崇拝をこのヴァイマールの詩人に捧げており、晩年、アルフレート・ヴェーバーとの生活で、彼女は宵の一時、いつも彼にゲーテを朗読して聞かせたものである。彼女はフリーダにすら、ゲーテの書簡集の一巻を送っている。フリーダにとってゲーテが彼女の忌み嫌う芸術と文化の象徴であることをすっかり忘れてしまったのである。フリーダは手稿の中で何度もゲーテと『ファウスト』の問題について語り、その両方に嫌悪を表明している。彼女の目から見ると、グレートヒェンは男にとっての女の典型であり、父権的感性にとっての女主人公の典型であり、一方イフィゲネイアは憎むべき自己犠牲の理想であった。だから彼女はエルゼの結婚をイフィゲネイア的犠牲と呼んで非難し、逆にロレンスを、とくにゲーテとは対照的な芸術家であるという点で賞賛したのであった。つまりロレンスが自らをただ男として、その皮膚がつつみこんでいるそれだけの人間として提供しているがゆえにである。彼が「ゲーテの言う〝私は永遠である〟という感情」をもたず、ゲーテ的な文化的自己制度化とか芸術的自己大理石化がないがゆえに、彼女は彼を賞賛したのである。ロレンスのほうもまた彼女に共鳴して『ヴィルヘルム・マイスター』を「奇妙に非倫理な本」と言っている。

　このようにゲーテを拒絶したフリーダと、ゲーテを愛したエルゼとは、もちろんそのままドイツの高級文化《ハイ・カルチャー》全体を一方は拒絶し、一方は愛していたのである。ゲーテ、文化《クルトゥア》、精神《ガイスト》、アポロン的心性――これらはすべて相互に連関しており、姉妹のとった態度にも象徴的にあらわれていた。フリーダは自らをエロスに捧げ、文化《クルトゥア》については、それがエロス的な主題を扱っている場合ですら、拒否した。エルゼとアルフレート・ヴェーバーのお気に入りのオペラ『トリスタンとイゾルデ』は、フリーダにとってはあまりにタナトス一辺倒であった。

　エロスとタナトス――愛と死――とは、この二人の姉妹を理解するのを助ける神話的二極性のうちの一つにすぎない。もっと他にもいろいろある。レスボスのレウクスは、アテナの機織りの技能を羨んだアフロディテがキプロス島からオリュンポスへ上ってきて、アテナの傍にすわり、彼女の真似をして、技を競おうとした物語を語っている。機織り、いや縄を編むことですら、つねに物の創造を象徴するのであり、そこから「たくみにつくる《ダイダロス》」大地という発想が出てくる。世界の根底にいる〈母親たち〉はつねに機を織り、糸を紡いでいる。しかしアフロディテは、柳のつるのような粗い糸しか紡ぐことができず（湿地に生えるこうした粗い葦は、必ずアフロディテのものだった）、そのため、彼女の織ったものは織ったはしからほどけていってしまう。アテナはそんな彼女を嘲笑し、アフロディテは絶望してあきらめ、キプロスへ、エロスのところへ戻ってくるのである。彼女が産みだすのは、この世の不完全で未完成の自らほどけてくるようなものだけで、一度すませたこともやり直しをしなければならない。一方、アテナは永遠に残存する完全で理想的な意匠を織りだすことができる。エルゼをアテナに、フリーダをアフロディテに結びつける理由はたくさんあるが、ただ注意すべきことは、この神話がどちらの女神をひいき目にしても読むことができるという点である。

　文字どおりの意味ではエルゼは裁縫も線画も絵画もあまりうまくはなかった。彼女の心性は「美的」であるよりも「知的」であり、「創造的」であるよりも「分析的」であった。彼女はちょうど妹たちを羨んだように、自分の子供たちがこうした方面にもっている天分を羨んだ。

趣味の幅がせまいという印象を与える夫のエドガーのほうが、実は彼女よりよほど芸術がわかって、彼女がまるで解さなかったピカソやフランツ・マルクの作品を、すでに一九一〇年以前に買いこんでいる。また彼女がつねに効率的であったともけっして言えない。戦後、彼女は夫が所持していた絵を他の所持品とともに売り払ってしまって、ひどい損をしてしまった。娘は精神分析医の支払いをするのに、屋根裏にうちすててあったピカソの線画一枚で十分だったらしい。しかし、こうした表面的な意味での「アテナ性」がエルゼに厳密に合わないからこそ、神話の意味は、いっそう意地悪なまでにふさわしいものとなる。

こうした姉との葛藤がフリーダに与えたもっとも顕著な効果とは、ごく日常的なことにせよ、高邁な思想にせよ、思想のあらゆる領域で自己を戯画化してみせるというかたちでなされる、知性の放棄であったと言えるであろう。彼女はすべての実際的な事柄について救いようもなく駄目で、電話すら使えなかった。また組織的な仕事をやるにも、発作的にしかできず、いかなる概念的構築も一貫性をもってすることができなかった。それだけではない。鋭い感受性をもっていたにもかかわらず、語の使用についてすら、しばしば、つまり、必ずといっていいほど繰り返し、子供じみたまちがいをするのだった。野心的な精神をもち、思想に情熱的な反応を示す女性であったのに、あまりに不器用で、精神の道具を利用する上でのごくふつうの技術と注意が欠けているゆえに、とかく恥をかくはめに陥るのだった。だから彼女に会った人の多くが、愚かだとか、とるに足らないとか、陳腐だとか決めこんでしまった。しかし、それはとんでもない見当違いである。あれだけ顕著なパターンの行動をとるのに、その裏に何らかの意図と意志力がないはずがない。彼女は自分を戯画化していた。そうすることによって、エルゼとの競争や比較を、そして後年にはロレンスとの競争や比較を、自分の側から拒絶していたのである（たしかにある意味で、ロレンスの心性はフリーダの心性よりエルゼの心性に似ていた。ただ気持ちとしてはロレンスはフリーダのようにありたいと考えていたのである）。

われわれは、フリーダが自伝的作品と述べている『虹』に出てくる子供のアーシュラの逸話に幼いころのフリーダの面影を見ることができる。アーシュラはやはりきって父の庭仕事の手伝いをしようとするのだが、やりはじめてみて仕事がわからなくなり、怖くなって、へまをして投げだしてしまう。父親が上機嫌で、しかし、ことば荒く彼女をとがめると、彼女はひどく傷ついて、返事もせずに逃げだし、隠れてしまう。彼女の魂が拒絶に出会ってよじれ、仕事の世界は自分には合わないのだと決めてしまう。

ここでエルゼの幼いころの想い出が、庭で楽しく父親の手伝いをすることだったということ、能率よく力を合わせて仕事をすることだったということを知らされると、このフリーダの逸話が彼女にとってもつ意味がより明確に、またより重要になる。つまり、フリーダにとって仕事の世界を放棄することは、他の多くの放棄とともに、エルゼと競争すること、あるいはエルゼの真似をすることすべての放棄であった。フリーダが世の中に向けた快活さと自然さ、「たんなる女性であること」という顔の下には、傷つけられた自尊心という強力な要因が隠れていた。その自尊心は、彼女を認め、評価し、肯定する男が触れさえすれば、たちまち情熱的な感謝と大胆な輝きに咲き開く用意ができていた。

フリーダ自身の子供時代の幸せな思い出といえば、家の煩わしさから逃げだして、軍隊の訓練場でホームシックになった若い徴集兵が集まって唄ったりしゃべったりしているところへ駆けていったことであった。彼女は一人一人の男の故郷の民謡を覚えて、テーブルの上や階段の上で歌い、二十人もの若い男たちの拍手喝采を浴びたのだった。最後に彼女が走って家に戻ろうとすると「またすぐおいで」と口々に言う叫び声が後を追ってきた。厳密に因果的なものか、たんに象徴的なものであるかは別にして、この経験もまた彼女のその後の成長につながっている。フリーダはある意味で、いつでも男たちの喝采を待っていた（彼女がロレンスに教え、そしていっしょに歌ったいくつかの歌がある——戦時中にとくによく歌われた——そして彼が死んだ日の夜、その床のそばで彼女はそれを歌った）。

三人の姉妹の中でフリーダが最初に結婚した。十五歳年上のフライブルク大学の英語教師《レクトール》アーネスト・ウィークリーに会ったとき、彼女はまだ十七歳だった。彼は大学人で、言語学者で、紳士であった。ある意味で独学で、ヴィクトリア朝的な価値観に頼っていたが、自分自身でもっていたのはエドワード朝的なものであったかもしれない。つまり、自分がもっとも大切にするものは、社会が確保してくれるものと考えていた。だからフリーダが規則破りをして、ロレンスと駆け落ちをしたとき、彼は破滅し、精神的に分裂してしまった。そして、彼の矛盾したさまざまな行動はついに、彼らしくない、不寛容な厳格さというかたちをとるにいたったのである。

ウィークリーの家族はロレンスの『処女とジプシー』の中に、フリーダとの結婚は「新しいイヴと古いアダム」の中に戯画化されている。もっともそこに登場する男はウィークリーというよりロレンス自身である。彼は上昇志向のロンドンのある家庭の九人兄弟の一人であった。兄が早く亡くなったため、彼は最年長の兄として責任ある立場となり、親類の一人が経営する学校で無料の教育を受けたあと、十七歳で自活する教師となった。彼は夜間に勉強して次々といろいろな試験に合格し、ケンブリッジ大学とベルン大学への奨学金を得たが、地位が安定したのは一八九八年、三十四歳でノッティンガム大学に採用されてからであった。そのとき彼は人生ではじめて休暇をとることにした。黒い森《シュヴァルツヴァルト》を歩いてすごしたその休暇中にフリーダに会ったのだった。この休暇こそ彼の人生の頂点であった。彼ははじめて自らの美徳の報償を得たのだ、というのが両親や弟たちの感想であった。ウィークリーは彼らの英雄であり、美徳の英雄であった。そしてフリーダこそ彼の至上の報償となるべきである、と彼はまもなく気がついた。想像力あふれる若い少女にとって、それはいかにも魅力的な役割だった。それはまさに多くの小説と夢と、当時の神話から出てくる役割であったから。

ウィークリーは一八九九年にフリーダと結婚し、彼女をノッティンガムに連れてきた。彼は講師に就任したばかりで、一九〇六年にはD・H・ロレンスが彼の学生となった。バーバラ・バーが語る一つの逸話はウィークリー家の雰囲気をよく描きだしている。フリーダはいかにも芸術家風に飾った居間のピアノでソナタを弾き、アーネストが、そっと忍び足で来てピアノの上にペニー銅貨を二つおいた。が、フリーダは頭を振って弾きつづけた。そんないかにも愛すべき冗談も、彼女の規準からは軽蔑すべきものであり、重要な、偉大なる者ならんとする彼女の決意にとってはまったく見当違いなものであった。

ウィークリーはさらに教授となり、ノッティンガム大学芸術学科の学科長《ディーン》となった。しかし彼はフリーダの自立心について本気に考えようとしたことはなかった。

どうして彼女はこれほど自分に合わない男と結婚したのだろうか。彼女は、威厳があり確固としたところがウィークリーの魅力だったと言っている。ポーラを通して彼女は自らを語っている。「ポーラは生まれてはじめてしっかりとした土地に足をおろしていると実感した。ここには自分の育った家庭とは違ったものがあった。イギリス風の彼の家庭で、彼女は家族の団結を、親密な仲間を、追求すべき理想を感じた。彼女自身の家族生活はひどくばらばらなものだった。そこには気概というものがなかった。求められていたのはただ、その場その場の満足と楽しい時間だけであった。ポーラが求めていたのはそれ以上のものだった。彼女は両親と、彼らの皮相的で皮肉な人生観と闘いつづけてきたのだった」と。そのうえ彼はとても博識で、そのことはフリーダにとってたいそう重要だったのである。

さらに、エルゼがモデルになって彼女に影響を及ぼしたということもあるかもしれない。アーネストはエルゼが望むような夫であると、フリーダは感じたのではないだろうか。否、もしかしたらアーネストはエルゼの男性版であったかもしれない。そしてまた、彼女は自分が彼に及ぼす性の力に夢中になっていた。この学識も威厳もある男に自分が与えた影響についての彼女の小説の中での記述は、自分で自分に夢中になっているところがある。

ポーラが泉に近づくにつれて「と、フリーダは書いている」彼女は、彼があんなにも愛したピンクと白のコートとピンクと白の陽除けの帽子を意識していた。彼女は彼のことよりも、自分が彼に及ぼす効果のことを考えていた。とうとう彼女は彼が暗い松林の入り口に、木々が深いアーチをなした道を背にして立っているのを見た。彼は日常生活から突然浮かびあがってきたかのようだった。彼はわけもわからず、われを忘れて、近づいてくるピンクと白の少女の中にのみ自分の存在があると思うのだった。感情の高まりのせいでほとんど彼はマヒしていた。少しぎこちなく感じながら、彼女は彼のところまで近づいていった。彼は彼女を腕に、優しく、優しく抱き、彼女を怖がらせないように自分の情熱を抑えていた。「私の雪の花《スノー・フラワー》」と彼は言った。

しかしながら新婚の夜はどうやら惨憺たるものであったらしく、やがてフリーダは夫の精神のさまざまな短所を発見しはじめた。その結婚は『三人姉妹』のマーシャとクルイギンを思いおこさせるものがある。

ヨハンナの結婚はフリーダの結婚の二年後であった。当時彼女は十七歳で、十八歳のとき、彼女は自分の倍の年の男の子供を生んだ。夫は参謀将校であった。連隊の先頭に立ち、美しい馬に乗って、群衆の前を闊歩したことがあるというのは、人生でもっとも偉大なる経験であると彼女は思っていた。

さらに、その生涯を通して、ヨハンナは男たちの注意を集めつづけたが、それというのも、彼女が家族きっての美人だったからで、また気まぐれ娘の役もやってのけた。彼女はアフロディテの娘であった。一度ロレンスはこの三姉妹がそろってバーデンに母親を訪問したときに「三美神よ、ようこそ」とフリーダに宛てて書いたが、これはどの一人に呼びかけてもふさわしいものである。しかしいちばん上の姉は特別な意味でオリンピアの神殿に属していた。

ハイデルベルク

エルゼは妹たちが二人とも結婚し子供をもうけても、まだ独身でいた。彼女にとっての仕事は工場の視察官であって、この仕事は彼女にとってひどく消耗するものだったし、労働者階級を相手にするのも楽ではなかったが、しかしマックス・ヴェーバーとマリアンネ・ヴェーバーとの友情のゆえに、彼女はハイデルベルクの学界の一員でもあった。彼女は詩人のフリードリヒ・グンドルフがハイデルベルク大学を訪ねたとき最初に友人となった一人であり、大学にグンドルフを訪ねてきたシュテファン・ゲオルゲ・サークル全員を迎えたのも彼女だった。そして、厳密に言えばハイデルベルク圏外だが、ハイデルベルク的な価値が顕著な位置に、政治的改革者のフリードリヒ・ナウマンがおり、彼とも彼女は知り合いになった。ナウマンはドイツの国内政治において自由主義的知識人たちが「未来を賭ける男《ホワイト・ホープ》」その人であり、またマックス・ヴェーバーの友人であるとともに、いくつかの点で彼の弟子でもあった。ヴェーバーの別の友人たちの中には、フェミニストのゲルトルート・ボイムラーのように、ナウマンの新聞『援助《ディ・ヒルフェ》』に協力していた者もある。エルゼがある程度まで手本にしていたマリアンネ・ヴェーバーは、後にフェミニズムの問題についてのすぐれた記事を書いたり演説をしたりするようになる。

後に（手稿のかたちで）まとめた自伝の第一節を、エルゼは「マリアンネ・ヴェーバーの大いなる影響について」という題目で書き出している。これはマリアンネが、女性が知的かつ政治的な活動をするという、つまり、女が男の世界に入ってゆくという可能性と理想と義務とについてエルゼに手本を示した、と解するべきである。この二人のあいだのやりとりで主要な役割をしている単語は「仕事《アルバイト》」である。この語が指しているのはたいていは自分または相手が書いている著作であり、あるときは一教授のために彼女たちがしている仕事であり、あるいはエルゼの工場視察の仕事であり、または「労働者」の仕事を指していたが、これらすべての意味が混じりあい、共鳴しあって「アルバイト」が二人の生活の象徴となっていた。フリーダ・グロスもフリーダ・ウィークリーも「仕事」をしたいと望んでいたが、それはエルゼに向かって語られており、どちらにとってもエルゼこそ「仕事」の権化であり、彼女たちの仕事への願望はエルゼによって少なくとも火をつけられたものであった。規模は小さいが、彼女は女性の「仕事」をすすめる運動の英雄であった。一九〇一年の末には講演旅行もし、フリーダ・グロスの叔母にあたるゾフィー・リールは、他の女性のための研究や仕事の機会をどのようにさがしたらよいか相談する手紙を、一度ならずエルゼに出している。

だから、女性運動関係の友人たちは、彼女がキャリアをそんなに早く放棄してしまったことに落胆した。たとえば、工場内の女性の労働条件にとくに関心をもっていたアリス・ザロモンは、ずっと後になって、当時自分がいかに驚き残念に思ったかをエルゼの娘に語っている。エルゼが活動を放棄して、私生活と隠遁生活を選んだように思われたのである。実際は彼女の生活はきわめて精力的であったが、それは他の者に霊感を与えるというやり方であった。彼女は知的生活の女神《ミューズ》となった。彼女がこれを一種の敗北と感じていたであろうことはまず確かである。というのは一九〇二年にゾフィー・リールがエルゼに宛てて書いた手紙があり、その中でゾフィーは、その気になればもっと急進的、効果的に自分を示しうるのにそれをせず、社会的理念に自らの天分を生かしていない、とエルゼになかば非難されたことにたいして弁解をしている。この非難はじきにエルゼ自身にもはねかえってきたわけで、このひけ目のゆえに、エルゼはますますマリアンネ・ヴェーバーへの倫理的恩義の思いを深めたのかもしれない。

理由が何であったにせよ、彼女は人生前半の活動中心の生活をやめ結婚生活に入ったのだった。彼女はすでに一八九九年にベルリンでアルフレート・ヴェーバーに会っており、彼は彼女に恋をした。そして一九〇一年、彼女は一時婚約した。しかし一九〇二年、ひどく唐突に、しかも説明を拒んだまま、彼女はマックス・ヴェーバーのもう一人の愛弟子であり政治経済学者でもあった、エドガー・ヤッフェと結婚したのだった。妹たちも友人たちも、彼女が愛のない結婚をしたとひどくショックを受けた。それはベアトリス・ポターの友人たちが、彼女とシドニー・ウェッブとの結婚にショックを受けたのにも似ていた。

実質的にはエルゼ・フォン・リヒトホーフェンが結婚した相手はハイデルベルクであった。彼女が当時エドガー・ヤッフェを受け入れた動機が何であったかは別にして、その一生全体をふりかえってみると、この結婚が彼女に与えたもっとも永続的な結果と報いとは、彼女が永久にハイデルベルクの一部となったということ、まさに知的生活の社会的焦点の一つとなったということであった。彼女は自由主義的な、改革派の、抵抗するドイツに仲間入りし、反ビスマルク運動の二大中心の一つの中へ入っていったのだった。もう一つの中心とはミュンヘンで、フリーダ・フォン・リヒトホーフェンが移り住むことになる都市であるが、ハイデルベルクからみると、あるいはエルゼ・ヤッフェからみると、ミュンヘンの政策は瑣末であるか危険であるかのどちらかであった。プロイセン主義にたいするすべての道理に適った、有用な、責任のある、真剣な抵抗はバーデン地方、とくに大学都市を中心に集まっていた。厳密な意味でハイデルベルクがいかなる抵抗運動をおこなったかは、もう少しあとで、エルゼ・ヤッフェ党の英雄であったマックス・ヴェーバーをとり扱うところで明確になるであろう。

今みたように、エルゼが結婚したのは「実質的には」

ハイデルベルクであったが、それにもかかわらず、文字どおりの事実としては、小柄で凡庸で金持ちのエドガー・ヤッフェであった。一八六五年の生まれで、ハンブルクを中心とするユダヤ人商人の家庭の十四人の子供たちの一人であった。息子たちの何人かは麻や木綿の布地を取り引きする家族工場の代表として各国へ派遣されていた。エドガーはスペインにしばらく滞在してからイギリスのマンチェスターに十年以上住み、かなりの財産をつくった。マンチェスターのヤッフェ工場は雇用者が被雇用者にたいして公正かつていねいであるという、きわめてよい評判をもっていた。彼らは被雇用者に公会堂で開かれる『メサイヤ』や『エリヤ』の公演の切符を必ず与えた。父親が亡くなると、エドガーはドイツへ帰り、学者の道を歩みはじめた。

　その世代のヤッフェ家の人々はみな裕福であった。彼らは早々に引退して、ある者は自分の領地で地方《カントリー・》郷士《ジェントルマン》の生活を送り、馬や鯉を飼ったり、バラを植えたりしていた。ヤッフェ家の人々はすべての面で、歴史家たちがビスマルク帝国《ライヒ》の確立期と結びつける、ユダヤ人の贅沢な繁栄の典型をなしていた。また、その血のゆえに彼らは、不成功に終わったドイツ人の羨望と敵愾心をあおって自らを破滅にみちびくことになる、あの「ユダヤ的成功」をも代表していたのである。

　学者になったことで、エドガー・ヤッフェは一家の伝統からはずれた生き方をした。彼はエルゼ・フォン・リヒトホーフェンが冒険的であったのと同じ意味で冒険的な人間であった。しかし、両人とも時代の一つの知的運動に属していた。二人が危険を冒して学問研究へ、社会科学へ、そして師匠マックス・ヴェーバーへとつきすすんでいったやり方はたしかに例外的であったが、それはまたこの時代に典型的でもあった。当時社会学はユダヤ人の学と呼ばれることがあった。それは学問的分野としては最新のものであり、人間文化の探究においてもっともアポロン的であり、科学的であった。それは新しいプロイセン・ドイツを分析し、その行きすぎにたいし理性的に抵抗する方法を模索していた。

　ヤッフェは富裕な男であったから、エルゼのためにすばらしい別荘を建てることができた。彼女は何人も召使いをかかえ、ハイデルベルクの知的生活の女主人となった。しかし、ヤッフェは知的には冒険家であったにもかかわらず――実際彼は生活のさまざまな面で冒険家であった――表面的な人柄は臆病で、杓子定規で、几帳面で、細事に明け暮れ、退屈な男であった（この点でも、結婚についてと同様、彼はシドニー・ウェッブに似ている）。彼は通常は寡黙で付き合いにくく、それでいていったん話しはじめると講釈をはじめて止まるところを知らず、制御のきかない、ペダンティックな長談義となってしまうことが多かった。

エルゼが彼を愛したことはないということについては、一般に異論がなさそうである。しかし、ヤッフェと結婚することによって、彼女は自分にとってあれほど重要だった知的生活における有力者となることができた。ヤッフェは彼女のために、ハイデルベルク全体を見おろし、町中から見える高い丘に、四階建ての別荘を建てた。赤い三角屋根で、たくさんの窓がついており、出窓やバルコニー、ブラインドつき、ドルマー窓、タテ長、ヨコ長のものなど実にさまざまで、まさにブルジョア的生活の神格化であった。それは石としっくいと煉瓦と木とを用いた、当時の知的生活に霊感を与える女神にふさわしい舞台をなしていた。しかし彼女の結婚の大きな動機の一つはおそらく彼の財産で、もちろん彼の完全な同意のもとにであったが、それによって両親と妹を助けることができる、ということであったにちがいない。ヨハンナとその夫、そしてリヒトホーフェン男爵が、いざというときにエドガー・ヤッフェから相当な金額を借り受けていたと言われている。そして、何よりもっとも大事なことは、エルゼが夫に、彼が欲していたものを与えていたことであろう。表面的な人柄はいかにも冷静でアイロニカルで決断型で容赦なかったエルゼの生涯では、憐憫と自己犠牲こそつねに主たる動機をなしたのである。彼女は自分と夫との関係を、フリーダ・グロスに宛てて、「友情的《フロイントシャフトリヒ》」なもの、と記述している。ある時点では、ボヘミアンの要素とブルジョアの要素が不安定に混じりあったエドガーこそ、自分の選んだ生涯最高のパートナーであるとまで言っている（ところで彼女はフリーダ・グロスに、二人の生活様式が距たれば距たるほど、つまりフリーダがボヘミアン的になり、エルゼがブルジョア的になればなるほど、お互いに親近感が増す、と言ったことがある）。彼女によればエドガーは神経過敏で、非生産的で、ブルジョアの生活に合っていなかった。だがその後の出来事から考えると、むしろ彼の想像力がブルジョア生活に合わなかったようである。

ロレンスは「牧師の娘たち」を書いたときにヤッフェ夫妻の結婚のことを考えていたようである。メアリ・リンドレーは「長身で整った顔立ちをした、運命にたいする諦めに満ちた誇り高い、純粋な表情を浮かべて」おり、それはそのまま正確にエルゼを描き出していた。一方ルイザ（明らかにフリーダ）は背が低く、丸ぽちゃで、強情な顔つきをしていた。メアリはマシーという若い金持ちの聖職者に愛されたが、その男は小柄で、臆病で、頭がよいが非人情で、肉体的に嫌悪感をもよおさせるところがあった。リンドレー夫人は家族の中でも支配的な人物で、フォン・リヒトホーフェン男爵夫人を思わせる女性であるが、彼女はこのマシーを我慢できなかった。「単純な日常会話にすら加わることができず、彼は家のまわりを歩きまわり、あるいは、居間にすわって神経質そうに横目でそこここを見やり、いつも自分だけの、冷えきった、稀薄な世界に離れて住んでいた。彼はつねに小心であったが、義務感に関してはまったく非のうちどころがなかった。……その行動に関するかぎり、メアリは彼を尊敬し、賞賛しないわけにはいかなかった。その結果、彼女は彼に奉仕しなければならなかった。彼女は無理に努めており、嫌悪感にふるえながらも、意欲しつづけようとしていたが、そのことに彼は気がついてはいなかった。」

ルイザは母親とともにマシーに反感を抱いていた。たしかに姉の「りっぱな態度」の前には控え目ではあったが。メアリもマシーに何か足りないところがあるのを認めたが「ほんとうはいい人なのだ」と言って譲らなかった。二人が結婚したときのルイザの反応は怒りであった。そこには自分の「信仰」が傷つけられた、という感情がこめられていた。「現実がどうかということをお姉さんはぜんぜん気にしないのかしら」と彼女は自問した。そして自分がこれまで理想としてきたメアリも、結局は信用できないのではないか、と考えるようになる。「どうして彼女が純粋でありえようか――存在は精神的で行為は欺瞞的などということはありえない。」ルイザはメアリが高い精神性をもつとは信じられなくなった。もはやそれは本物とは思えなくなった。そして彼女はこう考えた。「まちがっている、彼らはみなまちがっている。あの人たちは、取るに足らないもののために魂を砕いてしまった。そして彼らには愛のひとかけらもない。私は必ず、愛を手に入れるわ。あの人たちは、みなが愛を否定することを望んでいる。あの人たちは自分が愛を見いだせなかったので、それが存在しないと言いたがっているのよ。でも私は愛を必ず得る。私は愛する意志をもつ。それは私の生まれながらの権利だもの。」

一つには、メアリは相手が金持ちでリンドレー家の人々を楽にすることができるために結婚したのだった。「彼女は自らを売った。しかし彼女は新しい自由を得たのだった。彼女は肉体を放棄した。彼女はより低いもの、すなわち肉体を売って、より高いもの、すなわち物質的なものからの自由を得た。彼女は世界における地位を買いとったのであり、それ以後この地位は当然のものとなった。あとは、彼女の活動はただひとすじ、慈善と高い精神生活のみに向けられていった。」メアリは人前では夫を恥じていたが、この夫の息子を生んだ。息子は成長するにつれて彼女を真似て父親を無視することを覚えた。父親が完全に彼を熱愛していたにもかかわらず。

一方「愛を手に入れることを意志した」ルイザはメアリの精神性に反抗し、炭坑夫のアルフレッド・デュラントを愛人とした。アルフレッドにロレンスの面影はまったくないが、ルイザの労働者との結婚は明らかにフリーダのロレンスとの結婚を指している。はじめ「二つの結婚」と呼ばれたこの物語は、二人の姉妹が選んだ対照的な人生の道がもとになっている（ついでながらこの話は、非人情なキリスト教徒である小柄な牧師を、学者に変身した、冒険心に富む、もと企業家のユダヤ人ヤッフェに重ねて読みなおしてみると、ずっと面白くなる）。メアリの結婚をめぐるあらゆる動機に関連する箇所は、きわめて偏向的で、しかも共感をもって描かれているが、それはロレンスとフリーダがエルゼに抱いていた感情を代弁している。彼らの目からすると、ヤッフェ夫妻の結婚はハイデルベルク型の結婚であり、男と女が、社会的・倫理的価値の共有という一点を基礎にして結びついているという、誤った種類の結婚であった。

フリーダにとって姉の結婚は、ずっと感じつづけてきた自分と姉とのあいだの絶対的な差異が結晶したものと映ったにちがいない。それはいわゆる「精神的」かつ「知的な」諸価値にたいする、そしてまたそこに隠されている生の価値にたいする不信《シニシズム》――『虹』におけるウィニフレッド・インガーや、息子のトム・ブラングエンといった人物のもっているシニシズム――にたいする彼女の怒りと反抗のエネルギー源となった。それが姉妹の関係にどういう意味をもったかはロレンスの物語から明らかである。「メアリはまちがっている。ちがう、ちがう、ちがう。まちがっている。あの人はちっとも偉くない、にせものだ、欠けている。二人の姉妹は今や離ればなれであった。二人はいまだに愛し合っていた。二人は生きているかぎり愛し合うだろう。しかし二人は違う道を歩んでいた。」

　これは、フリーダ・ウィークリーがエルゼ・ヤッフェについて口にしたコメントととってもよいと私は考えている。フリーダが物語のルイザとちがって一九〇二年にすでに結婚し、母親になっていたという事実は、むしろ物語以上に彼女の愛にたいする主張をより大胆に、より怒りに満ち、より義憤に満ちたものにしている。フリーダが姉より前に教授と結婚していたゆえに、エルゼの選択はより熟慮された、より責任ある、より意図的なものに思われたにちがいない。「精神的な」「知的な」結婚についてのフリーダの見解は、ロレンスの著作全体が表明している。

　しかしながら、エドガー・ヤッフェについての興味深い事実をながめるためには、ロレンスの観点は不適切である。ヤッフェはきわめて面白い人間であり、その点を見逃したことはロレンスらの視点のもっとも顕著な短所であると言ってもよいであろう。たしかに〈女〉の世界では彼はまったくの無であった。そしてそれが彼らの見たすべてであったのである。「牧師の娘たち」にはすばらしいものがいろいろあり、その最高の意味における芸術的手腕があるが、マシー氏はそれに浴していない。エドガー・ヤッフェに比べると彼はいかにも粗野で、愚かにすら描かれていると言わざるをえない。

　エドガー・ヤッフェは一九〇四年、イギリスの銀行組織についての論文により教授資格《ハビリタツィオン》を得、その論文を本にして出版した。同じ年に彼は『社会科学・社会政策雑誌』〔以下『雑誌《アルヒーフ》』とする〕をハインリヒ・ブラウンから買いとり、事実上マックス・ヴェーバーに提供したのだった。このことによってエドガー・ヤッフェはドイツにおける社会学の発展に重要な貢献をしたのみならず、もっとも個人的な意味においてマックス・ヴェーバーの業績に寄与した。一八九七年以降、ヴェーバーは神経症のため、教師としても著述家としても、そして思想家としてすら活動できなくなっていた。『雑誌《アルヒーフ》』の活動を通して彼はよみがえり、後期の業績がここから生みだされることになる。ヤッフェとヴェーバーとヴェルナー・ゾンバルトが雑誌の編集にあたっていたが、明らかにヴェーバーが三頭政治の長であった。彼の管理のもとに『雑誌《アルヒーフ》』は長く継続し、またきわめてすぐれた業績を残すことになる。

こうした企てをエルゼ・ヤッフェが促したのではないかと考えないではいられないが、そもそもはヤッフェ自身のヴェーバーにたいする崇拝が動機であって、彼女は事後にそれを讃えただけだということもありうる。ヤッフェという人は人の役に立ちたいと望む人間で、とくに自分以上の大人物のために万端整えるという仕事が好きであった。

彼自身の仕事は経済の諸問題についての明快な著述家であり、有能な解説者であった。もっとも、政治的な問題となると、彼があまり深い思索力をもっていないことが明らかになる。エルゼもまた、明快で興味深い文章を書いたが、夫よりいくらか個性的であったとは言え、基本的には同じ弱点をもっていた。二人の書いたものには謙虚で育ちのよい精神、よく訓練され知的ゲームの規則をよくわきまえ、かつ自らの限界をわきまえた精神があらわれていた。彼はしばしば、ロレンスが扱った主題に関連したことをも語り、それを人道主義的な、てらいのない率直さで語っている。たとえば一九一三年の「イギリスにおける労働問題」の中で「イギリスの上流階級の新世代は、俗な物質的競争に背を向け、親たちが働いて得たものを、楽しい文化的追求に費したいと考えている」と書いている。ロレンスはこのテーマを「英国よ、わが英国よ」の中で扱っているのだが、実はドイツにおいても似たような、父権的支配の緩和現象がみられたのである。ヤッフェ自身も当時のミュンヘンでのこうした規準の緩和を享受していた。しかし彼はまた一種の福祉国家的社会主義にも興味をもち、ロイド・ジョージと彼の社会福祉立法に熱心な解説をしている。サンディカリズムや議会を通さない直接行動にある程度同情的ではあったが、彼のもっとよく熟慮された思想の路線は大ざっぱに言ってフェビアン社会主義——ハイデルベルク政治特有の一種の改革主義——で、この路線を彼は革命期までずっと保持していた（一九一八年、エルゼは革命の波高まるミュンヘンで、フェビアン協会のパンフレット『われわれはいかにして戦争の代償を払おうとするのか？』を翻訳・出版している）。

　ヤッフェが革命に際して果たした役割については、この節の終わりでもう少し触れるつもりであるが、ここで特記しておきたいのは、彼がハイデルベルクというずっとずっと良心的な「礼節をわきまえた」社会の核心部にいたあとで、ミュンヘンの芸術村シュヴァービングの生活に厖大な精力と企画性とをもって没頭していったことである。彼は、おそらくシュヴァービングでもっとも頭のよい人間であったオットー・グロスの友人となり、また当時のもっともすぐれた解放された女性であった、ファニー・ツー・レーヴェントローを愛人とした。彼は現代絵画のパトロンとなり、画家たちを歓待し、また新しい絵を買いこんだ。戦争のあいだに彼は平和主義者となり社会主義者となり、そしてついには革命家となって、クルト・アイスナーがバイエルンの王を王座からひきずりおろすのを助けたのである。彼の様子《マナー》がいかに臆病であったとしても、彼の行動そのものは大胆であり、多彩であった。しかしそのときまでに、彼は非公式にではあるが妻とは離別していた。

　三人姉妹の結婚はすべて失敗だった。もっともヨハンナの場合は、結婚しながら他の男たちと恋愛関係をもつ自由を確保したかっただけだというなら別である。しかし、フリーダがイングランドの片田舎に閉じこめられ、自分の奥深い欲望と大胆な野心を向けるものと言えば子供たち以外になかったのにたいし、エルゼにはハイデルベルクがあり、かつ当時この町は生活と思想の中心としての最盛期にあった。そもそも彼女の結婚そのものが、マックス・ヴェーバーの主要な弟子二人の精神間に結ばれたハイデルベルク的伴侶《パートナー》関係であり、その伴侶関係が明らかに失敗に終わっても、ハイデルベルクは残った。

　当時ドイツの大学と言えばヨーロッパにおいても主要な大学であった。たとえば一八九五年にはソルボンヌには三十人しかアメリカ人の学生がいなかったが、ベルリン大学には二百人もいた。バーデン地方の二つの大学、ハイデルベルク大学とフライブルク大学はなかでも最大の大学で、とくに哲学と歴史と社会科学においてすぐれていた。一八七〇年以前には外国人学生、少なくともアメリカ人学生は、主として科学および医学を学びにきたが、十九世紀末の三十年間は、むしろ教養学科《リベラル・アーツ》、および社会科学を学びにきていた。このバーデンの二大学では、ドイツの他のどの大学よりも急進的な社会学説が提起され、議論されていた。批評家たちは当然のことながら距離をおいて語るほうを好んだから、急進主義そのものはバーデンに集まり、ベルリン大学はヴィルヘルム時代の公式な国粋主義の中心地となったのである。

政治的にはバーデンこそ、ドイツにおける自由主義の中心地であった。ここの支配者は代々政治的に自由主義的であり、庶民的であり、政府はドイツでもっとも自由主義的な憲法をもち、したがってもっともイギリス的であった。バーデン公マックスは一九一八年、ドイツ首《チャン》相《セラー》となったのであるが、それは軍隊すなわちプロイセン軍の敗北が明白になった時点での、自由主義者たちへの譲歩の一つであった。

さらに、バーデンは学者を大切にした。プロイセンの教育相アルトフは暴君で、実はマックス・ヴェーバーも彼と一悶着あったのだが、バーデンの教育相ジギスムント・フォン・ライツェンシュタインは、学界《アカデミア》における偉大な政治家であった。それからバーデン大公はハイデルベルクの教授《レクトール》であり、代々の支配者一家は大学の事柄に関心を抱いていた。そして最後につけくわえるとハイデルベルクの教授たちの給料はベルリン大学の教授よりもずっと高く、社会的な地位もずっと高かった。

ドイツの知識界におけるハイデルベルクは、ちょうど一世紀前のドイツでヴァイマールが果たした役割を演じていた。他の公民《ブルガー》は一年に一、二度するところ、一週間に一度という頻度で公式の晩餐会をする教授もあった。たとえばヘンリー・フォン・トーデ教授のもてなしはすばらしかった。彼の妻ダニエラ・フォン・ビューローは、リヒャルトとコジマのヴァーグナー夫妻の娘で、毎月曜の午後会をもち、そのあとで客は夫の芸術史の講義に出席した。そこでの会話の調子は教義的であり、儀式的であった。というのは大戦直前のハイデルベルクの知識人サークルのうち三つの主だったもの、すなわちフォン・トーデ、シュテファン・ゲオルゲ、そしてヴェーバーを中心とするサークルのうち、フォン・トーデのサークルがもっとも権威主義的だったからで、一方ヴェーバーのサークルは社交的スタイルとしてはもっとも簡素であった。

　ヴェーバーのサークルでは何人かの女性が目立っていた。マリアンネ・ヴェーバーとエルゼ・ヤッフェの他に、エルゼのあとを継いでバーデンの工場視察官になったマリ・バウム、ゲルトルート・ヤスパース、ゲルトルート・ジンメルがいた。大学の儀式的社会生活は一九一四年夏、シュヴェッツィンガー公園《パルク》のゴタイン家で開かれた教授《プロレクター》のパーティでクライマックスに達した。ここの知的生活は、サロンでよりもなかば非公式の読書会とディスカッション・グループを中心にしており、その数は相当なものであった。しかしこのような催しはすべて連続したもので、思想の交換も、あらゆる社会的出来事も、生活のすべての局面にはたらいていた。エルゼ・ヤッフェは、いとこたちが読んでいる知的な子供だましの読みものを自分の子供たちには読ませなかった。彼らが十歳になる前に『オデュッセイア』を読んでいたのを、娘の一人が覚えている。

　ヴィルヘルムの治世に、すぐれた才能ある男たちが数多くハイデルベルクに集まっていた。哲学ではヴィルヘルム・ヴィンデルバントとハインリヒ・リッケルトがおり、神学ではエルンスト・トレルチ、社会学ではマックス・ヴェーバー、アルフレート・ヴェーバー、心理学ではエミル・クレペリンとカール・ヤスパース、文学ではフリードリヒ・グンドルフがいた。それは全世界の自由主義の中心地の一つであった。一九〇七年にはパキスタンの哲学者・詩人・精神的指導者ムハンマド・イクバルが住んでいた。ヴェーバーの日曜日の「昼の会《ジュール》」で、エルゼ・ヤッフェはジンメル、グンドルフ、ジェルジ・ルカーチ、エルンスト・ブロッホ、ピアニストのミナ・トブラー、女優のクレーレ・シュミット＝ロンベルク、そしておおぜいのロシアの革命派の学生たちに会った。たとえばオイゲン・レヴィネは、ミュンヘン共産党体制の後期の指導者であったが、一九〇五年以降、ハイデルベルク大学の学生であった。マックス・ヴェーバーは一九一三年、学生の「講演会場《レーゼハレ》」の開会式で演説をし、しばしばそのメンバーを招いてもてなした。彼は、もしもう一度教えることになったら、ロシア人、ポーランド人、ユダヤ人をメンバーとするセミナーを開きたいと言った。

グスタフ・ラートブルフは、学生時代のロシア人の友人たちの中で、マシアス・コアン＝ベルンシュタインの名をあげているが、彼の父親はマシアスが生まれる前にシベリアで処刑され、まだ生まれてこない息子に、有名な革命的はげましの手紙を残した。医者であった彼の母親は、彼が大学へ入ったときにハイデルベルクまで息子に同伴した。のちに彼自身ボリシェヴィキに撃たれている。またボリス・カッツもおり、彼はボリス・カムコフの名でボリシェヴィキ下のロシアで社会革命家として投獄され、その後追放された。また陪審人民委員となったイザヤ・シュタインベルクもいた。重要資料をドイツ語からロシア語に翻訳したミナ・オストロフスキー、非政治的だったオシプ・ベルンシュタイン、その他さまざまで、ほとんどユダヤ人であった。のちに彼らの多くが遭遇した悲しい運命が、ヨーロッパの急進派の悲しみに満ちた歴史の重要な部分を占めることになるのであるが、彼らは戦前の数年間はハイデルベルクにいて、エルゼ・ヤッフェの高揚の時に加わっていたのである。

われわれはヤッフェ夫人へのきわめて数少ない献辞——その僅少さこそ、まさに彼女がいかに謙遜だったかを示している——の一つを、エドガー・ザリンの回想記の中に見いだすことができる。ザリンは、広い知的な関心をもつ経済学者であるが、エルゼをハイデルベルクのヴェーバー・サークルと、ミュンヘンのゲオルゲ・サークルの両方に属するメンバーだと記述している。一九一一年にミュンヘンに移ってのち、エルゼの家はシュテファン・ゲオルゲの弟子たちの交流の場となった。彼女はゲオルゲ門下の文士たちの中でもとくにカール・ヴォルフスケールと仲がよく、彼女のおかげでこの二つのひどく異なったサークルが結びついたのであった。そうした役割は彼女の生涯の大部分を占めた典型的なものであった。ザリンは彼女のことを「すらりとやせた、繊細な女性で、多くの親しさと多くの悲しみが刻みこまれた表情豊かな顔つきをしていた」と記している。

しかし、もちろん彼女の生涯のすべてがハイデルベルクかミュンヘンのどちらかで過ごされたというわけではない。彼女は妹たちの人生、両親の人生、友人たちの人生にも重要な役割を果たした。とくに、彼女は友人の子供たちの世話をよくした。オットーとフリーダの息子ペーター・グロスは、両親がスイスへ移ったのち数年間ヤッフェ家に世話になっていた。その後レギーナ・ウルマンの娘カミラが滞在した。そのまたのち、シュテファン・ゲオルゲの弟子で、エベルハルト・ゴタインの息子、パーシー・ゴタインが滞在した。

人々の世話をすることはエルゼ・ヤッフェの生涯で重要な部分を占めている。一九一八年、オットー・グロスは女友達に伝言を託し、自分がミュンヘンへ行ったら面倒をみてもらえるだろうかとたずねてきた（のちにみるように、当時彼の健康状態は危機に瀕していた）。しかしエルゼは彼の頼みを断った。というのは、オットー・グロスという男はたんに面倒をみるだけではすまされない男だからである。彼は一つの挑戦、つまりハイデルベルクが代表するすべてに、そして彼女が関与しているすべてに、一つの挑戦をしかけるにきまっていたからである。当初彼女は彼の挑戦に屈服したが、のちに身を立てなおし、ハイデルベルクの価値によって、彼を拒否し、排斥した。彼女は自分のアイデンティティをハイデルベルクの諸価値から築きあげたのであり、その諸価値が彼女を完成し、ある意味で彼女を創造していたのである。

ハイデルベルクはエルゼ・ヤッフェにとって、完璧とは言えないまでも、きわめて満足すべき一つの生活を提供した。彼女はつねに頭のよい女性で、さまざまな思想に興味をもち、頭のよい男たちの能力をひきだし、それを生かすことがうまかったというだけではない。彼女はまた美しく、優雅で、けっして愚かなことを口走ったり、へまをしでかすようなことがなかった。マリアンネ・ヴェーバーは、エルゼがハイデルベルクからミュンヘンへ移ったあとでも「女ざかりの華をもち、その優雅さと知性のゆえに、彼女はハイデルベルクの友人たちと深い内面的な親交を保ちつづけ、サークルの中心人物だった」と言っている。マリアンネは彼女が学問と芸術の境界領域あたりに属していたと述べている。エルゼは、そうした境界領域にある社会に多くのものをもたらすことができ、そしてまた、そのような社会を自分の天分を十分に花ひらかせるために必要としてもいた。彼女には一種の完全主義があった。けっして勝利を求めるというのではなく――それには彼女はあまりにも謙遜で、メランコリックで、諦観的であった――しかし非のうちどころなく、完璧であろうとする情熱をもっていた。ハイデルベルクでの生活のさまざまな出来事は、彼女に、自らの目的を果たすよい機会を与えてくれたのである。

　その点では、ノッティンガムはフリーダにぜんぜん役に立たなかった。その当時彼女は優雅でもなく、完全でもなかった。写真を見ると、彼女がたいていカメラのシャッターがおちる直前に気どった姿勢や表情をつくって素顔を隠してしまうか、あるいはまったく落ちこんだ凡庸な顔になってしまうかのどちらかであるのがわかる。彼女がしばしば臆病であるか、意識的に勝ち誇っているのにたいし、エルゼはつねに「申し分なし」であった。彼女の完全さはフリーダの不完全さと何らかの因果関係がありそうに思われる。フリーダにとって、ディナー・パーティや、講義や、大学関係の主催の音楽会や、あるいはイングランド中部の中産階級の生活様式を通して自らのスタイルや自らの表現の可能性を探るなどということは、まったく不可能だった。そのような場所では彼女は罠にかかったという感じを抱いた。だから一九一二年にロレンスと駆け落ちをしたとき、二人はアルプスを越えてイタリアへ入ったのであるが、彼女の話から考えると、こうした冒険行為そのもの、たとえば靴を投げすてるという動作そのものが、彼女にとって駆け落ちの相手に劣らず重要だったことは確かである（彼女はイギリスを離れた当時には、ロレンスと自分のあいだにはまだお互いへの情熱は燃えていなかったと言ったことがある）。フリーダはヨーロッパから完全に逃れて、文明化されない国へ行きたかった。ただそうした土地を見たいと思っただけではない。そこにいたかったのであり、彼女の「先祖返りの」自我を達成するためにそうした土地が必要だったのである。自分のスタイルを達成するためにはまず今とは別の舞台を探さねばならなかった。

　しかし、はじめに彼女が手に入れたものは実はシュヴァービングのカフェやスタジオであった。当時のドイツでもっともボヘミアン的な一角というべきところである。そこはビスマルク‐ドイツの反対勢力の一大中心地であり、フォン・リヒトホーフェン姉妹にとって、その中心人物はオットー・グロスであった。

オットー・グロス

　フライブルクの寄宿学校で、エルゼ・フォン・リヒトホーフェンは、オーストリアのグラーツ出身のフリーダ・シュロッファーと親しくなった。彼女はフライブルク大学の哲学教授アロイス・リールの姪にあたり、教養人で進歩的思想の持ち主だったゾフィー・リールのことを彼女は母だと呼んでいた。この学者たちを通して、エルゼはマリアンネ・ヴェーバーに出会い、親しい友人となっていったのである。彼女がこの二人の女性の夫のそれぞれと深い関係をもつようになったことは、いかにも皮肉な運命であった。というのは、フリーダ・シュロッファーは、当時そこの神経・精神医学研究所の助手であった同じくグラーツ出身のオットー・グロス博士と結婚したのである。グロスはきわめて非凡な男で、リヒトホーフェン姉妹の両方に深い影響を及ぼし、また間接的に、姉妹の人生にかかわった男たち、とくにヴェーバーとロレンスに影響を及ぼした（フリーダ・シュロッファーは学校の休暇中にリヒトホーフェン姉妹をしばしば訪ねている。彼女は二人の姉妹のちょうど中間の年頃であった）。

フリーダ・シュロッファーの母親は「ヒステリー系の」病気にかかっており、娘のほうも何週間も不眠に悩み、脚が痛み、頭痛がし、その他さまざまな心身症の自覚症状をもっていた。だが彼女はこうした症状はグラーツの社交界で自分が不幸だったこと、またそこのブルジョア家庭の娘であるという運命に自分が反抗したせいだろうと軽く考えていた。一九〇〇年、彼女はエルゼに手紙を書いて、一週間に一度往診にくる医者に、ピアノを弾くことも書きものをすることもやめ、いつも冷静で上機嫌でいるように努めなさいと言われた、と語っている。彼女の最愛の伯母であり自称「母《ママン》」のゾフィーですら、神経性湿疹を患い、あちこちの保養地で保養していたので、フリーダはきっと自分も同じようになると恐れていた。彼女はとてもロマンティックで音楽好きな少女で、ヴァーグナーを好み、エルゼ・フォン・リヒトホーフェンを尊敬し、信頼しきっていた。彼女はエルゼの独立心と決断力を崇拝しつつもまた恐れており、見込みはほとんどないと思いながらも、ロンドンの東部地区《イースト・エンド》に一八八四年に設立されたセツルメント事業であるトインビー・ホールで働くことを夢みていた。オットーに会う直前に書かれた手紙で、子供たちや病気の人々、貧しい人々を助けたいこと、そしてグラーツでは、そういう人々からすっかり切り離されてしまっていることを語っている。

一九〇二年、彼女がグロスの魔力に魅せられて以後は、彼女の反抗心と理想とはまったくちがった方向に向けられることになるが、しかしそれでも彼女のエルゼにたいする崇拝は生涯変わらなかった。

オットー・グロスは、(エルゼより三歳年下で)フリーダより十か月若かったが、すでにグラーツの社交界における鬼子であった。実際、二人が出会ったときも彼はモルヒネ中毒の治療をしたばかりであった。家族の反対を押しきって二人は結婚し、グラーツの社交界からほとんど孤立して住んでいた。ともに読書をし——とくにロシア小説と旧約聖書を読み——また二人でオットーの理論を展開していった。フリーダはエルゼに、オットーには愛人が二人、つまり自分と理論という愛人がいます、彼にとっては理念《アイデア》がふつうの人間にとってよりもはるかに実在性と人格性をもっていることは明らかですと語った。彼はたしかに理念に情熱を注いでいた。彼女はまた、彼にたいする自分の愛が多分に母親的であること、また彼が子供っぽいのを自分がとても喜ぶといってオットーがからかうということも書いている。彼という人間が、彼女の一生の課題になるであろうことを、二人ともが承知していた。

グラーツで二人はお互いは満足していたが、自分たちが社会的に孤立していることには不満であった。オットーは社会的交流、とくに芸術家との交流をどうしても必要としていたので、二人が期待していたオットーの専任の教職はまだなかったのだが、ついにミュンヘンに行くことに決めた。彼らは一九〇六年に引っ越し、当時身重だったフリーダは、エルゼ・ヤッフェに、自分たちのところに泊まりにきてくれるようにと招いたのだった。そしておそらくたちまちのうちに、エルゼとオットーは深いエロス的関係に陥ったと思われる。オットー・グロスにとって、エロス主義は倫理上の教義であり、まさに宗教であったから、二人の関係を「情事」と呼ぶべきではないであろう。情事ということばには何か秘密な、自慰的な、非道徳的な意味合いがある。エロスの解放はまさに反対であった。オットー・グロスにとってそれは一つの主張であった。そのときエルゼ・ヤッフェはすでに二児の母であったが、日記に記されているように、彼女ははじめて自己の本性を見いだしつつあると感じたのだ。

オットー・グロスはオーストリアの犯罪学者ハンス・

グロスの一人息子であるが、この父親のほうもまた、しばらく紙面を割くに値する人物である。というのは彼が息子の個人的生涯に及ぼした影響は、ビスマルクが一般市民の生活に及ぼした影響とまったく同一であったからである。彼はのちにグラーツで有名な犯罪学の教授となるのだが、オットーが結婚した当時にはまだプラハ大学の教授であった。グラーツへの就任は一九〇五年、息子がミュンヘンへ移る一年前のことである。父と子とは互いに深い敵意を抱き合っており、これらの引っ越しもその父子関係が原因となっていた。

ハンス・グロスの家族は両親ともグラーツ出身であり、ハンスの妻も、またオットーの妻もそうであった。ハンスもオットーもこの地で学び、ハンスは学者になるまでの三十年間は近くの行政区の判事であった。尋問側の陪審員としての彼の仕事は、たいていはもと軍人の地方警察官と協力しておこなわれた。彼らにはもちろん学問的な訓練はなく、訓練といえば軍法会議にみられる粗野でありきたりの権威主義だけであった。まず自分と同じような判事を育成すること、そして警察隊をもっと厳格な方式で訓練すること、すなわち法の執行を合理化し体系化し、「科学」的装置をこれまで放置されてきた領域、放浪の民、浮浪者、占い師、風来坊、あらゆる定義からすりぬけてしまうような人々に導入することが、ハンス・グロスの生涯の仕事となった。そしてついに彼はこの科学としての犯罪学をグラーツ大学の学科に設けることに成功したのである。しかし、その前にこの町について少し述べなくてはならない。

当時グラーツはシュタイエルマルクの州都であり、オーストリア内でウィーンに次ぐ都市であった。しかしウィーンに次ぐといってもずっと下の二番目で、基本的には田舎町であり、停滞した旧式な町であった。十一世紀の城と、十五世紀の礼拝堂と、十六世紀の大学があり、そこでの社会生活はムージルの『特性のない男』の第三巻で描写されているような、化石化したもののように思われる（ムージルはグラーツとよく似たクラーゲンフルトの出身で、グロスと同じ階級の出である）。しかし大学にあった精神神経科診療所は、ウィーンの診療所に次いで、国中でもっともすぐれたものであった。その所長は、一八七三年から一八八九年までリヒャルト・フォン・クラフト＝エービング男爵であった。その後一八八九三年まではヴァーグナー・フォン・ヤウレックが所長を務め、二人ともその後ウィーンの診療所の所長となった。一八九四年から一九〇五年までのあいだ、診療所の仕事はガブリエル・アントンの管轄であり、オットー・グロスは彼のもとで働いていた。初期のいくつかの論文で彼はアントンに謝辞を捧げている。彼らの研究領域は、この時代のこの国においては道徳的にも社会的にも危険な爆発物が埋まっていた領域であった。フロイト主義を生みだした諸力は、実はフロイト以外の多くの人々のうちにもはたらいていたのである。手短かに言えばグラーツは旧式な威厳のある町であったが、その内部にきわめて危険な中の島をもっていたということである。オットー・グロスはその心理−性的思弁の離れ小島にだけ出入りし、やがてそこでもっとも急進的な革新者となった。

ハンス・グロスもまた、息子とは別な方向においてではあるが、一個の革新者であった。ドイツ語圏の崇拝者たちのあいだで彼は犯罪学の父として知られている。つまり、大学における独立した学科としての犯罪学が成立したのは、だれよりも彼によってであった。彼の『検事のための手引き』は一八九三年に出版され、一八九五年、一八九八年、一九〇四年、一九〇七年、一九一三年と版を重ね、ただちにヨーロッパの各国語に翻訳され、今日でも標準的教科書として用いられている。たとえば英語版では、これまで一九〇六年版、一九二四年版、一九三四年版、一九五二年版、一九六二年版の五種類あり、最新版はニュー・スコットランド・ヤード(ロンドン警察本部)のリチャード・レオフリック・ジャクソンによって編集されている。実際この本は、いかにしてそれぞれの管轄の警察本部というべきものを設定したらよいかを教えてくれる。今日これが「後進諸国」にとって、犯罪と刑という西欧文明の遺産の特殊な領域への入門書という、特別な効用をもっているのはいかにも象徴的である。

あるフランス人崇拝者の賞賛のことばから、その力量が窺えよう。グロスは「疲れを知らぬ観察者であり、追究をやめぬ心理学者であり、被告人の有利になろうがなるまいが、あくまで真理を暴露する情熱に満ちた判事であった。器用で才能にあふれ、設計家、写真家、模型製作者、武具師の仕事を次々にこなした。犯罪者、強盗、浮浪者、ジプシー、詐欺などのやり口について長い経験にもとづく奥深い知識をもち、その多年の研究と経験とを読む者に次々に明らかにしてくれる。彼の著作はけっして無味乾燥な、あるいは純技術的なものではない。生きている著作である。なぜなら、それは生きていたのだから。」われわれとしては、そこで指摘されているもっとも重要な点として、グロスの犯罪者についての深い理解に注目すべきであろう。なぜなら、彼の息子もまた反社会型の人間について、父親と同じほどに深い、しかし父親とちがって共感的な理解をもっていたからである。実際、ハンスは自ら犯罪者となり、浮浪者となり、詐欺師その他もろもろの者となったのである。

『犯罪学研究』の中でラジノヴィッチ教授は、ハンス・グロスが確立したのは実際には犯罪学でなく、刑事術すなわち犯罪捜査の技術であると述べている。それによると、彼は刑法学ないし犯罪の社会学に関心があったわけではなく、ただ犯罪者を捕えること、そして彼らがもうこれ以上犯罪を犯さなくなることにもっぱら関心を向けていたのである。方法論的には彼はこの分野でのリンネであって、無数の事例を収集し分類したが、理論化ということはしなかった。彼は素朴にも、こうした作業の中からおのずと科学的に妥当な一般論が出てくると信じていた。さらに「彼の心理学的装置と解釈とは、彼の扱っていた主題が当時ほとんど知られていなかったという事情を考慮しても、初歩的と言わざるをえない」。一九二六年にハンス・グルーレはグロスの『犯罪心理学』を「粗悪な大衆版」だと言っている（グルーレはヴェーバーとエルゼ・ヤッフェとのハイデルベルクでの友人で、一九一九年、ベルリン市街でオットー・グロスがまさに餓死寸前だったのを見つけた一人である）。グルーレの批判とは逆に、ラジノヴィッチは、オーストリアにおける犯罪学の確立者をハンス・グロスと認め、その「事実上の孤立状態にありながら長いあいだたゆまず闘いつづけたたった一人の人間の努力」を讃えている。しかもグラーツの彼の研究所は、二つの大戦を経た今日までずっと、グロス――「この例外的に強力な人間」――が敷いた軌道を変更せずに、これに沿って存続しているのである。

ハンス・グロスが世界で最初の試みの一つである「犯罪学研究所」の設立に成功したのは、実際にはかなり遅く、一九一二年であった。当初は多くの反対があったからだが、設立後にはその真似をする者が数多く出てきた。

また法学部の中に、犯罪心理学、犯罪人類学、犯罪統計学、犯罪捜査術がそれぞれ学期ごとに設けられることになった。「犯罪の徴表となるもの」を収集して、彼は「犯罪資料館（Kriminalversammlung）」を設立し、これがのちに「犯罪博物館（Kriminalmuseum）」となったが、これまた世界で最初のものの一つである。そこには中絶装置、殺人凶器、拷問によって変形した骨、指紋その他の有名な犯罪場面の記念品《メモラビリア》が置かれていた。そして研究所の犯罪学実験室と犯罪学研究室では、彼と助手とが、警察から送られた実際の犯罪事例の問題解決に取り組み、それがやがて博物館の陳列品の数を増してゆくことになるのだった。

彼の『犯罪心理学』は一八九七年に出版されている。この本には異常心理と性的変態が犯罪といかに連関するかを示す事例がさまざまに引用されていたので、当然のことながら異常心理学についての関心を増大させる結果を生んだ。父と息子は異常心理学にたいする関心を共有していた。一九〇五年の第二版にはオットー・グロスの仕事が二度引用されており、一九一一年のアメリカ版では、オットーは父親と協力した精神‐神経障害の専門家と書かれている。ハンスは多くの他の著作の他に『犯罪学論集』全二巻をも出版している。また一八九九年には雑誌『犯罪人類学と犯罪術雑誌』を創刊し、一九一五年の彼の死までその編集をつづけた。彼のした仕事には何らかのかたちで「犯罪」という名がついていた。

他の人々の犯罪学に比べ彼の犯罪学の特徴の一つは、各種の材料を集大成する包括性にあり、そこにはさまざまな専門化された知識が集められ、指紋からX線技術、また心理学的諸理論やまた「女性心理」といったきわめて思弁的なものすら含まれていた。しかし、全体を貫く精神ないし意図はつねに実証的であった。彼は目撃者の証言よりもむしろ、いわゆる「科学的な」証拠に重きをおいた。そして注意の焦点を、犯罪の性質よりもむしろ犯罪者の性質に移した。彼が用いた犯罪者ないし犯罪型という術語には、条件がそろえば犯罪を犯すであろうような人々も含まれていた。彼は科学者であり、兵士であり、警察官であり、そのすべてであった。そして最後につけ加えると、彼は国王の直轄裁判を愛し、法律上の手続きをより権威に従順なものとし、形式的・民主主義的手続きで邪魔されないことを望んでいた、と別の崇拝者は言っている。

つまりはハンス・グロスはあらゆる面で父権的文化の刑罰組織に自らを同一化していたのであり、刑罰の機能を研究するという理論面においても、裁判官としての実践においてもそうであった。彼は警察が人知れず果たしている仕事の尊厳についてしばしば雄弁に語った。彼は書いている。「法律と秩序の力は、働き繁栄する市民の誇りであり自信である。もし本書が、言い表わしえないほど困難な警察のこの仕事を少しでも楽に遂行するうえで役立つのなら、私の目的は達せられたのである」と。

一九〇五年の「退化と追放」についての論文には、グロスの思考の残忍なまでの容赦なさが感じられる。社会を救うために、退化した人間を追放しなければならない、と彼は論ずる。退化した人間は犯罪者よりも危険である。犯罪者のうちのある者は、少なくともまだ生活力を失っていないのだから。それに、犯罪者として追及できないような多くの退化した者には、浮浪者、他人の名をかたる者、仕事をしない者、変態者、革命家などがいるが、彼らはみな、国家にとって危険である。刑罰は彼らに何の効果もない。刑罰とはいわば、合成ヴェクトルが結果的に社会的善となるように、われわれが動機の力の平行四辺形につけ加える力なのである。ところが退化した者の精神はすでに不具になっており、どのような説得も力を及ぼせない。浮浪者、革命家、常習窃盗犯、男色家、こういった者は説得してやめさせることもできず、治療もできない。これは社会の欠陥であり、文化が文明にもたらす呪いである。文化の進行はより弱い型の人間を養育し、繁殖させて、自然の流れに逆行するのである。したがってわれわれは、彼らを文化から、つまり社会から除去しなければならない。彼らを終身、植民地に送るがよい。あるものはそこで行きづまり、ある者は、ちょうどオーストラリアで起こっているように、再生するだろう。西南アフリカは、われわれの退化者にはぴったりの場所である、と彼は書いている（一九一三年までにグロスは「去勢と断種法」について書きはじめており、同じ年に彼が自分の息子を逮捕させたとき、父親の仕打ちは、自分がある精神分析学雑誌に出したばかりの論文の中で、最適の例として父親の公的・私的生活を用いたことにたいする仕返しである、とオットーは説明した）。

ハンス・グロスは大柄な男で、身体だけでなく人柄も威圧的であった。彼の妻は、ビスマルクの妻と同様、家庭内できわめて隷属的な役割しか果たしていなかった。身体的には、猪首で肥満‐闘士体型であり、生涯を通して準軍人であったと言えよう。学問的な仕事も軍人の厳密さと正確さをもってなされ、彼の研究所は祖国の防衛のため、内外の敵と闘うべく設立されたものであった。少年時代は冒険好きで、またいろいろ工夫して機械を発明するのが得意な、いわば若きトム・ソーヤーであった。父親が軍人であったこともあり、ハンス・グロスは成長するにつれ軍隊を愛するようになった。彼は六十八歳で肺を患って亡くなったが、それは戦時志願兵として入隊していたときに炎症を起こし、肺が収縮したのが原因であった。彼の人格の基をなす三本の柱は軍隊と裁判と科学であると崇拝者たちは述べている。息子の人生の諸場面でも、また本書のすべての場面でも、彼はビスマルク下のドイツの父権主義および極端に走った父権主義を代表している。本書ではこれから、マックス・ヴェーバーの主張や経歴や生活様式をハンス・グロスのものと並べてみるつもりであるが、それはひとえにマックス・ヴェーバーがいかに両義的であり、さまざまな意味でいかに人間的であったかを明らかにするためにほかならない。

オットー・グロスは父親にたいし、生きた反対物となった。彼は全面的自由を、父権主義的権威にたいするできうるかぎりでの拒絶を、代表するようになった。われわれの物語の他の主要人物と異なって、彼は母親よりも父親がずっと強力である家庭で育った。実際、彼の職業的経歴も父との協力というかたちではじまっている。オットーは医者としての訓練を受け、神経学と精神医学を専攻した。彼は最初の論文を非常に若いときに発表したが、それは父の『雑誌《アルヒーフ》』に掲載したものである。彼は父親とはまったく別であるが、にもかかわらずある意味で並行関係にある、輝かしい道を歩みはじめたように見える。しかし、社会がもつ禁制機構の心理学に関する処女論文の中で、彼はすでに正義についての感情的諸問題と闘っていた。社会による処罰はつねに必要とされるであろうが、しかし残酷であり「不当である《アンジャスト》」と彼は言っている。自分自身の心理の中に正しい禁制力を備えていない不幸な者は、他の者の福祉のために苦しまねばならない。犯罪を犯す運命に定められている彼らは、自分のやることにたいして罰を受けなければならない。

「正義《ジャスティス》」の底にあるのは復讐の本能にほかならないのだが、にもかかわらず正義は遂行されねばならない。正義という術語は、妥協を許さぬ矛盾を隠しもっているのである。

このように、はじめから、オットー・グロスが父親が唱道するものと根深いところで対立していると感じていたことは明らかである。実際、その容貌においても、気性においても、生活様式においても、彼は父親にたいする生きた反対物であった。彼の熱烈な理想主義と、美的感性のすべてに、また超敏感で極端に感情的であったことのすべてに、それはあらわれている。

こうしてみると、最初の著作『大脳の二次機能』（一九〇二年）の中で、オットーが自分と父親との対立を、心理学的・文化的・歴史的型のものと定義したのも驚くにはあたらない。この著作の終章となる第五章は、個性の時代間の相違についてである。彼は、正常な個人にも異常な個人にもともに認められる心性の二つの型を区別している。一方の型には表面的に拡がる広範な意識があり、あらゆる種類の事実をすばやく把握して短期的目的に利用する。もう一方は、狭くて深層に届く意識があり、それは事実を理解したり利用したりするのにはうといが、意味に強力に反応し、きわめて感情的である。この二つの型が、ドストエフスキーの世界の、ロゴージン／ドミートリ対ムイシュキン／アリョーシャにあてはまることは、だれがみても明らかである（事実グロスはしばしばドストエフスキーを引用している。この対立はまた男性的心性と女性的心性の対立をも示唆するものであり、グロスは後者に好意的である）。

前者の広範意識型の人間においては、感情生活はつねに単純素朴であるとグロスは言っている。この型の個人には、英雄的かつ献身的な理想をもつ者もあり、その意味では彼らの感情生活は理想主義的と言ってよい。「しかし、やっぱり陳腐である（Aber immer ist es banal）。」なぜ陳腐かと言えば、一つには彼らの場合には、表層の意識とエロス的な想像力とが豊かに多様に織り合わされることがないからである。エロス的な要因と審美的・倫理的・社会的事柄についての高度な思考とが編み合わされることによってはじめて究極的な力が生まれ、最初の美がもたらされるのである。ところがこの広い意識型の人間においては、エロス的な衝動の昇華が、瑣末さの範囲を越えることがないのである。

深層意識型の人間には、経験の調和と統一性にたいする象徴的抽象と、複合的なるものの単純化にたいする強い志向がある。ここに敏感な「感性的」人間と呼ばれるものが由来するのであるが、それは無頓着でいいかげんな自己表現を許さず、また社会的に有効な行為よりも審美的なものに向かう型の人間である。そのような人間は世界を象徴的かつ視像的に把えるのであり、彼らのうちでももっとも天分あふれる者たちの中から、新しい理念が生まれてくる（グロス自身がこの型であることは明らかであり、D・H・ロレンスもそうだった）。

この二つの型の対立は、文明的人間と文化的人間のあいだの対立関係で記述することもできる、と彼は言っている。あるいは社会的事実を扱う実際的な人間と理念を扱う独創的な人間、あるいは戦場における現実的な人間と孤高のイメージをつくる人間の対立とも言える。前者は帝国が形成される嵐の時代にふさわしく、後者は帝国から生まれながらこれを超えてゆく高級文化《ハイ・カルチャー》の所産である（グロスはこうした両極性を、ビスマルク下にドイツの基礎がしかれた時代と、リルケとカフカ――オットー・グロスはのちに二人と知り合いになった――に代表される高度な文化をもつ新しい時代とのあいだの対照というかたちで考えている。もちろんマックス・ヴェーバーなら、彼に「嵐の時代」が終わることはないのだと言ったことであろう）。

高級文化の時代には、それまで社会を活気づけてきた旧い素朴な価値が妥当性を失うので、そこに新しい価値が探し求められる。たとえばモダン・アートはこうした価値追求の一つのあらわれである。前の時代は表明的な装飾を求めたが、今日のわれわれは単純さと深さを求めるのだ。彼らは、われわれのように、広大で、単純で、単一なイメージがたっぷりと実現された世界にひたるということができない。だから昔の建築の巨匠たちはそれぞれに異なった装飾を凝らしたものだが、新しい巨匠たちはそうはしない。たとえばウィーンの分離派《ゼツェシオン》の展示館にはおなじ人物が二十の異なったポーズで登場するという、音階の比喩を使った作品がある。われわれはその線の反復を好む。われわれは理念的なもの、象徴的なものに反応する。単純さから調和へ――それがすべての高級文化芸術の目標であり、すべてのモダン・アートの目的である。

　オットー・グロスは青年派《ユーゲントシュティール》ないしアール・ヌーボーの一種であるウィーン分離派様式のみならず、芸術一般に、そしてまたミュンヘン‐シュヴァービングの町そのものと自らを同一化していた。ミュンヘン‐シュヴァービングはドイツ・ユーゲントシュティールの一大中心地であり、また一般にモダニズム芸術の中心地であった。のちの一九一〇年ミュンヘンで書かれ、一九一二年に出版されたあの『芸術における精神的なものについて』の中でカンディンスキーが述べていることと非常によく似ている。カンディンスキーの著作はモダニズム芸術の偉大な宣言《マニフェスト》の一つとして認められているが、オットー・グロスの論文はこれをかなり明確なかたちで先取りしている。一八九七年および九八年、ミュンヘン大学の医学生であったころの彼は、その知的生活において、もっとも先進的なものに触れていたのだった。このように、彼のエロス的なものの強調はけっして表向きだけのものではない。シュヴァービングにおいてエロス主義はきわめて高度に洗練された独自の価値をもった哲学であった。実際のところ、新しい時代にとって父権的な社会のもつ古い単純な諸価値にとって代わるものは、結局シュヴァービングの母権的価値なのである。しかしわれわれはまず、オットー・グロスの生涯について、もう少し詳しくみたいと思う。

　彼は子供時代からすばらしい天分を表わしていたようである。ヤッフェ夫人のことばを借りれば、父親は彼を「王子のように」育てあげた。彼は学校教育の他に家庭教師にもつき、早熟で賢く、個性的に育ったのだった。「生身をとりあげられてしまう」ので酒も肉もたしなまなかったが、早くからコカインと阿片の中毒にかかっていた。美男子で筋骨たくましい男であり、何人かの著作家が彼の弾むように大股に歩くさまを描いている。もっとも肩の脱臼症のために兵役には適さないと不合格になった。学生当時彼は目立って寡黙で勤勉で、洗練され、飲酒も女性も避けていた。フリーダ・シュロッファーがエルゼに語ったところによると、オットーは彼女と婚約するまで、女性には熱烈に憧れていたにもかかわらず、嫌悪からか、落胆からか、女と深い関係になるのを必ず避けていたそうである。彼の知的関心は植物学と生物学にあった。すばらしい話し手であり、しかもさらにすぐれた聞き手でもあった彼は、きわめて温厚で、感受性にあふれた物腰をしていた。卒業後、オットーはしばしば南アメリカへ船医として出かけたもので、彼がプンタ・アレナスの海岸に立って太平洋をながめながら文明の僻地に来たと感じましたと語ったのを、ヤッフェ夫人は一九七一年になってもよく覚えていた。パタゴニアで植物学の研究を進めていたが、一九〇〇年までには植物学から精神分析学に転じ、文化理論や政治理論にも関心を抱くようになっていた。長身で、すらりとして、金髪に青い目をし、ふっくらとして上下にくっきりとわかれた唇、四十歳にして童顔で、彼の顔も物腰も、並みはずれた率直さと高貴さとにあふれていた。彼の横顔は鳥のようだと一度ならず記されている。それもかぎ鼻で、あごが引っこんでいたので猛禽のようで、あたかもはやる鷹のようであった。しかし顔の輪郭も顔色も繊細だったので、陶器のようだとも言われた。彼を知る多くの人が、相手の顔を優しく熱心にみつめる彼のまなざしに、完全な正直さと礼儀正しさを感じている。

　晩年になって、彼の顔つきとふるまいは、狂信的な厳格さと崩壊の悲哀感を示していると感じる人も出てきた。これは一つには麻薬中毒の悲劇的な痕跡のせいであろう。彼の洋服には染みが、鼻の穴には血の跡が残っていた。彼はいつもだらしのない格好をしていた。無責任で規律がなく、日常的な快適さに無関心であると、少なくとも外見からは思われた。起きる気力のないときは一日中ベッドに横になり、何日も身体を洗わずにいた。お金が必要になると、身近な友人に頼んで借りるのだった。ある証人によると、妻は彼のたまり場を回っては勘定を支払っていたという。そしてまだ他にもいろいろあった。

　似たようなかたちで、似たような原則に従ったやり方で「無規律」であったこの人が、フリーダ・ウィークリーにとっていかに魅力的であったかは想像がつこう。しかし彼を「きわめて不規律（sehr undiszipliniert）」であると記述している彼女の姉は、彼が著者だと言われている著作や論文を「まさかあのオットー・グロスが」ほんとうに書いたとはどうしても信じなかった。彼女とマックス・ヴェーバーにとっては、「規律」は主要なカテゴリーであったから。生産性は自分たちが達成したものの一つであり、規律のないもののうちに見つかるはずはなかったのである。

もちろん、ヴェーバーは規律を価値的カテゴリーのみならず、解釈的なカテゴリーとしても用いている。彼は「規律の意味について」の中で、「……個人の行為の重要性を減少させるもっとも強力な力は、合理的規律である」とも言っている。そのもっとも合理的な所産である官僚制と同様に、規律は非人格的であり、つねに中立的であり、その倫理《エトス》は義務である。それは、騎士党である貴族的な「名誉の人間」にたいするクロムウェルの円頭党の「良心の人間」を連想させるものであるが、オットー・グロスは本質的に貴族的な人間であった。彼自身、庶民倫理を軽蔑していたし、彼に会った人はみな彼について「貴族的《ノーブル》」ということばを用いたようである。ヤッフェ夫人から彼についていろいろ聞いていたマックス・ヴェーバーですらも、彼を貴族的だと言っている。ヴェーバーはまたグロスに、カリスマということばも用いているが、彼によればカリスマは規律と対立する力を定義する用語である。カリスマ的指導者は、信奉者たちによって師と「認知」される、とヴェーバーは「カリスマ的支配の社会学」の中で言っている。カリスマ的指導者というものは、何らかの既成の権力組織によって管理される確立された試験制度によって保証されるのではない。カリスマ的権威はまさに「あらゆる父権制支配に矛盾するものである」とヴェーバーは言っている。こうした指導者は外的に与えられた秩序の中に生きてはいるが、しかしそれに属するものではない。彼はあらゆるものを評価しなおす革命家である。そのすべてがオットー・グロスにきわめてよく当てはまっている。男も女も含め自分の信奉者たちにたいする彼の権威がいかに絶対的なものであったかが、いくつかの話から明らかにされている。彼は信奉者たちの人生を彼らの同意のもとに完全に預けられていたのだった。

だからこそ、グロスの弟子であったフランツ・ユングは、彼自身非常に強力な人格の持ち主でありながら、その自伝『内面への道』で次のように書いている。「オットー・グロスは、私にとってはじめての深く偉大な友情の経験を意味しており、私は彼のためなら何の躊いもなく自らを犠牲にしたにちがいない。が、それと同時に、彼にとっては私はまったく表面的な関係にあっただろうし、率直に言って、けっして特別親しい者とは考えられていなかったと思われる。その関係はいわば尊敬と信仰の混りあったもので、彼がわれわれに絶えずたたきこむ何ものかを信じ、その何ものかの名誉となるように努めなければという必要感、その何ものかを今とりあげ、どこまでもやり遂げなければ、という一種の切迫感であった。グロスの側からみれば、私はおそらく彼の思想のチェス盤の上で、思いのままに動かせる駒にすぎなかったであろう。」これはまさに弟子がカリスマ的指導者を語ることばである。

伝統的な意味での規律《ディシプリン》である学問的訓練を欠いていたにもかかわらず、グロスは知的に活発であり、かつ生産的でもあったらしい。彼は四冊の著作と一連の論文を書いており、本書の後半の年譜に挙げてあるのはその一部にすぎない。この他に新しい倫理を提唱した原稿があったが、一九一三年に逮捕された時点で紛失ないし破棄されたと思われる。しかも、こうした仕事の大部分は学問的であった。彼は科学者としての訓練を受けており、彼の心理学的論文はきわめて「科学的」である。自分の主題についてどのような研究がなされているかにつねに敏感で、相異なる理論を妥協、両立させる道を見いだす努力をするのが彼のやり方であった。その好例は『フロイトの性概念の要因とクレペリンの躁鬱病との関連について』で、これはフロイトの諸理論とクレペリンの理論との調和であり、したがって精神分析と精神医学との調和であった。さらにこれはウェルニケの理論とアントンの理論やその他の理論との調和でもあった。もう一つ注目すべきことは、たとえば彼がハンス・ドリーシュの生気論に大きな疑惑をもっていることである。この生気論的あるいはゲーテ的な生物学は、「生の哲学」と本性的に同種のものであって、たとえばアルフレート・ヴェーバーはこれを「生の哲学」として認めていたが、グロスは徹底した科学者で、この種のものを受けつけることはできなかった。彼の用語はつねに抽象的で、用いるのは力学モデルであり、彼の哲学は明らかに一元論的であった。

しかし、われわれの関心は主として彼のあまり専門的でない心理学的な思想と、彼がその思想をいかに生きたか、という点にある。これらの思想は彼のいわゆる「科学的な」著作とは非常に異なった性格をもっている。フランツ・ユングによると、グロスはのちに自分の「科学的な」仕事が不誠実なものであり、仲間に認められ尊敬されようと強烈に願う願望を表わしているにすぎないと後悔したそうである。同じくユングによると、彼はこの種の著作を破棄してしまったそうである。それは彼が自分自身を著述家というよりは話し手で実践的な分析家と信じており、つまり科学者としての自分ではなく、革命家としての自分を信じていたからであった。

彼の精神分析の特殊な性格は、『精神病質的劣等者たち』についてのサイモン・ガットマンの書評の中によくあらわれていると言えよう。そこでガットマンは、グロスが患者の意識の底にある諸傾向を否応なしに表面に引きあげることができるのは、彼がそれらを決定的なかたちで確証してみせるからである、と言っている。「もっともひどく虫喰ったでくのぼうの中にすらグロスは一人の人間を、意味と脳と形而上学の住む領域を見いだすことができる。だから彼は一人一人の患者の哲学者になるのである。グロス博士のすべての行為の由来するところは、人間存在の内部のどこかに世界と真っ向から取り組む場所がある、という思想である。」これは一九一三年に書かれているが、その当時グロスが占めていた重要な役割は、今日のR・D・レインやティモシー・リアリーの役割に匹敵しよう。フランツ・ユングの小説『ゾフィー』はグロスの生涯を小説化したものであるが、ガットマンの話を確認している。こうしてみると、かくも多くの若い人々が彼に希望を託していたのも不思議ではない。

だからといってグロスが正統派の精神分析家たちからきわめて高い評価を受けなかったということではさらさらない。彼はアーネスト・ジョーンズが一九〇八年にミュンヘンで接触するようになったボヘミアン仲間のうちでももっとも才能あふれたメンバーであった。ジョーンズは彼について「私がこれまで会った人のうちで、ロマン主義的な天才像にもっとも近い人である。……人の内面的思想を探りあてる、あのようなすばらしい洞察力の持ち主にはその後出会ったことがない」と述べている。ヴィルヘルム・シュテーケルは、グロスの初期の著作には天才に近い資質が示されている、と断言している。ある死亡記事の中で――グロスについて書かれた唯一の死亡記事であろう――シュテーケルは「私が知っていることは、これほど自分の力を無駄にした人を、これほど偉大なことができたにちがいなかった人を、他に知らない、ということである」と語っている。エーリヒ・ミューザムはグロスについて「フロイトの弟子の中でもっとも重要であり、彼のおかげで精神分析が、性的な側面からのみ人生を考察するという狭い了見から救われ、また、精神的経験のすべてが社会的な条件づけを受けるという認識が彼によって得られたことを、われわれは感謝しなくてはならない」と述べている。フロイト自身、カール・グスタフ・ユング宛ての一九〇八年二月二十八日の手紙で、弟子のうち独創的な精神をもっているのはグロスとユングだけであると書いている。しかしその一年後にはカール・アブラハム宛てに、グロスが代表する極端な態度は誤っており、またフロイトの推進する運動全体にとっても危険であると書いている。おそらくフロイトにとっては、グロスのコカイン中毒や性的解放主義は、社会にひろがっている自説のただの噂による戯画《カリカチユア》が本物だと思わせる材料をわざわざ提供していたのであろう。ユングの初期の業績の中にも数多くグロスへの言及がみられ、たとえば一九〇六年の「早発性痴呆の心理学について」や、一九〇九年の「個人の運命における父親の意義」などの中でグロスが引用されている。後者はまずまちがいなくユングのグロス分析によるもので、事実上二人の相互分析である。はじめの何版かでユングはグロスに負うところが大きいと謝意を示しているが、のちにこの部分を削除しており、それはフロイトが精神分析の参考文献からグロスの項を削除したのに呼応している。さらに、一九二〇年刊のユングの『心理学的類型(タイプ論)』は、前に論じたグロスによる人間の二類型についての理論を大幅に利用したものであり、実際のところ、ユングのあの有名な内向的‐外向的タイプの分類はグロスに由来しているのである。

彼の業績について論文がまったく書かれていないにもかかわらず、われわれはオットー・グロスについて多くのことを知っている。それは彼が想像力豊かな作家たちに強い印象を与え、彼らが小説の中に彼の肖像を描き出しているからである。長身で金髪の医者が大またに歩き、とりまきの弟子たちと一日中カフェにすわって精神分析をし、哲学していると言えば、だれのことかすぐにわかってしまう。レオンハルト・フランク、ヨハネス・ベッヒャー、フランツ・ユング、カール・オッテン、そしてとくにフランツ・ヴェルフェルが小説の中で彼を描いている。グロスについてとくに書いてはいないが、レギーナ・ウルマンは彼の親しい友人であり、カフカも少なくとも知り合いの仲であった。

これらの小説から、われわれはたんに彼の容姿や生活ぶりのみならず、彼の思想についても全体的なイメージをつかむことができる。

フランツ・ヴェルフェルは小説『バルバラ』の中で、オットー・グロス（ゲプハルト博士）が、遅くとも一九一七年のウィーンで、すでにユダヤ‐キリスト教的ヨーロッパに対抗してバビロニア文明を採用したと記している。同じ思想を、グロス自身が一九二〇年『ソヴェート』に発表した「天国象徴における共産主義的基本思想」の中で固い表現で解説している。この論文は創世記物語の母権的再解釈を提供している。グロスは聖書を反キリスト教的神話の源として使用する癖がついてしまっていた。たとえばフリーダ・ウィークリーに宛てて、彼はエルゼ・ヤッフェの憂鬱な道徳主義を嘆き、エジプトで奴隷であったものは、約束の地に入ることは許されない、と言っている（先祖はみなプロテスタントであったが、彼の父はカトリックに改宗しており、彼は父親を否定するのに聖書を利用することにしたのである）。もしイゼベル〔イスラエル王アハブの妻〕がエリヤによって打ち負かされていなかったら、世界の歴史はちがっており、もっとよかっただろう、と彼はヴェルフェルの小説の中で語っている。イゼベルはバビロンであり、愛の宗教であり、アシュタルテ〔豊穣の女神〕であり、アシュトレト〔恥の女神〕であった。ユダヤの一神教的道徳は世界から快楽をしめだした（ヴェルフェルはグロスをめぐるもう一つの未完の小説『黒いミサ』で、この神話をグロスが話したことにしている）。グロス自身は『ソヴェート』の論文の中で、ユダヤ人、ギリシア人、イスラム教徒たちによって女性が宗教から追放されたことを挙げ、これが世界で最初の「白色（反動）テロ」であると述べている。

ヴェルフェルは調べのつくかぎり事実に忠実に書くのが常であるが、彼によればグロスは今日における世界救済のために、性の革命を呼びかけていた。一九一八年にウィーンで開かれた革命家たちの会合の席で、彼はブルジョア家族、つまり父権的家族とブルジョア的性を切り崩すための一つの行政組織が必要であると述べている。性生活を伝統的な「品位ある」生殖を旨とする一夫一婦制に限るということは、結婚そのものと同様暴政であると彼は考えた。快楽こそ唯一の価値の源泉である。多様な性の倒錯という失われた楽園へもう一度入ることによってのみ、人は自らを刷新できる、そう彼は『ソヴェート』論文に書いている。彼は自らアシュタルテ崇拝と呼ぶ乱飲乱舞の療法を信じ、また実際に用いたのであった。ヴェルフェルによると、グロスは中世の裸体主義者についての研究を書いており、気質的にも裸体主義者であった。彼の黄ばんだ、しかし若く見える顔、その退廃した童顔はまた、一人の修道僧の顔でもあった。が、その僧は革命家で、何千年という歴史を無効にしようと望んでいた。彼は、一歳から三歳までの子供は天才であると言い、子供がそれぞれの両親に個別に帰属するブルジョア的家族構成を否定した。結婚にもとづく家庭生活は天才を破壊してしまう。

ヴェルフェルの語るグロスによると、原始的《プリミティヴ》民族はすでにすべての偉大な発見をしてしまっており、われわれの文明は根本から腐っている。キリスト教会はもっとも愚鈍な父権制主義である。しかし創世記は旧い真の宗教の祭司によって書かれたにちがいない。なぜならそこでは、女が悪しき霊によって彼女の尊厳と引きかえに安楽と逸楽をとるように説得されて迷いの道に入ったことが認められているのだから。りんごをいっしょに食べることは、すべての男が女とその子供を保護することを約束し、それにたいして女は男の私有財産となり、したがって子供もその一部となる、という契約を意味している。また、妻たちは貞節を約束しなくてはならず、またすべての女は性的に受け身であって、男の貪欲の報償であり餌食であるかのようにふるまわなくてはならないことになる。男による女の支配は世界に罪と恥とを導入した。ヴェルフェルの小説の中では天才であるとともに怪物でもあるグロスは、世界史の変換についてのヴィジョンをもっており、それは一群の野心に燃えた猿人たちが草むらからとびだしてきて、裸の、無防備な女たちにとびかかる、というものである（これは、女は劇的な役割を演じないというフロイトの原罪についてのイメージとことくに対照的である）。この猿人は、専門家らしい髭をたくわえ、胸に勲章を飾った、戦いに飢えた生き物で——グロスは自分の父を、そしておそらくマックス・ヴェーバーを、このようにみていたのであろう——罪のない官能的愛の神殿の壁に自分たちの法規一覧表と武器とをかけるのである。

このような思想をもつ人間グロスが、通常言われているようなただの「初期のフロイト的分析家」でありえないことは明白である。グロスにとってフロイトが主要な知的経験の一つであったことは、フロイトの理論が彼自身の問題を説明していることからも、その技術が他のものに勝る力を彼に与えたということからもたしかである。アーネスト・ジョーンズは、グロスがどこにいても一日中、そして一晩中、分析をしつづけたと記述している。しかし道徳および世界観に関しては、フロイトはグロスにとって、ニーチェほどには重要ではなかった。フロイトの技術とニーチェの価値が一九一三年におけるグロスの方程式であった。彼は一度ならず、フロイトの仕事は全体としてニーチェの洞察の延長線上にあり、その応用であると言っている。

彼とフロイトとの関係は実際、悲劇的であった。ユングとフロイトのあいだの書簡から、フロイトがグロスの業績を高く評価しており、そのため少しばかり嫉妬し、また皮肉を言ったことは明らかである。一九〇八年のザルツブルク精神分析学会で、グロスがこの学問の「文化的射程」について語ったとき――彼はフリーダ・ウィークリーに、こうした考えは二人の関係の最初の結実であると語っている――フロイトは「われわれは医者である、そしてあくまで医者でありつづけなければならない」と言って彼を非難した。グロスは、自分たちが哲学者になるべきであり、事実上革命家になるべきであると信じていた。彼は個人のノイローゼを治療するには社会的・文化的変革が必要であると信じていた。現在の社会にあっては、人は病気にならざるをえない。感受性が強ければ強いほど病いは重症になる。彼は自分自身病人であることを患者から隠そうとはしなかった。病気であることは彼の人格の基本的な部分をなすものであった。彼は感情転移を未然に防ごうとしたが、それは転移が一夫一婦制を象徴的に支持することになってしまうと考えたからである。むしろ患者は性的不道徳へ向かうべきであった。

フロイトは一九〇九年にはすでに、このような思想は精神分析にとって危険であると判断していた。それ以後グロスはフロイトの運動の異端者となり、友人フランツ・ユングは、グロスが一九一二年スイス政府とうまくいかなかったのは、フロイト正統派の精神分析家が彼を中傷し、警察に届けたことが原因であると述べている。このようにグロスのフロイトとの関係は、彼と彼の父親との関係と同じパターンの繰り返しである。事実、C・G・ユングは、彼を分析したのち、彼が人生における重要な男性を父親に、重要な女性を母親に、同一化しないではいられなかったのだと言っている。したがってここでまた、熱烈な崇拝、弟子入り、従属の後に、支配的人物にたいする挑戦、その人物の拒否、そしてついには破壊がくるというパターンが反復されたことになる。

グロスは自分に問題があることをよく承知しており、その問題解決のために伝統的な精神分析が重要であることも知っていた。一九〇八年、ザルツブルクで、自分のもっとも幼いときの記憶は、父親が客に「ご注意ください。あれは噛みつきます」と言ったことばである、と彼はフロイトに話したものだった。しかしフロイトにたいする彼の関係は個人的であるのみならず、イデオロギー的でもあった。フロイトは、急進的ないし革命的な社会的結果を招きかねないさまざまな洞察を、厳密に「科学的」で政治的に中立な体系の中へはめこみ、こうして事実上は保守的な体系をつくりあげていた。グロスの観点からすると、フロイトは結局「父親の側についた」のであり、父権制にくみしたのである。あとでみるように、マックス・ヴェーバーは（グロスを否認するという意味で）フロイトをまさにその「科学的な」価値中立性のゆえに是認したのであった。

しかし、われわれの視点からすると、グロスの生涯におけるもっとも重要な人物がまだ紹介されていない。たしかにフロイトの仕事が、彼を父親との紐帯から解放してくれた。しかし、精神分析運動の中でよくあるように、この弟子は、救いとなった真理をわがものとするために、フロイト自身よりもフロイト的になり、そして、気がついてみるともう一人の嫉妬に満ちた父親的人物に直面していたのだった。この新しい怪物から、今度はだれがオットー・グロスを救うだろうか？　フリーダ・ウィークリーがそれを成し遂げたのである。彼女こそ、彼の道から「フロイトの影をとり除いた」のだと彼自身が言っている。父権制主義はついに母権制主義によって倒されたのだ。このような標識的な言いまわしはたしかに危険である。しかし、彼の晩年十年間には、フロイトよりも

――おそらくはニーチェよりも――バハオーフェンが、グロスの概念的用語の中に浸透していることは確かである。

オットー・グロスは母親に献身的に尽くしていたが、彼女自身は当時の妻たちの多くがそうであったように、完全に夫の犠牲になっていた。「公けに」自己主張することは、いかなるかたちでも不可能であったから、妻たちは慎ましいか狡いかのどちらかであった。グロスの文人友達の何人か（ベッヒャー、オッテン、ハーゼンクレヴァー）は、そのような家庭の息子たちであった。ある程度までは、マックス・ヴェーバーもそうであった。しかし、グロス夫人は完全に臆病で、温和で、内気で、影が薄かったようである。一方フリーダ・ウィークリーは勝ち誇る女、勝利のアナ《アナ・ヴィクトリックス》であって、自分の母親のような女性をフリーダのような女性に変えることがグロスの生涯の使命となった。ある意味では、フリーダ自身ですら、オットーの支持に助けられてはじめて勝ち誇っていられた面もあったのである。彼女が気まぐれに主張する自分自身にたいする誇りを支持し拡張してゆくための倫理的‐概念的枠組みは彼から与えられたのであって、彼女自身の誇りは、夫の、姉の、世間の反対のただ中で、完全な確信に満ちたものではけっしてなかったのである。そして後日にはこのグロスによるフリーダの概念化をイデオロギー的持参金にして、彼女はD・H・ロレンスのもとに走ったわけである。

グロスからフリーダ・ウィークリーへの手紙

フリーダについてグロスがなした概念化作用の過程についてわれわれが知ることができるのは、彼女に宛てた彼の手紙の多くが残っていて、アメリカのある大学図書館に収められているからである。そこからわれわれは二人の恋愛事件の全容と、そしてまた彼とエルゼ・ヤッフェとの関係をも知ることができる。これらの手紙は今まで未公刊だったため、ここから彼らの生涯に新しい光をあてることができる。フリーダ・ウィークリーは手紙の全部を宝物にしてずっと手元に置きつづけており、それは彼女にとって自分の同一性《アイデンティティ》を示す資料でもあった。彼女は一九一二年、D・H・ロレンスと駆け落ちしたとき、自分のしたことの説明としてこれらの手紙をアーネスト・ウィークリーに送った。これらの手紙がノッティンガムで息のつまる思いをしていたフリーダの真の姿を彼に示すと考えたからである。彼女はロレンスの手紙ではなくて、グロスの手紙を送ったのである。

グロスからの手紙のうち、今日残っているものは――他に散逸してしまったものもあるだろう――日付がなく、しかもまったく思想や感情に関することだけしか書かれていないので、順序をつけることも容易でない。わかっているのは、そのうちのあるものは一九〇七年に、あるものは一九〇八年に書かれていることくらいで、私としては一九一〇年になって書かれたものもあるのではないかと考えている。いずれにせよ、グロスの思想や感情を知るにはそれだけで十分であり、それ以上の資料を必要としない。

これらの手紙の中で、グロスはフリーダに、自分はこれまでずっと「未来の女性」を夢みてきたが、彼女において自分の夢が確かなものとなった、と書いている。「私の活動をマヒさせてきた、人類の未来と、自分自身の闘いについての疑念」はついに消え去ったと彼は書いている。「しかし、今となってはだれも私の中に弱点を見つけることはできない。今や、私は来たるべき世代のものとして夢みてきた女性をこの目で見、愛してしまったのだから。……私は私が憎み闘ってきたあらゆるものにもはや汚され、人間とはどんなものであるかをもう知っている。――それをあなたによって知っている、あなたは道徳的慣例としての貞節から、キリスト教から、民主主義から、そしてすべての無意味なでっちあげから今日自由でいられるただ一人の女性だ。……いったいあなたはどうやってこの奇跡をなしとげたのか、黄金に輝く子供よ、……いったいどうやってその笑いと愛とを保ち、この二千年にわたる呪いとちりからあなたの魂を守ることができたのか。」

黄金と、太陽と、笑いと、新鮮さと、子供と――これらはすべて、そのままロレンスがのちにフリーダにあてはめたイメージであった。オットーが用いた中心的イメージは太陽であった。そして太陽はすべての力と、美と、威厳の源であった。この世界を幸福にするには、世界に太陽を与えることだ、と彼は感じていた。「太陽を見せてほしい」と彼は願った。この太陽崇拝もまた、「宇宙サークル（die kosmische Runde）」の作家たち、クラーゲスやシューラーに、またとくにメキシコ時代の作品におけるロレンスに見いだされるものである。

一方エルゼへの手紙はかなり調子を異にしている。これらもまた恋文であり、雄弁ではあるが、その弁舌はどちらかというと型にはまったものである。もっとも彼の女性を見る目はつねに鋭く、たとえば次のような一節にもそれがうかがわれる。「あなた、名づけることのできない私の恋人よ。昨日電話に出てきたあなたは、タンタロスの焦燥の苦しみを私に与えた。私はあなたの声にどうしようもなく恋いこがれてしまったのです。私はそこにあなた自身を見、触れていた。繊細な陰影と、あの新しい透明さ、そこに新しくおとずれた愛らしい確かさの魅力に。きのうのあなたの声は、いかにも純粋で、あなたそのものであり、新しく封を開けられた深みからやってくる響きがあった。その深淵こそ、私が捕えようと闘っている理想なのです。魂の偉大な始原的力である官能《エロティシズム》は水のようなものにちがいない。それは祝福し、果実を実らせ、愛され、支配される——そしてその力こそ私が得ようとしている知識なのです。エロスを支配しようとする男は官能によって支配される。エロスをあるがままに認め、肯定する者のみが、それを支配し、そしてその支配が完全であるがゆえにつねに自分自身であると約束することができるのですから。」もちろん倫理と形而上学はフリーダ宛ての手紙の中にあるのと同じものである。「お互い同士与え合う誠実さ——それは男たちにはめったに知られていない——われわれの愛の美しさに開く花が、新しい世界の春における最初の花だということが。おお、この新しい覚醒の春、新しく、自信に満ちた罪悪感のなさ——それこそ眠り姫を目覚めさせることのくちづけではないか？」しかし、二組の手紙の背後にある関係はちがっている。エルゼにたいする調子は、いかに情熱的で優しいものであるにせよ、忠告的であって、オットーはしばしば彼女の「信念」について心配している。何よりも、エロス主義に関しては、彼がエルゼの主人であった。一方フリーダは彼の女主人であったことが示唆されている。

フリーダ宛ての手紙の中でエルゼにふれるときは、彼は彼女のかくまでの美しさ、偉大さ、高貴さ、そしてフリーダにぜんぜん嫉妬していないことを認めながらも、彼女の重苦しさと悲しみを嘆いている。「私にはわからない。エルゼの生活から、エルゼという人を理解できないのだ。あの人の中にある、そしてあの人をとりまいている、すべての悲しさ、太陽のなさが。あの人は生涯いつも抑圧された人々、愛をなくした人々に目を向けてきた。われわれの言う〝社会的禁欲主義〟だ！　彼女は長年、憐憫のうちに生きてきた。そしてどうやらあの人はまだ他の人と幸福な関係にあるとはどういうことかがわかっていないようだ。あの人はおそらく、最良の人は高みと太陽の中にのみ栄えることを知らないのだ……。」

彼は姉妹をともに愛し、二人の姉妹はともに彼を愛した。しかし、フリーダとエルゼにとって、オットー・グロスとの恋愛は姉妹間の競争というもう一つの重要な次元を含んでいたことは言うまでもない。生まれてはじめて、この二人の姉妹は重要なかたちで、同じ教師に習い同じ試験を受けた――そしてフリーダが勝ったのだった。彼女こそが未来の女性であると指名をうけたのである。時代は変わり、今やフリーダの資質が有能な男たちの想像力を特別にかきたてるものとなっていたのだ。彼女自身の述懐によると、エルゼがはじめて妹たちの独立性と重要性とに気づかされたのは一九〇四年、彼女が三十歳のときのことであった。彼女は妹たちと競争する用意がなく、この戦場、エロスの戦場では、彼女はフリーダにたいし、劣勢であった。二人の衝突は苦々しいものであった。「ハイデルベルクで私たちが最後に会ったときの様子はまさに『ブリュンヒルデとクリームヒルデ』といったところでした」とフリーダはオットーに書いている。それは「劇的ではありましたが、けっして心地よいものではありませんでした。」

しかし、二人の姉妹のあいだの関係にグロスがいかなる役割を果たしたかはしばらくおいて、まずグロスがフリーダ自身に提供した危険と約束とを考えてみることにしよう。彼は彼女に書いている。「あなた、私の輝く火よ、吹き消されてはいけない。あなたの光をどんなことがあっても照らしつづけるのだ。私の路はこんなに暗い……。あなた、私の恵みの力、情熱よ、後生だから、窒息して火をなくしてしまわないでほしい。」フリーダは強く、自分の美しさを自覚していると彼は言っている。彼女は貴族としての自由がある、なぜなら彼女は「美しさと、天性の自信と安全さと堅実さを誇る貴族階級」に属しているからである。彼が言うのに、フリーダが彼を選んだのであって彼が彼女を選んだのではない。「あなたは私を、あなたの偉大なやり方で選んだ。」彼女から写真が送られてきたときに彼はこう返事をした。「あなたは自分でこの写真が何を表わしているか知っているのだろうか。あなたが偉大な威容（Gebärde）と、自分の美しさをたえず再生してゆく技をもっていることを？……偉大な単純さのうちに幸福を与え、そして同時にあなたがこの上ない価値のある贈りものをしていることをよく知っている……。この写真のあなたの様子には、何とも匹敵するもののない偉大さがある。……すばらしく、豊かで情熱にあふれ、力にあふれつつ自らを与え、そして高貴さと威厳に満ちている……あなたの様子は最高に誇り高く純粋で……あなたはほんとうにすばらしい、愛する人よ……こんなにもみごとに新しく、永遠に新しく、そして繰り返し新しい……あなたには驚くべき純粋な魂があり、それは自らを主張しつづけることの天才によって純粋に保たれているのだ……」と。

彼がフリーダに差し出した鏡には、明らかに彼女自身が望んでいた姿が映っていたのだった。彼女が、彼に言ってもらう前に、自分でどこまでこの像《イメージ》をつくれたか、そしてその像がどこまで忠実か――つまり、彼女がどこまでその像を実演できたか――は明らかではない。しかし、重要な点は明白である。彼女がロレンスのところにやってきたとき、自分自身の価値について燃えるばかりの自覚をもっていたのはオットーのおかげなのである。

その手紙の中で、自分の人生に一つの危機を、自分の存在価値についての試練をあなたはもたらしたのだ、とグロスは語っている。彼はフリーダに、もうイギリスに帰らなくてよいように、次の旅には、子供たちを連れて大陸に来てほしいと頼んでいる。「あなたは私の人生において、花開き、実を結ぶ、然りの確認なのだ。」ある時点で彼は彼女が自分の子供を妊娠していると思い、そうでなかったと知って落胆した。しかし彼は彼女に言っている。「憐憫から私のところへ来るということはけっしてしないでほしい……私の未来の女性よ……私とともに私の道を歩いてほしい、そうするとあなたの笑いが私に、いかにあなたのあふれる力と歓喜が、太陽の領域へと噴出するかを語ってくれるだろう。」

フリーダは彼に、三人の女性の姿が刻まれた宝石のついた指輪を送っている。この三人は自分と、姉と、彼の妻とを表わしており、この三人が各々いかに勝れた女性であるかを彼に思い起こさせたのだった。この指輪（「それにはあなたの、太陽のような目の輝きがある」と彼は言う）の二人の女性については手紙の中でしばしば論じられている。フリーダ・グロスを通して、彼は世界の価値を信ずることを学び、フリーダ・ウィークリーを通して自分自身を信じることを学んだ、と彼は言っている。

　のちに、彼はフリーダに宛てて、妻がふたたび自分のもとにいて、深いあきらめと懐疑に陥っている、何とか彼女を花開く生活にひき戻さねばならぬ、と書いている。彼はフリーダ・ウィークリーを訪ねて、妻に手紙を書いてやってほしいと頼み、フリーダはそれに応じた。彼は妻を自分で助けることができない理由を説明する際にこう書いている。「フリーダ〔・グロス〕のもとに行くには、強く、誇り高い人間としてでなければならぬ。自分のほうから力と誇りを携えていかなければならない。しかしあなたといると、人はかつてそうありたかったものになれる……あなたは人を過去から解放するのだ。」フリーダ・グロスは自分の思想を真に信じたことがない、と彼は嘆いている。その思想こそ彼の真の自我であると情熱的に信じているのに。しかしフリーダ・ウィークリーは、彼の手紙からだけでなく彼女自身の手紙からも明らかなように、彼と同じほどに情熱的に彼の思想を信じていた。実際フリーダの生涯を通じて繰り返し見られるように、彼女は男を、その思想の権化として愛することのできる女性だったのである。

　グロスは、彼自身の信念にひきずられて、彼の思想を抱くようになったこの三人の女性の信念の強さについて、いつもこんなふうに疑いに悩まされていたというわけではなかった。一九〇六年、エロス運動の頂点にあったときには、彼はまったく何の疑いももっていなかった。しかし彼がフリーダに、妻が自分の思想を十分信じていないと嘆いたとき、彼はエルゼをも失いつつあるのに気づいていた。「私が予期したとおり、エルゼと私とのあいだにも終わりがやってきた。しかも自分の運命はこれだけではすまされないという感じがする。まだまだ始まったばかりなのだ……」

　彼は一人を失えば、三人とも失うことになると知っていたのである。少なくとも、もし彼がフリーダ・ウィークリーを失ったら、まちがいなくフリーダ・グロスをも失うだろう、なぜならフリーダ・グロスは、夫に敵意を感じたならただちにエルゼとフリーダに忠告と支持を求めてゆくにきまっているのだから。彼はひどく落胆していた。彼はあまりに幸福でありすぎた――あまりに創造的エネルギーにあふれ、あまりに誇らかな構想をたてた。

「ヘラクレイトスに、残酷にも真実な一文がある。太陽太陽はその軌道を外れてはならない、さもないと復讐の神々が太陽を追いこすであろう。……いま神々は私に追いついてきている。私にはそれがわかる。すでに彼らは私からエルゼを奪い取った。悪魔的皮肉《アイロニー》に満ちた手段と、有毒な武器で私をさらにうちのめした。あなたは、すべての邪悪な霊をよせつけない黄金の輝きを放っている……。もしこの数日間あなたが私を愛していたとしたら、この第一の痛手を私が受けることはなかったはずだと思うのだ……」

彼はエルゼの新しい恋愛について次のように記している。「民主主義的原理を擬人化したようなかつての友人があらわれたが、その男は私にとってつねに無限に忌まわしいものであった。そしていかなるかたちにせよその男と親しくなるということは、貴族と庶民を分離するというもっとも自然で、高貴な原則を犯すことになるのだ。……私は彼女に、主人と従僕は同船できないことを、彼女は彼と私の両方に然り《イエス》とは言えないのだということを知らせねばならない。」

彼女のほうはどうやらオットーとの関係も維持したかった、あるいはそう望んでいるように思われた。もしこれが他の男であったら、彼は喜んで同意したであろう。この男がだれかを知らず、まさか「民主主義的原理」の権化であることを知らなかった段階では、彼は彼女に祝いの白百合を送っていたのである。しかしその男がだれかを知ると、彼は彼女を以前の、彼女が彼のものであったときの、より高い精神状態にひき戻そうと格闘した。「しかし彼女は彼女の民主主義にすっかり戻ってしまった。そしてそれこそ、彼女の本性にぴったりしていると考えている――またもや社会的禁欲だ――。結局のところ、彼女といっしょにいるためには、自分の原則から下山し、谷の道を下って民主主義の低地へ行かねばならなかったであろう……」「この不相応な縁組は」と彼はヴィクトリア朝の結婚における資産関係の中心的用語を用いて言っているが、それは彼によればとりもなおさず、エルゼが、彼の愛そしてフリーダの愛にたいして抱いていた憎しみを表わしていた。それは「復讐」の行為であり、「破滅的な、不毛な、有害な行為」である、と彼は言っている。

その知らせが彼に及ぼしたショックをみると、エルゼのうちにオットーが疑っていたような復讐の動機がたしかにあったという感じは否めない（一九七一年、ヤッフェ夫人は最後にグロスに会ったとき、グロスが二十五マルク貸してほしいと頼んだことを覚えていた。彼女は彼にそのお金を貸し与えることで勝利の思いを得、またその思い出を語ることで勝利の思いを新たにしていたのである）。かつてフリーダは彼に「あなたはエロス的です（Du bist Erotik）」と言って、彼に自己が何であるかを自覚させた。彼女は、彼が自分で気づく前に、このエロスの要素こそ、彼の野心と野望に統一性を与えるものだと認識していた。しかしながら「……エロス主義の力だけでは、僕は彼女「エルゼ」のうちにある貴族的存在を支え、確かなものにすることができなかった。……僕はほかならぬエロスの力によって、僕が経験し、実行することができるすべての善の源となっているエロスの力によって、見棄てられたのだ。」

新しい恋愛が始まったとエルゼが彼に語ったとき、彼は彼女の禁欲と羨望と否定のすべてが、その肯定的生の豊かさのうちに消しとんでしまうにちがいないと信じていた。それからふと、いったい恋人はだれだろうかと考えて不安になり、凍るような暗澹たる思いを味わった。そして事実その相手は「部屋にその男がいるだけで不愉快で邪魔になるような」人物だった。エルゼは高貴さと貴族性と距離（Distanz）にたいして、「私〔グロス〕にとって愛人であり姉妹であった、洗練された誇り高い魂」にたいして、反抗したのだった。彼女はきっと彼のフリーダへの愛にたいする憎しみから、嫉妬から、復讐からそれをしたのに相違ない。「至上の命令である〝貴族の義務《ノブレス・オブリジ》〟と、まさにこの命令をそのすべての動きのうちに体現している女性とのあいだの、どちらかを選ばねばならぬとは！」エルゼは喜びに満ちて愛を祝いつつ彼の世界に入ってきたのだったが、いま彼女は彼がよそ者であるような一つの世界へと出ていこうとしているのだった。「僕にとって価値のあるもののすべてを知らず、わからないでいるような人」のもとへ。

この裏切り行為において、エルゼはエロスの力そのものを彼に疑わせることに成功したのだった。こういうやり方はまさに毒ある武器であり、その毒はフリーダをも襲った。後日フリーダは性にたいする宗教的アプローチが『チャタレイ夫人の恋人』への「私のささやかな貢献」であると言っているが、エルゼの攻撃にもかかわらず、彼女とオットーのあいだで、そして彼女とロレンスとのあいだで、この信仰はしっかりと守られていた、と語っている。オットーは次のように言ったが、それはのちにロレンスが彼女に言ったことばに重なっている。

「……おそらくあなた自身、自分がどんな天分をもっているか気づいていないのだ。あなたが自らの生命の一部を吹きこんだものすべてから、すばらしい力強さと暖かさがあふれ出てくる……まるであなたの身体の暖かさがそのままあなたの手紙からふきだしてくるように。甘く、力強く、祝福に満ち、自由あふれる感性の波のように。」

オットーは寛容にもフリーダが自分に自由を与えたと認めはしたが、しかし二人の関係で言えば、何と言っても彼のほうが解放者であることをよく承知していた。

「フリーダよ。自らを解放するために闘う価値はあるのだ。世界は広く、深く、再生の驚きに満ちている。とくに今日、とくにフリーダ、君のために。世界は信じる愛に必ず応えるであろう。〝善人〟が千人いたとして、それがどうだというのだ。彼らがあることをなすことすべては、近づきつつある未知のものに自らの最奥の生きざまを預けようとする者に反対するのだ。そして君と僕とはこの秘かな、燃える愛をもって愛し合っている。早く生まれすぎた者の担う、重い、情熱に満ちた青春の恍惚のただ中にある。来たまえ、フリーダ、私のところへ。私は君を愛している。今のこの時をそして未来のしるしを愛するほどに。」彼らの恋愛は著しくイデオロギー的であった。彼らは互いの自己同一性《アイデンティティ》を愛し、相手の思想を抱擁しあっていたのである。

前にも述べたように、彼らがどのくらいの頻度で会っていたのか、それがどのくらい続いたのかを確定する術はない。しかし少なくとも、ある夏アムステルダムの会議場で会う約束をしていたことは確かである。フリーダはエルゼに宛てて自分とオットー、エドガー・ヤッフェ、それからフリーダの友人のマッジと会うことになっていると手紙を書いている。彼女はウィークリーには、エドガーとエルゼに会うことになっていると言ってあった。そしてその後のオットーの手紙には、彼らがアムステルダムとイングランド間の渡航中に過ごした夜のことが何度か書かれている。おそらくは二人はおちあった後でいっしょに会議に出席したのであろう。するとその会議はグロスが定説にたいしフロイトのヒステリー理論を擁護した一九〇七年九月の神経精神医学会か、あるいはエマ・ゴールドマンがアメリカ代表で出席していた一九〇七年の国際無政府主義者会議のどちらかであろう。無政府主義者はもちろん、母権制革命にもっとも好意的な党派である。

オットーはフリーダが子供たちを連れて夫から逃げてくることを望んでいた。そのようにして主人のいない家庭を構えることを望んでいた。そして、実際にそれがどの年であるかは特定できないが、フリーダがそうしかけたときがあったのは確かである、というのは彼女にどうかそうしないでくれと必死に頼んでいる手紙が残っていることから、明らかである。その手紙に署名はないが、ハイデルベルクから出され、家族の一人はエルゼが書いたものだと証言している。「光の周囲をとり囲んでいる暗い恐ろしい影をごらんなさい——あの人が「自分の妻の」フリーダの生涯をほとんど破壊してしまったことがわからないのですか。あの人は相手が人であれ、何か客観的価値のためであれ、ほんの十五分間でも我慢するということができないのですよ」(この我慢するという最後の句はとくにエルゼのこと、そしてヴェーバー家の世界を想起させる)。「たしかに〝恋人〟としては彼は並外れています。けれども人はそれだけではありません。ああ神よ、何を言っても無駄なのですね。あなたは私も感じた、あの、彼が発散する説得力にすっかりやられているのですね。」手紙の主はフリーダに、いろいろ見当はずれのところがあるにせよ、アーネスト・ウィークリーの彼女への愛は誓ってオットーの愛よりも偉大であると言っている。まさにどちらの男の愛を真の愛とするかこそ、決定的な分かれ目であり、そしてそのように言うことによってエルゼは決定的にエロス運動を排除したことになる。

フリーダにとって何が決め手になったにせよ——フリーダ自身は自分の『回想と書簡』ではオットーが「地に

足がついていないのに気づいたから」と言っているが――ともかく、彼女はアーネスト・ウィークリーのもとを離れてオットーのもとへ走ることをしなかった。そして彼女がロレンスと駆け落ちした直後にフリーダ・グロスに送った手紙では、残念ながら自分はオットーから受けとった手紙にまったく「心動かされず」、反応できなかったと明言している。そして続けて彼女は、オットーの弟子で画家のエルンスト・フリックにぜひまた会いたいと言っている。オットーは、自分の妻のエロス的必要には自分よりフリックのほうが合っているとすすめたのである。フリックはロレンス同様労働者階級の生まれであり、二人のフリーダはともにいわば階級ごしの愛の相手を得たことになる。さらに二人の男に共通していたのは、二人とも多少なりともオットー・グロスの思想に沿って生きつつ、グロス自身よりも安全な道をとっていた、ということである。フリーダは同じ手紙の中で、自分はロレンスと本を出版する計画を立てているが、フリックがロレンスと協力できるのではないか、とも書いている。

だが、グロスの最後のころの手紙に「心動かされなかった」にもかかわらず、フリーダはその手紙を手元におき、その差出人とはますます疎遠になっていったにもかかわらず、その手紙が彼女に与えてくれた自己証明《アイデンティティ》を大切にしたのだった。彼女は明らかにロレンスを待っていた。彼女の同一性《アイデンティティ》を認める力があり、そのイデオロギー的反射作用に反応することができ、そしてそれにすべてを賭けることができるような男を受け入れる準備ができていた。

オットーとフリーダとの恋愛が、それがたとえオットーその人ではない別の男の人生において実現したものであったにせよ、こうして勝利の結果を生んだということはきわめて正当であった。それは、いくつもの手紙が示すように、エロス運動の勝利であった。「あなたはエロス的です」こそそのイデオロギー的中心命題であり、その背後には、哲学的・形而上学的な価値としての、そして、何よりも生命を生みだす価値としての、性愛《エロス》主義信仰があった。これこそ一八九〇年から一九一〇年のあいだにヨーロッパ全土にわたってみられたイデオロギー的革命の鍵であり、父権的文明への抵抗運動が抱いていた主たる希望でもあったと思われる。それまでエロス主義は自然的事実であり、芸術と哲学において写実的に扱われるべきものであった。あるいは牧歌や喜劇の主な原典となり、真剣にはとりあげられなかった。あるいは、十九世紀にむかえた頂点においては悲劇の源泉であり、死と悪とに密接に結びつく力であった。『ボヴァリー夫人』や『アンナ・カレーニナ』『トリスタンとイゾルデ』のエロス主義は、通常そのように考えられている。

いまや突然にエロス主義が生命の力となり、またすべての価値の源泉となった。愛を死という悲劇的な様態において扱うという、初期の価値観が完全に逆転したのである。一八九五年、メイベル・ガンソン（のちのメイベル・ドッジ）はバッファローに戯曲『イリス』を見にゆき、破滅した女の悲劇的運命に深く心を動かされたが、しかし自分ならば、社会のせいで自分の愛が完成されないとか、こっそり遂げた愛の成就が違法であるといって社会から罰せられるなど許しはしない、と決意を新たにした。メイベル・ガンソンの目には、社会か愛かという二者択一そのものが根拠のないものと映ったのである。

そのころ、フリーダ・フォン・リヒトホーフェン、アルマ・シントラー、イザドラ・ダンカンはそれぞれ十六歳であったが、彼女たちは秘密のうちにではあるが、メイベル・ガンソンと同じように当時の悲劇的なエロス芸術に反抗していたにちがいないと想像される。この問題については3章でより詳しく述べたい。ここでは「あなたはエロス的です」の信条としての重要さについてのみ、記しておきたい。

この信条の司令部はシュヴァービングにあり、マリアンネ・ヴェーバーによるとこの運動がハイデルベルクに到着したのは一九〇七年、ミュンヘンからグロスによるエルゼ・ヤッフェの改宗というかたちにおいて——マリアンネは必ずしもそう明言していないが——であった。マリアンネ・ヴェーバーはこの変革について、これまでミュンヘンの芸術家サークル内でのみ知られていた型はずれの生活様式が、新様式としてハイデルベルクの地平に出現したと記述している。これ以後「ヴェーバー夫妻」——と彼女は夫と自分をこう呼んだ——は結婚に反抗する反ブルジョア型の人たち、エロスに仕えるいろいろな人間に出くわすようになった、と。「〝精神医学的倫理〟の支持者とのあいだに数えきれないほどの対決が起こった。」主な対決はオットー・グロスとのもので、彼は一九〇七年春、ヤッフェ夫妻のところに滞在し、エドガーを自分の「信仰」に改宗させたのだった。フリーダ・グロスはペーターという息子を産んでおり、エルゼもオットーの子を宿し、一九〇七年に生まれたその子供も同じくペーターと名づけられることになる。二人の母親はお互いに尊敬しあっており、（のちには）異母兄弟となるお互いの子供たちをともに愛した。フリーダ・グロスは、オットーがエルゼとハイデルベルクでいっしょにいるときに、「あなたがた、愛するカップルへ」とメッセージを送っている（フリーダ・ウィークリーにはそれほど寛容な態度をとりはしなかったが、当時彼女はエルゼを愛しており、またエルゼから得ているものが少なからずあったのである）。これは、オットーの言うところの「この世の春（Welt Frühling）」であり、エロス運動の勝利のときであった。

　マックス・ヴェーバーは、この挑戦に応えるためにフロイトを読みだした。われわれ「ヴェーバー夫妻」は二人とも、不幸な結婚をしている人々に同情的であったとマリアンネは言っている。「運命の罠にかかった人たちは、苛責の念にかられるあまり自ら破滅しないようにと、フロイトの信奉者の提唱するある種の思想をとりあげた。それはこれまで受け入れられてきた態度をすべてひっくりかえす思想であった。われわれ［ヴェーバー夫妻］にそれがいかに混乱したものと映ったにせよ、この人たちに腹を立てて背を向けるわけにはいかなかった。当の人たちはそれぞれ、あまりにも高貴な人たちであり、あまりにも愛すべき人たちであった。」彼女は主としてエルゼ・ヤッフェのことを考えていた。しかしエルゼはけっしてエロス主義に落ちつくことはなかった。［一九〇七年春の］出来事のあとで、彼女はフリーダ・グロスに「オットーが、私がエロス的解放運動に向いていないと言ったのは当たっています」と書いている。その手紙からみて、彼女について彼がつねに不安を抱いていたことは明らかであり、実際彼のハイデルベルク滞在ののちすぐに、彼女は自分がかねて魅かれていたある医者と関係をもつことにした、とはっきり書いている。この男についてはほとんど何も知られていない。たしかにグロス夫妻はこの医者をオットーの敵とみなしているが、それはむしろオットーからみるとあまりに「庶民的」で「高貴さがない」と思われた、その気質のゆえであったようである。エドガーはこのことに関してはオットーの味方であったし、エルゼ自身ですら未完の自伝の中で、この男への「恥ずべき」執心について語り、これはひょっとして彼が自分の父親を思い起こさせるからではないかと言っている。この医師にたいする彼女の感情は、彼女をオットーやマックスに結びつけた感情とは別種のものであったらしく、その男の精神とのつながりがまったく欠けていた。それ以外の二人の関係では、この男の業績、甲斐性《ライストウング》が彼女にとってもっとも重要なものであった。自伝の中で、結婚初期に抱いた主たる感情として、夫の働き《ライストウング》にたいする落胆を彼女はあげている。

あるいはまた、このときの彼女の恋人の選択には、ある種の自己滅却ないしエロス主義およびオットーの痕跡滅却という動機があったと推測することもできよう。また彼女がマックス・ヴェーバーの熱愛の相手となったときに、彼女が（もちろん倫理的に高貴な正当な理由があって）、彼を避け、この世界でその男だけには渡したくないとマックスが願った男、弟のアルフレートに向かったのもまた、少なくとも注目すべきことである。これはたしかに重要な符合である。そしてまた最後の推測として——ふたたびオットーの示唆しているところによると——彼女が妹のフリーダおよびフリーダのオットーとの幸福な成就に嫉妬していたためとも考えられる。オットーはある手紙の中で彼女が彼にフリーダを愛するのを許していることを讃えているが、しかし、讃えながらも当の彼女の寛容さを彼が信じてはいないことも明らかである。

ヴェーバーは、マリアンネを通じて内々に二人の姉妹のグロスとの情事を知っており、強く非難していた。おそらく彼のエルゼにたいする感情がすでに友情以上のものになっていたのだろう。いずれにせよ、グロスは一九〇七年、ヴェーバーの『雑誌《アルヒーフ》』に、父権制の抑圧にたいする女性の自由を支持する論文を送っている。ヴェーバーは乱暴にこれを拒否する長い手紙をエドガー・ヤッフェ宛てではあるがエルゼに書き送っており、それが暗にグロスという人間そのものの拒否であり、彼女にも彼を拒否してほしいという嘆願でもあることは明瞭である。この手紙の中でヴェーバーはグロスの仕事をフロイトの仕事と区別しており、フロイトのものは「科学的」であり「預言者的」であるゆえに受け入れることができる、としている。彼は、価値自由でもなく、また合理性と客観性の要求を満足させないような擬似科学的思想を尊重する用意はまったくなかった。彼はグロスをニーチェと、またいわゆる「貴族の」原理と同一視している。ただし彼は意地悪く、グロスがその貴族原理に結びつけている倫理哲学については、そこに臆病に自分ばかりを大切にする「ブルジョア性」があると主張しつづけるのである。このように、彼とグロスはそれぞれ相手を「貴族制」と「民主制」の代表者とみなした。ただしヴェーバーは民主制を認識のゆえに、グロスは貴族制を人生のゆえに擁護した。それからヴェーバーは礼儀正しく、急いで原理と人とを区別しようとする。「あなたが彼について話したことのうちに、彼の本性の高貴さを認めることはできる。そしてそれはたしかに今日出会う人々のうちでもっとも魅力的な人間に属するものだ。しかし、それがもし歪められていなかったとしたら、彼の個人的カリスマの高貴さはどんなにか純粋であり、私がその前に脱帽したい、愛の彼岸性はどんなにか……」そして攻撃はまたつづくのである。

　どうやらエルゼ・ヤッフェがグロスにその論文を『雑《アル》誌《ヒーフ》』に送るようにすすめ、ヴェーバーにグロスと会うことを提言したようである。というのはこの手紙の中で、彼はとてもそのような会見はできないと念入りに断っているからである。彼女の側としては、自分の人生における二人の主要人物を対決させてみたいという明らかな動機の他に、もしかしたら、かくもすぐれた精神分析家であるグロスが、ヴェーバーの活動を妨げている神経症を治してくれるのではないか、という期待があったのかもしれない（ヴェーバーの手紙にはまた、何か月もフロイト式治療を受けて幼児期の不品行を思い起こさせられるのはごめんだと、たっぷり皮肉をこめて、そしておそらく自己防衛という意味もあって、書かれている）。しかしヴェーバーがグロスの標榜するすべてを拒否した以上、彼女はこの二人の男のどちらかを選ぶしかなくなってしまった。そして彼女にとってはヴェーバーを選ぶしかないのは明らかであった。少なくとも現在からふりかえると彼しかなかったと思われる。

　それから一、二年のあいだのいずれかの時期に、彼女はオットーに拒否と別れの手紙を書いているが、ここでその全文を引用する価値があるように思われる。それは彼女の真意をきわめて特徴的に表わしており、また彼女がマックス・ヴェーバーの術語をここで用いているということもいかにも彼女らしい。「預言者」型という発想は彼の宗教社会学の一部をなすものである。

オットーへ

あなたのお手紙にたいして私たちが一度も返事を書かなかったからといって、あなたに責められる理由がないということだけはお断りしておかなければなりません。私からの手紙を受けとったところで、それで何から何まですべてを知りつくしてはいないというあなたの状況が変わるわけではもちろんないのです。なぜなら私はこの状況の傍観者としてしか書くことはできず、フリーダについては、まったく何も言えません。それは彼女が自分でしなければならないことです。他人が彼女の感情に自らの感情を混えないでいるということは、いかに難しいか、あなた自身よくご存知のはずです。ですからあなたは私の書くことが間接的に彼女のことばであると考えてはならないのです――あなたがついそう考えてしまうだろうと思ったから、今日まで私は手紙を控えていたのです。

でももしあなたが、私があなたに矛盾していてほしいと望んでいるのだと思うのなら、それは誤りです。私はただ、人生は私たちに妥協なしには生きさせてくれないものだと信じています。たしかに私ははじめのうち、だれかがあなたとレギーナ・ウルマン*との関係を無理やりやめさせたのだと思っていました。しかし今では私はこの問題を別なふうにみています。あなたがたのあの関係と、あなたのフリーダにたいする残酷さ（われわれ外部の者にはそう見えました）は、あなたの本性に深く根ざしたものが展開し、外にあらわれた兆候にすぎないのです。

フリーダは夏に「オットーが預言者だということがわからないの。あの人にとっては、〝味方でない者は敵〟なのですよ」と言いましたが、それはまったく正しいと思います。

さて、預言者オットーは、他のすべての男たちを多少の差はあれ自分の火で燃やし、彼らから自分の本性にしたがって人を愛する能力を、個体としての個人を愛する能力を奪ってしまいました。それは古い古い物語です。そしてあの、もう一人の預言者は自分の兄弟に「私に兄弟はいない――あなた方（弟子たち）が私の兄弟である」と言ったのでした。今となっては――いつもそうだったのですが――あなたにはあなたの教えにしたがう者たちだけがおり、もはや彼女自身の本質的自我のゆえに愛される特定の妻はありません。これはどうしようもないことです。たしかに妻が愛のゆえにすべての個人的必要をあきらめ、聖なる火によって同じように燃え、自分が信じて疑わぬ夫の使命のために夫の傍にとどまるためにあらゆる犠牲をささげる、ということもありうるでしょう。しかし、もし彼女が、完全には信じることができないとしたら？　どうでしょう、オットー？

もし彼女が完全に信じることができないとしたら、もしかしたら彼女は、自分なりの愛を彼に与え、その男のもとに留まることはできるかもしれません。しかし、その預言者はそれを許せるでしょうか。闘ううちに自らを分裂してしまうことなしに、たえず彼女とともに彼女の魂と闘いつづけられるでしょうか。

私はこんなふうに事態をみています。私はあなたが以前ほどフリーダを愛していないのだとたんなる憶測から主張したくはありません。それは、ふつうの規準で言えば明白なことですが。感情の質というものはいずれにせよ変わってきています（あなたはペーター坊やのことをぜんぜん思ってみたこともありませんね）。

しかしこのことだけは言っておかねばなりません。あなたの大義のためにあなたを助けるべく犠牲を払うことはまったく無意味に思われます。なぜならあなたは非常識にも自分自身の健康そのものを攻撃することによって、何かを達成する能力をわざわざ破壊しているのですから。私たちにはあなたの思想の中で、私たちには無分別としかみえないもの、まったく繊細さに欠け、一人の個人を別の個人と区別できないことが、最終的にどこまでモルヒネのせいなのかわかりません。社会生活の外面的なさまざまな点で、それがいかなる支障を来たしているか、あなたはよく知っているはずです。

オットー、あなたのことを考えると私は悲しくなります。あなたはどんどん遠ざかってゆくように私には思われ、あ

＊　レギーナ・ウルマンが、私はあなたとの関係で妊娠しました、とオットー・グロスに伝えたとき、彼はレギーナとのすべての関わりを断ち切ろうとしたように思われる。合法的に認められるはずの経済的支援をレギーナに支払うことをグロスの父親が拒否したことにも、言われるままに、グロスは同意したらしい（オットー自身はまったくの一文なしで、父親は、いま一度の治療のためということで国外に送り出すことで、法律的義務を回避しようとした）。オットーが手の届くところに毒をおいたりして、自分に自殺をすすめているのではないかとすら、彼女は感じていた。このことが、レギーナ・ウルマンと友人になったヤッフェ夫人が、「オットー・グロスは病理学的にみて責任能力を免責される」とみなすに至った主たる原因である。

なたが私に同意を求めている事柄を考えると、友人として時折あなたとともにいるという希望すらほとんどなくなってしまうのを感じます。そして結局は、人生そのものがこれを清算し、亡き者にしてしまうとは——恐ろしいことではありませんか?

あなたの　エルゼ

この手紙は品位があり、また当を得たものであると言わねばならない。何人かの証言によると、グロスはミュンヘンとアスコナで、なかば宗教的な権威を弟子たちにふるっており、彼の権威は主要な倫理的価値にあえて背くというかたちで行使されていた。にもかかわらず、彼の返事は、弁舌《レトリック》の点からも、論理《ロジック》の点からも明らかにエルゼより優れている。そして、これが彼の精神の資質を示すものであるという理由からも、唯一残存するわれわれの主人公二人のあいだの完全な手紙の交換であるという理由からも、ある程度引用する価値があるであろう。途中省略したいくつかの箇所でも、彼はしばしばエルゼの指摘をうまく逆手にとって反論している。

私のエルゼへ

あなたがそのような信念のうちに——あなたはいかにも暗鬱なことばをあてて、私のイメージがあなたの心の中で少しずつ変貌していった、と語った——生きているのだと悟らされることはこの上もなく悲しい。エルゼよ、そのイメージは私ではないのだ！　エルゼよ、僕をまっすぐ見てごらん。僕は——おお、何たることだ——ねずみ色の、ぼんやりとしたマントなんか着ていやしない、そういうマントは僕には重すぎるのだ。そして長いことそんなものは着ないようにしている。僕はたしかに自分が、一種の預言者の域に「さしかかる」段階を通ったのを知っている。そしてまさにそれが、本質的に僕にとって異質の感情であったがゆえに、僕に強力な印象を残し、ついに僕も自己改革が必要だと思わせるにいたったのだ。預言者的傾向のすべてが自己欺瞞の表現であること、原理的には有益なものであり強力でもあるとわかっている真実を、幻想をもっておきかえるときに自分の中にそれが起こることを、僕は認識している。こうした葛藤から解放された今、僕はかつてこれほど預言者性からかけ離れていたことはない。エルゼよ、私にはただ一つのことしか「宣言」できない。個性が真に自らを解放するのは自分自身の発展過程を意識することによる以外にはない、ということだ。そのようにしてこそ、私が天命としてなしとげねばならないこと——個人の本質的な個性的スタイルを、異質で破壊的なすべての矛盾から解き放つこと——が、個々の場合において果たされるのだ。エルゼよ、その力を与えるもとの力、この活動の背後にある情熱は、個人のうちにおいてのみ喜びでありえ、それぞれ、自己の中に封印された人格に属する美における喜びなのだ。この天命を愛するということは、具体的には個々の個性をその自我にしたがって愛するということである……。私はたしかにそのような道を歩んでいた。そう、オランダで。あそこでは私は致命的な狂信性と致命的な「預言者」のゼスチュアで効果をあげた。——あれは私が暗示によって成功した唯一の例だ。* そしてそれが可能だったのは、あそこでは私はかくも孤独でかくも誤解され、かくも嫌悪と軽蔑にとりかこまれていたからだ。……エルゼよ、私はほんとうにつらい——そしてこれはあまりにも不当だ——、あなたが「あなたはどんどん遠ざかってゆく」と書いたのは。……私は何が私を人々と結びつけるかを知っている。それは彼らの人格なのだ。——それはことばではけっして名づけることのできない、概念ではけっして分析することのできない、最深の本質的な、不変の個性である。人間の生の中で運動する律動《リズム》であり、それはほんのわずかな身体の運動の中にも、ほんの一瞬の感情の無意識の表現の中にもある、変わることができない、不滅の本質である。……ある人間の、もう一人の人間にたいする感情が変わるとしたら、それはもう一人の人間のもっとも深い、もっとも永続するものを誤解した場合のみである。……これから私は、私にたいする同意や信仰を受け入れまい。個性の発展と、自分自身の個性の洞察のために必要な自由を正当化するような信念のみを受け入れよう。……エルゼよ、私を、あの男として、かつてあなたが私を見たときの男として眺めてほしい。私は変わっていないのだ。……これまであったものをどうか亡き者にしないでほしい、エルゼよ。

あなたの　オットー

後年になって、エルゼは未練をこめてオットーを想い起こしている。彼こそは「私の魂から悲しみの重みをもちあげてくれる唯一の人間だった」と彼女はフリーダ・グロスに言っている。そしてマックス・ヴェーバーとの関係にひきずりこまれはじめたとき、彼女は——自己防衛的に——彼とのさまざまな意見の相違にこだわりつづ

＊　彼はアムステルダムでの精神分析会議のことを言っており、彼はフロイトの信奉者として演説した。

け、もっと健全なオットーのような人間とオットーのようなイデオロギーを望んだのであった。「私たちは少しずつオットーとともに失われたものに気づかされるでしょう。そしてあなた〔フリーダ〕は何年も彼を自分のものにしていました。あなたは〝あの人は自業自得です〟と言うかもしれません。でも私はしばしば彼といるあなたを羨みました。」そして彼女が自分の家族の中でもオットーの子供であるペーターに特別な感情をもっていたこと、また自分のまわりに彼の他の子供たち、ペーター・グロスとカミラ・ウルマンを集めたことは注目に値する。この二人はしばしばヤッフェ家で過ごしていた。一九一五年にペーター・ヤッフェが死んだとき、彼女は特別な悲しみと、そして罪悪感さえ感じていた。しかし明らかに、彼女は彼を拒んだこと自体を後悔したことはけっしてなく、彼女は彼のやり方と自分のやり方が両立しないことを十分知っていた。グロス「とともに行ってしまう」ためには、まったく自分を捨てなければならなかったであろう。

　フリーダ・ウィークリーもまたグロスとシュヴァービングを選択せざるをえない状況にあった。しかし、最終的には彼女は踏みこまずに終わり、実際に彼女が選んだ男はもっと「信頼のおける」、あれほど極端でも危険でもない人間であった（彼女がロレンスを姉妹たちに紹介したとき、彼女たちは彼が「誠実」であるとして肯定した。彼女たちはひそかにロレンスをグロスと比べていたに相違ない）。シュヴァービングが否定した結婚と家庭をロレンスは肯定していた。彼は革命家ではなかった。しかし彼は結婚と家庭とを「宇宙サークル」のエロス主義によって定義しなおしていた。フリーダはときに結婚に反対していたが、結婚に信を置いていた男といっしょに住むことを彼女は選んだのである。

　フリーダはウィークリーのもとを去ってグロスのところへ走るということはしなかった。自分はオットーが「足が地についていない」ことを知っていたと彼女は言っている。彼女の性格で重要な特徴は、いざ外の世界に直面すると臆病になるところである。彼女もまたけっして革命家ではなかったのである。この特徴はロレンスのアナおよびアーシュラ・ブラングエンの描写に強調されており、またハリエット・ソマーズ、ケイト・レスリーにもあらわれている。ロレンス夫妻は急進派ではあったが、〈女〉の世界の中での急進派であって、男たちの世界から離れようとしただけで男たちの世界を占拠しようとしたのではなかった。彼らは旧いかたちの家庭生活を新しいエロス主義の力で仕立てあげたのであって、その意味ではきわめて保守的な急進派であった。その意味では、オットー・グロスの遺産を裏切ってもいた。

ロレンスがオットー・グロスの名を挙げているのは、『イタリアの薄明』だけであり、これは彼の著作の中でも、さまざまな点でもっとも無防備で隠しだてのないものである。そしてそこにおいてさえ、グロスへの言及は間接的である。一九一三年、一人でスイスからイタリアへと向かっている途中、彼は二人の老婦人と紅茶を飲み、自分はオーストリア人だと告げた。「私はグラーツ出身だと言った。父はグラーツの医者であり、ヨーロッパの田舎を歩いて楽しんでいるのだと語った。私がそう言ったのは、いつも歩きまわっているグラーツの医者を知っていたからであり、私はその二人の老婦人にたいして自分自身でありたくなかった、イギリス人でありたくなかった。私は何か別のものでありたかった。」ファンタジーにおいてしばしばそうであるように、オットーの人となりを表わす要素はばらばらに解体されているが、すべてが――グラーツ、医者、父親、つねに歩きまわっている――そこにあり、ロレンスと彼との関係を構成する要素もそろってそこに書かれている――「私は自分でありたくない」「何か別のものでありたかった」そして「イギリス人でありたくなかった」。

この一節のすぐ前で、ロレンスはスイスで共同生活をしている無政府主義者に会ったことを書いている。その中の一人が彼らの思想をロレンスに説明し、同意を求めた。「だが私は彼にその先を続けてほしくなかった。私は彼のうちに新しい精神を、何かしら異質で、純粋で、少し恐ろしいものを感じとった。彼は私に私以上のものを求めていた。そして私の魂はどこかで涙にくれ、夜の赤子のようにどうしようもなく泣きさけぶばかりであった。私は応えられなかった。何も返事できなかった。彼はイギリス人であるこの私に、教育を受けたこの私に、確証を求めていた。しかし私は彼に確証を与えることができなかった。私には真の、星のように輝く精神を生みだそうとする純粋な闘いがよくわかっていた。しかし私は彼の言うことを確認することはできなかった。私の魂はこれに反応できなかった。私には人間が完全なものになれるとは信じられなかった。人間が無限の調和に生きられるとは信じられなかった。そしてそれこそが、その信念が、彼の星なのであった。」

奇妙な一節である。一つには、ロレンスは自らを、こういった姿勢で、他の人間の闘争の前に無力でうしろめたさを感じて立っているというさまを、他のいかなる箇所でも見せたことがないからである。ロレンスはその後、彼ら無政府主義者から新聞をもらっても読むことができず、彼らのことを考えることすらできなかったと言っている。「……どういう理由かわからないが、彼らのこと、彼らの人生がどんなものになるか、彼らの将来のことを考えようとすると、ぜんまい仕掛けのように私の心は止まってしまうのだった。……今でも私は自分の思考の中に彼らを置いてみることができない。なぜか私は目をそらしてしまうのだ。どうしてこうなのかは、自分でもわからない。」

ひょっとしてこれは、当時スイスで真の星のように輝く精神であったオットー・グロスが無政府主義を教え、かつ実践しており、法を危険なやり方で破り、社会の制裁を受けていたから、そしてロレンスがレリチとフリーダのもとに着いた直後にグロスが逮捕され、精神異常者として監禁されていたからではないだろうか？　つまりロレンスはあくまで自分を妥協する調停者として、作家として、社会のエンターテイナーとして、フリーダの安全な選択肢としてみていたからではないかと私は思う。

実際フリーダはロレンスと駆け落ちしたとき、彼がもう一人のオットーであり、もう一人のエルンスト・フリックであると彼に語った。彼女は同じことをフリーダ・グロスへの手紙でも書いており、フリーダ・グロスはエルゼに、だれかが自分の運命を真似したり、あのようなものに自分の恋人を見立てるというのはいかにも奇妙だと思う、と言っている。というのは一九一二年、フリーダとロレンスがドイツに到着したとき、フリックは無政府主義謀議の罪で逮捕されていたのである。フリーダ・ウィークリーは手紙で法廷に出てもよいかと訊いたが、フリーダ・グロスは許さなかった。フリックは釈放され帰宅したが、他の囚人が彼が爆弾をもっていたと証言したため再逮捕された。こうした出来事については、オットーにたいする警察と医者の追及（フリーダはミュンヘンの彼のもとに、スイス国境を越えたらまちがいなく逮捕されるから気をつけるようにと書き送っている)、またハンス・グロスによるフリーダとフリックにたいする訴訟などとともに、すべてフリーダ・ウィークリーが、駆け落ちのはじめの数週間にロレンスに詳しく話したに相違ない。

フリーダがオットー・グロスに宛てた手紙はほとんど失われているが、一、二は残っている。彼女はそこで「あなたとあなたの教え」への愛を誓っているが、しかしときには、彼自身が自らの教えどおりに実行していないこと、十分自発的でないこと、彼女を理念化しすぎることなどを責めている。実際、彼自身も認めているように、彼の精神はきわめて抽象的であった。親しい友人にたいしても彼は自分とハンス・グロスとの喧嘩をいわゆる父と息子の葛藤だと記述している。そして彼は、彼女の姉が民主主義的原理を代表する男と恋愛関係にあるとフリーダに告げながらも、その男の名前を一度も明らかにしたことはなかった。

この残存する手紙の中で、エルゼにグロスを理解しようという熱心さがないこと、「あなたとあなたの教え」に自分の人生の中で出会えたことをエルゼが神に感謝していないことに、フリーダは怒りを表明している。「あの人は、それではこのすばらしい新しさの高みと美しさを理解していないのですか。私は時折それにたいする畏怖におののいてしまうのに。——〝靴を脱ぎなさい、あなたが立っているその場所は聖なる地だからである〟——と、そんな気持ちです。」彼女はまたエルゼが自分を愛していないことを一度ならず嘆いている。「私を好きになることがそんなに難しいのでしょうか、私は心底みんなの幸せを願っているのに。」また別のところでは「私たちはエルゼにたいし、勇気をもちつづけなければなりません、あなた。私たちが勝つのです」と言っている。彼らのエロス主義は実に教条的で救世軍的なものであった。彼らはエルゼを救おうとしていたのであり、それこそエルゼにとってはとても我慢のできないことであったにちがいない。

しかし彼らのエロス主義とは、もちろん、私たちがふつうエロティックと呼ぶものでもあった。フリーダはオットーに、自分の友人マッジと婚約者について語り、いかに自分が二人を性的に解放したかを述べている。「ここへ来たら、あなたは彼女を愛さなければなりません。彼女もまたあなたを愛さなければなりません。彼女はほんとうに私が創りだしたもので、彼女を私は深く愛し、彼女も私のためなら何でもするでしょう……」また婚約者について「私は彼をもついにあなたの側に立たせました。あの二人はあなたに感謝してよいはずです。そして私はきっと彼とすてきな時がもてるでしょう」と書いている。フリーダがノッティンガムで、自分の周囲に性的解放の小ミュンヘン−シュヴァービングをつくっていたことは明らかと思われる。アーシュラ・ブラングエンにもそうした雰囲気があったことが思い出される。シュヴァービング教会の守護聖人が聖アーシュラであることもきわめて象徴的である。

グロスの思想

フロイトに落胆したグロスは、父権的権威からもっと完全に自分を解き放ってくれるような思想を必要としていた。彼はそれをある程度はニーチェ主義の中に、ある程度までは無政府主義の中に見いだしたが、この二つの思想はともにシュヴァービングの活動力であった。前者は「宇宙サークル」のメンバーによって展開されており、これについてはすぐ後に述べることにする。後者はエーリヒ・ミューザム、グスタフ・ランダウアーその他の「行動グループ（Gruppe Tat あるいは Aktion Gruppe）」のグロスの友人たちによって展開されていた。オスカー・マリア・グラフは、グロスが一九一二年ごろ「行動グループ」に入っていたフランツ・ユングやミューザムに出会った経緯（そのころまでにグロスはミュンヘンを去ってアスコナに来ていたのである）や、彼らがいっしょにランダウアーの『社会主義への招請』やニーチェ、ピョートル・クロポトキン、マックス・シュティルナーの著作の輪読をしていたことなどを記述している。この人たちはバハオーフェンや、一般に「宇宙論的な」思想に深い影響を受けていた「宇宙サークル」のメンバーに比べて、政治活動により積極的であった。グロスは革命家であり、無政府主義的革命家であって、この点で「宇宙サークル」ともロレンスとも異なっていた。グロスがもっとも親しくしていた「宇宙サークル」のメンバーであるルートヴィヒ・クラーゲスは、イデオロギーからするとむしろロレンスと共通点が多かった。グロスは、ランダウアーやミューザムのほうに近く、彼らは二人ともミュンヘンの一九一八年の革命、およびその後一時期バイエルンを支配した革命政府に主要な役割を果たした人物である。その政府の首相であったクルト・アイスナーは彼らの友人であり、彼とランダウアーは他の多くの友人とともに、その革命で殉死している。当時グロスはウィーンにおり、ミュンヘンでの革命に関わってはいたものの、それほど目立った存在となっていない。もし彼がミュンヘンに在住していたらちがっていたであろう。最晩年に彼の書いたもののほとんどは政治的で明白に共産主義を打ち出しており、このことは『ソヴェート』とか『提言新報』といった雑誌にあらわれている。しかし彼の共産主義は著しく無政府主義的であった。

　グロスはクロポトキンとシュティルナーを援用しているが、とくにシュティルナーが彼に深い影響を及ぼしていたことは疑いない。シュティルナーは理想社会を、各人があくまで自らの個性を主張する、自我主義者《エゴティスト》の連盟として描き出している。彼は真の個人は必然的に国家の敵であると考え、「権利」概念とは国家が捏造した詐欺にほかならないとした。彼は革命ではなく反乱を、つまり個人がともに立ちあがるべきであるが、しかし大衆としてではなく、あくまで個人として蜂起することを旨としていた。「革命とは新しい社会の編成を目ざすものである。反乱とはもはや編成されることを許さず、自ら編成するのであり、〝制度〟というものに目をくらまされてそれに希望をつなぐということはしない。それは既成の制度にたいする闘いではない。なぜなら、確立されたものは已れの繁栄によって崩れさるからである……。革命は人に自ら編成することを命ずる。反乱は人を立ちあがらせ、自ら高揚させようとするのである。」シュティルナーは反知性主義者であり、反道徳主義者であった。そして彼の著作は、後期オットー・グロスによく似た調子で語られている。

　無政府主義的な運動の内部では、グロスは性の解放に最大の力点をおき、無政府主義の原理に応えるものは性の狂宴であると説くグループを代表していた。このことが彼を、たとえばグスタフ・ランダウアーとの公然の対決に導くことになった。ランダウアーはより常識的な意味で理想主義者であり、精神分析は典型的に同性愛のような解放に結びついてゆくことになるからという理由で反対であった。ランダウアーにとって無政府主義とはより実践的な政治問題であり、実現可能な理想社会についてのものであって、個人的・感情的自由にそれほどの優位を与えることはできなかった。グロスの主張する母権制革命はいかなる国家も生みださないであろう。仕事をし自らのエネルギーを昇華させるための強制力は、皆無になってしまうであろう。

グロスのもっとも強烈な信奉者たちには、造形芸術家たちのみならず演奏家たちもいたが、彼の及ぼした影響はと言えば、ほとんどあらゆる社会的規準からいって解体的であった。彼が麻薬の使用を信奉者たちに拡げ、彼らの内にある性的および社会的禁制《タブー》をやぶり、良心の苛責から逃れさせ、自殺をすら可能にさせたことを証言しているのは一人二人ではない。何年ものあいだ彼は、ドイツにおける無政府主義的‐芸術的ボヘミアン地区の男たちのあいだに深く広範な影響を及ぼしつづけ、そして女たちへの影響はさらに深大で、一九一九年、彼らの政治的選択として共産主義をも選ばせようとしたのである。

すでに一九〇二年、グロスの友人エーリヒ・ミューザムはベルリン郊外にある無政府主義的共同体であるフリードリヒシャーゲンに住んでいた。当時、シュティルナー型の自己主義的無政府主義を唱道していたジョン・ヘンリー・マッケイもここの住人の一人であった。世紀はじめにミューザムは、スイスのマジョーレ湖の東岸にある小さな町、アスコナを発見した。その町は他にも新たに設立された無政府主義的共同体がつくられた地区であった。グロスが一九一〇年にミュンヘンを去って移住したのはこのアスコナであった。そのころまでにはアスコナは、シュヴァービングの住人の、そして各地の自由なる精神の持ち主の、気に入りの別荘地と化していた。一九一三年にはイザドラ・ダンカンが訪れ、クロポトキンは冬ごとにここと、近くのロカルノで過ごしていた。この二人の人物なら、グロスがアスコナに設立しようとしていた無政府学校の指導者として最適であったろう。グロスは学ぶ者たちに、父権的権威主義の諸型について、またその結果生まれる、西洋文明に浸透する神経性コンプレックスをいかにして見わけるかについて教えようとしていた。マックス・ブロートは、一九一九年の失意のときに書いた反無政府主義小説『大いなる無謀』の中で、無政府主義社会の失敗例を記述している。彼はその社会を自由国リベリアと呼び、その独裁者をアスコナス博士と呼んだ。

クロポトキンをはじめてアスコナに招いたのは、ベルリンの無政府主義者であり、もと帝国議会《ライヒスターク》議員であったラファエル・フリーデベルク博士であった。博士はアスコナで無償で患者の治療にあたり、無政府主義の客を泊めたが、その中には居住者たちから盗みをしはじめる者もあった。グロスについて描いているレオンハルト・フランクの小説は、そこでグロスの信奉者たちのあいだで流行した盗みについていくつかの記述があり、また他の人々は、彼らが、たとえばサッカリンを国境を越えてオーストリアに密輸していたと報告している。シュティルナーは実際に犯罪を讃えており、次のように断言している。「革命はけっして成功しない。しかし力強く向こうみずで恥知らずな、良心の苛責のない誇り高い犯罪が、遠くの雷鳴となって轟いているのが聞こえはしまいか？　そして空が嵐の前の静けさにかげっているのが見えはしまいか？」当時の無政府党の中の個人主義グループには、犯罪で生計をたてている者が少なくなかった。この人たちは一九〇五年から一九一四年にかけて『無政府主義』を出版していた。今世紀はじめの五年間はマリウス・ヤーコプとその一味が成功を収めており、新シュティルナー主義者のボンノット団は一九一三年に大規模なギャング活動をはじめたが、そのほとんどが警察との銃撃戦で命を失った。

クルト・リースは、グロスが空き納屋を借りて酒宴を催し、麻薬とセックスにふけり、社会のひんしゅくを買ったと言っている。それはもちろん、意図的な自己開発の課業であって、そこに集まった人々は自らの、またお互いの禁制《タブー》意識を自覚的に打ち破ろうとしていたのである。嫉妬深いユダヤの預言者によって破壊されたアシュタルテ礼賛がもう一度再生されねばならなかった。フランツ・ユングは、市の当局にグロスを取り締まるようにと説得したのは敵意に満ちた正統フロイト主義者たちであったと報告しているが、いずれにせよ、愛人ゾフィー・ベンツがグロスの与えた毒で自殺したときは重大な事件となった。

ハンス・グロスがこれらすべてのことをどう考えたかは想像に難くない。ハンスはすでに一九〇九年には、あるいはその三年前から、経済的支援を与えていた息子に、ミュンヘンを離れて大学で仕事をする準備にかかるように、また自分の病いの治療に専念するようにと圧力をかけている。一九〇六年はじめ、オットーが毒を与えたアスコナのロッテ・シャテンマー嬢が自殺した。毒を与えたのは、彼女がもっと苦痛の大きいやり方で死のうとしていたのを救うためであったこと、またグラーツにいたオットーのもとに彼女が精神病の治療に行くのを拒否した後であることは、彼自身の説明から確実である。そして、もしオットー自身に精神病の治療を受けさせた父親の影響力がなかったとしたら、オットーが告訴されたであろうことも、同じほどに確実である。彼はシュテーケル博士によって重症の神経衰弱であると、またのちにC・G・ユングによって分裂病と診断された（こうした診断について伝えているのはクルト・アイスラーの『才能と天才』で、そこでアイスラー博士は、ともにフロイト主義運動から脱落した者としてのオットー・グロスとヴィクトール・タウスクとの類比関係を述べている。この類比性は心にとめておく価値があろう。グロスとタウスクは、フロイトのもっとも有能な二人の弟子で、この二人の悲劇的な最期はこの運動の悲劇的展開を示すものである。タウスクは一九一九年に自殺した）。その直後、オットーはグラーツを去ってミュンヘンに移り、そこでフォン・リヒトホーフェン姉妹との関係が始まるのである。

ミュンヘンでの彼の公的身分は、一九〇四年末に開設されたクレペリンの精神医学診療所の助手であった。エミル・クレペリンは当時世界でも指導的な精神科医であった。というのは、一八九九年、彼は精神病の主たる二つのグループとなる早発性痴呆《デメンティア・プラエコクス》群と循環気質ないし躁鬱《マニック・ディプレッション》病群との区別を確立し、この区分がその後の精神医学全体の土台をなしたからである。彼の診療所は大きく立派な建物で、年間千五百から二千人の患者を最新の科学的療法で治療していた。ここはまた、臨床精神医学を専門とする教育機関でもあり、またマイクロ写真などの進んだ技術を駆使した化学的および解剖学的研究の設備の備わった研究機関でもあった。しかし、近代に発展した領域でクレペリンが共感をもたなかったのが精神分析で、彼は自分の診療所に精神分析が侵入しないように「精力と皮肉をもって」努力したと伝えられている。彼の診療所には医者が患者と個人的に話ができるような場すらまったくなかった。

クレペリン自身は、身体的にも精神的にも健康そのもので、反アルコール、そして、反エロス主義の闘士であった。彼は、種の再生産のための、あるいは性欲からくる緊張の緩和のための性交を「良しとし」、まさにエロス運動が攻撃した性への態度、父権的態度の典型であった。彼は宗教的ないし哲学的感覚に明らかに欠けており、自然を愛したが、自然についての詩を書く以上のことはしなかった。「クレペリンは悟性の人であり、意志の人であった」と人は伝えている。一方フロイトは彼を「雑な男」だと言い、アーネスト・ジョーンズは、彼が患者にたいして感受性とか共感に満ちた洞察をしたためしがない、と言っている。

またジョーンズによると、クレペリンを法廷に連れださねばならぬ、その精神分析についての無知を証明しなければならぬ、その無知はクレペリンのような地位にある人にとっては犯罪になるのだから、と主張するオットー・グロスを、実力で止めなければならなかったことがあるそうである。グロスを怒らせた強力な要因として、クレペリンとハンス・グロスとの相似性があったと考えられる。二人とも当時のドイツ知識界における父権的様態を代表している。そしてその様態のもっとも偉大な、しかしもっとも自己分裂した代表者は、マックス・ヴェーバーその人である。

一九〇八年、エリザベス・ラング事件でもグロスはふたたび世間の激しい抗議の渦中にあった。このミュンヘンの彫刻家の十九歳になる娘は、家族とくに父親の抑圧によって精神病にかかっていたという。オットーは家族が知らないうちに彼女を治療し、成功していたのであるが、その後彼女は彼の担当から外され、ついにテュービンゲン精神医学診療所に移されてしまった。それにたいして彼は、そこにはフロイト式の訓練を受けたものは一人もいないので、彼女の病気を理解するものはいない、と主張した。彼の主張によれば、彼女の病気はすべて、彼女の強い個性を家族が抑圧していることが原因であった。新聞への投書を通じて、ついに彼は彼女の退所を実現したというのがその経過である。

一九一一年三月はじめ、彼の愛人ゾフィー・ベンツが自殺した。彼は彼女の行動について、彼女の精神状態が自殺を招きうると知りつつ施設に入れることを拒否したかぎりにおいて、自分に責任があったと言っている。ロッテ・シャテンマーとゾフィー・ベンツの二つの安楽死事件は、一九一三年、オーストリア当局が彼を社会的に危険な人物と判断する根拠になった。そして彼が一九一三年はじめ、スイスからベルリンへ移らざるをえなかったのは、ゾフィーの死のゆえであったと推測される。彼とゾフィーとの悲劇的な恋愛事件は、ドイツにおける芸術的ボヘミアンたちの想像力をかきたてたようである。フリーダ・グロスはその直後にエルゼに送った手紙の中で、シュヴァービングじゅうがこの話でもちきりであり、自分が自殺したという噂さえ広まっている、と書いている。フランツ・ユングはこれを、一九一五年の実話小説というべき『ゾフィー』の中で書いており、またレオンハルト・フランクも一九五二年の『心のつながり』に書いている。フリーダ・ウィークリーに拒否されて以後のオットーにとって、この恋愛が人生の中心事となっていたことは明らかと思われる。そしてまたそれが間接的には彼の逮捕につながっている。一九一三年、ハンス・グロスはベルリン警察を通じて、息子のオットーを危険な精神病質者としてオーストリアの精神病院に監禁したのである。

ハンスは一九一二年に正式の遺言を作成し、その中で長期にわたって精神病を患っているため金銭や貴重品を預けうる状態にないという理由でオットーを相続権者から排除した。この遺書にはオットーが精神病院で過ごした時期が書き込まれ、自由性愛や無政府主義、そして自分の妻がだれとでも勝手に子供をつくるのが当然の権利であるというような信念に彼の精神の錯乱があらわれている、としている。ハンスは孫のペーターをただ一人の相続人とし、彼だけがオットーの子供であり、他の三人は嫡出子でないという意味のことを主張している。彼は、オットーは精神病質者であり治療不可能な麻薬中毒でもあり、自分の死後は彼は保護監督下におかれるべきであり、終身精神病院に監禁されるのがよい、とすすめている。

すでに見たように、ハンスはさらに考えを変え、オットーの監禁を自分の死後までのばすわけにはゆかないと決めた。一九一三年、彼はその準備をはじめ、フリーダ・グロスから母親としての、また妻としての権利を奪うべきであるという訴訟とともにこの監禁の話もすすめた（フリーダはいわば心理的・性的自由の布教者となっており、エルンスト・フリックを選んで同棲していた）。ハンス・グロスはペーターを自分の養子とし、他の子供たちがグロスの名を名乗るのを拒否した。これは父親が息子を、その性における、結婚における役割について、さらに息子の父親としての役割についてさえ攻撃するという、父権制の暴政の古典的ケースである。この事件で母親の権利を守ろうと立ちあがったのがマックス・ヴェーバーであったというのは、少しばかり逆説的である。――つまりそれがヴェーバーであって、だれか母権制《ムッターレヒト》の信奉者ではなかったのであるから。しかしその逆説は、少しばかりの逆説である。なぜならヴェーバーはつねに父権制におけるブルータスであり、その節操正しい反抗者であったのだから。

　オットー・グロスの逮捕はかなりの騒動を惹き起こした――それは彼が、オーストリアの指令により、プロイセンの警察によってベルリンで捕えられたという事情もある。彼はいまや、かくも多くの人々が話題とし、かくも多くの表現主義的な文学作品に登場する、あの、父と子の闘いのテーマの預言者であるとともに、殉教者ともなった。この事件については主だった新聞に論評が載り、また、小雑誌『行動』『革命』『カイン』は特集号を編んだ。フランツ・ユングは『行動』の特別号に、「モレンガ」というオットー・グロスに捧げる文を載せた。そのテーマはアフリカのヘレロ族にたいするドイツの植民地支配であって、この状況とオットー対父親の事件との並行関係は明らかで、逮捕によって惹き起こされたイデオロギー的反響の大きさを物語っている。

　のちにユングは、ミュンヘンの雑誌『革命』を、その編集者たちから一号借りて、オットーを支持しハンスを攻撃する投書を数多くの知識人から募った。ブレーズ・サンドラルはオットーを「フランスにおいてもっとも尊敬されている現代のドイツ人の一人」と記しており、ルートヴィヒ・ルビナーは「われわれ知識人、われわれ下層プロレタリアは強靱である。グラーツの教授は実のところは恐れている。……われわれの出版物は彼の同盟者たちより強力なのだ」と書いている。そしてハンスの犯罪学の肩書きについて冗談が書かれた。「グラーツのかの有名な犯罪教授《クリミナルプロフエソール》ハンス・グロス」と。そこでフランツ・ユングは驚くべき論説を書いている。

ハンス・グロスは、自らの天分が息子の天分によって押しのけられ、生産的な仕事ができなくなった父親の悲劇を生きている。彼は仕事をしなくてはならない。自分の存在が否定されつつあり、それも、アシャッフェンブルク［同時代の精神科医］とは対照的に、すべてに浸透し、すべての人を助けようとする、若者にたいするやさしさをもったすばらしい男によって否定されつつあるという恐れのゆえに。［そしてユングは続けて、この二人の人間がともに天才の持ち主であり、まさにそのゆえに父は息子を憎まねばならなかった、しかし息子のほうが心理的な強者であり、また父親に鍛練されていた、と述べている。］息子は新しい倫理に磨きをかけ、思想を改良し、思想への動因を純粋にする。彼は妥協を唾棄する。こうして彼は父に武器を提供しているのである。彼は尋常さに順応しようとはせず、自らに敵対し、一時的精神錯乱を、コカインを、阿片を用いる。彼は自分を破壊する、父親が生存するかぎりは。父親のほうは、こうした武器をとりあげることによって自らを破壊する。彼は、探偵、宿の女主人、赤帽、洗濯屋の御用聞き、パン屋、床屋、洗濯女……などをスパイに使った。彼は暴力に訴え、そして自らの息子を牢獄に送る。

ハンス・グロスは年老いている。彼の生涯はいま恐怖のうちにある。われわれは公平にならねばならない。

われわれは知的青年層の相当な部分を代表する者として、公正でありたい。われわれは停戦を申し込みたい。われわれはハンス・グロス教授に請願する用意がある。……しかしオットー・グロスは返してもらわねばならない。

ユングは『革命』のこの号を一千部もグラーツとウィーンの人々に送った。ウィーンの「文学と音楽の学会《アカデミッシェ・フェアバント・フュア・リテラトウア・ウント・ムジク》」は「オットー・グロスを解放せよ」という趣旨のビラを一万枚も刷り、ウィーンの『新自由出版』はハンスに立ち向かう姿勢をうちだした。こうした圧力がさまざまに重なった結果、シュテーケルのところで精神分析の診察を受けるという条件でオットーは釈放されたのである。しかし一九一四年二月二十八日、『未来』に宛てた手紙でオットーは、『ウィーン官報』が一月九日付で彼を父親の保護のもとにおくと宣告したと書いている。そして妻のフリーダが、彼の子供たちにたいする絶対的な権利を得ることができるようにしてほしいと読者に嘆願している。フリーダはいつもハンスがこのようなことをするのではないかと恐れていたのだ、と彼は書いている。どうか彼女を助けてほしい、この子供たちは自由のうちに生まれ、自由の中に育てられている。もし彼らが私の父親の手におちるようなことになったらどうなるか考えてほしい、と。

逮捕されるまでの何か月間か、グロスは新しい倫理について書いていたが、その原稿は保護されたときに破棄されたようである。しかし、その中の数ページと他のエッセイは『行動』に掲載されている。彼はまた、ユングとの共編で一九一四年に創刊予定の月刊誌『シギュン』は精神分析学を柱にしてはいるが、個人の問題にとどまらず文化的・経済的な混乱の問題を扱い、社会的事実としてこれを現実化するための準備としての新しい倫理の普及をめざすものである、と宣言している。

こうした仕事のいくらかは、『自由街道』という題で戦中戦後にユングとリヒャルト・エーリングによって編集された一連の出版物の中で実際になされている。グロスはそのうちの一つ、ダダイストの運動に捧げられた第八巻に原稿をよせた。事実ユングはのちに、チューリヒ・ダダよりも政治的だったベルリン・ダダの組織者の一人となったので、彼を通じてオットー・グロスもベルリン・ダダの運動にイデオロギーを与えてきたことになる。したがってドイツのダダイズムは、ゲオルク・グロシュのような芸術家たちを含めて、重要な意味においてグロスの知的継承者である。そして、ある程度まではドイツにおける表現主義運動全体、とくに息子の父親にたいする反抗や、妻の夫にたいする反抗を扱った作品において、グロスの継承者であったということができる。

グロスの『行動』論文の中に、無意識の心理学こそが革命の哲学であるという命題を読みとることができる。精神分析は、人間が自由をわがものにし、心の内部における支配者である自我《エゴ》にたいする反抗の情熱を沸きあがらせる力を与えるものである。それによって未来が達成されるべきあらゆる価値の転換は、ニーチェの思想とフロイトの方法にはじまる。われわれは自分自身を知ることができるのであり、したがって自分自身を真に知り、隣人の自我をも知るべきである、という道徳的格律による新しい倫理が生まれなければならない。するとわれわれは、われわれが今日ある姿が完全な心的可能性のほんの一断片にすぎないことに気づくだろう。われわれは自分の性生活にあらわれるさまざまな葛藤によって断片化されているのだ。こうした葛藤のすべては個人にたいする外圧、子供時代に〈権威〉というかたちで投射される重圧に由来している。性格の弱い人間はある種の適応を果たし一見健全とされるが、強い人間は分裂し、したがって動物として恐れられ、あるいは超人として畏怖され、あるいは病人として同情される。これからは強い人間こそが健全な人間として、先覚者として、人間性の前衛として認められねばならない（彼はここでフリーダ・ウィークリーのような人間のことを考えているのだと言ってもよいだろう）。これまでの革命が成功しなかったのは、革命家が自分の心の中に〈権威〉をもっていたからで、そのような革命の結果はまたもう一つの父権的国家を生みだすからである。〈権威〉の源泉は家族にある。社会の原罪は女性の奴隷化にある。今日の革命家は、そのもっとも原初的な形態における抑圧、すなわち父親と父権制にたいして闘うのである。来たるべき革命は、母権制のための革命である。

のちにグロスは、現存する権威の諸制度が及ぼす直接的な効果として、すべての人間が必然的に病人となり、しかも重要な人間ほど必然的に重病になることを示してみせるのが自分の生涯の仕事である、と言うようになる。これを認めるならば、人類の保健衛生上の必要として革命を要求し、したがって、治療上の準備段階として、革命的な個人の内面解放を要求せざるをえない。この倫理は各個人の生きる要求を礎とし、健康とは各人のもって生まれた個人的可能性の充全な展開にあると定義する。バベルの塔の物語の語り手だけが人類の精神異常を理解していた――天に届く塔を建てようとする試みが狂気によって罰せられるであろうという恐怖を（後期の『ソヴェート』に載せた論文の中で、グロスはこの塔こそ真の文化《クルトウア》であり、それはまだ創造されていないとしている）。

また別の論文「個人に及ぼされる共同体の行為」は、マックス・シュティルナーを思わせる題をもっているが、主としてニーチェを引用し、フロイトの業績は直接にニーチェの延長線上にあるとしている。個人が共同体を自分の中に編みこむことからくる性的な効果は、ヒステリーの女性にあらわれている。彼女たちは性を抑圧すること、あるいは不自然な、社会に受け入れられる形式を性に与えようとすることに、多大のエネルギーを消耗させられている。男性において性的本能にあたるのは攻撃性であり、対応する抑圧の結果は病理的臆病さである。

国家は生来同性愛的である、とグロスは考える。国家の階層的権威はいつも一人の男をもう一人の男の下に横たえるではないか。この二次的な同性愛は権力への欲望による性の堕落を表わし、結婚という堕落形態よりましとは言えない。しかし、第一次の同性愛のほうは、情緒的性的健康のために必要な経験である。エロス的に愛するということは、相手との同一化を経験することではなく、第三の存在、すなわち愛の関係そのものを経験することである。エロス的な愛だけが人の孤独を最終的に克服することができる。この第三の存在として理解され、至上の価値として崇拝されたものがあってはじめて、愛する男は、妥協を許さぬ個性への願望と性愛結合とを結びつけることが可能になるのである（ここでグロスは、ロレンスの教条に非常に近い）。

一九一四年にグロスはトロパウ精神病院を退院し、シュテーケルによる短い治療ののち、ちょうど大戦勃発時に小児病院に送られ、それからカルパチア山脈にあるヴィンコフチの伝染病病院に送られた。そこで出された一、二の医学関係の出版物の他には、以後彼についてはほとんど情報がない――フランツ・ユングによると彼の生活はこの期間、比較的月並みであったそうである――が、一九一七年にプラハの文学者サークルでまた活動をはじめることになる。彼はマックス・ブロート、フランツ・ヴェルフェル、フランツ・カフカ、および彼らの友人シュライバーと友人関係をもつようになった。

彼らのほうはグロスの諸論文を『行動』で読んでおり、それはたとえばカフカにとっては精神分析の諸理論への主たる入門書となっていた。一九一七年、グロスはブロートとシュライバーとともに、『ダイモーン』という雑誌の計画をたてていた。この雑誌は精神分析の観点から文化的な問題を攻撃し、新しい倫理を提示しようとするものであった。カフカは世界の父親との闘いをグロスとともに闘うと宣言したが、彼自身は他の友人ほどには直接グロスと親しくなかった。カフカの著作の中では一九二〇年代以降のものに、グロスの理論が引かれている。

しかしプラハにおいても、またのちにウィーンにおいても、グロスにもっとも深く傾倒し、また彼と深く関わっていたのはフランツ・ヴェルフェルであった。彼はグロスを一九一八年の革命全体の精神そのものであると信じていたようである。革命のあいだじゅう二人は頻繁に会っているが、のちにヴェルフェルが革命とすべての急進的政策に反抗するようになったときには、彼はグロスにも反抗した。この革命の数か月間、グロスはその理論においても生活様式においてももっとも興奮し、消耗し、正常の上品さからもっとも遠のいていた。ヴェルフェルのいくつかの小説とアルマ・マーラーの回想記から考えると、当時彼女とグロスとは、どちらが多くヴェルフェルに影響を与えられるかについていわば競っていたのであり、そして『ファウスト』の最後の場面のように、ついに彼女がオットーの手から「彼を救った」らしい。彼女はヴェルフェルのいたフランツ・ブライ＝オットー・グロスのグループの汚ならしさ、乱雑さ、悪徳について嫌悪をもって記録している（アルマ・マーラーとフリーダ・ロレンスという現代のエロス的芸術の偉大な異教の女神が二人とも、彼女らのエロス主義革命の一大理論家に、ある意味で敵対ないし背を向けたということは興味深い。彼女らにはともに何かしら保守的な――デメテール的な――ところがあって、ともに、オットーのうちにアフロディテ的なものがあるのを認めていたのである。二人はそれぞれの恋人――ともに神経質な小男――を自分の保護下に連れてきて、自分たちデメテールが生産できるようにしようとしたのだった）。

ウィーンの革命で一役買ったあと、グロスはベルリンへ戻った。そこから彼はヤッフェ夫人へメッセージを送り、自分がミュンヘンへ戻ったら面倒をみてもらえるだろうかとたずねた。彼はまたものを書きはじめ、その思想は以前よりももっと極端になっていた。友人のフランツ・ユングは共産主義者となり、ベルリン・ダダイズム運動の指導者ともなったため、グロスの思想が――彼の死後はユングを通して――後期ダダイズム運動の展開にインスピレーションを与えるようになった経緯を理解することができる。ベルリンのクラブ・ダダはもともと一九一八年四月、ユングがリヒャルト・ヒュルゼルベック、レール・ハウスマン、および「ジョン・ハートフィールド」とともに創立したものであった。グロスがその設立に携わった雑誌『自由街道』は第八巻をダダ運動に当てている。いまやグループは、グロスの提唱した自我《エゴ》と非ー自我《ノン・エゴ》との必然的な対立を引きついで、そのイデオロギーの基盤とし、かつフロイト心理学の保守主義にたいする防衛手段として用いた。このように、表現主義《エクスプレッシオニズム》のみならず超現実主義《シュルレアリスム》もまた、グロスの思想の芸術的表明とみなすことができるのである。

一九一九年、グロスの二つの論文が『大地』に発表された。一つは議会制を攻撃したもので、「君は何かの意味において議会を支持するか？」という質問にどう答えるかによって、その人間が真の革命家かブルジョアかが明らかにされる、と論じられている。革命的心性は民主主義とは永久に相容れることがない、なぜなら、民主主義は進歩への信念と多数への信頼を断ちきれず、結局は多数がすべての重要な決断に責任をとることができるようになっている。こうした状況は彼に言わせれば、すべてが現状維持されることへの願望か、あるいは責任回避に由来している。革命は新しい理念を通そうと努める。革命はエリートを用いて、この世の力ある者、あらゆる種類の特権をもつものと大衆を闘わせるのである。グロスはその論文を歴代志からの引用で結んでいる。「後からくる汝の息子がわが神殿を建てるであろう。汝は神殿を建ててはならない。なぜなら汝は戦いの人だから。」

二つ目の論文はカインの神話ではじまっており、カインのアベル殺害こそ革命的反抗の開始である、と説いている。価値を失った世界に残された唯一の善きものは、希望ではなく、不満である。それがカインの行動の裏に読みとられる。それが無意識から直接に出てきた行為であったとしても、とグロスはマックス・シュティルナーに酷似した立場で論じている。古典的精神分析は現状維持に依拠しており、それを動かそうとはしない。それは伝統的な無意識を正当化するために、無意識の中にある「倒錯」した理念の「醜悪さ」を示すのである。しかし衝動を革命的抵抗へと解放することによって、われわれは人々を現在の自己怠惰から解き放つことができるのだ。都市文明が完全に発達した今日、父権制と結婚制度（百姓の制度）はもはや正当化されえない。われわれは自由である、かつて原始時代の人間がそうであったように。ただわれわれはより高いレベルの文化の中にあって自由である。われわれはこの自由について学校で教えなければならない。「われわれは今日、人間性の達成の障害となる権威、制度、権力、道徳を代表するあらゆるものにたいして、絶対的に、徹底的に対抗することを教えなければならない。」

この二つの論文が発表されたすぐあとで、グロスは友人たちのもとから逃げだし、発見されたときはもう手遅れであった。一九二〇年三月十三日、彼はベルリン＝パンカワのサナトリウムで死んだ。それはちょうどレオポルト・イェスナーが、ベルリンで『ヴィルヘルム・テル』の表現主義的演出をしていたころであった。イェスナーはその年ベルリンの公立劇場の管理を任されており、それが彼にとってはじめての作品であった。その反軍国主義的メッセージとグロテスクに誇張された演出は、劇場に騒動を惹き起こした。そして一九二〇年二月、表現主義の映画『カリガリ博士』が公開され、グロテスク映画について次々と論文が出るきっかけとなった。このように、オットー・グロスの精神はドイツ芸術に表現の道を見いだし、彼の肉体が死を迎えているときに、公けに勝利をかちえていた。彼とつねに結びつけて考えねばならない父にたいする息子の反抗というテーマは、作家たちを魅了しつづけ、以後の十年間ドイツ文化を性格づけることになったと言ってよい。ミュンヘンにおけるグロスの弟子の中ではレオンハルト・フランクが父親への反抗についての小説を書き、カール・オッテンの友人ヴァルター・ハーゼンクレヴァーは有名な父親憎悪劇を書いた。ハーゼンクレヴァーがグロスの友人だったという証言を私は聞いたし、たしかに彼は、オッテンがグロスときわめて親しかった時期にオッテンを訪ねている。ヴェルフェルがまた反父権的小説やドラマを書いているからには、オットー・グロスという人物をめぐって、表現主義の作家たちが父と息子のテーマで書いたことは憶測以上のものがある。一九二〇年代にはアルノルト・ブロネンの『父親殺し』がハーゼンクレヴァーの『息子』を引き継ぎ、フリードリヒ大王の父親にたいする反抗の歴史的設定が繰り返し描かれた。しかしグロスその人は死んでしまった。ドイツの上流文化の領域ではシュヴァービングの精神が勝ち誇っていたわけだが、シュヴァービングそのものの最盛期は終わっていたのである。

彼の運命においてもそうであったように、こうした思想において、オットー・グロスは、父権制世界にたいするもっとも極端な攻撃においてシュヴァービングを代表していた。フランツ・ユングが言ったように、グロスの生涯は芸術家やボヘミアンのグループの前にあたかも手本のようにドラマを展開してみせたのであり、それを彼らはそれぞれドイツ内の大都市において繰り返したのであった。彼らの意図がいかに否定的であり、その効果がいかに敵対的であり、あるいは裏切り行為であったとしても。彼はヴェーバーがハイデルベルクの文化的英雄であったように、シュヴァービングの文化的英雄であった。そして彼はその英雄であったと同時にその産物でもあった。彼はその中で育ったがゆえにその組成をも代表していた。そして彼に与えるところのもっとも大きかったシュヴァービング的なるものとは、「宇宙サークル」と名乗るグループの男たちであった。

「宇宙サークル《ディ・コスミッシェ・ルンデ》」

「宇宙サークル」はアルフレート・シューラー、ルートヴィヒ・クラーゲス、カール・ヴォルフスケール、そしてときにはシュテファン・ゲオルゲを主たるメンバーとする思想の中枢であった。この人たちはシュヴァービングで一八九七年から一九〇三年までのあいだ、神話、人類学、文化史などさまざまな領域にわたる事柄を議論するために集まり、西洋の父権的文明と真っ向から対立する一つの世界観を発展させていった。彼らは生命的価値、エロス主義、神話や原始文化のもつ価値、科学の価値にたいする本能と直観の優位、女性的存在様態のために闘っていた。外部から彼らの思想の発展に大きな刺激となったのは、スイスの学者J・J・バハオーフェンの思想であり、彼ら自身の思想はオットー・グロスに、最終的にはD・H・ロレンスに影響を及ぼした。

　そのうちもっとも有名なのはシュテファン・ゲオルゲであるが、彼はおそらく本書にかかわる思想を分析するのにはもっとも関わりが少ないであろう。何よりもまず詩人であった彼の手の中では、宇宙思想は主として審美的な材料と化していた。このサークルの他のメンバーは——少なくともゲオルゲに比べれば——反審美的であった。なぜなら彼らは思想を、まず世界変革のための力と考えていたからである。このグループとゲオルゲとのつながりは、主としてゲオルゲが一八九三年シュヴァービングで知りあったクラーゲスを通してであり、ゲオルゲが彼に、『芸術雑誌』に詩を投稿しないかと誘ったのだった。のちにヴォルフスケールがゲオルゲの熱心な崇拝者となり、ゲオルゲはミュンヘンを訪れたときはヴォルフスケールの家に滞在していた。ゲオルゲが決まった住所をもたなかったことは、定職をもたなかったこととともに（彼には財産があってそれが可能であった）、平均的生活とは別の次元に生きているのだという彼自身のイメージを保持するのに重要なことであったが、しかしそのことは同時に、みながシュヴァービングの居住者であった「宇宙サークル」からの彼の距離を象徴するものでもあった。

ヴォルフスケールはユダヤ人で、ミュンヘン大学のドイツ文学の教授であり、また神話、伝説、古代詩《ルーン》、文化の初期的様態のすべてを熱狂的に研究していた。彼自身情熱詩人であり、ディオニュソス的人格をもち、つねに恋をし、つねに熱狂のうちに恍惚状態にあった。クラーゲスは化学の教育を受けたが、筆蹟学者および性格学、表現理論の講師として生計を立てていた。若いころは詩を書いていたが、のちには「宇宙サークル」の思想をもとにした一哲学体系をうちたてることに専念した。シューラーは常識的用語で説明するのがもっとも困難である。彼は仕事をせず、とくに何も書かず、特別な研究分野をもたなかった。分類可能な活動といえるものにもっとも近いのは、彼が公民館でおこなった古代ローマの生活についての即興講義であった。市民の宗教的・性的意識を喚起するためのこうした話は、もちろん実証的なものではなかった。一八九七年、グループの最年長者であるシューラーは三十二歳、ゲオルゲは二十九歳、ヴォルフスケールは二十八歳、クラーゲスは二十五歳で、若さあふれる絶頂期であった。

ここで少し筆をとめて、私がエロス運動と呼んだものの中心人物のかくも多くが、個人的にはあまり性愛的《エロティック》ではなかったこと——あるいは仮にそうであったとしても、彼らが女性をとくに愛する人たちではなかったという一見逆説的な事実について考えてみる価値があるだろう。シューラーとゲオルゲは明らかに同性愛的であり、クラーゲスはきわめて頑固な男性型人間であり、ロレンスは何よりもまず遊び人であった。ヴォルフスケールとグロスは女性を愛したが、それにしてもこのグループ全体よりも、もっと活発なエロスの奴隷たちからなるエロス運動反対者のグループを探すことのほうが容易だったであろう。この説明として考えられるのは、この運動があくまで何かに反するもの、反父権的権威、反工業化、反軍国主義の運動であった、ということである。エロスへの奉仕、女性への奉仕は目的のための手段にすぎなかった。目的には熱心に奉仕できるし、するべきであるが、手段そのものにそれほど熱心である必要はなかった。

ルートヴィヒ・クルティウスは、ルートヴィヒ・クラーゲスとアルフレート・シューラーをともに個性的人間と呼んでいる。クラーゲスは美男子であり、雄弁家であった。金髪に青い目、すらりと長身で美しい声をし、何時間聞いてもあきずに最後まで聞きたくなるような話し上手であった。シューラーは背が低くずんぐりとして、若いころから禿げあがった大きな頭をし、大きなぎょろ目をしていた。彼はおそらくかつて一度も若く見えたことがなく、またペットの猫ばかりひどくかわいがっていた。僧侶のように喉のところまでぴったりととめた青いフロックコートを着、雨が降ると黒っぽいフードつきの袖なしマントを着た。シューラーとクラーゲスがクルティウスに近づいたのは、ゲーテについての彼の論文を読んでからのことであった。クルティウスが呼ばれて行ってみると二人は聖堂納室のような部屋にすわっていて、ただちにシューラーが預言を詠唱しはじめた。そこで繰り返し説かれたテーマは、クルティウス自身が自覚しようがしまいが、彼が「見る」秘伝を授けられるために招かれた数少ない入会者であり、文明化され合理化された仮象を通りこして現実を見るために招かれた者である、という内容であったそうである。

「宇宙サークル」の思想のいくつかをとりあげるにあたって、まずシューラーをみよう。アルフレート・シューラーは書く人ではなく、語る人であった。そして今日彼が独創的であったという根拠としては、ただクラーゲスがそう言っているというだけのものもある。しかしシューラーはたしかに大戦中にクラーゲスのすすめで古代ローマについていくつかの講義をやっており、部分的にはそれがノートに記録されている。ノートには明らかに、エロス的な事柄および歴史についての洞察と雄弁が顕著にあらわれている箇所があった。そこでシューラーは、アダムとイヴがともに堕落した人間を象徴していると記し、それは彼らが二人だから、分裂した人間だからであり、健全で堕落していない魂は男性的要素と女性的要素とが混合している、とプラトンの『饗宴』にさかのぼる議論を繰り返して主張している。しかしシューラーはこの論旨をプラトン以上にすすめて、性的倒錯者は社会でも重要で価値ある存在である、と説くにいたっている。この点で彼の説はオットー・グロスおよび「暴走した」フロイト主義者に近く、彼が一度ならず、フロイトに霊感を与えた神秘家《オカリスト》ヴィルヘルム・フリースを引用しているのをみるのは興味深い。

男が異常に男性的に、女が異常に女性的にされてきたのは進化――シューラーにとってそれはつねに悪の原理である――の目的のためである。これが再生産（生殖）に付与されている偽りの価値を説明する。生命は外に向かって注ぎだされ、より多くより貧しい存在を造りだし、自我は黒い一点のように無限に反復されるだけで、豊富にも濃密にもなることがない。生命的価値は数少ないすぐれた個人のもとに凝集されている、とシューラーはロレンスとよく似た見解をとっている。東方の博士としての人間は、目的と意志にあふれる進化の使いであり、虚の空間の権化である。「ストアのロゴスの精子《スペルマティコス・ロゴス》」キリストは進化の看板である。

オットー・グロス同様、シューラーはたびたびバベルの塔の神話を引用し、この話は人間が天に届くような塔を建てるのをとどめようとする神の嫉妬であると解釈した。彼はまたグロスと同様、都市生活にプラスの価値があると信じていた。人間が奴隷化されるのは田舎においてで、彼らを土地に結びつける農業によってである。最初の偉大なる都市はトロイであった。その真ん中に隠されていたのがヘレネで、彼女はたしかに知恵を代表するが、またエロティシズムをも表わしていた。なぜなら彼女は肉体の中に迷いこんだ神の娘であったのだから。シューラーに言わせれば、ヘレネが家庭的な生活からトロイ人によって誘いだされたという話は、ギリシア人の典型的な嘘であった。合理主義的な野蛮人であった彼らは、ただ都市を破壊し、自分たちでヘレネを犯したがったのである。第二の偉大な都市はグノーシス派の拠点アレクサンドリアで、シューラーとグロスの思想の双方にグノーシス的な傾向が認められる。二人の思想においては、グノーシス的思考は母権的思考と重なるからである。グロスは、かつてのグノーシス派の人々がしたように、カインを英雄の一人と見ている。

またグロス同様にシューラーは父権制社会を憎み、道徳的父権制の典型というべき共和制ローマにそれが実現されたと考えていた。彼の第三の偉大な都市は帝政ローマであったが、共和制下のローマについては——そこでは妻と子供は完全に夫‐父親‐主人の権力のもとにあり、女性は何ものも所有せず、何の法的権利をもたない——彼は軽蔑以外の何も感じなかった。自分が生きているこの時代は後期帝政ローマに対応したり、その性的堕落と感性的強烈さにおいて、まさに新しい世界秩序の先駆をなしている。彼はペトロニウスとネロという二人の人物によって自己定義し、また熱心にローマ祭の開催をすすめ、そこであるときはネロ、あるときは女装して大いなる母《マグナ・マーテル》の姿であらわれた。このようなローマ祭はシュヴァービングの謝肉祭のうちでももっとも尊厳なもので、オルギー的乱行は父権的道徳にたいする宗教的な反抗であった。ロレンスもまた、当時の退廃が新しい時代の兆しであるという思想に魅かれており、それは『姉妹』や『イタリアの薄明』に認められる。

エピローグで私はロレンスとクラーゲスのそれぞれの思想の併行関係を考察したいと考えているが、それは私にはとくに顕著なものと思われる。ハーマン・ダレスキが『割けた炎』の中でロレンスを説明しようとして描いた男性‐女性の対照表は、H・E・シュレーダーが『青年クラーゲス』の中で報告しているクラーゲスの図式と非常によく似ている。ここではいくつか目立った点を示唆するにとどめておこう。

クラーゲスの傑作『魂の対立物としての精神』のタイトルからして、すでにロレンスの倫理と形而上学の主命題を含んでいる。心（＝魂）と身体とは人間における自然的生の両極である。抽象と論理によってはたらく精神はこの両極性の運動を実在化し固定化して、生に敵対する人工的な概念の世界、経験を破壊し歪曲する意味の体系をつくりあげる。血の重要性と意義とは、「宇宙サークル」にとってもロレンスにとっても同じであった。シューラーの体系の中心的思想「血の洞察（Blutleuchte）」はロレンスの「血の知識（blood knowledge）」と多くの共通性をもっていた。もっともシューラーはこれを主として特別な人々の特別な洞察（したがってアーシュラ・ブラングエンの直観よりは、ハーミオン・ロディスの「預言」のほうに近い）と考えており、対照的にロレンスの用法では主として通常の非合理的知識を指していた。もちろんロレンスがこの用語をもっとも頻繁に用いたのはその重要な例、すなわち血の知識が合理的知識と対立する場面である。この相違は実はロレンスと「宇宙サークル」とのあいだにあったすべての相違の典型ともいうべきものである。ロレンスの洞察はつねにより「良識」に近く、良識に有益なものであった。一方たとえばシューラーは、シラーの『オルレアンの少女』に出てくる黒い騎士を、地の神の男根の象徴であり、闘いで流された血によって呼びかえされたと解釈している。騎士はジャンヌにふれて彼女の処女を奪い、こうして彼女の力を奪う。ロレンスに比べシューラーもクラーゲスも、「血」と性の理解においてより極端になる傾向があった。クラーゲスはアッシジのフランチェスコの血の聖痕を引いて、これはキリスト教の吸血鬼思想であるとした。彼の解釈では血は精霊によって意識的に肉体から絞りだされたからである。ここでふたたび、ロレンスが本質的に中庸の人であることを思い知らされる。

自由ドイツ青年団《フライドイチェ・ユーゲント》を前にして語られた講演「人間と生命」の中でクラーゲスは、工業文明によって包囲されて野生生物と風景とが破壊されてゆくことを嘆いた。彼は進歩と技術自体を攻撃し、地下に追われた大地の神々を賛美したのだった。「疑いなくわれわれは魂のかげりの時代にいる」と告げ、精神が生命を克服してしまったのだと述べた。『魂を求める人ゲーテ』の中では、彼は知恵に反する思考に基盤をおく西洋文化を攻撃し、この合理主義は西洋の誇張された男性中心主義からくるのだとした。彼はアポロンの神託、予言集《シビル》、ヴァルキューレ（ヴァルハラ神話）、白鳥姫物語などを引用して、「人間の最古の知恵は女性の所有と特権であった」と言っている。

『宇宙論的エロスについて』はわれわれの目的にとってもっとも重要なテキストである。この著作でクラーゲスは、エロスを性からも愛からもはっきりと区別したが、ちょうどロレンスが欲求と愛から願望《デザイア》を区別したのに対応する。生命とこれに反する一つの力――それは時空から独立した抽象的なもので、魂と肉体とを二分し、魂から肉体を奪い、身体から精神を奪う何ものかである――との死闘は人間にのみみられる。この力をわれわれは精神（ロゴス、プネウマ、ヌース、ゼーレ）と呼び、それは分析的意識と目的をもつ意志を通して活動する。この意識と意志の共通目的は自分《イッヒ》ないし自己《ゼルプスト》を創造することで、それが各人の生からはずれた重心をなしてゆく。個人であることをやめてわれわれは自己となるのである。

歴史について考えると、クラーゲスとグロスには著しい共通点がみられ、二人はともに、モーセ、預言者たち、プラトン、アリストテレスのすべてを、魂を裏切って精神についた者とみなして憎んでいる。実際この新しい運動の入会の儀式には、これら西洋文化の創始者たちの神聖なイメージを破壊する要素が含まれていた。このことはとくに、マックス・ヴェーバーがユダヤの預言者たち、とくにエレミヤと自己同一化し、またフロイトがモーセと同一化しようとしたことと対照させてみるときわだっている。

先史時代の人間は魂によって支配され、歴史時代の人間は精神によって支配されている、そして――われわれはその時代にさしかかっているのだが――歴史以後の時代の人間はただの仮面でありロボットであって、真に生きてはいない、とクラーゲスは言う（ロレンスの『最後の詩集』では現代人の名は機械《マシン》‐ロボットである）。しかし冒された大地の子宮には恐ろしい復讐が用意されている。大地は自分の不信心な子供たちをすべて殺してしまうだろう。北ヨーロッパの人々は誇張されて同情的な性格をもっていて、そこではエロスが「感情的な魂への愛」となる傾向があり、やがては「一般的な〝人間愛〟というエロス以後の幽霊となるであろう」。こうした思想はもちろん、ロレンスの思想の中で主たるものであり、『イタリアの薄明』『王冠』『無意識の幻想』に見いだされる。ロレンスもクラーゲスも自分が他と同様に「誇張されて同情的な」生きものであり、したがって個人としてはエロスの面でも攻撃性の面でも問題ありと自己診断している。実状は自分たちが意志と精神の生きものであると認めているのである。

クラーゲスはギリシア以前の原始の人とともに、すべての自然民族（Naturvölker）に深い尊敬を抱いていた。彼らはわれわれよりずっと善く生きていた。死を愛してこれを受け入れ、不死とか抽象を欲せず、われわれが楽園を追われてのちにはじめた私有財産や領土や家族生活をまったく必要としなかった。クラーゲスはまた血をわけた兄弟関係に興味を抱いていた。「西洋のエロス主義は血の兄弟の看板の下にある。エロス的な全体を回復するには、人間存在の両極性を認めなければならない」と彼は主張する。「エロス的な絆とは混合ではない。それは二つの極を超えることなしに結びあわせるものだ。」彼はまた情熱の非人格性を主張した。なぜなら、愛する者が自我中心的であればあるだけ、愛の関係の中で彼自身の人格性が偶像化され、神格化される。ここにエロスの悲劇が生ずる。同様に、彼の愛が欲望によって性格づけられるほど、それはただの性と化してしまう。愛がより多く降伏によって性格づけられるほど、真のエロスに近づくのである。意志の放棄は非人格性の個人的な局面である。「死ぬまであなたを愛します」式の意志過剰はまさにこの悲劇的理想主義が死に向かっていることを知らせるものである。

　クラーゲスにとって、もちろん、女性が男性に降伏することは真の降伏ではなかった。むしろ逆に、伝統的な女性の美徳であるおとなしさや忠実さは自我の肯定——男性自我の肯定であった。これらの伝統的美徳ははっきりと、女性が男の所有物としての自らの役割を受け入れ、所有主としての男を高めることを示している。ゲーテのグレートヒェンはこの種の降伏の原型であり、だからこそロレンスとフリーダはグレートヒェンが男たちの世界の女主人公《ヒロイン》の典型であると批判したのである。彼女は完全に犠牲者であり完全に受け身であった。

　しかし男の女にたいする降伏はこの父権的パターンをひっくりかえすものである。たとえばロレンスの描いた女の世界では、女が性の行為者であり男は女に降伏するべく召される。「あなたが呼びかけ私が応える」というのが男から女への典型的なことばである。したがってアナ・ブラングエンがウィルの洋服を脱がせ愛撫する。男たちは青二才であり、アドニスでありオシリスである。『息子たちと恋人たち』のミリアムですら、ポールの横腹をほれぼれとさすって「なんてあなたはきれいなのでしょう」とつぶやく。これは、『詩集』の中でフリーダのするしぐさとして描かれるとき、もっと正当なものにみえてくる。そして、ここでロレンスは彼女が自由に彼を所有し、彼を彼女自身にとっての性の対象の位置におとしめることに憤りを表明している。ここで彼女は大いなる母《マグナ・マーテル》なのである。この憤慨はある程度までは不可避であろう。なぜなら、それは新しいエロスの教説にともなう父権的性のパターンの大胆な反転であるのだから。

クラーゲスのエロスの処方箋から、彼の「知識」についての議論に移ると、また彼の思想とロレンスの思想とのあいだに顕著な類似性がみられる。イシスのヴェールをもちあげることは罪である。なぜならそれは知ることの必要を象徴するからである、と彼は主張する。「権力にたいする知的な意志は、生にたいする罪である。そして、こうした罪人は生の復讐に遭うであろう。」このことばは、ロレンスがエドガー・アラン・ポーについて述べていることばと似ている。ヴェールをもちあげてみると、見えるものは無、活動する無である、すなわち精神であり、その中に意志が、世界を非実体化しようとする意志が見える。これはジェラルド・クリッチがだれもいないときに鏡に自分を映してみると見えてくるものである。もし〈理性〉を自分の支配者とするならば、この無の視像が自分を破壊するであろう——マックス・ヴェーバーを破壊したように、とクラーゲスはそこでつけ加えてもよかったであろう。

世界の本質は、科学が物質を定義するように捉えられるものではない。現在は過去と未来につながる弧であり、脆い実体のない虹である。したがって文化の記念碑や個人の業績は、所有物として捕えられてはならない。交響楽と叙事詩と愛の関係とは、すべて過ぎ去るもので、すべて去らしめられねばならない。人は人生の過程《プロセス》そのものに、〈生〉に身を任せなければならない。〈理性〉と〈理性〉の文化とは、すべての重さを測り、数を数え、長さを計ることによって、生を実体化してしまう。しかし生はそもそも流れるもの、計量不可能なプロセスである。この議論の中でクラーゲスは、現代の段階における西欧文化にたいする彼の作戦の基本をなす形而上学、すなわち母権制の形而上学を打ち出している。D・H・ロレンスはフリーダの助けを得て、彼自身の形而上学を打ち立てていた。彼と「宇宙サークル」とは、緊密な連盟関係にあった。

「宇宙サークル」は一九〇四年のはじめ、一方ではクラーゲスとアルフレート・シューラー、他方ではシュテファン・ゲオルゲとカール・ヴォルフスケールの争いによって崩壊した。争いの表向きの理由は、クラーゲスとシューラーがヴォルフスケールにたいして反ユダヤ主義的な感情を表示したことであった。レーヴェントロー伯爵夫人の寵愛が一九〇三年の終わりにクラーゲスからヴォルフスケールに移ったこと、ゲオルゲの『芸術雑誌』がますます成功をおさめてきたこと、そして、ゲオルゲの親衛隊がたえず増えつづけていたことも また重要であったに相違ない。クラーゲスとゲオルゲとは指導性をかちとろうとする野心においてあまりによく似ており、お互いに衝突し、お互いにたいして憤りを感ぜずにはいられなかった。クラーゲスはゲオルゲが、さまざまなサークルの思想——それは主としてシューラーのものであると彼は考えていた——を盗み、それをもっぱら美的な原理に変えてしまうといって非難した。自分たちは生を全体として再生しようとしているのである、と彼は主張した。

クラーゲスとシューラーが反ユダヤ主義であるというゲオルゲとヴォルフスケールの非難は明らかに正しかった。なぜなら彼ら二人ははっきりと、自分たちが闘っている近代主義は本質的にユダヤ的なものであると公言していたからである。実際クラーゲスは、反ユダヤ主義が事実上殺人方策を大量殺戮と化したのちも、反ユダヤ主義に執着していたからである。こうした事柄のすべてが、いかに間接的なかたちであるにせよ、ロレンスについてわれわれが抱く感じの中にある。ロレンスのイデオロギーは、彼らとひどく似ていた。

戦前の数年間は、「宇宙サークル」の反ユダヤ主義を本気に取り上げるまでのことはなさそうに思われた。彼らの一般的な反抗精神からして、ユダヤ人にたいして社会的権力を実際に濫用することはないと保証されているように思われたからである。彼らはニーチェ主義者であってヴァーグナー主義者ではなかった。事実彼らにとって『パルジファル』が代表するものほど忌まわしいものはなかった。彼らは反ユダヤ主義であったのみならず、完全に反キリスト教であり、反音楽、反演劇であった。シュテファン・ゲオルゲは弟子たちに音楽も演劇も軽蔑するように強制した。そしてヴァーグナーは権力の趣味であった。皇帝《カイザー》は熱狂的なヴァーグナー信奉者であった。したがって、ニーチェを崇拝し、ヴァーグナーを崇拝しないことこそ、思想における健全な関心を示すものであった。

さらに、「宇宙サークル」と、たとえばヒューストン・チェンバレン、アルフレート・ローゼンベルク、そしてナチス本来の所説とのあいだには現実的な、また紛れもない差があった。「宇宙サークル」の哲学の主たる象徴は、言うまでもなく精神にたいする力としての血であったが、それはロレンスが理解した意味での血であって、ナチスが考えた血ではなかった。「サークル」にとっては血とは人間の本質をなす成分であり、人における宇宙的な力の場であり、血がなければ、力は姦淫され粗悪化して、何の顕示も、生における何の効果ももつことができない。そうではあるけれども、一九三八年にマリアンネ・ヴェーバーが正しくも書いているように、戦前のシュヴァービングの人こそ、一九三〇年代にドイツが処理しなければならなかった反キリスト教的・反ブルジョア的傾向全体のもっとも豊富な源泉であった。彼らは高級な人間が経済的に立派な地位を得ようと努力するという観念を嘲笑した。彼らは技術の進歩、自らの職業にたいする誇り、性的道徳を嘲笑した。これらすべての価値や禁制がそれぞれ、創造的精神の自由な表現と矛盾すると考えたからである。今日われわれが直面せざるをえないものはすべて、もとはシュヴァービングにはじまったあのきわめて天分あふれた人たちによってもたらされたのである、と彼女は言っている。彼らは異教的‐宇宙的原理のもつ創造性を讃え、それは生に敵対するユダヤ教‐キリスト教的原理に対立するものであるとした。その感情と本能とに拍車がかけられ、理性と明晰な理解を攻撃し打倒するべく走りだしてしまったのであった。

七年後、もう一人のハイデルベルクの闘士であるアルフレート・ヴェーバーも、彼の著書『ヨーロッパ史への訣別』の一章「ニーチェと破局」と題する章の中で、非常によく似たことばで、シュヴァービングのニーチェ主義者を非難している。「だが、生全体としては、何が起こっていたのだろうか?」と彼は問うている。「さまざまな場所で形成された知的な焦点、それは内面的に豊かで、もっとも開かれた人間関係に満ち、強力な相乗作用を及ぼしあい、洗練され、世界主義的な視野をもった焦点であった。しかしながらこのような焦点は、都市においてすら、政治的および実際的な生活に、ごくわずかな関係ももたず影響も及ぼしたことがない。両者は疎外という壁でへだてられているのだ。だいたいにおいて、これらの知的サークルは、この壁の向こう側で何が起こっているか、はっきりした考えをもっていなかった。彼らのやったことはせいぜい、格好のよい、おかしな新聞の中で、その兆候をあざ笑うぐらいのことで、実際には、現状を変えることはできなかったのである……」

このことばが「宇宙サークル」について当たっていたとすれば、それは彼らがいい加減だったからではなく、彼らが全面的に、徹底的に、父権制文化全体を敵視していたからである。彼らは集まって歴史以前の母権制諸文化について議論していた。それは、彼らがそこに偉大な、活力を与える、もう一つの道を見いだしていたからである。実際、彼らが権威をもって引用しようとしたのはニーチェではなく、社会的に野蛮だといって非難する余地のないバハオーフェンであった。バハオーフェンの読書会は彼らの偉大な知的冒険であった。クラーゲスは一九〇〇年に彼を知り、五週間閉じこもって彼を研究したのち、まったく新しい人間となって世に出てきた。ヴォルフスケールはバハオーフェンの『喪の象徴』の一冊を蛇の皮で装丁し、ものものしくクラーゲスに贈呈した、等々。

ヨハン・ヤコプ・バハオーフェンは一八一五年、スイスのバーゼルの貴族の家に生まれた。彼が生まれたとき、母はまだ二十歳で、この青年は母親に献身的なあまり、五十歳を過ぎるまで結婚しなかった。一八四八年、その同じ年にヨーロッパ全体を震撼させた革命の暴力性とともに知的急進性に衝撃を受けて、彼は、いまや破壊の危機にあると思われたヨーロッパ文化の遺産を、想像力をもって再構成する仕事にとりかかった。古代ローマの文物を調べているうちに、それが含む古代の宗教や文化の痕跡に関心を抱くようになり、彼はこれが母権的なものであると解釈したのだった。彼は一八五九年に『喪の象徴』を出版し、酷評を得たにもかかわらず、この線に沿った思弁をつづけ、二年後に主著を出版した。

一八六一年に『母権論』が出版されたが、ひどく嘲笑され、また無視された。同じ年にイギリスのヘンリー・メーン卿が『古代法』を出版した。バハオーフェンと同じ主題を基本的に父権的に扱ったこの著作は、人々にただちに受け入れられたのだった。バハオーフェンの偉大な思想は、どこでも「母権」に基礎をおいた母権制社会が父権制に先行する、ということであった。つまり、文化の発達には三つの主たる段階——地球的・月的・太陽的段階——があり、はじめの二者が母権的、第三番目が父権的である。地球的時代は原始的な遊牧民の社会であって、狩猟と家畜の飼育で生活している。農耕はまだ知られておらず、結婚制度はまだない。その政治形態——このような用語が適当であるとすれば——は未分化な共同体的民主主義で、その司法は同害刑法的な「目には目を」の戒であった。その女神はアフロディテであり、象徴は牝犬と沼である。バハオーフェンはこの段階を乱婚主義的《ヘタエリズム》（自由な性交渉の）段階とも呼んでいる。そこでの女性の役割が無差別的、無支配的で、夫とか子供の父親という観念がないからである。

月的段階で農業が発達し経済の基盤となる。生活や愛を増進する機能をもつ社会組織があらわれて、法律は、動物や人間の身体に加えられたあらゆる危害に特別な罰が与えられることが特徴となってくる。すべての犯罪のうち、最大のものは母親殺しである。それはとくに中心的女神を農業の女神《デメテール》とする宗教的な文化であって、宗教が、別格に切り離されることなしに日常生活に浸透している文化である。母権的な人々は、以後の文化の人々よりも生全体の統一性をより強く実感していた。身体は精神にたいして優越性をもち、夜は昼に、死者は生者に優越性をもつ。「すべてのものは物理的存在の法則にしたがい、この法則は目を大地に結びつけ、ウラノスの光の力の上に地下の神々の力を据える。」

太陽の時代とは、われわれの知っている文明化した文化であり、婚姻にもとづく父親の権利、労働の分化、そして私有財産に特徴づけられている。その想像力はアポロンによって支配されている。

バハオーフェンは進化論者で、最後に勝利を得た父権的・アポロン的美徳をより尊重することを表明した。しかし彼の想像力は、屈服した母権制の、農業の女神《デメテール》の、あるいは愛の神《アフロディテ》の美徳の側にひきこまれ、より強くこれに反応していた。自分が秘かに讃えていた異教的意味合いを否定記号のもとにおかねばならなかった彼が、これらに反応しようとする自らの想像力を解放するためにその研究者にならざるをえなかったことは、明らかと思われる。彼は、自ら記述したペラスゴイ人の文化を内心愛しており、それは農業が神なる母を冒す以前、女が男の主人に従属する以前に存在したものであった。

バハオーフェンにとっては人間の歴史はすべて、男性原理と女性原理の闘争によって記述することができる。

したがってオクタヴィアヌスのクレオパトラにたいする勝利は、父権的男らしさと美徳とが乱婚性《ヘタエリズム》に勝利を占めたものであり、その関係は、『アーロンの杖』の中でロレンスがマルキーザとクレオパトラを重ね、一方のアーロンは言うなればアントニーで、やがてリリー－ロレンス－オクタヴィアヌスに回帰するという関係と同じものである。したがって「宇宙サークル」が、時がくればギリシアにおけると同様ディオニュソス主義が父権制国家の生命を吸いとり、そしてアフロディテ的な乱婚制《ヘタエリズム》を回復できると考えたのは、主としてバハオーフェンに由来するものであった。葦とぶどうとが、父権的な鉄と血は言うまでもなく、母権的な麦とミルクに取って代わるにつれて、階層と壁とは消えてしまうであろう。なぜならバハオーフェンがはっきりと記しているように、ディオニュソス主義は道徳とも政治とも相容れないからである。「存在の感性化は、政治的な組織の解体と政治的生の衰退とつねに軌を一にしている。」トラキアの神ディオニュソスはギリシアの神アポロンを倒すであろう。これこそ、「宇宙サークル」が、シュヴァービングであれほど盛大だった祝祭を用いて実現しようとしたものにほかならない。

神話の中のオレステスの冒険は、ギリシア文化において父性が母性に取って代わる際の変動と葛藤を映している。アテネ人は、母親をもたなかったアテナと女嫌いのテセウスとを信奉した。アイスキュロスでは、復讐の女神たち《エリニエス》からオレステスを守るのに、アテナとアポロンが共同する。「これはオレステスに投ずる私の票である。私に生命を与えた母親はどこにもおらず、結婚を除いては、私はつねに男の味方であり、私の父の側に立つ」(これはエルゼ・ヤッフェが、オットー・グロスとその価値観よりもマックス・ヴェーバーと彼の価値観を好んだことの神話的表現にほかならない)。アフロディテの神々は——オットー同様——結婚に反対であった。結婚は子孫のために、生産のために愛を制度化するものであった。結婚において女は自らを覆い、自らの主張を抑制し、本来自分のものである生の支配権をあきらめてしまう。それはもう一つの父権的農業形態である。女は土であり、土は生命である。男は葉であり、それ以上の生命を生みだすことはできない。しかし「女」は樹である。女王蜂(ロレンスのフリーダ像)は最高に純粋なかたちでのデメテール的土の魂である。蜂の巣は「土を象徴し、その母性、その休むことなく巧みに形成しつづける仕事を象徴し、最高に純粋なかたちでデメテール的世界魂を反映している」。そしてバハオーフェンは、交接ののち相手の雄蜂および他のすべての雄蜂は殺されることを指摘している。

ロレンスがもっとも急進的だった時期の思想には、『母権論』の著者を強く想起させるものが多分にあった。ロレンスの『息子たちと恋人たち』の一九一三年の序文で、彼が創世記の価値転換をしている箇所を引用してみよう。

父は肉である。永遠に議論の余地なく、法を与える者であるが法ではない。子は口である……

このように、終わりは始めのために選びとられたものであるから全歴史はさかさまである。ことばが人を創った。男が横たわって女を産んだのがほんとうである。われわれは、女が産気づいて男を産んだのであり、男が時満ちてことばを発したと習ったが……

だからわれわれはこの循環の始点として種をとる。女は果肉である。女は肉のすべてをつくりあげる。男と呼ばれる中間物をも含めて……

だから父――これは本来は母と呼ばれるべきである――がおり、息子――ことばを発する者としての――がおり、そしてことばがある。そしてことばは、息子を通して、放出された父のことばである。

そして父なる神、この知られざる者、測り知れない者を、われわれは肉のうちに、女のうちに知る。女は戸であり、そこからわれわれは出入りする。女を通ってわれわれは父のところへ戻ってゆく。しかし変身を目のあたりにする者のように、見る目をもたず、意識をもたずして。

そうだ、巣に出入りする蜂のように、われわれは女のもとを出たり入ったりするのだ。

そして、息子である蜂は、父のもとに帰るように、女王蜂のもとに、従僕として戻り、自らの最高の光栄である女王のことばをもらいに、再生と身分をもとめて、親となることを求めてやってくる……

しかしもし男が女のもとに帰ってこないとしたら……もし男が女の家に入り、彼女のたんなる肉の男とならなかったとしたら、その家が彼女の大きな身体であって、一日が彼らのために蓄めた貯えによってそこで暖められ、もとどおりにされ、栄養を与えられるべく入ってゆくのでなかったら、彼女は彼を家から、役立たずの雄蜂として追いだすべきである。なぜなら神は女の肉から神自身をしぼりだすのだから……

これとバハオーフェンの『原宗教』の中のことば（第II巻三五六―五九ページ）を比べてみよう。

母は息子より先である。女性的なるものには優先権がある。男性的創造性は、あとから、副次的現象としてのみあらわれてくる。まず女が来る。しかし男は「出来《しゅったい》する」のである。まず与えられるものは地であり、基本的な母性的実体である……彼は可視的であるがつねに変化しつづける、創られた世界に属している。彼は滅びるかたちにおいてのみ存在する。女は永遠に続くもの、自己において存在し、変わらぬものから存在する。男は変わり、たえざる衰退にさらされる。したがって物性の領域では男性原理は女性原理に劣る副次的なものである。ここに女権論の原型と正当化がある。ここに、昔からの不滅なる母とその死すべき父との結合という考えが根ざしているのである。彼女は永遠に同一であるが、男によって世代が重ねられ無限につながってゆく。同じ大いなる母はつねに新たな男たちと性交を重ねるのである。……

男は女から、奇跡的な自然の変態によって這いだしてくる。そのことはすべての男の子が生まれるたびに繰り返される……一人の男が女の子宮から生まれると、母親自身がこの新しく出てきたものを驚いて見つめる。彼女にはその息子の姿の中に、自分を母ならしめた豊饒の面影を見てとることができるからである。彼女の目は彼の手足をいつまでもながめて喜ぶ。男は彼女の愛玩物となり、山羊は彼女の乗りものであり、男根はいつも彼女のお相手をする。母なるシベールはアティスの影を薄くし、ヴィルビウスはダイアナの前に、ファエトンはアフロディテの前に小さくなってしまう。どこにおいても母性的なるもの、女性的なるもの、自然的原理が優勢である。二次的であり、つねに変わりつづける随伴現象として消えゆくかたちでのみ生きる男性現象を、女性的原理は、ちょうどデメテールがシスタをひざにのせるように、抱きあげるのである。

ロレンスがバハオーフェンと同じ方向にむかって、同じ考え方で仕事をしていたことは否定すべくもない。おそらく彼は『母権論』を読んだことはなかったであろうが、しかし、オットー・グロスから吹きこまれた母権的思想をフリーダが身をもって具現し、実演していたために、ロレンスは事実上バハオーフェンを生きていたのである。バハオーフェンがきわめて間接的・理論的に推薦した女性的生き方を、彼は実生活の中でおこなっていた。それはクラーゲスとヴォルフスケールが一九〇〇年に実践しはじめたことであったが、ロレンスほど首尾よくはいかなかった。「宇宙サークル」は望ましい女性とはどんな女かを明確にし、フリーダ・ウィークリーがその訴えかけに応じたのであるが、そのときにはすでにサークルは分裂してしまっており、ロレンスがその後継者となったわけである。彼とフリーダが二人の大いなる実験をはじめ、同棲しはじめたのが、「宇宙サークル」がそのような希望を掲げた町のすぐ郊外であったことは、ほとんど偶然の一致であった。

これらの思想は知的ミュンヘンの、そしてシュヴァービングの核心であった。ここでビスマルク・ドイツの父権制にたいする想像力の反抗の中でもっとも強力なものが生みだされている。このるつぼの中では生命や大地や女性の意味についての思想がまぜあわされ、それがオットー・グロスに生命についての使命感をふきこみ、フリーダ・ウィークリーに輝かしい個性を与え、D・H・ロレンスに芸術についての有益な思想を与えた。そしてこの粗い知的鉱床の陰には汚ならしい政治的な可能性も隠れていたのである。なぜならシュヴァービングとナチスのイデオロギーのあいだには否定できない結合があるからで、だからこそエルゼ・ヤッフェやマックス・ヴェーバーのような観察者たちがこれをはねつけたことも道理があると言わねばならない。姉と妹のした選択のそれぞれに共感をもつことはたやすい。しかしこの二つの中間にあって妥協するか、それともこの二つの思想のどちらも選ばずに冷たい中立の目を向けるか。そのどちらが、どのような意味でよりよかったか。それを見定めることは容易ではない。

次にこの入り乱れる思想をミュンヘンとシュヴァービングの社会的舞台におきなおしてみよう。

ミュンヘン

オットー・グロスがフリーダ・ウィークリーに、夫のもとをはなれて来てほしいと頼んだ場所はミュンヘンであった。「ミュンヘンへ来たくはないですか。あなたはミュンヘンが好きでしょう。」当時の多くの人々にとってミュンヘンは象徴的な地点であった。アーネスト・ジョーンズは、ミュンヘンがベルリンとローマのちょうど中間にあり、プロイセンの男性中心主義とイタリアの女性的生き方との中間であり、そしてまたパリとウィーンの中間でもあると指摘している。ジョーンズは一九〇八年のこの町を若者の町、ロマン主義の町、楽しみの町だと感じていた。「人生でこのときばかりは仕事よりも楽しみが先と思った。」シュヴァービングのカフェで歌と踊りに費していた時期に、彼の会ったもっともすばらしい人間がオットー・グロスであったとジョーンズは記録している。

ルートヴィヒ・クラーゲスがミュンヘンへ到着した年の一八九三年には、この町は三十九万の人口をもっていた。したがってライプツィヒより大きく、ハノーヴァーや、クラーゲスの知っていた町々よりも倍も大きかったのだが、それでいてなぜか大都会の匂いがずっと少なかった。ビスマルク・ドイツに属していないという感じがして、彼はすっかりこの町にほれこんでしまった（クラーゲスの父親はハノーヴァー軍の軍医で、一八六四年に軍隊がプロイセン軍と合流したとき、ちょうど結婚を前にしていた。彼はプロイセン軍に従軍するよりも辞職するほうを選び、そのため結婚を数年延期しなければならなかった。こうした事柄は——新しい工場建設によってクラーゲス家からの眺めが台なしにされたことをも含めて——ビスマルクに知的に対立した者の背景に多くみとめられるのである）。さらにミュンヘンは何よりも芸術の町であった。ここでは産業、商業はたいして顧られず、美術館、音楽会場、劇場が有名で、公園や建物はすばらしく趣味のよいものであった。そして最後に、この町はその美しさで有名なカトリックの田舎の真ん中にあって、民衆の伝統や祭りにかこまれていた。ジョーンズもまたバイエルンの高地の村の踊りの魅力に降参したのだった。

一八九四年、学生としてミュンヘン大学に到着したルートヴィヒ・クルティウス——彼はのちにアルフレート・ヴェーバーの親友となる——も同じような感想をもった。彼は近くの村々に親戚が住んでいたこともあって、バイエルンの農村の人々が特別な美しさと感受性に恵まれ、明るい眼をし、ユーモアに富んでいると記述している。はじめクルティウスは、こうした人々の扱いがぞんざいで、嘲笑されているように感じたが、やがて「歓びにあふれ、花咲くような世界」を知ってから、当然のこととしてここの人となった。この人たちにとっては富や肩書きはほとんど意味をなさなかった。彼らはすぐれた装飾の感覚をもっていて、花や、窓や、教会や衣装を飾った。彼はあるロシア人の友人に、彼らの家のいくつかを見せたが、その友人はその家が金持ちの家でないとはどうしても信じられなかったという。これはロレンスがフリーダと駆け落ちをしたときに見た光景でもあり、この豊かさは『息子たちと恋人たち』や『虹』にも跡をしるしている。

　高地バイエルンの農民の生来の感受性とユーモアに満ちた誠実さとがミュンヘンへ流れこみ、そこに世界のどの大都市にもない人間的な暖かさを与えている、とクルティウスは言っている。鉄道の駅に下り立つとすぐに、バイエルンの青い制服姿の運搬人たちにすでにそれが認められる。さらに芸術はごく自然なもので、金持ちのビール醸造家の家柄だけのものではなく――ミュンヘンで大企業といえるのはビール醸造業のみであった――、すべての階層の人々のものである。知的生活もそうであった。博士先生《ヘル・ドクトル》クルティウスは電車の定期券を忘れ、しかもそれを勘弁してもらうという、ベルリンではありえないことにでくわした。ベルリンは感覚的な魅力も神秘も欠落した都市であった。彼の子供時代にはだれもがベルリンではなくウィーンを大都会と言っていた。酒場にかかっているのはハプスブルク家やヴィッテルスバッハ家の人の肖像画で、ホーエンツォレルン家のものではなかった。

　モーリッツ・ユリウス・ボンは一九〇六年、大学の無給講師としてミュンヘンに到着した。彼はこの町を、都市であったことのない、永遠の「宮廷と住宅の町」であると記述した。国会の上院はバイエルン王家の帝国議会であり、国の作法はスペイン‐ブルゴーニュ風であった。これ以外は上流階級というものがない、ほとんど階層のない市民であった。生活費は安く、もしだれかの家に招かれると、女中がビールとソーセージを買ってくるので、家人に代わって彼女に代金を払ってやればそれでよい。真の社交はビールの貯蔵室か庭で進行するのであり、そこではすべての人が平等であった。

　バイエルン国王オットーは、先王のルートヴィヒ二世がそうであったように、当時正気ではなかった。一九一〇年、ルートヴィヒ大公がルイトポルト大公の後を継いで摂政となった。同じ年の三十七歳のボンが新設の工科大学の学長となり、エドガー・ヤッフェをこの大学で経済学を教える職に任命した。この二人を比較してみるのは興味深い。とくに親しい間柄ではなかったが、ともにユダヤ人で、したがってこの社会の部内者でありかつ部外者でもあった。大学の学長としてボンは公式の儀式に出席する務めがあり、一方ヤッフェは戦時中は王の正式の財政顧問であった。しかしボンはヤッフェと異なって、シュヴァービングのグループには入らなかった。彼にとってミュンヘンの社会生活はブレンターノ家とプリングスハイム家――その娘の一人がトーマス・マンと結婚している――を中心にめぐっていた。ジョン・バカンが友人の一人であり、アメリカの百万長者ジェイムズ・ロエブもそうであった。自分の仕事のうえで、また生活全体においても、ボンは意識的にミュンヘン大学の、礼儀正しく都会的な、社会的に輝かしい経済学者ルーヨ・ブレンターノに倣おうとしていた。彼はマックス・ヴェーバーの悲劇的な熱情を敬遠していた。ボンはヤッフェよりも、より目に見えるかたちで成功し、それだけ興味をひかないユダヤ人であり、またミュンヘンのもっともすぐれた人たちとまったく対等に付き合ったユダヤ人知識人であった。

　戦前のミュンヘンには、未来を約束するものとほとんど同じほどに、過去のものがたくさん残っていた。一九一三年、バイエルンの摂政は国王に即位した。戴冠式の祝日には学生たちは国軍の制服を着、なかばロマン主義的でなかば中世風なスタイルでリボンをつけ、長靴をはき、羽のついた広つばの帽子をかぶり、剣を鳴らしながら、それぞれ灯のともったろうそくをもって宮殿に行進した。宮殿の外で彼らはろうそくを吹き消し、音楽隊が吹奏をはじめ、「いざや祝わん《ガウデアムス・イギトゥル》」を合唱した。それらはすべてベルリンの現実政治《レアルポリティク》からあまりにも遠く距たったものであった。バイエルンは一八七一年、ビスマルクの帝国《ライヒ》下に入るのをもっとも嫌っていた。

　ビスマルクのもとにあってミュンヘンは、反体制派の自由主義者の核であった。ちょうどシュヴァービングが急進派の核であったように。のちの戦時中にはミュンヘンは変貌して、拡散した戦前の急進主義はとみに政治的になった。バイエルンにおける一九一八年の革命が広く中産階級と愛国主義者の支持を得たのは、ビール醸造家たちに大麦が欠乏するなどの結果を生じたベルリンの経済政策にたいする地方の憤りが主たる原因であった。これに加えて戦線でのバイエルン軍の払った高い損害もあった。そしてまた、バイエルンは自国の軍隊をその鉄道や郵便制度とともに自己管理する建前であったのに、こうした権利が戦時中にだんだん侵食されて、戦場でバイエルン軍を指揮するのが皇太子ルプレヒトでなかったという事情からくる怒りもあった。しかし中産階級のあらゆる怒りにもかかわらず、一九一八年の革命はまた、バイエルン社会の知らなかった諸要素にもとづくプロレタリア革命でもあった。それは一九一六年、ここに導入されたクルップ工場の労働者の中で始まったのであり、そこには拡大されたラップ自動車工場とバイエルン飛行機工場があった。しかもそれをシュヴァービングの知識人が指導していたのである。

一九一四年まで、だれもそのようなことが可能であるとは信じなかった。シュヴァービングは、休日に夢中で、女性と芸術とエロスの世界であり、男たちの世界から退く決意は固くてもそれに取って代わるというものではなかった。フーゴ・フォン・ホフマンスタールやトーマス・マンがバイエルン特有のものとして讃えた民衆の祭りに対応するものが都市のただ中にあり、とくに四旬節《レント》の直前の謝肉祭《ファシング》がそうであった。エーリヒ・ミューザムによれば、ミュンヘンには二つの季節があり、一つは氷の道の開通からスキー・シーズンにいたる謝肉祭《ファシング》を中心とした季節、もう一つは、十月祭《オクトバーフェスト》を中心とした季節で、強いビール《シュタルクビーアッアイト》の時期の仕事が終わってから、人々が謝肉祭《ファシング》の準備にかかるまでの時期であった。十月祭は「テレジア牧場」、エドガー・ヤッフェとクルト・アイスナーが決起集会で群衆に演説をし、それが革命につながっていった、あの公園でおこなわれていた。祭りのあいだの数日間、謝肉祭の花嫁《ファシングブロイテ》と牧場の花嫁《ヴィーゼンブロイテ》となる娘たちを選ぶのが習慣であった。この二つのミュンヘン祭りの頂点のあいだに五月祭《マイボック》と救世主《ザルヴァトール》の祭りが、また近くのプラッハでは損害祭《ハーベンシャーデンフェスト》りが、ガイゼルガシュタイクには夏祭《ゾンマーフェスト》りがあった。事実上、一年じゅう続くエロス的で遊び気分のカーニバルがあり、そこでは農民を含むあらゆる階級の人々が区別なく入り混じっていた。クラーゲスがミュンヘン全体を象徴する色は空色で、聖母マリアのもとにあると言ったとき、彼はキリスト教の象徴を異教的に解釈していたのであった。

このように、ミュンヘンは象徴的な都市であった。そしてその象徴的意味の中心はシュヴァービングの北の郊外にあった。オットー・グロスはフリーダ・ウィークリーに、シュヴァービングの自分のもとに来てほしい、自宅か、あるいはカフェ・シュテファニーに電報を打ってほしい、そこはシュヴァービングのもっとも有名なカフェで、昼でも夜でもそこなら必ず自分が見つかるからと頼んだのだった。ミュンヘンにしつらえられたウィーン風のカフェで、ガラスの扉の後に厚いけば立ったカーテンを下げ、大理石のテーブルのあるシュテファニー店には二つ部屋があって、大きいほうの部屋はビリヤード台が二つあり、低い壇になったところはビュッフェになっていた。小さいほうの部屋には、窓ぎわにチェス台があった。その店は二十四時間開いており、いつも芸術家と芸術を語る人たち、あるいは革命を語る人たちでいっぱいだった。それはシュヴァービングの議会《ライヒスターク》であった。

シュヴァービング

シュヴァービングは何よりも芸術家たちの中心地であった。一八九二年には、分離派運動《ゼツェシオン》——ドイツで最初に伝統からの分離《ゼツェシオン》をはかった運動——の本拠地であった。一九〇三年のウィーンでの開催に先がけて、一八九八年、まずここで分離派展覧会がおこなわれた。一九一三年のニューヨークのアーモリー・ショーは、同種のものの繰り返しである。分離派の創始者の一人、フリッツ・フォン・シュトゥクは、ユーゲントシュティールの創始者ヘルマン・オブリスト同様、シュヴァービングに住んでいた。マティスがこの町を一九〇八年と一九一〇年に訪れており、彼の影響でヴァシリー・カンディンスキーとヤウレンスキーが野獣派《フォービスト》となった。そこでマティスと二人の訪問者とのあいだに「新芸術家協会（Neue Künstler Vereinigung)」が設立された。カンディンスキーとヤウレンスキーの二人は、ともに芸術を学ぶためにロシアから出てきて、一八九六年、ミュンヘンで出会っている。彼らはバイエルンの民俗芸術であったガラス絵を再発見し、ファニー・ツー・レーヴェントローもこのガラス絵に凝っていった。カンディンスキーは一八九七年から一九〇八年まで、パウル・クレーは一八九七年から一九二一年まで、フランツ・マルクは一九〇四年から一九一〇年までシュヴァービングに住んでいた。彼らはすべて「青騎士《デア・ブラウエ・ライター》」グループのメンバーであり、エドガー・ヤッフェもマルクの絵を買っている。

この運動が敵対していた相手はベルリンの無味乾燥な俗物主義であった。ヴィルヘルム帝の趣味を代表するものの一つは凱旋街《ジーゲザレ》で、ベルリンにある二列に並んだ大げさで意味のない大理石の彫像群であった。もう一つは帝妃が自ら、劇場や公衆道徳に干渉したことである。彼女は『サロメ』の舞台装置を変え、『薔薇の騎士』の開幕を阻止した。シュトラウスのエロス性がヴィルヘルム的道徳に大いなる脅威を及ぼすとみなしたからである。ビスマルクの芸術の鑑賞力も好みも、同じく嘆かわしいものであった。演劇についても、文学・絵画についても、芸術的本能はドイツの父権的精神にはほとんど何の役割も果たしていない。したがって当然のことながら、シュヴァービングの芸術家はほとんどすべてが、真剣な革命家であった。

ミュンヘンにおける最初の芸術家たちのキャバレー《キュンストラーカバレット》「十一人の死刑執行人」は、一九〇一年四月に開場した。壁は真っ黒で、舞台には晒し台と斧と死神の首が置いてあった。週に三回ショーがあり、いつもヴィルヘルム的ブルジョア道徳を嘲笑することを中心としていた。ブルーノ・ヴァルターがピアノを弾き、フランク・ヴェーデキントとミューザムが歌いかつ演じ、ホフマンスタール、リヒャルト・デーメル、ハンス・トーマが寸劇や歌を書いていた。十一人が真っ赤なガウンを着、仮面をつけて歌う死刑執行人の歌は、シュヴァービングの市歌となった。

ある意味ではこれよりもっと象徴的だったのは、シュヴァービングの諷刺雑誌の名をとったバー「単細胞《ジンプリシシムス》」である。店主でもあるカーティ・コーブスが自分で歌い、ミューザム、グロス、ヤッフェ、ファニー・ツー・レーヴェントローがよくここで落ちあっていた。一九〇八年から一九一〇年にかけてこの人たちの交流は盛んで、実際ヤッフェと、シュヴァービング精神を体現するファニーとのあいだに、情事がなくもなかったほどであった。

カフェ・シュテファニーにはまた別のグループが集まっていた。たまたま残っている一九〇七年の一枚の絵はがきに、こうした集まりの一つの記録がある。一面にマリエンプラッツの写真があり、裏にはハイデルベルクのエルゼ・ヤッフェの住所と氏名が書いてあり、それは、エドガー・ヤッフェ、オットー・グロス、フリーダ・グロス、エーリヒ・ミューザム、レギーナ・ウルマン、フリーダ・ウィークリーの全員がカフェ・シュテファニーのテーブルに集まって、挨拶や短い一言を寄せ書きしてエルゼに送ったものである。レギーナ・ウルマンはスイス人の少女で、それから四年後にローマ・カトリックに改宗し――ライナー・マリア・リルケの指導で――宗教や霊について書く作家となった。しかし一九〇七年には、彼女はオットー・グロスの精神分析を受け、彼の影響下にあった。そして一九〇八年には彼の子供を産んでいる。フリーダ・ウィークリーも一時グロスの子供を妊んでいると思ったことがあり、また一九〇七年に生まれたエルゼ・ヤッフェの第三子はグロスの息子であったし、また一方、フリーダ・グロスは夫の弟子であったエルンスト・フリックの子供の出産をひかえていた。このように、この絵はがきに出てくるグループには、グロスの示唆のもとに、愛人の子供を産んでいる女性が何人も入っている。フリーダ・ウィークリーよりも五歳若いレギーナ・ウルマンは、フリーダとはまるっきりちがっていた。彼女はふつうの幸福を不可能にするような身体的かつ心理的に不利な条件を負っていたからである。彼女はやぶにらみで吃音で、鼻がひしゃげていた。子供のころは学校の劣等生で幻覚を見ることがよくあった。彼女の唯一の天分は特別なもので、霊的なものであった。こうしてみると、グロスはそのカフェのテーブルに一つの巣を、新生の巣をつくりあげたのであるが、そのメンバーは彼にたいする信仰という一点を除けば、お互いにおよそ異なった種類の人々であった。

エーリヒ・ミューザムはだれよりもよくシュヴァービングを知っていた人間であるが、彼はシュヴァービングを思うたびに「奇妙な挙動と独特の癖をもった、しかしながらすばらしい精神の敏感さをもった人たち、たとえばフロイトの継承者のうちでもっとも重要なオットー・グロス」を思い出すと述べている。ミューザムの無政府主義の雑誌『カイン』は、オットーが一九一三年に捕えられたとき、その主義を支持したものの一つであった。有能であるのみならず、人に親切でもあったミューザムは、シュヴァービングの純粋に社交的な面で顕著な役割を果たしていた。ミューザムの意見によると、ろう人形の製作で有名なロッテ・プリッツル――あるいはロレンスに「大尉の人形」の状況のヒントを与えたかもしれない――のアトリエ・パーティが最高であった。謝肉祭になると、彼女とその友人たちがまずエドガー・ヤッフェのところに集まり、それから、たぶんゲオルク・ヒルシュフィールトのところへ出かけるのが常であった。そこには必ずキャバレー歌手のエミー・ヘニングスと、有名なモデルで、午前一時ごろになるといつも踊りながら脱いだというマリエッタが来ていた。

シュヴァービングはいろいろな意味で典型的なボヘミアン地区であったが、しかしまた、すでにみた「宇宙サークル」に代表される、知的にも倫理的にも強烈な一面ももっていた。オットー・グロスのフリーダとの情事はきわめてシュヴァービング的情事であった。その性的自由という面でも、また逆説的な道徳性という面においても。

その自由はもちろん道徳的であった。フリーダ・ウィークリーはオットー・グロスの自宅にでも、カフェ・シュテファニーにでも電報を打つことができた。その関係を隠す必要は何もなかった。フリーダのイギリス人の夫を除けば。オットーの妻、エルゼ、エドガー、フリーダ、オットーのすべてが、互いの関係がどうなっているかを承知していた。グロスの倫理の、そしてシュヴァービング全体の主要原理は、性的自由のもつ救済力にあった。所有欲と嫉妬は性的な自己解放という倫理的な努力によって克服できると彼は信じていた。貞節、忠実、自己犠牲、自己否定はすべて、道徳感情の倫理的堕落であった。

しかし、新しい母権的道徳は古い父権的文化が崩壊したあとでなければ発展しえないものであった。オットー・グロスはフリーダ・ウィークリーに次のように書いている。「人生における新しい調和は、凋落《デカダンス》によってはじめて生みだされてくる――そしてわれわれが生きているすばらしい時代は、デカダンスの時代として、偉大なる未来を生みだす母となるのだ」と。アルフレート・シューラーもそう信じており、ロレンスもまた、自分の生きている時代は新しいはじまりの前に必要な、終わりの時代であると記している。「この死のプロセスを生きのびなければならぬ」、と。しかしそれはグロス風の熱狂的な調子とは異なっていた。より特徴的に、ロレンスは、今ここで健全を獲得すること、古くて悪い感情の習慣を捨てさることの可能性（と必要性）を強調している。彼はデカダンスにひたっていられず、その点では彼とフリーダとの生活がシュヴァービングではなく――ロレンスはシュヴァービングに住んだことがない――ミュンヘン近くの田舎の村、イルシェンハウゼンで始まったのもうなずける。『恋する女たち』に出てくるカフェ・ポンパドゥールの説明の中で、彼はカフェ・シュテファニーのような場所についての自分の判断を下しており、またこの小説に出てくる芸術家レルケは――実のところレルケはシュヴァービングのある人物の名である――ミュンヘンのデカダンスの一面を表わしている。ロレンスとグロスのシュヴァービングにたいする態度の相違は、デメテールとアフロディテの相違である。ロレンスは創作家であり、生産性、規律、秩序をグロスよりも高く評価していた。しかし、この相違もこの二人がともに母権主義者であったという大いなる類似性の中の小異にすぎないことはもちろんである。

たしかに、シュヴァービングを拒否した主要な作家はロレンスだけというわけではなかった。トーマス・マンの小説『預言者の家にて』は、「青白い若き天才たち、夢の犯罪者たちがすわって腕を組んでもの思いに沈んでいる街」の興味深い像が描かれている――「彼らは内面をむしばみ、飢え、そして誇り高い……ここには終焉がある、氷が、貞節が、ゼロが。ここではいかなる妥協も、いかなる譲歩も、いかなる中途も、いかなる価値の考察もない……ここには反抗と鉄則が、絶望の中の至上なる自我が支配している。ここには自由が、狂気があり、死の支配がある。」興味深いのは、書きながら作家が良心のやましさを感じている点である。マンは自分の主題に何か落ちつかないものを感じている。彼は霊の力と自由を非難しているのであり、仲間の芸術家を、仲間の反抗者を批判しているのだから。実はシュヴァービングは、トーマス・マンはブルジョアでありブルジョアジーのために書いているとして、むしろハインリヒ・マンのほうを好んだのであった。そして『バルバラ』の中のフランツ・ヴェルフェルは、ゲープハルト博士（グロス）に、自由についてのすばらしいが、しかし悪魔的な独言《モノローグ》をさせている。そのかたわらでは戦争未亡人がパーティで男たちに順に身体を提供したが、やがて戦争不具者である男の一人が義足をはずして未亡人を打ちはじめ、モノローグは中断される。二人とも全裸になり血を流しはじめるが、モノローグはまた続いていく……。マンの記述も同じく無秩序への恐怖を、これほど鮮明にではないが語っている。

しかしまた一方では無数のシュヴァービング賛歌があった。シュヴァービングはドイツの中でも有数の象徴的地点であり、ヴェーバーのハイデルベルクにも劣らぬものであった。本書の目的から言うと、シュヴァービングとハイデルベルクとベルリンとがドイツの三角形の頂点であった。ベルリンは（父権的かつ組織的な）権力を代表し、ハイデルベルクは（政治的・文化的な）啓蒙を、ミュンヘンは主として個人的な、しかしまた政治的でもある革命を代表していた。おそらくシュヴァービングについての最適な記述はクラーゲスのものであろう。クラーゲスとグロスがお互いにどのくらい相手を知っていたかは定かではない。しかし、アーネスト・ジョーンズは、一九〇八年のミュンヘンで彼の知っていたすばらしい芸術家と知識人とのサークルは、オットー・グロスとルートヴィヒ・クラーゲスの周囲をめぐっていたと述べている。

クラーゲスは、シュヴァービングの本質はたんなる芸術家の集まりではなくて、何人かの重要な人物（もちろん彼は「宇宙サークル」のことを考えているのである）といくつかの若者たちのサークルにあると主張している。たしかにニーチェとイプセンとは特定のテーマを意識の中にもたらすのを助けたが、しかし偉大なことは「静かな無意識の変容がいくつかのグループの生命の中で起こりつつあったこと」であり、「……シュヴァービングは本質的にブルジョア世界への攻撃であり、ブルジョア世界がその悪なる仕事を完成し、現存する災難をもたらす以前に、革命化するためのものである。われわれはここで世界史的に重要な現象を扱っている」のである。このシュヴァービングという現象は、その変容した生命にふさわしいような、新しい生活様式を建て直そうとする試みである。それは新しい哲学と芸術を創りだし、その生活様式が自らを表現し反映することができるような新しい文化を創り出すことであった。彼ら、真のシュヴァービングの住人たちは、社会主義的実験が世界を救うことはできないと知っていた。社会主義もまた、基本的には、資本主義に劣らず父権的であり、時代遅れであった。そして彼らは、他のボヘミアン地区の文人たちのように、ただ人生とたわむれるだけでは満足できなかった。シュヴァービングを離れてから二十年たったのちに、シュテファン・ゲオルゲは、これとモンマルトルとはまるで比較にならないとしている。シュヴァービングは、「そこには力があった。事態をこのまま続けることは不可能であり、人類は自らを滅亡に導き、いかなる社会的ユートピアも役に立たず、ただ、奇跡と、行動と、人生だけしかない、という認識のもとに統一された力があった」と書いている。同じような調子でクラーゲスもまた、一八九三年から一九〇四年のあいだに、世界の運命が、真の世界の郊外《ヴェルトフォアオルト》であるシュヴァービングにおいて決定されたのだと断言している。「ここにおいて、ここにおいてのみ、さいは投げられたのだ。そして一九一四—四五年の三十年戦争は、運命の実行にすぎない。」

全シュヴァービングの中心人物は、ファニー・ツー・レーヴェントローであったと言えるだろう。彼女はグロスとヤッフェ双方の友人であり、グロス以外でフリーダ・ロレンスが小説の中で言及している唯一人のシュヴァービング的人物である。少なくとも、その言及は彼女を指していると考えられる。いずれにせよフリーダはファニーを、またファニーについてよく知っており、フリーダがいろいろな面で彼女を手本としていたことはありそうなことに思われる。「単細胞」のグループ——ファニー、ミューザム、グロス、ヤッフェ——は、フォン・リヒトホーフェン姉妹にとってきわめて重要な意味をもっていた。ファニー・ツー・レーヴェントローおよび彼女とルートヴィヒ・クラーゲス、また彼女と「宇宙サークル」との関係を語ることは、とりもなおさずグロスの背景となるシュヴァービングの本質的部分を素描することになろう。

グレフィン・フランツィスカ・ツー・レーヴェントロー（「狂気《トレ》のグレフィン」「狂気《トレ》のファニー」）は一八七一年にフズムで生まれ、一九一八年に死んだ。彼女の生きた時期は、ちょうどビスマルク帝国の時期と合致しており、彼女の一生はまさに帝国にたいする長い闘争であった。

増大するプロイセンの勢力を嫌って、貴族であった彼女の家族は、ファニーの少女時代に、ドイツ国内の独立共和都市であったリューベックに移った。子供時代の彼女は、フリーダ・フォン・リヒトホーフェン同様、お転婆娘で反抗児であった。しかし彼女の場合は母親と激しく衝突した。二十一歳のときついに彼女は家出し、勘当された。彼女の反抗はフリーダの場合よりも激しかった。彼女は家族にも結婚にも反抗した。そして彼女は心理的により異常であり、よりシュヴァービング的であった。

彼女の思春期の反抗の知的な舞台となったのは、リューベック・イプセン・クラブで、若いころの主題の多くはイプセン的なものであった。そこで彼女は大人の社会がうそで織りあげられており、いたるところ抑圧され、歪められた性ばかりであるという観念をもつにいたった。二十一歳のときからシュヴァービングに住んで画家になろうとしたが、実際には文筆で生活していた。はじめはフランス語の翻訳、それから諷刺的な文、そして最後には小説を書いた。

ここでは、彼女の初期の反抗についての自伝小説で、彼女のほとんどの作品に比べ深刻でメロドラマ風である『エレン・オーレンステルネ』と、シュヴァービングとそこに住む人物についての諷刺的な記述で、「宇宙サークル」を解散させることになるクラーゲスとヴォルフスケールとの争いをクライマックスの事件としている『ご婦人方の目印氏』の、二つの著作をあげておきたい。

ファニーの小説はけっして失敗作ではなかった。しかし彼女のキャリアは、オットー・グロス以上に本質的に何か特定の仕事をすることよりも、シュヴァービングでの生活そのものから成っていた。つまり、カフェでの会合、芸術活動、議論、放浪生活、ブルジョア社会への反抗、そして核をなすのが自由な性生活であった。彼女は結婚し、夫を愛していたが、夫に忠節であることができなかった。彼女にはシュヴァービングの生活様式のほうがもっと重要であった。ライナー・マリア・リルケやミューザム、デルレットやシュテルン、クラーゲスやヴォルフスケールといった人々は、ファニーが尊敬し愛してやまぬ人たちであった。しかし彼女は、生涯にわたって愛を探しつづけていた。クラーゲスが言ったように、子供時代に母親が罰として愛を与えなかったということが、ファニーに飢えをうえつけ、以後何ものもこれを癒すことができなかったのであろう。彼女にはおおぜいの恋人がいた――彼女は美しい女性で、育ちのよい魅力をもっていた。時たまお金のために媚を売ることもあったが、ほとんどの人にとっては彼女は性に関して驚くほど清潔で高潔であった。ファニーは子供を一人産んだが、父親の名を明かすことをあくまで拒否しながら一人で育てた。そのときから主として息子との関係の中に彼女は情緒の源を見いだしていた。

ファニーと私生児である彼女の息子とは、シュヴァービングを代表する人物であった。彼女がルートヴィヒ・クラーゲスとの恋愛関係に入ったとき、それは彼女にとっても彼にとっても人生の重大事件であったが、彼女の前の恋人の一人アダム・ヘンツェルは、彼女こそ今世紀最大の女性であり、クラーゲスは今世紀最大の男性であると言ってはばからなかった。この二人が結ばれたならば、異教徒の世界は革命的覚醒を祝い、全地球に異教の再生がみられるであろう、と彼は言った（世界に異教徒の植民地を、一つの異教の島を創設することは、彼らがなかば真面目に企んでいた計画の一つであった。のちにロレンスが考えたように）。そしてファニー自身、のちのアイロニカルな態度にもかかわらず、当時はこうした宇宙的思想を真剣に考えていたふしがある。彼女はシュヴァービングを定義して次のように言っている。「一つの精神的運動であり、地平《ニヴォー》であり、方向であり、抗議であり、新しい祭式、否、むしろ新しい宗教的可能性を達成するための古い祭式である。」彼女の小説の中で諷刺された当の男たちですら、自分たちが何者であり何をやっているかを彼女は理解していたと、必ず認めたものである。

クラーゲス自身はファニーを、「異教の聖女（eine heidnische Heilige）」と呼んでいた。この用語はけっしていい加減に用いられたのではない。なぜなら、「宇宙サークル」は、異教主義という概念を徹底的に分析していたからである。いくつかの点でキリスト教は「宇宙サークル」が信奉するすべてのものの主たる敵であったゆえに、ファニーを異教の聖女と呼ぶことは、彼女が貞節、謙譲、無私、といったキリスト教的美徳に対立する美徳を、キリスト教の聖女がその美徳をもつのと劣らぬほどに備えていることを意味していた。聖女ということばを使用したところに、この異教主義の倫理的な真剣さが示されている。ファニーは、感性と、誇りと、権力と、生命信仰と、自己肯定の聖者であった。子供を抱く彼女は貞節のかわりに乱交を尊び、かつ、同じ豊かな美しい母性愛をはぐくむ異教の聖母《マドンナ》であった。彼女は、異教的な聖人礼拝にふさわしい女性であった。

ファニーは自分が生命に恵まれ、また生きる才能に恵まれていると感じていた。彼女は生命をしばしば擬人化して〈生〉と呼んだ。「〈生〉と私とは目と目を見交わしている。」彼女はまた世界中のだれよりも自分が抱擁力をもっていると感じていた。彼女は夫を愛していたが、残念なことに彼は彼女自身の生命力、彼女の（「彼の言うところの」）「自我中心主義」に応じてゆけるほど強くなかった。そして同時に彼女の霊的野心も高かった。「すべての背後に、自分が何か偉大なことを達成しなければならないという感じがつねにあり、それが消えたことはなかった」と彼女は書いている。

クラーゲスがファニーを「異教の聖女」と呼んだのは、ファニーとフリーダの両方の友人であったオットー・グロスがフリーダを讃えるのに用いたことばときわめてよく似ている。そしてまたロレンスがフリーダを異教の聖女と呼んだとしてもちっともおかしくなかった。ファニーの場合もそうであったように、フリーダにとっても子供を自分の手で育てるということは重要であった。そしてそれがウィークリーのもとを去った原因の一つでもあった。彼のもとを離れて一年たってはじめて、彼のほうが子供たちを手放す意志がないことに気づき、それは彼女の人生における大きな危機となったのである。ロレンスは、彼女が子供たちに熱心すぎることに腹を立てていた。彼はある意味で子供たちのゆえに、フリーダが彼に賭けたのだと知っていたからである。彼女は自分が売春婦だったら自分の子供をもてたのに、とひどく嘆いたものである。だが子供が生まれなかったためにいっそう、ロレンスに依存することになった。

クラーゲスとファニーは、ロレンスとフリーダと興味深い並行関係を示している。というのは、クラーゲスとファニーとの関係が、ロレンスとフリーダとの関係に繰り返されており、またその点については、オットーとフリーダとの関係についてもそうだからである。クラーゲスとファニーがけっして結婚しなかったこと、二人の関係が長つづきしなかったことは、クラーゲスの仕事が、とくに後期においては、ずっと少なく、かつ自発的であったことと関連がありそうである。彼がファニーについて語るときには、ロレンスがフリーダについて語るように語った。彼はファニーがそれまで無意識的にしか知らなかった彼女自身の秘密を露わにし、彼女自身の目に彼女がなかば女神としてあらわれてくるようにさせたと言われている。彼女は自分の可能性を広げてくれるような人を探しつづけていたから、彼だけがともに翔べる男であると言ったのである。彼女の側からは、クラーゲスに生命の美酒を与えることができた。彼女は北方の異教精神の権化であったのだから。ファニーとクラーゲスとのあいだの争いも、同じところに源があった。彼女は性行為そのものを愛したが、クラーゲスが髪や手を撫でるなど彼女を愛撫したり、あるいは彼女の世話をしたりすることを拒否した。基本的に彼女はエロスの主導権を自分で握ろうとしたのであり、少なくとも彼にとらせようとはしなかった。

ファニー・ツー・レーヴェントローの象徴的な性格はシュヴァービングに限られることなく、事実上ドイツ全体にひろがっていた。マリアンネ・ヴェーバーは、恋愛関係のさまざまな類型《カテゴリー》について書いた折に、彼女を自由恋愛の代表であると論じている。今日からみると、むしろ、ルー・アンドレアス＝ザロメにも似た、過渡期の女性と言うべきであろう。彼女の出発点は偽善にたいするイプセン的反抗であり、女性への平等の要求である。それはたしかに政治的な平等の権利ではないが、権利要求ではある（これはエルゼ・フォン・リヒトホーフェンが踏みだした道であった）。クラーゲスから刺激をうけて、彼女は、自伝的でありなかばイプセン風の小説である『エレン・オーレンステルネ』を書いたのであった。

しかし一八九〇年代のエロス主義の勝利とともに、彼女はその役割を捨てて、自らエロス的女性であり、母であるという点を強調しはじめた。しかし、フリーダ・ロレンスやアルマ・ヴェルフェルとちがって、この新しい役柄を自ら主役となって演じようとはしなかった。それはあるいはクラーゲスとの関係が失敗に終わったからかもしれない。そしてその失敗は少女時代の不幸と関係があったかもしれない。ファニーは家庭生活には向いていなかった。冒険家であった。後期の文学作品はより気まぐれで、諷刺的で、より「フランス風」である。そして後期には彼女のスタイル、全人格が、娼婦《ファム・デュ・モンド》であるよりはむしろ貴族的になっていった。彼女はシュヴァービングのだらしのない、放浪的な面に我慢できなくなっていったのだった。

『エレン・オーレンステルネ』の出版についての詳しい事情が、シュヴァービングのさまざまな種類の革命性のあり方についての連関を明らかにするだろう。この小説はポーランド人のマルクス主義者で友人のジュリアン・マルフレフスキーが出版を承知したのだが、一九〇五年、ロシア革命の勃発とともに彼はミュンヘンを離れ、ペテルブルグに行ってレーニンの傍で働いた。そのとき小説はすでにタイプ印刷に組まれた状態になっていた（レーニン自身も一九〇一年にシュヴァービングにいたことがあり、それは、ロシア革命でトロツキーに緊密に結びついていたパルヴスという筆名のアレクサンドル、およびクルプスカヤ・ヘルプハンドといっしょであった）。グレフィン〔グレフィン・フランツィスカ・ツー・レーヴェントロー〕自身はまったく政治的でなく、また、本書にとって重要などの人物もとくに政治的でないが、しかし、シュヴァービングにおいてはすべての革命家が歓迎された。一九一八―一九年のミュンヘン革命においては、パラドクシカルな諸状況が明らかになってきた。たとえばミュンヘンでグレフィンが晩年親しくなった友人の一人は無政府主義の詩人であり、ナイトクラブの役者で政治家でもあったエーリヒ・ミューザムであった。革命の時代には彼は目立った地位につき、権力までもったこともあったのだが、それは以前、仲間のシュヴァービングの住人たちにとっても、ミュンヘンの健全な市民たちにとっても、まったく無害な人間であると思っていた昔の知人には、いかにもふさわしからぬことに思われた。彼の仲間の無政府主義者グスタフ・ランダウアーもまた革命政府の中できわめて顕著な存在であったが、町を奪い返しにきた政府軍に拘留され、その重圧のもとについに死亡した。ミューザム自身も、もし直前に町から送りだされていなかったら、同じ運命を辿ったことであろう。十五年後に彼はオラニエンブルクの強制収容所でナチスに殺された。ミューザムとオットーとファニーとエドガー・ヤッフェとは一九一〇年以前もシュヴァービングの仲間だったのであり、彼らの運命はシュヴァービングの最終的な運命を象徴している。

その当時、グレフィンは自分の生活を変えようとし、二つの計画のうちどちらにすべきか迷っていた。その一つは、エドガー・ヤッフェの秘書となり、同時にオットーの精神分析を受けることであった。オットーは自分が彼女を強迫と不幸とから解放できると信じていた。もう一つはパリへ行ってそこで生活することであった。結局彼女は後者を選んだが、しかしそれも束の間で、すぐにパリからアスコナへ移る。それについてはあとでみることにする。彼女がはじめの計画を選ばなかったのは、一つには精神分析に懐疑的であったこと、もう一つはそうするとエドガーに借りができるからであった。彼女は抽象的には彼を愛していたが、愛人としてではなかった（一九〇八年八月九日、ヤッフェとの一夜のあとでの日記は次のように書かれている。「嫌悪のためにほとんど気が狂い、叫びだしたかった。わが神よ、どうかこの杯を受けずにすみますように、と。」この反応は、ロレンスが『牧師の娘たち』の中で、フリーダのヤッフェにたいする反応として描いているものと同じである）。一九一〇年にヤッフェは、コルフへ自分と行ってほしいと彼女に頼んだ。彼とでなければ、彼女は行ったことであろう。

ヤッフェはそのころまでにはすでに事実上エルゼと別れており、エルゼは子供たちとイルシェンハウゼンに住み、エドガーはミュンヘンにアパートをもっていた。エドガーとのちのグレフィンとの恋愛は――彼はまたもや野心過剰で冒険心過剰であった――彼がエロスへの奴隷であった時代の頂点をなすものであり、その後戦争の勃発によって、彼の思想は完全に政治にひき戻されることになる。しかし彼はハイデルベルクには戻らなかった。次の何年かは、シュヴァービングの指導者となること、シュヴァービング革命の英雄となることのために費やされた。

エドガー・ヤッフェは一九一〇年にハイデルベルクを去り、ミュンヘンの新しい技術大学に勤めることとなった。そこでの上司モーリッツ・ユリウス・ボンは彼のことを「温厚で小柄な男で、することが何か魅力的であった」と述べている。この保護者気どりの一文がエドガー・ヤッフェについて言われた最高のものである。その他に残されているのは、ミュラー＝マイニンガーが書いた、裏表のある人間であるためにアイスナーの閣僚のうちでもっとも憎まれている、という記述のみである。これほど多くのすぐれた役割を果たした、あるいはこれほど多くのすぐれた役を演じたこの男に同感する者は一人としていなかったようである。彼とあるグループの中で活躍した他の者——とくにヴェーバーとロレンス——があれほどの注目をひいたのにもかかわらず。

一九一五年八月、占領下のベルギー行政に携っていたヤッフェは、マックス・ヴェーバーを、ベルギー経済にある程度の力を及ぼしうる地位に推薦した。ヴェーバーはハイデルベルク病院での仕事を辞めたばかりで、戦争努力にもっと大きな貢献をしたいと望んでブリュッセルにやってきたのであった。この結果は結局失望に終わったのだが、この話はヴェーバーがエルゼと恋愛事件を起こした後ですら、ヤッフェがヴェーバーの出世の手助けをしようとしたという彼の重要な役割を示す一例である。娘によると、エドガーがドイツ軍国主義を憎むようになったのはベルギー滞在のときからしい。彼はすぐにミュンヘンに戻り、自ら編集長となって週刊誌を創刊し、またドイツ政策に関心のある人々からなる政治討論グループをはじめた。この企画の両面で協力者となったハインリヒ・フォン・フラウエンドルファーは「色黒で、自意識過剰な、抑えた情熱のある男」で、もとバイエルンの大臣だったが、カトリック穏健派によって権力から追放され、そして——何人かの観察者によると——国王にたいし復讐の恨みをはぐくんでいるとのことであった。一九一八年、ヤッフェは皇帝の退位を要求したミュンヘンで最初の人物になった。そしてクルト・アイスナーが一九一八年十一月七日、ヴィッテルスバッハ王朝を追い出したとき、ヤッフェはバイエルン人民共和国の財務大臣で、内閣唯一の学者になった。

それはシュヴァービングの人物がミュンヘン市全体を、またバイエルン州全体の管轄権を握った、シュヴァービングの革命であった。思想の人間が仕事の人間を追い出し、思索する人間が実践的経験をもつ人間を、芸術の世界に生きる人間が政治の世界に生きる人間を、カフェの人間が事務室の人間を追い出したのであった。マックス・ヴェーバーもエルゼ・ヤッフェもこれを一つの政治的事件として真剣に扱うことができなかった。エドガー・ヤッフェはもはやハイデルベルクではよそ者扱いされ、すべての神々から見放されて、孤立していたのである。

彼の娘は、ヤッフェがヴィンターガルテン王家の運命を決しなければならなかったときに、空っぽになった王宮に付いていったときのことを覚えている。その最上階では、市の貧しい石炭供給のうちの多くを消費していたのだった。二人は憤慨する王党派の門衛に先導されて階段をのぼり、何部屋分もの中国の陶器や金箔をきせた家具やギリシア彫刻の前を通って、屋根が熱帯の巨木で被われ、滝がはねつづけている温室までのぼってきた。次に二人は階段をおりて地下室に行き、そこに何とわずかな石炭しかないのを視察した。もっともそれらしい山積みのものは、調べてみると手榴弾であった。そして最後に——ある程度の苦悶のうちに、というのはすべての生きた美しいものは彼にとって尊ぶべきものだったから——この小柄な良心的財務大臣は、こうしたすべての贅沢な豊饒力の死を宣告しなければならなかった。

戦争中に、ヤッフェは経済的個人主義はまったく非ドイツ的な思想であり、一九一四年の英雄的経験が、こうした思想からドイツ国民を救ったのである、と考えるようになった。ドイツ人は、自分が有機的全体の一部であり、それぞれが与えられた機能を果たす肢なのであると考えることを好む。私企業は公共のために奉仕しなければならないのだ。

ヤッフェは戦争がドイツ人の生活の前面に押しだしたさまざまの価値を評価しながらも、熱心な平和主義者であった。平和活動において彼はF・W・フェルスター博士やルートヴィヒ・クヴィデと協力し、一九一七年にはスイスでアメリカの代表と連絡をとっていた（エルゼ・ヤッフェはマックス・ヴェーバーと同様、戦時中はきわめて愛国的であった。彼女は居間にヒンデンブルクの写真をかけ、祖国を守るために戦う息子を送れないことを悔んだほどであった）。同年、ヤッフェは独立社会党に加わり、一九一八年、彼と党首クルト・アイスナーは、ジュネーヴのジョージ・D・ヘロンがウィルソン大統領の代理人であると考え、彼に、自分たちがドイツ帝国から救いだしつつあるバイエルンと別個に講和を結んでほしいと頼んだ。

これは、われわれがここで記録しているビスマルクとプロイセンにたいするすべての反抗の中でももっとも著しいものである。そしてそれをやってのけたのは、シュヴァービングの霊感のもとにではあるが、われわれの知る中でももっともさえない人物だったのである。エドガー・ヤッフェが当時、妻や自分が親しくしたいと思っていた有能な人たちから孤立していたというのはいかにも象徴的であった。また彼の指導するバイエルン革命が広く反動勢力を挑発して、ほんの何か月ももたずに崩壊してしまったのもまた特徴的であった。ナチズムがバイエルンに根をおろしたのも、こうした反動の一つであった。一九二〇年、カトリック党がミュンヘンで政権を握り、ルーデンドルフに避難所を提供し、全ドイツを代表する反動の中心となろうと試みた。カトリック党は革命分子たちを猛烈に罰し、ヤッフェはきわめて危険な状況に追いこまれた。アイスナーのもとで大臣を務めたフラウエンドルファーも同様であった。フラウエンドルファーは裁判を待たずに自殺し、ヤッフェは一九一九年に神経衰弱にかかり、そのまま治らなかった（一九一九年七月十日、彼の妻は国定弁護人に宛てて、彼は病気のためトラー事件公判の証人として立つことはできないとしたためている）。ヤッフェは一九二一年に亡くなった。実際に裁判にかけられたのは、ヴェーバーの学生で友人でもあったエルンスト・トラーのような過激分子だけであったが、シュヴァービング体制の多くの閣僚が自殺をし、あるいは精神病院や養護施設で死んでいる。彼ら全員の中でも、エドガー・ヤッフェはもっともおとなしく、もっとも穏やかで、おそらくもっとも哀れであった。

エルンスト・フリックとグレフィン・ツー・レーヴェントローは一九一〇年にすでにミュンヘンを発ってアスコナへ行っており、ほぼ同じころにフリーダ・グロスも（そのころにはオットーはほとんど別行動であった）アスコナに移っていた。フリーダ・ウィークリーは一九一一年に彼女を訪ね、一九一二年の春、D・H・ロレンスとイギリスを出た折にも、アスコナへ行きたいと思うがどうだろうかとフリーダ・グロスにたずねている。

アスコナはシュヴァービングの中のシュヴァービングであった。そこには、大都市の影響から自由な背景の中により多くの極端な人格と、より極端な行動と、より極端な思想とがあった。ほとんどの無政府主義者が訪ねたこのスイスの湖水の保養地は、一八九九年、ある富裕なアントワープの実業家の息子アンリ・エデンコーヴァンが一種の自然保養地《ナトゥアハイルシュテッテ》に仕立てあげた村で、当時の村の人口はほんの千人ほど、男たちはショートパンツにサンダルばきで、チュニックに帽子をかぶらず、かわりに長髪にバンドをしていた。その直後にカール・グレーザーが同じような町をつくり、「文明からの要塞（Fort von der Zivilization）」と名づけた。グレーザーの弟がレイモンド・ダンカンの友人となり、この関係でイザドラ・ダンカンもアスコナを訪れたのである。そこにはモダン・ダンスと奇抜な衣装が、また長髪と日光浴と菜食主義とがあった。エーリヒ・ミューザムはこれがシュヴァービングのためになると考え、一九〇九年、彼はアスコナがグレフィンの経済的な問題についての理想的な解決を含んでいることを認めた。それは晩年のグレフィンの喜劇・茶番劇のスタイルを完全に示すものであった。アスコナにはまた男爵レッヒェンベルクがおり、彼はイタリアの洗濯女に恋をしたもと船乗りであった。男爵はグレフィンの子供たちに財産を遺贈するために自分の家財を相続しようとし、彼女が他の男と幸せに結婚をしていることはいっこうかまわないようであった。相続するために彼は結婚しなければならず、財産を得るために彼と結婚してくれる人が必要であった。ミューザムはグレフィンにこれを頼み、彼女は承諾した。結婚は遂行され、父親は新しい義理の娘にすっかり魅せられてしまった——だれかがこの企みを説明するまで。家の財産の一部はすでに新婚夫妻の手にわたっていたが、やがて銀行の倒産で失われてしまった。そしてそれ以上は入金されなかった。一九一四年、戦争が勃発したとき、グレフィンは世界旅行を計画していたが、その相手はミューザムが剣を投げる標的となっていた中国人の曲芸師であった。

これは、ロレンスのおかげでかなりの部分フリーダが免れたオペレッタ的人生である。しかし、フリーダも完全に免れたわけではなかった。タオスは、とくにロレンスの死後、アスコナと似ていなくもなく、フリーダの選んだ三番目の夫はグレフィンのお気に入りになったかもしれない。フリーダと同様、ファニーにとって大戦は呪いにほかならなかった。とくに息子を兵役に徴集される恐れがあったからである。彼女は心配のあまり、熱心な愛国主義者で併合主義者、汎ドイツ連盟のメンバーでもあった兄と絶縁してもよいと考え、息子を救うために国籍を変えるための法律上の助言と助力を求めて、マックス・ヴェーバーを訪ねたほどであった。おそらく彼女はフリーダ・グロスを介してヴェーバーと知り合いになったのであろう。フリーダ・グロスは夫とともに一九一〇年にアスコナに移り、オットーがベルリンへ渡った一九一三年以後もそこに住みつづけていた。

一九一八年、ファニー・ツー・レーヴェントローはアスコナで亡くなった。二年後にオットー・グロスは栄養失調と行きだおれで死んだ。彼は友人たちが世話をしてくれているにもかかわらず、麻薬の入手を助けてくれない彼らに腹を立てて、力ずくで逃げだしたのであった。逃亡ののち、ある倉庫に隠れ、数日後に発見されたが、衰弱しきっていてもう助命は無理であった。その後一九二一年にエドガー・ヤッフェがミュンヘンで亡くなった。革命の失敗でこうむった彼の神経障害はついに治らなかった。この三つの死が、シュヴァービングの死を告げたのだった。

2　マックス・ヴェーバーとD・H・ロレンス
——ベルリンとノッティンガム

序　論

マックス・ヴェーバーとD・H・ロレンスとは、まったく正反対のものを代表している。ロレンスは二十世紀イギリス最大の小説家であるのみならず大胆な思想家でもあって、その結婚観、教育観、宗教観、文学論によって、文明にたいする文化の反抗運動における英雄という位置を獲得している。一方のヴェーバーはこれまた大胆な思想家で、その政治、経済、宗教、そして社会科学の全領域にまたがる思想によって、現代の自由主義における英雄の位置をしめている。だが二人の思想は彼らを——そしてそれぞれを信奉する人たちを——正反対の方向に引っぱっていったのであり、また二人の英雄的資質そのものが、正反対の種類に属していた。二人のあいだの相違はさまざまなかたちをとりながらも、すべてエロス運動およびエロス主義にたいして二人がとった正反対の姿勢にあらわれている。

そもそも二人をとりまく状況そのものが異なっていたことは言うまでもない。ヴェーバーは一八六四年に生まれ、ロレンスは一世代あとの一八八五年に生まれている。もしヴェーバーが一九〇七年に四十三歳でなくロレンスと同じ二十二歳であったなら、エロス運動にたいしてあるいはちがった反応を示していたかもしれない（ヴェーバーはエルゼ・ヤッフェよりも十歳年上、エルゼは妹のフリーダよりも五歳年上、フリーダはロレンスよりも六歳年上であった。この年齢差は彼らの関係のありように一役買っていた）。さらに、ヴェーバーが中流階級の上層部に生まれ、社会権力の座に近いところにあって、権力の見本とそれへ向かう道すじが早い時期から身近にあったのにたいし、ロレンスは中流階級の最下層ないし労働者階級に生まれており、社会権力からはほど遠いところにいた。そしてヴェーバーがドイツに、ロレンスがイギリスに生まれたという事情もある。そこから出てくる帰結については、すでにある程度述べたとおりである。

しかし、この二人の人間を並べてみて興味深いのは、こうした状況の相違がむしろ副次的《マイナー》なこととして退けうること、そして二人の主たる対立は実にエロス主義にたいしてとった正反対の選択のうちにあること、言いかえれば、二人がフォン・リヒトホーフェン姉妹との関係において、どのような選択をしたかにあるということである。もちろん彼らの選択は姉妹に限られたわけではないし、また厳密な意味ではそれは選択の問題と言いきれるわけでもない。ヴェーバーは一九一〇年以前からヴェーバーであったし、ロレンスは一九一二年以前からロレンスであった。しかし性格というものは、つねに、ある程度までは選択の問題であり、自己（によって）形成されるものである。そしてこの男たちの最初の自己修練が、エロスの相手の選択、愛のスタイルの選択、それぞれの母親との関係、女性的要因をいかに自己自身の人格の中に受けとってゆくかに関連していたのである。そして一人は男たちの世界のスタイルを、もう一人は〈女〉の世界のスタイルを選んだ。

この観点から彼らのエロスの発達を辿ってみると、二人がフォン・リヒトホーフェン姉妹との関係においてそれぞれの男になっていった経緯が見えてくる。そしてそこにまた、ヨーロッパ精神全体と今日のアメリカの永遠の遺産となったそれぞれの独特な想像力が、いかに展開していったか、その経緯をも見てとることができる。少なくともロレンスの場合、彼の人と彼の想像力という二つの存在様態が互いに深く影響し合ったことは明らかである。フリーダとのエロス関係は彼の想像力の質と力とを高め、またその方向をも変えたのであった。ヴェーバーの場合については、それほど明らかではなく、またおそらく影響もより少なかったと考えられる。それに彼の場合は恋愛が彼の信念と悲劇的な緊張関係をなしていた。愛は彼の良心を苛みはしても、高めはしなかった。しかしヤッフェ夫人が彼とその信念を共有していたために、二人がともに愛の幸福を諦めたことによって彼は精神的に強化されたのである。ちょうどロレンスがフリーダとともに愛の幸福を得たことによって強化されたのと同じように。

こういうかたちで二人の男をながめるとすると、目にとびこんでくるのはむしろ彼らの選択の背後にあったいくつかの類似点である。この二人の男のそれぞれの選択——一人は男たちの世界を、もう一人は〈女〉の世界を選んだ——の背後には同じ風景がある。その共通な背景の特徴は、彼らが生まれてきた家族構成であり、その結果彼らが悩むことになったエディプス的葛藤である。父親との葛藤は、無数の関連した問題をはらみつつ、二人の人生の主要因をなしており、それが別の重要な状況の類似性、たとえば、彼らがはじめて恋をした二人の女性のタイプの類似性を導く一因ともなっている。さらに二人のあいだには、とくに政治と歴史についての態度や理論の類似性すら認められるのであって、二人の知的背景に共通したものがあることを示している。ここでは二つの愛の選択の基本的な相違ないし対立を明確にするために、そうした共通要素を強調したいと思う。そうすれば対立そのものが、二人のエロスにたいする態度のあいだの、愛の相手と愛の様態の、その頂点《クライマックス》においてはエルゼ・ヤッフェとフリーダ・ウィークリーとの対立が、残りすべてを説明してくれるであろう。

さてヴェーバーはロレンスに比べて、英語圏の読者にとってはずっとなじみの薄い人物であるから、ここではヴェーバーについて詳しく述べたい。細かい議論に入る前に、われわれがロレンスについてすでに抱いているような一つのイメージを、彼についても確立しておいたほうがよいであろう。ヴェーバーは一九〇四年に出版された『プロテスタンティズムの倫理と資本主義の精神』の著者であるが、この論文はプロテスタント的道徳観が、西洋において今日みられる資本主義の発達を促し、そしてアメリカにおいてのみこの資本主義がこれほど巨大なものに成長したのだという、非常にすぐれた、同時にいまだに賛否両論の議論が絶えない示唆を含むものである。この論文は倫理‐精神的現象を経済‐歴史的事実に結びつけ、相互に説明しあうものとするので、このプロテスタントの倫理の理論にはヴェーバーの著作に典型的な、一種の冷笑的な感じがつきまとっている。彼は、ニーチェやマルクス、フロイトとともに「暴露する」知性であり、その辛辣な分析を過去の歴史のみならず、内政外政を問わず当代のドイツ政治に容赦なくぶつけたのであった。彼は新聞やパンフレットに挑戦的な記事を書いただけでなく、公開の席で強力な弁舌をふるった。学者仲間の大部分や帝国政府をも敵に回したことも一度や二度ではない。彼は自分自身を実例として用いることで、ドイツ文明のすべての領域に英雄的な議論の雰囲気を醸しだそうとしていた。精神史への貢献はどうかと言えば、他のだれよりもヴェーバーこそが現代社会科学を創りだし、そのおそろしく抽象的なアプローチを確立したのだと言ってよいであろう。しかも彼はその仕事を、ふつうの人だったら何も手につかなくなってしまうような神経障害に苦しみながらやってのけたのである。実際その神経障害のため、彼といえども仕事を中断しなければならなかった時期が一生のうち何度もあった。立派な体格で、他人を圧倒するような人格をもち、議論をすると相手をまったくよせつけず、力強い音楽的な声をして、いかにも大学教授らしい長い髭をもった男――この人をわれわれの想像の中でD・H・ロレンスの隣りに並べてみよう。小柄で身軽で敏捷なイギリス人で、エロスを説く至上の芸術家‐教師と、骨太のドイツ人で、おそらく自由主義的政治の最高の英雄。この二人は、人間のタイプの両極端をわれわれにまざまざと示してくれるのである。

家族の背景

マックス・ヴェーバーが生まれたのはエルフルトであるが、両親は彼が生まれてすぐベルリンに移っており、彼の受けた教育は公私ともにベルリンっ子のものであった。しかも彼の人格形成期はちょうど、ベルリンっ子であるということだけで一つの運命が決定されるような時代に当たっていた。シュレスヴィヒ＝ホルシュタインの併合、オーストリアにたいする勝利、フランスの敗北、ドイツの統一、そして何よりもヨーロッパ最大の政治家であり大立物であった巨人ビスマルク、これらすべての要因が結びあって、ベルリンの空気全体が有頂天に酔っていた時期である。そしてヴェーバー家はその美酒に十分あずかれるところに位置していた。

父のマックス・ヴェーバー（一八三六—九七）は帝国《ライヒス》議会《ターク》とプロイセン議会《ランデスターク》、ベルリン市議会のそれぞれに議席をもつ職業政治家であった。彼は国民自由党の指導者すべての友人であった。ビスマルク自身が訪れたことはなかったが、その直属の副官たちはヴェーバー家を訪れており、ヴェーバー家での会話はある意味ではつねにビスマルクについてであった。ヴェーバーの友人たちは自分たちが近代ドイツの建設にかかわっている、あるいは少なくとも建設者の仲間である、と感じていた。息子のマックスは六歳のとき、普仏戦争開戦のニュースに喜んで躍びあがったことを覚えている。当時彼はハイデルベルクの母方の実家にいたのだが、のちにその同じ家の同じ部屋で、一九一四年の大戦の勃発をも知らされることになる。

シャルロッテンブルクのヴェーバーの家にはルドルフ・フォン・ベニヒゼンのような党の指導者のみならず、ハインリヒ・フォン・トライチュケ、ハインリヒ・フォン・ジューベル、テオドール・モムゼンといった大学教授たちも訪れていた。ここでのもてなしはかなり有名で——ヴェーバー家は一つのセンターだったのである——教授たちは新しいドイツを代表するという点で、政治家にほとんど劣らぬ存在であった。ヨーロッパの知的地勢図の上で、彼らは多くの点で新しい国家の政治的・軍事的権力に並ぶ一つの権力をなしていた。トライチュケのような「愛国者」も、モムゼンのような「批判者」も、その知的気性とスタイルにおいて、知的世界の実権を握る者であった。

教授たちは、ヴェーバーのゆえにと同じほどに、ヴェーバー夫人（一八四四—一九一四）のゆえに集まっていた。彼女は旧姓をヘレーネ・ファレンシュタインと言い、彼女自身知識人であり、また知識人むきの女性で、すでに教授を軒並み輩出している家の出であった。姉の一人イダはストラスブールの歴史家ヘルマン・バウムガルテンの妻であった。もう一人はハイデルベルクの教会史家であり、またD・F・シュトラウスの伝統を受け継ぐいわゆる「上層批評《ハイアー・クリティシズム》」の学者アードルフ・ハウスラートの妻であった。四番目の妹ヘンリエッタはストラスブールの地質学者ベネッケの妻であった。姉妹の父親ゲオルク・フリードリヒ・ファレンシュタイン（一七九〇―一八五二）はプロイセンの対ナポレオン戦争で熱狂的な役割を演じた注目すべき人間である。この戦争でドイツ国民の誇りははじめて、飛躍的に増大した。彼は詩人で、最初の結婚はロマンティックなものであった。結婚を申し込んだとき彼は十九歳、相手は十五歳で、彼は母親と彼女の家族とを支えなければならない立場だった。少女の祖父がこの結婚を許さなかったことから彼は神経衰弱に陥った。その一年後には結婚したのだが、あまりに貧しかったので子供の一人が栄養失調で死んでしまったほどであった。ファレンシュタインはこれはナポレオン個人の責任であるとした。そんな状態でありながらフランスと戦うためにプロイセン軍に志願したとき、彼は自分のためだけでなく戦友二人の装備のため費用を負担したのだった。ファレンシュタインは実に理想主義者であった。この時期の流行に沿って、彼は息子たちに古高ドイツ語の名をつけ、自らも古高ドイツ的なスタイルを身につけようとした。何人か子供を産んだあと妻は亡くなり、その四年後、すでにプロイセンの官吏として働いていた彼はエミリア・スーシェイと再婚し、彼女はさきの姉妹の母親となったわけである。彼は少女たちの父親としても英雄的であり、厳格で、過酷で、水風呂を信奉し、甘いものには反対であった。娘たちは自分の子供の教育に関して彼の伝統を何ほどか受け継いでいた。

はじめの結婚で生まれた息子たちは反抗して早くから家を出てしまったが、二度目の家族関係はきわめて親密なものであった。彼らも、そしてのちに彼らの子供たちも、ゲオルク・フリードリヒが一八四七年に退職したときに建てたハイデルベルクの大きな屋敷を一生大事にした。この屋敷は次の世紀に入って、マックス・ヴェーバー学団《サークル》の家となり、多くのすぐれた知的活動の舞台となったのである。一八八八年ヘレーネの銀婚式に、姉妹たちはこの家を描いたある有名な絵の複製をつくった。それは彼女らの両親がバルコニーからネッカー川ごしに城を眺めているものである。そこには自由主義および国家主義の知的旗手であり、かつ家族全員の友人だったゲオルク・ゴットフリート・ゲルヴィヌスが描かれているが、彼は十七年前にすでに亡くなっていた。息子のマックスが当日になって母親が見つけるようにとこっそりこの絵を掛けておいたところ、彼女は祭り気分のみなの前に賑々しくさらされるのを避けて、ひっそりと一人その絵の前で、自分の青春と失われた青春の夢にひたっていたそうである。この絵はそこに描かれた家とともに、ヴェーバー家の物語を語るには重要な象徴となる。マックス・ヴェーバーの従兄にあたるオットー・バウムガルテンの説明によると、この絵はゲルヴィヌスとファレンシュタインが一八四八年にプロイセンがドイツ統一に失敗したことについて議論しているところを描いたもので、プロイセンがドイツの運命を完遂しえなかったことにがっかりしているのだろうと、ファレンシュタイン夫妻の孫たちは想像していたそうである。その横でファレンシュタイン夫人は、月あかりに照らされた川をながめつつ、自然の霊感の流れを一身に受けとめているように見える。そうだとすれば孫たちにとって、この絵は国家主義政治と霊的宗教という二つの極の人生における弁証法を描きだしていたことになろう。さらに、これからみるように、絵の中の人物のグループわけが、ファレンシュタインの娘たちにとってさらに個人的な、さらにドラマティックな意味合いをもっていた。

ファレンシュタイン夫人は夫の死後長く生きながらえていたため、当然ながら子供たちの生涯により大きな役割を果たした。夫同様彼女も強《きつ》いほうであったが、彼が倫理的になるところで彼女は宗教的であったため、二人の相互伝達が困難になることがしばしばであった。彼女の気性は彼よりも傷つきやすく、いわば「過敏」であった。しかし彼の怒りっぽさも、要するに女の過敏さが男の場合に別のかたちであらわれていたのかもしれない。

四人の娘たちはすべて（三人の息子たちは早く亡くなった）この二重に強化された遺産を多少なりとも受け継いでいたが、イダとヘレーネがとくに強い影響を受けたようである。この姉妹は二人とも、教会の神学や教会の会員となることには懐疑的であったが、知性面でも実際面でも、宗教的な熱心さをもって倫理的な生活をおくることが自分たちの使命であると感じていた。「闘い」が女たちにとって重要な用語であった。「闘うことなしには、血がにじむまでの闘いなしには、真の平安はありえない」というのが母親の口癖になっている格言の一つであった。夫にせよ、息子たちにせよ、教授の生活も政治家の生活もいったいどのような価値があるのか、彼女たちには不明瞭に思われた。政治の世界で権力が行使されるやり方に彼女たちは深く憤慨したが、他方、学者の世界で責任というものの所在がなく、権力が行使されないやり方にも腹が立つのであった。それでいて二人とも、政治家の生活についても学者の生活についても、実感をともなった理解があった。

ファレンシュタイン家はスーシェイ家の資金のおかげで裕福であり、またマックス・ヴェーバーの家族はハノーヴァーから百キロほどのところにあるビーレフェルトの繁盛していた麻織物業者であった。シャルロッテンブルクのヴェーバー家は中流上層階級であった。ひどく富裕というわけではなく、またまったく貴族ではなかったが、しかし支配階級の特権と憂慮とを有していた。実際彼らは指導者であり、社会的に影響を及ぼすであろう思想を担っているという点で、支配階級だったのである。

一方ノッティンガムのジョージ・ロレンスとリディア・ロレンスが、中流階級の最下層であったことはまちがいない。ロレンス夫人の父親は技師で、救世軍のブース元帥および一大医局チェーンストアであるジェシ・ブートの友人かつ競争相手でもあったが、彼女の夫は一介の炭坑夫であった。彼女は学校の教師で、女性問題討議グループに属し、論文を発表したりしていたが、夫のほうはほとんど読み書きもできなかった。ヴェーバー家とはちがって彼らは国家の文化的方向づけに関しては何ら責任を担っていなかった。ロレンス家は男たちの世界において まったく無力であった。

したがって、二つの家族の相違はその住んでいた土地の相違ほどに大きかった。一方は新興の、繁栄していた首都郊外のシャルロッテンブルクであり、他方は村に無理矢理建てられた醜い工業の町イーストウッドである。それでいて二つの家族の肖像はまるきり似ていなくもない。この二つの家庭には同属というべき相似性があった。その精神的なスタイルにおいて、たとえばフォン・リヒトホーフェン家とよりも、もっと互いに共通性があった。

ヴェーバー夫人とロレンス夫人は、それぞれの家庭の中心人物であったが、ともにほっそりとして繊細な容姿でありながら、精力的で、果敢かつ鋭敏であった。服装や感能的趣味は禁欲的であったが、愛らしく、かつ愛情あふれ、神経質であったがユーモアの感覚があった。二人とも頭をわずかに一方にかしげる、きわめて印象的なしぐさで愛敬のあるはにかんだような様子を見せ、自分自身の力を隠して頼りなげにみせる癖まで同じであった。二人についてのさまざまな記述からすると、彼女たちの魅力がもっともよくあらわれていたのはその動作で、いかにも活気にあふれ、かつ優雅だった。二人とも、中流階級的「お嬢さま」であった。そして、彼女たちは十九世紀的な洗練さというものがもつべき制限を完全に受け入れていた。それは官能的な楽しみを抑えること、否、楽しいと感じることを抑制することであった。実のところ二人ともそうした制限を完全に受容していたために、制限というふうにはまったく感ぜず、むしろ健全に生きるために必要な、生きた細胞をまもる壁と感じていた。

それぞれの家庭の父親たちもまた大柄でハンサムで、いかにも力強い印象を与えるが、実際には家庭内では役立たずで精神的に無力であったという点で似ていた。彼らは子供たちから、少なくともマックスとデイヴィッド・ハーバートから、「いつも適当にやりすごす」とか「いい気なものだ」といって非難されていた。彼らの感性はある意味で無害であり、彼らについてはフォン・リヒトホーフェン男爵について聞くような醜聞はなかったが、にもかかわらずその感性のゆえに家族の共同体からしめだされており、写真でも彼らはなぜか芯がぬけているように見える。彼らは棚の上の神様といった感じで、子供たちからまったくかたちだけの尊敬を受けていたが、それも実際に家族の信条を左右していた司祭役の妻たちの命令によるものであった。

もちろんさまざまな面でこの二人の男はまったく異なっていた。父のほうのマックス・ヴェーバーは成功者であり、その市のみならず、国を導く指導的市民であった。しかしマリアンネ・ヴェーバーの説明からも、その資質に「芯がない」ことは明らかである。ビスマルクは国民自由党全体を去勢してしまったのである。ビスマルクがドイツの雄であり、彼らは彼の宦官であった。ビスマルクが権力をふるい、良きにつけ悪しきにつけ彼が行動を起こすのであって、彼らは気楽に待っていればよかった。十九世紀の小説においては、感覚的な楽しみは、性の楽しみも含めて「女々しさ」のしるしであった。そのような文化的な価値観の結果の一つは、その価値観に何かのかたちで対応せざるをえない状況の中で育ったマックス・ヴェーバーが、ドイツの男たちがビスマルクに立ちむかわねばならないと主張するようになった、ということだったのである。

その表面上の構造の大きな相違のゆえに、二つの家庭の隠れた相似性はますます顕著である。ロレンス夫人は夫と公然と闘い、彼を打倒し、彼を追放したが、一方のヴェーバー夫人は沈黙のうちに耐えしのんだ。その沈黙はきわめて雄弁なものではあったが。この相違からくる帰結はたしかに数多く、かつ広い範囲に及ぶものであったが、家族の中のとくに感じやすい息子がそれぞれの父親にたいして抱いた感情に相違をもたらすには及ばなかったのである。マックスの手紙から、彼のすべての感情が早くから母親に集中していたことは明らかである。一八八七年に撮られた一家の写真を見ると、彼がいかに父から疎外されていたかは明らかであるといってよいだろう。バウムガルテン教授はそのことがはっきりと見てとれると考えている。そして、マックスが自分自身から疎外されていたことはまぎれもなく明らかである。家族間の闘いは重大な犠牲を強い、彼に重い傷を与えずにはおかなかったが、それは主として若いマックスの自己不信と自己蔑視というかたちであらわれ、それが当時の彼を身体的にすら不細工で不器用なものにしていた。二十代はじめの彼は、晩年の頑強な悲劇の英雄とはまったく異なり、またかつてのような美少年でもなかった。一八九三年ごろのロレンス一家の写真では、デイヴィッド・ハーバートの顔はまだ幼くて表情を読みとることができないが、彼がやがて父親から疎外感を受けるようになり、身体的に父親との同席に耐えられなくなったことをわれわれはもちろん知っている。

ヴェーバー夫人もロレンス夫人も真面目な女性であり、その真面目さは同種のものに向けられていた。彼女たちはともに社会的・宗教的・道徳的諸問題やまた社会科学と道徳哲学の核心にある実存的な問題に関心を抱いていた。一九〇四年、ヴェーバー夫人は女性ではじめてベルリンの名誉市議会議員となったが、それは未婚の母や問題児、貧困者の出産についての彼女の働きが評価されたためである。彼女の社会的地位がロレンス夫人にはもちえなかった公けの活動の場を開いていたことはもちろんである。しかし、本質的にこの二人は似ていた。彼女たちはけっして耽美主義者でなく、本来の意味での学者でもなく、流行の渦中をゆく女でもなく、かと言って手負いの鹿でもなく、異教的な地上の女神でもなく、野心的俗物でもなかった。この二人はフォン・リヒトホーフェン男爵夫人のタイプ——それはロレンスの作品のアナ・ブラングエンに認めることができる——から、同じ方向に、同じほど距たったところに位置づけられよう。そして、フォン・リヒトホーフェン夫人の三人娘のうちエルゼだけがこの二人の先輩の女性の行き方を引き継いでいる（マックス・ヴェーバーはエルゼが自分の母に似ていると言っている。D・H・ロレンスもきっとそう言ったに相違ない）。ヴェーバー夫人の気に入りの作家はニューイングランドの超越主義的《トランセンデンタリスト》神学者、W・E・チャニングとセオドア・パーカーであった。彼らや彼らに似た著作家がロレンス夫人の好みでもあったことはかなり確実である。その息子たちはそれぞれこの熱狂的理想主義には反対であったが、しかし同感しないわけでもなかった。それは母親からのイデオロギー的遺伝として部分的に彼らに受け継がれていたからである。

　ヴェーバーの結婚は、ゲルヴィヌスがヘレーネ・ファレンシュタインを誘惑しようとしたことに端を発していると言ってもよいであろう。ゲルヴィヌスは歴史学の教授で、一八四八年に革命派教授議会に参加した熱心な国家統一派であった。彼はゲオルク・フリードリヒ・ファレンシュタインの親しい友人となり、その娘たちに歴史と古典を教える家庭教師をしていた。彼はすでに結婚しており、ヘレーネよりずっと年長で、しかも一家の家族ぐるみの友人であったが、ヘレーネが十六歳のときに彼女を誘惑しようとしたのである。彼女の父親の死の直後のことでもあり、彼女はひどいショックを受けた。そのすぐあと、彼女は姉のイダを訪ねた。イダは少し前に自由主義的かつ進歩主義的な歴史家ヘルマン・バウムガルテンと結婚していた。姉のところでヘレーネは義兄の友であり同じく自由主義的・進歩主義的なマックス・ヴェーバーに出会い、すぐに結婚したのであった。

　イダは父親の亡くなった年に結婚していた。そのとき彼女は十七歳で、夫より十二歳若く、はじめは夫を英雄として崇拝していた。彼もまたドイツ統一国家の闘士であり、すでに彼女の父と同じようなすぐれた知識人であった。しかし、やがて彼女は彼の棲む学問的・政治的世界に違和感をもつようになり、それどころかその世界にはっきりと敵対するようになった。彼女はドイツの偉大さの基盤となった一八七〇年の戦争にも、とても共鳴できなかった。戦争直後に、新しく征服されたストラスブールの新しい大学に夫が教授の地位を得たとき、彼女はこの地方のフランス人と知り合いになることを自分の使命とした。ドイツの学界全体に、自分たちが征服権力の一端を担っているのだという自覚があって、それはフォン・リヒトホーフェン男爵のメッツにおける軍政と同じような位置づけが可能であったが、バウムガルテン夫人はこうした役割を自分にあてはめるのを拒否したのであった。彼女は精神的に反プロイセン、反ビスマルクであった。何よりも、彼女の宗教的な関心がもっと強まり、より道徳的‐社会的になり歴史的‐批判的でなくなっていた。彼女は山上の垂訓の教えにしたがって生きようとした。そして労働者運動に熱心になるにしたがって、標準的なドイツ文化のもつ「貴族的」古典主義を憎むようになった。姪のエミリー・ファレンシュタインはのちに彼女の息子オットーと結婚することになるが、エミリーが彼女に与える影響力はしだいに夫の及ぼす力よりも大きくなっていった。エミリーは熱狂的な宗教家であり、また病身であった。そしてバウムガルテン夫人自身も、多くの子供の出産——三人は若くして死んでいる——という身体的労苦と、精神的・心理的労苦とが重なって、健康を害していったのである。

バウムガルテン夫人とその子供たちは休暇をハイデルベルクのファレンシュタイン家で過ごした。そこで彼女は子供たちをバウムガルテン家の人であるよりもファレンシュタイン家の人となるように、というよりもむしろスーシェイ家の人となるように教育した。彼女はファレンシュタインおよびゲルヴィヌスが代表していたものに反抗したのである。思春期の彼女に強い影響を及ぼしていたゲルヴィヌスは、彼女を合理主義と宗教的懐疑に押しやった。彼はD・F・シュトラウスの信奉者であったが、当時シュトラウスの『イエスの生涯』を皮切りに、キリストの非神話化をめざす歴史実証主義運動がすすんでいたのであり、彼女は母親として子供たちと共有したいと望んだ自発的な敬虔の感情をとり戻すために、厳しい闘いをしなければならなかった。ゲルヴィヌスの文化上の英雄はヘンデルとシェイクスピアで、彼は二人を図式的に合理的な方法で解釈していたが、それを敵にまわして彼女はいまや立ちあがったのである——ふたたび感情の名のもとに。そして、彼と彼が標榜するものにたいする反感は、彼が妹ヘレーネを誘惑しようとしたということでますます強まっていったにちがいない。それはアポロン的精神全体にたいする反発であり、その闘いにおいて彼女はおそらく、自分の母親が二人の男たちから目をそむけて〈自然〉へとまなざしを向けていった姿に自分を重ねあわせていたであろう。かくしてゲルヴィヌスはいまやイダ・バウムガルテンが不信の念をもってながめる学問的・政治的タイプを代表するようになっていたのである。

マックス・ヴェーバーとヘレーネ・ファレンシュタインが、当初お互いに真に愛し合っていたことを疑う理由はない。しかし、ゲルヴィヌスの一件がヘレーネの想像力に傷を残し、それとその後の結婚生活の心労が重なって、性生活全体への嫌悪となっていったと考えられる(少なくともこれが彼女の息子の解釈である)。その結婚生活の心労は、夫が妻の宗教的また道徳的良心の闘いにしだいに付いてゆけなくなり、あるいは付いてゆくことを拒否するようになったという点に集中している。しだいに彼は、自分はこの世的な人間なのだ、常識と通常の感覚をもち、影響力をもつ男であり、政治的連合と友情とに参加する同盟者なのだと考えるようになった。自らの役割を転換してゆく過程の中で彼にどれほどの絶望と断念と敗北があったのかはわからないが、そこに変化があったことは確かである。たとえば以前には彼もチャニングやパーカーをもっと愛読していたこと、子供たちの忠誠は妻のものであり、妻のもとを離れて子供たちを旅に連れてゆくときだけ、彼は子供たちと「ともに」いるようになったこと、何よりも、この家族について書かれたさまざまの伝記の中でマックスはきわめて影が薄いのである。たしかに彼の性格が描かれているのだが、それはすべて他人の目を通しての彼はこのような意図であったのだろう、という解釈である。マックス自身のことばとか身振り、よく使う言いまわしとか趣味など、われわれに直接訴えてくるようなものは事実上皆無であり、彼と長男との明らかさまな対立の場面ですらそうである。ファレンシュタイン家の他のメンバー、たとえばイダ・バウムガルテンとその息子たちは、マックスが自分の妻に理解を示さないといってなぜそうなのか確かめてみようともせずに嫌っていたようである。ファレンシュタイン家の姉妹の夫たちはすべて、妻から役不足とみなされ、それぞれに孤立していた。こうしたいくつかの事実から考えると、どうやらマックスの役割は実は選んだというよりも余儀なくされたものであり、実際に自己規定をしようとする意志によってではなく、妻の、より強力な活力に対処するための方法として演じられたのであろう、と考えられる。おそらくは、ともかく妻とはちがったものになろうとする選択からはじまったのだろう。それ以前に彼が演じていた役割は、ヘレーネと同じものの薄れた複製であり、彼女の影にすぎなかったのだから。

ともかく、その動機が何であれ、マックスはヘレーネの宗教的‐道徳的関心に背を向けた。彼は一八八五年に家の建て増しに多くの金を注ぎ、また一家の「社交的な」交際に費やした。これに用いた資金はヘレーネのものであり、彼女がそれを慈善事業に費やすことを彼が拒んだのである（一八八一年以後、彼の収入は一万二千マルク、彼女は二万二千マルクであった）。彼女は家政のために会計簿をもって夫のところへお金をもらいにゆかねばならず、その間彼女は自分たちの贅沢と、多くの人々の貧しさを思って苦しんだ。さらに彼は、幼くして亡くなった二人の子供について彼女がいつまでも悲しみ、また自責の念に苛まれていることに冷淡だった。ヴェーバー夫人は家政上の仕事もその他の仕事もきわめて熱心によく働いて果たし、子供たちの道徳的・感情的・身体的健康にたえず心を砕き、つねに家庭生活を創出し、管理していた。ヴェーバー氏のほうは好きなときにやってきて、食事を要求し、連れてきた友人たちとしゃべり、そしてまた出ていった。彼は愚かな家庭内暴君、小ビスマルクといった役を演じていた。彼女はそれを嘆き、子供たち、とくにマックスは彼女と嘆きをともにし、父親のふるまいに憤慨すると同時にまた、はっきりそれと意識せずに、彼女が嘆いていること、そしてその荷を自分たちの上に押しつけられていることに憤慨していた。しかし、子供たちにとって母の無言の訴えの正当性を否定することは不可能であった。そうするにはすべての西欧の伝統的倫理を否定しなければならなかったはずである。

これにひきかえフリーダ・ウィークリーとオットー・グロスはその倫理をはっきりと否定したのであり、したがってヴェーバー夫人がとったような行為を倫理的に賞賛することをはっきり拒否したのであった。一方マックス・ヴェーバーとエルゼ・ヤッフェのなしえたことは、せいぜい既成道徳に抵抗することの意義をみとめ、それを規定することにすぎなかった。

　こうした家庭内の問題と政治的問題との連続性と同質性については、詳しく、また説得的に、アーサー・ミッツマンの『鉄の檻』に論じられている。その縮小版ともいうべきものを、一八八七年にマックス・ヴェーバーが伯父ヘルマン・バウムガルテンに宛てて書いた手紙の一節にみてとることができる。そこでマックスは歴史家トライチュケを論じており、彼の政治的倫理を憎悪しながらも、彼のうちに大人物のもつ熱情《パトス》と真面目《エルンスト》さを認めている。ヴェーバーは次のように書いている。「(トライチュケについては)ビスマルクの場合とまったく同じことが言えます。もし国民が彼を正しく扱い、正しく評価する方法を知っていさえしたら、抵抗すべきときに彼に断固として抵抗し、そして彼を信頼すべきときにはふたたび信頼することができさえしたらよかったのですが」と。もしこの「国民《ディ・ナツィオン》」を「母《ディ・ムッター》」とおきかえると、彼が肉親の状況そのものをどうみていたか、どう感じていたかが伝わってくる。ドイツ政治とヴェーバー家の家庭生活という二つの場面で、他の人たちの忠誠心もヴェーバーと同じ方向を向いていた。なかでももっとも重要なのはイダ・バウムガルテンである。彼女もビスマルクと父親との両方に逆らっていった。

　姉のイダ同様ヘレーネも夫から精神的に身を引いてしまった。そしてまず彼女が近づいたのはイダであり、宗教的また政治的活動を彼女とともにした。二人はナウマン牧師が政治的改革者として立つのを助けた初期の財政支援者であった。それぞれの家庭内で、姉妹はスーシェイ-ファレンシュタイン家の伝統を強調し、夫の家とのつながりを無視した。こうしてハイデルベルクこそ真の家という実感は、子供たちにとってすら、強い道徳的かつ感情的加重をともなったものとなっていったのである。

　バウムガルテン夫人の気質は妹より極端であった。彼女は自己犠牲というキリスト教の教えをそのまま生きようとしていた。一度街から売春婦を家に連れてきてかくまったことがあるが、この彼女の慈善の対象は病気をもちこんで、子供の一人が死亡してしまった。成長するにつれ、マックス・ヴェーバーはこの種の非妥協的な道徳的熱情というものに反抗するようになり、一つの倫理的絶対を規準としてすべての行為を計ろうとするのは異常であると主張した。しかし、のちに彼はこうした倫理的な崇高さが自分に大きな影響を及ぼしたことも認めている。伯母のイダが、父か母かどちらかを選ぶこと、どちらかに忠誠を捧げねばならないことを自覚させ、強要したのだと彼は言っている。

奇妙なことにイダの夫もマックス・ヴェーバーに重要な影響を及ぼしている。ゲルヴィヌス、トライチュケ、ヨリー、ジューベルルとともに、ヘルマン・バウムガルテンもドイツ統一のために働いた。しかし彼はビスマルクのもつカエサル的指導性に危険を感じるようになり、それがよい意味での保守主義ですらなく、ドイツ文化の脅威であると考えた。彼は執政官ビスマルクが潜在的競争相手のすべてを破壊すること、知識人の多くが彼を偶像化していることを憎んだ。そしてトライチュケがホーエンツォレルン家とプロイセン権力とを歴史上栄光あるものとしたことに、つまり父権制の強化全体にたいして反抗したのである。彼は自由主義を支持し、ドイツ南部および西部の領邦を支持したが、その演説がしだいに皮肉さと悲観主義の色を強めていったため、知的に孤立していった。しかし、同時にそれが甥のマックスの尊敬と共感をかちえることになった。妻のように宗教熱心ではなかったが、彼はモムゼンにも匹敵する道徳家であり、自己満足の園における毅然たる否定の人であった。マックス・ヴェーバーは一八八三年から一八九三年にかけて彼と親交をもち、彼のうちに、父親がまさに欠いていた政治的・知的誠実さを見いだしていた。父のマックス・ヴェーバーがトライチュケの記念碑的名著『十九世紀ドイツ史』をホーエンツォレルン家の名を高からしめたと称えるそばから、バウムガルテンはその結果仲間はずれにされるのもいとわず、一八八三年、鋭くこれを批判したのである。

バウムガルテンの息子オットーはマックス・ヴェーバーの大学時代の学友でもあり、マックスの結婚式の司会役をもつとめたが、彼は父と母の両方の関心をあわせもっていた。ナウマンの閣僚であり、友人でもあった彼は、チャールズ・キングズリーやF・R・ロバートソン、チャニング、パーカーなどの著書に感銘を受けたキリスト教的社会主義者であった。彼はプロテスタント教徒がカトリック教徒を支配し、教育のある者が教育のない者を支配するのは自然の法則であると考えていた父よりも自由主義的であった。しかしながらオットーには、教条主義的かつ権威主義的なところもあり、時がたつうちにますますそうなっていった。彼はやがてビスマルクを深く崇拝するようになり、しばしばビスマルクについて書いている。一九一八年には、連合国がドイツの徴兵制を禁じたことが国民の生活にとって最大の傷手である、なぜなら上流階級には軍隊の倫理的教育が必要なのだから、と断言した。こうしたカーライル的な諸価値の混合は、マックスと同世代のバウムガルテン家の心性を代表しているといってよいだろう。この三人の人物と、そしてオットーのきわめて精神的な妹エミー・バウムガルテンが、成長期のマックスの想像力に作用を及ぼしたのであった。

D・H・ロレンスの家族にはこの三人にあたる人物は見当たらない。もちろんロレンスの成長期に影響を及ぼした叔父とか家族の友人は知られているが、彼らはイギリスの国民生活に公的役割を果たすような人たちではなかった。ロレンスの想像力が、彼の直接的な環境を越えるのを助けた唯一の親類といえば、叔母のアダが、のちに東洋学に関心をもつようになったクレンコウというドイツ人と結婚したことぐらいであった。しかしフリッツ・クレンコウは、その時代における権力者としても、あるいは甥への影響力という点からも、ヘルマン・バウムガルテンの比ではない。またロレンスが成人して知るようになったノッティンガムの知的サークルも、ヴェーバーのベルリン・サークルとは比較にならない。ウィリー・ホプキンのグループは、社会主義者の講師エドワード・カーペンターを迎えたときですら、ナウマン牧師のグループほどに興奮してはいなかった。つまりそれだけ権力から遠いところにあったということである。

家族の影響

ロレンス夫人もそうであったが、ヴェーバー夫人は子供たち、とくに長男に、夫のうちに何の反応も見いだせなかったさまざまな希望と、要求と、信頼と、訴えとを転移した。マックスはデイヴィッド・ハーバートと同様、病弱で神経質な少年であった。彼は四歳のときに髄膜炎にかかり、それがなかなか治らず、少なくとも非常に長いあいだ病人として扱われていた（それ以後彼の母は、世の母親が子供と離れて外泊するなどということは理解できなくなった）。彼は長いこと、たとえば海を怖れ、また動物を怖がった。彼の恐怖と病弱さが、いやがうえにも彼の母の献身を呼びおこしたことは言うまでもない。学校ではからだは虚弱で不器用だったが、並外れて頭がよかった。それでも意固地な抵抗のゆえに、教師たちは彼を好かなかった。母親もまた彼が「何を考えているのかわからない」のを嘆いていた。堅信礼のときがきても彼が自分の信仰上の問題をけっして語ろうとしないため、彼女自身が自分の信仰について彼に語って聞かせることができずに苦しんでいた。彼女は姉のイダが羨しかった。イダの子供たちは、自分たちの心の奥底にある問題を母親に相談しにくるのだった。もっとも、彼がこのように打ち明けて話をしないのは、母親に限ったことではなかった。それはそのころ、マックスが従兄のフリッツ・バウムガルテンに、自分の宗教上の感情をフリッツに打ち明けないことを謝っている手紙からわかる。自分は本来こういう人間なのだ、と彼は言っている。彼は自分にとって重要な事柄については、どうしても他人に話せないのだ、と。だから自分には親友ができないのだと彼は自覚している。

実際、マックスと家族との関係全体の中でもっとも著しい特徴は、彼の側で意識的‐無意識的に心を閉ざし、母親の絶えざる気遣いと愛情に満ちた心配にたいし心を開かなかったところにあり、またそのことがこの二人のそれぞれに自責の念を生みだしていた点にある。自責の念が及ぼした効果は彼の側においてより破壊的であった。母親のほうは、ただ自分が「とるに足らない」者なのだと決めたにすぎなかった——彼女の好きな小さな詩に、「きれいなばらさん（Röschen）」と「ただのちびごけ（Mööschen）」の歌があったが、彼女は「ただのちびごけ」であった。しかし息子のほうは自らを醜悪で、冷血漢で、意固地で、不人情であると断罪した。十七歳のとき、家族で休日にヴェネツィアへ行ったが、自分に要求されているとおりにイタリアに夢中になることができないために、家族の一行から抜けだしてしまったことがあった。ヴェーバーの以後の人生を解く重要な鍵は、こうした母親との関係が長く続きすぎたことにある。彼が五十歳を過ぎてから妹に宛てて告白している一節がある。「……私はおそらく見かけよりもずっと話の通じにくい、孤独な人間で、近づきにくい男なのだ。人に心を開くという天分を自然は私に与えてはくれなかった。そしてかつて私を愛し、今でも愛してくれている人々の多くがそのゆえに苦しみ、そしてこれからも苦しむだろう。」全生涯を通じて彼はつねに自己弁解をせざるをえない立場にあった。はじめは母親に、次に妻にたいして。

ロレンスの『無意識の幻想』からの一節は、ヴェーバーの母との関係についてのコメントになる。

もっとも致命的な、すべてのものの中でもっとも憎むべきものは、弱い者いじめないし脅しである。だが脅しとは何か。それは自分の意志をもう一人の人格に無理やりおしつけたいという欲望である。感覚的な脅しはすぐわかる。もっとも危険なのは理念的な脅しだ。人々をいためつけて理念的に彼らにとっての理想的善へと脅してゆくこと。たとえば私がある理想を抱き、そしてその理想を別の人の人格の中に実現させようとする。これが理念的弱い者いじめである。ある母親は人生で重要なのはただ愛であり、繊細さであり、忍耐とやさしさでなければならぬ、という。そして彼女は、もともと情熱的で動きまわらずにいられない子供のまわりに、永遠の忍耐と、やさしさと、なだめという、憎むべき、ねばねばしたくもの巣を紡ぎだしにかかるのだ。……そして結局子供に神経衰弱をひきおこす。その病気は重大な意志の中枢が転位し、あるいは砕けてしまうもので、中枢の表層だけの、いわば半分の生命しか生きていられないものだ。

ヴェーバーの感動的な自己分析の一つは、不具者のイメージではじまる。フェルディナント・テンニエス宛てに宗教について書いている文の中で、自分は実はけっして反宗教的ではなく、無宗教的ですらない、と彼は述べている。「この事柄についてもまた、私は自分が欠陥人間で不具者であることを経験している。そしていやでも名誉にかけてその結果どういうことになるのかを認めねばならない。認めなければ何かロマン主義的な詐欺をはたらいてでもいることになるだろう。私は宗教について語られていることは理解できるのだが、しかし、ちょうど木の株根が何度も何度も芽を出すことはできるが、完全な木とはなれないように、全人的に宗教をわかることができないのだ。」

彼はこうした困難から抜けだすために、彼流のやり方を用いた。家族から離れているときには、それぞれに興味のある事柄についてつづった長いユーモラスな手紙を送った。学問的な主題について論文を書き、それを両親に贈り、弟には倫理的な問題について忠告の手紙を書き送った。妹たちには感傷的な愛着を抱くようになった。家庭内では、自分がもちえない自発的な家族関係の代用品としてこのような手紙や忠告を捧げた。家庭外では専門的な逸話収集家となり、結社に加わり、酒を飲み、歌を唄い、決闘をした。彼は深層の自我とはしっくりしないいわゆる「愉快な仲間《ルーステイゲ・クンパン》」を演じていたのである。

しかしながらマックスは家族の外の人々に感情を打ち明けたことも、家族外で人と深い関係をもったこともなかった。はじめての恋人であるエミー・バウムガルテンも、妻のマリアンネ・ヴェーバーも親戚であった。しかも彼女たちはともにきわめて繊細で高尚な人格の持ち主で、性の対象としての女というよりも「女らしい人《フェミニン》」であった。ちょうど彼の母親がそうであったように。それに彼女たちは彼の母親よりもっと繊細であった。彼は自分より年長の、あるいはより強力な男性と友人になることがなく、そのことに母親は気づいて嘆いていた。従兄のオットーが最後に付き合った年上の友であり、しかもそれは二人ともまだ学生時代のことであった。彼は、自分が強者に立てるような関係、たとえば仲間が試験を受けるのを手伝ってやるといった関係を求めていた。自分の軍隊生活や学生生活のうちに、冷静で、うちとけず、それでいてひょうきんで自己肯定的な男らしさの典型を見いだしていた。そしてのちに家庭の外で、自分が権力の権化として、つまり教授として、政治家として、論客として、また法廷におけるドン・キホーテとして機能できる場を見いだしていったのである。

このように、マックスは家庭における自分の弱さを自覚していたが、にもかかわらずその弱さに匹敵する程度に外の世界、つまり男たちの世界での力を獲得していた。「職業としての政治」の中で彼が書いていることは、この視点から読まれるべきである。「だれにせよ政治に関わる者は、すなわち手段としての権力と強制力の行使に関わる者は、悪魔的な諸力と〝契約を結ぶ〟のである。」

これがヴェーバーのファウスト的契約であった。これと対照的なのがロレンスの性の力との契約である。彼は肉体をエロス的に用いるために、多くの感情的かつ思想的な気のとがめと闘わねばならなかった。二人ともいかなる代償を払ってもある種の弱さから逃れる決意をしていたが、それぞれの道は反対向きであった。この二つの契約において、ヴェーバーは男たちの世界に、ロレンスは〈女〉の世界にコミットする者のすべてを代表していた。たしかにそれは選択の意図においては全面的なものであったが、そのコミットは、それぞれの男の中に両義性と自己分裂をひき起こさないではおかない種類のものであった。二人とも、選択において自分が支払った代償を惜しんだ。指導者小説《リーダーシップ・ノヴェル》――『アーロンの杖』『カンガルー』『翼ある蛇』――の中でロレンスが男の世界に憧れていることがわかるし、一方のヴェーバーも晩年に自分のとったのとは異なった倫理的価値に強い関心を示している。

ロレンスの家庭がどのようなものであったか、そしてそれがデイヴィッド・ハーバートにどのような影響を与えたかは、『息子たちと恋人たち』からすでによく知られている。伝記作家として私がここでつけ加えられることはただ、ロレンスの感情の両義性は、実生活においてはもっと激しいものだった、ということくらいである。彼の母親への献身はけっして全面的に幸せな、気楽なあるいは自然なものとは言えなかった。母親がまだ生きていたクロイドン時代、一九〇八―一一年に書かれた詩には母親への憤りが表出されており、それはヴェーバーの道義的献身の中に鈍く鳴りつづける義憤にも匹敵する。「休暇が終わるころ」の中で、ロレンスは自分の母親を、「容赦しない愛」であり、かつ「もの乞いをする女」であって彼のかたわらにいつまでも座りつづけ、かぼそく、悲しみに満ち、白髪の頭を垂れている、と記している。

どうして、長くてのろい真夜中の鐘の音は
　（十二時を打ちおわることがないのか？）
重い叱責をもって、何度も何度も私の心に落ちてくるのか。
だが、ぼくが沈黙のうすい外套を目深にひくと、
頭巾の下から、みじめな愛がこちらを見ている
ふるえる指で止め金にふれ、
両方の耳をぼくの血の鼓動におしつけようとする。

彼女の涙は私の胸に浸みこみ、
そこで燃えて神経を焼き尽くすのだ。

これはまさに、マックス・ヴェーバーの母への手紙および母についての手紙の背後に流れる感情にほかならない。ただ、ヴェーバーの場合、それが「表現されていない」、ということころが異なっている。

このように、ヴェーバー家とロレンス家で、役割分担の構成は似通っていた。男には官能性と道徳的無関心が、女には責任と配慮が、そして、子供たちにはハムレット的な内面の葛藤が、割り当てられていた。家族内での力の分配もまた同様であった。男には仮象が、女には実体が配当されていた。このような類似性はもちろん当時の西欧の家族生活の一般的パターンの一つではあったが、パターンは他にもあった。ヴェーバー家とロレンス家は同じパターンに属していたのである。

マックスがヴェーバー家の長男であったことは、彼に深い影響を及ぼしたと思われる。彼は子供のときから、長子としての権利を強く意識しており、弟のアルフレートは子供時代も、一生を通じても、二番目という感覚に悩まされつづけたと彼の妻は述べている。母親にひいきされた息子というものは――ヴェーバー夫人はマックスを「偉大なマックス《デア・グロス》」と呼んでいた――「一生を通じて征服者の感覚をもちつづけ、その成功についての自信がしばしば現実の成功をひきだす」と、フロイトが自分自身について語ったのが思い出される。「征服者」ということばはマックス自身には皮肉に聞こえたかもしれないが、フロイトのこの思想が正しいことは、彼とロレンスを比べてみれば明らかになる。マックス・ヴェーバーは、文化的に言うと父方の子供であり、父親を受け継いでいた。一般に父権的なドイツの家族構造は、彼の世代においては父たちによる祖国統一の成果によってさらに強化されていた（ヴェルナー・ゾンバルト、ハインリヒ・リッケルト、ロベルト・ミヒェルスはみな「建国の父」の息子たちであった）。ヴェーバーはしばしば二代目のつらさについて語り、前の世代が彼のような人間のまわりに「強力な家」を建ててしまったと述べている。これに比べるとロレンスは父の子ではまったくなかった。かと言って子供のころとくに母のナンバー・ワンでもなく、ひいきにされたこともなかった。ロレンス夫人にとってヴェーバー夫人のマックスにあたるのは、幼くして亡くなった長男のアーネストであった。アーネストは、『息子たちと恋人たち』の中のウィリアムとなって登場するが、デイヴィッド・ハーバートよりずっと自信に満ち、男性的であった。彼は学校の成績もよくスポーツもよくでき、大柄で、元気で、明るく攻撃的で、天性の指導者であった。これに比べてハーバートは病的なほど極端に女性的要素をもっていた。彼は母親の保護本能をひきだしたが、彼女が安らぎ、頼りにできるようなものはけっして提供しなかった。両方の家庭においてそれぞれの母親が夫に求めて得られなかった役割を、代償として求められたのは長男——マックス・ヴェーバーとアーネスト・ロレンスだったのである。

　これはマックス・ヴェーバーとD・H・ロレンスの根本的な相違である。そこから、二人をひき離す多くの他の相違が出てくる。マックスは自分の文化が定めたとおりの男の役を引きうけた。ロレンスはそうしなかった。少なくともロレンスは決定的に「男性的な」行為様態のいくつかを拒否した。二人がともに備えていた並みはずれた想像力、理解力、自己投影の能力はその後、反対向きの仕事のために用いられることになる。ヴェーバーは「男性」をあらためて批判的に定義しながらも自らを「男」にしつつあった。しかしロレンスは自らを「男かつ女」とするために、大胆に女性的生き方を探っていた。そうした生き方についてはヴェーバーはまったく寄与するところがない（しかし繰り返すが、晩年には二人とも自分の決断の払った代償を惜しんでいる）。

　母親は父親にたいする復讐のために子供たち全員を召喚したが、当然のことながらその義務は子供たちの中のもっとも感受性が強くて一徹な者に、一家のハムレットであったマックス・ヴェーバーとD・H・ロレンスの肩にもっとも重くのしかかってきた。『息子たちと恋人たち』の中でポール・モレルが父にたいして母をかばう場面は、実際にあったことの描写である。ヴェーバー家ではこうしたことがある意味ではより多く、別の意味ではより少なかった。成人してからも長いこと両親の家に同居していたマックスは、その間母親を父の暴君ぶりからかばったことはなかった。当時のドイツの学問的教育はきわめて広範囲であり、かつ密度の濃いものであったから、彼は三十歳になるまで家を出られなかったのである。

この緊張した諸条件のもとで、両親への依存期が長びいたために、彼の幸福のチャンスが歪められたことは明らかで、それはロレンスが早くから脱出したのと対照的である。ヴェーバーが従妹のエミー・バウムガルテンに、なぜ自分が母のために行動を起こさないかについて、苦しみながら自己弁護をしている手紙があるが、それからも彼の支払っていた代償の大きさをおしはかることができる。

しかしそれから一八九七年、結婚したあとで、彼は母親を実際に弁護した。それは父親にとっては審判の日とも言うべきひどい争いとなり、その果てに、マックスは父親に家から出てゆけと命じたのであった。当時マックスは妻と、母の実家の町であるハイデルベルクに住んでいた。母は夫への務めからの休暇をとるつもりでハイデルベルクに来たのであるが、彼はいっしょに来るといってきかなかった。マックスは父を責め、また、一生を通しての彼の野蛮な利己主義を責めた。そのありさまはすべていあわせた者にとって恐ろしいものであった。妻と母はやめるようにと懇願したが、無駄であった。おそらくヴェーバー夫人はモレル夫人と同様、実際に息子に弁護してほしいと望んではいなかったのだが、しかし心のどこかで以前からそう望んでいたことはわかっていて、そのゆえにこの場面について苛責を感じたのであろう。そしてひょっとすると、息子は、必要以上にこの場面を醜悪にすることによって、こうした事態を生じさせた一人一人を、母親をも含めて罰していたのかもしれない。しかしそれだけではすまなかった。ベルリンに戻ってから父は憤然として妻に口をきかず、そしてハイデルベルクの一件の七週間後、家からも家族からも遠く離れた旅の途中で、妻とも息子とも和解することなく亡くなってしまったのである。

マックス・ヴェーバーの神経衰弱は父親の死後まもなくはじまった。七年間、彼は正常な生活ができず、そしてある意味では一生回復しなかった。講義をすることも、演習をもつこともできず、彼は就任したばかりのハイデルベルク大学の地位を辞任しなければならなかった。一時は読むことも書くこともできなかった。そこで彼は落ちつきなく旅を繰り返した。一九〇三年には、一月にリヴィエラへ、三月と四月にイタリアへ、六月にシュヴェニンゲンへ、八月にオステンドへ、九月にハンブルクへ、十月にまたオランダへ行っている。南のイタリアにいると最悪の緊張から解放されるので、一時はドイツから南欧へ移って永住したいと言ったこともある。しかしそれはとりもなおさず、象徴的に、彼が自分の人格形成の基準とした「男たちの世界」全体を断念することであり、その世界には彼が評価するものがあまりにも多すぎた。それに、こうした変化も結局は象徴的なものにすぎなかったであろう。というのは一九一二―一四年にイタリアの、ヴェーバーが訪ねたのと同じ地方を訪ねたロレンスですら、そこで自分の「イギリス的」人格を真にふるい落とすことはできなかったからである。しかも、ロレンスはヴェーバーに比べてもっと積極的な動機でイタリア移住を考えていたのである。つまり、彼はこのようなイタリア化によって、彼の創造的自我を完全に自分のものにできるだろうという希望をもっていたのである。イタリアこそは母権的存在の故郷であり、無歴史的で回帰的発想にもとづく異教の世界であった。それはロレンスに、彼の創造的自我を強化するためのすべてを提供していた。ヴェーバーにとってイタリアは弛緩であり、休息にすぎず、イタリア化はむしろ創造的自我の喪失を意味したことであろう。

長いあいだマックスの望みうる最上のものは休息でしかなかった。教えることも書くこともできないということは、何もできないということであった。仕事は完全に停止して動きがとれなかった。彼はつねに、苛酷に骨折る人間であり、もっとも身近な人々にさえ心をひらけない不感症であり、また妻にたいして性的に不感症であった。いまや彼の不能は全面的となった。あるいは次のように言えるかもしれない。ヴェーバーの母ヘレーネ・ヴェーバーと祖母エミリア・ファレンシュタインは、マックスのような夫に、つまり強烈に男性的で怖ろしいまでに強力でありながら、しかし精神的には彼女らにたいして弱く、まったく無力で不能であるような夫に、憧れていたのだ、と。

もちろん、父親との一件は、以前から彼のうちに堆積し危険な状況にあったものの堰が切れる一つのきっかけにすぎなかった。結婚してまもなく、もっとリラックスして、あまり仕事ばかりしないでほしいという妻からの訴えにたいして答えた、妻宛ての手紙がある。「何年もの厄介な苦しみのあとに、やっと内面的な調和を得たとき、私はそのあとに深い鬱状態がくるのではないかと思った。まだそれは来ていないが、それは私が休まず働きつづけ自分の神経と脳とを休ませないからだと思う。そういうわけで実は仕事をしなければならないという本来の必要性の他に、私は自分の仕事にはっきりとした休止期を記したくないという気持ちが強いのだ。病後の回復期を完全に脱したと確信がもてるまでは、今あるこの平和が――この平和を私は真の新しい幸福をむかえる者の喜びでかみしめている――無気力に変わってしまうかもしれないという危険を冒すことは私にはとてもできない。」神経障害の後、彼は妻に、かつての「ひたすら仕事にひたっていなければという欲求が消えた」と言っている。実際彼の中に起きた変化は、仕事をしなければという欲求から距離をおき、そして時にはそれからぬけだす能力がついたということであった。

しかし、そういうことには以前から慣れていたはずなのである。一八九七年の今となっては、愛の領域も仕事の領域もともに、彼には閉ざされたものとなってしまった。彼は復讐の神々の手に委ねられ、その激しい反撃を受けていた。一八九八年と一八九九年に、彼が講義ノートを開くと、自分自身のことばが目の前で泳ぎまわって混乱するのであった。かわいがっていた猫が鳴くと彼は我を忘れて激怒した。彼の手は絶えずふるえ、眠れず、つねに疲労困憊しきっていた。そしてまた妻の愛のうちにも甘い復讐の神がいた。以前はマリアンネはいったい自分がマックスにとって必要なのかどうかわからなかったが、今はそれはまったく明白になったと彼女は語っている。「この強い男が、彼女の配慮と彼女がいてくれることをつねに必要としていた。彼女は彼の世話をしなければならなかった」（マリアンネは彼についてのその伝記の中で自分のことを「彼女」と呼び、夫と自分のことを「彼ら」と言うのが癖である）。彼は彼女への依存状態にあるほうが精神的によいことを認めざるをえなかった。今では自分はより人間的になったからだと彼は彼女に言っている。彼が神経障害に陥る以前に、現在「彼女」と生きているほど完全に、彼が他人とともにいられたことがないと妻が言うのは正しい、と彼は認めている。

（ところでヴェーバーの生涯は、男たちの世界の空洞性についてロレンスが暗示していることの強力な客観的証言となるし、その点ではオットー・グロスの学説をも裏づけている。ヴェーバーの生涯こそ、この二人の母権主義者が多くの説教の種を引きだしえたであろう格好のテキストであった。ロレンスはヴェーバーのような人物とかヴェーバーの置かれていたような状況について詳しく描くことはあまりなかったが、『恋する女たち』や『チャタレイ夫人の恋人』のいくつかの章で知識人の生活を描くときに、その舞台裏にこれと似たようなものを感じさせるところがある。）

神経障害が続いていた何年かのあいだ、妻に完全に依存するようになったことで、ヴェーバーは通常の依存関係を逆にするというまれな機会に恵まれたわけである。そのことは、こうした夫婦間の依存関係の役柄はそもそも他人がつくりあげ、自分と妻にあてはめられたのだと感じていた彼にとっては、喜ばしいものであった。彼は自分の学者としての経歴《キャリア》を完全にあきらめて家にこもり、彼女が出かけていって講義をした。それは彼女の誇りを傷つけた。母親にたいしては、訪ねてきてもとても自分に話しかけられないような状態にある、ということで、彼は彼女に復讐をした。長い夜のあいだ母親は彼に向かいあって何も話しかけずにずっとすわっていなければならなかった。そして彼は、ぜいたくに祝われた母親の七十歳の誕生日に出席しなかったただ一人の息子であった。それでもマックスは彼女にとってもっとも身近で、もっとも大切な息子でありつづけた。この親子の関係は、彼の「恥」、つまり「愛することができない」という恥をめぐってどこまでももつれあう、らせん状の輪をなしてからみ合っていた。

妻との関係も同じであった。彼は妻にこう書いている。「君のこの愛は何と偉大なことか。君の愛は私を辱める。君の私にたいする〝無批判さ〟が私にはありがたくまたつらいのだ。……自分自身の徹底した批判癖がひょっとして自分の心の弱さからくるものではないか、と思うことがある。」彼女の愛は氷をとかす穏やかな陽の光である、が「私の粗暴な情熱はせいぜい木々から雪と松かさをふりおとすことができるだけだ。」彼はさらに一九〇八年の手紙で、二人の関係の中には、「ロチェスターとジェーン・エア」的なものがあると言っている。

このような事例にことさら神話や精神分析の用語を避けるのはかえって不自然である。これはエディプス・コンプレックスと呼ぶべきであろう。ただしこの場合、人がふつう使う意味でのエディプス・コンプレックスとは違っている。明らかにマックスは父の死を願い、実際ひきおこし、そして神経衰弱という罰を自らに課した。しかし母親に抱いた感情は「フロイト的」パターンにはどうも合わないようである。たしかにヴェーバーは、その前意識的経験に根ざした、深い、気質上の共感を母親に抱いていた。しかし彼の母親にたいするさまざまな感情は、それ以上に倫理的崇拝――すなわち超自我《スーパーエゴ》の感情――によって決定されており、それにたいして彼の自我《エゴ》と原我《イド》の両方が憤りをもって反抗していた。母親にたいして彼がもっとも心中深くもっていた感情は敵意であったと彼の手紙から考えられる。彼が破壊しようとしたのは、母であって、父親は、そのかたわらに立つ、取るに足らない人物であった。

彼女がマックスからいかに多くの弁明と確認とを要求したかは、たとえば次のような彼の応えからも想像がつく。「それからあなたはまたもや前と同じことを繰り返して――私たちの精神的な、また感情的な発達のためにあなたは〝何もできない〟と、つまり、あなたが私たちにとっても精神的に母となることはできないと書いていますが、私はそれにたいして、それがまったく誤解にもとづいている、と全力をふりしぼって宣言します。たしかにあなたがそう考えるようになったのには、私にも責任があります。私自身も、自分に近しい人にはなおさら、ことばで訴え、わかり合うことができないし、会話を通して誠意をつくし、あるいは会話を魅力的にするなどということが自分でできないのですから。言いかえれば、私の会話のやり方は〝伝達不能〟と言ってよく、魅力がないのです。」そこにすべてがある。多くの抗議に疲れ、彼女の自責にたいして忍耐強く彼自身の自責をもって応じ（それが彼女をもっと苦しめるものであることを彼は承知していた）、またこうした「宣言」を繰り返すために、自らの「精力」を怒りをこめて汲みあげているのがわかる。彼はさらに、いかに多くの影響を彼女が自分にすでに及ぼしてしまったか、いかにそれがすべてつらいものであったか、彼女の影響がなかったらいかに彼は違った人間であったろうか、そして彼女がいかに彼の「悪しき努力」から彼を救ったか――この悪しき努力とは姦通のことであると妻は説明している――を確かなものだと言っている。マリアンネの説明によると、彼の母親は

「ことばによってではなく、その聖女のように純潔な存在によって」、「彼のうちに、情熱に溺れさせない、堅固な壁を築いてしまった」のであった。

　こうした母親対息子の関係が、ロレンスの第一の成功作『息子たちと恋人たち』の主題であることは言うまでもない。また実生活においても、マックス・ヴェーバーと同じようなかたちで彼はそれを経験している。このことは二人の男のあいだの最大の類似点をなすものである。しかし、そこにかかわる二つの相違点、すなわち一つは状況からくる相違、もう一つはわれわれの視点からくる相違を述べておかなくてはならない。ロレンス夫人はデイヴィッド・ハーバートが二十六歳のときに亡くなったが、それ以前からすでに彼は親の家を出ていた。一方のヴェーバーは二十六歳を過ぎてもずっとまだ実家におり、そこで母親が夫に虐待されているのを見てひどく苦しまねばならなかった。ドイツではイギリスにおけるよりも父子《エディプス》の葛藤は激しくなる傾向があった。これが状況からくる相違と呼んだ点である。

　本質的な相違は、ロレンスのエディプス・コンプレックスが、ヴェーバーのコンプレックスよりもずっと強く女性的要素を含んでいた点である。ロレンスは当時の社会の男性中心的生活様式に反抗していた。彼は母権制が支配的であるような社会によって規定される男のあり方を追求していたのだが、時がたつにつれて、自分の父親が実はそれを代表していたのではないかと思うようになっていった。そのためロレンスの「エディプス・コンプレックス」は、ヴェーバーのエディプス・コンプレックスよりもっと複雑であった。

さまざまな相違と類似

　ここでこの二人の男を比較するため折り重なっている範疇を整理しなくてはならない。あるものは階級、時代、国民に関するものであり、あるものは、個人的に発展してきたものないしは個人的選択によるものである。さらに彼らの伝記を書きつづけるうえで、二人が愛した女性たちのタイプの相似性も考えてみなければならない。その相似性は彼らが相手の女性のもとを去るについての選択の対照性を図として浮きあがらせる「地」をなすものである。ヴェーバーとロレンスがともにミリアム‐マリアンネ・タイプの少女を愛してきたことは、彼らのエディプス問題と関係しており、このことはさらにこの問題の文化的性格にも反映していることがわかるだろう。

本書がその生涯に関わるもう一人の男、オットー・グロスもまた父と息子のエディプス的葛藤を徹底的に経験していることはけっして偶然ではない。ただ彼の場合は、父が実際に強い父親であったと考えられる。十九世紀から今世紀にかけての数十年は特別に深刻な父子の葛藤の時代であったことは言うまでもなく、とくにドイツの強い父権制文化においてはそうであった。だからこそフロイトがこれを解読可能な公式にまとめる理論を展開せねばならなかったのである。フロイトに比べ、グロスはこの問題をより活動家的に、また「文化的」に扱った。彼は父にたいする個人的かつ社会的反抗を処方箋として提出したのである。この点について彼にしたがったのは、表現主義の劇作家や小説家であり、彼らの多くが直接に彼の影響を受けていた。このテーマに関するロレンスの扱い方は美学的には保守的であるが、イデオロギー上はグロスと同じ、すなわち父権制にたいする古典的な解答である母権制をもって答えたと考えられる。

しかし、父権制にたいするロレンスの攻撃はあくまで暗黙のものであり、エッセイにも明確にされていない。それは彼の主張のごく周辺のことであり、きわめて控えめに書かれており読者が気づかなくてもおかしくない。この点は彼をグロスとヴェーバーという、ドイツの場合と並べてみてはじめて見えてくるのである。イデオロギー的にも個人的にも、ロレンスの場合、父親との葛藤はグロスやヴェーバーにとってよりずっと意味合いが小さいのである。

にもかかわらず、ロレンスについて書かれた本に『ノッティンガムのオイディプス』という題のものがある。一方「ベルリンのオイディプス」と言われてしかるべきヴェーバーは、実際には——復讐の女神が彼を追及したゆえに——オレステスになぞらえられ、あるいは苦しみと成功の英雄プロメテウスになぞらえられている。マリアンネ・ヴェーバーによる夫の伝記を書評して、フリードリヒ・マイネッケはファレンシュタイン家をタンタロスの家と比べている。かくも英雄的で怒りたける老ゲオルク・フリードリヒ・ファレンシュタインはタンタロスであり、ヘレーネは、蛮人のもとにおきざりにされた犠牲の処女イフィゲネイアであり、マックスはオレステスで、アテナのとりなしではじめて復讐の女神たちの追跡から救いだされる（マックス・ヴェーバーを救いにきたエルゼ・ヤッフェは、すでに見たように、いろいろな場面でアテナの役割を果たしている）。神話がうまく事実と適合しないのは言うまでもなく、ヴェーバーが「殺した」のは父親であって母親ではなかった。しかし彼の願望の世界、彼の空想の世界では、このドラマはもう少し両義的だったのではないかということは、すでに述べたとおりである。いずれにせよ、ヴェーバーの仕事は重要な意味において、個人的であると同時に文化的に、父権制にたいする反抗であった。

もちろんヴェーバーはグロスやロレンスがやった意味合いにおいて「問題を扱った」のではなかった。彼は基本的には改革主義者であり抵抗者であり、道徳的な反抗者であった。つまり、彼が抵抗しているその組織のもつ規準からしても、道徳的に適ったやり方で闘っていた。彼は「よりよき」父権制を信奉し、ないしは代表していた。彼自身それがなりうるとは期待していないほど「よい」ものを。ロレンスが『王冠』の中で述べている人間のタイプの分類からすると、明らかにヴェーバーは、ダヴィデおよびブルータス型で、サウルおよびカエサル型に対立していた。

長男というものは、もっとも愛される息子であり、しばしば母親の意志によって、よりよき男はかくあるべしという大義のもとに父親に反抗するという役をふりあてられる。彼らの反抗は一種の義務遂行である。彼らは一方では、一定の男性的美徳を前提としてそこに自我を設定しながら、他のかたちの男性らしさに義憤を抱きつづける。ヴェーバーは、妻は夫に抵抗し<u>なければならぬ</u>、さもないと妻は夫の彼女にたいする野蛮な行為に手を貸していることになるのだから、としばしば述べている。これは父権制全体にたいする彼の改革主義的抵抗を示しており、グロスやロレンスの抵抗とはきわめてちがった型のものである。この相違は部分的には三人の男たちが属していた文化の相違に由来している。

オーストリアにも、イギリスにも、かなり強力に制度化された非父権的文化の要素があったが、ドイツにはまったくこうしたものがなく、父権制にはとりあげるほどの障害がなかった。ヴェーバーの属していたプロイセンでは、「よりよき男らしさ」を特徴づけるものは母親の自由主義的人道主義しかなかった一方、ビスマルクという彼女の原理の対極をゆく人物が、権力という男らしさの理想を象徴していた。このビスマルク的な男らしさは、他の人々同様、自由主義的な教授たちをも魅了しており、したがってヴェーバーにとってこれを否定するのは難しかった。彼はその棘を切り落としながら、実はその根を自分の内部にとりこんでいたのである。

ビスマルクが帝国議会代表にたいし、まるで学校の先生が場所をわきまえずにおしゃべりをする生徒をにらみつけるような調子でばかにしたという逸話を思い出してみよう。理論的には国家の主権者である国民の代表者たちを子供の位置におとしめるということは、ビスマルクの権力への夢を満足させるとともに、また他の人々に似たような空想をひき起こしたのだった（オットー・グロスなら、この「子供の位置」というかわりに「宦官の位置」ないし「女の位置」と言っても妥当だと指摘するであろう。ドイツ人の生活を荒廃に導く、この等価の三者を破壊することこそ、彼の生涯の仕事だったのである）。ヴェーバーは権力のもつ危険性を十分に自覚していた――彼はその政治的生涯をビスマルクの影響と闘うことに充てた――が、同時に彼は権力の魅力に憑かれてもいたのである。

そもそもこうした逸話が語られる社会とは、すでに述べたように、権力、男の世界の権力というものに憑かれた社会である。そして、マックス・ヴェーバーは社会的人間としても、また政治理論学者としても、この社会に属する人間であった。ロレンスはそうではなかった。この二人の相違はいくつかの異なった面から説明がつけられようが、その一つに挙げられるのは、イギリスにはビスマルクにあたる人物がいなかったということである。イギリスには、国民生活を支配する一大権力者はいなかった。その非英雄的なやり方においてヴィクトリア女王は、「母権的」特性をもつ社会を真に象徴していた。もちろんその特性は、基本的には父権的な企ての修正にすぎなかったが、しかしその修正はドイツとはかなり異なった社会を生みだすのに十分であった。イギリスでビスマルクに対応する人間はグラッドストーンである。彼はハワーデンの木こりであり、規律を重んじ、改革主義者で、理想家であり、アポロンに仕える者であった。『白孔雀』の中でロレンスは、母親がモーリーの『グラッドストーンの生涯』をいつも読んでいた、と描写しているが、象徴的にもそれは当たっている。ビスマルクのドイツは、西欧文化が全体としてコミットしていた父権的様態をいわば強化し、誇張するものであった。

もう一つの相違もなかば国民性からくるもので、ロレンスとヴェーバーが大学で出会った精神生活の理想の相違である。国民性からくる相違はあくまで一部である。というのは、この相違は二人がそれぞれの国で占めていた階級および文化組織の内部での相対的位置づけの相違にも由来しているからである。イギリスでヴェーバーの教育に匹敵するものと言えば、ロレンスがしたようにノッティンガム大学で卒業学位をとることではなく、ケンブリッジのトリニティ・コレッジ、あるいはロンドン・スクール・オブ・エコノミックスに入ることであった。

しかし、国民的相違も重要である。それはイギリスの人文科学主義《ヒューマニズム》とドイツの学《ヴィッセンシャフト》という理念型の相違でもあった。ロレンスはかつて、自分の先生の中でアーネスト・ウィークリーだけが紳士だと言ったことがある。彼は一般には教師たちをその知性と知識で評価していたが、紳士かどうかという範疇が主要な範疇になっても少しもおかしくはなかった。彼はテオドール・モムゼン、クノ・フィッシャー、ハインリヒ・トライチュケのような、学界の有力者、驚異的学者、思想的世界体系の構成者というような知性ないし知識人に出会ったことがない。芸術的想像力が哲学的精神にまさるという彼の前提に、重大なかたちで挑戦するものはなかったのである。一方ドイツではアルフレート・ヴェーバーは詩人になりたいという野心をもち、ある意味で芸術家的な天性を根本的にもっていたのであるが、強力な範例にひきずられて学者になったのだった。

私はこの二人の男がもともと独創的天分を豊かに与えられていたことの重要性を否定したくない。しかし、その二人の天分は私にはきわめて似かよったものであったと思われる。二人とも非常に頭がよく、非常に感受性が強く、神経質で、非常に精力的であった（もちろんこうした用語は文化的に決定される。その背後にある前文化的・遺伝的な天分についてはほとんど形容することばがない）。先天的にちがっていたのは、その容貌のみと言っていいくらいである。ヴェーバーは大柄でロレンスは小柄であった。それでも重要なのは、ヴェーバーが自分を大男と考え、大男のようにふるまい、人々の心にそうした印象を与えようとしたのにたいし、ロレンスが自分を小男と考え、身体的に軽量で重要でないと考えたという事実である。そしてこの決定的な事実ですら、その拠りどころは身体的容貌とは別のところから来ている。ヴェーバーはどっしりとした気性をもち、ロレンスは敏捷で身軽だった。ヴェーバーは美しい音楽的なバリトンの声をもち、ロレンスの声は細く、草笛のようで、かりかりしていた。ロレンスの目はほとんどの人の話では、特別に生き生きとして魅力的であった。ヴェーバーの目は、ほとんどの人の話では、威圧的ないしは防衛的であった。ロレンスはすばらしい真似上手であり、ヴェーバーは逸話家であった。ロレンスの笑いはしばしば神経質なくすくす笑いに近かったが、ヴェーバーはホメロスのように哄笑する男であった。この二人の男の先天的な身体的容貌がひどく違って見えたのは、実はこうしたふるまいの特徴——人がどういうかたちで世界に属しているかを自ら発表し、あるいはそれと知らず示している、性格の自己規定からくる特徴なのであった。ヴェーバーの自己規定はロレンスの自己規定より「男らしい」ものであった。

　知性の面でも、二人のあいだに生まれつき大きな違いがあったかどうかは明瞭ではない。ロレンスは自分がその気になれば概念的知識を扱うのが非常にうまかったし、また歴史とか考古学に情熱的な関心を抱いていた。古代エトルリア人についての著作はその証左となろう。同じように一方のマックス・ヴェーバーは、複雑にからまりあった動機とか、感情の起伏に敏感でありえた。オットーの結婚に関連したバウムガルテン家の姪についての手紙がそれを証明している。* 彼は自分を鈍感で粗野で頑固な人間だと言っているが、これは意識的な役割演技と読むべきであり、それはちょうどロレンスの精神と中産階

* 一八八五年、オットー・バウムガルテンはエミリー・ファレンシュタインと結婚する決心をした。彼女は音楽的で、詩的で、すばらしい心の眼をもつ、宗教的に高揚した女性であったが、病身で変人で、彼より年上であった。彼の父は結婚に反対であったが、母の熱狂的支持があった。それはドストエフスキー風の話であり、あるいは『アンナ・カレーニナ』のリディア・イヴァノヴナのサークルからとった話とも言うべきであった。これに関連した人々についてのヴェーバーのコメントは親身の理解を示している。自分としてはあくまで健全で、正常な「局外性」なのだと主張してはいるが。

級文化にたいする反抗が、自らを本能と血の知識によって生まれたものと暗に性格づけるためにしていた、意識的役割演技であったのと同じことである。

直接の家族の内部では、この二人の男はそれぞれ姉妹とは仲がよく（ロレンスはとくにエイダと、ヴェーバーはリリーと）、兄弟の一人と仲が悪かった（ヴェーバーはアルフレートと、ロレンスはジョージと）。ロレンスの人生は、兄と進路が早くから分かれていたため、敵対関係が大きく膨むことはなかったが、ヴェーバーの人生においては弟との敵対関係が広範で強烈な部分を占めている。それは、のちにみるように、アルフレートの人生がマックスの人生と完全に並行し、かつ隣接していたからである。ヴェーバーの生涯が全体としてより悲劇的な雰囲気に満ちているのは、家族がより結集していたこと、たとえばしょっちゅうハイデルベルクに帰ってきていたことと関係がある。しかしロレンス家の子供たちは両親の悲劇にまきこまれずに、ずっと早くから、ずっと遠くに離れていた。「ヴェーバー家の一員であること」の意味は「ロレンス家の一員であること」よりずっと重大であった。それは「ヴェーバー家の人々」が男たちの世界の中の一個の強国であったからである。ここでまた、二人の男たちのあいだの相違はある程度まで文化的に決定されている。

たしかに他の要因もあった。端的に言ってヴェーバー家には健全さとか調和性が少なく、緊張と震動が多かった。たとえばバウムガルテン教授は、マックスの学生時代に、ヴェーバー夫人がリリーを家から出して二人の仲を割かねばならなかったが、それは、マックスのリリーにたいする愛情がなかば近親相姦的に思われるのを母親として心配したためだと述べている。ロレンスのエイダにたいする愛情にはそのような強烈さはなかった。少なくともそのような凄まじい疑いがもたれたという記録はない。ヴェーバー家の雰囲気はロレンス家よりも『恋する女たち』の中のクリッチ家を思わせる。しかしこの場合も、そうした疑いを表面化させているのは階級や国民性だったのかもしれない。

エロスの面では、この二人の男は初恋の娘たちと似たような問題に悩んでおり、その娘たち同士がまた似ていた。しかし問題の解決の仕方は正反対であり、この二つの解決が一連の重大な帰結を次々と生んでゆくことになる。マックス・ヴェーバーは相手の娘と結婚し、ロレンスはその娘と別れた。そしてそれ以後二人の軌道は反対方向にすすんでいる。ヴェーバーが結婚した娘というのは言うまでもなくマリアンネ・シュニットガーである。厳密に言うとヴェーバーの場合、最初の女性は姪のエミー・バウムガルテンであった。彼らの関係は感情的には一八八六年から少なくとも一八八八年まで強烈なものであったが、この関係はまったく貞節なものであったから、とくに性の問題を含まなかったと考えてよいだろう。エミーはいわばマリアンネをより極端に、より「天使的に」した娘であったことは明らかであると考えられる。彼女はきわめて感受性の強い、良心的な娘で、その感情は潔く、深く、そして憂鬱症とノイローゼで、マックスとの関係の中でも何か月も病床にあった。彼女はあくまでも完全を求めて努力するという母の教訓を肝に銘じていた。

マリアンネもまた神経質で過敏な少女であり、父方の家系には先代に何人か狂気に陥った者があった。その精神的な緊張度において、理念や理想にたいする強い反応において、その無邪気さ、素朴さ、神経質さ、本を愛し野蛮さあるいは粗野さを恐れ、肉体的なものを忌避することにおいて、彼女はもう一人のエミーであり、そして年代を逆に言えば、エミーとちがってより実践的な能力があり、彼女にはしかし、エミーとちがってより実践的な能力があり、たとえば何冊も本を書いている。彼女の素質はもう少し強靱で、そして少しばかり粗かったのかもしれない。しかし彼女が世界に示していた姿は、そしてまた鏡に映る実際の容貌も、エミーやミリアムとよく似ていた。が、後からみると彼女の背には、農民の出らしい幅の広さとエネルギーがみてとられた。

マックスとマリアンネは、その経験から考えると、ロレンスの次のようなことばを聞いても何とも思わなかったであろう。「女は下向きにのびる。根のように、中央の暗闇と原始に向かって。男は上向きにのびる。茎のように、発見と光と発言に向かって。」マリアンネは完全に光に向かって生きていたが、だからといって権力と力に背を向けたわけではない。彼女が夫の身体的容貌を記述するにあたって、まさにその権力と力とを強調したというのはいくつかの点で興味深い。彼女が家族に会ったとき、ヴェーバーの二人の弟たちはとてもハンサムに見えたと彼女は言っている。マックスはちがっていた。「彼は肥っていて、洋梨の形をした、決闘の傷跡の見える頭を丸刈りにしていた。すっきりと形のよい唇が大きくて不格好な鼻と奇妙な対照をみせ、暗いまなざしは、たれさがった眉毛の陰に隠れてよく見えなかった。たしかに、この巨人は美男ではなく、若々しくもなかった。ただ、そのあらゆる身振りにおいて、強力な男であった。」これが興味深いのは、ヴェーバーは、少なくともある面ではきわめてハンサムな男だったからである。しかし彼女がそう語っている時期に撮られたいくつかの写真をながめると、マリアンネの言おうとした点がうなずける。その時期はヴェーバーの自己制裁がもっとも厳しく、父親のすねをかじり、また母親の弁護に立っておらず、そしてせいぜいのところ、自分が厳然と、そして不格好に存在することを誇示しようとしていた時代であった。しかし、彼女が、他にもいろいろあった彼の特徴の中からその面をとりだしたということはやはり特記すべきである。おそらくその理由は彼女のロマン主義にあり、それがマックスのと同じく、父権的ロマン主義であって、主として男性の力に焦点をあてるものだったことにあるだろう。ジェーン・エアも、ロチェスターが陰鬱で、強力な男性らしさをもち、美男でないことに執着している。男の美しさなどについて、マリアンネはとても真面目に考える気になれなかった。男の美をきわめて鮮明に評価し、その一方で男の力に我慢できなかったのは、エロス主義の代表者フリーダ・フォン・リヒトホーフェンにしてはじめて可能であった。

実はこのようなスタイルを、マックス・ヴェーバーはビスマルクその人をまねたもので、ビスマルクは自分の身体を、巨大な欲求と権力の顕示に用いたのであり――その緊張した大きくとび出た目は精神の欲求のあらわれである――自らを欲求の対象とすることはまったくなかった。そのもっともよい対照は『虹』の中のスクレビンスキーで、これも兵士であるが、その容貌はアーシュラ（とロレンス）によって喜びの対象として捉えられている。ここにもまた、自ら反応する文化的理念によっていかに個人が深く影響を受けるものであるかがみてとれる。そしてヴェーバーのマリアンネとロレンスのミリアムに代表される文化的理念は、フリーダ・フォン・リヒトホーフェンが代表するものとまさに反対であった。

ミリアムのロレンスにたいする関係が学生対教師であったように、マリアンネのヴェーバーにたいする関係も学生と教師の関係であった。結婚の直前も直後も、彼らは本や思想について議論し、マックスが説明し、教示し、彼女を訂正していた。ロレンス夫人と同様、ヴェーバー夫人も心配して、二人の関係を別な場面に移そうとしたが、しかし、本性的にそれは教育の場であった。ミリアムもマリアンネもともに魅力的で美しい女性であり、そして相手の男にきわめて貴重な理解と賞賛をささげた。彼女たちは相手の男の声がいっそうよく響くように、自分自身の声を完全に押し殺してよい共鳴板となろうと熱心につとめた。ところが彼女たちは性的な主導権をもまったく男に預け、自分たちを基本的に欲求の犠牲としてさしだしたのであり、そしてそのことが、ともに、結果的に男を不能にさせることになったのであった。彼女たちは頭もよく良心的な娘であったが、かなり保守的な精神の持ち主であって、そのためフォン・リヒトホーフェン姉妹に比べると、本質的にあまり興味をひかず、知的な面でもあまりおもしろくない。

一九一三年にミリアムがヘレン・コークに書いた手紙は、文体がマリアンネによく似ており、イギリスのジョージ（五世）時代の抒情性とドイツの抒情性という小さな相違はあるものの、マリアンネの詩的散文を思わせる。それは、ミリアムとヘレンが、ともにその友情がもう続かないことにひそかに気づいた、辛い三日間の訪問のあとに書かれている。ロレンスが彼女たちの生活の外に出ていってしまった今、二人とも、とくにミリアムは、もとの自分をとり戻せないと感じ、かつては自然に感じられた生活パターンをもはや続けてゆくことができなくなってしまっていた。「私はこの一週間、無数の貴重な瞬間をもちかえってきました。シャーリー通りが木々のあいだから突然見えてくる光景、パーリーの向こうの谷、オックスリーへつづく本通りのわきの小さなやぶのそばのすばらしい坂道。そしてオックスリーの村そのもの、それは陽あたりがよく、まどろんでいた村、たくさんの羊の群れるかこい、銀の夜あけの、リンプスフィールドのまたとない魔法。こうしたものが、今はふしぎな、すばらしい、痛みの玉の鎖のようにつらなって光っているように思われるのです。その痛みは知覚する能力をもちつづける特殊な疲労です。こうしたものがいったいどこから来たのか、私にはわかりません。」

並みはずれた心打つ文学性をもった散文の、このような文体を用いて、マリアンネもミリアムも、自分で自分に子守歌をうたって暗闇の怪物を閉めだし、眠ろうとしていたのだった。それはかつて彼女たちにすすめられた最高の子守歌であったが、彼女たちが覚えたときにはもう、時代遅れで黄ばんだ紙の中で色褪せていた。

二人の娘たちはともに、男たちの世界の支配と権力を認めていた。その女性的価値と活動とはその世界の中の一つの中の島であり、周囲を囲まれた庭なのであった。ヴェーバーもロレンスもともに、彼女たちが受け入れる用意があった以上の独立性と距離とを与えようとしていた。だからヴェーバーは、マリアンネが立派な主婦となって彼とは別の得意な仕事をもってほしいと願った。「そうすれば私の気分に左右されないですむから」と、はっきり彼は述べている。彼女が知的に独立することなどは問題外であり、依存することの恐ろしさを彼は身をもって経験していた。しかし、マリアンネがどうしようもなく学究的であることが明らかになったとき、マックスは彼女に自分とは別の道に進み、女性運動に従事することをすすめた。これと対照的に、ロレンスはミリアムが独立した存在になるように、「他者」となるように説得できないことが明らかになったとき、彼は彼女を捨てたのであった。ところでここに一見パラドクスがあるようにみえる。というのは、父権的男性であるヴェーバーが女性の解放運動を推進し、母権的男性ロレンスがこれに反対していたことである。しかし実際には逆説はみせかけであって、女性解放運動は女性を男性的存在様態に誘うものであり、したがって父権的精神のうち改革派——ハイデルベルク——に支持されやすいものであり、また母権的イデオロギーを支持するものにとっては女性的存在様態にたいする裏切りとみえるのはごく当然であった。

マックスがマリアンネに書いた求婚の手紙には、異常なまでに斜にかまえた、否定的なところがあって、その点に関しては『息子たちと恋人たち』の最後でポールがミリアムの腕に己れをゆだねるくだりと比較されよう。男として成人してからずっと父の家で自分が感じていた心理的不能をまざまざと示す述懐の中で、彼はマリアンネに、彼女が「私は自らが長い錨をおろして久しい、冷たくて静かな諦観の港にあなたを導いてゆきたい」と思っていることは自分にはよくわかっている、と告げた。彼は自分自身について、そして「自然が私に植えつけた原始的な情熱」について、語っている。「しかし、母に訊いてごらんなさい。母の私にたいする愛が――それに自分が報いることができないために、それは私の口を封じてしまうのですが――実は、道徳的な事柄に関しては彼女にとって私が問題児だったがゆえのものだということを自分はよくわかっています。」ここにまた彼の母にたいする罪悪感と、口を封じられたことに含められた憤りとが認められるが、それと同時に原初的な情熱がその原因であると主張することによって、この罪悪感をロマンティックに利用している作戦も読みとることができる。「さてここであなたにお訊きしたい。この数日間にあなたは心の中で私から離別しましたか。そうする決心をしましたか。今、決心しつつありますか。もしそうでなければもう遅すぎます。私たちはお互いに深く関わりあってしまいました。これから私はあなたに手厳しく、けっして容赦しないでしょう……」これは受け身なものに能動の外観を与える芸当である。だれも決定を下した者がなく、しかも決定がもうなされている。この口調はロチェスターのジェーン・エアにたいする、ヒースクリフのキャサリンにたいするものである。しかし、もしこれが彼のマリアンネへの関係のロマンティックな形式であるとすれば、その関係の実際の内容は次の一節に示されている。「もしあなたが私といっしょに歩むのなら、返事を書いてはいけません。今度会うときに私は黙ってあなたの手を握り、あなたをみつめつづけます。そしてあなたも、私から目を離してはいけません。」すべてが行為において否定的であり、意味において深長である。これこそエロス運動が反対した愛のあり方であった。それから逃げるためにロレンスはミリアムの許を去ったのだった。ヴェーバー夫人がエミーとマリアンネを支持した結果がどうなったかをみるとき、ロレンス夫人がミリアムに反対したことの偉さがますますわかってくるのである（また大きな非難を招いたモレル夫人の夫にたいする抵抗の貴重さは、母が夫を「承認した」ことがマックス・ヴェーバーにいかなる結果を及ぼしたかをみてはじめて評価できよう）。

姉妹たち

一八九三年、マックス・ヴェーバーがマリアンネ・シュニットガーと結婚したとき、彼は二十九歳、彼女は二十三歳であった。一方D・H・ロレンスとミリアムとのあいだの恋愛は、はっきりしないまま何度も繰り返されて、クライマックスがないため明確な時期を定めにくいが、おそらく二人の関係がもっとも密であったのは一九〇七年、彼が二十二歳、彼女が二十一歳のときだったと言ってよいであろう。当時ヴェーバーはもちろんまだマリアンネと婚姻関係にあり、したがってそれぞれの女性たちとの経験において、二人の男のあいだには、年齢の相違にもかかわらず、ある種の同時代性があったのである。

ヴェーバーにとってもロレンスにとっても、ついに真に情熱的に愛せる女性と出会ったのはフォン・リヒトホーフェン姉妹との出会いであった。もっともそちらはまったく時を同じくしてというわけではなかった。ヴェーバーは一九一〇年、ロレンスがフリーダに出会った二年後に、ヴェネツィアでエルゼに意思表示している。しかしエルゼはマリアンネを裏切ることができなかった、あるいは裏切る気持ちになれなかったようである。この事件はバウムガルテン教授のことばを借りれば、ヴェーバーの人生に革命をもたらした。エルゼは、自分を長く愛していたがマックスにとっては厳しい敵であった弟、アルフレートと結託することになる。この結託はなかば公然のものであり、したがってエドガーをひどく苦しめはしたが、しかしマックスの求愛とはまったく異質であった。なぜならこの関係はマリアンネを裏切るものではなく、アルフレートには裏切られる妻がなかったのだから（そしてまた、もしかしたらエルゼはアルフレートを情熱的に愛していなかったがために、関係をあまり不道徳なものに感じなかったということもあるかもしれないが、真相はわからない）。彼女は一年に二回アルフレートとイタリアを回り、歴史上、また芸術上の名所を訪れ、彼の文化社会学の仕事をいっしょに研究した。マックスとマリアンネはエドガーとの半‐離別を指導し、したがってアルフレートの半‐結婚を指導したことになるが、あまりに多くの矛盾した感情が重なりあい、増幅して、エルゼはマックスと仲違いし、その後一九一七年までまったく彼と連絡をとっていない。しかし、にもかかわらず一九一〇年はマックスにとってきわめて重大なときであり、彼にある種のエロスの喜びが顕現された年であった。彼自身はそれを、デューラーが同じヴェネツィアで、芸術というものはすべて生きた自然に親しく依存していることを発見した瞬間になぞらえている。そして一九一三年、彼がピアニストのミナ・トーブラーに、はじめて性の満足を見いだしたとき、ミナはエルゼの代替品であったと考えられる。

フリーダがロレンスにとって何であったかについては、一九一二年以降の彼のすべての作品が語っている。この二人についての証言はあまりに多く、もう一組の男女についてはあまりに少ないので、マックスたちにもう少し注意を向けることにしよう。

それはヴェーバーが彼の「ミリアム」と結婚し、最後まで彼女を捨てず、エルゼ・ヤッフェは子供たちを捨てず、最後までヤッフェ夫人でありつづけたためでもある。それにたいし、ロレンスはミリアムを捨て、フリーダはアーネスト・ウィークリーと子供たちを捨てた。明らかにこのことは二つの生涯における重大な交叉点である。ひょっとしてロレンスがフリーダに会わなかったら、彼は結局ミリアムの許へ戻っていっていたかもしれない。ミリアム自身がそう考えていたことは明らかで、彼女は彼がフリーダとドイツに住んでいることを知るまでは、希望を捨てていなかった。しかしそれを知ったとき、彼女の自我の中で何かが崩れた。そしてまたフリーダもたまたまロレンスに出会ったのでなかったら、夫の許を去りはしなかったであろう。たしかに彼女は別れたいとは思っていたが、外の世界、男たちの世界での処世に関してはまったく臆病であった。さらにロレンスとフリーダが二人いっしょでも、エロス運動の霊感がなかったらとてもその勇気が出なかったであろう。このより広範な文化運動が決定的に秤を傾け、それぞれにプラス・アルファの情熱を与え、それが相互作用によってさらに増幅されて、二人の大冒険へと駆りたてていったのである。愛し合う二人が曲り角をまわってからはエロス運動が二人の行く道をずっとひきずっていたが、一方ヴェーバーとエルゼはこの運動に抵抗し、抵抗したことによって自分たちの選択を定着させてしまった。ロレンスはフリーダと連れだってミリアムの許を去るとき、ミリアムに自分には『アンナ・カレーニナ』のことしか考えられないのだと語った。そして彼がはじめてフリーダを記述するのに用いたことばは「ドイツ的だ――現代のドイツだ」というものであったが、それは明らかにシュトラウスの『エレクトラ』、また彼女が彼に語ってきかせたフロイト‐グロス流の性の理論が頭にあってのことであろう。つまり、彼にとって、はじめから彼女は、いわばイデオロギー的に、エロス的なるものの冒険をともにする者だったのである。彼女のほうも彼をそうみていた。手紙の中でロレンスは、駆け落ちをして同棲することで、二人は「歴史を創って」いるのだと書いている。

もちろんフリーダはロレンスを同志であるのみならず、彼女の助けを必要とする男ともみていた。彼女にとってロレンスは、その自己禁制から彼女が解放してやることができる男であり、またその才能を自分が天才に変えてやることができる男でもあった。「私がロレンスのためにどれだけ解放の骨折りをしたか知っていますか。……私には彼を開花させるという使命があったのです」と、彼の死後、彼女はドロシー・ブレットに書いている。そして彼もそれに同意したであろうことは、彼が彼女のそのような見解にたいして言ったこと、および言わなかったことから察せられる。フリーダはロレンスに官能的幸福を与えたが、また――同じ官能を通して――彼に作家としての使命をも与えたのだった。彼女は彼に自分がだれであるか《アイデンティティ》、自分の思想を教え、それが彼の思想になった。彼女はさらに、そうした思想を文学におきなおす仕事においても相当な手助けをしたのである。

だからロレンスは一九一四年、エドワード・ガーネットに宛てて、フリーダが、『息子たちと恋人たち』を手伝ったように『姉妹』についても手伝っていると書いている。「これで彼女と私が小説の中にいるのがおわかりでしょう。これは二人についてのものです。」それがフリーダについてのものであるかぎりにおいて、〈女〉についてのものであり、そのことを彼は重要と考えていた。彼は自分が未来派主義者《フューチュリスト》を受け入れないのは、彼らが「純粋に男性的な、あるいは知的な、あるいは科学的な線に沿って進んでおり……作品の中に素朴さ《ナイヴィテ》というものがまったくない」からだと言っている。『息子たちと恋人たち』のはしがきの中で、彼がいかに明確に「女性」

をめざしていたかはすでに見たとおりであるが、次の何年かの著作では「素朴さ」が顕著である。『トマス・ハーディ研究』の中に次のように書かれている。「男の身体の中の女が、彼の全生命を生みだすものとなること、彼女がその女性の精神において、彼のうちに、彼の観念、自分の動き、彼自身をつくりだすこと……それは、すべての男の願望である。一人の男が自分の手になる仕事をながめ、それが成功したこと、そしてそれが自分の身体の中の女によって自分の中に種をまかれたものであったことを知るとき、そのとき彼は根本的な幸福とは何かを知るのである。」この一節の中の性的役割の転換が意識的であり、真剣であることは明らかである。むしろそこが要点なのである。男は受動的に、女は能動的にならねばならぬ。「この究極的な知恵から男の最高の芸術が出てくる。その芸術は二つの対立する法則のあいだの闘いを知っており、かつ両者が対等となり、一つとなり完全であるような最終的な和解を知っている。……それこそ至上の芸術であり、いまだ実現されていないものである。何人かの男たちがそれを試み、その努力の痕跡は残されている。しかしまだ完全には達成されていない。」

『アンナ・カレーニナ』のトルストイは、「それを試みた男たち」の一人であるということができよう。そしてロレンスはそこを出発点として自分が努力をつづけ、このエロス運動という仕事を完成させることを約束している。もちろんここでは、ロレンスが主に参照しているのはハーディのことであるが。その意味では、『虹』の中のウィルとアナの章は『日陰者ジュード』のアラベラとジュードの章の修正ないし価値転換であり、また『恋する女たち』のジェラルドとグドランの諸章は『アンナ・カレーニナ』のアンナとウロンスキーの諸章の修正だったと言えよう。

芸術と〈女〉の世界との関係は、ロレンスが一九一四年六月、Ａ・Ｗ・マクラウド宛てに書いた手紙の中で明確にされている。「芸術に活力を与え、これを再生させる唯一の手だては、これをもっと男と女の合作とすることにあると思う。やるべきことはただ一つ、男が勇気を出してもっと女たちに近づき、わが身を彼女たちに曝し、彼女たちによって変えられようとすること、そして女たちが男たちを許し、中へ入れてやること、である。」

ここでも男が受動的な役割を与えられていることが認

められる。彼らは自らの自負を低め、男たちの世界の誇り高い城塞をとり壊して、女と自然とが彼らに働きかけられるようにしなければならない。こうした評言の背後には、男が建設した文明が今や死につつあるという一般的な認識が読みとられる。そして、実際ロレンスとフリーダが手をとって逃げたとき、二人とも、自分たちが文明から逃げているのだと考えていたし、自分たちの中にある文明の痕跡を何とかして消し去ろうともしていた。フリーダはヨーロッパ全体から逃げだして、非文明国へ行きたいと望み、ロレンスは駆け落ちの直後に、自分がけちで感傷的な悲しみや情にたいするもろさを失いつつあると書いている。男たちの世界から受けた傷は癒えつつあり、彼は強く、獰猛になっていった。同じことを彼の文学作品に移して言うならば、あの『感傷のトミー』の段階で彼を捉えていたもの、彼をJ・M・バリー化する恐れがあったすべてのものを、捨てつつあったのである。ここまではたとえフリーダがいなくても、ロレンスが自分の才能だけでなしえた姿であった。が、フリーダが彼を真の天才にしたのだった。『息子たちと恋人たち』の最後のポールとミリアムの場面と、バリーの『トミーとグリツェル』におけるトミーのグリツェルへの求婚の手紙とを比較してみよう。この両者の状況の相似性は、ロレンスの手腕の優越性――彼がフリーダとともに得た優越性――に劣らず重要である。あるいはまた、ロレンスの初期の小説である『侵入者』の病的・自己破滅的苦しみと、『白孔雀』の、病的に加虐的な苦しみとを考えてみよう。もしロレンスがフリーダにあえて「近寄り」、彼女によって「変えられる」勇気をもたなかったら、彼がどういう種類の作家になったかがそこに想像できるであろう。

フリーダが已れの信条のゆえに彼に示した厳しい一面は、彼の詩「わが母、わが愛」の草稿ノートのわきに書きつけた、ひどいことばにはっきりとあらわれている。「ええそうよ、あなたは自由よ。哀れな悪魔さん、心のふるさとの生活から離れて、勝手に一人になったらいいでしょう。あなたは自分でそれを選んだんじゃありませんか。完全に！　さあ勝手にしたらいいでしょう……私は試みました、闘いました。あなたが私自身や、他の人々とつながりをもつように、生命をかけて闘ったのよ。そしてわかったわ。結局私は愛する力はあるけれど、あなたにはできない。……あなたは私の力になれない、あなたはだめよ。私はあなたの秘密と絶望を知っている。あなたが自分を恥じているのを私は見てしまったわ。」これは手厳しいものであった。が、ロレンスはこの信条を受け入れていた。それは彼女と同じほどに彼もまた信奉していた原則であった。これに直面しないことは、彼らにとって「肩すかし」であった。フリーダはブレットに「あなたはひどいごまかし屋です、うまく身をかわして肩すかしをくわして」と書いているし、ロレンスはラッセルに宛てて、E・M・フォースターは肩すかしをくわした、なぜなら、彼の最終的な願望は自己実現でなくて、社会的情熱だから、と書いている。彼らはイギリスの文学仲間にこの原則を紹介することこそ自分たちの使命であると感じ、そしてその主な犠牲になったのが、彼らが誘惑しようとした悲喜劇のパメラとなったのが、あとでみるようにジョン・ミドルトン・マリであった。

ロレンス、ないしロレンス‐と‐フリーダはこの信条を受け入れることによって天才となり、自分自身の生活の中でこのエロス運動の信条を実践して〈女〉の世界に入った。これがフリーダの言う「心のふるさとの生活」であり「他の人々との繫がり」であり、愛であった。二人の異常なまでの互いの緊張関係を通してはじめて、これらすべてを得たことは明らかである。『アーロンの杖』の中で、女が「生命と存在の、そしてまた文化の最初の真の大いなる源であった」のにたいし、「男はたんなる道具であり、仕上げ人であった」と書いたとき、ロレンスは自分自身が感じていた劣等感の一部を表明している。この本ではもちろんロレンスは、〈愛〉と〈女〉の世界にはっきりと反抗している。したがってリリーは愛の様態の終焉を宣言しており、ジム・ブリックネルの愛への渇望は猥褻で自己破滅的なものとして描かれている。しかし実は『恋する女たち』の中ですら、同じ思想が認められる。「アーシュラは男の前にぬかずくのにやぶさかではなかった。が、それは彼女が自分の男についてまったくの自信があるとき、彼を、女が自分の赤ん坊を崇拝するように、完全な所有物として崇拝できるときに限っていた。」このような大いなる母《マグナ・マーテル》の肖像は、ロレンスの見たフリーダを反映している。一九一八年のキャサリン・マンスフィールド宛ての手紙の中で、彼は書いている。「ある意味で、フリーダはむさぼり食う母である。

性的関係がいったんこのようになってしまうと、もとに引き戻すのはおそろしく困難になる。が、もとに戻さなければ、われわれは死んでしまう。しかしフリーダは私が積極的に出ようとすると旧式だと言うのだ。私は女は一種の先行権を男に譲るべきだと思うし、男はそれをとるべきだと思う。男たちは断然女の前を歩くべきであり、女の許可を得るために後をふりかえったりするべきではないと思う。だから女はいわば黙ってついてくるべきなのだ。それは私の信念なのだ。どうしようもない。フリーダはそれを認めない。そこにわれわれの闘いがはじまるのだ。」言いかえればフリーダは、ロレンスが反抗したときでも、オットー・グロスと母権《ムッターレヒト》とにあくまで忠実であった。

一方フリーダの主張している価値は、ロレンスが繰り返し繰り返し呼びおこした花ひらく生の中に暗黙のうちに示されており、それはフリーダ自身がもたらしたものである。たとえば、『トマス・ハーディ研究』では彼女のことをこう言っている。「最後の目標は花である。それはためき歌うたう、中心である春の鳥であり、月の光のもとに存在に満ちみちて破裂する野うさぎであり、魔力的な存在のほとばしりなのだ。」あるいはまた『王冠』の一節には、「しかし耳をかたむけて聞いていたら、かたく巻いたキャベツもはちきれて、ばらばらに破裂したかもしれない。気弱で小心な、ばかげた憧れのかたまりが意を決してとびだしてきたために。そしてその一つ一つの皮が炎となって、永遠に衣をぬぎすてた花々となる。生まれでてこない、形をなさない物が、そのキャベツが、無数の自我が、じっとみつめる中をぬきんでて、裸で燃える炎。」フリーダは民主主義的‐市民のキャベツたちを超越した花であった。彼女を貴族にしたのは彼女の生まれではなく、生命への勇気であったが、にもかかわらず、たしかに彼女は貴族性と特権とを代表していた。ちょうどヴェーバーがキャベツたちの権利を代表していたように。ロレンスは自分の散文の中で優雅なひなぎくやたんぽぽの黄色い花が咲くときはつねに、フリーダのことを考えているのである。この花はエロス運動の烙印であり、ロレンスは折々それに反抗しはしたが、心底ではつねに忠実であった。ある意味でロレンスは一九二〇年代はじめの、母権制のルターであったと言えよう。多くの人よりも信仰に忠実でありながら、しかし教会の大いなる敵であった。彼の信仰は男の反抗というプロテスタンティズムであった。エロスの諸価値によって生きるということは、彼にとっては骨の折れることであった。フリーダ以外で彼が魅かれていた女性たちはまったくといっていいほど非エロス的で、フリーダとの関係に生じたいくつかの障害が、二人の関係がエロス中心でなければならぬ、という事実に由来していたことは明らかである。彼は姉のエルゼともきわめて親しい友情関係にあり、フリーダが姉とロレンスとの親しさに嫉妬を感じていたのをエルゼの娘が覚えている。さらにフリーダたちの母親とはいっそう親しかった。メイベル・ドッジは、ロレンスが自分に憧れ、フリーダから逃れようとしていたと報告しているが、そのうちのいくつかは疑いなく正しい。彼はしばしばメイベルに、彼女が姉のように自分には思われると言い、彼女は母親として彼に接していた。「フリーダはあなたの著作の母親役をやってずいぶん長くなります。あなたには別の母親が必要です！」と彼に言っている。「霊は西風を呼ぶ」の詩は、彼の、女性と姉妹のような関係を結ぶことへの憧れをもっとも雄弁に表わしたものと言えよう。しかし、これらの願望はすべて結局は願望であった。いかなる代償を払ったとしても生涯彼が抱きつづけた大いなる信念は、エロス関係の価値、フリーダの価値であって、エルゼやメイベルの価値ではなかったのである。

　その価値は何よりもまずイデオロギー的な価値であった。一九二三年、フリーダはコテリアンスキーに次のように書いている。「コット、私が工場の〝守衛〟だなんて、あなたはロレンスの本がぜんぜんわかっていないんですね。私の信念が本の中核なのですよ。」これは一見するよりももっと特殊な「中核《ハート》」の意味において、ほんとうのことであった。「そして私が自分のことを〝自慢〟するとき、私は自分の宗教が、人々に愛してほしいと望むこと、心から真に、全面的に、楽園的《パラダイス》に、つまりキリストのようにではなく、すべてのものを含めて、愛してほしいと望むことなのだと知っています。そして私は自分が愛せることを知っています。あなたはロレンスが私を愛したと言うけれど、私は彼を千倍も愛しました。真に愛するということは、すべてを——知性と信仰と犠牲を、そして情熱をも愛することです。人々は私のようには考えません。人々は別のいろいろな神をもっています。

でも私は、とことんまで自分の神に仕えます！」それが彼女の「信仰」であった。

エロス運動の多くの思想家たちは、芸術作品が他の何よりもまず「生きて」いなければならないというロマン主義的な観念を信奉していた。フリーダとロレンスにとってこの観念はきわめて重大であったので、彼らは芸術作品の「制作」とか、芸術家が「制作者」であるということに何の尊厳も認めることができなかった。芸術にあっても事実、偉大さはつねに過程にあるのであって、既成にではなく、つねに生成にあって存在にあるのではなかった。「もしも——そんなことは絶対ありえないけれど——、ロレンスが〝偉人〟になったら、私にとっては死んだものであり、私を退屈させるだろう。」だから彼女はゲーテを嫌い、すべての「偉人」を嫌った。「偉大さとは、外の世界のものであり、そこで私はまったく無に等しく、無以上のものになりたいとも思いません。たしかにおっしゃるとおり男たちの世界では、ロレンスはいおり、私はいません。でも、その世界は私にとってどうでもよいのです。もっと深い世界に、生命そのものが流れるところに、私の家があります。そして外の世界は私には関係ありません。あなたに認めてほしいのは、そのより深い世界が、より重要だということだけなのです。」いつもの彼女の小心で、もの柔らかな調子にもかかわらず、この文章に流れている思想はきわめて大胆なものである。彼女は外の世界を、男たちの世界としている。それは芸術の、精神《ガイスト》の、ハイデルベルクの、姉の、つまり彼女が逃亡した世界である。それに対置される「より深い世界」とは明らかに〈女〉の世界であり、母権制の世界であり、愛の世界であった。

世界中でもっとも重要なものは愛する能力であって、彼女はそれをもち、（ロレンスを含めて）他の人々はもっていない、というのが彼女の信条であり、旗印であり、戦闘のスローガンであった。彼女の自己規定がかくもイデオロギー的であったのはそのゆえである。他のスローガンがそうであるように、彼女のスローガンも反復して用いられるにつれて野蛮になり、あるいは退屈なものと化していった。しかし、これはまた信徒の信条でもあって、彼女とともにロレンスも信仰告白していたものである。もちろん、反抗していたときは別であるが。しかもそれは生きた信仰であって、彼女に共感しているときに彼が書いた著書の中に実現されていた。フリーダはメイベル・ドッジに、彼女が『チャタレイ夫人の恋人』が退屈だというのに抗議し、「……この肉体の愛への（そう言ってよければ）宗教的なアプローチには、私のささやかな貢献があることを忘れないで」と書いた。

ロレンスの「男たちの世界」との関係は、一九一五年、大戦を論じた手紙の中に例示されている。「これは私の問題ではなく、男たちの世界の問題です」と彼は書いている。「男たちの世界は夢を見、眠っているうちに狂ってしまった。そして今、蛇が首をしめているのに、まだ目を覚ませないでいるのです。……戦争が私にとどめをさしました。それはあらゆる悲しみと希望のわき腹をつきさす槍なのです……」ロレンスの希望と、彼とフリーダとの全経験は、男たちの世界、すなわち議会と軍隊と牢獄と政治の世界がその支配の手を緩めつつあるという信念にもとづいていた。シュヴァービングの住人たちと同様、二人は父権制の衰退と母権制文化の復活を望んでいた。しかし大戦によってあらゆる父権的美徳が息を吹きかえし、とくに父権的な深刻さが、反対者の中にすら復活してきた。したがってロレンス夫妻は戦争経験に直面して完全に混乱し、平和主義の戦争反対者たちとすら心から合流することができない状態であった。彼らはバートランド・ラッセルとも、またたとえばマックス・ヴェーバーとも合わなかった。なぜなら、戦争賛成者も戦争反対者も同じく男たちの世界に属していたからである。

この経験がロレンスの精神に与えた痛手は大きく、その傷から完全に回復することはなかったことが、一九一六年十一月十五日の手紙にあらわれている。そこで彼は苦渋にみちた調子で、戦争が「……まったくの誤りであり、愚かで、奇怪で、軽蔑すべきもの……と私には思われる。ついに私は、他のだれをも代弁することができず、ただこの私自身のために抗弁しなければなりません。それは、人類が一つであるという信念がまったく崩れ去ってしまったということです。私は私、あなたはあなた、そして全世界は天も地もその隙間にある。信じてください、私がこうして人類から切り離されることで、どんな苦痛を味わっているか。しかしこれが事実であり、これが正しいのです。」「人類が一つである」という信念によってこそ、ある人は身のまわりに男たちの世界を造り、ある人は〈女〉の世界を創るのである。人類が一つでなければ、人はその両方の世界に生きるのであり、したがって充全な意味ではどちらにも属さないことになる。信仰を失って、ロレンスは〈女〉の世界を失い、そして戦後の彼の小説は男たちの世界に入っていった。やっと一九二五年になって彼は昔の信仰をとり戻したのである。

『息子たちと恋人たち』は、一九一二―一三年にフリーダからのかなりの援助を得て最後の書き直しがなされ、一九一三年に出版されたときにはロレンスは揺るぎなき大作家となった。物語の最後の修正はクララ・ドウズについての節にほどこされたと考えられる。少なくともジェシー・チェンバーズ（小説の中のミリアムにあたる人物）についてはまったく変わっていないと断言しており、これは、彼女に関わる場面については変化がないということであろう。またモレルについての場面は自伝とも一致し、これを変える余地はなかったであろう。クララはまったく架空の人物であった。彼女を小説の中で展開させてゆくことによって、ロレンスは（そしてフリーダは）基本的に経験にもとづいていた小説の材料を教養小説《ビルドゥングスロマン》という特別な文学形式に合わせていったのである。『息子たちと恋人たち』と密接な並行関係にある教養小説は、ゴットフリート・ケラーの『緑のハインリヒ』で、これは十九世紀中期のなかば自伝的な四巻本で、フリーダにも、またヴェーバー－フォン・リヒトホーフェン的世界全体にもよく知られていた。ケラーの本は、慎ましく愛情深い母をもち、父親のいない貧しいスイス人の少年ハインリヒ・リーが画家になる決心をする物語である。芸術家になろうとする闘いの中で、彼はじっと家にいて自分が身を立てるために犠牲になっている母親にたいする自責の念に苛まれつづける。彼は芸術においてと同様、愛においても不能である。思春期に彼は妖精のような乙女アナに恋をするが、アナは「別世界から来たように」無垢で精霊のようで、彼がキスをすると青くなって気を失ってしまう（ちょうどロレンスのミリアム・リーヴァースと同じで、ミリアムはハインリヒの生まれた町のすぐそばの田舎に住んでいる）。しかし彼はユーディトという、背の高い、強健で感性豊かな未亡人に愛される。彼女は結婚に失敗しているが、しかし真実と愛とを求めつづけている。彼のアナにたいする理想的な愛とちょうど対照的なかたちで、彼女はハインリヒを誘惑し恋愛事件が進んでゆく。誇り高く、知性的な女性でありながら、彼にとってはただの官能の対象であるという悲劇的な役割を受け入れようとするユーディトを、彼はついに愛することができない。人間としての敬意を彼女に捧げつつも、性愛《エロス》という点では彼は真っ二つにひき裂かれているのである。

これがポール・モレルの生涯の寓話をなしていることは十分明らかであり、日陰者ジュードあるいはマイルズ・カヴァデイルの物語といった文学作品よりずっと忠実である。ハインリヒのアナへの愛は、ポールのミリアムへの愛と同様、官能的に成就されえないのである。こうした愛にはその戒律があり、性的な情熱は戒律にたいする犯罪である。同様に、ハインリヒのユーディトへの愛は、ポールのクララへの愛と同様、等しく本質的な理由によって、霊的に成就されえない。しかしながらハインリヒはポール同様、自分の官能上の恋人を夫のもとに戻してやることはしない。むしろ彼女を説得して、自分への要求をあきらめさせようとするのである。ユーディトは嘆く。「おお、男は私のために正しく純潔で純粋であろうと欲したことがない。でも私は自分を愛するほどに真実を愛している。」皮肉なことにユーディトのそうした真実への愛が、ハインリヒにとって彼女の魅力の一部なのであり、ポールにとってクララの魅力なのだが、しかしそれが尊敬の念を惹き起こすに終わり、それはアナの姫君的純潔さにたいする尊敬が愛へと花ひらくことがないのと同じである。

寓話のもつ倫理的意味についてのケラー自身の評価は、ロレンスの評価とは異なっている。ハインリヒはユーディトに倫理的には自分はアナのものだと説明する。「今日からずっと彼女に会うことがないとしても、彼女の魂とともにいたいと思う。でも君のためにはそうできないのだ」と。ロレンスの詩「二人妻」の中では、フリーダ－ユーディト的人物はミリアム－アナに言う。

それでは、永遠をおとりなさい
永遠なんて結局はことばであり、欺瞞であり、虚栄ですもの
でもこの男《ひと》に触れてはいけません
この男はあなたに触れて喜びを得たことはないのですよ。

このような倫理的共感のずれは、ケラーが作品を書いた一八五〇年代からヨーロッパの感受性がどのように変

化したかを示している。愛の二つのかたちを悲劇的で妥協できない対立として設定するケラーの価値図式は、基本的にマックス・ヴェーバーのものである。実に一九一一年から一九一四年にかけて――ロレンスが『息子たちと恋人たち』を書いていたまさにそのときに――ヴェーバーは、ケラーの小説にちなんでユーディトと呼んでいた女性と恋愛関係にあった。ハインリヒ・リーの二律背反《ディレンマ》はもちろん彼自身のもので、それはポール・モレルのディレンマに劣らず、そしてロレンスの場合以上に深刻であった。なぜならマリアンネが彼の妖精の姫君であり、エルゼ・ヤッフェは性愛に失敗した妻であり、そして彼はこの葛藤によって真っ二つに裂かれていた（彼がユーディトと呼んだのはエルゼ・ヤッフェではなくミナ・トーブラーである。しかしすでに述べたように、当時ミナがエルゼの代替品であったことは十分考えられる）。

クララ・ドウズとエルゼ・ヤッフェのあいだにはいくつかの相似点がある。クララの金髪、憂いをたたえた灰色の目、傷つけられた誇り、社会的反発、工場での仕事、結婚の失敗、愛の中に幸福を求められないこと、そしておとなしく「送り帰される」こと、すべてがエルゼを思い出させる。フリーダはしばしばロレンスの書いた小説のうち『息子たちと恋人たち』の執筆にもっとも貢献したと言っている。それは過大とも言える主張であり、フリーダがクララ・ドウズの描出のことを言っているのだろうかと想像させる。なぜならロレンスがエルゼ・ヤッフェに会ったのは、もちろんフリーダを通してであったのだから。

いずれにせよ、この象徴的パターンは幾重にも示唆的であった。ミリアム‐マリアンネ‐アナは十九世紀的愛の、理想的な女性スキュラ〔海神グラウクスに愛されたニンフ。キルケによって怪物の姿に変えられメシナ海峡に身を投げた〕を代表しており、一方クララ‐エルゼ‐ユーディトは「現実的な」カリュプディス〔ポセイドンとガイアの娘、渦巻を擬人化した怪物〕である。そしてフリーダ‐アーシュラは二律背反を救う第三の女性を表わしており、『息子たちと恋人たち』にはっきりと認められる超越的なエロス的希望であり、これによってロレンスが高揚され、ミリアムとクララの双方のどこが誤っているかを自信をもって診断し、かつポールの誤りを自信をもって無視することができたのであった。つまりフリーダ‐アーシュラはエロス運動を代表しており、その運動はかつての悲劇的なスキュラとカリュプディスを――つまりミリアムとクララ‐エルゼを、愛人の才能によって越えようとするものにほかならなかったのである。そしてまたオットーとの恋愛においてと同様に、フリーダは姉にたいし、自分の恋人の才能を手段として用いて勝利を得たのであった。ロレンスの作品の中では彼女が生命と希望であったのだから。

一九一八年、フリーダは作家としてのロレンスを描いた興味深い短文を書いているが、そこでは彼の作品が、姉の世界に対置されるべきものとして暗に想定されている。それはロレンスのある作品を紹介しようと、エミー・ロウエルのために書かれたものである。フリーダがロレンスの著作を讃えるのに用いた鍵となる形容詞は「清新な《フレッシュ》」ということばであった。「それはすべて春のカラマツの木のように清新です。」彼女は『息子たちと恋人たち』が、ふつうの人々のもつ生命の豊かさを内側から書きあらわした最初のものである、と言っている。「それは彼らの生きるもう一つの源です。……知識のある人や教育のある人たちはこうした生命形態を考えることができません。ほかならぬ教育のためにそれを犠牲にしてしまったからです。」現在、全世界がこの失われた現実を求めてあえいでいる、とフリーダは言う。この「生命形態」とは前‐アポロン的な、前‐父権的な文化であり、その一部をなすものである。すべての読者がこのような見方をするわけではないだろうが、このようにして見ると『息子たちと恋人たち』ですら、世界にたいするエルゼ・ヤッフェの攻撃に見えてくる。

一方エルゼは、灰色の目をした女神アテナのように、男たちの文明の世界を支持し、それに服従した。それは主として彼女が男の世界の価値を認めたということであって、個々の男性が彼女より優越することを認めたというわけではない。しかし、彼女が「親分肌」の女性であったにもかかわらず、姉妹たちの中で彼女だけが、真に支配型の男と愛の関係に入ったということは重要である。ロレンスはこうした状況の中でけっして支配者になれなかった。フリーダの妹のヌーシュがふざけて彼の膝にすわって「あぁロレンス、あなたを愛しているわ」と言ったとき、ロレンスは怯えてフリーダに助けを求めたという。こうした話は他にもたくさんある、「哀れなエドガー」や「哀れなアーネスト」等々の、この家族によくある逸話の中の一つにすぎない。そのような条件にどうしてもなじめないただ一人の男、「哀れなマックス」になれない男が、ヴェーバーであった。ヌーシュは、彼の膝にすわる勇気はなかった。いやすわりたいと思わなかったであろう。しかしエルゼはマックスを理解していた。彼女は男たちの世界に属していたからである。そして二人のあいだの愛は男の世界における愛であって、フリーダとロレンスのあいだの愛とはまったく違っていた。

この愛の相違は、本書の中ですでに論じたさまざまな相違に由来している。ヴェーバーはロレンスがけっしてとらなかった方法で、男のすべての権力とともに男の役割を受け入れた。彼にとって男とはつねに世界的‐歴史的舞台で活動する俳優であって、家庭にいるとき、私的な関係にあるときには、そのような活動から休暇をとることが公認された立場にいるのである。ロレンスは『無意識の幻想』の中で、このような男のあり方はもう過去のものであると論じた。男はかつて行動し、思考した。しかし「今や男の最高の瞬間とは感情の瞬間であり、自らを女に委ねるときである。そのとき彼は彼女の大いなる感情的かつ生産的な問いにたいする完全な答えを形成するのである。彼のすべての思考、この世界における彼のすべての活動は、この大いなる瞬間に貢献する……男は今やその陰の相に入ったのである。今や彼の意思疎通は感情にあり、行為にあるのではない。」このような観念はヴェーバーにとって、またエルゼ・ヤッフェにとって嫌悪すべきものと映ったことであろう。しかしロレンスは実際のところも家庭外ではまったく権力をもたず、また家庭の中でも女の支配下におかれる危険を感じており、ウィル・ブラングエン同様「男以下」になる危険を感じていた。ヴェーバーはひとたびマリアンネの小心な崇拝を確保してからというもの、もはやそうしたことを恐れる必要はなかったのである（実際もしロレンスがマリアンネと結婚していれば、それを恐れる必要はなかったかもしれない）。

そして家庭の外の、男たちの世界において、ヴェーバーは力ある人物であった。きわめてすばらしい演説家であり、あらかじめ準備した問題についての話も、また議論の中へ即興的に入ってゆくのも巧みで、静かな話しぶりであるが音楽的で力強いバリトンの声で、一文一文が完全なかたちで優雅に彼の口から出てくるのだった。彼はどんな問題が出てきても、そのつど関連した事実をいくらでもあげることができ、説明から義憤へ、ときには毒舌をもって、そしてデマゴーグ的冷やかしにすら臨機応変に調子を変えてゆくことができた。彼はおおぜいが相手でも個人が相手でも、それがもっとも敵対する相手であっても、聞き手の注意と尊敬を自分のものにする力があった。彼の演説を聞いたあとでだれもが感動して、「政治家だったらすばらしい指導者になるだろうに」と言ったものである。ロレンスにはこうした才能はまったくゼロであった。彼はバートランド・ラッセルに、自分は一度に二十人以上の人に真意を語ることはできない、と言った。戦時中に、平和とアメリカ文学とについて講義をする準備をしていたが、どう考えてみてもそれが成功したとは思われない。彼は一対一、あるいはせいぜい二、三人を相手に顔をつきあわせたときにすばらしい話し手になった。これと対照的にヴェーバーは、相当激しいやりとりの中であちこちから攻撃を受けながら論ずるとき面目躍如たるものがあり、二、三人のグループではあまり本領が発揮できなかったそうである。彼の純粋に社交的な生活も、サロンというなかば公的の形式の中でおこなわれた。大戦直前の数年間には、毎日曜日に訪問客が城の向かい側にあるヴェーバー邸に集まり、ヴェーバーはその日の話題を大いに論じたいと思うときにあらわれるのだった。社会的人間としては、ヴェーバーはハイデルベルクの町全体に負うところも、そしてこの町に与えるところも多かった。ヴェーバーはいわば訪ねるべき町の名所の一つであり、社会的・知的現象であって、その人に与えた効果は、部分的には妻がこうした行事を演出した配慮のおかげでもあった。

ヴェーバーのスタイルとその設定

マックス・ヴェーバーとその愛の様態を理解するためには、まずハイデルベルクを理解することが必要である。ハイデルベルクは光の都であり、アポロンの国であり、ドイツの中で過剰な父権制に抵抗したすべての者の故郷である。ヴェーバーはごく自然に彼らの指導者となったが、しかし指導者であったがゆえに、彼らとは異なった資質をもっていたことになる。

一九一八年、ゲオルク・ジンメルはマリアンネ・ヴェーバーに宛てて、今や大きな責任がヴェーバー家にかかっていると書いた。つまり、マックスおよびマリアンネ・ヴェーバーは戦後の知的ハイデルベルクを再建し、あの、「ドイツ文化の比類なき宝庫」を再編成しなければならない、というのである。この美辞によって少々現実離れするのをいとわずに言えば、この責任はとくにマリアンネの肩にあった（彼女がいかにそれをこなしたかは3章で述べる）。しかしジンメルの趣旨はけっして非現実的とは言えない。ハイデルベルクはたしかにドイツの中で特別な位置にあり、またヴェーバー家はハイデルベルクで特別な位置にあった。それは一つの精神的な場所であった。シュヴァービング同様それは一つのドイツ的なタイプの精神的故郷であったが、しかしシュヴァービングとはもっとも異なったタイプであった。

ヤッフェ夫人が夫の死後ハイデルベルクに戻ったことは、すでに述べたとおりである。後に彼女の娘がそこの学生となり、教授の一人でアルフレート・ヴェーバーの同僚かつ友人であったハンス・フォン・エックハルトと結婚した。マリアンネ・ヴェーバーはそこに本拠を構え、ヴェーバーの甥や姪たちがかわるがわる滞在したものである。オットー・グロスの息子ペーターは三〇年代にここで学生時代を過ごし、カール・ヤスパースのもとで学んでいた。エドガー・ヤッフェの経済学関係の図書がわざわざミュンヘンからここに戻され、経済学セミナー図書館の基礎をなすことになった。とくにハイデルベルクに住む必要がない家族のメンバーが、それでも戻ってきてそこに家をかまえる事例がなぜかいくつも認められる。

たとえば一九〇七年、アルフレート・ヴェーバーはプラハを離れてハイデルベルクに――彼の話では不本意ながら――やってきた。わざわざ強大な兄と競いあうような場所にやってくるというのは、何か自己虐待主義《マゾヒズム》の匂いもするが、しかし、そこにはおおぜいのすばらしい人物がそろっており、「新参者にとっては啓示」と言うべきものでもあった。そこでの知的生活は「何よりもまず強烈であった。なぜならそこで起こる知的なことは何でも、すべての人の能力が、強力に、生産的に交換されるただ中で起こったからである……それはまずハイデルベルクで完全に吸収され、それから世紀の変わり目ごろからドイツで展開しはじめた新しい生活の中に浸透していった。それは知的にも、人格的にも人を高揚させずにはおかないものであり、しかもすべての方面に開放されていた」。これが「ハイデルベルク精神《ガイスト》」という、当時流行していた用語であり観念であった。そしてヴェーバーによると、このハイデルベルク精神の特徴はあらゆるものへの懐疑であって、それがヴィルヘルム時代をことさら陳腐なものにしていた。ハイデルベルクは新しい意味の深みを探っていた。グスタフ・ラートブルフによると、ハイデルベルクの「たゆみなき議論と終わりなき会話、あの〝汎哲学化〟作用」は、知的世界への、多くの頭のよい、教育のある女性の活発な参加も含めて、古典時代のイエナにまで遡らないかぎり、他に類を見ないものである。そしてそのような女性たちの一人が、言うまでもなくエルゼ・ヤッフェであった。

アルフレート・ヴェーバーにとってハイデルベルクは何よりも、彼が文化社会学に専念すること、つまり、文化的な諸価値が、文明の諸力、政治、経済、その他の社会的因子とどのように作用しあうかの研究に従事する決意を意味していた。彼は初期の工場の設置場所に関する社会学的関心を捨て、のちに彼の生涯の仕事となるべきものにとりかかっていった。それはその誕生地にもっともふさわしく、そして今世紀の中期のハイデルベルクをもっとも典型的に代表するものと言えよう。かくしてアルフレート・ヴェーバーは、ある種の反抗心を抱きつつハイデルベルクへ戻ったのであるが、結局はハイデルベルクと同一化し、そしてまたハイデルベルクもヴェーバーの名とふたたび同一化されることになったのである。

二十世紀のはじめ三十年間は、ハイデルベルクはマックス・ヴェーバーの町であったと言っておかしくないであろう。エドガー・ザリンはベルリン大学がヴィルヘルム時代に賛同する大学人のすべてを惹きつけたので、地方の大学、とくにハイデルベルクが、これに反抗する者のために開かれたのだと述べている。そして反抗者の中でも抜きんでていたのがマックス・ヴェーバーであった。ハイデルベルクは、自由主義的ドイツを「代表」していた。世紀のはじめにあって、ちょうど百年前にヴァイマールが果たしていた役割を、ハイデルベルクが果たしていた。実際ヴァイマール共和国をハイデルベルク共和国と呼べば、もっと適切であったかもしれない。一九〇八年、ヴェーバーの友人フリードリヒ・マイネッケは『世界主義と国民国家』を著わしたが、それはドイツの中心がヴァイマールからポツダムへ、ゲーテからビスマルクへ移った過程をたどったものである。マイネッケはこの過程を結果的によかったと承認する立場で書いており、この著作はドイツの自由主義的精神の持ち主がプロイセンの国家を受け入れるためにした極端な努力を代表している。しかしほとんどの自由主義的知識人は、本能的にはヴァイマールを選んでいたはずである(実際一九四六年、マイネッケは自分の初期の立場を再評価し、ベルリンにたいし、ヴァイマール——つまりはハイデルベルク——の側に立った。今やトライチュケではなく、ヤコプ・ブルクハルトが彼の師と仰ぐ歴史家となった)。ヴェーバーは社会的にも知的にもヴァイマールの伝統を受けつぐハイデルベルクの中心人物の一人であり、だれにもましてハイデルベルクの精神を実力をもって政治的生活に生かした人間であった。

彼の容貌は全体として、抑制された力という印象を与えた。彼は入口でかがまなければ通れない、という様子で入り、何となく声をひそめているようなところがあった。崇拝者たちは彼を皇帝とか、騎士《リター》、供をしたがえた殿様、巨大な戦士、などと言った。たしかに彼は人並みすぐれた強靱な精神と意志とを備え、きわめて非妥協的な真理を生きていた。彼は生活のあらゆる面において独自の意見を述べ、抑圧されたものを守り、不義に泣く者のために闘うドン・キホーテ的人物であり、訴えたり、訴えられたり、つねに訴訟事件に関わっていた。居間にあっても彼はなかば公けの人間であった。もちろんロレンスもそうであった。二人とも、生存中に神話的存在となり、他の人の献身のゆえに死後もそうでありつづけたのと同じほどに、自分の意志でもそうあろうとした。しかしながら男たちの世界を舞台にしてみると、ロレンスの神話はフリーダとのヒステリックな喧嘩に終始しているのにたいし、ヴェーバーの神話はずっと見栄えがし、少数意見の問題にせよ傷つきやすい者の弁護にせよ、公的良心のある者の喝采を受けずにはおかない性質のものであった。彼はときにゾラの「私は弾劾する(J'accuse)」に比べられた。あとのことはヴェーバーの音楽的なバリトンとロレンスのくすくす笑いとに象徴的に示されている。

ハイデルベルクをマックス・ヴェーバーの町と呼ばなかった人々は、それをシュテファン・ゲオルゲの町――詩の町、文化の町と呼んだ。エドガー・ザリンは、戦前のハイデルベルクは秘密のドイツ――つまりゲオルゲ・グループの――秘密の首都であったと言っている。「それは第一次大戦前の春であった。その当時青年だった者はだれしも忘れられない、特別な甘美と悲哀にあふれた春であった」と。あるいはシュヴァービングをクラーゲス、シューラー、ヴォルフスケールに任せて、ゲオルゲをハイデルベルクに結びつけるほうが適当かもしれない。ゲオルゲはその本性から言って詩人であるよりもむしろ詩的な文法学者である、とクラーゲスは言っているが、これはあながち誤りではない。明らかにゲオルゲは、学者的ではないまでも、きわめてギリシア的な詩人であった。ハイデルベルクは光の都であり、ゲオルゲとヴェーバーとは――この二人を並べて語るのは逆説的にみえるかもしれないが――光の顕現であり精神の不思議であった。ゲオルゲの信奉者たちにとってはヴェーバーは本質的に暗く、光の敵であり、権力の奴隷であると映ったかもしれない。しかし、彼の暗さは蠟燭の光の中心にある暗さであった。彼は光の源には燃焼があることを知っており、いわば彼自身が光の芯にある暗い穴であり、燃焼そのものであった。しかし彼は光に仕え、光を創り、そのために身を犠牲にしていたのである。

ヴェーバー自身がハイデルベルクについて言ったであろうことは、『中国の宗教〔儒教と道教〕』の中の「文人《リテラティ》」の章にうかがわれる。というのは、それは彼が熟知していたドイツの学界にもしばしばあてはまると考えられるからである。中国の文人の特徴として挙げられているものの半分は、彼自身が自認している特徴であり、残り半分は彼の同僚の中に認める特徴である。そして彼は、文人たちのカリスマがもっぱら、読み、書く技術に由来するのであって、その技術が適用された実践的成果によるものではないと主張している。中国の文人たちは教育の場の貴族であった。彼らが成功したのは科挙の試験を通る技術によってであり、彼らの成功は、一つの公務の遂行であった。文人たちの師、孔子はまず役人であり官僚であって、副次的に教師で文筆家であった。彼らが、官職、職務、「福祉」といった概念を創ったのであり、それをヴェーバーが繰り返し研究したのは、こうした概念が、彼自身の階級としての、また個人としてのディレンマと深く関わり合っていたからである。

もちろん中国の文人たちとヴェーバー自身の学問的サークルとのあいだの並行関係は完全ではない。文人たちのことばは話しことばではなく書きことばであり、絵文字的かつ記述的であって論理的でも修辞的でもない。一方ヴェーバーの言語、すなわち指導者としての彼の言語は、語られ、論理的かつ修辞的であった。彼らの文章は「掛けことば、美辞、古典への言及、洗練された文学的知性」が特性であった。彼らの教育は「ギリシア的」といってもよいくらいで、いかなる宗教的教典にも関心がなく、その政策は福祉国家的なものであった。その精神構造において平和主義的であり、戦争によって生きていた中国の社会における諸力の敵であった。

ヴェーバーの分析によると、封建的大家族と皇帝のスルタン制的ハーレムの双方から支持された道教は、魔術と神秘主義を用いるものであったが、これこそ文人たちが主として闘わねばならなかった敵であった。それは彼のドイツにおいては、宮廷の封建制とシュヴァービングの神秘主義——双方ともハイデルベルクの敵であった——という、当時のもっとも危険な力とヴェーバーが考えていたものである。中国の文人たちは自然科学には興味がなく、ましてや魔術にはもっと興味がなかった。道教と大乗仏教は女性的な、情緒的心性に訴えるが、儒教はきわめて父権的であった。「誇り高く、男性的で、合理的、冷静な儒教精神、それはローマ人の心性にも似ている」とヴェーバーは述べている。彼らは死を冷静に受け入れ、罪の観念はなかった。

中国の文人たちを分析するのに、ヴェーバーが皮肉な、しかし愛情に満ちた賞賛をもってしていることが感じられる。彼は彼らの情緒的‐倫理的生活の二重性を明らかにしているが、同時に、支配階級として彼らが完全に他より優越していたことをも指摘している。おそらく彼自身が身辺の状況について同じような態度をとっていたのではなかろうか。自分をとりまく環境の陳腐さや根柱のなさにいらいらしつつ、彼自身にはカリスマがあるゆえにこうした弱点から救われるにちがいないと信じ、理性のかわりに情念をおこうとするあらゆる革命分子にたいして闘おうと彼は考えていたのである。

われわれが伝えきくヴェーバー自身の人柄についての

事実も、その文化的文脈から切り離すことはできない。ルートヴィヒ・クルティウスによると、ハイデルベルク社会はその時々で変化する要求と問題をもっていたが、それ自体としては本質において永遠であるヨーロッパ精神の統合を提供しており、少なくとも提供しようとしていた。知性の最高の理想のためにともに奉仕する仲間たちのあいだには、魅力ある自由と平等とがみられた。「貴族的かつ人文主義的な心情が暗黙の基調となっていた。」この貴族的共和国には支配者はいないが、その創建《ヘロス・クティステス》者は存在する。それがマックス・ヴェーバーであった。このもう一人のクロムウェルは、近代思想の全領域を吸収する知的植民地を支配していた。純粋に知的な力だけで、彼は自分が彼らの大将《チャンピオン》であることを認めさせたのである。

　もちろん、その認知は全員一致のものではなかった。生物学者ハンス・ドリーシュは、ヴェーバーは暴君であり、その信奉者サークルは熱をあげすぎていると考えた。美術史家カール・ノイマンは、ヴェーバーは権力者《クラフトメンシュ》の役を演じており、何事も過剰であると言った。しかしノイマンはヴェーバーのみならずヴェーバーにつながるエルンスト・トレルチ、ヴィルヘルム・ヴィンデルバント、ディートリヒについても同じ批判を下している。ノイマンは彼らが「みな与えられた給料以上の生活をし、実際以上に無謀なふるまいをしている」と考えた。この時代のビスマルク中毒に彼らもまたかかっていることが、そこに暴露されている。ノイマンはなぜマックスが大きな神話的存在になったのかに関して、彼が生存中にハイデルベルク神話として知られていた理由は、彼が無条件的にロマン主義的人物で、苦悶と葛藤のただ中にあったからであり、一方ハイデルベルクのもう一人の重要人物クノ・フィッシャーは無条件に古典的人物で、茨の冠のキリストであったから、そのまわりには何の神話も生まれなかったのだと、興味深い指摘をしている。

　しかし、ほとんどの人々がヴェーバーの人格をそのままのかたちで受け入れていた。その中には、一九五八年になってもまだ「彼はわれわれの時代の最大のドイツ人であった。私はもう半世紀もこの確信を崩さずに生きてきた」と言いつづけるカール・ヤスパースのような弟子もあった。そしてまた一方では、自分にはヴェーバーを同じ人間として讃える資格がないと感じたグスタフ・ラートブルフのような、感じやすい、すぐれた人間もあった。ラートブルフはヴェーバーの声を評して「自らを抑えつける獅子の声音（sich selbst dämpfende Löwenstimme）」と言っており、彼の姿も声も人間のスケールを越えている（überlebensgross）のであって、厳しく抑制しないと本来の限界を超えてあふれだすようだと述べている。こうした共鳴がヴェーバーの周辺から戻ってきたのであり、それは彼の地歩をいやが上にも強固にするものであった。

ヴェーバーは不本意にも大物という印象を与えてしまう、というふうであった。彼の講義の様子については、晩年にミュンヘンでその講義を聞いたマックス・ラインシュタインによる記述がある。

しかし、ヴェーバーの講義は準備された本文《テキスト》を読みあげるというものではなかった。教室にもってくるのはキーワードになる用語を記したらしい小さな紙片だけであった。こうして学生は学者の、また芸術家の、創造の過程を目のあたりにして魅了されてしまうのだった。ことばと思想とが火山の噴火のように次から次へと産み出されていった。ヴェーバーは早口で、実に急速に話をすすめた。このことばの奔流を理解するのは容易ではなかった。しかし、その話の内容のすべてが最高に計算され組織立った秩序につながっており、しかも最高に正確な語で話されていた。「あー」とか「うーんと」とか、反復とかは、教育的配慮による場合以外は皆無であった。すべてのことが的確なことばで、的確な順序で話された。提示されたものはこのように冷静で客観的であったが、その学者としての冷たさの背後に、この異常な人物の中で燃えている情熱の火とそれを抑えつけている鉄の意志とが、われわれ学生には伝わってくるのだった。

弟のアルフレートの講義の仕方はこれとは対照的で、情熱的で攻撃的であり、幾重にも話の筋が絡みあい、示唆的で、不完全であった。その「情熱の火」は表面で燃えていた。

ヴェーバー自身はどうかと言えば、彼は人物崇拝は当代の病いであると考え、輝かしい指導者から救済の真理を求めようとすることにはまったく反対であった。このような要求はニーチェとゲオルゲの信奉者たちによってはぐくまれたものであると彼は考え、偉大な人物となる唯一の方法は、事物《ザッヘ》に、大義ないし事実に完全に身を委ねることである、と明言している。客観性《ザッハリヒカイト》こそ彼の倫理的大スローガンであった。彼自身は、つねに自分を表に出さないようにしていたが、そのゆえにますます、この時代が崇拝してやまない種類の大人物となったのである。ゲオルゲ・サークルのメンバーですら、彼に違和感を抱きながらも、その人物の重要性を認めざるをえなかったとザリンは書いている。「ここに至高のレベルに実現された時代の理想の姿があった。その偉大な人物は、あらゆる点で人より優れた切れと鋭さをもち、あらゆる天分と知識に恵まれ、さらに高貴な熱意と感動的な義務感をもちあわせているが――しかし喜びと幸せがない」と。ゲオルゲたちは一九一三年の十月にローマではじめてマックスに紹介され、ザリンは彼が「大男で、重い大またな足どりで大地を歩き、彼のまなざしは秋の田舎の風景にでも、かたわらを歩いている人にでもなく、暗く内面に向けられ、その顔には陰鬱な思想の皺がより、その髭はあたかも精神の電波と電流が流れているかのようにぴりぴりしていた。」彼には芸術家的なもの、南方的なもの、ロマンスの伝統といった、ゲオルゲ的なものはまったくなかった。彼のすべてがゲルマン的ないしスラヴ的であった。別の機会にはザリンはヴェーバーをテルトゥリアヌスに比較し、「自分自身の本性にピューリタン的厳しさをもって抗った巨人《タイタン》」と言っている。彼をエレミヤに、あるいは彼のグループを預言者に比べることはごくふつうにおこなわれていた。

　ヴェーバーが『古代ユダヤ教』の中で預言者について言っていることが、彼自身にいかによくあてはまるかという点は、読者の注目を惹かずにはおかない。彼らは孤独な個人であって祭司階級に属していない。預言者は自分たちが不合理な恍惚状態にあるときに受けとった霊感について厳しい合理的な統制をおこなっている点をヴェーバーは指摘している。人々に語るまえに彼らは心霊術的興奮――そこには明らかに性的なおこりの要素が入っているが――を、倫理的な教訓に変容させたのである。ソロモン王がユダヤ国王をスルタン化したとき、はじめて彼らがあらわれ、外国人の王女たちとその祭司たちからなるハーレムを追放すること、官職の割り当てについて王のひいきをなくすこと、戦車をもつ常備軍を解散すること、および王の財産を分配することを要求した。彼らが予見した大いなる悪とは政治的および文化的悪であり、ユダヤ国家がエジプト的な賦役国家と化し、官僚支配による儀礼国家と化すことであった。この運命にたいしてまずエリヤが反対の声をあげた。* 預言者たちの讃えるヤハウェは土地の神ではない。豊穣と農作の神話の神はバアルであった。バアルに仕える祭司たちは、祝宴を用意し、宗教的な恍惚状態に達するために踊りと酒を用い、これから鋤を入れられる土地で儀式的媾合をおこない、神聖な性行為がおこなわれた。ヤハウェは山の神、国の神、戦いの神であった。預言者たちはイスラエルを王たちとバアルから救ったが、ヴェーバーはドイツを、ヴィルヘルム二世の封建的ロマン主義とシュヴァービングの「宇宙サークル」の豊穣の神話から救おうとしていた。ヴェーバーはバアルが平和と繁栄の時期にはいつも信奉者と権力とをかちとることを、一方ヤハウェは戦争と国家の危機において力を強めることを指摘するのを躊わなかった。

以上でわれわれの図式の中で彼を「父権的」人物と位置づけるのに十分であろう。しかし彼は父権制党の中の改革派である、ハイデルベルク派に属していた。彼は自分をブルジョア階級と考えていた。ビスマルクを首領とする封建貴族《ユンカー》は敵階級であった。一九〇六年のクルップ＝フォン・ボーレンの結婚式は、彼がドイツの政治において憎むものすべて——皇帝によって後援された、巨大産業と擬似貴族との同盟——を象徴していた。

彼は性の問題については、伝統的な道徳を受け入れているごく一般の人々と同一化していた。自分自身については彼は市民《ビュルガーリヒ》道徳を目指しているにすぎなかった。そして「あなた自身も気づいているように、私もときには〝エロス的な〟女性も十分好きになれる。けれども私には、そのような女性に自分を結びつけるとか、友情を築くということはできないのだ。それはすでに明らかなように、私がそういう女性に適した友人になれないから、そういう女性には〝エロス的な〟男だけが価値をもつからだ」とフリーダ・グロスに言ったと、妻に語っている。彼が個人的にエロス的な性癖をもつ人のことを言っているのではなく、エロス運動のメンバー全体のことを言っていること、フリーダの夫オットーをとくにエロス的な男とするような性質について言っていることは明らかであろう。

一九〇六年、ヴェーバーはオットー・フォン・ハルナックに宛てた手紙の中で、「わが国民が、いかなるかたちにおいても、厳しい禁欲原理を守ったことがないという事実が……私が自分を憎むようにこの国を憎む理由である」と思われる、と言っている。こうした感情は年を経るにつれて変わっていったようであるが、しかし彼は最後まで、単純で、平凡な、平均的美徳を最上のものと主張しつづけていた。彼はオットー・グロスが民主主義的原理と呼んだものの代表でありつづけ、今、ここのすべての人間がもちうるような美徳だけを信奉していた。人の主たる倫理的義務は自分たちが実際におかれた現実の諸事実を正視すること、魔術を解かれたこの世界に生きることであって、もう一つの魔術化された世界を求めることではないのだ。ヴォルフガング・モムゼンは、ヴェーバーの生涯の仕事がドイツ・ブルジョアをその真の本性にひき戻すこと、つまり皇帝によって誘導された自己貴族化する幻想からひきもどすことであったと言っている。一九一八年ヴェーバーは、ドイツ人は規律の国民(Disciplinvolk)である、と言った。こういった発言は彼の道徳に特徴的であって、それがポツダムの道徳とは言えないとしても、さらにシュヴァービングの道徳ではなかった。われわれはこれをハイデルベルクの改革者と呼ぶことにしよう。

二つの精神の比較

ヴェーバーとロレンスとは探求する知識の領域を正反対の方向に求め、正反対の知識の様態を体現していた。ロレンスにとってそれは芸術的想像力の様態であり、個人と個人のあいだの領域に属していたが、ヴェーバーにとっては非人格的な科学的知識と政治活動の様態であり、公けの事実の領域、すなわち団体や制度についての経済的・社会学的な事実の領域であった。そしてそれぞれが支払わねばならなかった代償は明らかである。ロレンスは社会的な事柄についてはしばしば金切り声しかあげられず、愚かなことしか言えなかった。ヴェーバーは、内面的な生活については自分自身の内面についてすらしばしば鈍感で、因襲的であった。二人の想像力は、自分が

＊　ヴェーバーが自らをこの孤独なアハブ王への反抗者、エゼベルの破壊者と結びつけているのは、オットー・グロスのエリヤにたいする憎悪を考えてみるととくに興味深い。

選んで集中した領域をいったん離れてしまうとまったく場ちがいだった。しかしこのことがもし、他の考えうるいろいろな社会学者と小説家の組み合わせより、とくにこの二人にあてはまっているとしたら、それは、彼らがたんに愚かなまでに極端だったからというわけではない。ここで「場ちがい」というのは、彼らそれぞれの英雄的な企てについての、平凡な常識が下した判断にすぎない。ロレンスは「公事」を私的生活の下位概念としようと試み、ヴェーバーは私的・内的なもののすべてを社会学的データに変えようと企てたのである。自分本来の領域内においてすら、彼らの想像力の行使の仕方には何か英雄的なところがあり、かつ自己戯画化しているところがあった。ロレンスの描く私的生活はまったく現実離れしてて個人的であり無条件のもので、個人が互いに、あるいは自分自身と、内的・外的状況といった媒介物ぬきで格闘するものである（彼の小説には偶発事というものがない）。そして一方ヴェーバーの公的生活は非現実なまでに公的で、非人格的で、人間や出来事が正当性と支配の様態におきかわっている（たとえば『社会的・経済的制度に関する組織理論』における「友情」の意味は、「われわれ観察者が、ある特定の個人の、明らかになったある種の主観的態度のゆえに、平均的な場合、ある特定のタイプの行動が起こされるであろうという蓋然性がある、ないしあったと判断すること」である）。しかし、こうした極端さが彼らの著作の中にあらわれるのは、二人の男の中の逆説的な現実主義と両立し、さらに中庸化とすら両立するようなかたちにおいてのみであることが、他の著作家たちの著作と比べたときに明らかになる。このことが、言うまでもなく彼らを偉大なる精神と呼ぶ理由なのである。彼らの過剰解釈は英雄的であり、愚かではない。

こうした相違を要約する最上の方法は、ヴェーバーがアポロン的精神を、ロレンスがデメテール精神を例証している、ということであろう。しかしもっと正確に述べるためには、アポロンとの対比にデメテール以外の女神を選ぶべきである。デメテールは母権制全体の女神であるのにたいし、アポロンは父権的生の一領域——精神の領域——の神であるのだから。したがって小説家ロレンスはデメテール的人物であると言えるが、エッセイストおよび思想家としてのロレンスには別の呼称が必要である。母権的様態の内部での精神の守護神としては、ディオティーマを選ぶことができよう。結局のところ、バハオーフェンはソクラテスがディオティーマに学んだという伝説を重視し、これが母権的知恵の優越性を示していると解釈している。したがってディオティーマは非体系的な精神のはたらき方、ほとんど概念を用いない、現実的ないしは想像上の具体的事例に依存した直観的判断であり、感情の正しさに頼るものを代表している。それは主たる価値として豊饒性と家庭性、そして生と愛とを志向している。秘儀や伝説に敏感に反応し、遠い昔の宗教や文化のもつ遠さと正当性とに反応する心性である。これは精神の正当な用法の一つである。とくに小説家や文筆家、文芸批評家にとってそうである、ただし、いわゆるアポロン的な精神の使用法とは明らかにまったく別物である。

　ヴェーバーにおけるアポロン的要素を表わすには、当然、彼が高度に抽象的なカテゴリーを用いることを挙げるべきであろうが、彼が紛れもなくこのグループに属するという強力な特徴は、彼が本質的に広い意味で合理的な人間であったということにある。レーヴィットは、ヴェーバーが検討していたある仮説的な社会学的カテゴリーを結晶させるのに、方法論上重要な役割を果たす「理念型」の観念について、こう書いている。「理念型の構成のもとは一人の特定の〝幻想をもたない〟個人である。その人はただ一人、客観的に無意味で単調な、そしてそのゆえにそれだけより〝現実的に〟なった世界によって、我に返ってしまっているのだ。」この幻想をもたない個人、ヴェーバーその人は、その非幻想性のゆえに、意味と価値とを自ら創り出さざるをえなかったのである。彼は「人間的英雄」に、自分以外の何にも責任をもたない自由な個人にならざるをえなかった。彼はマルクスが「疎外された」人間と呼んだものであった。ヴェーバーの「合理化」は、マルクスの「疎外」にたいする解毒剤であった。合理化はすべての自由の場である。なぜなら、それは近代的生のすべての秩序と組織の形而上学的現実に挑戦するからである。

　ヴェーバーとロレンスとのあいだのもっとも著しい対照は、ヴェーバーにとって自由人とは目的をもって行動することを意味していた、という点にある。彼は非合理的な予測不可能性あるいは遊びの本能が人間の自由の源であるという考え、たとえばトレルチやマイネッケなど自由主義的な友人たちに人気のあった考えを拒否していた。実際、合理化が世界中に普及していくことがその反動として非合理主義を育てていることを見てとった彼は、人間的英雄はこの先祖返りの反動と闘うべきであるとした。たしかにヴェーバーは合理化を愛するとともに憎んでもいた。彼の知っている自由とは鉄の格子の内部の自由であった。さらにこのような両義性、あるいは少なくともあるかたちでの疎外、あるかたちでの「客観性」は、つねにアポロン的精神の特徴である。それはすべての自己中心や偏見をぬぐいさった純粋な真を愛する。レーヴィットが指摘したように、ヴェーバーは自分をある社会の一部分に属するメンバーとして、たとえば科学者として、教師として、哲学者として示したが、けっして全人間として示したことがなかった。自分の生の局面をこのように分割するところに自由がある。それが完全な自己認識を可能にするのである。そのような分割によってのみ、人は純粋な客観性を達成できるからである。しかしヴェーバーはまた、人はこのような生の局面の内部における行動に全自我を投げこまねばならないとも信じていた。「なぜなら、情熱をもってなすことができないようなものは、人間としての人間に、何の価値ももたない」からである。それがヴェーバーの、苦しみと闘いに満ちたアポロン精神であった。

　これときわめて鋭い対照を見せているのがロレンスの、もっとも深いところにある生はけっして目的のあるものではなく、それは「彼方から」あるいは「後から」人間の中に入ってくるものだという信念である。そして、人はつねに全人間として行動しなければならないが、しかしその最良の瞬間において人は「自分に属していない」。人は自らを血に、「身体の中を吹く風」に、情熱に委ねなければならない。そして、そうすることによって彼はつねに全体的存在として行動することを約束したのである。

　身のまわりの事物の中に彼が探し求めたのは意味であるが、しかもその意味とは生のもつ意味であるのだから、たんに「私にとっての意味」ではなく、次の瞬間にはそこにないかもしれない、あるいは別の人のための意味かもしれないものだった。アポロン的精神が探し求めるのはものの事実性であり、いかなるときにもすべての人々のためにあるものであり、あてにすることができ、数えることができるものであった。アポロン的精神は本質的に規律的である。なぜならそれは本質的に自己疎外されており、その主たる倫理的責任はすべての人の視点を考慮に入れ、分配的に正しいものであるからである。それはロレンスにとっては、もしやるだけのことはあったとしても、話す価値のないものであった。それはたとえば正義といった、美徳全体について言えることであった。ヴェーバーの父権制は、生と愛のためではなく法と秩序に責任をとるような人間の生き方であって、一方ロレンスの生き方は、行政官や監督になどなれないしなりたいとも思わないような人のものであった。

父権制は、われわれが母権制と呼んだものによってだけでなく他にも多くの反対者によって挑戦されうるものであったし、実際に挑戦されたということを、もう一度述べておいたほうがよいかもしれない。西洋の歴史全体をそのような父権制への挑戦の歴史として読むこともできるのである。たとえば、サミュエル・リチャードソンの想像的で倫理的な世界も反父権的である。『パメラ』と『クラリッサ』は夫と父親の支配にたいする反抗であり、邪悪なまでに魅惑的な貴族への、また性における男の指導性という伝統への抗議である。しかし、リチャードソンの抗議はあくまで乙女座の処女のしるしのもとに来るもので、その先頭に立つのはパメラ・アンドリューズとクラリッサ・ハーロウである。彼とその読者たちは、特権と権力という古い伝統に反抗したのであるが、その権力は神の意志と自然の運行との、長く祝福された結びつきによって、またそれとともにもたらされる「種まきと収穫」の喜びによって自らを正当化していた。リチャードソンが暗に示しているのは、そのような正当化はもう人の心を把えはしない、という点である。これからはすべての男と女は、倫理的な存在であって同等であり、その区別は、彼らのうちだれが他よりも感情の洗練と行動の正しさを進めているかということだけである。業績《メリット》だけが人間に区別をもたらす。こうしたすべての考えにたいしフィールディングの『トム・ジョーンズ』は、ユンカーの著者にふさわしい、粗っぽい父権的回答を与えている。フィールディングの感性は、彼が判事をしていた経験に由来しており、それは愛と生のためではなく、法と秩序のために責任をとる者の感性である。彼は一つの不正ともう一つの不正とを秤にかけ、大半の問題に先例からなる解決法をすすめ、倫理上の特殊な点をあまりに微妙な点まで、あまりに情熱的に掘りさげることには反対だった。重要なのは全体像であった。

このような十八世紀イギリスの父権制にたいする抵抗運動は、十九世紀におけるドイツでのヴェーバーの改革主義に似ていなくもなかった。マリアンネ・ヴェーバーは特別に処女的な女性でクラリッサ・ハーロウと結びつけて考えることもでき、一方マックスは、ユンカーの父権制にたいするリチャードソン的な（そしてデフォー的な）革命をドイツにもたらそうとしていたと言ってもよいかもしれない。しかし、イギリスの父権制を変容させたあの十八世紀の愛国的資本主義とカルヴィニズムの経験がなかったことは、ドイツの悲劇であった。そして一九〇〇年になってしまえば、処女マリアの名のもとに反抗を呼びかけて想像力をかき立てるにも、もはや遅すぎたのである。ロレンスとフリーダはすでに有力な時代のしるしをみつけ、それを自分たちの規準として、真に父権制にとって代わるものを約束した一つの反抗運動を宣言していた。これはヴェーバーからすれば極端すぎた。彼は中庸を求め、旧来のものの改訂版をうち出し、そのために闘った。ひとりロレンスの教説だけが真に想像的な革命をふきこむ霊感となりうるものであった。ここに両者は妥協の余地なく対峙させられたのである。

にもかかわらず、この二人の男が決定的に関心を抱くもののリストには、著しい合致点があった。たとえばヴェーバーの図式の中では、合理主義とカリスマとが対概念となって、歴史的・社会的発展の主な両極性の一つをなしている。彼は西欧文化の歴史を、悲劇的にもますます増大する合理化の不可逆的な過程とみなしており、そこから逃れる道はカリスマ的人物の噴出と彼らが生みだす歴史的運動によるしかない、と見ている。この合理化の過程は歴史的には軍隊と修道院に発しており、その発現はカルヴィニズム、資本主義、官僚制である。それは規律と禁欲主義によって自らを律し、個人を非人格化し、そしてやがて個人を一連の機能に具現化する。こうした用語自体はロレンスの見知らぬものであったが、こうした概念、とくに意味の図式は身近であった。この点では、二人の男のイデオロギーの相違は、同じ診断からいかに異なった行動の図式を抽き出したかということのみに存すると言える。一方のヴェーバーがこの運命を甘受し、その車輪の下に崩れなければならないと言うのにたいし、ロレンスはそこからの逃亡を企て、規律と禁欲とを否定して、カリスマ的指導者となること、治癒信仰の中心となることをめざした――もちろん〈女〉の世界を通じて。彼は小説の中にカリスマ的男たちを描こうとしてはいない。指導者小説は別であるが、この分野では彼はあまり成功していない――しかし、『虹』『恋する女たち』『チャタレイ夫人の恋人』はフリーダのカリスマ的現在に満ちみちており、〈女〉と〈大地〉と〈愛〉と〈生〉とが強力な等置関係で結ばれている。

　フリーダが規律と禁欲との対極を代表していることは議論の余地がない。それはすべての天職の倫理、職業《ベルーフ》にすら対立するものであり、実際彼女は男たちが仕事のために時間を費やさねばならぬのに同情していた。しかし、女のカリスマは男のカリスマとは異なっているのがむしろ当然であることも注目すべきであろう。〈女〉の世界ではカリスマは生の創造、豊饒性、官能性、新生にある。母権制《ムッターレヒト》のカリスマはフリーダ・ロレンスにのみならず、ファニー・ツー・レーヴェントローにも例証されており、ファニーの未婚の母の思想は、フリーダが子供たちを失うことにたいする嘆きの一因ともなっており、そしてまたそれが、彼女の嘆きにたいするロレンスの怒りの一因ともなっていた。彼女は子供を所有すること、すべての男から独立していることを前提としていた。『翼ある蛇』の中でこうした母権《ムッターレヒト》的カリスマをケイト・レスリーのうちに見いだすことができるが、これは、ヴェーバーがカリスマについて語ったときに心のうちに描いていた指導者である父権制《ファーターレヒト》のカリスマ、ドン・ラモンに対応している。ドン・ラモンの従順な妻テレサはケイトと対照的であり、カリスマ的男性にとっての完璧な妻であった。彼女はカリスマ性の燃料をくべる。ロレンスはラモンとテレサのほうを、夫のほうが妻のカリスマ性の火をくべるケイトとヨアヒムより望ましいという選択をしたいと願った。彼は父権的な指導性と愛の様態を母権的なそれよりも望ましいと考えたかった。が、自分で完全な確信に到達することができず、小説ははっきりしないまま終わっている。そして『チャタレイ夫人の恋人』は、彼の〈女〉の世界への回帰を宣言しているのである。

　しかしながら、実はロレンスとヴェーバーの理論のあいだに時代の診断についての収斂現象があり、それは、ヴェーバーの『プロテスタンティズムの倫理と資本主義の精神』の中の次のような一節からうかがわれる。「キリスト教の禁欲主義は、はじめは世界から孤独へと逃げていったが、自らが非難した世界を、修道院から、また教会を通じてすでに支配していたのである。しかし、それは全体としては、世界の日常生活における自然で自発的な性質を変えはしなかった。しかし、今やこの禁欲主義は生活の市場へと侵入し、修道院の扉をばたんと閉めきって生活の市場を濶歩し、まさに日常生活の中にその規律性をもちこみ、この世界の中に、しかしこの世のものでもなくこの世のためでもない、一つの生活を築きあげにかかったのである。」ロレンスとフリーダは世界中をめぐって、ヴェーバーの記述する強制力に冒されていない生活形態を探しまわった。そして、ニューメキシコでロレンスとブレットが農場にフリーダのための離れを建てているあいだ、フリーダはベッドに横になってたばこを吸っていたが、彼女はそのとき、こうした強制力を良心的に克服しつつあったのである。同様にオットー・グロスもまた気が向けば一日中ベッドに横になっている才能があり、それはまさにウィル・ブラングエンがアナを羨望してやまない才能であった。一方ロレンスは、つねに働きつづけ、生産し、達成し、そして卓越するべく努力させるこの強制力をたえず経験していた。

　ロレンスとヴェーバーが多くの点で軌を一にしたことは次のような一節にも明らかである。これはヴェーバーが書いた文章であるが、ロレンスが書いたとしてもおかしくない。

> 客観化された精神とは生命のない機械である。これによってのみ精神は人間に仕え、ちょうど工場におけるのと同じように、毎日の生活の仕事を完全に支配させる力を人間に与えるのである。客観化された知性とは生きた機械であり、訓練された技術の専門化と、管轄権の分配、その規則と権威の階層的関係をもつ官僚組織にほかならない。生のない機械とともにこの生ある機械は、さまざまな絆の殼をつくりあげるのに忙しい。いつの日か人は、古代エジプトの農夫のように、その中に無力に住まわねばならぬ日が来るかもしれない。

　ヴェーバーもロレンスも、官僚的で機械的な合理化の歴史的顕現を、アングロサクソンのピューリタニズムのうちに見た。そのこともあって、二人ともアメリカの白人文化に夢中になっていた。ヴェーバーの『プロテスタンティズムの倫理』とロレンスの『米国古典文学研究』の中で、ベンジャミン・フランクリンがおどろくほど似たかたちで扱われているのを見るのは興味深い。また二人ともアメリカに旅をして重要な経験をし、その話を如実に描いている。ヴェーバーが話題を都市に集中し、ロレンスの話は人のいない風景に集中しているのはともに象徴的である。そして二人にとって、もう一つの重要な国はロシアであった。二人ともロシア語を学んでからそこへ行く計画を立て、ヴェーバーは一九一一年に、ロレンスは一九一七年の革命のあとに訪れている。ヴェーバーにとってもロレンスにとってと同様、ロシアは基本的にトルストイとドストエフスキーの国であり、ロザノフ、シェストフ、そしてソロヴィヨフの国であった。ヴェーバーはトルストイについての本を書く予定であった。ロレンスにとっても彼にとっても、トルストイは世界放棄の挑戦を具現する人物であり、その挑戦は『アンナ・カレーニナ』の創作者からきたがゆえに、ますます大きな挑戦とみえた。のちのガンディと同じく、トルストイは父権的および母権的生活様式の双方に、同じ程度に挑戦したのである。

アメリカとロシアと同様、イタリアもまた二人の男に同じ意味をもっていた。それは美の国、古代の豊饒の国であり、合理化以前の国であった。フランスはほとんど意味をもたず、ヴェーバーにとってのイギリスはロレンスにとってのドイツと同様、多くのことを学んだ国であるが、もはやこれ以上新しいものは期待できない国を意味していた。

彼らの描く世界地図もまた、だいたいにおいて似ていた。二人ともヨーロッパに背を向け、別の説明の可能性をもとめて非ヨーロッパ世界に向かった。しかし、ロレンスが典型的にも、いくつかの部族がその厳密な意味におけるる母権制文化をもっているニューメキシコや、消え失せたエトルリア人、つまり先史時代の自然民族(Naturvölker)に惹かれていったのにたいし、ヴェーバーは、別の大いなる文化民族(Kulturvölker)、中国、インド、古代ユダヤ人に向かった。二人とも、西欧文明にかかわる選択肢を研究することによって西欧に光を当てようとしていた。しかし、ロレンスの研究がつねに少なくとも少数の人々に一つの脱出の希望を約束するのにたいし、ヴェーバーは有利な点とともに不利な点をあげ、そして何事も約束しなかった。

こうしてみると、この二人の男は同じ知的世界に棲み、同じ観念の風景の中に棲んでいたと言っても言いすぎではなかろう。ただ、彼らがうちだした行動の構図はひどく異なっていた。その行動の構図のさまざまな面について二人が抱いた感情や関心もまた、たいていは違ったものであった。しかしこうした相違にもかかわらず、ヴェーバーとロレンスは、たとえばヴァージニア・ウルフやT・S・エリオットよりも、知的射程を共有するところが多かったようである。

感情についての大いなる相違は、少なくともその最高潮において、ヴェーバーとヴェーバーの世界が悲劇的であったのにたいし、ロレンスの世界は、少なくともその意図において、その反対であったという点である。ヴェーバーは西欧社会のさまざまな企てが達成するために支払うべき、耐えがたいがしかし避けることのできない代価があると主張した。それは彼の著作が明確に述べている内容であるとともに、彼の人格が暗々裡に伝えているものでもあった。ロレンスにとっては、悲劇とは救済と同様、自己をドラマ化するための観念であって――彼は「すべての人に自分のハムレットがある」とよく言ったように――自己発展の中で自ら悲劇を超越したことを誇りとしていた。個人的な運命にもその世界像の中にも悲劇となるべき可能性は数多くあったが、彼はそれを自ら具現することを拒否した。彼は、メキシコの農民が彼を「キリスト（Il Criste）」と呼んだときに腹を立てた。「狐」と呼んでほしかったのである。実際、彼の人生には悲劇的な出来事が欠けている。たとえばシェリーと比べてみると、自殺、希望のない恋、暴力、投獄、逃亡といったメロドラマが欠けていた。バートランド・ラッセルの人生に比べてすら、そうである。

このような彼の悲劇性の欠如はフリーダに由来するもので、『カンガルー』の中で彼が述べているように、彼女は人々が彼女と喧嘩することを「許さ」なかった。また彼女は人々が深刻になりすぎることも許さなかった。フリーダの世界では陽は必ずまた昇るのであり、次に陽が昇るときまでにはもっと重要なことが起こるのだ。何事も最終的ではなく、あるのは循環と新生であった。悲劇は男たちの世界に合う生の形式であり、直線的で前進的な、倫理的な歴史の世界にふさわしい。しかし、ロレンスはと言えば――フリーダのゆえに――死の船が完全な闇の夜の中に入りこんだあとで、必ず地平線上に光る一点の灯を見るのであった。ここは喜劇の循環の世界であり、ロレンスはその意味でもっとも真面目な喜劇役者であったと言えよう。喜劇こそ〈女〉の世界の生活形式であったから。

ロレンスとヴェーバーがそれぞれの絶頂期にあって共有していたもっとも重要な原理は、価値の多神原理であった。たんなる多神教というだけでなくて、この価値の多神性の原理は相互に敵対し、相互に妥協できない基本的諸価値の衝突にあえて直面することを意味していた。ヴェーバーは現代の状況を、信条の混乱という点から古代の多神教崇拝になぞらえている。「かつての数多くの神々が、脱魔術化され、したがって非人格的なかたちをとって、その墓から立ちあがり、われわれの生活に力を及ぼそうとし、われわれの中で互いの永遠の戦いをはじめている」と。しかし、この状況を彼は悲劇的に受けとっている。「諸価値間の関係は、最終的にはどこでも、いつでも、選択の問題ではなく、死に至る闘いという妥協のない問題であって、それは〝神〟と〝悪魔〟のあいだに妥協の道がないのと同じである。」一方ロレンスはと言えば、彼は「ある日には甘美なキリスト教の同盟の集いに属し、翌日には生のビーフステーキを鞍にしてアッティラのあとについて走り、すべてのキリスト教国にたいし勝ちどきの声をあげる赤いおんどりを見にゆくことができる」と快活に言っている。そのような多神教は、〈女〉の世界ではまったく自然なことなのである。

しかし、ロレンスがめったに足を踏み入れなかった男たちの世界、すなわち政治の世界では、ヴェーバーが彼のエロスの世界で従僕であったのと同じほどに、彼はヴェーバーの部下であった。ヴェーバーの領域では彼は同じ王のために闘ったが、その力は弱く、その権威も小さかった。ヴェーバーと同じくロレンスも、理想的な民主主義が実現可能であるとも、また実現可能な民主主義が理想性をもつとも考えてはいなかった。ロレンスは、ヴェーバーが戦後ルーデンドルフ将軍に与えた定義に賛同したにちがいない。「民主主義下では人民は自分たちの信頼する指導者を選ぶ。すると彼は言う、さあ、これからは黙って従え、人民からも党からも助言は要らない」と。ルーデンドルフですらそのような民主主義の定義づけを好んだのであった。しかし、このような発言がなされた文脈から、ルーデンドルフとヴェーバーとの深い相違と、ヴェーバーとロレンスの相似が明らかになってくる。なぜならヴェーバーはこのことばを通してルーデンドルフに、彼が戦争の責任を引きうけ、犠牲として自らを連合軍にゆだねること、ドイツ国民全体の身代わりの山羊となることを勧めたつもりであったが、将軍にはこのような考えは理解不可能であった。英雄的なまでに高められた倫理的な責任感を有する指導性こそ、ヴェーバーとロレンスの信ずる民主主義にとっては中心的な特性をなすものだったのである。

したがって、自由主義の語る月並みなきまり文句やもの知り顔の半可通には二人とも嫌悪を抱いていた。そういった問題についてのいわゆる「進歩的な」考えにたいする態度は、二人ともよく似ていた。ヴェーバーと講壇社会主義者たちとの関係は、ロレンスとフェビアン社会主義者たちとの関係と同じで——はじめは相手のグループを尊敬していたが、やがて嫌うようになったのである。二人とも、このような自分より年長者たちのグループが、自己正当化的な、表面的な解決策しかもっておらず、知的にも道徳的にもいい加減で、悲劇的なまでに非合理な諸問題にたいし口先だけの合理的な解答しかもっていないと感じるようになったのである。

二人にとって、すべての政治の中心的な動機は正義ではなく権力であった。帝国主義をドイツの政治的大義に高めたのはまさにヴェーバーであった。一八九五年におけるフライブルク大学就任講義で、彼は、世界的使命があってこそはじめてドイツは道徳的な重要性をもち、外交政治のみならず内政についてもさまざまな課題にとりくむ精神的な力が目覚まされるのだと言ってはばからなかった。彼は世界状況をつねに国家間の闘争と見、そしてそれが国内での個人間の闘争に相応する効果を及ぼす、と考えていた。彼はビスマルクの現実政治《レアルポリティク》にくみしなかったが、しかし、理想政治《イデアールポリティク》はもっと問題にならなかった。「責任倫理」と「心情倫理」のあいだで彼は前者を選択した。文化《クルトゥーア》と権力《マハト》は彼にとっては対立範疇であり、国家的生の場面にあっては後者が優先する、スイスやベルギーはほんとうの国家ではない、なぜなら彼らは権力を放棄したのだから、と彼は言うのである。

ロレンスが匿名で書いた『ヨーロッパ史における諸運動』からの一節が、彼とヴェーバーの態度の相似性をよく示している。

しかしながら、もし人が戦いつつ前進しなければならないとすれば、彼らすべてが従うべき指導者が必要である……ヨーロッパは今やふたたび、統合に向かっている、ローマ時代におけるように。無数の人々——生産者、無産者、労働者——によって支配される巨大な一国家へと……。ドイツとロシアとは一つの極端からもう一つの極端へ、イギリスがまったく経験したことがないような絶対的な君主制からもう一方の極端な政体へと直行した。それはプロレタリアートの大衆による不思議な、一見真の目的をもたない政体で、労働者の大衆が、それと知らず自らの支配者になっている。ただすべての権威を破壊し、みなが同等の繁栄をしたいというだけのゆえに。……したがって物質的に平等な生産的労働者による一大ヨーロッパ統合体は、それがだれか偉大な選ばれた人物、広範な平和とともに偉大なる戦争をも指導することができるような人物のまわりに結集するのでなければ、着実に存続してゆくことは不可能であろう。すべては人民の意志による。しかし、人々の意志が一人の人物の上に集まらねばならず、そしてその人物は人々の意志に優位をもたねばならない。彼は選ばれねばならない。しかし、同時に彼は神にのみ責任をとらねばならない。

この問題をめぐって激動の未来は解決を探さねばならない。

この文体は教養全集用とでも言いたいもので、文人風の、啓蒙家のものである。しかし思想はマックス・ヴェーバーのものである。

ロレンスはヴェーバー同様、理論上は強力な指導者をもつためならば、その人物が倫理的に不注意であっても、残酷でも、ときには野蛮であっても仕方がないと考えていた。この点では二人はカーライルに通じるところがある。しかし興味深いことに、彼らは二人とも、皇帝《カイザー》の戦時中の言動には腹を立てている。「もし機会さえあればあのばか者のえり首をつかんで絞め殺してやりたい」とヴェーバーはいきまいていたし、ロレンスもアーネスト・ジョーンズによれば、次のように言ったそうである。「あの気どり屋の猿は、翼つきの兜をかぶって、手当たり次第に人々に自分がいかにすばらしい人物か、自分たちがいかに高貴な輩かを語りつづけている。真の指導者というものは、自分についても、自分についてくる人々についてもあのようには言わないものだ。本物の指導者はただ命令する、〝敵だ、撃て〟と。」二人とも指導者を求めていたが、皇帝のようなのはまったくごめんであった。思うに、自分を指導しようとするような英雄が出てきたら、だれであろうと、二人とも誇りを傷つけられて反抗したのではなかろうか。

　ヴェーバーの政治理論は、自己矛盾があったにせよ、深い理解と反省と情熱にあふれていた。そこには権威があった。同じことがロレンスにあてはまるとはとうてい言えないが、しかし彼の場合、〈女〉の世界に反抗したとき以外はわざわざこの領域まで足を踏み入れなかったということは留意しておかなければならない。ロレンスは政治については「何も知らなかった」と言ってよいであろう。彼のうちにはこの種の知識そのものにたいする根深い反発があったのである。ヴェーバーは生涯、政治の中に――地方政治にせよ、国家政治にせよ、国際政治にせよ――棲息し、動きまわり、呼吸していた。彼はその原理と実践について、ごく身近に、かつ客観的に、知っていた。彼もまた実際に政治的指導者になることにたいする反感を抱いていたため、この方面で政治家になるという可能性が実現されたことはなかった。それでもこの反感が、ヴェーバーの人生の展開の中で、そうした指導者になることにブレーキをかけた段階というのは、ロレンスのなしえたこととは比べものにならないほど立ち入った場面においてであった。

対応関係にある人たち

　ロレンスがマックス・ヴェーバーについて文章を書いたことはまったくない、ということを踏まえたうえで、彼のイギリス人の知人の中で、何らかの意味でヴェーバーにあたる人はだれであったかを考えてみるのも興味深い。まず頭に浮かぶのはバートランド・ラッセルの名である。ラッセルにはヴェーバーと同じほどに強力な、公的責任の感覚が先代から受け継がれており、まれにみる頭のよさも同様である。また、彼は学識豊かで、同時に学問的な段階をさらに越えてゆこうとする決意も備えていた。ヴェーバーとラッセルとはともに、ロレンスに比べてずっと公的権力に近いところに生まれ、ともにきわめて広範であった関心は国家の政策と哲学的理論の諸問題をめぐるものであった。

「戦時中の平和運動の活動ほど、私が全身全霊をかけ、ためらいや疑いに悩まされずにやったものはない。生まれてはじめて、私は自分の全人格をもって打ちこめるものを見いだしたのだ。それまでの抽象的な仕事では私の人間としての本能が満たされぬままだったので、時折その捌け口がほしくて、政治的な事柄、具体的に言うと自由交易と女性参政権について話をしたり書いたりした。子供のときに吸収した十八、九世紀の貴族政治の伝統が、公事にたいして本能的な責任感を私に抱かせるようになっていたのだと思う。」これらはすべてヴェーバーが言ってもおかしくないことで、ラッセルが平和主義者で、ヴェーバーが軍国主義者であったことは、ロレンスにとっては決定的な差異とは見えなかったに違いない。戦争によって惹き起こされた国家の危機にたいして彼らが得た個人的な充実感、そのために二人が起こした行動のやり方のほうが、ロレンスにとってはもっと重要なことと思われたであろう。二人のあいだの相違はきわめて現実的であるが、この二人がそれぞれ戦争を契機として男たちの世界に決定的に入っていったという事実も劣らず現実的である。

ロレンスがラッセルを非難した誠実性の規準も、おそらくヴェーバーにとって同じようにあてはまったであろう。彼はラッセルに言ったと同じことをヴェーバーにも言ったかもしれない。「私はあなたに真実を実現させる力があることは疑わない。だが私はあなたの意志を信じることができない。たとえ一瞬たりとも。あなたの意志は虚偽であり残酷である。あなたは悪魔的な抑圧に満ちて、ほとんど好色で残忍である。」たしかに、その当時のラッセルの言動の英雄性はヴェーバーと同様、ロレンスの言動をみすぼらしいものに感じさせるが、それはこの二つの存在のあり方において、誠実性の規準が異なっているからにほかならない。平和主義を宣伝したかどで、ラッセルは身体的な攻撃を受け、六か月間監禁されたし、ヴェーバーのカイザー批判の記事は発禁となり、講義をしているときにやじられたりののしられたりしている。一方ロレンスは、公けの場では何もしないくせに二人のどちらよりも抑圧にたいする不満を語っている。男たちの世界の尺度で言えば、ラッセルとヴェーバーは英雄であり、ロレンスはただのくずであった。しかし〈女〉の世界の尺度で言えば、ラッセルとヴェーバーは英雄風のポーズでがちゃがちゃ音をたてて動きまわるだけの中味のない甲冑であり、ロレンスは偽りの英雄に関わることを拒否する偉大な預言者であった。

　その信念と行動は別にして、著作についてロレンスが判断を下したかぎりでのヴェーバーに相当する人物はトーマス・マンであり、実際彼は文学において社会学におけるヴェーバーに匹敵すると一度ならず言われている。マンはあの時期のもう一人の偉大で皮肉なドイツ人であった。彼はヴェーバーに劣らぬ博識をもち、かつヴェーバーと同じ、精巧で抽象的な構造をうち建てる傾向をもっていた。シラーの言う「素朴《ナイーフ》」の正反対の意味で、二人とも疎外力をもつ概念的メカニズムを通して世界を構築し直そうとしていた。その当時の多くの知識人や芸術家とは対照的に、二人は文化的には中産階級に属し、保守的で、旧いドイツの文化《クルトゥーア》の伝統に囚われていた。『ヴェニスに死す』についてのロレンスのエッセイは、マンについて英語で書かれた最初のものであったと思われるが、その中で彼は当然のことながら、この本と著者にたいして、敬意は示しながらも反発している。「トーマス・マンはフローベール病の最後の患者らしい。フローベールは癩にたいするように、生に触れまいと避けていた。」彼は、マンの巨大な意識の重荷とか芸術的良心は何の益にもならぬとし、またこの作品が死を志向している点も非難した。マンの作品は「陳腐」で「枯渇」している。そして生命そのものにたいし形式が勝ちを誇る彼の形式主義はすでに旧式である、とロレンスは感じたのである。時代の精神はマンにではなく自分とともにある、ロレンスはすでにそう感じ取っていた。「だが、トーマス・マンは年老いている。われわれは若い。そして私にはドイツが若いとは思われない」という文でこの一九一三年に書かれたエッセイは結ばれているが、この「われわれ」にはフリーダも含まれていると考えられる。ロレンスはマンを、自分とフリーダの共通の大義、生の再生という大いなる企ての名において否定したのであった。同じようなことをヴェーバーの「職業としての学問」についても言ったことであろう。

　ヴェーバーとロレンスは互いにまったく知らず、また影響を及ぼすにはあまりにも相手について無知であった。ヴェーバーに関してはこの点はまったく驚くにあたらない。彼はロレンスのものは読んだことなどなく、エルゼの妹が駆け落ちした相手の作家としてその名を聞いただけであった。ロレンスのほうは、ヴェーバーの死後十年も生きており、この大人物についてフリーダから多くを聞かされていたにちがいないのであるから、まったく知らないというのはかなり奇妙である。フリーダは大人物から感銘を受けやすく、エルゼが愛した男性といえば彼女には興味津々のはずである。しかしそうならば、ロレンスの小説の中にオットー・グロスがまったく書かれていないのは、もっと妙であることを考えてみなければならない。もちろんこうした無視を説明するにはまっとうな理由がある。つまりそれは芸術的良心の問題であるという説明である。ロレンスはどういうものについては自分がよく書けるか、どういう主題が彼の手腕の障害になり、趣味を台なしにするかをわきまえていた。彼の作品でそれがいつ起こるかは明白であり、まためったにそれが起こらないのも明白である。彼はきわめて活発な芸術的自覚と言うべきものを備えていた。もっともそういった類いのことを彼はあまり語らなかった。そのような話題は精神《ガイスト》の世界に属していたから。

したがって彼が書いたことのうちには、マックス・ヴェーバー「について」書かれたものはないと私は考えている。しかし、彼の作品の中にこの連関で興味を惹く、わき役の権力者の肖像がある。ロレンスの経験のすべてが相互に密接に関連しあっているとみるかぎりにおいて、この肖像は間接的にヴェーバーを指している。『虹』の中ではプロメテウス型の人物はトムの長兄アルフレッド・ブラングエンとなって出てくる。彼は自分の運命に徹底的に反逆した男であった。運命は小さなます目のグラフ用紙にレース模様をきわめて正確につくることを彼に強いたのだが、本性上は彼は大胆な意匠《デザイン》をつくる必要を感じていた。その結果、彼は自分自身にもまた他人にたいしても残酷であった。彼の結婚は失敗であり、後年には愛人をもつようになる。その愛人は知的で解放された女性で、彼の精神を理解していた。トム・ブラングエンは兄とその女性をともに尊敬していた。もっとも彼自身の趣味から言えば、彼女は冷たすぎたが。もっとも重要なことは、トムが、陰気で孤独な兄は自分よりもより男らしいと感じていたことである。それはトムがリュディアに、結婚生活に、そして生命の世界に属していたからである。

もう一人のそのような人物は、「大尉の人形」の中でハネレがもう少しで結婚しそうになったレギールングスラート閣下のうちにかいま見られる。彼は大柄で冷笑的で、相手を震えあがらせるような性格で、魅力的ではないが強い印象を与え、まさに小さな町のビスマルクといった人物であった。レギールングスラートはアルフレート・ブラングエンと同じ学者で、身体的に大男で心理的に悲劇的であったが、何人かの女性がマックス・ヴェーバーに感じたのと同じような畏怖に満ちた魅力をハネレに感じさせた。しかしこうした個別的な符合は、一般的な――そして見逃されやすい――相似性があってはじめて有用になる。レギールングスラートは、ロレンスの描く政治的指導者のうちでもっともカリスマ的な人物カンガルーに関連している。そして、カンガルーについての描写もまた、ロレンスがヴェーバーについてどんなことを言っただろうかと考えるヒントを与えるものである。

最後の一人は、ヴェーバー自身からはもっとも遠い人物であるが、しかし権力的な男たちにたいするロレンスの態度をうまく示している。それは『迷える少女』の中のミッチェル博士の描写である。アルヴィナがミッチェル博士を侮辱したのは、「支配的」男性にたいする女性の勝利の喜劇版と言うべきものであった。もしロレンスがヴェーバーに出会っていたならば、ロレンスは彼が自己防衛のために用いるいろいろな弱点、また彼の権力や情熱の中の偽りの部分、そして他の人々が彼を畏怖し崇拝することに彼がどれだけ依存しているか、など、恐ろしげな門構えの背後にある個人的生活の空ろさを必死になって見いだそうとしたことであろう。明らかにフリーダはそのすべてを自分の目で見ていた。

ロレンスがヴェーバーの生涯の主題を小説で大きく扱っている例が一つだけあるが、そこで彼がことさらヴェーバーその人のことを考えていたとはまず思われない。それは『恋する女たち』の中のジェラルド・クリッチであるが、彼の資質の多くはロレンス特有の「もう一人の男」像――金髪で、丸ぽちゃで、人好きのする人物――からきており、どうみてもヴェーバーのイメージとは合致しない。しかし、われわれからみるとジェラルドの面に想像力を働かせてみると、たしかにヴェーバーを思いおこさせる。もっとも重要なのはクリッチ一家の家庭生活に関するテーマである。ここでロレンスは一度だけ、ヴェーバーの属していた階級である上層中流階級の生活を扱っており、近代産業で財産をつくり、近代文明のもつあらゆる形態の権力に近いところにいる家族を一例として描いている。クリッチ氏を通してロレンスは、キリスト教徒の産業資本家で、その倫理生活が自分が骨折って達成した贅沢と権力との罪ほろぼしをしようと試みる人間を描いている。クリッチ夫人を通しては、彼は逆に、誇りと情熱のさまざまの動機を抑え、あくまで倫理的に生きようとしながら失敗する、という像を描いている。たしかにヴェーバー家の役割分担は異なっていて、妻はキリスト教徒として憂え、夫は自分たちの努力にたいする文化の報酬として得たよいものを徹底して享受する立場をとっていた。しかしテーマは同じである。また夫婦のあいだの葛藤と、それが子供たちに及ぼした破滅的な影響も同じであった。

二つの家庭はともに「不運」であった。ジェラルド・クリッチは子供のときに弟を撃ち、ダイアナは溺死し、そのとき自分の婚約者もいっしょに溺れさせてしまうし、ウィニフレドは「少しおかし」かった。ヴェーバー家もきわめて不和であった。リリーは自殺し、アルフレートとカールは結婚しなかったし、息子たちはすべて、思春期に、模範的な母親に敵対している。マックスとアルフレートとの関係はとくに破滅的であった。

さらに、ジェラルドの長男という立場、つまり文化全体の長男という意味で象徴的な、あらゆる天分をもちながら人生を信頼できないという位置づけは、マックスの立場に酷似している。彼は男たちの世界の権化であった。ジェラルドがグドルーンと恋愛関係に入るのは、エロス的な結婚というものを彼が信じられなかったからであり、それがまた彼を死に追いやることになる。彼の生涯における大転換点は水上パーティの場面で、まさに彼が生まれてはじめてうちとけ、眠り、愛し、癒やされようとしたそのときに、行動へ、命令へ、能率性へと呼び戻され、男と死の世界へ戻っていくのである。この場面は一九一四年の戦争の勃発が文化全体に及ぼした影響を表わしているのだと私は確信している。あのとき、旧い世界が緩んで新しい世界がまさに生まれつつあるというロレンスのすべての希望が、完全に叩き潰されてしまったのだった。そして、マックス・ヴェーバーの生活においても同じような現象が鮮明に例証されている。戦争は彼を十七年間の心の病いから完全な現役に呼び戻した。彼は制服を着、ハイデルベルク周辺の九つの病院を指揮し、組織を固め、働きつづけ、人々や問題を処理して、幸福に、一日十二時間活動した。「ライオンは血の匂いをかいで直ちに生きかえった」と同僚のカール・ノイマンは言った。ジェラルド同様、彼は男たちの世界そして死の世界で危機にあって、采配をふるったのであった。

ジェラルドがアルプス山脈で、目も開けられないほどの雪と冷たい風の中で死んだのは、科学的な西欧精神の抽象性のゆきつくところを象徴しているが、それは事業家ジェラルド・クリッチよりもマックス・ヴェーバーにより適合する。「それは純粋に有機体の分解であり、純粋に無機的な組織であった。これが最初の、最高の混沌《カオス》状態であった」とロレンスはジェラルドと炭坑について言っている。これはまたクラーゲスとエーリヒ・フォン・カーラーがヴェーバーと彼の社会学について言ったことばであり、一九二〇年の追悼文にすらこのような態度を表現することばが入っている。エルンスト・コレルは『大学』の中で、ヴェーバーの巨大な専門的知識は人をして「いったいこうした知識は何になるのだろうか」と問わせるものだ、と書いた。だれもこのすべてを使いこなすことができない。ヴェーバーはこの種の学者の最後の人、西欧科学の偉大な専門家の最後の人であった。そしてコレルはこう結んでいる。「この意味で私は次のように言おう――もちろん尊敬をこめて。われわれの時代の知識を代表するこの最大の学者は、知識を最大限積みあげてしまったので、あとはこの縁から落ちるしかないのである、と。」この知識の専門化と脱魔術化とはあまりに破壊的であったため、それが実際にはっきりと自殺に結びつく事件すらあった。ヴァルター・テオドール・クレーヴは、ヴェーバーの「合理性」は多くの犠牲者を出すことになったと述べている。「アルフレート・ザイデルはおそらく〝脱魔術化された世界における人間の知性化〟によって破滅させられたのであろう。彼は首をつる前の最後の手紙でこう書いている。〝やるべきことは自分を無き者とすることだ。これはショーペンハウアーとマックス・ヴェーバーによって定められた西欧文化の偉大なる絶望の始まりである〃と。」ヴェーバー自身、つねに死の思いを身近にしながら生きていた。彼は自分の家族や知人で自殺した人たちに深く共感しており、彼自身の死は、彼を知る者にとってはジェラルドの死と同じほどに自発的であった。それは、復讐に燃えるエロスによって毒を盛りこまれた人生の苦しみから自らを釈放することであった。「職業としての政治」の中で、彼は「われわれの前に横たわるものは、夏の花盛りではありません。外面的には今やいかなる陣営が勝利を占めようとも、あるのは氷の暗黒と堅さとをもった極北の夜であります」と言っている。

ヴェーバーがロレンスについてこれに対応するようなことばを口にしたかどうか、示唆するものはもちろん何もない。それにいちばん近いのは、むしろロレンスがラッセルを評したことばに呼応するものである。ヴェーバーはオットー・グロスとは、直接的にというよりは間接的にであるが、多くの関わりをもっている、彼はエミル・クレペリンを知っており、その助手のグロスがミュンヘンにいた。彼はもちろんエドガー・ヤッフェを知っていたし、ファニー・ツー・レーヴェントローとエーリヒ・ミューザムも知っていた。そして一九二〇年に瀕死のグロスを見つけたのは、ヴェーバーの友人のハンス・グルーレであった。ヴェーバーはフリーダ・グロスの友人となっており、ハンス・グロスが彼女を相手に訴訟を起こしていた何年ものあいだ、オットーの生涯の悲劇についてしばしば思いをめぐらせたはずである。何よりも彼はペーター・ヤッフェの名付け親で、それは彼にとってきわめて象徴的な関係であったように思われる。またそれは彼とエルゼがお互いに近づくようになった重要な接点でもあった。

このようなわけで一九一七年、彼女がミュンヘンで、訣別以来はじめてヴェーバーに再会したとき、彼は次の手紙を彼女に書いている。そこには二年前のその月に亡くなったこの少年について書かれていた。

一九一七年十月三十日
ミュンヘン

親愛なるエルゼへ

私は、あの子がもうこの世にいないということが日常的な事実になればなるほどあの子のことを考え、実際つねに考えているのだ、ということをあなたに伝えたい。あの子の小さな墓へ参拝したくてここに泊まったが、早い汽車も遅い汽車も不都合な時間で、マリアンネがまだ起きているあいだにハイデルベルクに着くような汽車にはどうしても乗れない。そういうわけで私はただ自分の心の中だけで、（遅まきの）万霊節を記念するしかないのです。

あなたのマックス

そしてもう一通、翌日の手紙では、彼は「あの、沈黙しがちで、知識を得ようとしていた、あの夢の子供がどういうわけか――どういうふうにして、なぜかは私にはわからない――私自身の子供の遠い夢と結びついてくるのだ」と言っている。オットー・グロスの子供は、精神的な養子縁組の父としてのヴェーバーの子供となって、彼とエルゼとを両親にしたのであった。一九一九年、妹のリリーの自殺ののちもオットー・グロスの子供の記憶が彼のエルゼにたいする愛と結びつき、また彼の、愛と幸福とを肯定したいという願望とも結びついたようである。「この日付は私に、あなたもまた――それは私の記憶から消えていたが――記念すべき日があるということを思い出させるのだ。私の愛する人よ。そして愛の日射しがそこから射し込んでくる。その太陽は無数の光線に分かれて人々の心の深い奥に生き、働いているのだ。私はこの子を深い愛と感謝をもって起こす。この子は私たちの手を取ってお互いを結び合わせてくれる。生まれたばかりの、愛らしさをもって。彼は、私の年老いた母親の真実で忠実な目がもはや見守ってくれなくなった今、私をかばい、抱きしめてくれる若い母親を私にくれるのだ。」*

マックス・ヴェーバーの晩年の情緒的な豊かさは、ペーター・ヤッフェのおかげであり、またオットー・グロスのおかげだとも言えるのであって、彼はそのことを自覚してもいたようである。しかしわれわれの手元にある資料は、『雑誌《アルヒーフ》』によせたグロスの論文を拒否した彼の一九〇七年の手紙だけである。それは完全な拒否の手紙であり、乱暴で軽蔑的であるが、その後彼はかなりグロスに共感するようになった。一九一九年、彼はフリーダ・グロスに宛てて、彼がまだ彼女の人生の使命とその大義を理解していると書いたが、彼女の大義とは、その当時にはオットーと同じ、エロスの解放であった。しかしヴェーバーはあくまで客観的現実主義と全面的責任についての自らの価値観をもちつづけていたことは言うまでもなく、エロスの解放という価値観にずっと近づくことはありえなかった。実際、彼の晩年の演説や論文に繰り返される主題は、知識人のあいだに「経験」や「宗教」がもてはやされているのを嘆くことで、つまりこの運動が哲学的にエロスの解放をめざしていることは彼にとって嫌悪すべきであったこと、そして、ロレンスが書くものはヴェーバーにとって嫌悪すべきものであったことを物語っている。ヴェーバーは何よりもまず客観性と現実性を求めつづけた。

さらに、マリアンネ・ヴェーバーの著書は基本的にマックスの意見を表明しているが、それらはほとんどすべて自由恋愛に反対し、「性的衝動が満足されなければ人の健康が冒されるというようなある種の医学グループにはやりの見解」に反対するものであった。つまりマリアンネ・ヴェーバーの著作も論文も講義も、オットー・グロスの攻撃から社会を防衛するものであったわけである。これはわれわれが扱っている二つの原理が真っ向からぶつかったと言いうる場面であり、このような論文や講義は、ロレンスがグロスの側に立つかぎりにおいて、ロレンスにもその攻撃の矢が向けられていると言えよう。

ヴェーバーはまたシュテファン・ゲオルゲという人間に見いだされるような、現代の詩と詩的「預言」とも対決している。彼はゲオルゲと会談しており、また詩人ゲオルゲの信奉者からは尊敬すべき敵として扱われている。その人柄と教説においてゲオルゲはロレンスとは違っており、むしろイェーツに似ていたが、ヴェーバーの目からすれば二人は同類と映ったことであろう。一九一〇年のドイツ社会学者の第一回会合での演説で、ヴェーバーはゲオルゲの弟子とフロイトの弟子を（人種論者とともに）派閥化しつつある近代グループであるとした。彼は信奉者たちがゲオルゲをなかば神格化していること、またフロイト主義者たちに、その専門的な知識によって展開しつつあった倫理を秘密にしようとする傾向があることを指摘した。彼の主眼は科学ないし知識《ヴィッセンシャフト》から倫理をひきだすことの不適切性にあり、したがって彼の指摘はグロスにはあてはまるがフロイトにはあてはまらな

＊　バウムガルテン教授は「彼がもっとも情熱的に、もっとも解放されて、もっとも完全に愛するとき、彼にとって愛は奇妙にも新しく古い経験であった。それは自分の家族への愛に根ざしていたからである。〝私の母、妹、口では言えない幸せ〟」と言っている。

い。しかし暗黙のうちに彼は双方を非難し、またグロスのような人々のすべてが、宗教が本来的な根も機能ももちえないはずの脱魔術化された近代世界に、あらためて宗教性をもちこんでいるという点で非難したのであった。おそらくロレンスについても同じ診断をしたことであろう。

反作用と相互作用

一九一九年、ヴェーバーはミュンヘン大学に就任したが、これは神経障害で辞任せざるをえなかったハイデルベルク大学以来はじめての専任職であった。この地で、そのころすでに愛人関係にあったエルゼ・ヤッフェの仲間たちと、彼は否応なく付き合うことになる。彼は彼女がイルシェンハウゼンを離れて移り住んでいたルートヴィヒシェーエの別荘に彼女を訪ねた。一九一八―一九年の冬は終戦後はじめての冬であり、リリーの自殺の季節であり、アイスナーの悲劇の季節でもあった。この冬が二人にとって互いにもっとも親密な時期であり、彼女へ宛てた手紙には当時のことがイメージ豊かに書きつづられている。たとえば一九一九年二月一日付でヴェーバーは書いている。「自らつくる運命を通して、深く掘ったバリケードと鹿砦《ろくさい》が建てられる。……巨大に積みあげられた、無数のうち砕かれた神々の肖像と偶像とからなる砕石の山が、人生の通り道に未完成のままうち捨てられて横たわる、潰れた家々が――そこに私は想いを求めたが、見いだすことができなかった――……土で塗り固められた門には閂《かんぬき》がかかっており、男の熱いまなざしも、そして――男の、もうあとに引けなくなってしまった欲望も――それをのり越えてゆくことはできなかった。」そして彼は、自分が彼女に抱く思いを歴史の中の現在の瞬間についての感情に重ね合わせている。「エルゼ、この世にはほとんど愛はない――冷たい風が吹きぬけてゆく――このごろでは愛し合うものはよほどお互いを大切にしないとだめなのだ。」そして彼は、人々は神から離れて孤独の中に生きなければならないが、しかし神のほうに顔を向けつづけていなければならない、と言う。「実際のところ、昼間は神に向かって生きることはできない。人はただもう一つのトリスタンの暗闇の地を求めるだけで*――そして神のほうを向いて死ぬのだ。時が来たときに、そして神がそれを欲するときに。それについては神はシャイロックだ。彼がその時を選ぶ。そしてその神の法は、あえて悪魔の国と言ってもよいトリスタンの国ですら論駁できないもので、われわれに一刻一刻を計らせる。その法はたしかに存在する。……何よりも、私はただ一人の人にのみ向かって生きることができる。その人はいかなる神よりも高く、強く、私がその人に向かって生きられるということ、生きねばならないということ、それが私の人生の最後の決定的な必然性なのだ。」

エルゼは「回想録」を、おそらく彼の死の直後の一九二〇年の七月に書いているが、そこには二人でいるときに彼がいかに死と敗北について語ったかの事例を数多く挙げている。なかでも感動的なのは次の例である。「それから彼はリリーが亡くなったときにアルフレートがいかにうまくすべてを処理したかを語り、それがちょうど彼の父親が亡くなったときに、彼自身が果たすべき仕事を他の人々がうまく処理したのと同じだと言った。私は彼に、人の死というものを経験したことがありますかと訊いた。〝いや、奇妙だが、まだ一度もない。〟そこで私は言った。〝死も、誕生も、戦争も、権力も経験したことがないなんて――まるで運命があなたと現実の事物とのあいだに幕を張ってしまったよう……。もしかしたらこれがあなたの定めなのではないかしら〟と。彼はまっすぐに虚空をみつめて囁くように、何か次のようなことばを一言二言呟いていた。〝そう、……そうなんだ、僕は……〟と。」

マリアンネ・ヴェーバーは一九一九年、女性が参政権を得たときにバーデン議会の議員に選出されたので、ミュンヘンで彼と暮らせなくなった。二人のあいだのいくつかの手紙から、彼女が結婚が不安定になることを心配していたことは明らかである。彼女はその中の一通で、マックスがエルゼとばかりいると不満を言ったことを謝っている。エルゼでなければ与えられないものを彼が必要としていることを、自分は理解しているのです、と言っている。つまり、彼女はエルゼと彼を共有する用意があると言ったのである。

マリアンネは、自分がだめな母であると感じて夫の死

＊　次のような引用でこの箇所はもっと明確になるだろう。「死が何であるか、だれにわかるものか。トリスタンの言うこと以上にはわからない。〝それは夜の暗い国で、そこから母は私を連れてきた。〟」

後自殺したリリーの四人の子供たちを養子にしたいと願った。マックスは自分自身父親の役には合わないように感じていたが、マリアンネに母親の経験を与えたいとは望んだ。次の一節は彼女の手紙からの抜粋であるが、そのあたりの事情をよく物語っている。

この数々の優しい幸せなお手紙に深く感謝しています。これを貴重な贈りものとして大事にいたしましょう。私たちの将来については心配なさいますな。私がよく熟慮して万端整えます。でもあなたのすばらしい力がなければ、あなたの息づく生命がなければ、あの子供たちをオソー「子供たちの行っていた学校」から引き離す勇気は私に出てこなかったでしょう。私は自分の本性からして可能なことと不可能なことをよく知っています。私にはエルゼのように立派にやってのけられる臨機応変の才がありません。でも忍耐すること、優しく心づかいをすること、愛し理解すること、そして注意深く面倒をみることはできます。そしてたぶん明るく快活にすることも。……でもあなたが私たち全員の太陽です。……太陽はしばしば人に火傷を負わせ、また黒い雲の向こう側に隠れてしまうこともありますが、でも人は太陽がそこにあることを知っており、時が来れば必ず幸せな光を与えてくれるのです。ええ、ほんとうに、私が一人で一時的にせよ子供たちとオソーに住んだらなどとは、とんでもないこと。ええ、ばかなことをおっしゃって。あなたから私を引き離すことができるのはあなただけです――そしてそれは、私がもうあなたを幸せにするという恵みをなぜか失ってしまったと感じられたときだけです。もしそうなったら、私は自分であなたから離れる誇りと強さとを自分で引き出すことができるかもしれません。……あなたが家庭をもつこと、それがもっと大切なことなのです。

マックスが自分のもとを離れたがっているということを、マリアンネが一方では理解しながら、他方では理解していなかったことは明らかである。彼女は彼に、あなたのほうで私を追い出すしかない、そうすれば私の人生には何も残らないだろうと言っているのである。マックスの彼女にたいする義務感と、彼の「自分自身の気持ちにたいする義務感」の欠如、ないしロレンス風に言えば自ら幸福になろうとする勇気の欠如からして、こういった関係が彼をいかに厳しいディレンマに陥れたかを、われわれは察することができる。彼女はまたヤッフェ夫人に宛てて、夫を独占する気はまったくない、と書き、それがためいっそう、彼女から彼を奪うことがヤッフェ夫人にとって難しくなったのも確かである。仮にヤッフェ夫人がそう考えたとしての話であるが。こうした状況は、一九二〇年代諷刺作家や、エロス運動の亜流者たち《エピゴーネン》によくみられるようになる。

一九二〇年六月のヴェーバーの突然の病いと死は、当時のドイツにとっても悲劇であるという感があった。ハイデルベルクに属するすべての人にとって、ヴェーバーの死は、災難にたいする従来の防波堤が崩れかけているまさにその時代に、仲間のうちで政治に理性の指導性を広めることができたかもしれない唯一の人間が消えてしまったことを意味していた。しかも彼はたんに消えたのでなく、破壊されたのであった。彼は、最後にあたって、いっしょに看病をしていた妻とヤッフェ夫人の二人に付き添われて死んだ。そして事情に通じている者にとっては、あたかもこの二人のあいだに裂かれた愛が、彼自身をもひき裂いてしまったかのようであった。うわごとで彼はエルゼを呼んだが、看護婦がマリアンネを連れてくると怒って追いはらった。苦悶と憤激の死であった。だがそこには、それを悲劇的なものとするだけの調和と尊厳があった。その苦しみは公的な面と同じほどに私的な面でもドイツの文化全体の苦悶に呼応していた。それは他のいろいろな事件とともに、一九二〇年代のドイツの心《プシケ》に冷笑的な苦痛の刻印をおす役を果たした。一九一〇年代の希望に満ちた時代と再生とエロス運動の希望は、遠くにかすんでしまった。オットー・グロスの精神は表現主義運動とダダイズムに具現化して一時勝利を誇ったが、それはマックス・ヴェーバーの精神とは相入れない勝利であった。一九一八年以降のドイツのアフロディテ的性愛と破壊的な社会的シニシズムは多分にグロスに連関しているが、マックス・ヴェーバーの友人や弟子たちが築きあげようとした議会制民主主義の必要性とはまったく敵対していた。そしてオットー・グロスの精神でさえ、長くは栄えなかったのである。

一九二〇年代のドイツで、表現主義の反動が「新《ノイエ》即物主義《ザッハリヒカイト》」をスローガンとしたことは興味深い。この反動はふつう一九二五年、カール・ツックマイヤーが、初期の表現主義的な『十字路』とはまったくちがう、この新しい「事象的《ザッハ》・客観的《リヒ》」なスタイルの戯曲『愉しい葡萄畑』を発表した年にはじまる、とされている。したがって、芸術の領域でグロスの運動に反対し、これを打倒した運動がとりあげたのは、ヴェーバーの倫理的スローガンであったことになる。この新即物主義のもう一つの例は一九二四年のフランツ・ヴェルフェルの『ヴェルディ』である。作曲家ヴェルディがヴァーグナーに夢中になって仕事ができず苦悩するという小説で、ヴァーグナーは病める天才として登場する。ヴェルディがヴァーグナーの影響をかなぐり捨てたとき、はじめて彼は冷静で客観的、健全な『オテロ』を誇らかに創作することができる、というものである。ヴェルフェルもまた表現主義者であったし、またこれからみるように、ヴェルフェル個人の生活の中で病める天才の役を演じたのはオットー・グロスであった。したがって二〇年代の表現主義から即物主義への移行は、一般的にはヴェーバー的価値の勝利、あるいは少なくともグロス的価値の敗北とみなしてもいいかもしれない。ヴェーバーの勝利だったとしても、それはまたグロスの勝利と同じほどに短いものであった。言うまでもなく、ヒトラーの影がすでに色濃くかかっていたからである。

さらに、歴史家は二十世紀四半世紀のこうした芸術史上の事件と政治的傾向とを並べて考えるのがつねである。ピーター・ゲイはこの時代の特色を「父への復讐」のモチーフでとらえており、それは一九二五年のヒンデンブルクの大統領選出に象徴され、アルフレート・フーゲンベルクがその新聞・映画帝国を通しておこなった反動的な宣伝で実践されている。フリードリヒ大王が父王に反抗したという歴史上のテーマは文学や戯曲で扱われつづけていたが、この時代はむしろヨアヒム・フォン・デア・ゴルツの父権的な『父と子』の時代であった。二〇年代はじめの精神、ゲイが「息子の反抗」と記述した精神は明らかにグロスのものであり、ロレンスもイギリスで同じような解放者としての人気を博していた。ロレンスの人気はグロスの人気より長く続いたが、それは主としてイギリスの政治的状況がドイツほど脅威的でなかったからである。しかし、それもまた新しい政治的現実主義によって中途でさえぎられてしまった。

さてここで、われわれの主要人物の一九一〇年から一二年にかけてのまったく異なった生活様態を思い起こしてみよう。一九一〇年、ヴェネツィアで、マックス・ヴェーバーとエルゼ・ヤッフェは愛の関係をもちはじめた。一九一二年、はじめノッティンガムで、のちにミュンヘン郊外で、D・H・ロレンスとフリーダ・ウィークリーが愛の生活に入った。これらはエロス運動の重要な時期である。ルー・アンドレアス゠ザロメは一九一〇年に著書『エロティックなもの』を刊行し、二年後にはフロイト派の精神分析家で一九一九年に自殺するヴィクトール・タウスクとミュンヘンにいた。同じころアルマ・マーラーはオスカー・ココシュカとの嵐のような恋愛のただ中にあり、それはミュンヘンを舞台にしたこともあった。そして最後に一九一二年、フリーダは別れた夫にオットー・グロスの手紙を送って、どうして彼女が彼の許を去らねばならなかったかを説明した。時代精神《ツァイトガイスト》はまさにエロスであった。

もちろん一時代前の精神も生きのびていた。一九一一年、ベルリンで「家庭と仕事における女性」というテーマの大展覧会がひらかれた。この展覧会で活躍したのは、一九一〇年に女性運動について著作を出していたエリー・ホイス゠クナップであった。彼女の女性運動に大きな霊感を与えたのはマックス・ヴェーバーの母である、市会議員のヴェーバー夫人である。エリー・ホイス゠クナップは講壇社会主義者の一人クナップ教授の娘であり、彼女はまたマックス・ヴェーバーの友人で自由主義的改革派のフリードリヒ・ナウマンの政治的な弟子であり副官でもあったテオドール・ホイスの妻であった。その結婚はアルベルト・シュヴァイツァーが司式している。だから明らかに、自由主義的‐改革派のドイツは当時も健在だったのである（実際テオドール・ホイスが西ドイツの大統領となったからには、そしてその役割において、彼が一九六〇年代にいたるまでマックス・ヴェーバーの精神のもとに行動していたからには、あらゆる障害にもかかわらず、今も健在であると言えるかもしれない）。

一九一〇年、エルゼ・ヤッフェは女性工場労働の諸条件についての会合で、工場視察官の業務に関する講演をした。そこで彼女は時代精神が変わってしまっていることを認めたのだった。十年か十五年前には、すべての人々が、とくに若い人々が、何よりも「社会問題」に関心を抱いていた。しかし今や「社会問題はもはや問題そ
のものではなく、多くの問題の中の一つとなった。……より広範な文化的思想がわれわれの心をとらえ、そして

とくに美的な事物の至上の価値に触れるとき、われわれは美しくないもの、われわれを苦しめる問題のあふれる世界から距離をとりたいという誘惑に負けてしまう」と。もちろん彼女は結論として、「女性は今こそ、現場を離れずにいよう」と言っているが、しかし、彼女が社会問題に長年関与したことは、エロス運動の刺激を受けたことに比べると顕著なものではなかった。

そのころハイデルベルク全体がこのエロス運動に揺れていたのである。

一九一〇年ごろ意識に昇ってきた雰囲気——それは『恋する女たち』の中のジェラルドの水上パーティでの寛ぎに象徴される——を代表するものとして、アルフレート・ヴェーバーの論文をとりあげてみよう。出版されたのは一九一二年であるが、それは前年、プラハでおこなった講演の本文である。アルフレートはもちろんエルゼおよびエドガー・ヤッフェの親友であり、またある程度まではフリーダとロレンスの友人でもあった。アルフレートは生涯マックスに依存していたので、全体としては彼の考えは兄から深い影響を受けている。にもかかわらずこの時点では、彼は兄の思想にほとんど対立する考え方を示している。その意味でこの論文が当時のエロス運動の強力さを示すものである。

博物館に展示されている後期ローマ時代の肖像画について、ヴェーバーは、そうした肖像が現代の人々の注意を惹くのは、その憂鬱に満ちた、人間性を失った顔つきが、時代の顔と共通するからだと言っている。われわれには古代末期以上の活力があるが、生にたいする信仰《ケネン》は当時より少ない。そこでわれわれはわれわれの意志《ヴォレン》と力とのあいだの大きなずれを感じているのである。われわれの宇宙《コスモス》は非人間的になり、われわれはあまりにも多くの運動を経験してしまった。最近では女性運動である。にもかかわらず生にたいする信仰は今日、必要であるのみならず、可能なのである、と。

十九世紀には因果的 - 合理的思考によって宗教は不可能となった、と彼は続ける。しかし今や、ベルクソンのおかげでふたたび可能になった。もう一度われわれは合理主義の因果律の範疇と盲目の生存競争とを越えてゆくことができる。われわれは存在と、生そのもの(das Lebendige selber)を礼拝することができる。しかしわれわれの新しい宗教は、再生され修正されたキリスト教というわけにはいかない。キリスト教は生に反するものであるから。キリスト教はわれわれが愛を、野心を、推進力を、自分たちの母性愛すらをどうしたらよいのかさえ教えてくれない。少なくとも宗教改革以降、プロテスタンティズムが支配力を握ってからというもの、性の力は破壊され、生命のエネルギーは仕事や貯蓄や禁欲や資本主義に誤用されてきている。自然は脱神格化（entgöttlicht）され、世俗化されて、かわりに仕事が聖化された。本来彼岸的な宗教に由来する生は、必然的に人間を、その形成（Gestaltung）の源から根こそぎにし、活動が実演される以前にその魅力と美とを奪い、欲望が感じられる以前にその暖かみを奪ってしまう。だからこそ、キリスト教の犠牲者こそわれわれが古代末期の人々に似通った感情をもっているのだ、と。

　これは、われわれの厭世的気分が知的・官僚的・倫理的生の機構のみじめな破綻によるものだという同じ事情を別な言い方で述べたものにほかならない。アルフレートは、死んで硬直した殻ないし甲冑が生全体に被さっている、と言うが、それは兄マックスが『プロテスタンティズムの倫理』の中で「鋼鉄《はがね》の包装」と呼んだものである。この皮殻は外部的な機構と合理的枠組みからつくられ、その結果、絶望した知識人は仏教や神知学に向かう。一般大衆は依然としてこの世的《レーベンスポジティフ》であるが、それは欲するものが与えられないからそうなるのである。

　にもかかわらず自分は生きつつあるもの（das Lebendige）が見つかると確信する、とアルフレートは断言する。人間《マン》そのもの、などというものはなく、あるのはさまざまな人間であり、一つの生ではなく多様な生きものがあるのだ、ということ、一つの善とか偉大があるのではなく多くの価値があること、そのことを今やわれわれは知っている。この知識があるからには、われわれは人生の中でただ意志し、ものを把むことではなく、自らの内的な必然性――それは意志とはまったく違うものである――を認め、それが自発的に規律を形成させるようなものへと導かれるのである。そのような人生はおそらく困難なものであろう。与えられた規準にただ従うほうがずっと容易である。しかし、それは達成可能である。もしこれを達成すべきであるならば、われわれはそうした生活様態がすでにどこかに、「われわれの存在と本性が戻ってゆく」中心として存在していると感じられなければならない。宗教はこうした中心をわれわれの生の中に創りあげる信仰である。われわれの宗教は生命を創造するものでなければならない。それは十字架のみならず、「存在の美に感謝して天にまで炎をあげる」のろしを象徴するのであろう。

今まとめたアルフレートの演説の中に、「宇宙サークル」とロレンスの著作の両方の主要テーマを認めることは難しくない。ロレンスや「宇宙サークル」のメンバーとともに、アルフレート・ヴェーバーもまた独自のやり方で、エロス運動を表現していたのである。

しかし、この雰囲気は広く普及することができなかった。大戦がこれを震わせ、生にたいする信仰が力をつける前にナチズムが勃興して、まずドイツで、次にイギリスで、そして最後にはアメリカでふたたびこの雰囲気を粉砕してしまった。ロレンスとフリーダは戦争年間をイギリスで過ごし、公的生活に関するかぎりひどい悲惨さのうちにあった。フリーダはスイスのフリーダ・グロスに宛てて手紙を書くことで家族との連絡をとっていた。全体としては、彼女の戦争にたいする怒りは国民的感情抜きのものであったが、彼女の忠誠心はロレンスの忠誠心とは少し異なっていた。その私的な生活においても二人は大きな緊張のもとにあった。というのは、より支配的な人物としてフリーダが君臨してきた〈女〉の世界に、ロレンスが反抗してきたからである。戦後イギリスを離れられるようになると、ただちにフリーダはドイツへ、彼はイタリアへ行った。彼らはまたいっしょにイタリアへ来て何年かそこにいたが、その後ロレンスが死ぬまで、二人はたえず引っ越していた。イタリアからセイロンへ、そこからオーストラリアへ、そこからニューメキシコへ、そしてメキシコへ。旅がもたらす興奮と、ロレンスの作品が少なくとも知識人のあいだではふたたび人気を博すようになったことが、二人にある種の幸福感と満足感を与えていた。

エルゼ・ヤッフェとマリアンネ・ヴェーバーにとっては状況はもっと陰鬱であった。二つの家族の収入は戦争と戦後の経済危機によって潰されてしまい、ロレンスがエルゼとその母親のために金を送らねばならないほどであった。エルゼもマリアンネも、夫の死後ハイデルベルクへ戻った。ヴェーバー夫人は一九二一年、ヤッフェ夫人は一九二五年である。アルフレート・ヴェーバーはそこでエルゼを待っていたが、彼の支援があっても状況はひどいもので、ドイツの荒廃と一九二〇年代、三〇年代を通しての新しい状況の恐ろしい影がさしはじめる中で、生きていかなければならなかったのである。彼女の経験は公私ともにフリーダの生活よりも「ドイツ的」であった。ある意味でそれが、かつて彼女が生にたいして身を護るためにまとった暗鬱な様式に合致していた。生は、「現実性」と「客観性」とを要求していたのであるから。まったく別々のやり方ではあるが、この二人の姉妹は、歴史が自分の考えを確証したと感じたのかもしれない。

マックス・ヴェーバーはエルゼに看取られ、ロレンスはフリーダに看取られて死んだ。しかしエルゼはそこに家族の友人として臨席していたのであり、未亡人はマリアンネであった。これは二人の姉妹の人間関係のあり方の相違を象徴的に表わしている。エルゼとヴェーバーのあいだには多くの諦めと隠蔽作用があり、フリーダとロレンスのあいだには多くの白日のドラマがあった。さらにエルゼの感情の隠蔽はたんにうわべをとりつくろっただけではなかった。マリアンネ・ヴェーバーが未亡人として生きてきた三十四年間、エルゼは彼女の最良の友でありつづけねばならなかったのである。それはどんなにか憂鬱な苦痛と自己規律を要したことであろう。この間彼女はマリアンネに、自分とマックスのあいだに何があったかをまったく話していないことは確実と考えられる。というのはアルフレート・ヴェーバーとはもっと長く同棲していながら、彼に一言も言っていないからである。

すべてのエネルギーを費やし勇気を示したにもかかわらず、運命はエルゼを恥の場へ追いやり、そのことによって彼女の苦しみにはつねに酷さ《ビターネス》が混じっていた。彼女の主たる恋愛はともに、公けには、そして私的にすら、それと認めえないものであった。ヴェーバー家から学んだものすべてを裏切り、自ら伴侶と決めた現実主義と責任とに背反するがゆえに、彼女はオットー・グロスとの関係を恥じた。彼女は、それがマリアンネとその結婚に背反するがゆえに、マックス・ヴェーバーとの関係を恥じた。そしてそれ以後何年もマリアンネとアルフレートと親しくしていたために、この恥辱は忘れ去られることがなかった。

ヴェーバーの恋文は五十年以上も隠されていたし、彼のエルゼにたいする愛が公けに告白されているのは、科学的論文のカッコの中、あるいは脚注の中のみである。たとえば、一九一七年に『ロゴス』に発表された「倫理的中立性」では、仮定的実例を列記した中でヴェーバーは、ある男性と女性との関係について「はじめはわれわれの関係はたんなる情熱であったが、後にそれは一つの価値を代表するようになった」という命題を分析している。彼は、カント的価値観からすればこの「情熱」は、相手を自らの目的のための手段として用いることを意味し、したがって悪を意味する。しかし、倫理的経験と非倫理的経験とにそれぞれ根ざす価値には相違がある、と彼は論ずる。エロス主義は相手を自らの目的のために用いることを許容し、あるいは要求するのである。

しかしこの否定的述語は、人生におけるもっとも真正な、もっとも本質的なものを貶めると言えるだろう。それは非人格的ないし超人格的な機構から離れようとする唯一の道とは言わないまでも主たる道であり、高所から天下りしてきた非現実の虚偽から、そして毎日の存在の生命のないきまりへの奴隷化から離れる道である。……〔それは〕そのことばのもっとも極端な意味における「内在的な」価値を自らに主張するものである。それがすべての聖なるものないし善きものに、すべての倫理的あるいは審美的法則に、そして文化とか人格とかによるあらゆる評価に敵対し、あるいは無関心であることを証明してみせても、この内在的価値の主張を無力化させることはできない。むしろその価値は、ほかならぬこの敵対性や無関心に由来しているのである。これ〔エロスの主張〕にたいしてわれわれがいかなる態度をとるにせよ、いかなる「科学」に許される方法をもってしてもこれを証明ないし「反証」することは不可能である。

この議論が主として示しているのは、ヴェーバーがエロス運動の思想、クラーゲスやグロスの思想によく通じてこれを理解していたということである。が、もしかしたらある程度までは、彼自身の愛の経験を反映しているのかもしれない。

彼の愛の経験が、われわれがすでに引用した『宗教社会学』の中の一章の敷衍に反映されていることはまず確実である。ヴェーバーは第二章を一九一一年に書き、さらに一九一六年に書きなおして「中間考察」と題し、一九二〇年にこれを書き改めている。そのたびごとに性的および美的経験について、より詳しく、より共感をもって述べられているのがわかる。一九六四年、バウムガルテン教授はこの拡大現象にわれわれの注意を向け、最後の改訂版の原稿をヤッフェ夫人からもらったこと、そして彼女が五十年近くもそれをしまっていたことを明らかにしている。彼はまたこの拡大の歴史が一九〇八年、ヴェーバーがハイデルベルク城への散歩の途中でエルゼに「でも、あなたはエロティシズムの中に何かの価値が具体化しているとは言わないでしょう」と訊き、これに彼女が「していますとも、美です！」と答えたときからはじまった、と言っている。その彼女の答えにヴェーバーは沈黙し考えこんだそうである。それは彼にとって未知の考え方であった。そしてのちに彼は論文の中で美とエロスとを結びつけている。それはヴェーバーが晩年に著作を豊かにしていった過程を示す最良の例である。

　この論文の中で、エロス主義は愛が「職業的専門家型の男がもつ必然的に禁欲的な性質と衝突」したときに起こる、と書かれている。そのような場合、男が旧式の、単純で有機的な農民的循環性から解放されると、結婚外の愛が、自分とあらゆる生の自然的源泉とを結びつける唯一の絆であるように見えてくる。そしてここに合理主義とすべての倫理的ないし宗教的奴隷主義にたいする喜ばしい勝利が訪れるのである。その関係においては性的欲望がその栄光となる。「この、惜しみなく自らを投げあたえることは、あらゆる機能性、合理性、一般性にたいする可能なかぎりの反対の極である。……愛する者は自分が、いかなる合理的努力をもってしても外からは近づくことのできない、真に生きるものの核心に根ざしていることに気づく。彼は自らが古い、合理的秩序の骨ばった手から逃れ、また日常性の陳腐さからも完全に逃れていることを自覚するのである。」この真剣なエロス主義は、大人の男の愛が若者の情熱的熱狂と異なっているのと同じほどに、騎士道的愛とはほど遠い、とヴェーバーは、おそらくエルゼへの感情とマリアンネへの愛情とを対照していると思わせる一節の中で述べている。しかし内面的禁欲主義は――これが彼と妻と、そしてエルゼとを結びつけるものだった――理性的に統制された結婚しか許容できないのである。

　純粋に内面的な視点に立つならば、結婚を互いの倫理的責任の思想と結びつけるかぎりにおいて――したがって、純粋にエロティックな領域とは異質な範疇との結びつきにおいてのみ、結婚の中にかけがえのない至上のものが具現されうるという感情が生まれることができる。それはまた、有機的な生命の過程のあらゆる陰影の中で、「老年のピアニシモにいたるまで」、責任を意識した愛の転換であり、そして、ゲーテの言う意味における、互いに許しあい許されあうという思いである。生がそのような価値を純粋なかたちで提供することは、ごくまれである。それが与えられた者は自分自身の「功績」についてではなく、運命の好意と恩恵とについて語るがよい。

この文章はその背後にある人生との関連において読むときわめて感動的であり、悲痛ですらある。それでいてこのような文章は、『虹』『恋する女たち』『チャタレイ夫人の恋人』に比べて何と無力であったことか。何よりも、何と深くそれは人々の目から隠れていたことか。一九五四年、マリアンネ・ヴェーバーが亡くなったとき、エルゼ・ヤッフェは深く心動かされてフリーダに手紙を書いたが、そこにあった彼女自身の人生についてのことばを、フリーダは長く隠された恋愛関係を認めることばと解したのである。フリーダは話されなくても話の要点はすでに推察していた。彼女は返事を書いて、この偉大な愛が世に知られなかったことを残念であるとはしながらも、彼女とロレンスについていろいろな本が書かれていても、その中に彼らを真に理解したものはないと言って彼女を慰めたのであった。エルゼは、そこまで秘密を明らかにする意図はなかったようである。彼女がそれに答えたとしても、フリーダに、「この偉大な愛」について世に語るべき、隠された手紙については何も言わなかった（当時彼女は八十歳、フリーダは七十五歳であった）。しかし妹とのこの手紙のやりとりの直後に、彼女はヴェーバーの手紙をバウムガルテン教授に送り、自分の死後に出版してくれるよう頼んだのである。

このような隠蔽は、いろいろな結果を招いた。マックス・ヴェーバーは一種の真理の英雄という姿を提供しており、それはまさに、カール・ヤスパースが考えた人物像であった。ヴェーバーという人物の周囲にヤスパースはあの実存主義道徳を打ち建て、一九二〇年代、および第二次世界大戦後にドイツの研究者に多大な影響を及ぼした。ヤスパースはマックス・ヴェーバー神話を築くのに一役買っており、未亡人に、ヴェーバーが自分の神経症的症状について語ったものやヴェーバーが最後に書いたドイツのユダヤ人についての手紙を隠してしまうようにと勧めたのであった。それを発表したら彼のイメージが壊れてしまうだろうからという理由である。さらにもっと私的には、マリアンネがヤスパースに、自分の夫とヤッフェ夫人との関係と思われることについて尋ねたとき、彼は、すべての可能な事柄の中で一つ確実なことがある、それは「マックス・ヴェーバーは真理そのものであった（Max Weber war die Wahrheit selber）」ことである、と答えた。それはマリアンネ・ヴェーバーにとってすら、強すぎる主張であると思われ、彼女は「そう望みましょう」と答えたのである。実際にはヤスパースは誤っていた。したがって彼の道徳哲学は誤信にもとづいていたことになる。

言いかえれば、ヴェーバーの人生は、一つの重要な点で偽善であった。彼の愛の物語は、諦めと不本意のヴィクトリア朝的ドラマであり、倫理的に高貴な欺瞞であった。しかしながらわれわれはこれが、ロレンスの場合のより二十世紀的な欺瞞に、つまりエロス運動の偽り、成就のドラマの性的英雄の欺瞞に対応していることも忘れてはならない。もっとも公けに性的成就の預言者であった晩年に、ロレンス自身は性的に受け身であったと考えられる。彼は、実際以上に性的に優れ男性的欲望をもつと主張せざるをえない立場に立ち、一方、マックス・ヴェーバーはまさにその反対を主張しなければならなかった。その二人とは対照的に、オットー・グロスはいかなる偽善の罪も犯していない。しかしその彼の無罪性は、現実性のなさ、「道理のなさ」にそのまま繋がっており、そのゆえにフォン・リヒトホーフェン姉妹は彼を拒んだのであった。ロレンスとヴェーバーは二人とも世界を築き、かつ築き直そうとしており——そしてこの世において自分たちのために結婚を築き、築きなおそうとしていた。そのような男たちにこそ、姉妹は自らを与えたのである。

II

百年史

一八七〇年から一九七〇年まで

史実についてはネヴィル・ウィリアムズの『現代史』(Neville Williams, *Chronology of the Modern World*, London, 1966)をもとにし、多少の追加・修正をほどこした。

一八七〇—一八八〇年

この十年間の個人史としては、誕生に関する記録のみである。ほかは必然的に公けの歴史を構成するさまざまな事件である。

一八七〇年、普仏戦争が七月に勃発。九月、ナポレオン三世がセダンで降伏、二日後にフランスは共和国となり、二週間後プロイセン軍がパリを包囲して占領を開始。十月二十七日、のちにリヒトホーフェン家の故郷となるメッツがプロイセン軍に降伏した。十月二十八日、のちのバウムガルテン家の故郷となるストラスブールも降伏した。バーデンは北ドイツ連盟に加わり、プロイセンの支配にしたがうことになった。

この年リヒャルト・ヴァーグナーの『ワルキューレ』が初演され、フョードル・ドストエフスキーの『死の家の記録』が出版された。ウラジミール・イリッチ・ウリヤーノフすなわちのちのニコライ・レーニン、およびローザ・ルクセンブルク誕生、チャールズ・ディケンズおよびアレクサンドル・デュマ死去。

軍事費推定額（単位は百万ポンド）は、イギリス二三・四、フランス二二、ロシア二二、ドイツ一〇・八、イタリア七・八であった。ジョン・D・ロックフェラーがスタンダード石油会社創立。

リヒトホーフェン男爵は戦争中に負傷し、傷病兵となって軍役を離れた。のちのマックス・ヴェーバーの妻、マリアンネ・シュニットガー誕生（マックス・ヴェーバー自身は一八六四年に、弟のアルフレートは一八六八年に生まれている。フォン・リヒトホーフェン家の夫たちの中では、マックス・フォン・シュライバーズホーフェンが一八六四年、アーネスト・ウィークリーが一八六五年、エドガー・ヤッフェは一八六六年に生まれている）。

一八七一年、フランスはドイツに降伏、プロイセンのヴィルヘルム一世がドイツ皇帝即位を宣言した。ドイツは金本位制を採用。パリでは三月、パリ・コミューンが成立、同五月に打倒された。

この年、チャールズ・ダーウィンの『人間の由来』とフリードリヒ・ニーチェの『悲劇の誕生』が発刊された。ファニー・ツー・レーヴェントロー誕生。マルセル・プルーストとポール・ヴァレリー、テオドール・ドライザー、ステファン・クレーン、フリードリヒ・エーベルト、カール・リープクネヒトが誕生した。
ドイツの人口は今や四一〇〇万、アメリカ合衆国三九〇〇万、フランス三六一〇万、日本三三〇〇万、イギリス二六〇〇万であった。

一八七二年、フランスと日本で徴兵制度が導入された。バクーニンがハーグでインターナショナルから除名された。ドイツでは、アドルフ・ヴァーグナー、ルーヨ・ブレンターノ、グスタフ・シュモラー、ゲオルク・フリードリヒ・クナップを含む講壇社会主義者（Kathedersozialisten）、知識人、反マルクス主義社会主義者などによって社会政策協会（Verein für Sozialpolitik）が設立された。
ドゥーゼのデビューした年であり、ストラスブール大学設立の年でもある。ジュゼッペ・マッツィーニ死亡、バートランド・ラッセルとセルゲイ・ディアギレフ誕生。

一八七三年、ドイツ軍がフランスから撤退した。ジェームズ・クラーク＝マクスウェルの『電気、磁気学論』、ハーバート・スペンサーの『社会学研究』、ウォルター・ペイター『ルネサンス史研究』が発行された。アルチュール・ランボーの『地獄の季節』、レフ・トルストイの『アンナ・カレーニナ』などがエロス運動の先駆となった（『トリスタンとイゾルデ』一八六五年、『ボヴァリー夫人』一八五七年など、性的快楽が健康と創造性の源となるという意味でのエロスの享受のしめる割合が、新しく作品が出るごとに増してゆくのが認められる。もっともすべて作品の最後には快楽が否定される、というかたちをとっている）。
ジョン・スチュアート・ミル死亡。セルゲイ・ラフマニノフ誕生。

一八七四年、ロシアで徴兵制が導入される。イギリスはフィジー諸島を併合。フランスはアナンを「保護」した。ビスマルク暗殺の企てがあった。ヴァーグナーの『神々のたそがれ』とモデスト・ムソルグスキーの『ボリス・ゴドゥノフ』が初演された。パリで最初の印象主義展が開かれた。イギリスの工業生産がドイツ、フランス、アメリカ合衆国に追い越された。ウィンストン・チャーチル、ロバート・フロスト、ガートルード・スタイン、アルノルト・シェーンベルク誕生。エルゼ・フォン・リヒトホーフェン誕生。

一八七五年、ジョージおよびリディア・ロレンス結婚。アルベルト・シュヴァイツァーとライナー・マリア・リルケ誕生。ドイツ・マルクス主義者とラサール主義者がゴータ綱領で統一をみた。マーク・トウェインの『トム・ソーヤーの冒険』と、メアリー・ベーカー・エディの『科学と健康』が出版された。ロシアの兵力は三三六万、フランス四一万二〇〇〇、ドイツ二八〇万、イギリス一一万三六四九であった。

一八七六年、アレグザンダー・グレアム・ベルが電話を発明、トマス・A・エディソンが蓄音機を発明した。バイロイト祝祭劇場が完成し『ニーベルンゲンの指輪』が初演された。ミハイル・バクーニン、ジョルジュ・サンド死去。コンラート・アデナウアー、パブロ・カザルス誕生。フリーダ・シュロッファーがグラーツに生まれる。

一八七七年、イギリスはトランスヴァールを併合、またヴィクトリア女王はインド女帝即位を宣言。イギリス総選挙で政党の地方支部会がはじめて活発にはたらく。黒幕政治《マシン・ポリティクス》はじまる。バルカン半島でロシアとトルコ間に戦争勃発。オットー・グロス誕生。十三歳のマックス・ヴェーバーがゲルマン主義を讃える早熟で博学な論文を二本書く。

一八七八年、ビスマルクとカイザー暗殺の企てがあり、その結果、社会主義者にたいし集会禁止、出版禁止などの法律が通された。ハインリヒ・フォン・トライチュケがドイツにおけるユダヤ人勢力の増大にたいする抗議運動をはじめる。トマス・ハーディの『帰郷』が出版された。ブース将軍による救世軍の設立。

一八七九年、イギリスはズールー族と開戦。ヘンリー・ジョージの『進歩と貧困』、ヘンリック・イプセンの『人形の家』出版。アルザスとロレーヌが正式にドイツ帝国に帰属すると宣言された。フリーダ・フォン・リヒトホーフェン、アルマ・シントラー、メイベル・ガンソン誕生。パウル・クレー、E・M・フォースター、アルバート・アインシュタイン誕生。イオシフ・ジュガシヴィリ（のちのヨシフ・スターリン）とレフ・ブロンシテイン（のちのレオン・トロツキー）誕生。

一八八〇―一八九〇年

この十年間は、本書の主人公たちがそれぞれの決定的な決断によって人格形成をはじめた時期である。

一八八〇年、ドストエフスキーは『カラマーゾフの兄弟』を発表。ギュスタヴ・フローベール、ジョージ・エリオット死去。オズヴァルト・シュペングラー誕生。エディソンがはじめて実用的電灯を作り、アンドリュー・カーネギーははじめての大鉄鋼炉を開いた。イギリスではじめて女子高校が開校された。

一八八一年、トマス・カーライル、ベンジャミン・ディズレーリ、ドストエフスキー、ムソルグスキー死去。ベラ・バルトーク、パブロ・ピカソ誕生。イプセンの『幽霊』が出版された。ロシアで大虐殺があった。ロンドンの人口は三三〇万、パリ二二〇万、ニューヨーク一二〇万、ベルリン一一〇万、ウィーン一〇〇万、ペテルブルグ六〇万であった。

一八八二年、フランスとイギリスはエジプトの共同支配を確立した。最初の火力発電所がウィスコンシンに建てられた。アイルランドで二五〇〇件の農民騒動があり、一万世帯が追いたてられた。この年はフェニックス公園殺人事件のあった年である。イギリスで妻の所有権法通過。

ニーチェの『喜ばしき知識』およびヴァーグナーの『パルジファル』が発表され、イプセンの『民衆の敵』、美学理論を展開したオスカー・ワイルドの『装飾芸術について』が発表された。

チャールズ・ダーウィン、ラルフ・ウォルドド・エマソン、ヘンリー・ワーズワース・ロングフェロー、アンソニー・トロロプ死去。ヴァージニア・ウルフ、ジェイムズ・ジョイス、イーゴル・ストラヴィンスキー、ジョルジュ・ブラック誕生。ジュゼッペ・ガリバルディ死去。フランクリン・D・ルーズヴェルト誕生。

マックス・ヴェーバーは法律を学ぶためハイデルベルク大学に入学、父親が昔開いていた学友会に入会し、オットー・バウムガルテンと友人になった。ヨハンナ・フォン・リヒトホーフェン誕生。

一八八三年、ビスマルクは国民疾病保険を導入。シカゴに最初の高層ビルが建てられた。ニーチェは『ツァラトゥストラはかく語りき』を発表。ヘルマン・バウムガルテンがトライチュケに痛烈な批判をあびせた。マックス・ヴェーバーは最初の兵役をシュトラスブルク（ストラスブール）近辺でつとめ、そこで伯父と親しくなった。ヴァーグナー、マルクス死去。ベニト・ムッソリーニ、ジョン・メイナード・ケインズ誕生。イヴァン・ツルゲーネフ死去。ヴァルター・グロピウス、カール・ヤスパース誕生。

一八八四年、フェビアン協会結成。サー・ハイラム・スティーヴンス・マクシムが機関銃発明、コカインがはじめて麻酔剤として用いられる。ピョートル・クロポトキンが『一革命家の手記』を発表。フリードリヒ・エンゲルス『家族・私有財産・国家の起源』発表、トウェインが『ハックルベリー・フィンの冒険』、イプセンが『野鴨』を発表。マックス・ヴェーバーは軍の分隊長となった。レギーナ・ウルマン誕生。

一八八五年、ドイツはタンガニイカとザンジバルを併合し、他の強国の帝国主義と歩調を合わせることになった。ビスマルク諸島、北ニューギニアも併合した。イギリスは南ニューギニアと北ベチュアナランドを「保護」し、ポート・ハミルトン、朝鮮を占領、ビルマと戦争に入った。ルイ・パストゥールが狂犬病を治療した。ゴットリープ・ダイムラーが内燃機関を発明。『資本論』第二巻刊行、トルストイは『私の宗教』と『暗闇の力』を発表。ヴィクトル・ユゴー死亡、エズラ・パウンド誕生。マックス・ヴェーバーはベルリン大学で、トライチュケ、テオドール・モムゼンなどのもとで学ぶ。デイヴィッド・ハーバート・ロレンス、第四子として誕生。

一八八六年、イギリスは北ビルマを併合。ウィリアム・E・グラッドストン、アイルランド自治法案提出。シカゴでヘイマーケット広場の「無政府主義」的暴動事件があった。リヒャルト・フォン・クラフト＝エービングが『性行動の精神病理』を発表、ニーチェの『善悪の彼岸』出版。フランツ・リスト死去。オスカー・ココシュカ誕生。マックス・ヴェーバーはゲッティンゲンで法律の試験を受けた（一八八五年から一八九三年まで彼はベルリンのシャルロッテンブルクにある両親の家に住んでいた）。

一八八七年、マックス・ヴェーバーは士官となって第二期の兵役をシュトラスブルクでつとめ、そして従妹のエミーに恋をしていた。ベルリンで若い経済学者、神学者、政治理論家の改革派グループを知るようになった。J・J・バハオーフェン死去。

一八八八年、ヴィルヘルム一世死去。息子のフリードリヒが九十九日間治め、ヴィルヘルム二世がその後を継いだ。ヴィンセント・ファン・ゴッホが『ひまわり』を描き、リヒャルト・シュトラウスが『ドン・ファン』を作曲。コダック・カメラと空気入りタイヤが発明された。マシュー・アーノルド死去、T・S・エリオット誕生。キャサリン・マンスフィールド、T・E・ロレンスも誕生。

ドイツで講壇社会主義の機関誌『社会立法・統計雑誌』が出された。この雑誌はのちにエドガー・ヤッフェによって買いとられ、マックス・ヴェーバーが編集にあたる。マックス・ヴェーバーはこの年に講壇社会主義者の社会政策協会のメンバーとなる（以後「協会」と呼ぶ）。彼は第三期の重要な兵役を、東プロイセンでつとめる。

アメリカ合衆国は世界総生産の三一・八パーセントを生産、イギリスは一七・八パーセント、ドイツ一三・八パーセント、フランス一〇・七パーセント、ロシア八・一パーセント、オーストリア五・六パーセント、イタリア二・七パーセントであった。

一八八九年、イギリスの港湾《ドック》ストライキは非熟練労働者の新たな戦闘意志を宣言するものであった。組合が年金を支給できず、そのため彼らは国からの年金支給を要求したのである。ルールでも重要なストライキがあった。英国南ア会社はセシル・ローズ卿を首長とし、トランスヴァールを犠牲にして企業拡大することを許可する勅許状を与えられた。ジョージ・バーナード・ショーは『フェビアン論文集』を発表、アンリ・ベルクソンは『意識の直接与件に関する試論（時間と自由）』を発表。ウィリアム・バトラー・イェーツ『アシーン漂流記』出版、モーリス・メーテルリンク『温室』を発表。ジョン・ミドルトン・マリ誕生。チャールズ・チャプリン、アドルフ・ヒトラー誕生。マックス・ヴェーバーは、中世の経済機構史についての論文をベルリン大学で書き上げ、この研究の資料づけのためにスペイン語とイタリア語を学んだ。

一八九〇—一九〇〇年

これは結婚の十年であった。一九〇一年までにその経験がなかったのはエルゼ・リヒトホーフェンだけであり、そして、彼女の結婚がもっとも不幸なものとなった。

一八九〇年、ビスマルクはヴィルヘルム二世によって罷免され、またマックス・ヴェーバーは中世の交易についての文献の書評を発表しはじめた。シャーマンの反トラスト法がアメリカで可決、イギリスでは労働者階級の住宅管理法通過。テムズ川下に最初の地下鉄が建設され、またはじめての通廊列車が用いられた。

ウィリアム・モリスがケルムスコット出版を創設、ジェームズ・フレイザー卿の『金枝篇』、ウィリアム・ジェームズの『心理学原理』発表。ランボー、ファン・ゴッホ死亡、ゴットフリート・ケラー、カーディナル・ニューマンも死亡。シャルル・ドゴール、ヴィヤシェスラウ・モロトフ誕生。

帝国議会選挙でマックス・ヴェーバーははじめて、自由保守主義者として投票。彼は第一回福音社会会議に出席、フリードリヒ・ナウマン、パウル・ゲーレ、オットー・フォン・

ハルナック、キリスト教改革派の人々と接触し、「協会」の農業労働者調査に加わることを委託された。雑誌『キリスト教世界』に論文を送った。

一八九一年、ベルギー王レオポルドによって、コンゴにおける銅の採掘のためカタンガ会社が創設された。ドイツ拡大を唱道する汎ドイツ協会創設。ドイツ社会民主党は、エルフルト会議でマルクス主義の綱領を採択。教皇（レオ十三世）の社会＝政治的事柄についての回勅「レールム・ノワールム」が出された。

ジェームズ・ラッセル・ローウェル、ハーマン・メルヴィル死亡、ポール・ゴーギャンがタヒチへ行く。フランク・ヴェーデキント『春のめざめ』発表。トマス・ハーディの『テス』、ワイルドの『ドリアン・グレイ』も発表される。

アメリカ合衆国の人口は六五〇〇万、ドイツ四九四〇万、日本四〇七〇万、フランス三八三〇万、イギリス三三〇〇万。

一八九二年、アメリカでピンカートン警察に反抗するホームステッド・バトル（自作農の戦い）があった。アレグザンダー・バークマンが（エマ・ゴールドマンの助けを得て）ピンカートン警察を招請したヘンリー・フリックを暗殺しようとしたのである。バークマンは十四年間投獄された。

ウォルト・ホイットマン、アルフレッド・テニソン死亡。マックス・ヴェーバーは「協会」のための農業労働者についての報告を完成し、これを口頭で発表して大成功を収めた。『キリスト教世界』では、工場で働いた牧師ゲーレを聖職者たちの攻撃から弁護した。この年の春からヴェーバー家に住みこんでいたマリアンネ・シュニットガーと秋に婚約した。

一八九三年、キア・ハーディのもとにイギリス独立労働党が結成される。ドイツでは新しい軍事法案により軍隊規模が拡大された。イギリスとドイツはナイジェリアとカメルーンにおけるそれぞれの権利を認める合意（勢力圏協定）に達した。第三インターナショナル大会がチューリヒで開かれた。

モイゼイ・オストロゴルスキーが『近代民主主義における政党の組織形態』を発表。ハンス・グロスは『検事のための手引き』を発表。ヤン・シベリウス、『カレリア組曲』を作曲。ピョートル・イリッチ・チャイコフスキー、シャルル・グノー、ギイ・ド・モーパッサン死亡。エルンスト・トラー生まれる。

マックス・ヴェーバーはフライブルク大学教授に任命され、福音社会会議から、東プロイセンの社会条件を再調査することを委託される。秋に結婚。彼は学問的テーマでは主として論評を、また東プロイセンの社会政策問題については十回の発表をおこなった。

一八九四年、トルコ国王《スルタン》がアルメニア人を虐殺しはじめた。フランス首相が一イタリア無政府主義者により暗殺された。イタリアではすべての無政府主義者と社会主義の組織を制圧する新しい法律がつくられた。イギリスはウガンダを「保護」することになった。

エンゲルスは『資本論』第三巻を出版、ナウマン『キリスト教社会主義とは何か』を発表。オーブリー・ビアズリーを芸術部門監修者とする『イエロー・ブック』発刊。クロード・ドビュッシー『牧神の午後への前奏曲』作曲。ウォルター・ペイター、ヘルマン・フォン・ヘルムホルツ死去、ニキータ・フルシチョフ、オルダス・ハクスリー生まれる。

マックス・ヴェーバーはこの春最後の兵役を終えて秋にフライブルクで講義をはじめ、当時そこの学校で教えていたエルゼ・フォン・リヒトホーフェンに出会った。彼は、農業労働者についての調査結果を福音社会会議に報告した。彼の出した結論が大地主の利益に反していたため、保守主義者が脱退して会議が分裂する結果になった。この年彼の発表した論文は十三本にのぼり、そこにはナウマンの「労働者文庫」のために書いた、株式取引を説明したすぐれたパンフレットも含まれている。

一八九五年、アルフレッド・ドレフュス大尉が非公開軍法会議で反逆罪を宣告され、フランス領ギニア悪魔島《デビルズアイランド》に拘禁された。ウィーン市長に反ユダヤ主義者が選出された。ジェイムソン進攻。のちボーア軍に敗退。オスカー・ワイルドが法廷で同性愛の罪で有罪判決を受ける。ヴィルヘルム・レントゲン、X線を発見。ジクムント・フロイト『ヒステリー研究』を発表し、以後精神分析運動を開始。グスタフ・マーラー、交響曲第二番作曲。〔トマス・〕ハクスリー、エンゲルス死去。この年からアーネスト・ウィークリーは多くのフランス語文法の教科書や読本を出版しはじめる。

一八九六年、ドイツ皇帝はジェイムソン進攻の失敗を祝う祝電をクルーガー大統領に送り、〔セシル・〕ローズはケープ・タウンで辞職。イギリスはナイル川をフランスから守るためにスーダンを再占拠。グラッドストンの最終演説がイギリス人を説得し、トルコのアルメニア人虐殺をやめさせるために一致団結して行動する決意をさせた。ビスマルクはそれまで秘密にしていた一八八七年の露独協定を発表した。アントン・チェーホフが『かもめ』を、ハーディが『日陰者ジュード』を発表。シュトラウス、『ツァラトゥストラはかく語りき』を作曲、アルフレッド・ハームズワースが『デイリー・メール』紙を創刊。これは二十世紀的なスタイルのイギリスの大衆日刊新聞であった。
マックス・ヴェーバーはハイデルベルクで教授の地位に招かれた。一度ならず議会に出席、ハイデルベルクやその他の場所でも演説し、いくつかの論文を発表した。

一八九七年、ヤコプ・ブルクハルト、ヨハネス・ブラームス死去、ヴィルヘルム・ライヒ生まれる。皇帝《カイザー》はさまざまな革命運動の成長を抑える法律を通すように繰り返し要請。ハンス・グロスは『犯罪心理学』を、ハヴェロック・エリスが『性の心理学』を発表。七月、マックス・ヴェーバーは母親の扱いを非難して父親を攻撃、八月に父は死去。フリーダ・フォン・リヒトホーフェンはアーネスト・ウィークリーに会い、アルフレート・ヴェーバーはこの年に完成した論文の一部を『シュモラー年報』に発表しはじめる。

一八九八年、エミール・ゾラは、ドレフュス事件について公開状「私は弾劾する（J'Accuse）」を発表、投獄された。ビスマルク『回想録』を発表、米西戦争勃発。キュリー夫妻がラジウムとポロニウムを発見、フェルディナント・フォン・ツェッペリンが飛行船を建造。グラッドストン、ビスマルク死去。ナウマンは帝国議会に立候補したが敗れた。マックス・ヴェーバーは、ハンブルクの港湾《ドック》労働者のストライキを擁護してナウマンとオットー・バウムガルテンが開いた抗議集会に参加した。皇帝はプロイセン国王として、プロイセンの教授であるバウムガルテンに懲戒処分の手続きをとりはじめた。この春ヴェーバーは神経症のためジュネーヴ湖畔のサナトリウムへ行かねばならなかった。この年彼は一つしか論文を発表していない。D・H・ロレンスはノッティンガム男子高校への奨学金を得た。

一八九九年、ボーア戦争が勃発し、またハーグの国際平和会議が開催された。ドイツ社会党はエドゥアルト・ベルンシュタイン率いる修正派とカウツキー率いる正統マルクス主義のあいだで分裂した。フリーダ・フォン・リヒトホーフェンはアーネスト・ウィークリーと結婚、マックス・ヴェーバーは夏学期を健康上の理由から休暇にしたが、秋に教鞭をとろうとし、その直後にまた倒れた。冬に彼は辞職願を提出した。アルフレート・ヴェーバーは、「協会」の機関紙に二度記事を発表した。

一九〇〇―一九一〇年

公私両面にわたってさまざまな出来事が急速に、かつ濃密に起こりはじめる。さまざまの希望が高く掲げられ、さまざまな才能が輝いた時代であった。私的な生活においても出産の十年であった。

一九〇〇年、きわめて父権的なドイツ市民法が施行された。中国の義和団の乱、アシャンティの乱が鎮圧された。マックス・プランクが量子論を展開、グレゴール・メンデルの遺伝の研究が再発見され、ブラウニング・ピストルが発明された。ニーチェ死去。

フロイトが『夢判断』を、ベルクソンが『笑い』を発表。ポール・セザンヌ、クロード・モネ、ピエール・オーギュスト・ルノワール、アンリ・トゥールーズ＝ロートレックがそれぞれ有名な絵を描いた年である。ジアコモ・プッチーニが『トスカ』を、シベリウスが『フィンランディア』を作曲。ナウマンは『民主主義と帝政』を発表、ローザ・ルクセンブルク『社会改革か革命か』を発表。

健康のためマックス・ヴェーバーは七月にアルプス山脈のウラハへ、秋と冬にはコルシカ島へ行った。小論文を一本発表。アルフレート・ヴェーバーはベルリン大学で就任講演をし、この講義は次の年に出版された。ヨハンナ・フォン・リヒトホーフェンとメイベル・ガンソン結婚。フリーダ・ウィークリー、第一子の男子を出産。エルゼ・フォン・リヒトホーフェンは工場視察官となる（月日不詳）。レーニンは『火花』と『夜明け』編集のためシュヴァービングを訪れ、住みはじめた。彼は偽名をいくつか使ってシュヴァービングに二年間滞在し、はじめてローザ・ルクセンブルクに会っている。その後一九〇七年、一九一三年にも一時滞在している。

一九〇一年、ヴィクトリア女王死去。ウィリアム・マッキンリー大統領、無政府主義者レオン・チョルゴシュに暗殺される。エマ・ゴールドマンが扇動の嫌疑をかけられた。ベルギーでストライキや無政府主義者の暴行行為があり、フランスの鉱山労働者がゼネスト支持、またイタリアの社会主義者がストライキの手段によって政治的影響力を広げた。イギリスからグリエルモ・マルコーニが大西洋をわたる無線送信に成功。ジュゼッペ・ヴェルディ死去。アンドレ・マルロー誕生。トーマス・マン『ブッデンブローク家の人々』発表。

三月にはマックス・ヴェーバーはローマに滞在。その後南イタリアを旅行し、夏をスイスで過ごし、ローマに戻って秋と冬を過ごした。一九〇二年夏学期にハイデルベルクで一連の講義を予告したが、また取り消さねばならなかった。

ヨハンナ・フォン・シュライバースホーフェンとメイベル・エヴァンズに子供が生まれ、またエルゼ・フォン・リヒトホーフェンの博士論文がハイデルベルク大学で受理された。オットー・グロスは『外来診察者および若い医師のための薬物療法概要』を出版。少なくともこの本はわれわれのオットー・グロスが書いたように思われる。彼が父親の『犯罪学雑誌』にこの年および翌年に論文を発表しているのは確実である。

D・H・ロレンスの兄アーネスト（『息子たちと恋人たち』のウィリアムにあたる）死去。ロレンスはジェシー・チェンバーズすなわちミリアムに会う。彼は外科器具の製造業の仕事に就くが、肺病のひどい発作を起こしてからこの職を辞した。

一九〇二年、ボーア戦争終了。教育法によりイギリス政府は中等教育を義務教育としておこなうことになった。ホルモンが発見され下垂体についての研究がはじめられる。

イースターにマックス・ヴェーバーはフィレンツェへ行き、そこからあらためて大学に辞表を提出した。四月、彼はハイデルベルクに戻った。そこでロッシャーおよびクニースの著作についての方法論的な研究を著述しはじめ、『社会立法・統計雑誌』のための書評を書いた。アルフレート・ヴェーバーは二度論文を発表しており、それらはともに現代の政治的状況に関するものである。

エルザ・ウィークリー、ハードゥ・フォン・シュライバースホーフェン誕生。フリーダ・ウィークリーはシラーの『バラッド』をブラッキーの「小ドイツ古典」シリーズのために編集した。エルゼとエドガー・ヤッフェ結婚。D・H・ロレンスはイーストウッドの無免許の教員となる。オットー・グロスは『大脳の二次機能』を発表。

一九〇三年、イギリスは北ナイジェリア占領を完了。クルップ工場がエッセンに建てられ、英仏協商はじまる。ライト兄弟初飛行。オットー・ヴァイニンガーが父権的性差理論『性と性格』を発表。

モムゼンとハーバート・スペンサー死去。エリック・ブレア（ジョージ・オーウェル）、イヴリン・ウォー誕生。この年にマックス・ヴェーバーは六回外国に出ているが、それでも彼はロッシャーとクニース研究の第一部を終了し、また経済学の論理的問題についても研究を終えた。彼は名誉教授となり、同僚の昇格および教授会での発言の権利をもたなくなった。オットー・グロスはグラーツでフリーダ・シュロッファーと結婚、エルゼ・ヤッフェは第一子を出産。

アメリカ合衆国はガソリン用石油を八八七〇万バレル生産し、これは世界総生産の四九パーセントにあたる。ロシアは八〇五〇万バレルであった。

一九〇四年、英仏協商成立。ロシアのヴィアチェスラフ・

プレヴェ大臣が、七月、社会革命家サソノフに暗殺された。イギリスで女性参政権獲得のための世界同盟が設立された。最初の光電管と紫外線ランプがつくられた。

　マックス・ヴェーバーはセント・ルイス博覧会のためアメリカに渡った。また『社会科学・社会政策雑誌』をひきつぐ。その前身『社会立法・統計雑誌』は講壇社会主義の機関誌であった。彼はその政治的偏見を排除し、より厳格な「価値自由性」を要求した。彼はこの『雑誌』（以後『社会科学・社会政策雑誌』のかわりにこの略称を用いることにする）に一九〇三年、三本の論文を発表し、別の類似の雑誌にもう一本を発表、また彼のセント・ルイス講演も大作であった。エドガー・ヤッフェのイギリス銀行業についての論文がハイデルベルク大学で受理された。バーバラ・ウィークリー誕生。この年、ロマン・ロランは『ジャン・クリストフ』を発表しはじめ、一九一二年までつづいたが、これは戦前期の自由主義的感性の大成功であった。

　一九〇五年、コンゴに暴動があり、ロシアに革命勃発。ツァーは憲法制定を約束した。レーニンとトロツキーはロシアに帰った。ドイツ社会党はロシアの労働者にたいする共感を表明した。ドイツ皇帝タンジールを訪問、最初のモロッコ危機を誘発した。レーニンは『民主主義革命における社会民主党の二つの戦術』を発表し、またアインシュタインは彼の相対性理論の第一理論を発表。ジョージ・サンタヤナが『理性の生活』、ヴィルヘルム・ディルタイが『体験と詩作』を発表。アンリ・マティスとピカソがのちに有名となる絵画制作、マティス派のグループが野獣派《レ・フォーヴ》と称するようになった。ドレスデンでは「橋《ディ・ブリュッケ》」の画家グループが結成された。アーサー・ケストラー、C・P・スノー誕生。

　マックス・ヴェーバーはロシアの新聞にある革命の事件を解明するため（三か月で）ロシア語を学んだ。彼は革命が帝政に一つの解放の道を開くだろうという希望のもとに革命を歓迎した。彼は『雑誌』に三度投稿、二部からなるはじめの論文は「プロテスタンティズムの倫理と資本主義の精神」であった。エルゼがマリアンネを出産。ハンス・グロスはグラーツへ戻った。

　このころに二十一歳つまり成人になった人たちを一九〇五年世代という言い方をすることがある（D・H・ロレンスは一九〇六年に二十一歳になった）。この世代には反合理主義という特徴があるとされている。ドイツにはゲオルゲ派があり、イタリアにはガブリエレ・ダヌンツィオの信奉者たち、フランスにはベルクソン主義者、またオーギュスト・バレ、シャルル・モラスの信奉者たち、またジャック・マリタンやポール・クローデルのような有名なカトリックへの改宗者がいた。本書の登場人物たちが書いたものの中では、アルフレート・ヴェーバーの一九一二年の論文「宗教と文化」がこうした気分をもっともよく表わしている。

一九〇六年、イギリス総選挙で自由党が圧勝。フランスでドレフュスが無罪となった。ロシアではじめての議会《ドゥマ》が選挙後すぐに解散され、ピョートル・ストルイピンが首相となる。イプセン、セザンヌ死去、サミュエル・ベケット誕生。

マックス・ヴェーバーはマンハイムの社会党の会合に出席したが、そこではゼネラル・ストライキの問題がもっぱら討議され、彼は全体の雰囲気がプチ-ブル的であると思った。彼はナウマンに、新議会選挙を機会に反皇帝の運動を公表してはどうかと勧めた。彼はロシア革命について二本の論文を書き、ドイツ皇帝の支配をロシア皇帝の貴族政治に比べた。まいくつかの議論に参加し、のちにその論説が印刷された。またこの年はじめて『フランクフルト時報』に記事をのせた。

エマ・ゴールドマンは雑誌『母なる大地』の編集をはじめた。フリーダ・ウィークリーはベヒシュタインの『童話集』をブラッキーの「小ドイツ古典」シリーズのために編集した。D・H・ロレンス、ノッティンガムのユニヴァーシティ・コレッジで講義を開始。オットー・グロスはシャテンマーという女性に自殺用の毒を与えた。その後グラーツを去ってミュンヘンへ移った。エルゼ・ヤッフェ、フリーダ・ウィークリーはともにミュンヘンのグロス家を訪れ、二人ともオットーと恋愛関係になる。

一九〇七年、第二回ロシア議会《ドゥマ》が解散され、何人かの代議士が、トロツキーをも含めてシベリアに送られた。レーニンは国外へ逃亡。第三回議会ははるかに限られた選挙民によって選ばれ、ストルイピンの抑圧体制がはじまった。ドイツの新選挙でナウマンがついに国会議員となった。ハーグで平和会議が開かれ、また無政府主義者の会合がアムステルダムで開催され、エマ・ゴールドマンが出席した。同市で神経-精神医学会議が開かれたが、フリーダ・ウィークリーはおそらくそれに出席し、オットー・グロスはたしかに出席していた。ウィリアム・ジェームズの『プラグマティズム』とベルクソンの『創造的進化』が発表され、またアダムズの『ヘンリー・アダムズの教育』、リルケの『新詩集』、シュトラウスの『エレクトラ』が発表された（ロレンスとアリス・ダックスは『エレクトラ』の上演をロンドンで見たが、彼は興奮のあまり彼女と性交をはじめんばかりであった。シュトラウスのオペラはアルマ・マーラーにもエロスの福音を伝えた）。フランシス・トンプソン死去、W・H・オーデンが生まれた。

マリアンネ・ヴェーバーは『法の発達の中の妻と母』を出

版し、夫の母に捧げた。オットー・グロスはヴェーバーの『雑誌』に女性解放についての論文を提出し、これについてヴェーバーは徹底的に拒否する手紙を書いた。「社会政策協会」の会合の席上、ヴェーバーは皇帝と社会民主主義者の双方を激しく攻撃した。ハイデルベルクの彼の家では数多くの知的社交の催しがあり、そこにはフリードリヒ・グンドルフ、カール・ヤスパース、ゲルトルート・ヤスパース、ヴェルナー・ゾンバルト、ゲオルク・ジンメル、ゲルトルート・ボイムラー、ミナ・トーブラー、エミール・ラスク、ロベルト・ミヒェルスその他が集まっていた。ボヘミアン的シュヴァービングと、田舎めいたイーストウッドでは、グロスとロレンスがそれぞれ活発な社交生活を送っていた。

アルフレート・ヴェーバーはハイデルベルクに教鞭をとるためにやってきた。ヴォルフガング・ペーターがグロス夫妻のあいだに生まれた。グロスは『フロイトの性概念の要因』を発表。エルゼ・ヤッフェはペーターを出産。

一九〇八年、プロイセンで非民主主義的な選挙制にたいして抗議が起こり、またプロイセンのポーランド人労働者を西プロイセンへ移住させることを認可する新法律への国際的な批判も高まった。ハイデルベルクでは国民自由党大会と国際哲学会が開かれた。ドイツ女性と青少年のための工場労働条件が立法化された。

マルク・シャガール、モーリス・ユトリロが絵画制作を続けていた。E・M・フォースターが『眺めのいい部屋』を、アーノルド・ベネットが『老妻物語』を出版し、双方がロレンスの小説家志望を助長することになった。

マックス・ヴェーバーはエルリングハウゼンにある従弟の麻織物工場で労働の心理物理学を研究した。彼は国民自由党の大会に参加し、議会制に反対する仲間を攻撃した。彼はまた『フランクフルト時報』で、ドイツの諸大学が社会民主主義者の昇進を拒否しているやり方をも攻撃した。彼は一年に八点も出版したが、どれも相当な量で、学問的研究ないし倫理的情熱にもとづく著作であった。

ザルツブルクで精神分析会議が開かれ、オットー・グロス、フリーダ・グロス（彼女もまた解放運動に深く関わっていた）の両方が出席した。フロイトはグロスの医学以外の関心について非難した。

D・H・ロレンスはクロイドンの校長の地位に就き、ここでヘレン・コークに出会う。

一九〇九年、七十歳以上のすべてのイギリス国民に老齢年金が支給された。オーストリアはボスニアとヘルツェゴヴィナを併合。プロイセン選挙権反対のデモがドイツ全体に広がった。フォード車モデルTがつくられた。マーラーが第九交響曲を作曲、ディアギレフがパリではじめてのバレエ公演をした。レーニンは『唯物論と経験批判論』を、またヘレーネ・ランゲは『女性運動の近代的問題』を発表した。ウィリアム・ジェームズは『多元的宇宙』を、ベルクソンが『物質と記憶』を発表。ココシュカがモンテスキュー＝ロアン皇女を描き、フランク・ロイド・ライトがシカゴのロビー邸を建築。H・G・ウェルズが『トーノー・バンゲー』を、アンドレ・ジィドが『狭き門』を出版。

マックス・ヴェーバーは「社会政策協会」の会合に参加、官僚の労働条件にたいする管理力を増大させようとするグスタフ・シュモラーのプロパガンダに反論した。彼は古代農業の重要な研究を『国家科学辞典』に発表したが、これは事実上は古典古代の衰亡の研究であった。彼はこの仕事をM・I・ロストフツェフと協同でおこなったが、ロストフツェフののちの作品はここから生まれた。彼はまた『雑誌』に多くの論文をのせた。

アルフレート・ヴェーバーは『産業立地理論』第一部を発表。ジェシー・チェンバーズの肝いりでD・H・ロレンスは処女詩集を『イングリッシュ・リビュー』に発表し、またフォード・マドックス・フォードとその友人たちに会った。グロスは『精神病による低能について』を発表、この時点から彼は正統の精神医学についてばかりか、異端の精神医学についても、ほとんど何も発表していない。彼の書く論文は政治的あるいは文化的で、革命的なものとなる。

エルゼ・ヤッフェ、ハンスを出産。

一九一〇—一九二〇年

この時期のはじめの四年半は、希望と反抗と天分とのすばらしい響きあいが最高潮に達した。それから戦争という恐るべき挫折がやってきて、父権的な精神の巻き返しが起こった。この時期はわれわれにとって銘記すべき事実が数多くある。それは公的歴史についても、われわれが注目する人物の個人史についてもそうである。この二つの面の充実度が合致しているのも、一つには、こうした人たちが重要な人物であったということでもある。

一九一〇年、ドイツの機器工業がイギリスを追い越した。ヴェーバーの友人の中ではナウマンが「進歩人民党（Fortschrittliche Volkspartei）」を創立、ゲルトルート・ボイムラーはハイデルベルクの大会で「ドイツ女性連盟（Bund deutscher Frauenvereine）」の会長となり、一九一九年までつとめた。エルゼ・ヤッフェは工場視察官の立場から工場労働の女性に及ぼす影響について語った。はじめてのドイツ社会学者の会合がフランクフルトで開かれた。そして社会学会がヴェーバーの指導力のもとに創立され、彼はそこで報告をした。彼はまた二つの訴訟に勝訴したが、一つはジャーナリストに、もう一つは同僚にたいするもので、公的倫理および職業倫理に関するいくつかの論点が争われていた。

この年はマックスとマリアンネがツィーゲルホイザーラント通りにある彼の祖父の家に移った年でもある。エルンスト・トレルチが最上階に入った。シュテファン・ゲオルゲが議論のため訪れ、ジェルジ・ルカーチ、エルンスト・ブロッホ、その他前に名をあげた人たちも同様に集まってきた。春にはヴェーバー一家とヤッフェ一家はいっしょにイタリアへ行った。マリアンネは一人でハイデルベルクに戻り、ヴェネツィアでマックスはエルゼに恋の告白をした。彼は「プロテスタンティズムの倫理」に関連した二つの論文を『雑誌』に発表、また前年ウィーンでおこなわれた「社会政策協会」の会合での強力で攻撃的な反論も出版された。

ロジャー・フライはロンドンで第一回後期印象派展覧会を開催した。未来派宣言が起草された。バートランド・ラッセルとアルフレッド・ノース・ホワイトヘッドが『数学原理』を出版、マリー・キュリーは『放射線投影法』を発表。アルベルト・シュヴァイツァーは『史的イエスを求めて』を発表、イーゴル・ストラヴィンスキーは『火の鳥』を作曲した。E・M・フォースター『ハワーズ・エンド』を出版。D・H・ロレンスの『白孔雀』(翌年出版)は、母の死(十二月九日)の直前に母に手渡された。ルー・アンドレアス＝ザロメが『エロティックなもの』を出版、エドガー・ヤッフェは『イギリス銀行制度』第二版を出版した。トルストイ、フロレンス・ナイチンゲール、マーク・トウェイン、ウィリアム・ジェームズ死去。

一九一一年、ロンドンで港湾《ドック》ストライキが、またイギリス全体に鉄道ストライキが起こった。イタリアはトリポリを征服。デイヴィッド・ロイド・ジョージは国民健康保険を導入。大学教師の第四回会合でマックス・ヴェーバーはプロイセンの前教育大臣アルトフの独裁的方式を攻撃、また商業大学の共同憲章に反対し、新聞・雑誌に烈しい論争をひきおこした。彼はまたフライブルク大学のある軍国主義的排外主義者の演説を攻撃し、フライブルクの教授連全体を議論にまきこんだ。シェーンベルクは和声理論の中で十二音技法を展開、またヴァシリー・カンディンスキーとフランツ・マルクがミュンヘンに「青騎士団」を組織した。このグループにはアルバン・ベルク、シェーンベルク、アントン・フォン・ヴェーベルンなどが画家たちとともに関わり、戦争勃発まで近代《モダニスト》芸術の

フォン・リヒトホーフェン家の母権社会．左からエルゼ，リヒトホーフェン男爵夫人，
フリーダ

フリーダ・ウィークリー

エルゼ・ヤッフェ

二人の夫．アーネスト・ウィークリーとエドガー・ヤッフェ

「愛する者」

これはオットー・グロス（1877-1919）の少年時代をうつした写真で唯一知られているものである．犯罪学の創始者，オーストリアのハンス・グロス教授の優れた一人息子オットーは，ここではしゃれたブラシ天の服に身を包み，まだ父親ご自慢の息子として写っている．成長するにつれ，残酷なまでに支配的な父親の圧力にさらされることになる．若いときには医学の専門家として犯罪研究所で父親の助手をつとめたが，やがてフロイト派の精神分析家となって父に反抗し，さらにフロイトを超えて，患者たちにそれぞれの父親に反抗するよう，すべての父権的価値に反抗するように薦めるようになった．フォン・リヒトホーフェン姉妹に出会った1906年までには，彼はボヘミアと無政府主義と性革命を代表する精神となっていた．

D. H. ロレンス

マックス・ヴェーバー

ロレンス一家．左からエイダ，エミリー，ロレンス夫人，ジョージ，バート（＝D. H.），アーネスト，ロレンス氏

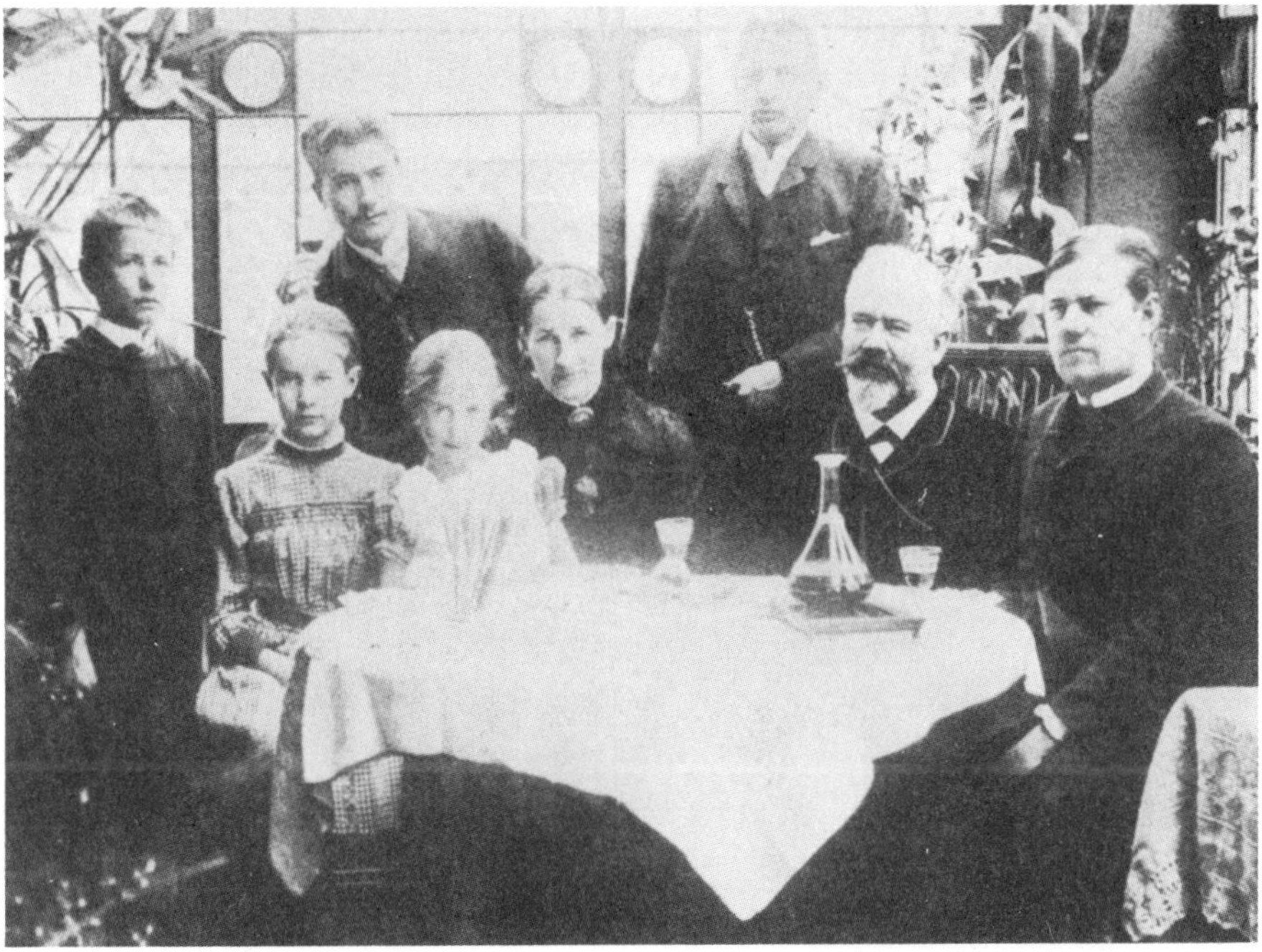

ヴェーバー一家．左からアルトゥール，クララ，アルフレート，リリー，ヴェーバー夫人，カール，ヴェーバー氏，マックス

二人の母親，二人の父親，（父親にたいして母親を守ろうとする）二人の長男という心理学的な並行関係のほかに，マックスとバートが感情的に親しみをもっていた二人の妹（リリー・ヴェーバー，エイダ・ロレンス），また兄弟の中でもっともハンサムで，そして兄弟の中でももっとも楽で，気難しくない，もっとも常識的だった二人（アルトゥール・ヴェーバーとジョージ・ロレンス）（『息子たちと恋人たち』ではアーサーと名づけられている）のあいだにも相似性が認められる．

エルゼ・ヤッフェ母子

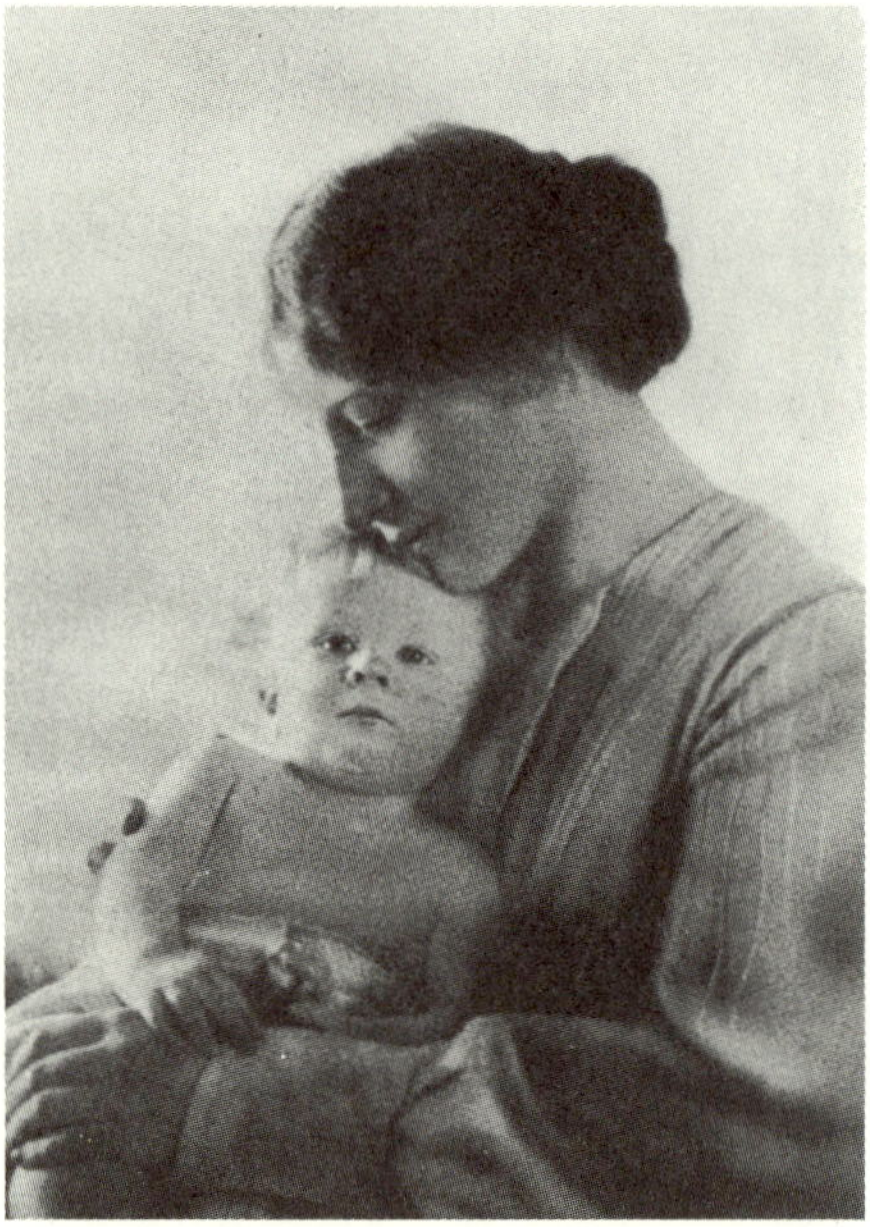

フリーダ・グロス母子

子供たちはともにペーターと呼ばれ，ともに1907年生まれ．ともに父親はオットー・グロスである．二人の母親の友情は長く続き，そのイデオロギー上の姉妹関係をグロスは自分の「世の春」と呼んだ

フリーダ・ウィークリー母子

アルマ・マーラー母子

この二人は20世紀芸術の偉大なるデメテール，生命と愛にあふれ，たっぷりと愛を与える女神たちである

アルフレート・ヴェーバー．エルゼ・ヤッフェの生涯のもう一人の男

ジョン・ミドルトン・マリ．フリーダ・ロレンスの生涯のもう一人の男

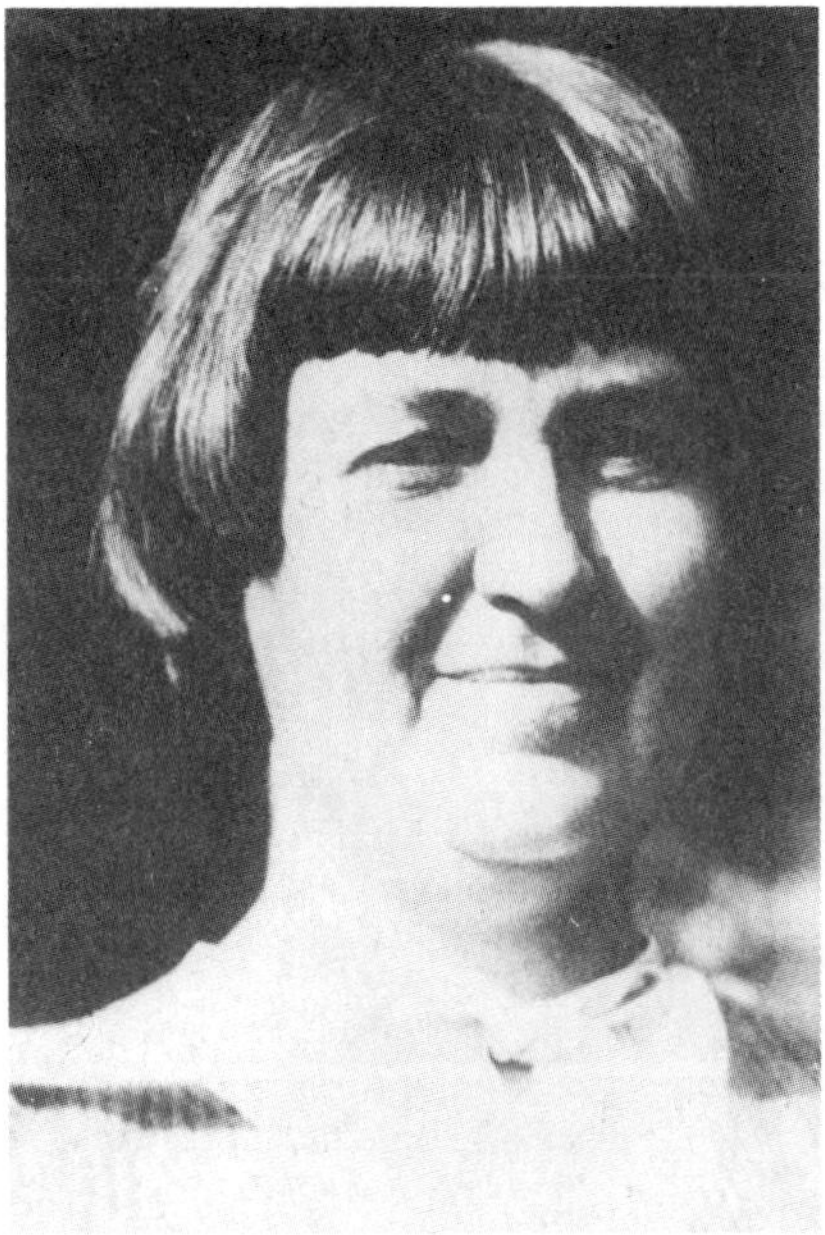

メイベル・ルーハン．タオスの精神を具現する

マリアンネ・ヴェーバー．ハイデルベルクの精神を具現する

女教師ジェシー・チェンバーズ．ロレンスは彼女を捨ててフリーダのもとに走った

イザドラ・ダンカンはもう一人のフリーダだった，しかし踊りによって

ルー・アンドレアス＝ザロメ，知的かつ誘惑的な

エマ・ゴールドマン，革命的かつ母性的な

J. M. マリとF. R. リーヴィス．彼らの著書がロレンスの遺産のその後の展開を反映している

カール・ヤスパースとタルコット・パーソンズ．ヴェーバーの遺産のその後の展開の二つの時代を画する

ヴィルヘルム・ライヒ．彼の著作は第一次世界大戦以前のドイツにグロスがもたらしたのと同じメッセージを，1940年代，50年代に，そしてアメリカに届けた

中心をなした。グロピウスはファグス製靴工場を建設。マーラーが『大地の歌』を作曲、リルケは『ドゥイノの悲歌』を発表した。エマ・ゴールドマンが『無政府主義およびその他の講演集』を出版。

ヴェーバーの出版したものは、一九一〇年のフランクフルト社会学者大会でのいくつかの論争演説――技術について、文化について、人種偏見について、自然法および自然主義について、等々がある。アルフレート・ヴェーバーは『雑誌』に彼の『産業立地理論』について論文をのせた。ロレンスは『白孔雀』発表後、十一月に病身となり教職を中断しなければならなかった。ミドルトン・マリが『リズム』を発刊した。マーラー死去。

一九一二年、ロシア首相ストルイピンが暗殺された。ボリシェヴィキがメンシェヴィキから分裂、レーニンが『プラウダ』紙の編集長となり、スターリンと知り合う。バルカン戦争勃発。ドイツでは帝国議会の選挙で社会主義者が大半を占めた。ローザ・ルクセンブルクは『資本蓄積論』発表。フロイトはベルリンの実証主義哲学会の創立メンバーの一人であった（彼の他にアインシュタイン、マッハ、ポパーがいた）。ダービシャーで石炭業ストライキがはじまりイギリスじゅうに広がった。アメリカではユージン・デブスが社会主義者の大統領候補として九〇万票を集めた。トレルチは『キリスト教会およびキリスト教団体の社会理論』を発表したが、これはヴェーバーの洞察を発展させたものであった。またハンス・グロスはグラーツに自分の「犯罪学研究所」を開いた。「青騎士団」が第二回展覧会をミュンヘンで開いた。カンディンスキーは芸術全体におけるモダニズムの大宣言の一つ『芸術における精神的なものについて』を発表。シェーンベルク『月に憑かれたピエロ』を作曲、マルセル・デュシャン『階段をおりる裸像《ヌード》』を描き、ロレンスは『侵入者』を発表。アウグスト・ストリンドベリ死去、テネシー・ウィリアムズ生まれる。

ベルリンの第二回ドイツ社会学者会議で、ヴェーバーは国家主義の価値自由論を発表した。彼と「協会」左派は社会立法を推進する一大デモンストレーションを企画し、これが意見の不一致から失敗したとき、彼はこのような試みをもっと積極的にすすめるよう回覧状を出した。

アルフレート・ヴェーバーは『宗教と文化』をはじめ三点を出版。D・H・ロレンスは詩や小説を発表した。四月、ロレンスはフリーダ・ウィークリーに会い、五月には二人でメッツへ駆け落ちしたが、そこでは彼女の父が軍事記念日を祝っていた。それから彼らは別々にミュンヘンへ行き、イルシェンハウゼンに八月まで住んだのち、アルプスを徒歩で越えてイタリアへ行き、冬はガルニャーノで過ごした。アルマ・マーラーはココシュカと嵐のような恋愛のさなかにあった(彼らはウィーンでディアギレフのバレエに同行している)。またルー・アンドレアス＝ザロメはヴィクトール・タウスクと恋愛していた。メイベル・ドッジはイタリアからニューヨークへ戻り、ジョン・リードに会っている。ジェーン・アダムズはシカゴの進歩党の組織に忙しかった。オットー・グロスが愛人ゾフィー・ベンツをスイスで自殺させたのはこの年である。アーネスト・ウィークリーは『ことばのロマンス』を発表。

一九一三年、ドイツ帝国は軍隊の規模を広げた。ロシアはブルガリアに宣戦布告、ヘンリー・フォードは進行型ベルト・コンベアー方式を導入、ニールス・ボーアが原子の構造についての諸発見をおこなった。エドムント・フッサールは『現象学の理念』を、フロイトは『トーテムとタブー』を発表。トーマス・マンは『ヴェニスに死す』を、プルーストが『スワン家の方へ』を発表。D・H・ロレンスは『息子たちと恋人たち』を、ストラヴィンスキーが『春の祭典』を作曲。「今ふりかえってみると」とメイベル・ルーハンは一九三六年に言っている、「まるであの一九一三年の年には、あらゆる場所で壁が崩れ落ちて、それまでまったく接触のなかった人同士が出会ったように思われる」と。彼女は、ガートルード・スタインの著作、テレパシーや四次元空間への興味、メトロポリタン・オペラでの『ボリス・ゴドゥノフ』、ヨーロッパにおけるロシア人舞踊家、俳優、女性がターバンやズボンをはくようになったことなどを挙げている。その当時をあらわすことばは「再生《ルネサンス》」（エドナ・セント・ヴィンセント・ミレーのこの題の詩は一九一二年に発表されている）であり「創造的」であったと、ファン・ワイク・ブルクスは述べている。そこには創造的著作と創造的思考、そして創造的批評すらあった。メイベル・ドッジはアーモリー後期印象派展を後援した。また彼女とリードその他の人々はマディソン・スクェア・ガーデンでパターソン・ページェントを組織したが、それは八時間労働を唱えた絹織物工場労働者のストライキを記念して、塔のてっぺん十フィートの高さに赤い光で「I・W・W」の文字をかかげ、二千人が舞台に立ち、千五百人が見物するという大々的なものであった。

カール・ヤスパースは主著『精神病理学総論』を発表したが、その中でヴェーバーを現代の代表的思想家であるとした。マックス・シェーラーが『共感の現象学』を、またスターリンは『マルクス主義と民族問題』を発表した。

マックス・ヴェーバーの出版物はこの年も、討論会での攻撃的ないし教訓的演説か、あるいは科学の価値自由の主張であった。アルフレート・ヴェーバーは文化社会学についての諸論文のプログラムおよび官僚化についての論文を発表した。オットー・グロスはベルリンへ移り、『行動』に革命的な記事を発表した。

「青年運動《ユーゲントベヴェーグング》」はマイセン市民議会の大集会を開き、アルフレート・ヴェーバーとルートヴィヒ・クラーゲスが演説者に加わっていた。ジェーン・アダムズは女性参政権協会への代表としてブダペストへ行った。

ロレンスとフリーダは四月から六月にかけてイルシェンハウゼンで過ごし、夏にはイギリスへ行き（そこでマリ家の人々に会った）、それからイタリア（レリツィ）へ別々に向かい、ロレンスは一人で九月にスイスを歩いた。十一月九日、オットー・グロスはベルリンで逮捕され、オーストリア国境へ連れてゆかれてオーストリア警察の手にゆだねられ、精神異常者としてトロパウ精神病院に入れられた。それは父親の命令によるものであった。

一九一四年、第一次世界大戦が勃発し、一〇〇〇万人が死亡し、二〇〇〇万が負傷したと推定されている。イギリスは約一〇〇万の死者と二〇〇万の負傷者をだし、ドイツは一八〇〇万の死者と四二〇万の負傷者を出した。その損害額は八〇億マルクにのぼると推定されている。六月二十六日、ハイデルベルクの晴れた日に、すべての人々がヴェーバー家の日曜茶会に集まり、彼は長い戦争を予言した。次の日曜日には彼は軍服であらわれてルカーチとブロッホを激怒させた。D・H・ロレンスは戦争が始まったとき、湖水地方へ散歩に出ていた——彼はラナニム理想郷の構想を抱いていた——、そして戦争のニュースははじめ彼の精神を停止させ、それから震撼させた。

戦時体制に入ったときの戦力はドイツ四二〇万、フランス三七〇万、ロシア一二〇万、オーストリア八〇万、イギリス七〇万であった。タンネンベルクの戦いで一〇万がロシア兵の捕虜となり、ヴェーバーの義弟ヘルマン・シェーファーが戦死した。

カナダ太平洋鉄道が完成し、パナマ運河が開通した。ジェームズ・ジョイスが『ダブリン市民』を、D・H・ロレンスは『プロシャ士官』と『未亡人ホルロイド』を発表した。マーガレット・サンガーの雑誌『女性蜂起』がニューヨークで発刊された。オットー・グロスは、自分の精神分析に当たっていたヴィルヘルム・シュテーケルの編集していた精神分析の雑誌に「破壊の象徴について」を発表した。アーネスト・ウィークリーは『名前のロマンス』を発表。

マックス・ヴェーバーはこの春イタリアを旅行し、ユートピアを夢みる理想主義者たちや無政府主義者などの村がある北湖地方も訪れた。これらの村はロレンスのラナニムの計画に似ている。ヴェーバーはアスコナから七十歳の誕生日を祝う手紙を母親に送った。子供たちのうち、彼だけがベルリンでの祝賀会に欠席した。アスコナで彼は、フリーダ・グロスがハンス・グロスにたいし母親の権利を主張するのを助けた。後日ファニー・ツー・レーヴェントローの息子の兵役免除の願い出を助けた。しかし戦争が勃発するや、あらゆるエネルギーを戦争努力に向けた。戦闘に参加できないため、ハイデルベルク周辺の九つの病院の組織化をはじめた。彼は『経済と社会』の第一部を発表し、これは『社会経済学綱要』――おおぜいの著者による巨大な綱要で結局未完に終わったが――への彼の貢献となるものであり、以後の彼の著作のほとんどがその中の一章となるべく執筆された。

一九一五年、イタリア参戦、ドイツは西部戦線で有毒ガスを用いた。Uボートによるイギリス船の攻撃とツェッペリンによるロンドン襲撃があった。デュシャン『彼女の独身者たちによって裸にされた花嫁、さえも』を制作、アルバート・アインシュタインが一般相対性理論を発表した。D・H・ロレンスは『虹』を出版しエルゼ・フォン・リヒトホーフェンに献げた（彼はこの献辞をドイツ語で「エルゼへ」と、ゴチック体で書いてほしいと望んだ）。この本は十一月、猥褻を理由に発禁となった。

七月、一三四七名のドイツ知識人が、二人のベルリン大学教授ゼーベルクとシェーファーの起草による、きわめて攻撃的な戦争目的宣言に記名した。ヴェーバーを含む一四一名がこれに反対宣言をした。

カール・ヴェーバーとヴェーバーの友人エミール・ラスクが戦死、ヴェーバーはブリュッセルで、のちにベルリンでも戦争に参加しようとし、ポーランド人をドイツと友好関係にひきこむために働きたいと望んだが、ともに叶わず、ふたたび宗教社会学の仕事に戻った。アルフレート・ヴェーバーは『ドイツの使命についての所感』を出版。

リヒトホーフェン男爵死去。フリーダとロレンスはバートランド・ラッセルおよびオットライン・モレル夫人と知り合いになる。彼らはこの年の末、コーンウォールで過ごした。

一九一六年、戦争はさらに拡大し、イタリアはドイツに宣戦布告、トルコはロシアに、ドイツはポルトガルに宣戦布告。ヴェルダンの戦い。イギリスではロイド・ジョージが連立内閣を組閣して徴兵制度開始、また南ウェールズの炭坑はストライキのため政府の管理下におかれることになった。ダブリンでイースターの反乱起こる。チューリヒでダダ運動はじまる。ジェームズ・ジョイスが『若き芸術家の肖像』を、D・

H・ロレンスは『アモーレ』と『イタリアの薄明』を発表した。ロード・キッチナー元帥、ヘンリー・ジェームズ死去。ハロルド・ウィルソン、エドワード・ヒース生まれる。

マックス・ヴェーバーは『ディ・フラウ』の平和主義公開討論に参加、また中央ヨーロッパ諸国に関税・経済共同体をつくろうとするナウマンの中央ヨーロッパ運営委員会に参加したが、政府の抵抗にあってさえぎられてしまった。彼はUボート作戦に反対する論文を書き、党の指導者、外務省その他に送った。トルストイ的なキリスト教道徳と責任ある政治的行動が両立しないことについて論じた「二つの掟のあいだ」を『ディ・フラウ』に発表した。彼はまた儒教および道教についての研究を発表した他、宗教と芸術、エロティシズム、カリスマとの関係を論じた付属論文「中間考察」を発表した。『経済と社会』中で宗教社会学の章を構成するはずのヒンズー教と仏教についての研究も発表した。世界列強の中でのドイツの位置についても演説したが、印刷に付すまえに検閲された。バートランド・ラッセルはロレンスと共同で企画した講義をし、反戦論者として投獄された。

マリはロレンスの嫌いなドストエフスキー礼賛の本を出版し、クプリンとシェストフの著作の共訳者の一人となった。ロレンスは『恋する女たち』を完成し、ラッセルと協力し、それから仲違いした。マリ家とも仲違いした。エドガー・ヤッフェはヨーロッパの政治経済問題を扱う週刊誌を発刊した。アーネスト・ウィークリーは『姓名』を発表した。

一九一七年、三月、ロシア革命勃発。十五日皇帝は退位し、アレクサンダー・ケレンスキーが立憲政府を樹立した。十一月、レーニン、トロツキー、グリゴリ・ジノヴィエフがボリシェヴィキを先導してソヴェート共和国の建設にかかった。

一月、ドイツは無制限のUボート作戦を再開、また四月にはアメリカがドイツに宣戦布告した。同月、ドイツ皇帝は戦後の選挙法改正を約束した。食料不足でベルリンに暴動がつづき、またドイツ戦艦で争いがあった。

ヴェーバーは、自分の対ポーランド計画案を『フランクフルト時報』に発表した。また新しい財産相続法（貴族領の創設に役立つ）を攻撃し、また選挙法改正について意見を述べた。こうした記事は多大な注目を集め、新聞は検閲をうけることになった。一ミュンヘン紙に彼はアルフレート・フォン・ティルピッツの「祖国党（Vaterlandspartei）」への鋭い攻撃をはじめた。ハイデルベルクでの「進歩人民党」の会合に参加し、またハウスマンに新しい国民憲章の提案を送った。五月と十月にラウエンシュタイン会議に参加し、そこでエルンスト・トラー、エーリヒ・ミューザムその他の社会主義・平和主義志向の人々に会い、この人たちが以後彼の家をしばしば訪れることになる。この年の二十本の出版の中には上記のほかに、ロシア立憲主義についてのもの、社会科学における価値自由についての論文、古代ユダヤ教についての単行本、パリサイ人についての論文、ドイツの民主主義と選挙権についての議会制を擁護する論文がある。

アイルランドでは、ダブリンでシンフェイン党の暴動があった。スイスではジョージ・D・ヘロンが『ウッドロー・ウィルソンと世界平和』を発表、人々はヘロンがアメリカ政府の代表であると考えるようになった。そして十二月には彼はパリ駐在大使シャープに、二人のドイツ人教授から送られた講和の提案を送った——その教授の一人はエドガー・ヤッフェであったと思われる。パリではパブロ・ピカソがディアギレフの『パレード』の舞台装置と衣装のデザインにあたったが、これをギョーム・アポリネールが「超現実主義的《シュルレアリスト》」と呼んだ。記録に残るこの用語の最初の用例である。C・G・ユングが『無意識』を発表、T・S・エリオットが『プルーフロック』を発表、D・H・ロレンスは『「見よ、ぼくらはやり抜いた!」の恋歌ほか所見』を発表した。

ロレンスは一九一七年に健康診断を受けたが、兵役には不適とされた。十月、彼とフリーダはドイツ側スパイの疑いでコーンウォールから追放された。メイベル・スターンはニューヨーク市からタオスへ移った。オットー・グロスはプラハの文学界で活動していた。

一九一八年、ソヴェート=ロシアはドイツとブレスト・リトフスク条約に調印、七月にはロシア皇帝とその家族が銃殺された。イギリスとフランスの軍隊がロシアの内乱に介入した。

一月、ウィルソンが平和十四原則を提案。八月、ドイツ最高司令部はドイツがもはや敵国を打倒することができないと判断、九月にはもはや戦うことができないと判断した。十月三日、自由主義者バーデン公マックスが首相となった。十一月三日、キールで水夫の反乱があった。四日、マックス・ヴェーバーはミュンヘンで有名な革命への警告の演説をおこなった。五日、ドイツ各地でストライキが起こった。七日、クルト・アイスナーがミュンヘンに労働者および軍人の評議会を設立、国王は逃亡した。八日、アイスナーはこれとは別にバイエルン共和国を設立、エドガー・ヤッフェが大蔵大臣となった。九日、ドイツ皇帝は退位し、エーベルトが首相となり、リープクネヒトはドイツは社会主義共和国であると宣言した。十一日、休戦協定が結ばれドイツ皇帝はオランダに逃れた。十七日、アイスナーはミュンヘンでコンサートを開き、ブルーノ・ヴァルターの指揮で自作の讃歌「革命に捧ぐ」を歌った。このコンサートはあと二回おこなわれた。三十日、すべてのドイツ女性に投票権が与えられた。次の選挙でマリアンネ・ヴェーバーはバーデン州議会の最初の女性議員となった。

マックス・ヴェーバーはウィーンへ、夏学期の授業に出かけていた（オットー・グロスもウィーンにいて革命計画の重要な役割を果たしていた）。軍部の崩壊のあと、ヴェーバーはナウマンに、皇帝がすぐ退位するように説得すべきであると言った（ミュンヘンで皇帝の退位を公けに要求した最初の人はヤッフェであった）。ヴェーバーは十一月四日、ミュンヘンで「絶対平和主義」に反対する演説をしたが、怒りに満ちた反応のため、演説を最後まで終えることができないというこれまでなかった経験をした。彼は革命を計画している人々の面前で革命反対の演説をしたのであり、叫び声をあげて彼を壇上からひきおろしたのは、オイゲン・レヴィネをはじめとする彼の学生たちであった。ハイデルベルクで彼は労働者および軍人評議会のメンバーとなり、いくつかの会合で主要な役割を果たした。

アルフレート・ヴェーバー、エーリヒ・コッホ＝ヴェーザー、ナウマンはドイツ民主党を結成し、マックスはしばらくためらったあと、これを擁護する一連の強力な遊説をおこなった。そのうちの一つは『フランクフルト時報』の特別増刊号に発表された。ごく自然なりゆきで彼は帝国議会のフランクフルト代表議員候補に指名されたのだが、のちの全国委員会では党の候補の優先順位のずっと下に落とされ、選出の可能性をなくしてしまった。十一月十五日、新内閣の内務長官に推薦された。これは結局失敗に終わったが、彼は新憲法制定委員会の唯一の非公式メンバーであった。彼は『フランクフルト時報』に、議会制の必要についてさらに論文をのせ、またウィーンで社会主義についての講義をし、パンフレットに印刷された。

イギリスではインフルエンザの流行が危険なまでに広がった。D・H・ロレンスも一九一九年のはじめ、インフルエンザで重態になった。一九一八年九月、ダービシャーで、また健康診断をうけた。彼は『新詩集』と『米国古典文学研究』の初版を『イングリッシュ・リヴュー』に発表した。マリは『詩集一九一七―一八』と『判断する批評家』を発表した。ラッセルは『神秘主義と論理』を、リットン・ストレイチーが『ヴィクトリア朝の名士』を発表した。シュペングラーが『西洋の没落』の第一部を出版、ディアギレフがロンドンを訪れた。パウル・クレーは抽象絵画『庭園図』を描き、ブロークは革命的作品「十二」を発表した。ファニー・ツー・レーヴェントローがアスコナで死去。

一九一九年、ベルリンでゼネストがあり、スパルタクス団員が革命を起こした。一月十五日、ローザ・ルクセンブルクとカール・リープクネヒトは右翼将校に暗殺された。二月二十一日、クルト・アイスナーが暗殺され（ハインリヒ・マンが、三月三日の告別式で演説）、副大臣アウエルは重傷を負った。四月七日、ソヴェート統治組織（Räteregierung）がミュンヘンに建てられ（エドガー・ヤッフェは役職についていない）、トラー、ミューザム、ニキッシュが権力を握った。四月八日、人民の武装による赤軍（Rote Garde）が創立された。四月十三日、六日前にできた統治組織は、レヴィネとレヴィネを長とするより共産党に近い組織にとってかわられた。これはドイツ軍部隊によって打倒された。ランダウアーは虐殺、レヴィネも銃殺され、野蛮な右翼の抑圧がはじまった。エドガー・ヤッフェは神経衰弱に陥った。六月十日、エルゼはヤッフェのために、彼の病状が重くトラーの公判の証人には立てないと当局に宛てて手紙を書いた。フォン・フラウエンスドルファーは銃で自らを撃ち、また革命政府に関与した他の人たちをも撃ったため、精神病院に入れられた。

二月、新しく選出された議員による国民集会がヴァイマールで開かれ、七月、ヴァイマール憲章が採用された。エーベルトが議長（Reichspräsident）となった。五月、ヴェーバーはヴェルサイユへドイツ代表団の一人として出かけた。六月、講和条約が調印された。彼はそれからルーデンドルフを訪ね、自ら犠牲となって連合軍に身をゆだねるように頼んだ。ドイツ労働党（のちのNSDAPつまりナチス党）がミュンヘンで設立され、最初のメンバーの一人がアドルフ・ヒトラーであった。ムッソリーニはイタリアでファシスト党を創立した。共産党第三インターナショナル設立。

イギリスでは戦時内閣が解散され、はじめての女性代議士が選出された。イタリアではガブリエレ・ダヌンツィオと義勇兵からなる彼の軍隊がフィウメを占領した。アメリカではエドガー・フーヴァーのさしがねで、エマ・ゴールドマンとアレグザンダー・ベルクマンが国外追放された。セオドア・ルーズヴェルト、アンドリュー・カーネギー死去。

ジョン・メイナード・ケインズ『平和の経済的帰結』を公刊、ルイージ・ピランデルロが『作者を捜す六人の登場人物』発表。ヘルマン・ヘッセが『デミアン』を、プルーストは『失われた時を求めて』第二巻を発表。これらはすべて大成功であった（プルーストの第一巻と第二巻の成功は、併行して『ジャン・クリストフ』が急に名声をおとしたのと対照的で、ますます目立っていた）。ヴァルター・グロピウスがバウハウス・デザイン・建築・工芸学校を設立。D・H・ロレンスは『詩集——湾』を出版、オットー・グロスは『大地』『ソヴェート』『ダス・フォーラム』にいくつかの革命的な論文を発表し、また性の理論に関する三つのエッセイ「内的葛藤について」を発表した。

この年、マックス・ヴェーバーの母が亡くなり、また政治上の友であり同盟者でもあったフリードリヒ・ナウマンも死去。この年のはじめ、ヴェーバーはいくつかの市でドイツ民主党のための演説をし、今回はハイデルベルクでふたたび帝国議会代議士になってほしいと頼まれた。ミュンヘン大学の学生たちに、有名な「職業としての学問」と「職業としての政治」の講義をした。彼は講和条約は不公平であるとして反対し、ドイツが大戦の道徳的責任を負うことに抗議するハイデルベルク同盟のメンバーとなっていた。六月の末、彼はミュンヘンへ移り、のちに『一般社会経済史要綱』として出版される一連の講義をはじめた。

D・H・ロレンスはインフルエンザで重態であったが、十月にはフリーダがドイツへ向かい、ロレンスもその後イタリアへ、トリノ経由でフィレンツェに向かって出発した。そこでおちあってから二人はシチリア島とカプリ島へ行った。この年のはじめ、オットー・グロスはウィーンを去ってベルリンへ、おそらくだれにも知らせずに出かけた。そこから彼はミュンヘンのエルゼ・ヤッフェへ手紙を送り、彼女のもとを訪ねたら面倒をみてもらえるだろうかとたずねた。十一月、彼は世話をしてくれている友人たちが薬物を調達してくれないといって腹を立て、逃げだして倉庫に隠れた。見つけだされたときは飢餓状態で、もう手遅れであった。

一九二〇―一九三〇年

この十年は死の十年であった。オットー・グロスはこの直前に、ロレンスは直後に死亡した。文化もまた断末魔のあえぎのうちにあった。しかし、ヴェーバーとロレンスの出版物はともに数多く、また重要であった。

一九二〇年、一月にヴェルサイユ条約が発効し、国際連盟が誕生した。ベルリンでの左翼デモ参加者が発砲を受け、四十二人の死者がでた。三月、右翼のカップ・プッチの暴動があった。ミュンヘンではヒトラーが、ホーフブラウハウスで開かれたドイツ労働党の第一回総会で二十五条の綱領を宣言した。選挙の折、ヴェーバーの家で働いていた少女がヒトラーに投票した。アメリカでは女性が投票権を得、またアルコール飲料の販売が禁じられた。イギリスとアメリカ合衆国で最初の放送局が開かれた。

ユングは『心理学的類型（タイプ論）』を発表したが、この著作はオットー・グロスに負うところが大きかった。ケルンでダダイストの展覧会があり、見物人は展示品を壊すように促された。フランツ・カフカは『村医者』を、D・H・ロレンスは『迷える少女』および戯曲『一触即発』を出版した。またニューヨークで『恋する女たち』の私家版が出た。T・S・エリオットは批評集『聖林』を発表したが、そこには芸術の没個性についてのエリオットの信念の典拠、「伝統と個人の才能」が収められ、ロレンス、マリとの対立を生んだ。

マックス・ヴェーバーは一月、ミュンヘン大学の学生がアイスナー下の右翼暗殺者であったアルコの執行猶予を要求したことを非難した。その結果、組合の学生たちが彼の家を取り囲んでデモンストレーションをおこなった。彼の講義は怒号の中で中止された。彼の妹リリーは四月に自殺し、四人の子供が残されたが、マリアンネはその養親を申し出た。マックスが風邪をひき、六月の十四日に亡くなったのは、宗教社会学についての論集を書いている途中であった。

死の直前まで執筆中であったこれらの論文は、三巻本になって一九二〇—二一年に出版された。一冊の本にも値する長大な論文「都市論」がこのとき『雑誌』に載った。カール・ヤスパースはハイデルベルクでヴェーバーを讃える名演説をおこなった。アルフレート・ヴェーバーは「文化社会学原理」を、これも『雑誌』に発表した。マリは『文学の諸相』を発表。ロレンスはこの年の大半をイタリアとシチリアで過ごした。メイベル・ルーハンから手紙を受けとり、タオスへ来るようにという招待を受け、この「タオス」という響きが気に入った。

一九二一年、ロレンスが偽名で書いた歴史『ヨーロッパ史における諸運動』が出版され、また『海とサルディーニア』『亀』、また『精神分析と無意識』も出版された。オルダス・ハクスリーは最初期の諷刺小説『クローム・イエロー』を発表。アーネスト・ウィークリーは彼の多くの辞書の最初のものである『近代英語語源辞典』を出版した。エドガー・ヤッフェは一九一八年の革命の失敗による神経衰弱からついに回復することなく、ミュンヘンで死去。

ヴェーバーの『経済と社会』第一巻出版、また『音楽の合理的・社会学的基礎』も出版された。マリアンネは彼の『政治論集』第一巻を編集。

一月、ロレンスとフリーダはサルディニアに旅行したが、この旅行については十二月に出版された本の中に記述されている。

一九二二年、自由主義‐理想主義者のドイツ外相ヴァルター・ラーテナウが暗殺された。彼は裕福なユダヤ人であった。インドではガンディが市民的不服従のゆえに六年間の投獄を宣告された。イタリアではムッソリーニがローマへ行進、ファシスト政府を結成した。イギリスではロイド・ジョージの連合内閣が打倒され、保守党がふたたび政権を握った。ニールス・ボーアが原子内の電子の軌道についての理論を展開した。

T・S・エリオットは『荒地』を、ジェームズ・ジョイスは『ユリシーズ』を発表。ルートヴィヒ・ヴィトゲンシュタインが『論理哲学論考』を、リルケが『オルフォイスへのソネット』、キャサリン・マンスフィールドが『園遊会』を、D・H・ロレンスが『アーロンの杖』をそれぞれ発表。アメリカではロレンスはまた『無意識の幻想』および『英国よ、わが英国よ』を出版した。シチリアからセイロンへ移り、さらにオーストラリアへ移ったが、この年の末には、ニューメキシコのタオスに着いていた。マリは『精神の諸国』『文体の問題』の二大傑作をものした。アーネスト・ウィークリー『ことばのロマンス』第三巻を出版。マルセル・プルースト死去。アレグザンダー・グレアム・ベル、アルフレッド・ハームズワースも死去。

一九二三年、ソヴェート連邦成立。賠償金未払いのためルール地方はフランス軍に占領された。フランス下におかれたのはこれがはじめてではない。七月、ドイツの物価は戦前の三万九〇〇〇倍に達した。十月十一日時点で、一英ポンドが一〇〇〇〇万マルクであった。十一月十五日には一米ドルが二五億マルクであった。ドイツの金利生活者《レント》（ヴェーバー家、ヤッフェ家も含む）の収入は無に帰した。アルフレート・ヴェーバーは『精神労働者の困窮』を発表したが、この著作は文化人の苦境に注意を向けさせ、それが国家に悲惨な帰結をひきおこすであろうと予言したものである。ドイツに戒厳令が敷かれた。十一月、ヒトラーはミュンヘンでクーデターを試みたが失敗した。エルンスト・トレルチ死去。キャサリン・マンスフィールド死去。マリは『アデルフィ』を創刊、ロレンスのメッセージを伝えようとした。学生の講義ノートをもとにヴェーバーの『一般社会経済史要綱』が出版され、マリアンネが監修・指導にあたった。

D・H・ロレンスは『カンガルー』を発表、また『米国古典文学研究』、ヴェルガの『成り上がり者ジェズアルド』の翻訳、モーリス・マグナスの『外人部隊の想い出——鳥、獣、そして花々《ノヴエルラ》』の序文、そして「狐」「大尉の人形」「てんとう虫」などの短篇を出版した。三月、ロレンス夫妻はニューメキシコを去ってメキシコシティへ移った。フリーダはニューヨークから船でイギリスへ渡ったが、ロレンスはメキシコに戻って十一月までそこにいた。彼らはたえず喧嘩していた。イギリスで彼はドロシー・ブレットとマリに、タオスに来て植民村を設立してほしいと頼んだ。

アニタ・フォン・シュライバースホーフェン結婚、またヨハンナ・フォン・シュライバースホーフェンは離婚してエミル・クルーク（一八七〇―一九四四）と結婚した。エミルはベルリンで、メンデルスゾーンとヴェーバーの預金銀行の頭取をしていた。

一九二四年、ヒトラーは五年間投獄の宣告をうけたが十二月に釈放された。帝国議会はナショナリストと共産主義者が中道派勢力の票を奪った。イギリスでは最初の労働党政府が選出された。E・M・フォースター『インドへの道』を発表。トーマス・マンが『魔の山』を発表した。D・H・ロレンスは、モリー・スキナーとともに『叢林の少年』を出版。マリは『発見』『芸術の必要』『未知なる神に』『旅』を出版。F・R・リーヴィスはケンブリッジ博士論文「ジャーナリズムと文学の関係」を書き上げ、アーネスト・ウィークリーは『近代英語語源小辞典』を出版した。レーニン、ウッドロー・ウィルソン、エレオノラ・ドゥーゼ、ジョゼフ・コンラッド死去。

ヴェーバー論文集のうち、社会経済史について、社会学と社会立法についての二巻がマリアンネの編集で刊行。アルフレート・ヴェーバーは『ドイツとヨーロッパ文化の危機・学問・社会構造』を出版し、シュペングラーを攻撃した。

一九二五年、トロツキーはスターリンとの争いに敗れ、共産党の指導権をゆずった。ヒンデンブルクがドイツの大統領となった。バウハウスはヴァイマール地方での敵意を避けてデサウに移った。アドルフ・ヒトラーは『わが闘争』第一巻を出版した。ヴァージニア・ウルフが『ダロウェイ夫人』を発表。D・H・ロレンスは「セント・モール」「王女様」「やまあらしの死についての考察」を発表。彼はオアハカでマラリアにかかり重症であった。そこで彼はメキシコについての小説を書きかけていた。九月、彼はフリーダとともにヨーロッパに戻った。マリは彼の愛国文学のマニフェストの一つ、『キーツとシェイクスピア』を出版した。マックス・ヴェーバーのことを聞いてアルフレート・ヴェーバーは『ヨーロッパの近代国家思想の危機』を発表し、タルコット・パーソンズはハイデルベルクに社会学の研究にやってきた。カール・ヤスパースが著書『世界観の心理学』の中で哲学者ヴェーバーについて論じた。

一九二六年、五月三日から十二日にかけて、イギリスでゼネストがあった。カフカは『城』を発表、D・H・ロレンスは『翼ある蛇』を、T・E・ロレンスは『知恵の七柱』を出版した。マリは『イエスの生涯』を、マリアンネは『マックス・ヴェーバーの思い出』を発表した。エルゼ・ヤッフェは

「狐」をドイツ語に翻訳した（彼女は『翼ある蛇』も翻訳したが出版できなかった）。ロシアの人口は一億四八〇〇万、アメリカ合衆国一億一五〇〇万、日本八五〇〇万、ドイツ六四〇〇万、イギリス四五〇〇万、フランス四一〇〇万、イタリア四〇〇〇万であった。

一九二七年、トロツキーはスターリンによって共産党から追放された。ヒトラーは『わが闘争』第二巻を出版し、ケマル・アタチュルクは『新しいトルコ』を出版した。ドイツの経済制度は魔の金曜日に崩壊した。マルティン・ハイデガーが『存在と時間』を、ラッセルが『物質の分析』、ヴェルナー・ハイゼンベルクが不確定性原理についての論文を発表した。アーネスト・ヘミングウェイが『男だけの世界』を出版、ジョルジュ・アンテールは『現代的機械音のみによる機械仕掛けのバレエ』を作曲した。T・E・ロレンスは『砂漠の反乱』を、D・H・ロレンスは『メキシコの朝』を出版した。ロレンスは、イギリスやドイツを訪ねはしたが、イタリアに住みついていた。エトルシカの墓へ徒歩旅行し、絵も描いた。マックス・ヴェーバーの『一般社会経済史要綱』が英語に訳されアメリカで出版された。アルフレート・ヴェーバーは『国家と文化社会学について』を出版、マリは『ある知識人の生涯』を、アーネスト・ウィークリーは『古代と近代の語彙』を発表した。

一九二八年、ロシアで五か年計画がはじまった。イギリスで完全な女性参政権が実現した。ペニシリンが発見され、ガイガー探知機がつくられた。イェーツは『塔』を出版し、ヴァージニア・ウルフは『オーランドー』を、オルダス・ハクスリーは『恋愛対位法』を発表した――『対位法』はロレンスが健康さの典型として登場する諷刺的小説である。ロレンス自身は『チャタレイ夫人の恋人』を出版した。これは同じ小説の第三版にあたり、フィレンツェで自費出版された。彼はまたヴェルガの『詩集』および「馬で走り去った女」を翻訳した。エルゼ・ヤッフェはこの「馬で走り去った女」をさらにドイツ語に訳した。マリはキャサリン・マンスフィールドの『書簡集』を編集した。タルコット・パーソンズの学位論文「最近のドイツ文献の中の『資本主義』――ゾンバルトとヴェーバー」が『政治経済学雑誌』に発表された。トマス・ハーディとアスキス卿死去。

一九二九年、ウォール街株式市場が崩壊。トロツキーはスターリンによってソヴェート連邦を追われた。アインシュタインが『統一場の理論』を発表。第二回超現実主義《シュルレアリスム》宣言が出され、またニューヨークで現代美術館が開館された。イギリスではD・H・ロレンスの絵画の展覧会が開かれたが、警察が踏みこんで七月に閉会させられてしまった（マリは『神──メタ生物学入門』を出版したが、この本は彼のことばによれば「根本的に宗教的天才であったD・H・ロレンスのような人」によって「書かれるべきであった」本である）。ロレンスはこの冬、バンドールで詩を書いたり、短い論文を書いたりして過ごした。彼は『D・H・ロレンスの絵』『パンジー』『ポルノグラフィーと猥褻』を発表。エルゼ・ヤッフェはアメリカ外交についてのフランス語の本を翻訳した。アーネスト・ウィークリーは『英語』を出版。ジョルジュ・クレマンソー、グスタフ・シュトレーゼマン、ディアギレフ、フーゴ・フォン・ホフマンスタール死去。

一九三〇─一九四〇年

この時期にヴェーバーもロレンスも世間の目から消えてしまう。それぞれ別な理由で二人はともに時代と調和しなくなった。

一九三〇年、ナチス党員ヴィルヘルム・フリックがチューリンゲンの国務大臣となった。ドイツの選挙で社会党が一四三議席、共産党が七七議席、ナチス党が一〇七議席を獲得。インドではガンディがふたたび不服従の市民闘争を開始した。ホセ・オルテガ・イ・ガセットが『大衆の反逆』を、F・R・リーヴィスが『大衆文明と少数者の文化』を、ヤスパースが『現代の精神的状況』を、フロイトが『文化のなかの不満』を出版。T・S・エリオットは「聖灰水曜日」、D・H・ロレンス「干し草の中の愛」「処女とジプシー」を発表。彼はまた『いらくさ』『『チャタレイ夫人の恋人』について』『論説集』を発表した。イヴリン・ウォー『厭らしい人々』、ジョン・クーパー・ポーイスが『感性の弁護』を発表した。

タルコット・パーソンズは『プロテスタンティズムの倫理と資本主義の精神』を翻訳し、これにR・H・トーニーが序をつけて出版された。F・R・リーヴィスとスティーヴン・ポターが『D・H・ロレンス』という題の本を出版した。マリはキーツおよびキャサリン・マンスフィールドの著作の編集をした。アーネスト・ウィークリーは『形容詞その他の語』を出版。

D・H・ロレンスは二月六日、ヴェネツィアのアド・アストラのサナトリウムに入り、三月二日の死の一日前に、ヴィラ・ロベモントへ移ったのだった。その後この年のうちにフォン・リヒトホーフェン夫人も死去、フリーダはマリを愛人とする。

一九三一年、オーストリアの信用金庫《クレディト・アンシュタルト》が破産して以後、全中央ヨーロッパの金融業の崩壊が始まった。ドイツの全銀行は八月一日まで閉業した。イギリスは金本位制を捨て、その結果ポンドは四・八六ドルから三・四九ドルに下がった。一億ポンドの赤字予算であった。ヒトラーは大富豪フーゲンベルクと結んでナチス支持を確保した。アーネスト・O・ロレンスはイオン加速装置を考案した。セルゲイ・ラフマニノフの音楽は堕落しているという理由でソ連で禁止された。D・H・ロレンスの「死んだ男」と『アポカリプス』が出版された。マリは『女から生まれた者』、アダ・ロレンス・クラークは『若きロレンツォ』を出版した。アルフレート・ヴェーバーは『民主主義の終焉？』と「ドイツ民族はどう感ずるか」を、アーネスト・ウィークリーは『ことばへの虐待』を出版した。アンナ・パヴロヴァ、ネリー・メルバ死去、トマス・エディソン、アーノルド・ベネットも死去。

一九三二年、ナチスは帝国議会二三〇議席を獲得、社会党一三三議席、中道派九七、共産党は八九議席であった。日本は上海を占領、オズワルド・モーズリーはイギリス・ファシスト連合を創立。ルイ・フェルディナン・セリーヌ『夜の果てへの旅』を発表、ヤスパースは『マックス・ヴェーバー、政治家にして研究者、哲学者』を出版。カール・レーヴィットは雑誌に重要な論評「マックス・ヴェーバーとカール・マルクス」を発表した。ヴィルヘルム・ライヒは「自虐的性格」を発表したが、フロイトはこれは共産党支持のために書かれたものだと語った。

D・H・ロレンスの『書簡集』がオルダス・ハクスリーの重要な序文とともに出版された。またロレンスの『最後の詩集』『エトルリアの故地』「愛らしき貴婦人」も出版された。フリーダはタオスへ戻った。F・R・リーヴィスは『スクルーティニー』を創刊、ロレンスについての本を批評しエリオットのロレンス評を攻撃した。彼はまた『英詩の新傾向』と『読書教育法――エズラ・パウンド入門』を出版した。キャサリン・カーズウェルが『野蛮な巡礼』を、メイベル・ルーハンが『タオスのロレンツォ』を出版、マリは『共産主義の必要』『経済学の誤謬』を発表、アーネスト・ウィークリーは『語と名』を出版した。

一九三三年、ヒトラーがドイツの首相となり、その内閣にはヘルマン・ゲーリング、ヴィルヘルム・フリック、フランツ・フォン・パーペンをしたがえていた。ナチスは帝国議会にぼやを起こし、共産党の仕業だとした。ヒトラーは独裁的権力を得、それが一九三七年四月まで続くことになる。ドイツのユダヤ人迫害はじまる。カンディンスキー、クレー、ドイツを離れる。アルフレート・ヴェーバーはハイデルベルクの彼の研究所に鉤十字章《スワスティカ》があげられたとき、これをひきおろし、そして教授の職を辞任した。オックスフォード大学の学部学生組合は王のためにも国のためにも戦わない決議をした。ライヒは『ファシズムの大衆心理』を発表してドイツ精神分析学会を追われ、ドイツから追放され、事実上共産党からも追放された。アメリカは禁酒法を撤回した。トロツキーは『ロシア革命史』を出版し、またマルローは『人間の条件』を出版した。T・S・エリオットは『異神を追って——近代異教入門』——彼の主たるロレンス攻撃を含む——を出版、一方リーヴィスはロレンスを讃える二つの論文を含む『連続性のために』を出版した。マリは『キャサリン・マンスフィールドの生涯』、ブレイクについての著作（『ウィリアム・ブレイク』）、および『D・H・ロレンスの思い出』を出版した。この年創刊した小さな雑誌『さすらい人』に三つのきわめてロレンス的な論文「結婚について」をのせた。ドロシー・ブレットは『ロレンスとブレット』を、ヘレン・コークは『ロレンスとアポカリプス』を出版した。ジョン・ゴールズワージー、シュテファン・ゲオルゲ死去。

一九三四年、フランスでゼネストがあり、パリで暴動が起こった。国民投票でドイツにおけるヒトラー支配が確認された。セルゲイ・キーロフの暗殺がロシアにおける共産党内の粛清を招いた。ミハイル・ショーロホフ『静かなるドン』を発表、またD・H・ロレンスの「現代の愛人」「坑夫の金曜日」が出版された。フリーダ・ロレンスが『私ではなく、風が……』を出版、アレクサンダー・フォン・シェルティングが『マックス・ヴェーバーの学問論』を出版し、また、F・R・リーヴィスが「エリオット氏、ウィンダム・ルイス氏、そしてロレンス」を『ディターミネーションズ』に発表した。エドワード・エルガー卿とフレデリック・デリウス死去。

一九三五年、ザール地方がドイツに復帰し、ドイツはふたたび拡大政策をとりはじめていた。イタリアがアビシニアに侵入。ドイツ強制的徴兵を再導入。マリは『マルクス主義』と『両大戦間期』、および自伝を出版した。「E・T」（ジェシー・チェンバーズ）が『D・H・ロレンス、個人的記録』を出版した。アルフレート・ヴェーバーは『文化社会学としての文化史』を出版して、エルゼ・ヤッフェに捧げた。タルコット・パーソンズはH・M・ロバートソンにたいしてマックス・ヴェーバーを弁護した。D・H・ロレンスの遺灰はフランスからタオスへ運ばれ、神殿におさめられた。アーネスト・ウィークリー、『ことばについて』を出版。T・E・ロレンスとアルバン・ベルク死去。

一九三六年、レオン・ブルムがフランスに人民戦線内閣を結成、週四十八時間労働制度が実施された。フランス、スイス、オランダで金本位制を放棄、イタリアはリラの平価引き下げをおこなった。蔣介石、日本に宣戦布告。ドイツとイタリアはフランコのスペイン支配を認めた。スペイン内乱勃発、ジョージ・オーウェルとエマ・ゴールドマンは無政府主義者たちに共感し、バルセロナへ向かった。

ロレンスの未公刊の本『不死鳥』がエドワード・D・マクドナルドによって編纂された。マックス・ヴェーバーの手紙『若き日の書簡　一八七六―一八九三』がマリアンネ・ヴェーバーによって編纂された。マリはキャサリン・マンスフィールドの『日記』を編纂、E・Tの著作をアメリカに紹介。

一九三七年、日本は北京、上海、南京を占領。ハリファクス卿、ズデーテン問題に関し、ヒトラー宥和のためにドイツ訪問。ナチスはミュンヘンで「デカダンスの芸術」展を催し、またヤスパースのハイデルベルクの職を剝奪した。マリは『平和主義の必要』を出版。ジャン＝ポール・サルトルが『嘔吐』を、マルティン・ブーバー『我と汝』を発表。オーウェル『ウィガン桟橋への道』を出版。エルゼ・ヤッフェは『私ではなく、風が……』をドイツ語に翻訳、編纂し *Nur der Wind...* として発表した。F・R・リーヴィス『不死鳥』を書評、タルコット・パーソンズはエミル・デュルケム、ウィルフレード・パレート、アルフレッド・マーシャルなどとともにヴェーバーを研究した『社会的行為の構造』を出版した。

一九三八年、ドイツはオーストリアを併合、ミュンヘンで会合したネヴィル・チェンバレン、エデュアール・ダラディエは、チェコスロヴァキア国境の保障とひきかえに、ズデーテン地方をドイツ管轄下に移すことを了承した。マリ『平和の誓い』『クリスマス休戦』『天――と地と』を出版、タルコット・パーソンズは『アメリカ社会学時評』に「社会研究における理論の役割」を発表した。

一九三九年、イタリアはアルバニアに侵入、フランコはバルセロナを占領、ドイツはポーランドに侵攻、占領した。この戦争でイギリス兵は二五万が死亡、二八万が負傷したのみであるが、ドイツは三〇〇万の死亡ないし行方不明、一〇〇万の負傷兵を出した。マリアンネ（・ヤッフェ）・フォン・エックハルトは二五〇人のドイツ系ユダヤ人の子供たちをイギリスのクェーカー陣営に疎開させ、自らはナチス下のハイデルベルクに戻った。マリは『民主主義の弁護』『指導者の代償』を発表。ジョイス『フィネガンズ・ウェイク』を、アーネスト・ウィークリー『ジャックとジル』を出版。ジクムント・フロイト死去、ハヴェロック・エリス、フォード・マドックス・フォードも死去、エルンスト・トラー死去（自殺）。

一九四〇—一九五〇年

この時期、ロレンスやヴェーバーを気にかける者はほとんどなかった。

一九四〇年、ドイツはデンマークとノルウェー侵攻。ドイツ、イタリア、日本が十年間の経済的・軍事的協定を締結。イギリス空襲が頻繁におこなわれる。ウィンストン・チャーチル、イギリス首相となる。フランスは敗退、その半分がドイツ軍に占領される（アルマ・マーラーはすでにオーストリアから亡命していたが、フランスからスペインへ、ついにはアメリカへ逃亡した）。イギリス軍、ダンケルクから撤退、イギリス戦はじまる。一か月のあいだに十六万トンのイギリス船が沈没した。マリは『民主主義と戦争』『平和の同盟』『諸教会によるキリスト背信』を出版した。トロツキーがメキシコで暗殺された。チェンバレン、エマ・ゴールドマン死去。

一九四一年、エルヴィン・ロンメル将軍率いるドイツ軍連隊が、制止しようとするイギリス側の努力にもかかわらずイタリアから北アフリカへ渡った。ドイツはロシアに侵攻し、その大部分を征服、レニングラード包囲をはじめた。日本、真珠湾爆撃。イギリスとアメリカ両国が日本に宣戦布告。アメリカはドイツとイタリアに宣戦布告。マリを含むイギリスの平和主義者たちが戦争中止のための人民大会を組織した。シカゴとロスアラモスで原子爆弾の研究すなわちマンハッタン計画が始められた。ジョイス、ヴァージニア・ウルフ、ベルクソン、フレーザー、ゾンバルト死去。

一九四二年、シンガポールが日本に降伏、V-2ロケットがドイツによって発射された。エル・アラメインの戦いが北アフリカで始まった。エンリコ・フェルミ、原子核分裂に成功。E・H・カーが『講和の条件』を出版し、これが秘かに翻訳されてヒトラーにたいする陰謀を企てていたドイツ人に利用され、西側と独立に講和を結ぼうとする計画の基礎となった。このようなドイツ人の中にはエドゥアルト・バウムガルテンも含まれていた。マリ『キリスト教のディレンマ』を出版。パーソンズ「マックス・ヴェーバーと現代の政治的危機」を出版。

一九四三年、連合国側はドイツ都市の集中爆撃を開始した。イタリアが降伏。ロシアはスターリングラードの戦いに勝利し、ドイツ人に占領された領土の三分の二を回復した。シャルル・ドゴールを含むフランス国民解放委員会が設置された。『フランクフルト時報』はヒトラーによって弾圧された。アルフレート・ヴェーバー『悲劇的なるものと歴史』を出版。アラム・ハチャトリアン『スターリン讃歌』を作曲、サルトルは『存在と無』を出版。F・R・リーヴィス『教育と大学――ある「イギリスの学校」のスケッチ』を出版。

一九四四年、レニングラード包囲は解かれ、ドイツ兵はロシアから追われることになった。連合軍はノルマンディに上陸、ドゴール、パリへ進入。イギリスに最初のV-2ロケットが落とされた。T・S・エリオット「四つの四重奏」を出版、ウィリアム・ベヴァリッジ卿は『自由社会における完全雇用』を出版したが、これは社会科学の技術を用いたイギリス戦後計画であり、のちに労働党内閣の指針となった。マリ『アダムとイヴ――新しいよりよき社会へ向けて』を出版。彼の「計画」とは、西欧文明を救うために、ロレンスの性的やさしさの原理――「世代の再生」を普及させようというものであった。

一九四五年四月、ロシア軍ベルリンに到着。二十八日、ムッソリーニ暗殺。三十日ヒトラー自殺。五月八日ドイツ降伏。八月六日、アメリカが広島に原子爆弾投下。日本降伏。ニュルンベルクで戦争犯罪裁判はじまる。ロシアは軍人、民間人含めて二〇〇〇万の人民が死亡と推定。一九三九年にヨーロッパに住んでいた六五〇万のユダヤ人のうち、約五〇〇万が一九四五年までに殺されたと推定されている。

ジョージ・オーウェル『動物農場』を出版。カール・ヤスパースとアルフレート・ヴェーバーが、彼らが創刊した新しい雑誌『変革』に、ドイツに自国についての新しい政治的理念を与えようとする論文をのせた。ムッソリーニ、ヒトラーのほかルーズヴェルト、ロイド・ジョージ、ヴァレリー、バルトーク死去。

一九四六年、国際連合が第一回総会を開催。中国の人口は四億五五〇〇万、インド三億一一〇〇万、ロシア一億九四〇〇万、アメリカ合衆国一億四〇〇〇万、日本七三〇〇万、西ドイツ四八〇〇万、イギリス四六〇〇万であった。『ヴァイキング携帯版D・H・ロレンス』が出版され、またH・H・ガースおよびC・ライト・ミルズの編集による『マックス・ヴェーバー抄――社会学論集』が出版された。ともに、アメリカ人がこの著者たちにふれる主な媒体となった。タルコット・パーソンズは（A・M・ヘンダーソンとともに）『社会経済的組織』を翻訳し、序文を書いた。アルフレート・ヴェーバーは新しい政党のためのプログラム、『自由社会主義』をA・ミッチャーリヒとともに出版した。また『これまでの歴史との訣別——ニヒリズムの克服?』を発表。ヤスパースは『責任問題』すなわちドイツの戦争責任についての講義を出版した。ケインズ、ウェルズ、ガートルード・スタイン死去。

一九四七年、アルフレート・ヴェーバーの前掲書『これまでの歴史との訣別』が英訳された（彼は今や、連合国に認められた新しいドイツの指導者の一人として国際的な人物になっていた）。彼は自分の提案する、自由な、非マルクス主義的な新しい種類の社会主義について論文を書き、また講義を重ねた。ヤスパースは『真理について』を出版したが、その一部（『悲劇だけでは十分ではない』との表題で英訳された）はアルフレート・ヴェーバーの悲劇論に関連している。

一九四八年、ベルリン市はロシア人によって封鎖された。チェコスロヴァキアで共産党のクーデターがあった。イギリスで鉄道が国有化された。ガンディが暗殺された。アルフレート・ヴェーバーはふたたび「ハイデルベルクの活動グループの民主主義および自由社会主義への文献」に諸論文を発表した（彼は八十歳になっていた）。マリは『自由社会』『シュヴァイツァーの挑戦』を出版した。D・H・ロレンスの『バートランド・ラッセルへの手紙』が出版された。リーヴィスは、ロレンスを試金石として用いたイギリスの小説論『偉大なる伝統』を出版した。エリック・ベントリーは『スクルーティニー』からの選集を一冊アメリカで出版した。

一九四九年、アルフレート・ヴェーバーは『変革』の第四号に「われわれは一九四五年に、ドイツ人であることを諦めたのか?」などの、当代の政治についての論文を発表した。ボンに連邦共和国が建てられた。テオドール・ホイスが大統領に、コンラート・アデナウアーが首相に選出された。中国に共産主義共和国が設立。イギリスがポンドの平価引き下げをおこなった。オーウェルは『一九八四年』を、シモーヌ・ド・ボーヴォアールは『第二の性』を出版。マックス・ヴェーバーの『社会科学の方法』がエドワード・シルズとヘンリー・フィンチによって英訳された。F・R・リーヴィスはロレンスとブルームズベリーについての論文を発表した。

一九五〇―一九六〇年

この時期にこの物語の主要人物が亡くなった。しかし、ロレンスとヴェーバーは他の人の心の中で復活しはじめた。

一九五〇年、朝鮮戦争勃発、アメリカと中国がこれに関与した。ヨハネスブルグで人種差別政策に挑発された一連の暴動がこの年からはじまった。ロシアで原子爆弾が製造された。アーサー・ケストラーその他が、自ら信奉してきたマルクス主義への信仰を拒絶して書いた諸論文を集めて、『失敗した神』と題する本が出版された。F・R・リーヴィスは「劇詩としての小説」という一般的タイトルのもとに、「セント・モール」についてと『恋する女たち』についての二つのエッセイを出版した。ヴェーバーの「古代文明の衰退の社会的原因について」が『一般教育雑誌』に英訳され、また「ヒンズー教の社会組織」はミネソタ大学の『社会学者クラブ紀要』に翻訳された。アルフレート・ヴェーバーの八十歳の誕生日の祝詞がハイデルベルク大学の公報に載せられた。ジョージ・オーウェル、ジョージ・バーナード・ショー死去。

一九五一年、ヴェーバーの『中国の宗教』が英訳され、またドイツでも彼の著作がヨハネス・ヴィンケルマンによる学問的編注を付して再刊された。リーヴィスは『恋する女たち』についての二つの論文、およびT・S・エリオットとロレンスについての論文を発表した。アルフレート・ヴェーバーは『文化社会学としての文化史』の新版を出し、また文化社会学の新しい一巻を編纂した。マリは『死の克服』を出版、ジィド、シェーンベルク死去。

一九五二年、イギリスは原子爆弾を製造し、アメリカは水素爆弾の爆発実験をした。ドワイト・D・アイゼンハワーがアメリカ合衆国大統領に選出された。ドリス・レッシングが『マルサの跡を求めて』を発表。ヴェーバーの『古代ユダヤ教』が英訳された。F・R・リーヴィスが『虹』について三つの論文を出版した。マリは『共同農場』を出版。アーネスト・ウィークリーは辞典と『英語』の新版を出したが、そのうちの一章はアメリカ人による、アメリカ英語論にあてられていた。

一九五三年、朝鮮で休戦調印がなされた。スターリン死去、ニキータ・フルシチョフ政権を握る。ロシアで水素爆弾実験。フランスで広範囲なストライキがあり、また東ベルリンで暴動があった。ジョゼフ・マッカーシー上院議員は多くのアメリカの知識人が役人を非難して、彼らはかつて共産党員だったのだから信頼がおけないと主張した。カール・ヤスパースの『悲劇だけでは十分ではない』が英語で出版された。マリアンネ・ヴェーバー死去。

一九五四年、アルフレート・ヴェーバーは共産党によって西ドイツの大統領候補に指名されたが、ふたたびホイスが選出された。フランスとドイツは文化的・経済的合意に調印した。イギリス、フランス、ロシア、アメリカはドイツ占領を終えることに合意し、ヨーロッパ統一に関する九か国協定が調印された。マッカーシーは上院委員会で非難された。放射能廃棄物についての関心や、癌とたばこの因果関係についての関心が高まった。

マックス・ヴェーバーの『経済と社会における法』がエドワード・A・シルズとマックス・ラインシュタインによって英訳された。F・R・リーヴィスは「大尉の人形」についての論文を発表した。マリは『女から生まれた者』に新しい序文をつけて再出版した。アーネスト・ウィークリー死去。

一九五五年、イタリア、フランス、西ドイツはヨーロッパ統一に関する合意に達した。西ドイツNATOに加入。サミュエル・ベケット『ゴドーを待ちながら』を出版、またウラジーミル・ナボコフが『ロリータ』を発表。アルフレート・ヴェーバーは、自伝的な「若者とドイツの運命」を含むいくつかの論文を発表した。リーヴィスは『小説家D・H・ロレンス』を発表した。アルバート・アインシュタイン、トーマス・マン死去。

一九五六年、ハンガリーで共産党体制にたいする反乱事件が起こった。イギリスはスエズ危機に際し、ガマル・アブドゥル・ナセルを脅しきれなかった。オルダマストンの原子力軍事利用反対行進がはじまった。中性子と反中性子が発見された。マックス・ヴェーバーの著作がさらにヴィンケルマンの監修で出版された。フリーダ・ラヴァリはタオスで死去。

一九五七年、ベルギー、フランス、イタリア、ルクセンブルク、オランダ、西ドイツがヨーロッパ経済共同体とEURATOM（ヨーロッパ原子力共同体）を形成。ドイツ原子物理学者は核兵器の製造ないし実験に協力することを拒否した。国際原子エネルギー委員会誕生。ロシアはスプートニク第一号を発射、この人工衛星は地球を九五分ごとに一周した。マリは、D・H・ロレンス、およびアルベルト・シュヴァイツァーに関する著作『愛・自由・社会』を出版。マリ死去。ヴィルヘルム・ライヒ、獄中で死去。

一九五八年、ノッティンガムとノッティンヒルで人種問題騒動が起こった。アメリカ合衆国最高裁判所は、アーカンソーのリトルロック高等学校《ハイスクール》に、黒人学生の入学許可を命じた。ドゴール、フランス大統領となる。ビートニク運動、アメリカからイギリスに広まる。ヨーロッパ全体で一六〇台の電子コンピューターが稼動していたときに、アメリカでは一〇〇〇台が利用されていた。

ボリス・パステルナーク、『ドクトル・ジバゴ』を発表。ヴィトゲンシュタインの『青本《ブルー・ブック》』と『茶色本《ブラウン・ブック》』が出版された。タルコット・パーソンズは、C・J・フリードリヒ編の雑誌『オーソリティ』に「権威、合法化、政治的行動」という論文を発表した。アルフレート・ヴェーバー死去。

一九五九年、バティスタはキューバを追われ、フィデル・カストロが首相となった。最初の原子力潜水艦が進水した。国連は中華人民共和国を認めないこと、南アフリカの人種差別政策を非難することを決定した。ノーマン・メイラーは『ぼく自身のための広告』を、C・P・スノーは『二つの文化と科学革命』を出版。リーヴィスはロレンスについての論評「ロマン的かつ異端的？」を発表した。ヴォルフガング・モムゼン『マックス・ヴェーバーとドイツ政治　一八九〇―一九二〇』を出版した。この本はヴェーバーを権力に執着した政治家であると攻撃している。スノーの本は科学と技術にたいする「人文科学的」敵意を攻撃したもので、その代表者はロレンスである。

一九六〇―一九七〇年

政治的暗殺と文化革命的大衆デモンストレーションの時期であった。マックス・ヴェーバーは旧世代のイデオロギー論者とされるようになり、一方ロレンスは若者たちに人気を博した。

一九六〇年、ジョン・F・ケネディが大統領に選出された。コンゴ危機があった。

一九六一年、コンゴでパトリス・ルムンバが殺害された。ダグ・ハマーショルドもこの地で死んだ。アドルフ・アイヒマンがユダヤ人にたいして犯した罪をイスラエルで問われて有罪判決を受けた。ユーリ・ガガーリン、宇宙飛行をする。カール・グスタフ・ユング死去、またアーネスト・ヘミングウェイも、おそらく自殺により死去。パーソンズその他が論集『社会学説』を編集、その中でヴェーバーから引かれた一章がとくに重要視されている。イギリスで『チャタレイ夫人の恋人』は猥褻ではないとの判決がおりた。リーヴィスはこの小説について、論評をいくつか書き、また『タルコット・パーソンズの社会理論』についての論文集がアメリカで出版された。レギーナ・ウルマン死去。

一九六二年、ロシアとキューバが協商協定を結んだ。アメリカはキューバに蓄積された兵器を警戒してキューバを封鎖。アイヒマンはエルサレムで絞首刑となった。第二ヴァチカン公会議がはじまった。アメリカで稼動中の原子炉数は二〇〇、イギリスとロシアはおのおの三九炉であった。ドリス・レッシングは『金のノート』を出版、またアレクサンドル・ソルジェニーツィンは『イヴァン・デニソヴィッチの一日』を出版した。リーヴィスはケンブリッジの講義で、ロレンスを引き合いに出してスノーを攻撃した。

一九六三年、ケネディ大統領暗殺。イギリスはヨーロッパ経済共同体への加入を拒否した。南ヴェトナムに戒厳令しかれる。レイチェル・カーソンが『沈黙の春』の中で人間の公害問題に注意を惹起した。ギュンター・グラスは『ブリキの太鼓』を、ロルフ・ホーホフートは『神の代理人』を出版した。パーソンズはヴェーバーの『宗教社会学』の英訳に序文をつけ、なかでも彼が保守主義者であるという当代の政治的非難にたいして彼を弁護した。リーヴィスは『二つの文化』と自らのスノー批判および学問的ロレンス研究にたいする批判をそれぞれ出版した。

一九六四年、ワシントンで人権行進があり、また、リンドン・B・ジョンソン大統領は人権法に調印した。ロシアでフルシチョフが失脚した。中国が原爆実験をした。ハーレムで人種暴動があり、またヴェトナムで激戦があった。マックス・ヴェーバーの生誕百年を記念する知的な祝祭がハイデルベルクでおこなわれた。ドイツの社会学者たちは第十五回大会（四月二十八―三十日）をマックス・ヴェーバーに捧げた。パーソンズ、ヘルベルト・マルクーゼ、レーモン・アロン、ヴォルフガング・モムゼンが主な演説をおこなったが、それぞれ、ヴェーバーにたいして異なった態度を示したために、全体としてヴェーバーに敵意を抱いていた学生聴衆の激しい反応をひきおこした。壇上の来賓席はヤッフェ夫人に与えられた。パーソンズの講演はヴェーバーがイデオロギーを超越していたことを讃えるものであった。

一九六五年、ロサンジェルスのワッツで暴動が続いた。マルコムXが暗殺された。アメリカ軍はヴェトナムで攻撃作戦をはじめることを公けに認可された。キャメロット計画がたてられた。イギリスがローデシアの人種偏見に際して武力を用いなかったことを理由に、九つのアフリカの国がイギリスと国交断絶した。パーソンズは『アメリカ社会学時評』に「一九六四年のマックス・ヴェーバー」を発表した。ウィンストン・チャーチル、T・S・エリオット、ル・コルビュジエ、アルベルト・シュヴァイツァー死去。

一九六六年、シニャフスキーとダニエルがロシアで、堕落した著作を書いたかどで投獄された。ヤスパースが『連邦共和国の諸相』を出版した。これはボンの政治を批判したものであり、ドイツの民主主義の弱体性を警告するものであった。

一九六七年、中東で六日戦争があった。イギリスは再度、ポンドの平価切り下げをおこなった。ビアフラがナイジェリアから分離、コンゴで傭兵の指揮による反乱があった。中国で文化大革命が起こり、また米国軍当局にデモンストレーションを行進がおこなわれた。ウィリアム・ミッチェルは『社会学的分析と政治――タルコット・パーソンズの理論』を出版した。コンラート・アデナウアー、クルップ・フォン・ボーレン死去。

一九六八年、ロバート・F・ケネディとマーティン・ルーサー・キング牧師が暗殺された。ジョンソン大統領は再出馬の意志がないことを発表した。ユージン・マッカーシー上院議員が若手候補として大統領指名のキャンペーンをおこなった。パリで五月革命があり、その第一の学生指導者はダニー・コーン＝ベンディットであった。ベルリンではSDS〔ドイツ学生社会主義〕指導者ルーディ・ドゥチュケが、暗殺未遂にあって重傷を負い、また学生による暴動がドイツの広範囲にひろがった。チェコスロヴァキアで自由主義体制がロシアの武力介入によって打倒された。

一九六九年、ワシントン大行進がもう一度おこなわれた。リーヴィスは『現代の英文学と大学』を出版したが、これはロレンスを「必要敵」と規定した彼の一九六七年の一連の講義をまとめたものである。エミル・ドラヴネは『D・H・ロレンス――人と作品』を出版したが、これはロレンスについての反リーヴィス的、反ロレンス的見解である。アイゼンハワー死去、グロピウス、ヤスパース、オズバート・シトウェル、レナード・ウルフも死去。

一九七〇年、ケント州立大学で州警察が抗議学生のグループに発砲した際に、四人の学生が死亡、以後アメリカに学生ストライキが広がった。ロレンスの没後四十年を記念して、タオスでD・H・ロレンス祭がおこなわれた。ヴェーバー祭のときと同様、演説者のあいだに激しい対立がみられたが、学生聴衆は全体としてロレンスを熱心に支持していた。しかし、新しい女性解放運動では彼は攻撃を受けた。『性の政治学』のケイト・ミレット、『女宦官』のジャーメーン・グリーアは、ロレンスよりもオットー・グロスにしたがった。アルヴィン・W・グールドナーは『西欧社会学の来たるべき危機』で、パーソンズは社会学を現代への奉仕者としてしまったと非難した。

ヒトラー時代の政治家ハインリヒ・ブリューニング、エドゥアール・ダラディエが死去。一九一七年のロシア革命のアレクサンドル・ケレンスキー、また、戦後フランスのシャルル・ドゴールも死去。統一アラブ共和国のガマール・アブドゥル・ナセル、インドネシアのスカルノ、ポルトガルのアントニオ・サラザル死去。E・M・フォースター、バートランド・ラッセル死去。

エルゼ・ヤッフェはまだ存命であった。

III

さまざまな帰結

一九三〇年から一九七〇年まで

3　姉妹の後半生と二人の比較

一九三〇年、姉妹はともに成人後の半生を残しており、二人は互いに分かれて進む多彩な人生の弧《カーヴ》をこれから終点まで描ききらねばならなかった。この「分かれ進む弧」という表現はあくまで妥当である。というのは、この時期に二人ともいわば「落ち着いた」わけであるが、実際の地理的位置に関しても精神的な位置という意味でも、二人はカーヴの平均点のあたりに収束することもなければ、一方が他方に接近してくるということもまったくなかったからである。ロバート・ルーカスによるフリーダの伝記中の逸話は、ロレンスの死後、姉妹間の距離と差異はますます広がっていくしかなかった事情を間接的に示している。ロレンスが亡くなってまもなくのこと、フリーダはヴェネツィアに自分を訪ねてきていた娘のバーバラの健康状態をひどく心配していた。娘はふさぎこみ、精神病と言えるまでに神経過敏で、身体は熱っぽく腺病質で、気絶することもしばしばだった。フリーダは医者たちが病気の根本を治療していないと考え、ある性的治療を試みた。若いイタリア人の石工を娘の病床に送って、性交させようとしたのである。この石工は名をニコラといって、ヴェネツィアのロレンスの墓碑に不死鳥を彫るために傭われていたのだが、それにしてもこの話はロレンス自身の性にたいする信仰に一方では適合すぎるほどであり、他方でぜんぜん違っていて、われわれに同じエロス主義の二つの異なった「用法」について再考させずにはおかない。そのような若い男をそのような娘の床に送るということはまさにロレンスが想像力によってしたことである。『処女とジプシー』は死の直前に書かれ、つまりは、バーバラについての小説であった。しかしこれは想像力による作品、芸術作品の中のことである。ロレンスならきっとフリーダがしたようにはしなかっただろう、あるいはフリーダにさせはしなかっただろうというのが実感である。だが、なぜロレンスならそうしなかったのだろうか？　それはいわば状況を斟酌して、ないし戦術上やらない、ということであって、原理的にロレンスの思想に合わないからではない。エルゼがこのニュースにどう反応したかをみると、この点がもっと明確になる。同じ年の十一月、母親の死の床に姉妹全員が集まった折に、フリーダは姉たちに自分のしたことを語った。ルーカス博士によると、そのときエルゼはあまりのショックに、自分の娘だったらそんなふうにして治るくらいなら死んだほうがましだと断言したそうである。ここで原則上の相違は鮮明である。これまでフリーダを抑制してきたロレンスがいなくなった今、この相違はますます極端になるしかない。しかしながらこれ以後、その相違は衝突というかたちではあまりあらわれていない。むしろ二人の人生は互いに離れていったのであり、したがってわれわれがこの二つの人生を比べるには対照《コントラスト》という範疇で、それも細かい点についてではなく、大きな対照という方法を用いて検討しなければならない。

　彼女たちの後半の生涯には、前半に比べると冒険や事件は少なく、この時期に何が起こったかを細かく報告することはここでは避けたい。むしろ関心を向けたいのは、その信念からするといかに「自然に」であったにせよ、それぞれが選択し対応した生活様式のイデオロギー的な意味合いが徐々に明らかになっていった経緯である。彼女たちは生活と環境についてのある一組のパターンをそれぞれ選んだわけであるが、ここではそれを、それぞれに親しい関係にあった重要な二人の人物、すなわち一人の男性と一人の女性をとりあげて、彼らを記述することによって特徴づけることにしたい。性格と人間関係についてのこうした現象を、ヴェーバーの仲間たちは「星座《コンステレーション》」現象と呼んでいる。たとえばアルフレート・ヴェーバーは彼の文化社会学の中で、この術語を使って人や価値がいかに群をなし、相互に関連しあうかを示している。エルゼ・ヤッフェも自分自身の人生を記述するのにこの術語を用い、ヴェーバー＝ハイデルベルク星座に「私の星も加わっていた」と述べている。さらに、このさまざまな星座の性格を記述することによって、以前ほど「英雄的ではない」やり方ではあるが、彼女たちがあくまで奉仕しつづけた、それぞれの理念と価値の性格をも記すことができるであろう。

マックス・ヴェーバーもエドガー・ヤッフェも亡くなってから、エルゼはハイデルベルクへ戻り、やがてアルフレート・ヴェーバーと同棲するようになった。D・H・ロレンスが亡くなったあと、フリーダはタオスへ戻り、アンジェロ・ラヴァリと同棲するようになった。ラヴァリは、一九二五年から二八年にかけてフリーダとロレンスがしばしば借りていたミランダ荘の持ち主である。フリーダは大尉であった彼をイタリア軍兵役から身請けし、彼は学校教師をしていた妻と別れて、二人でニューメキシコへ移ったのであった。のちにフリーダが言ったところによると、彼女は彼がロッキー山脈をどう思い、ロッキー山脈が彼をどう思うかをみてみたかったのだそうである。形式的には彼女の共同事業者という肩書きであるが、実際には彼は事業とか事務的な仕事の才能はなかった。彼はひたすら農場で働き、そして絵を描いた。彼は感受性の強い、誠実な、そして独創的な男で、信頼できる気質の人間であったと思われるが、しかし、まったく知的ではなかった。かといってまた血と鉄の男でもなかった。彼はどこかフォン・リヒトホーフェン男爵を思わせるタイプであって、アングロサクソン的な陸軍将校としては異例であった。フリーダは、いわばかなり年下の男性に、ふたたび自分の父親を見いだしたことになる。

アルフレート・ヴェーバーのほうは、大学教授で枢密《ヘル・ゲハイム》顧問官《ラート》となり、ハイデルベルクの社会学研究所所長であり、二つの祝賀記念論文集《フェストシュリフテン》が編まれ、自分自身の著書・論文は二百九十点にのぼり、文化社会学者であり、知識人中の知識人であった。

アルフレート・ヴェーバーとアンジェロ・ラヴァリとはまったく異なる人間であった。それでいて、姉妹についての関係という視点をとると、二人のあいだにある種の類似性が出てくる。二人ともそれぞれの先達よりももう少し融通がきくタイプで、先達ほどの才能はなく、それほど大人物でなく、それほど独創的な勇士でもなかった。そして二人ともそれぞれの女性たちに、彼女たちの選んだ役割を、先達よりもう少し楽に、少なくとももう少し満足のゆくかたちで演ずる余地を提供した。アルフレート・ヴェーバーのために読書をし、いろいろな書物について報告し、彼のために朗読し、フランス語や英語を翻訳し、彼のドイツ語の文章を簡潔にし、イタリアでいっしょに美術館や教会や城を訪ねる、こうしたこと全般を通して、エルゼは精神《ガイスト》に仕えることができた。彼が『文化社会学としての文化史』を彼女に捧げたことは、彼女のそうした活動と仕事への彼の謝意であった。彼とともに生活し、ともに仕事をすることで、彼女はハイデルベルクで活躍しつづけることができた。アルフレートの気質は厳しく、また気難しくて、あまり人付き合いはよくなく、嫉妬深くて、彼女の子供たちにさえ彼女をとられるのではないかと嫉妬した。しかし彼女は彼のためになかば犠牲になり、彼を通して精神《ガイスト》の犠牲になることに満足を見いだしていたようである。

　フリーダのほうは自分が犠牲になることをきっぱりと拒否し、彼女のつれあいに大いなる母《マグナ・マーテル》の真の僕を見いだし、自分自身の秘儀を伝える祭司を見いだしていたと考えられる。一九七〇年、ある新聞のインタヴューでラヴァリは図版入りの『世界の永遠の女性』全集についての感慨を述べ、「女、女、私は一生かけて女を愛した。が、もう私は年をとりすぎてしまった。すべては終わった《トゥット・フィニト》」と言ったと伝えられている。フリーダの手紙や手記を見ると、彼が思想に興味がないこと、世俗的な、また財政的な事柄についても彼女が保護者となり、管理人をつとめねばならぬことを嘆いており、またときには彼が男たちの世界に忠実さを示して、たとえば驚いたことに、彼は自分が大戦で戦ったことは偉大であると主張したことなども嘆いている。しかし、全体としてみればラヴァリは彼女が求めたものを与えていた。彼と生活することで、彼女は、ちょうど姉のエルゼがハイデルベルクの一端を担ったように、タオス計画の一端を担いつづけることができたのであった。

　しかしながらそれと同時に、二人の姉妹は、自分たちの生涯にかくも決定的かつ破壊的な役割を演じた、偉大な男と「ともに生き」つづけてもいた。「境界線」においてロレンスは、自分の死後フリーダに訪れる分裂した未来をぴったりと予告していた。ラヴァリ大尉が形式上フリーダと共同経営していた事業は、大部分はD・H・ロレンスの遺産であった。この事業は純粋に金銭的な面だけをとりあげても、年とともに膨大なものとなり、また複雑になっていった。再版権、映画化、ドラマ化、全集、選集および三〇年代を通して出された遺稿集などによるものである。そして文芸批評家たちのあいだのロレンスの評判は、生前よりももっと存在感を強めていった。はじめは彼を個人的に知っていた人たち、とくにジョン・ミドルトン・マリ、メイベル・ルーハン、ドロシー・ブレット、キャサリン・カーズウェル、フリーダ自身の著作などを通して、彼の生涯と作品とが解釈され評価され、のちにはそれが、専門の批評家や学者の研究の対象となっていって、ロレンスはほんとうは何者であったのか、ほんとうは何を言ったのか、死後起こったことのどれを彼はよしとしたであろうか、といった疑問がフリーダの生涯を通して繰り返し崇拝と怒りの情熱をかきたて、また彼女を訪れた人々の大部分が、そうしたことについて何かしら意見を言わずにはいられなかったに相違ない。ラヴァリがしばしば、ロレンスについて聞かされるのはもうたくさんだと感じたのも無理はない。

ドイツのマックス・ヴェーバーについても、こうした熱気はけっして劣るものではなかった。しかしエルゼ・ヤッフェは正式には未亡人ではなかったし、それに未亡人役をフルに演じるマリアンネ・ヴェーバーがいた。「マックス・ヴェーバーの机は今は私の祭壇です」とマリアンネは『マックス・ヴェーバーの思い出』で死後十年間についてふれて書いている。彼女は彼の命日のたびにミュンヘンに戻っていた。その記念日のことなどを書いた文章は感動的である。この文章は明らかにそのとき書かれたものであるが、一九四八年に出版されている。マリアンネの感情あふれることばのいくつかはエルゼ・ヤッフェに向けられており、この二人の女性のあいだの関係が窺われる。日ごとに、週ごとに、月ごとに、私たちはいっしょにマックス・ヴェーバーの存在を思いおこしました、彼の話し方とか、洋服とか、いろいろな細かいことをです、と彼女は書いている。自分のあふれつづける涙について、彼女は「エルゼ、あなたが私のためにその水源をせきとめてくれました」とも言っている。われわれの目から見ると、ヤッフェ夫人がまたしても、自ら悲劇の主人公になろうとする相手に支持と確信を与えていたのがわかるが、しかしこの場合に関しては、皮肉な現実についての自覚と自己否定という水門が、彼女の共感の流れをはなはだしくせきとめたにちがいない。しかし、一見したところはたしかにそこに共感があったように見える。マリアンネとエルゼとは以後三十五年にわたってお互いに忠実で、お互いの沈黙について忠実であった。

マリアンネとアルフレート・ヴェーバーとは、われわれの主人公のグループ分けの背景としてきわめて興味深い人物である。一つには彼らが文字どおり、また事実上、エルゼをとりまく環境の大部分を構成しているからであり、もう一つには、フリーダもロレンスも、そしてオットー・グロスもとらなかった道を、彼らが象徴的に示しているからである。

マリアンネ

マリアンネの母親は生まれたときからヴェーバー家の一員で、マックスの父の姪にあたる。彼女は十九歳で不運な結婚をし、二十四歳で亡くなった。不運というのは、結婚してみると夫が常軌を逸して嫉妬深く、疑い深かったことにある。マリアンネは事実上孤児となって祖母や叔母たちと暮らしていた時期に、父方の叔父の二人までが完全に正気を失い、入院しなければならなかったのを経験している。こうした子供時代の経験が彼女を憂鬱にし、神経過敏にしたことは想像に難くない。そして醜さと野蛮にたいするほとんど非現実なまでの彼女の拒絶も、ここに由来するのであろう。何が原因であったにせよ、たしかに彼女には悪というものを受けつけない妖精の姫君的な性質があって、その性質を一生もちつづけていた。これがある人には保護者的な騎士精神を呼び起こし、別な人には軽蔑と敵意を惹き起こした。ちょうどロレンスの小説の中の姫君的人物がそうであったように(『息子たちと恋人たち』の中のミリアムは時に姫君と呼ばれている。この小説では性を主題にして、実は本物なのだがいかにも装ったかのような無邪気さが扱われている)。2章でも述べたが、ゴットフリート・ケラーの『緑のハインリヒ』におけるアンナを想い起こさせるのもまさにこの性質である。

しかし、「精神」の持ち主としては、同時代の平均的尺度で言えばマリアンネ・ヴェーバーは大胆な急進家であった。彼女は学生時代と自分が習った学校の教師とを愛し、子供時代を過ごしたヴェストファリアの町ビーレフェルトに戻ったときには、その中産階級的家庭的雰囲気に反抗したのであった。彼女には精神生活が必要であった。専門職をめざす決意をし、家族はマリアンネが専門職を探すためにベルリンへ出てマックス・ヴェーバー家に住むことを許した。一八九二年のことであり、若い娘がそのようなことをするのはまだ暴挙とみられた時代である。彼女は崇拝していたヘレーネ・ヴェーバーのおかげでその野心をますます強固にした。一九〇七年に出版された処女作『法の発達の中の妻と母』はヘレーネに捧げられている。マックス以前に彼女が愛したのはヘレーネであった。そしていわば彼女との関係が、そのあとにきた夫婦の愛の型を決定したとも言えるのである（マリアンネは一生を通じて「ほれ込む」女性であった――つまり一生少女でありつづけた)。ヘレーネは、ハイデルベルクで学校に通い、ファレンシュタイン家で歓迎を受けていたマリアンネの母をよく知っていた。したがってマリアンネの生涯もある意味では「ハイデルベルク回帰」であった。

彼女とマックスは一八九三年に結婚した。その著書を読めば、はじめて会った日から彼女が彼に全面的に献身し、いわば崇拝していたことが明らかである。彼女は彼の強みを理解できるほどに頭がよく、彼の弱みを認めるには無邪気すぎ、彼に自らの一生を捧げられるほどに熱心であり、二人のうちの弱者になるほうを好むほどに臆病であった。ロレンスに言わせたらきっと、この結婚は天の思召しの、あるいはハイデルベルクの思召しの縁談と呼んだことであろう。二人それぞれに別の相手を考えていたマックスの母にとっては会心の縁談とは言えなかったが、二人の縁談という考えに慣れてくるにつれて、ヘレーネにとって自分の愛する二人が相互に補いあうのを見るのはこの上ない喜びとなった。マリアンネの献身はマックスをいやが上にも強固にし、一方彼のほうも彼女が求めている——と彼女が思った——ものを与える意志も能力もあった。つまり陳腐な妻の服従でもなく、あくせく家事に追われることでもない、知的な経歴と知的自由である。彼が彼女に性的欲望を抱くことができず、彼女が彼に欲望を覚えさせることができなかったことは一つの悲劇であった。しかし、それは二人のそれぞれの子供時代に負った傷のゆえに、何かのかたちで起こるべくして起こった悲劇の一つにすぎなかったのであろう。マックスもマリアンネもともに結婚市場の基準からすればトップの条件を備えていた。彼女はきりりとしたところのある女学生タイプの美人で、小柄で身ぎれいで、いつもシンプルできちんとした装いをし、愛敬のある顔に大きくて黒い、ものを語りかける目をして、白髪になっても変わらぬ若々しい銀鈴のような声をもっていた。二人が並ぶとすばらしく美しいカップルができあがり、まったく非のうちどころがなかった。しかも二人はほんとうに愛しあっていたのである。

やがて一八九五年、マックスはフライブルクにはじめての主要な職を得た。そこで二人ともが、しかしはじめはとくにマリアンネが、エルゼ・フォン・リヒトホーフェンと親しくなった。エルゼはマリアンネより四歳年下であり、この友情の初期にはマリアンネに感謝と尊敬の念を抱いていたのであろう。二人は当時としては女性がもつことの少なかった、少なくとも積極的に追求することの少なかった野心を共有していたのだから。しかも、マリアンネは頭がよく、またよく勉強する学生で、その気性は「学（Wissenschaft）」の原理に熱心に順応しようとするものであった。たぶん、ともに学んだ大学の課程では、彼女のほうがエルゼより「よくできた」のであろう。しかし、エルゼはより強靱な精神をもち、依存心がなく、より柔軟で、より成熟しており、ずっと広い経験と冷徹な判断力とを備えていた。エルゼはしばしばマリアンネに衝撃《ショック》を与え、マリアンネはそれを好んだ。エルゼは早くから、人物や制度の素質を見抜くことを知っており、一方マリアンネは教えられなければ批判することができず、教えられても機械的にしかできなかった。しかし他面では、先にすすんで本を書き、政治的経歴を身につけ、女性運動の指導者となったのはマリアンネのほうであった。エルゼの懐疑性と憂鬱性が、男たちの世界で活動することを——もちろん女性運動は男たちの世界に属する——、〈女〉の世界を信じることと同じほどに妨げたのであった。彼女は境界領域に生き、傍系にある人であった。彼女は奉仕した。

　マリアンネは一九〇七年、結婚と女性の法的地位の歴史についての本を完成し、出版したが、その年はグロスとフリーダ、エルゼの恋愛の年であり、グロスが突然ハイデルベルクに力を及ぼした年であった。同時に彼女は結婚について講義をし、またさまざまな恋愛関係の形態、道徳の低下、男女の性の相違その他についてエッセイを書きはじめた。彼女はこれらの問題について、ハイデルベルクを代弁し、自由主義を代弁する主要な人物であった。彼女はグロスに立ち向かうダビデであった。いやマックス・ヴェーバーの議論という巨大な甲冑を着けると、むしろゴリアテに似ていた。

　一九〇七年の著作「性‐倫理の原理的問題」の中で、彼女は、結婚相手の選択について判断するのに完全な幸福とか、成就とか、調和とかいう範疇を用いるのはばかげていると述べている。自然にそうあるものと、あるべきものとのあいだの一般的な調和など、どこにも存在したためしがない。人間が精神的・道徳的文化を追求するかぎり、そのあいだの葛藤は不可避な運命である。「人間は自分の罪を、大きく深刻な問題として受けとめることによってはじめて自分の罪よりも偉大になれる」と彼女は書いている。そしてさらに、よりマックス・ヴェーバー的な口調で彼女は続けて述べている。「平均的な人間の行為から道徳規範を惹き出すことができないのは、平均的人間の信念から科学的真理を惹き出すことができないのと同じである」と。今日われわれの周囲には性‐倫理に関してたくさんの懐疑が見られる、と彼女は指摘し、それはわれわれがエロティックなものに美と高貴さを認めるようになったということも原因の一つだが、それだけではなく、性というものを衛生学の見地から見ようとする願望が現代の医学界に広がっているからでもある、と彼女は述べる。婚姻に関するさまざまな法を改正し、父権的暴政を撤廃しなければならないことはもちろんである。しかしまた、大いなる情熱というものは、少なくともそれが永遠に続くことを信じて疑わない、エロスの関係のうちにのみ存するのだということも認めなくてはならない。自らが熱心に追求したものを獲得できなかったからといって、人間の尊厳が失われるわけではないことは言うまでもない。そしてわれわれは今や性的緊張の時代に生きていることも認めなくてはならない。しかしながら、夫と妻の相互の葛藤がいかに大きくとも、結婚をそう簡単に解体させてしまうことはできない。子供たちは二人の親を必要としている（ここでエルゼ・ヤッフェがこの議論をどう考えるだろうかという点に思いを馳せないではいられない。事実こうした考えは、エルゼについての、またエルゼとの議論の中から案出されたものにほかならない）。さらに、性の欲望というものは必ずしも高貴ではなく、またそれ自体として高貴なものでもない、とマリアンネは続ける。「……性的情熱の解放は感情の野獣化を意味し、そしてこの野獣性の代償を支払うのは女であることが多い。女性は、使命ないし職《ベル》業《ーフ》を学ばなければならない。それは使命にともなう尊厳と自己依存とを得るためである。ドイツの母親たちは娘たちが精神的・経済的独立を得るように教育すべきであるが、それとともに、求婚する男たちに、娘たちが高い道徳的規準を要求するようにも教育しなければならない。」娘たちは、医学的根拠を頼りに、自分たちに性を満足させる権利があるのだと主張する男たちを愛したり尊敬したりしてはならない（フリーダがこの議論を読んだかどうかは定かでないが、彼女がウィークリーと別れるかどうかの問題と闘っていたときにはきっと読むようにすすめられたことであろう）。彼女の議論の核心をなす公式は純粋にハイデルベルク的であった。「かくて、求められるべきは結婚に代わるものではなく、結婚を変えること」である。

　マリアンネはこの論文の中で、売春がすでに原始人のあいだにおこなわれていたと主張している。この三年ほど前に彼女は母権《ムッターレヒト》についての理論全体をとりあげてこれを論じたが「それはあまりにも多くの人々が母権を一種の失楽園として扱ってきたから」であった。この初期の論文はハイデルベルクにグロスの名が知られるようになる以前のものであり、したがって、エンゲルスの諸理論または「宇宙サークル」の諸理論にたいする攻撃として書かれたものである。その中で彼女は、母権は今日でも存続しているのであり、男が相手の女性に妻の地位を与ええないとき、ないし与えようと望まないときに必ず母権が見いだされる、と論じている。もちろんわれわれは父権《ファーターレヒト》のゆきすぎには抵抗しなければならない。しかし父権は個人主義の発達に必要な一段階だったのであり、一夫一婦制を考えだしたのは実は男の利益のためで、自分の相続人を得、それを通して一種の不死性を得るためであったというよく言われる説には何ら歴史的証拠がない、と彼女は述べている。つまりここでもまた、マリアンネは一方の方策の害悪にたいする抵抗を勧めながらも、その反対の道を取るようにはすすめていない。

一九一三年の「女性と客観的文化」の中で、彼女は職業《ベルーフ》のもたらす危険性について雄弁に語っている。「今日われわれが目にするのは、職業上活躍している男性がしばしば陳腐なものの中に埋没してしまうことである。その埋没はより偉大なもののために自らを捧げるという職業の本来の意味ではなく、自分の事業が、もはや自分が創り、自分に奉仕するものではなくなって逆に自分の主人となってしまい、毎日過大に要求してくる仕事からもはや逃れられなくなって、自らの人間的要素を徐々にすり減らしていっている、という事情である」と。女はただやたら職に就こうとする前に、まず職業《ベルーフ》とは何かを認識しなければならない。そしてそれを明確に認識したとしても、彼女たちは旧来の、職業に対立している義務をも果たさなければならない。妻には夫の理想と彼の自己不満とのあいだに立つという義務がある。「夫の不調和には自らの調和をもって、夫の専門化にたいしてはその全一性をもって、夫の客観的なものへの奉仕にたいしては生きるものへの奉仕をもって、妻は対抗しなければならない。」この処方箋はヴェーバー家の家族関係にあてはまり、マックスとマリアンネとの、アルフレートとエルゼとの関係に適合するものであった。これにひき比べ、グロスやフリーダは、女たちが男たちに職業の衝撃をやわらげるクッションを供給するのではなく、男たちは職業の支配を自ら放棄するべきであると信じていた。

一九〇九年に書かれた論文「結婚における権威と自律性」の中で、マリアンネは今日の女性もまた、男たちとともに働き、文化という個人を超えた世界において男たちとともに建設する必要を痛感している、と主張している。それは『虹』においてアーシュラ・ブラングエンを「広がるサークル」に駆りたてた衝撃であり、エルゼとフリーダのリヒトホーフェン姉妹が二人とも感じた衝撃であった。しかし、フリーダの場合にはオットー・グロスの個人指導によって、この衝動はやがて移植され、あるいは変形されていった。そしてまた世間全体もフリーダの道を歩んでいた。このため八年後に書かれた論文「女子学生における人格の変化」の中では、マリアンネ自身も時代の推移を認めている。女子学生はかつて自分の権利を戦闘的に主張し、ほとんど男性的なまでに飾りけのない服装をしていた。今日では彼女たちは極度に女性的であり、何よりもまず愛を追求する。今日の女子学生は他の何にもましてエロスの神に触れられたいと願ういわゆる「ロマンティスト」であり、かつて口に出されなかった事柄をはっきりと明言する、と。ここにマリアンネ・ヴェーバーはエロス運動の影響力を認めている。そして、彼女は次のように警告する。恋愛はつねに男にとってよりも女にとって重要である。したがってこの新しいエロス主義においては、エロスに自らを開放することは、女性に危険を招く結果になる、と。

　マックスの生存中は、マリアンネはあくまで彼の代弁者であった。彼の思想が、そして彼の語法すらが、彼女の著作のもろもろに認められる。しかし彼女の真の天分は、人間と思想についての、控え目で印象主義的な語り口にあった。語りの主題が彼女の技能に匹敵するほど強烈なものである場合（たとえば彼女の夫についての伝記『マックス・ヴェーバーの思い出』の場合）、彼女の創りあげる透明な媒体がまさに彼女の真面目であった。しかし思想とか人間を判断する段になると、さらに経験の咀嚼という点では、彼女の力量は無きに等しかった。グロスのような男性は言うに及ばず、たとえばフリーダのような女性から見ても、マリアンネの経歴が示しているのはひとえに、自己実現しようとする勇気や自我をもとうとする勇気がない女性たちだけが、そして男たちの世界でつねに生徒であることを容認するような女性だけが、男たちの世界で「意味をもち」、「本気にしてもらえる」という事実なのだ、ということになろう。しかしマリアンネもまた何かを代表しており、生きた思想となるほどまでに強烈な彼女自身であったのである。彼女は、性的に女という意味ではなくて、きわめて女らしい《フェミニン》魅力のすべてをそなえ、男の騎士精神を刺激してやまず、しかもそれでいて明晰な精神をもち、努力を怠らず、社会的目標のために献身的に働くことができた。

　だがマリアンネに苛立ったのは、グロスのような大胆な精神の持ち主だけではなかった。彼女はたとえばその夫のような強力な人物によって、また社会的慣習によって絶えず保護されていたため、「生活」との真の接触がほとんどなく、他の人が直面しなければならないような試練に遭わずにすんでいたということがある。さらに加えて、彼女には権威を振り回すような態度があって若い人たちの反発を買っていた。一九二〇年代のリッケルト教授夫人の六十歳の誕生日の祝賀会で、演説は不可とされたためみなが慎しんでいたにもかかわらず、マリアンネは感激して立ちあがって、一座に愛について語り、教授夫人こそ愛の権化であると語った。リッケルト夫人はひどく赤面しつつ、神のもとへ昇天してゆくファウストの魂の周囲に羽ばたく愛の天使に、「永遠に女性的なるもの」の一人に、祭りあげられてしまった。他の客人たちは憤然としたものである。また自分が開いた定期的な知識人の集まりで、マリアンネは居並ぶ女性のうち帽子をとるのを忘れた一人一人に、帽子をおとりになると皆さまがより快適になられます、とやさしく注意してまわるのであった。彼女は彼女一流のささやかな、愛すべきやり方で、気品ある暴君であった。

彼女の日曜茶会は一九二四年から一九四四年にいたるまで、ナチス時代を通して大戦時代にいたるまで、ずっとハイデルベルクの知的生活の中心であった。もっともナチス支配下では一時中断され、以後もっと私的な集まりとして、あまり学生は出席しないかたちで続けられた。しかし、それでもあくまで知的な集まりにはちがいなく、ナチス年間に古いハイデルベルクの伝統がもっともよく保存されたのは大学ではなく、この茶会においてであった。だれかが講義をし、その後に討論が続いた。ヤスパース、アルフレート・ヴェーバー、ルートヴィヒ・クルティウス、フリードリヒ・グンドルフ、トーマス・マン、マルティン・ディベリウスといった人たちがここで話をした。マリアンネが、新しいドイツに旧いヴェーバーのハイデルベルクを生きながらえさせていたのだった――それが病んでいたことは打ち消しようがないのだから。

しかしながら若い人々は、とくに一九一八年以降、彼女が愛と性についてあたかも権威ある存在であるかのような役割を演じることに腹を立てていた。彼らの目には、彼女のふるまいはまさに、この主題についての彼女の無知を暴露していた。『性社会の理想』は一九二九年、ロレンスが『チャタレイ夫人の恋人』について」を書いた年にあたっている。この二つの論文は「近代化された伝統的な」やり方で結婚を擁護している。マリアンネがより自由主義的になっていったのにたいしロレンスはより保守的になりつつあった。しかし彼女の論文は彼の論文に比べてひどく脆弱である。こうした事柄に関しては、他の問題についてもそうであったように、ハイデルベルクはもはや時代とともに前進することができないでいた。ヨーロッパの新しい思想を代表することは、もはや不可能であった。

ハイデルベルクの一般的な弱さを暴露する一つの特殊な例をあげれば、ロレンスを知っていたアルフレート・ヴェーバーですら、またロレンスの作品をドイツ語に翻訳したエルゼ・ヤッフェですらも、彼の真の価値が実はわかっていなかったという事実である。彼らの規準では、ロレンスは真面目にとりあげる価値のある作家でも思想家でもなかった。彼らは本質的に過去の時代の、本質的に旧式な知のタイプと真面目さを大切にしていた。だからロレンスは一九二九年エルゼに、彼女には『チャタレイ夫人の恋人』はお送りしますまい、あなたは「こういったものの反対の極に属する」人だと承知していますから、と書いて送ったのであった。彼女はその本を「悪魔的《サターニッシュ》」と呼ぶであろうが、彼自身は「……今や堕落の天使ルシファーは色あせたミカエルや、みすぼらしいガブリエルよりも光り輝いている。……そうです、私はルシファーの側に立ちます、彼は今や明けの明星です。……あなたが私のことを反《アンチ》キリストだというのをある意味で認めます。しかし私は反生命ではありません」。ヤッフェ夫人は当時、自分がロレンスに天分があるとは思わなかったこと、また彼らが彼女の敵の世界に属していることを知っていたと述懐している。一九六七年のインタヴューで言っているように、「私はロレンスを讃え、尊敬し、好んでいました。けれども正直に言って、彼が非常に重要な人間であるとは感じていませんでした。今ではもっと重要だと感じています。いえ、今では、というより、のちにはもっと重要だと考えるようになりました。それは私もまた一つの知的世界の出身であり、私の判断規準からすると、彼のは何かしら違っていたからです」。実際今でも彼女は彼の本は言語過剰で、会話の部分はまずいと考えている。彼女はロレンスよりもフリーダのほうを重要視していたが、しかし知識人として真面目にとりあげていたわけではなかった。彼女はフリーダの『私ではなく、風が……』が発表されてすぐにドイツ語に翻訳したが、手紙の部分を全部ぬかしてしまっただけでなく、文章をより上品にあるいは正確に書きかえるなど、いくつも手を加えた。彼女はフリーダの書いたものを整理しなおし、誤りを正す習慣があったと自分で認めている。彼女はいつもフリーダのやることを修正してきたのだ。たとえ本の世界のことであったとしても、フリーダに奉仕せねばならないなどということは、彼女には当然耐えられないことだったであろう。

アルフレートおよびマリアンネ・ヴェーバーが、社会において教育のある階級――しばしば彼らは拒否したが――は、下の階級の者を精神的に指導すべき義務があるということについて、つねに心を砕いていたのは象徴的である。アルフレート・ヴェーバーの弟子や共鳴者たちはしばしば、「アメリカ人は独自の文化をもつか」といった問題を議論していた。アルフレートとその信奉者たちは、エリートについて、また国民的指導者の育成について、強い関心をもっていた。彼らのもつ文化の理念は、責任と同時に特権に根ざすものであり、また文化を育てるものについての観念はごく伝統的であった。つまり、思考され、語られたもののうち最高のもの、そして過去の偉大な芸術作品が文化の栄養となるのである。ゲーテとベートーヴェンは最後の偉人である、とヴェーバーは言った。十九世紀にはこの意味の偉人はおらず、ニーチェのような破壊的天才だけが可能であった。こうしたイデオロギーないし感性は当然ながらその発生地、文化的特権にみちみちた場所にこそふさわしいものであった。「アメリカ人は独自の文化をもっているか」はきわめてハイデルベルク的な疑問であった。

しかしながら、マックスの死後もマリアンネ・ヴェーバーは自分自身の知的経歴をもち、彼女はそれを一方で戦前の伝統を保持するという努力を怠ることなく、もちつづけた。彼女は夫の死の直後に、彼の論文を集める仕事にとりかかった。出版されたマックスの著作の大部分は一九二〇年代に彼女が編纂したものである。その次にくるのが一九二六年に出版された彼女の最大の著作『マックス・ヴェーバーの思い出』で、そこで彼女は彼らの結婚生活を最大限に活用している。自己賞賛に満ちているとまでは言わないが、この本の中では、ヴェーバー夫妻は自由主義的ドイツの模範的夫婦として描かれている。同時に彼女は、マックス・ヴェーバー理解を通して実存主義的倫理主義を構築していたヤスパースと連携した。ヤスパースはさまざまなかたちでマリアンネを助け、彼女の家でしばしばマックス・ヴェーバーをテーマに語りあった。

それから二〇年代の終わりに、マリアンネはペーター・ヴストと友人になる。彼はカトリックの宗教哲学者で既婚であったが、彼女のうちに霊感に満ちた聖母を見いだしていた。「小さな母マリアンネよ」と彼は彼女に書いている。「あなたの清らかな女性の手を、私の危険に満ちた人生の上にかざしてください」と。ヴストは小柄で神経質な、不安定な男で、悩みに満ちた強烈で精神的なまなざしをしていて、ジョルジュ・ベルナノスの有名な小説に出てくる田舎司祭といったところであった。彼はカトリックのニーチェというべきマックス・シェーラーの友人であったが、またアンリ・ブレモン、ジャック・マリタン、ポール・クローデルとも交友があり、この人々はいずれも、世俗化し断片化した西欧合理主義の旗手とみなされていたマックス・ヴェーバーに、さまざまなかたちで批判的あるいは反発的な思想の流れを代表していた人々である。ヴァルター・テオドール・クレーヴは2章でみたように、アルフレート・ザイデルの自殺の責任がヴェーバーにあると責めた人間であるが、彼はヴストの弟子にあたる。マリアンネ・ヴェーバーがヴストに接近したということは、ドイツの崩壊期にあって、彼女が世界否定の宗教により共感をもつようになったことと関連しているのは明らかである。

しかしながら当然予想がつくことであるが、彼女は自分のイメージが、自分が投げたそのままの姿で相手の目からはねかえってくるのを好まなかった。少なくとも相手が自分と同種の人間の目であるならば、そのまなざしにいかに熱烈な感情がこもっていたとしても気に入らなかったのは驚くにあたらない。彼女にはもっと大きく、もっと強い、父親のような男性とのほうがしっくりゆくので、やがてヴストとの関係が疎遠になっていくのを別にとめようとも思わなかった。それでも彼は彼女の生涯における第二の男であり、エルゼにとってのアルフレート・ヴェーバー、フリーダにとっての一時期のミドルトン・マリに匹敵する。その関係は続いているあいだはたしかに強烈な関係であった。マックス・ヴェーバーの家で、マックス・ヴェーバーの妻と愛し合っていたこと——それが主に精神的なものであったにしても——についてのヴストのコメントは（彼は彼女にマリエンバートの悲歌を読んで聞かせて、その後の手紙で何回もそのことを想起している）、都会に出てきた田舎者のスタイルである。しかし、彼女に宛てた最初の手紙からすでに、彼は異常なほど情熱的で、親密で、相手を讃え、自己卑下的であった。二人はまだ会ったばかりだったのである。彼のこうしたやり方を、仮にロレンスが、あるいはヴェーバーが生きて目にしたならば、二人とも同種の苛立ちを覚えたであろう。また、ロレンスがマリについて放ったもっとも厳しい評言をあてはめることもできる。あらゆる苛立ちと烈しさを葬りさってしまっていたはずの、そして自分自身の行動がヴストと共通するところがあるマリアンネですら、彼には多少の居心地の悪さを示している。

一九三〇年代、マリアンネはまた別の宗教的企画に加わっていた。彼女は宗教的青年運動ディ・ケンゲナーに加わった。会員は派手な服装をして踊り、合奏するが、その目的はほかならぬキリスト教を救出すること、あるいは、ドイツのために、キリスト教から生きた信仰を救出することにあった。彼らは労働週間をもうけ、そこでさまざまな見解の代表者が講演をし、そのあとでみなで議論するのであった。C・G・ユング、マルティン・ブーバー、ゲルトルート・ボイムラーといった人々が訪れ、またナチス党員も、共産主義者も、ローマ・カトリック教徒も訪れた。一九三三年、指導者のヤコプ・ヴィルヘルム・ホイヤーは、ファニーの兄グラフ・エルンスト・ツー・レーヴェントローとともにドイツ信仰研究会および自由信仰家連盟の主となり、ナチスの祝福を受けた。これはともに労働者階級を共産党から救いだそうとする組織であった。しかし、ほとんどのケンゲナー会員はこの組織に加入することを拒否し、第二の指導者のルーディ・ダウアー（彼は大臣の職にあった）のもとに残った。*マリアンネは一九三〇年にグループの会合にはじめて

＊　ホイヤーの「ドイツ宗教」について、T・S・エリオットは一九三九年に、現代の主要な異端だと論じている。

出席し、以後一九四〇年まで会合はつづけられたが、このような方法でヒトラーを抑制することも、ドイツの諸問題を解決することもできるものではなかった。にもかかわらず、マリアンネは大衆の福祉のためにわずかでも働くというかたちで貢献を重ねていた。いまだに彼女は「顕著な女性」であった。フリーダ・ロレンスがタオスでろくに新聞も読んでいないあいだも、マリアンネ・ヴェーバーは男たちの世界で活躍していた。そして一九四〇年代になっても、彼女はハイデルベルクの知的生活の中の一人物であった。一九四五年、アメリカ軍がはじめてハイデルベルクに侵入してきたとき、ハーヴァードのタルコット・パーソンズの元学生であった人々の訪問を受け、彼らとともに夜更まで、ドイツの戦争責任というような大きな歴史的問題について議論していたのであった。一九四六年、彼女は最大の野心作『充実した生活』を出版した。おなじみの哲学的・道徳的内容の著作で戦時には出版社を見つけることができなかったものである。その後すぐに彼女は『マックス・ヴェーバーの思い出』の出版の準備にとりかかった。

エルゼ・ヤッフェはずっと彼女の友人でありつづけた。一九三〇年、ロレンスの亡くなった年にマリアンネは六十歳になり、誕生日にハイデルベルクでは還暦記念の祝祭がおこなわれた。ヤスパースがふたたびマックス・ヴェーバーについて語り、にぎやかな催しの中には友人や家族による彼女についての寸劇もあって、その劇ではマリアンネが、最初の女教皇に選ばれる修道院長として描かれ、エルゼ・ヤッフェがその役を演じた。相異なるさまざまなアイロニーの薬味が混じりあって、これは相当しつこい味になったであろう。一九四〇年、二回目の記念祝賀会はバイエルンでおこなわれたが、エルゼはまた出席してこの会のために書いた詩を朗読した。一九五四年、八十四歳のマリアンネが病床にあったとき、最後に彼女が握ったのはエルゼの手であり、彼女がささやいたのはエルゼの名であった。二人の運命は深く絡まりあっていた。マリアンネがエルゼを騙して、自分が幸福だと思いこませたとも言えよう。エルゼがフリーダ・ロレンスにマリアンネの死について書きおくったときに、うっかり秘密をもらしそうになったほど彼女は動揺していた。彼女がマリアンネについて表明したのは「キリスト教的な」、宗教的な感情であった。「私たち二人の絆がどんなに緊密なものであったか、神秘的なまでに近しいものであったかわかるでしょう。いいえ、今でも私たちは近いのです。それでもこの死別はきわめて重要です。私は、マリアンネが亡くなったら、私もその一部である星座全体が地平線に沈むということはよくわかっていました。」もちろんその星座とはヴェーバー＝ハイデルベルク星座である。アルフレート・ヴェーバーはまだ存命中であったが、おそらく——他にもそう思われる根拠があるのだが——ヤッフェ夫人のもっとも強い感情は女性に向けられていたにちがいない。マリアンネの死は彼女の後半生のクライマックスの一つであった。

アルフレート

エルゼの老年期のもう一つの主要な事件は一九五八年、アルフレート・ヴェーバーが九十歳で亡くなったことであろう。もっとも二人の関係は非常に注意深く被いかくされているため、ほとんど何も断言できないというのが実情である。エルゼ・フォン・リヒトホーフェンがこの背の低い、ハンサムで、興奮しやすい、神経質なマックス・ヴェーバーの弟にはじめて会ったのは、一九〇〇年以前のベルリンで、彼女がまだ学生だったころである。彼の学究生活は美術史の勉強ではじまったが、彼女が彼に会ったときには、彼女自身もそうであったように、彼はマックスの歩んだ道をほとんどそのままたどっていた。彼は菓子工場の苦汗労働制度〔家内労働者など未組織労働者の弱味につけ込み不健康な環境において低賃金で長時間の労働を強制する制度〕について学位論文を書いたが、それは彼が「協会」のためにした研究をまとめたものであった。一九〇〇年、ベルリン大学就任講義は、家内工業の経済問題についてであった。一九〇九年、彼は工場用地の選定についての著作『産業立地理論』を発表し、それが経済理論への重要な貢献として認められた。これは英語にも翻訳され、またロシアではボリシェヴィキの社会経済計画指導者たちにも参考にされたのである。しかしそれが印刷に付されていたときにはすでにアルフレートは社会学に興味を向けはじめていた。その点でもまたマックスとよく似ている。しかし彼の特徴は、美術および高級文化一般の問題に興味が集中していたことである。彼は一般的な趣味についても気質においても、また自己表現のスタイルにおいても、マックスより審美的《エステティック》であった。

ベルリンで彼は、経済学については社会主義者の学者であるグスタフ・シュモラーと緊密に連携して研究をすすめ、一方、ボンで彼の教師となった中にはカール・ランプレヒトがいた。ランプレヒトは政治的関心と文化的関心のあいだの葛藤を強調しながら文化史の社会・経済的基盤を研究してゆこうとする、新しい歴史研究法を導入しつつあった。『現代歴史学』(一九〇五年)と『歴史的思考入門』(一九一三年)の中で、ランプレヒトは大きな社会的単位の内部で人間が社会・心理学的にいかに発達してゆくかを示そうと試み、知的発達に有利な経済的条件の研究の必要性を説いた。こうしたテーマがアルフレート・ヴェーバーのその後の研究になっているかぎり、彼の仕事は部分的にはランプレヒトの呼びかけへの応答であったと考えてよいであろう。しかし、それよりもっと大きかったのは時代の反合理主義的・反実証主義的精神が、哲学と芸術を通して彼に与えた影響である。ベルクソンの提起した理性と直観、空間と時間、物質と生命の対立は、大戦前のヴェーバーをとりまく多くの人々にも、そしてある意味で「科学」の側にコミットしていた(と、少なくともマックス・ヴェーバーが主張していた)社会学者たちにも、強い影響を与えていた。ゲオルク・ジンメルもアルフレート・ヴェーバーとともに、生の過程に超越的なものが遍在していると述べた。ヘルマン・フォン・カイザーリング伯爵、マックス・シェーラー、オズヴァルト・シュペングラーといった人々のすべてが生の哲学《レーベンスフィロゾフィー》の影響を受けていたが、文化の社会学つまり生のもつ絶対的自由な精神についての実証的研究を建設しようという企てそのものは、特殊アルフレート・ヴェーバー的なもので、それは彼自身の内面の分裂にたいする応答であった。

彼が一九〇〇年以前からエルゼ・フォン・リヒトホーフェンに恋をしていたというのは、どうやらほんとうらしい。もちろんそこに結婚の見込みなどというものはまったくなかった(彼女は一九〇〇年に一時婚約していたことがあるが、彼とではない)。その後アルフレートはハワイへ旅し、帰国後プラハ大学に就任した。プラハ大学には三年しかいなかったが、一九〇七年にハイデルベルクに戻ってきたときには——それがわれわれの物語においては運命の年になるのだが——彼はすっかり別人になって、母親の教えに反抗した。彼はハイデルベルクでもわざとマックスとマリアンネの住居の反対側の端に住んで、彼らとの訣別を明確にしたのであったが、その主たる動機は「偉大なるマックス」から逃れたかったからであると思われる。彼の人生の主要な課題が、彼より「優秀な」兄との容赦のない消耗戦にあったことは明らかである（一九二〇年、譫妄状態にあったときに、マックスはミルクのグラスを摑んで、呟いた。「早くおくれ、さもないとアルフレートに飲まれてしまう」と。あらゆるものが、そしてエルゼ・フォン・リヒトホーフェンですらが、二人のあいだのとりあいの対象になった）。マックスは、最終的にはアルフレートが得たポストに、実はジンメルを推薦していた。そのこともアルフレートが彼から離れようとする「個人的」動機を強めたにちがいない。

しかしながら、アルフレートがプラハで新しい世界観を獲得したのもまた事実である。彼はマックスよりずっと全人的に「生の哲学」の諸観念に傾倒した。ここで生の哲学というのは当時進歩的なグループ、とくにオーストリアで流布していた「生の諸価値」を重んずるすべての学派を大ざっぱに指している。プラハで彼はマックス・ブロートおよびその友人たちの気に入りの教師かつ友人となった。彼らはユダヤ人の文人サークルを形成しており、そこに十年後にはオットー・グロスが出入りし、影響を及ぼすようになる。ブロートは自伝の中でアルフレートについての貴重な記述を残している（彼はまたアルフレートを小説『霧の中の若者』の中でヴェスタータークル教授として描いている）。ブロートは、アルフレートが中背で頑丈な体格をし、力強い歩き方と活発な身体の動きをしていたと語っている。顔は元気そうで、どちらかというと太っている感じで、頰が赤く、褐色のひげを生やし、彫りの深い顔立ちで両頰の上には深い眼窩の奥に小さな、しかしきらきらした目が光っていた。彼は大男でもなく金髪でもなかったが、きわめてゲルマン的な型で、浅黒く、神経質で、気が短く、知的に重要なことを達成するために、ともすれば乱れがちなさまざまな能力のたずなをつねにひきつづけている感があった。ブロートはアルフレートをショーペンハウアーとデーメルとに比較したが、彼がアルフレートのことばを友人に広め、アルフレートの講義をプラハの知的サークルの中で人気あるものに仕立てた。

アルフレートがどのようなスタイルで話をしたかについては、一九二六年の講義録の一つ「ヨーロッパ精神界におけるドイツ人」からある程度知ることができる。これはある国際会議でヨーロッパの国々の代表たちに語りかけたもので、彼はドイツがヨーロッパ諸国に提供すべきものは若者のヴィジョンであるとしている。ドイツの若者たちはニーチェで育った世代ではあるが虚無的でなく、潜在的に信念をもった世代であり、当代のシニカルな芸術によって代表されるものではない。彼らはけっして金髪の野獣ではない。もっとも彼らが頭でっかちの人間とか脚注で腹いっぱいの学者とは正反対のものであることにはまちがいないが。彼はドイツの若者たちを、より伝統的な精神生活の表現に対立するものとし、他国の代表者たちに寛容を呼びかけているのである。「しかし、だからといってこの若者たちが精神的なものを意味しないということになろうか？　われわれがそれを読みとるべきではないか？」彼は修辞的疑問の調子を上げてゆく。「そしてこうした世俗の低い波を越えてゆかない法があろうか。精神的貴族の真の美徳は相互崇拝にある――それこそわれわれのとるべきスタイルである。虚ろなお世辞を言い合うのをやめよう。目と目を合わせて見ようではないか……イギリスの方々、お先にどうぞ（Messieurs les Anglais, tirez les premiers）［等々］。」明らかにアルフレート・ヴェーバーは話しているうちに自分で興奮してくるタイプであった。

戦前のハイデルベルクでは、アルフレートの家が、ゲオルゲの弟子たちの核になっていた。彼らは基本的にマックス・ヴェーバーに敵対する人たちであったから、兄弟はだいたいにおいて重複しない別々のサークルの中を動いていたことになる。マックスの「職業としての学問」にたいする主要な反撃を書いたゲオルゲの弟子エーリヒ・フォン・カーラーは、もとアルフレートの学生であった。そしてこの時期にアルフレートはエルゼ・ヤッフェと親しくなりはじめたのである。エルゼがマックスおよびマリアンネと親しい間柄にあったことはもちろんである。彼はイルシェンハウゼンのヤッフェ夫人の館の近くの一軒を借りたが、それは一九一二年、ロレンスとフリーダが住んでいた家であった。そして、彼はエルゼとイタリア巡りの長い旅に出たのである。

彼は「生の哲学」の側に完全に傾倒したわけではなかった。それと意識せずに、兄が代表していた、「生の哲学」と対立する諸価値に忠誠を守りつづけていた。彼は伝統的な意味での政治行動に深くコミットしており、その点は彼の「審美家の」友人たちとは相容れぬところであった。プラハではチェコ人の哲学者で政治家のトマシュ・マサリクの友人であり、ハイデルベルクではのちの大統領フリードリヒ・エーベルトとも友人であった。テオドール・モムゼンから深い感銘を受け、彼を手本にしていたという側面もあり、彼がよく引用したモムゼンの信条の一節にあらわれている悲観的禁欲主義は、彼の人生のモットーであったとしてもちっともおかしくはなかった。「……私は自分の最良の部分はつねに〝政治的《アニマル・》動物《ポリティクム》〟であったと信じている。そして一人の市民でありたいとつねに願っていた。だが市民であることはわれわれの国民にとって不可能である。この国では個人は、そして最良の個人ですら、奴隷的奉仕と政治的偶像崇拝の域を出ることができないのだ。」マックス同様アルフレートもまたビスマルクの像にたえず惹かれつつ、同時に反発もしていた。ビスマルク自身を主題として扱った論述はマックスよりもアルフレートのほうが多い。

にもかかわらず、一九〇九年ごろ、アルフレートはドイツの運命について通常の意味で非政治的な、文化の用語で語っていた。「文化の型とその変化」の中で、彼はドイツの歴史の偉大な時期は一八〇〇年ごろ、ゲーテの世代のドイツ知識人たちが存在の偉大な深みと複層性を示していた時代である、と述べている。これとは対照的に一八四八年型のドイツ人には内的葛藤というものがない。彼らのもつすべてのものが外在化され政治化されている。そして、そのまた後継者たち、すなわちビスマルクが生みだしたドイツ人の型にあっては、価値が逆転して、現実主義と日和見主義とが理想主義と自由主義にとってかわっている。そして新ドイツには身体的にも心理的にも頭を「坊主刈り」にしたエネルギッシュに組織化してやまぬ「現実主義者」があらわれてきた。この型ですらある種の共同体的な価値意識をもっていたが、今日では人生の取引人か、その反対の極にいる耽美派かのどちらかしか見いだせない、とアルフレートは指摘している。

一九一〇年の「公務員」の中で、彼は官僚制度をすべてに毒を及ぼす巨大な力だと分析している。われわれが1章であげた、経済の低迷状態の中での官僚増大の統計を示しながら、彼は上流階級が高級官僚の地位にひかれてゆく現状を嘆いている。彼らが自由を捨てて安楽さと安全さを求めようとしていることは、彼らこそが国民の文化の担い手《クルトゥーアトレーガー》であることを考えるとますます嘆かわしい。このような官僚支配から逃れる唯一の道は、合理化のプロセスそのものから逃れることである。したがってわれわれの新しい規準は個人の人格でなければならない。ものが価値があると考えられるのは、それが個人と個人の生活に役立つかぎりにおいてであり、それ以上であってはならない。この理由から、いかに資本主義に不満であっても共産主義を望むわけにはいかない。われわれが望むのは自由への信仰を失わず、手足をしなやかに保ち、土壌を柔らかくして、未来の舞踊に備えることなのである。

われわれはここに一九一二年の『宗教と文化』にあらわれたのと同じ思想を認め、そしてアルフレートが当時のロレンス――あるいは少なくともエドワード・カーペンター――といかに近かったかを痛感させられるのである。彼の政治的関心つまりマックスに従っていた半分は、これとはまったく関係がなさそうに見える。彼の戦車は二頭のまったく異なった馬にひかれており、その馬はまったく異なった方向に向かっており、しかも人生のこの時期においてともに意気盛んであった。こうした異なった方向づけからくる葛藤は彼の人生の中で何度も繰り返されたものであるが、それが時期によってプラスにはたらくこともあればそうでもないこともあった。

戦争の勃発は彼を現実主義と祖国愛と父権的価値とにひき戻した。もっとも現実主義と父権主義といっても、ある程度は生の哲学の原理でやきなおされたものであった。一九一五年の『ドイツの使命についての所感』の中で、彼はドイツはこれからさき長いあいだ戦闘国家となるであろうと述べ、フランスとイギリスの自由主義を拒否して――同盟国の旗印は理性《ラチオ》と合理主義《ラツィオナリスムス》であった――、これに対抗する重要な国は、そしてドイツが価値あるものを学びとることができるかもしれない国は、理性の暴政から野蛮で官能的‐神秘的自由をかちとったロシアである、と断言した。彼はしばしばドストエフスキーを引用した。もはやイギリス紳士の型が世界を支配してはならない。かつて一七八九年の革命がそうしたように、世界大戦は新しい時代を導入したのである。今や民主主義の時代は終わったのだ。その強靱な原本性《ウアナトゥーア》のゆえに、その「原始的な、永遠の源泉」との近しさのゆえに、ひとりドイツだけがヨーロッパの諸国民のうちで、「民主主義」のもつ偽りの理想主義を見とおすことができたのだ。ヴェーバーの思想とスタイルとはともに、同時代のトーマス・マンの戦争論に似ている。実際マンのフリードリヒ大王に関する論文が同じシリーズに入っている（マックス・ヴェーバーは「一九一四年のドイツ思想」と呼ばれたこうした一連の思想を軽蔑していた。彼は懐疑主義に由来する、議会制民主主義への信奉を棄てようとはしなかった）。

戦後になってアルフレート・ヴェーバーは、自らと友人たちの戦時中の態度の弱点を認めた。彼らの民主主義批判はあまりに外面的かつ審美的であった。彼は民主主義をすべて機械的なものとし、資本主義のしでかした政治的詐欺と解釈してしまった。彼も友人たちもその魂を見ず、それが人間の意識から発展して出てきたことを見失ってしまった。だからこそ自分たちが望んだ民主主義以後の国民的信条を見いだすことができなかったのだ。「それは見つかるはずがなかった。われわれは生命の核心に触れることに失敗したのだ」と彼は結論した。ここの段階でもいまだに生命が至上の価値を占めているが、今度はそれが気質上は生命とは何の親和性もない正統的な政治的関心と明確に結びついている。ヴェーバーが自ら形成していった哲学は、基本的に折衷物であった。気質の上でも、イデオロギー上も、それは矛盾だらけであった。その全体は内的有機的生命を表現していなかった。

アルフレートは、ヴィルヘルム二世のもとで最後の宰相をつとめた指導的自由主義者バーデン公マックスのグループに入っており、一九一八年の新党形成にあたって、彼がある程度の役割を果たしたことはすでに見たとおりである。しかし彼はその後、身を引いてしまった。政治に積極的に参加することが彼の気質に合わなかったのである。彼は自分の文化社会学に没頭した。それは芸術作品のもつ美的側面と社会的側面の双方を正当に評価していこうとする試みで、たとえばミケランジェロのダビデ像を、一方では仲間から抜きんでている美しさにおいて、他方では仲間と共有している根元の相似において、理解しようとした。彼はヨーロッパの文化遺産についての一般的意識を、政治的信条のもつ強度にまで高めようと試みたのであった。こうしたかたちで、彼はハイデルベルクの使命を生かしつづけようとした。

ヴェーバーの文化社会学を本書の思想的枠組みにひきこんで眺めるためには、それが「生の哲学」的価値をアポロン的（ないし正統的）学問研究に結びつけようとした点に注目すべきであろう。この点こそ、ロレンスからそれぞれ受けとったものの大きな相違にもかかわらず、（のちに考察するように）アルフレートとリーヴィスの著作のあいだに、これとは指摘しがたいが、気分やものの見方についてつきまとってくる打ち消しがたい類似性を説明している。明らかにヴェーバーはリーヴィスととものにその耽美主義的・エロス的顕示をすら含めた「生の哲学」の諸価値に深い刺激を得ており、これらの価値が同時代ヨーロッパを無味乾燥な合理主義と文化的枯渇から救いだせると確信していた。それでいて同時に、これまたリーヴィスもヴェーバーも大学教授を職とし、気質としては文化的保守主義であり奔放で実験的なかたちをとった耽美主義やエロス主義にはとても耐えられなかったのである（ハイデルベルクは戦後、ケンブリッジの姉妹都市つまりドイツのケンブリッジとされており、事実二つは同種の町であった）。ヴェーバーとリーヴィスは二人とも、時代の残したものを救う、文化の指導者たる生まれながらのエリートであり、その手段はともに「生の哲学」の名のもとに実行される倫理的・知的原理でありながら、二つの精神はきわめて異なっていた。ヴェーバーはリーヴィスに比べると、その著述においても直接的環境においてもあまり成功したとは言えないが、しかし彼に支配力がなかったとはとても言えない。

彼は文化と文明とを区別し、文化こそ純粋な価値の領域であり無目的的・絶対的卓越のありかであるとした。彼はさらに文化と文明を、征服と植民地化の政治運動とか機械化その他の父権的支配のあらわれから区別した。そして文化史の解釈にあたって、世界の文化の三つの継続した局面でそれぞれ用いられた三つの人間モデルによって説明しようとした。彼は現在の文化的危機を、第三の人間すなわちプロメテウス的人間が抑圧されている時期であるとみている。プロメテウス的人間はギリシア人の時代以降、つまりプロメテウス的人間自身が魔術的・神話的・豊穣神信仰の第二の文化局面にとって代わったときから、ずっと西欧文明に奉仕してきた倫理‐気質的型《タイプ》である。この第三のタイプのプロメテウス的人間は第四の人間、すなわち全体主義国家の官僚ロボットに代表される人間に今やとって代わられつつあるとヴェーバーは考えた。

アルフレートの理論では、歴史には三つの過程が併行して流れている。一つは社会化のプロセスであり、生きる意志、自然的生命の意志によって決定される。もう一つは文明化のプロセスで、快適な生活への意志、合理‐功利主義的意志によって決定される。そして第三は文化の運動で、自由な生への意志、理想‐超越的意志によって決定される。第一のプロセスはたとえば民族移動によって、第二は原子核分裂の発見によって、第三は交響曲の作曲によって例示される。

もちろん、この三つの生の領域はつねに相互に関連し影響しあっている。アテネとフィレンツェが活気のある市場町であったことはその文化的創造性に影響を及ぼしたし、その逆も真であった。しかし文化運動のもつ頂きと谷底とは予想不可能かつ互いに比較不可能である。それは達成されることのない理念的目標によって垂直方向に決定される一つの波状運動である。したがって、文化は自由である。その生命は、自然との、あるいは世界との関わりによっても脅かされる。そして自然と世界とは社会化と文明化のプロセスの別名である。文化が過度に自然に関わりすぎると、トーテミズム、魔術、神話――の第二の人間の文化が出てくる（これはバハオーフェンが母権制の文化と呼んだものに似ていなくもない）。文化が世界ないし文明に過剰に関与すると、エジプトと古代中国にみられたような硬直性があらわれる。それは実は第三の人間の文化の異形であるが、まだ初期の段階である。この初期の段階はおおよそ――ヴェーバーはそうは言っていないが――本書でプロイセン主義ないし極端な父権主義と呼んできたものにあたっている。ギリシアと、ギリシアを引き継いだ西欧の文化の中にのみ、第三の人間の二番目の状態――通常われわれが「文化」と呼ぶ状態――がある。原始の歴史では三つの生活領域はあまりに緊密に結びついてしまって、文化が出口のないまま閉じこめられてしまっている。かつてエジプトがそうであったように、近代の歴史では、ふたたび国家が文化の健康管理に介入しすぎている。国家はせいぜい文化を保護することはできようが、文化が発展するのは自分自身の方向にのみ、偉大な個人の方向にのみ可能である――「天才が天才を呼ぶ」のだ。

この理論には、想像的な人間は自然からも文明からも距離をとる必要があるという意味合いがこめられている。そしてまた、人生を歴史的にも個人的にも生きるに足るものにするのは、偉大な芸術作品と芸術家だという信念も含まれている。芸術作品を得るためには、われわれは超越的なものとの精神的関係を育てていかねばならないが、その精神は審美的な精神性でなければならない。ヨーロッパの真の精神の歴史は、実は教義の問題ではなく偉大な個人の、もっとも典型的には偉大な詩人の信仰の問題である、とヴェーバーは言う。彼が生きている世界が現在通過しつつあるような、歴史上の文化の危機においては、技術者が司祭や詩人と同じほどに高い位置につくようになり、その結果、今日の原子爆弾づくりの科学者のような分裂した人格とか、また全体主義的官僚と現代の大衆のような病的人間が急増する。この理論の究極的な英雄はゲーテであり、この想像力の場はヴァイマールないしハイデルベルクにある。

エルゼ・ヤッフェに捧げられた、アルフレート・ヴェーバーの『文化社会学としての文化史』は、一九三一年から一九三四年にかけて、旧い文化的価値の擁護のために書かれたものである。ヴェーバーのみるところでは、こうした価値はドイツではナチスによって、ロシアではボリシェヴィキによって、そしていたるところで大衆の現出によって圧倒され、破壊されつつあった。彼にとって、文化はエリート階級と必然的に結びつくものであった。彼はアテネの文化が奴隷制に依存していたこと、また知られている文化のすべてが騎馬民族《ライターフェルカー》の支配に由来していることをあくまで主張しつづける。こうした内容のゆえにこの著作はオランダでしか出版できなかった。この本では原始文化について全四七九ページのうちの一一ページしか割かれていないことは注目すべきである。われわれ近代技術の生みだした新惑星に住む者はふたたび、原始人《プリミティヴ》の存在の不安《ダーザインアングスト》に苦しんでいる。それは真の文化が追いはらうはずのものなのだが、われわれはすでに真の文化をつきぬけてしまった、とヴェーバーは考える。

にもかかわらず、彼の創造的関心はあくまで過去の文化である、第三の人間の文化に向けられている。『悲劇的なるものと歴史』は、彼が一つの主題についてもっとも持続的に議論した著作であるが、そこで彼はギリシア悲劇の社会学を研究している。ヴェーバーにとってはつねに、ギリシア芸術こそ最高の成果であり、西欧文化の基準でありつづけた。この本はドイツで印刷されたが、一般民衆は買うことを許されなかった。それは一九四三年のことで、ヴェーバーは反ナチスとして有名だったのである。

　これらは彼が生涯をかけた仕事であり、それについてのエルゼ・ヤッフェの援助は多大なものであった。ひとことで言えば、こうした著作はアルフレートとエルゼがハイデルベルクというものを現代的なイデオロギー用語で表現しなおしたものである。これらは一九一〇年の彼の初期の論文ほど活気に満ちてはいない。戦争後はハイデルベルクにおいては、またハイデルベルクについては、もう活気にみちたものを書くことができなくなったということなのかもしれない。かつての偉大なハイデルベルク大学の時代は完全に過去となり、自由主義的ドイツは致命傷を負っていた。それにアルフレート・ヴェーバーという人は大きな概念的枠組みを構成してそれを貫く、というタイプではなかった。彼は断片型の人間であり、中断してはまた話しはじめる、文章を終結しない種類の話し手であった。彼はすべての文化的・芸術的生は「緊張《テンション》」から生まれるものであり、自分自身も「激しい気性の持ち《テンパラメンタル》主」であると主張していた。つまり自分の気質にある程度は異端のものが混じっているということである。——これは無意識のうちにマックスにならっていたのかもしれない。彼を表面的に知っているだけの多くの人々、たとえばフォン・リヒトホーフェン家の人々などは、彼が「典型的なドイツの大学教授」で専断的な意見をもち、退屈で嫉妬心が強く、気難しくて極端であると見ていた。大学の同僚たちから見ると彼はいつも批判側にまわり、たえず反旗を翻すがそのわりに効果がない、という型であった。しかし彼をよく知っている少数の人々は、彼はきわめて傷つきやすく、自己懐疑的であると言っている。

　アルフレートの魂はつねに不安で、つねに何かを探しまわり、晩年におけるハイデルベルクでの友人はルートヴィヒ・クルティウスただ一人であった。彼はプラハをあとにしてヴィルヘルムのドイツ――「かくも自信に満ちた、かくも健康優良な」ドイツ――へ行くのを嫌がっていた。彼は、すべての真の生命は内面的葛藤に由来すると断言した。彼自身そのような葛藤に満ちており、そして彼が共感を抱くのは、過去の文化の中の葛藤の人物にであった。「これらの精神的に孤独な偉大な人間は灯台のようにぽつんと立って、われわれの求める道を指し示している」と彼は書いている。彼と兄マックスとの多様で複層的な競争が、双方にとってきわめて破壊的であったと思わせる事柄は多々ある。たしかにアルフレートはマックスによって影が薄くなってしまっていた。エルゼ・ヤッフェの彼にたいする犠牲的献身は、あるいは彼女が弟の気性を歪めてしまったという罪の意識に由来していた面もあったのだろうか。もちろん彼が知的に優れ勇気もあることを、彼女はよく知っていたという基本的事実があるが。一九三三年、アルフレート・ヴェーバーは自らハイデルベルクの社会学研究所の屋根に登り、学生たちが掲げた鉤十字《スワスティカ》の旗を取り除いてしまった。受動的であったとしても、ナチス時代を通してずっと、彼はつねに反体制の立場を崩さず、その結果一九四五年、アメリカ人に熱狂的な尊敬をもって扱われ、ドイツの大学やドイツ政治の再建設のための多くの計画の相談を受けたものであった。

一九一八年におけると同様、一九四五年にも、彼は自由社会主義の主張と綱領をもつ新政党の発足を助け、これが新しいドイツを議会制民主主義の道に導いてゆくことになる。この未来の政党のために、彼は八十歳になろうという年齢であったにもかかわらず、いくつものパンフレットを書き、その企画のために自分の地位のみならずあらゆるエネルギーを惜しみなく提供した。アメリカ当局が彼を社会科学の顧問《ネストール》と「命名」し、ハイデルベルクの長老と呼んだのも驚くにはあたらない。

こうした肩書きは、意図に反してアルフレート・ヴェーバーを嘲笑するように思われ、はねかえって彼に不幸な影響をもたらすことになった。過去の徳が財産となって、とくに何も言うべきことをもたぬままに彼は政治哲学者となりナチスの追及者《ハンター》となってしまった。研究者仲間での彼の社会学者としての評判は、政治当局の評判よりずっと低いものであった。彼の学生の中には彼を兄マックスにたいし小《ミニ》マックスと呼ぶ者もあり、マックス・

ヴェーバーの胸像のある部屋で講義をしなければならないときは彼はそれに背を向けてすわった。彼は八十歳になっても弟であった。一九一五年に彼が書いているように「だれかが第一子であるか第二子であるかはけっしてどうでもよいことではない。その生涯を通して何で身を立てるかについても、そのことはけっして無視できない……」のだった。

一九五四年、西ドイツ大統領候補にヴェーバーの名が共産党からあげられた。西ドイツ共産党党首マックス・ライマンは、大統領にテオドール・ホイスが選出されることは災難であるとして、かわりにヴェーバーを提案した。東ドイツでは宣伝機構がこの考えをとりあげ、アルフレート・ヴェーバーの名は一時期盛んに宣伝された。実際には連邦会議でホイスの八七一票に対し、彼は共産党から十票、社会民主党から二票得ただけであった。エルゼ・ヤッフェにとって、またフリーダ・ロレンスにとって、この男が、この時点で、このようなやり方で大統領に指名されるというのはひどい皮肉に思われたに相違ない。彼女たちは二つの大戦ごしに四十年前を振り返り、一九一四年以前のアルフレート・ヴェーバーと、自分たちの人生におけるもう一人の男と並べてみることができたのだから。もちろんヴェーバー自身は、まったく見込みのない立候補に何の責任もなく、事実勝ちたいとも考えていなかった。彼は自分は反共産党として知られているのだから、これは悪い冗談だと言った。このような提案は、いかにも選挙に強いタイプの人間にたいする――その時代、その先駆者、そのイデオロギーにたいする――共産党のあてつけであった。ヴェーバーはホイスを戯画化するために利用されたのである。

しかし、そこにはさらにもう一つ皮肉なひねりがあった。ホイスはマックス・ヴェーバーの崇拝者で、大統領時代にマックスについて新しいエッセイを書いてアルフレートに送ったのだった。それにたいしアルフレートは、人々がいまだにあのように時代遅れの、ロマン主義的な政治哲学者に関心をもっているのは驚きであると冷ややかな返答をした。アルフレートはすでに九十歳に近づいていたが、時の流れをもってしても、彼がマックスの弟であり、ほめるにせよ、けなすにせよ、マックスと同じものを代表しているとみられるのを逃れることができなかったのである。一九六八年、彼の百歳の誕生日の来たとき、ハイデルベルク大学は四年前の、荒れてはいたが大規模なマックス・ヴェーバーの百年記念と対照的に最小限度の祝祭にすませた。こうした過小評価に腹をたてたのはほとんどヤッフェ夫人だけであった。

そしてこれが、彼女が人生の大半をともに過ごし、彼女のエネルギーの大半を注いだ男だったのである。弟子の一人によれば、彼は私的生活というもののない男であり、国民の福祉のために人生を献げた知識人であった。彼は自分の寝室の上の部屋にだれかがいることにはどうしても耐えられず、いつも自分の部屋と階上の部屋と両方を借りざるをえなかった（彼はハイデルベルクの同じ建物に四半世紀住んでいた）。そしてホテルに泊まるときも、上の階の部屋をいっしょに借りなければならなかった。彼とヤッフェ夫人がいっしょに旅をしたときでも、借りようと思った部屋の上の部屋がすでに予約されているときは、諦めて車を走らせつづけた。フリーダは母親に宛てた手紙で、彼のこうした神経症的な気まぐれにエルゼが黙って従っていることを憤慨している。そしてもっと重要な奇癖があって、たとえば彼がけっしてエルゼと結婚しようとせず、そのため教授の年金があればずっと助かったであろうに、彼女はひどい経済的緊急状態におかれたのであった。

すでに指摘したように、アルフレート・ヴェーバーの思想の一部とロレンスの思想の一部には相似点がある。彼はマックス・ヴェーバーほど鋭くロレンスと対立していなかった。それでも相違点は類似点より顕著である。ロレンスが「旧き夢と生まれでる夢」の次の一節で呼びおこすのは、アルフレートの文化の世界である。

世界は彩色されたフレスコ画、
昔の、ぼんやりとした影がなま温かく揺れている。
世界が織りなした広がるじゅうたんで
人生の広間を敷きつめ、私の魂をそれに嵌めこもうとする。

文化という夢の背後にはつねに石の厚い壁がある。ロレンスはハイデルベルクで、ケンブリッジにいるのと同じようにいつも居心地の悪い思いをしていた。彼はすでに正反対の気質上の原理にコミットしてしまっており、彼がアルフレートとその友人のクルティウス教授と昼食をともにした折にもまったく調子が合わなかった。ロレンスはフリーダに従って、もう一つの種類の夢に生を見いだそうと闘っていたのであり、それはこの詩の中で対照的に描かれている。

夢の材料は溶かされて、神秘的に動くものだから、
そして男と女の肉体は溶けた夢の材料である。
それは目に見えないところで混じりあい、
宇宙的な炉でいつまでもかき混ぜられる。
生きた心臓が脈うつと、
生きた血がどっと鋳型に溶けこんでゆく。

アルフレート・ヴェーバーも発表はしなかったが、また詩人であった。彼が死ぬ直前に書いた「聖なる山から雲が生まれる」はゲーテ風の作品で、超越的な経験をあつかった自然神のヴィジョンであり、彼はそのような経験だけが形而上学的絶望から、究極的には倫理的崩壊から、西欧の人間全体を救えると信じるようになっていた。文脈から切りはなして考えると、これについての彼の考えは、実はロレンスがより保守的な段階において述べていたことによく似ている。*ただし同じ概念が、一方ではアルフレートとエルゼが文明に背を向けて文化に向かうという文脈に、他方ではロレンスとフリーダが文化に背を向けて生に向かう文脈にあって、それぞれちがった意味をもっている。

いくつかの点で、ドイツ青年運動との関係を指摘することによってアルフレート・ヴェーバーはよく定義できる。初期にこの運動に関わっていた彼とクラーゲスは運動内部の「自由ドイツ」グループにたいし、一九一三年にホーエン・マイスナーの会合で演説した。はじめわたり鳥《ワンダー・フォーゲル》運動と呼ばれたこの運動は、一九〇一年、カール・フィッシャーによって創立され、現代の資本主義の堕落にたいする反対運動としてはじまり、アルコール、喫煙、ポルノグラフィー、大都市の不道徳に対抗して、身体文化、自然主導性、グループ旅行、フォークソング、フォークダンスをもって闘った。この運動はヴィルヘルム下のドイツで急速に広く普及した。一九一四年、アルフレート・ヴェーバーはふたたび「自由ドイツ」グループのために演説したが、今度はバイエルン議会での攻撃にたいしてこの運動を擁護しようとするものであり、当時政府代表はこの運動の平和主義に悩まされていた（一

＊　四八〇ページの引用参照。

九一三年の会合は、ライプツィヒの戦いの百年記念のためにドイツ全土に計画された国粋的祝祭にたいする平和主義の抗議とも呼ばれていた)。ヴェーバーはこの運動の健康的な力と情熱的愛国心について説得的に語ることができ、そして事実二、三か月のうちに彼と彼らはドイツのために熱狂的に闘っていた。青年運動のロマンティックな自然にたいする愛やその「健康的な」装い、「清潔な」青年と乙女のエロティシズムが「生の哲学」の反映であることは明白である。しかしそれはハイデルベルクおよびアルフレート・ヴェーバーにふさわしい、穏健で中流階級的・教訓的で、他の国であれば教授の令息たちに見いだせるようなものの拡大表現というべきものであった。それはロレンスの、グロスの、マックス・ヴェーバーの思想がもっていた感情の力強さ、大人の現実性、「有機的な」生命力に欠けていたが、しかしアルフレート・ヴェーバーという人を完全に表現していた。そしてエルゼ・ヤッフェの後半生の背景になったのが、このアルフレート・ヴェーバーのハイデルベルクだったのである。

ジャック

フリーダの生涯にはアルフレート・ヴェーバーにぴったり該当する人物はいない。彼女はだれかに夢中になるということがなかった。ましてやエルゼ的な意味での「献身的奉仕」をしなかった。彼女が同棲していた男アンジェロ・ラヴァリは、タオス滞在中ほとんど英語の読み書きもできなかったほどで、これ以上ヴェーバーから遠い人間はいないと言ってよいであろう。しかしフリーダにはジョン・ミドルトン・マリとの短い恋愛と長い交際がある。ロレンスにたいするマリの関係はマックスにたいするアルフレート・ヴェーバーの関係と似ていなくもなかった。それは弟の兄にたいする関係であり、競争的で、苦悩に満ちた、相互に破壊的な、それでいて創造的な関係であった。そしてこの二つの関係はともに、男同士の関係がある程度まで女性を介して表現されていた。もしフリーダが一九三〇年にマリと同棲していたら、それからの二十年間の彼女の人生の軌跡は姉の生涯の軌跡とほとんど平行な線を描いたことであろう。しかしそうしなかったことで、彼女は二人の人生の分岐をさらに興味深いものにしている。

マリとアルフレート・ヴェーバーの相違は、フリーダとエルゼの相違に似ていた。マリはフリーダと同じ個人主義的な衝動をもち、そのため制度上のつながりを自ら断ちきろうとする傾向があった。また彼女と同じ救世的心情と素朴な急進性ももっていた。彼は彼女の星座の星であった。が、その関係は仕事仲間でも隣人でもなく、彼が彼女と同種の人間であるという意味においてであった。

マリの若い時期の経歴について、やや詳しく思い出しておくことにしたい。彼の経歴はロレンス自身の経歴を考えるのに役立ち、また本書のテーマのいくつかの論点を鮮明にしてくれるからである。彼は一九〇一年、十一歳のときにクライスト・ホスピタル校に入った。この四百年の歴史をもつ古い男子校にはじめて入学を許された学費給付生、つまり労働者階級の息子たち六人の一人であった彼は、同級生には自分の父親はインドの官吏だと話していた。実際にはマリ氏は戸籍、遺言などを扱う役所、サマセット・ハウスの下級公務員で、夜間は銀行でアルバイトとして働いていた。ジャック・マリは、本能的な役者だったが、それでいて役柄を演ずるのは不本意であった。教室では一見したところ無気力であり、無意識のうちに反抗的であったにもかかわらず、彼はあたかも幸福であるかのように、洗練されたユーモアに満ちた手紙を自宅に送った。両親は彼が上の階級へ格上げされてゆくことを「容認」し、したがって自分たちから離れていくことを認めたのだった。

「私はごく平均的な感じやすい少年で、思いがけなく〝紳士《ジエントルマン》〟の教育を受けることになっただけだ」とマリは「D・H・ロレンスの思い出」で述べているが、実際はこの入学はもっと決定的な影響を及ぼしたと思われる。むきだしになった精神と知性とが彼の心理的重心をなしていたので、彼は人と付き合うのに、人柄の魅力を用いるしかなかった。一九〇八年オックスフォード大学に入ってから、休暇を両親とではなく、ストウ・オン・ザ・ウォルドの農場で世話になったコッツウォルドの農家ピーチー家で過ごすようになった。一九一〇年のクリスマスにパリへ行き、そこで野獣派《フォービズム》と後期印象派に出会った。この、とても興味深い世界の虜となって、彼はオックスフォードの生活もピーチー家とのつながりも捨て去ってしまった。マリは卒業さえしたらすぐにソルボンヌ大学へ行って一年半ベルクソンのもとで学び、次の一年半をドイツで学び、それからジャーナリストになると決めてしまっていた。彼の気性はその当時もそれ以後もきわめて不安定であった。

　パリはマリにとって何よりもまず芸術という宗教であった。それは全人格を表現するものとしての芸術を意味しており、知性はたんなる道具としてしかはたらかない。ベルクソン主義、サンディカリズム、ドビュッシー、マーラー、ピカソ、ドラン、こうした名前や思想で彼の頭はもういっぱいであった。本書での用語で彼の精神の展開を述べなおしてみるならば、彼もまた十九世紀の父権的感性と戦う十字軍に加わったのだったと言えよう。しかし彼が加わった部隊は性愛《エロティック》部隊ではなく審美《エステティック》部隊で、通常はモダニズムとかサンボリスムと呼ばれる種類のものであった。エロス部隊と一応別であるが、同じ「生の哲学」一家の親戚関係にあった。彼特有の企画能力を発揮して、マリはさっそく新しい芸術を広める雑誌の計画を起こし、実際に何人かのメンバーも集まってきた。その『リズム』というタイトルは、真の芸術というものは機械的画一性に抵抗する生のありようであり、芸術家とは生のリズムのうちに自己原理を顕わさなくてはならない、という思想を表わしている。まだ学部生だったマリとマイケル・サドレアが編集したこの雑誌は、一九一一年に第一巻が発行され、パリ、ニューヨーク、ミュンヘンなどの芸術都市に配られた。しかしその主たる役割は新しい審美主義を――そして性の自由をも――イギリスにもたらすことにあった。驚くにあたらないことだが、マリはそのクリスマスにパリで愛人をみつけた。

　一九一二年、彼は短篇作家キャサリン・マンスフィールドと同棲をはじめた。マリよりわずかに年上だった彼女は、彼よりもずっと多様なエロス経歴をもっており、結婚しない関係とか自然流産、人工中絶などを経験していた。養子をとり、父親ぬきでその子供を育てようとしたこともあった。彼女は解放された女性でありたいと願っていたが、それ以上に散文作家として芸術家になりたいと望んでいた。つまり、彼女にはたしかに娼婦的なところがあったが、しかしどちらかというとスー・ブライドヘッドないしルー・ザロメの型《タイプ》で、ファニー・ツー・

レーヴェントローやフリーダ・フォン・リヒトホーフェンの型《タイプ》ではなかった。

同年、マリはコンスタンス・ガーネットの翻訳で『カラマーゾフの兄弟』を読み、その書評に、本書はイギリス文壇が来たるべき時代に果たす重要性という意味において「これまででもっとも画期的な翻訳」であると述べた。彼はそれがノースの『プルターク』に匹敵し、同時代人に新しい世界を開き、新しいものの感じ方書き方を開くものである、とも述べた。彼自身の著作『ドストエフスキー』は四年後に発表されたが、それはこの作家について書かれたすべての本の中でもっとも感情的で神秘的な、もっとも「ロシア的」なものである。これは伝記でも批評でもなく、偉大な人間の生涯と作品についての宗教的釈義である、とマリは語った。実際にはマリのこの著作は、(すべてドストエフスキーの信奉者であった)ロシアの「退廃者たち《デカダン》」によって書かれていた似たような一連の釈義に加わる一巻をなしていた。その連作とはロザノフが一八九〇年にはじめ、メレジコフスキーに引き継がれたもので、メレジコフスキーの『神々の死』は一九〇一年に英訳されている。イギリス文学界でこの種の釈義のもっとも極端な例が、ロレンスについて書いたマリの『女から生まれた者』なのである。この本を書いたことは一つの意識的な裏切り行為であった。なぜならロレンスはマリの『ドストエフスキー』も、ドストエフスキーその人も、そして自分も読んだことのあるロシア「退廃者たち」のすべてをも憎んでいたからである。ロレンスはマリが自分たちの関係を「ドストエフスキー的」術語で解釈しようとする傾向、つまりロレンスは迫害をうける宗教的「憑かれた人《エグザルテ》」であり、マリはそれを愛しつつも懐疑をもってながめる弟子であるという図柄にたいして闘っていた。二人ともこの種の関係をイエス対ユダの関係と呼んだ。ドストエフスキーとその「退廃した」信奉者たちは、福音書の物語をロシアの小説として読むように、注意を向けたからである。しかしロレンスのほうがイエスの役割を逃れようとしたのにたいし、マリはあくまでそれを彼に着せようとし、そのためなら自分がユダの役を演ずるのもいとわなかった。ただしこのユダはドストエフスキー的なユダ役であった。マリは、ドストエフスキーを通して、「知識人」であるがゆえに陥ってしまった生の貧困化の罠から抜けだしたいと望んだのであった。ロシア人への熱狂をマリと共有していたのがキャサリン・マンスフィールドであるが、彼女はマリをはさんでフリーダとロレンスの反対側に、ドストエフスキー側に立っていたのであった。精神的 - 宗教的価値と生命の価値とが同時に彼の生涯に流れこんでおり、彼はこの二者のあいだで周期的に交互に引き裂かれていた。

フリーダとロレンスは一九一三年にキャサリンとマリに出会っているが、それはマリが『リズム』を編集し、キャサリンがイタリアから帰ったばかりのときであった。二組のカップルがたまたま未婚の愛人たちであったこと、またマリが下層階級の生まれであったことが、彼らに同じ大いなる冒険と反抗に向かう同志としての連帯感をもたせた。やがてマリはロレンスの作品を大いに賞賛しはじめ、そしてロレンスはこの新しい友人が、文芸批評家というかたちで自分の予言者になってくれることを期待していた。「私はたしかに君がイギリス最大の批評家であると信じています」と彼はマリをはげました。マリはロレンスより四歳年下で、フリーダより十歳年下であったが、フリーダはあらゆる点で彼と異質な人間であり、やがて彼にとってはロレンス以上に大きな挑戦となっていった。ロレンスの場合とちがって、彼女のもっているすばらしさは辱められた苦難の人というドストエフスキー＝イエス的モデルにはどうやってもあてはめられない性質のものであった。フリーダのうちにマリが出会ったのは、ロレンスの教説がそのまま肉化し、まったく翻訳不可能となったもの、勝ち誇る女であった。

母親と叔母と祖母とのあいだの、きわめて女性的な世界で育った彼は、生まれながらに男たちの世界への反逆児であった。しかし当時、彼は〈女〉を信奉してはいなかった。おそらく彼はエロス運動をほんとうに受け入れたことも、ほんとうに理解したこともなかったのだろう。これについては後でもう少し述べるが、ここではマリとロレンスの恋愛関係のスタイルが非常に異なっていたことを指摘しておきたい。キャサリンとマリは恋愛を宗教化していた。「見よ、われは愛を宗教となしたり」は彼の詩の一節であるが、彼とは異なった自己表現をしようと必死になっていたキャサリン・マンスフィールドは、この一節を引用し、だれのものかと彼にたずねた。二人の合致はそれほど根深く、無意識的であった。しかし宗教そのものは慣習的で感傷的だった。彼らの口からつねに「恋人たち」ということばがもれ、それはしばしば自分たちのことだった。彼らは、ロレンスとフリーダがやらなかった意味で、恋人の「役を演じ」ていた。ロレンスとフリーダが自分たちの演ずるドラマを次々に発明していったのにたいし、マリとキャサリンとはすでに確立された文学上の愛のかたちである明るく、柔らかいリリック・テナー型のロマン主義的愛に、自分たちをあてはめていた。キャサリンの少々自己満足的なことば、「何はともあれ、この地上を私たちほど幸せに歩いた恋人はない」には、こうした既成の慣習への依存が感じられる。ロレンスとフリーダのあいだにはこうした調子のことばはなく、仮にあったとしても、それは二人の関係にとって中心的なものではなかった。彼らはもっと赤裸々に正直な、もっと深いところで独創的な、因襲が保証するものから自由なものを求めていた。彼らはいわゆる「恋愛」以上のものを求めていたのである。しかしそうとは言え、ロレンスとフリーダは因襲や、愚かさ、醜さ、倦怠、死と闘う共同戦線で、このように才能に恵まれた魅力的な二人と結託できることを非常に喜んでいた。はじめのうち四人はきわめてうまくいっており、おそらくロレンスの生涯を通してこれほど完全に闘いをともにしたカップルはなかったと言えよう。

しかし彼らの関係の中にはたえず気にかかる要素があった。それは主としてロレンスがマリの真剣味の足りなさないし故意の幼稚さと呼んだものに由来しており、彼はそれがマリとキャサリンとの関係に少なからずあると指摘した。マリが『D・H・ロレンスの思い出』の中で書いているように、「男と女の関係というこの決定的な事柄において、私はロレンスと完全に反対の極に立っていた。……彼は私の脈拍の一つ一つに彼のと同じ愛の経験を立証することを望んだが、それはまさにキャサリン・マンスフィールドと私自身とを否定するものであった」。少しあとのマリのことばによれば、キャサリンは少女であり、女ではなかった。そしてさらに、今度は、キャサリンのことばを借りれば、二人の関係で男の役割を担ったのはキャサリンのほうであった。恋人としてはジャックはぼうやであった。彼の男性的な強さは彼のドストエフスキー的諸関係に吸収されてしまっていた。ロレンスの目から見ると、このことは彼らの拠って立つ大義の中心問題についての責任回避であった。つまり、マリはフリーダがロレンスに課していた根本原則すなわちエロス主義の原則を避けており、それは自己の証明をその男性たることにおく、ということであって、それ抜きにしたならば彼らの生活の残りの部分は、自然の鑑賞から詩作にいたるまで、根元からだめになってしまう。*ロレンスはマリを男性としての責任回避の怠慢から救おうとし、キャサリンとの関係を変えるようにと熱心に説きすすめ、自分と「血肉の兄弟」の関係に入るようにと誘った。しかしその熱心な要望もまったく役に立たなかった。なぜならマリは、ロレンスと自分との関係はドストエフスキーとその弟子の関係であり、それこそ男同士の精神的に緊密な関係であると考えていたからである。彼が『ドストエフスキー』を書いたのと、ロレンスの提言とはちょうど時を同じくしており、この巡りあわせが二人の男の交叉点を示している。

しかし、マリが少なくともロレンスに従おうとし、熱心に学ぼうとしていたかぎりにおいて、彼はロレンスの弟となり、おおぜいの姉妹をもっていたロレンスにとっては彼が唯一の弟となった。ロレンスにとって兄の役割を演ずるのはけっして容易ではなかった。結局のところ彼は、人生の核心となり自らの同一性をささえる関係において、フリーダよりかなり若かったのであり、マリにたいしては本性上備わった権威がないがゆえに空いばりし、やたらに抑えつけようとする傾向があった。一方マリのほうは、つねに主人を求めつつも、実際にはコミットを避けるのが巧かった。

彼についてのどの話をとってみても、マリは曖昧な人物で、多くの人が背信のにおいを感じていたが、同時に非常に頭がよく、才能も豊かでとても魅力的でもあった。彼はロレンスが彼に要求していることを理解する力を備えていた。彼の才能は、ロレンスが言っているように、主として批評に向いていたが、しかし広範囲できわめてイデオロギー的なものであった。彼の『文体の問題』には当時の最良の、「古典的」批評が含まれ、彼がもっとも感情に走って書いたものにも何かしらおもしろい内容が含まれていた。彼の魅力はロレンスの「ジミーと絶望的な女」にうまくとらえられている。

彼は一級の、やや高踏的な、評判のよい雑誌の編集者で、その個人的できわめて率直な論説は、おびただしい数のファンをひっきりなしに魅了した。彼が美男子であること、そして好かれるとまた特別に「いい人」になれること、そして彼特有の批判的な頭のよさをみれば彼がほめそやされ、保護される機会は山とあったことがうなずける。

まず彼はハンサムな顔立ちで、その顔の繊細ですっきりした線は、いまさっきまで気むずかしく、しかめつらをしていた牧羊神《パーン》が突然笑ったかのようであった。切れ長で、澄んだ、美しい濃い灰色の目に長いまつ毛、眉毛も黒々と濃かった。人を嘲笑するとき、彼はもっとも彼らしくなるのだが、それはまったくパーンの顔で、濃く、毛深い眉毛を高くもちあげ、灰色の目に山羊のような冷笑を浮かべ、鼻と口は皮肉にめくれあがっていた。それが最高のジミーであった。男友だちの意見では……。女友だちの意見では彼は生命について深い理解力をもった魅惑的な小男で、女を理解し、かつ女に女王のような気持ちをもたせる能力――つまり、女に真の自我を感じさせる能力をもっていた。

これは潜在的アドニスの記述であり、大いなる母《マグナ・マーテル》にたいする若いつばめについての記述である。しかし、ジミー自身は自分のことを殉教者聖セバスチャンと考えていたという。彼はエロス運動の士とされるのを拒否した。

マリの説明によれば、彼はロレンスを理解する友人として選ばれたのであり、それは彼が恋愛というもっとも重要な事柄に関してロレンスと反対の極に立っていたからこそなのである。そして自分はロレンスを理解することを拒否したと認めている。これは後に見るように、彼がロレンスの言うことにつねに「途方にくれた」と言いつづけていたという意味で、文字どおり真実である。しかし彼が『思い出』の中で言っているのは、彼が二人の対立を認めることを拒否したという意味であり、彼自身の真実をもってロレンスに正面から挑むことを拒否したという意味である。「私は理想のロレンスを愛した。私は現実のロレンスを愛する勇気がなかった。それが私の

＊　デメテールの宗教において男性はきわめて重要であり、それはアフロディテ信仰者にとってとはちがって、たんなる性的活動のことではない。性的な身分証明であるのみならず、文化的・倫理的証明なのである。もちろんそういっても父権的性研究者にとってそうであるように、本来的・大々的に倫理的であるというわけではない。デメテール信仰者にとっては、男性と女性は生の陽極と陰極であり、それがより大きい生のために、愛と成長、喜びと豊穣、創造と冒険のためにはたらくのである。

失敗である。」このロレンスについての「真相」をマリはロレンスの死後の一九三〇年、『女から生まれた者』を書いたときはじめて語った。彼は必至の衝突を恐れてそれを回避していた。「この友情における私の真の役割は、破壊されることのみならず、破壊することでもあった。ブレイクのことばを用いれば、われわれは互いの自我を壊滅しなければならなかったのだ。……私は聞く耳をもつ人だけに、秘儀的に語っている。ロレンスを破壊するといっても彼をなきものにしてしまうことではない。われわれの時代の星のごとき天才をなきものにすることがいったい可能であろうか。そうではなくて、彼の中の真の主体性が解放されるように、強硬な手で彼の自我を揺さぶることなのである。……この話を理解する人——ひょっとするとその人は一人しかいないかもしれない——は『女から生まれた者』を書くということが私の自己解放の最終的な行為であることを理解するであろう。それは私が自分自身の独自性の中に完全に入ることであり……それは私という人格の全滅である。」ここでたった一人の人と言われているのはフリーダにちがいない。彼のロレンスとの闘いは、フリーダとの、そしてフリーダをめぐる闘いであったのだから。

いま引用した一節を書きながらも、彼はまたもや自らをユダに見たてている。一九二五年、ロレンスとの最後のインタヴューで、彼は「理解したただ一人の友人」としてのユダという理論をロレンスに語った。この説では、ユダは他の弟子のだれも理解しなかったやり方でイエスを理解したのであり、自ら人類の救世主であると宣言することに含まれる巨大な緊張と危険とを彼だけが理解したのであり、キリストの磔刑のあとで彼が自殺したのは背信のゆえではなく——これはあとから作りあげられた話である——苦悩と絶望のためであった（その四年前に、『アーロンの杖』の中で、ロレンスは裏切り者の「友人」がそのようなユダの理論を熱心に説くのを聞いている自分を描いている。一九二五年のマリはあたかも、ロレンス自身が書いて印刷されたことばをそのまま繰り返しているかのようである）。マリが言うには、ロレンスは黙って聞いていたが、それからイエスとイエスの苦しみについての感情すべてにたいする苛立ちを表明した。このようなテーマに固執することは役に立たないし、面白味もない、と。しかしそれにもかかわらず、その後何年かロレンスはしばしばキリストについて書くことになる（「昇天した主」「逃げた雄鶏」「死んだ男」）――が、それは悲しみの人イエスについてではなく生命の復活の主、エロス主義の復活祭の朝の英雄についてであった。彼が是認するのは「『チャタレイ夫人の恋人』あとがき」におけるように、普遍的な、異教的キリスト教である。彼が「ロシア人」について書いたときは怒りをこめてであった。たとえば一九二七年の、ロザノフの『孤独《ソリタリア》』の書評では、すべて「ドストエフスキーの犬小屋から生まれてきたもの」はイエスをあがめて気味わるくごろごろ転げるが、それは彼をひきずりおとして唾をかけようとする強い欲望を表わす崇拝で、自分はそれを嫌悪する、と断言している。言いかえれば、彼はこのような者たちこそみなユダであるとしているのである。ロレンスはユダ・コンプレックスに結びつくような弟子関係を『恋する女たち』ないし『息子たちと恋人たち』の時代にすでに拒否している。彼は自分が宗教的に憑かれた人《エグゾルテ》として扱われる傾向を警戒していた。「ミリアム」も「ハーミオーネ」も彼にこうした役割をおしつけようとした人物として描かれ、どちらの場合もロレンスに当たる人物は、彼女たちがこのようにして自分の正常さを、男らしさを、彼のエロス運動における自己同一性を奪ってしまうのではないかと恐れていた。もちろん彼らが脅威になるのは、実は「イエス」が彼のもう一つの姿であったからである。実際、彼は周囲の人たちを、「私のマグダレーナ」とか「私の洗礼者ヨハネ」と呼んだりしていた。にもかかわらず、心情的には、彼はそのイメージをあてはめられるのをあくまで拒否し、制止しようとしたのである。フリーダは彼にエロス的な主体性を与えることによって、彼をそこから救った。一方のマリは、これからみるように、そうした影の自己同一性をはっきりとしたかたちで、文字においても私生活においてもロレンスにおしつけようとしたのである。

　彼とロレンスとの関係の歴史を簡単に跡づけてみることにしよう。大戦期にはこの二人の男の関係に緊張が生じ、一九二三年、ロレンスがニューメキシコからはじめて戻るまで、ずっと会っていない。マリは一九一七年から一九二〇年にかけての戦争省での仕事でOB・D（大英帝国勲位）を受勲し、一九一九年には『アテナエウム』の編者となり、ジョージ・サンタヤナの『イギリス独言』、ポール・ヴァレリーの『精神の危機』、またT・S・エリオットやブルームズベリーの人々の著作などを出版していた。新しい友人ができ、その多くはロレンス夫妻とはずいぶんかけはなれていた。マリが知性にすぐれ、趣味が洗練され、精神に独創性があることは明白であった。しかし同じ資質によってロレンスが公的機関の恩恵から疎外されたのに、マリの場合そうではなかったのは驚くに値する。彼は一九二一年にはサー・ウォルター・A・ローリーの招きでオックスフォードで講演をした。彼はエドマンド・ゴスおよびトマス・ハーディを通して文学研究費を得たし、また二〇年代はじめには文学教授のポストも提供された。一九二三年、彼は雑誌『アデルフィ』の編集者となったが、この雑誌をロレンスのための発表の場として提供しようと申し出たのである。ちょうど彼は『無意識の幻想』を読んで心酔し、自分の雑誌に連載していた。自分とキャサリンとのあいだがどうしておかしくなったかをまさにこの著作が説明してくれると彼は感じたのだ。キャサリンはその年に亡くなったばかりであった。彼の精神的な愛が彼女の肺炎をひき起こしたのだった。ロレンスは正しく、ドストエフスキーは誤っていた。

しかしながら、まもなく二人の男のあいだにふたたび問題が起こった。フリーダはロレンスより前にタオスから戻り、マリとともにドイツへ行った。マリはそこでT・S・エリオットの妻のために精神科医に会うつもりであった。その旅でフリーダはマリに自分との性愛《エロス》関係を提案したのである（これはロレンスとフリーダとの力のふるい方の相違がはっきりと出た例である。彼の本と彼女の愛の誘いとはともにマリに大きな衝撃を与え、二つの力は同じ傾向をもって彼を同じ方向へと押しやった。フリーダの提案はあるいは一つの競争意識からきていたと言えようか？　マリのロレンス崇拝があまりに献身的であったからか？）。ロレンスは何が起こったかを察知し、以後彼のマリとの関係は「背信」の観念に満ちたものとなった。同時に彼はマリに、いっしょにタオスに来て芸術家村を開こうと誘ったのではあるが。この悲喜劇はロレンスが友だちに招かれてカフェ・ロワイヤルで開かれた「最後の晩餐」で酔い崩れたとき最高潮に達した。彼はマリに言ったのだった。「私を裏切らないでくれ。」そしてマリは腕を彼に回して言った。「ロレンツォ、私はあなたを愛している。しかし裏切らないとは約束できない」と。これは二人がもっとも明確なかたちでイエス－ユダの役を演じた瞬間であった。そしてロレンスが酔っており、自分で自分を完全にコントロールできなかったということは重要である。マリを新しい村に加えようとする考えはさらにおしすすめられたが、結局は無に帰した。マリは自分の愛の生活を旧いロマン主義に戻してしまった。ロレンス夫妻とドロシー・ブレットがニューメキシコに向けて船出した一か月後に、彼はヴィオレ・ル・メートルと結婚した（ヴィオレはその容貌も才能もキャサリン・マンスフィールドによく似ていたし、意識的に似ようと努めてもいた。結核にかかっていることを知ったとき、彼女は叫んだ。「ああ、なんと嬉しいことでしょう！　……こうなるといいと思っていたのです。……ねえ、ゴリー、私はあなたがキャサリンを愛したぐらい私を愛してほしいのです。――結核がなかったら、それは不可能でしょう？」）。彼はのちに、自分がタオスへ行かなかったのは、行ったならばロレンスを破滅させてしまうことになるからだと言った。晩餐の席で彼がほのめかしたのはおそらくこの意味で、そしてまた、ロレンスが理論的にはエロス主義者でありながら、実際には性的に不足であることをマリが「暴露」してしまう結果になる、という意味合いでもあっただろう。

マリは自分こそロレンスの真の姿を知っていると考えており、フリーダとロレンスはマリの真の姿を知っていた。たとえばロレンスの「ジミーにお熱をあげた女」の中に彼のアドニス像が記述されている。一九二三年、フリーダはマリに、彼女がロレンスに授けたのと同じエロス運動の原理を、そして同じ男性の役割をマリに授けようとしたと考えられる。そしてマリはゆっくりと、断片的にそれを受け入れた。彼は条件つきで、控えめに、彼女の申し出を受け入れたのだった。ロレンスが一九三〇年に亡くなったときには、彼は短期間であるがフリーダの恋人であった（バーバラ・バーは彼がヴェネツィアでフリーダのところに滞在したのが三週間ほどであったと覚えている）。そして、彼はそのときすでにフリーダの、そしてロレンスの教えを受け入れるようになっていた。彼は一九二三年にはフリーダの申し出を断りはしたが、その後これについていろいろ思いを巡らし、ある意味では彼の後半生は彼らの教義を応用しようとする試みであったと言える。二番目の妻ヴィオレはキャサリン・マンスフィールド同様「少女」であったが、しかし彼女の死後、彼は「女」と結婚した。少なくとも彼自身はそう説明している。彼は『女から生まれた者』を書き終えたその日に新しい雑誌をはじめたが、それはフリーダとの恋愛事件のあった年であり、ヴィオレの生きていた最後の年であった。彼は書いている。「おそらく少女以外のだれも私は愛することができないのだ。キャサリンは少女だった。私は女とは何なのか知らない。けっして知ることもないであろう。女を避けていたということではない。私には女というものが目に入らず、女と接触するということができないのだ……つまり運命的にできないのだ。私の運命にあるのはただ愛と、不可避的な愛の破滅である。」こうした自己分析はごく正統的なエロス思考である。そして予想がつくとおり、彼は自分の「運命」を変えた。ヴィオレは一九三一年三月三十日に死に、五月には彼は健康的で、官能的で、自然で、嫉妬深く、攻撃的な三十五歳の女性、知的でなく精神的でないベティ・コケインと結婚した。その年の九月に彼は書いている。「どうやらこれは、私にとって女性――私がつねに避けてきたもの――を直接に知るための洗礼式であった」と。彼はフリーダのタイプと結婚しようとしていた。そしてそれはロレンスが「ジミー」や「境界線」で予言したよりも、もっとひどい経験となったのである。

マリが著作の中でロレンスについて述べていることについては、4章で文芸批評ないしイデオロギーとの関連に限って描く予定である。ロレンスとの関係はまたフリーダとの関係でもあって、その点についてはここで述べるべき事柄に属する。彼は『女から生まれた者』の中で、ロレンスがけっして官能的な超人ではなく、神経質な、精神の人間であること、獣性をわざと装っているだけなのだと「暴露」した。そして『思い出』にはカフェ・ロワイヤルでの食事のことがとりあげられ、「ロレンスの秘密」を見てしまったと書かれている。ただし彼はその秘密が何であるかは言っていない（彼がその夜「見た」ことは、ロレンスが性的に不能であるということだったというのはわれわれの仮定にすぎない）。これは彼が久しく前から予告していたユダの行為――自分の英雄にたいする背信かつ賞賛の行為であった。しかし、それでフリーダを怒らせたり狼狽させたりはしなかったようである。あるいは彼女は次のように考えていたのだろう。ロレンスの死後、まず彼女の愛人となり、次に男の勇気をもってロレンスを堂々と攻撃することで、結局はジャックはわれわれ流の男となれるかどうかの挑戦を受け入れたのだ、と。もちろん、同じ行為を通じて彼はまた、ロレンスが彼流の人間、つまり深いところでキリスト教的精神性に憧れるドストエフスキー的人物であることをあくまで主張していたことにもなる。彼は自分を牧羊神《パン》に捧げる瞬間にロレンスをイエスとして要求した（マリの説明はかなりあくどいが、しかし私には事実そのとおりであったと思われる。マックスとアルフレート・ヴェーバーの関係も、もし真相が全部明らかにされたならばこれに劣らずあくどいものになったであろう）。本書の物語は異なった部分について異なった種類の光があてられている。一家のうちヤッフェ夫人の側は各人が慎重である。フリーダだけがこの告白的愛人たちを刺激し、自分自身はまったく異なる種類の人間でありながら、二人の力と二人の契りに応じていた。彼女はロレンスの死後に書いた手紙で「私がこわいのはマリだけです」と言っている。

　フリーダはたしかにマリに真剣に惹かれていた。最終的には彼女はアンジェロ・ラヴァリを、彼はベティ・コケインを選びとったのではあるけれども。しかし一九三二年、彼がベティと結婚したあとで、フリーダはマリに、タオスの農場に六か月来て、ロレンスについての本を書くのを手伝ってくれないかと手紙に書いたのであった。もし彼が彼女の第三の夫となっていたら、その結果生まれる本はすばらしいものになっていただろう——あるいはそれが真のロレンス的批評のはじまりとなったかもしれない。

　もちろん事実はそうはいかなかった。フリーダと彼は二十年以上顔を合わさず、手紙のやりとりも絶えていた。そのあいだにフリーダの刺激的な影響力は他の男たちに注がれていた。たとえばマリの場合に似た例としてはオルダス・ハクスリーである。マリ同様ハクスリーも、はじめはロレンスの影響をはねのけようと闘い、初期の短篇の中で彼を諷刺していたが、やがて弟子となり、『恋愛対位法』ではロレンスとフリーダを高く讃えている。一九三六年の小説『ガザに盲いて』で、彼はジョン・ビーヴィスという人物を、フリーダが語ったアーネスト・

ウィークリー像をもとに描いたのだとルーカス博士は語っている。一九三七年、ハクスリーは彼女の農場で四か月過ごし、『目的と手段』を書きあげた。一九五五年、彼はふたたび『天才と女神』の戯曲と物語の中で、女神ケイティとしてフリーダを描いている。マリもハクスリーもフリーダとは異質の人間で、ともに彼女から多くのことを学ぶ立場にあると感じていた。この章で注目する人間としてマリのほうがより適当と思われるのは、彼女とマリとのあいだに直接に性愛関係があったというだけの理由である。

一九三一年にはマリは大きな庭と牧場のついたノーフォークのラーリングにある旧牧師館《オールド・レクトリー》を買いあげており、そこを自給自足の経済的な共同体にするつもりであった。彼は大工仕事と畑づくり、養蜂、自然観察に従事し、すべてはロレンス的精神でなされた。しかし同じ年にD・H・トーニーの『平等』を読み、それから『資本論』を読んで、マルクス主義者となっていった。ラーリングに彼を訪ねたフリーダはそれをどうしても是認できなかった。しばらくのあいだマリは独立労働党に入党し、社会主義の夏季講習に何度か参加していた。一九三五年、彼はコルチェスター近くのランガムにアデルフィ・センターを設立したが、それは十二人の男女からなる自給自足の社会主義共同体をめざすものであった。そこには客室と社会主義の議論のための会議所があり、マリはこれを聖ベネディクトゥスのモンテ・カッシーノになぞらえた。一九三七年、彼は平和主義およびキリスト教共産主義に転じ、マルクス主義から離れていった。彼のイデオロギー上の経歴の変節や変換、そしてまた彼の公的事業の変化はあまりに多種多様で挙げきれないが、彼はともかく大戦の終わりまで平和運動の指導者であった。戦争が終わったとき、ちょうどアルフレート・ヴェーバーのように、パンフレットを書き、自国の再生のための、そして危機にさらされたヨーロッパの文化の救済のためのプログラムの草案をつくったのである。

一九四〇年代の終わりごろ、彼はフリーダに手紙を書き、この時点で彼女が自分とロレンスのことを恋人としてどう考えているかを問うた。フリーダはあふれる情をもって、しかし慎重な曖昧さをもって答えた。その手紙の交換は少なくとも彼の側からすれば、不快なものであった。彼は手紙の中で、ロレンスが自分の死後マリとフリーダが結婚するであろうと予言した小説「境界線」にふれている。それはたしかに醜い復讐の空想物語で、ロレンスが亡霊となって再来し、妻を寝取り、後継者を殺害するという奇怪なものである。しかし現実世界で、そしてフリーダへの手紙の中でマリがしようとしていたことは、全体が甘さでつつまれていることを除けばこの小説の筋書きとたいして変わらない。彼はフリーダに「愛の自伝」を書くようにとすすめ、その作品は自分には「きわめて重要」と思われると述べているが、その動機が、その自伝の中でロレンツォよりも自分のほうが格好よく書かれるだろうと期待していたからであることはまちがいない。彼は彼女をあくまで「愛の女神」と讃え、ほめあげたが、そうした追従こそロレンスが「境界線」の中で「フィリップ」について非難したことである。しかしジャックが完全に彼女のアドニスであったことは一度もなく、彼が不徹底であったことは、ロレンスに比べて彼が知的に不安定で、一貫性がなく、偏狭なところに歴然とあらわれている。

マリは次々と極端なイデオロギー的立場——共産主義、キリスト教主義、平和主義——を採用したが、そのすべてが彼のうちのまったく異なった、相容れない感受性と多少なりとも衝突していた。この感受性はときにはT・S・エリオットの意味で「古典的」になったり、あるいはたんなる文士の感性であったりしたが、しかし最高の、強烈なかたちをとったときには十二宮の星座の影響と同じほどに、キーツとシェイクスピアの力で動かされていた。その感性を広めることによって、彼はロレンス同様、父権的道徳と父権的制度とにたいする反抗を説いたのであった。しかし、ロレンスの反抗に比べるとマリの反抗はあまりにも折衷的であった。マリの宗教の教条と福音とは愛ということばで飾りたてられていたが、そのスローガンの母権的意味に加え、またフリーダ・ロレンスが愛という語で表わした意味に加えて、マリはつねにきわめて高度に精神的な、ロレンスにではなくドストエフスキーに由来する愛をも宣伝していた。そして彼の信条が折衷的なのと見合う程度に、彼の行動は極端であった。

この極端さがロレンス夫妻に及ぼした彼の力の源泉でもあり、また彼らが最終的に彼を容認できなかった原因でもあった。フリーダは心情的過激さに夢中になるたちであったが、もしかするとそれは彼女自身が、自分がそうありたいと願うほどには大胆ではなかったからかもしれない。そして、ロレンスにとってはマリの「ロシア的」行動はまったく受け入れられないものであった。ロレンスのうちにあるイギリス的なエラスムス的なものが、その母権的生命価値とあいまってそのような行動を禁じていたからである。しかし、マリは自分の行動がイギリス気質をさらに高めるものであると考えていた。それはキーツの、ブレイクの、シェイクスピアのイギリス気質であり、十九世紀のあいだに合理主義と慣習とによって倒される以前のものである。マリが反抗していたのは簡単に言うと、レズリー・スティーヴンのジョン・ブル像に特徴づけられるようなイギリス気質であった。彼が試みた「ロシア風」イギリス気質の再興は、精神生活に及ぼした彼の貢献の主たるものとはいえ、そこにはイデオロギー的にロレンスの貢献との共通点があった。しかし、彼の貢献は究極的にはロレンスの貢献より劣っていた。マリはたしかに偉大な知性と洗練された趣味とを備えていたが、それらは彼の行動の中にうまく統合されておらず、フルに活用されていなかった。彼が達成したのは折衷的な愛であり、語源どおりの意味で、中心を逸脱した異常《エキセントリック》な行為であった。その愛の傾向は遠心的にはたらき、中心をなしていたのはマリの人格だけであるが、彼の人格はイギリスの知的生活における快活な牧羊神的ナルシスで、八方美人とは言わないまでもしばしばたんなる愛敬をふりまくことに終わってしまうのであった。いかなる場面でも、マリの過剰な自己劇化が災いして、安定性がなく、他の人の信頼の要になるものを提供できなかった。フリーダとの関係においてもまた、ロレンスの与えた安定性を彼は彼女に与えることができなかったのである。

一九五七年、彼の生涯の最後の年の、最後の著作で、マリはふたたびロレンスについて書き、今回は彼をアルベルト・シュヴァイツァーに比較し、この二人が当代の宗教的感情の二つの極を表わすものである、とした。「これは私がロレンスについて書いた最良のものです」と彼はフリーダに言っている。彼はロレンスを、偉大な天才で自分よりもはるかに高級な人間であるが、愛するということができず、自分自身の不能のゆえに憎しみと感性を愛よりも高い真理とした男であり、正常以下の力と正常以上の力を備えた人間である、と記した。

一九五五年の『社会学入門』で、アルフレート・ヴェーバーはマックスの著作についての最後の論文を書いているが、彼もまたマリ同様、寛容な評価を目ざしながらそれを達成できなかった。「知的・道徳的偉大さについて語ることはつねに喜びである」と彼ははじめている。「仮にそれが分割され、分裂し、まるで谷間だらけの山嶺のようであっても」と。マックスの理論的著作は書かれた時期によって深く「条件づけ」られており、その日付はすでにずっと過去のものとなっている。それに、考察されている諸問題に与えられた解決は、きわめて個人的な一つの価値観にそってなされたものである。したがって今日では、生きた科学としての社会学に及ぼす影響は危険な部分もあり、全体としてはおそらく不適切であると言えよう、と彼は結論を下している。

このように、アルフレートの場合は文字どおりの弟であり、マリの場合は象徴的な意味での弟であったが、弟という役柄は二人にとってともに破滅的であった。それぞれの兄の才能が、彼らからその代価を奪ってしまった。しかし彼らは、その時代の精神史においてそれなりの貢献を立派に果たしていたのである。そして彼らの果たした仕事のもつ性格は、リヒトホーフェン姉妹と彼らとの関係のもつ性格と著しい対応をみせ、相調和している。ジャックのフリーダにたいする関係は彼と英文学との関係であり、そしてわれわれが知りうるかぎりにおいてのアルフレートのエルゼにたいする関係は、彼とドイツ社会学にたいする関係にほかならない。

メイベル

フリーダが同棲相手としてアンジェロ・ラヴァリを選んだとき、ある意味ではメイベル・ルーハンと同棲することをも選んでいたともいえる。タオスに住むことは、かつてロレンスがその村を呼んだように、「メイベルの町」に住むことにほかならなかったからである。メイベルはフリーダの星座の重要な星であった。フリーダはタオスに根をおろし、ちょうど姉がハイデルベルクについてそうであったように、タオスが代表するもののすべてを、徹底的に自分のものとしていたからである。

メイベル・ガンソンはフリーダと同じ年にニューヨーク州バッファローに生まれ、結婚して子供が生まれたのもフリーダとほぼ同じころである。しかしその直後に未亡人となり、建築士エドウィン・ドッジと再婚し、フィレンツェに住むようになった。彼女のことばによると、はじめの結婚は彼女の身の上にふりかかった数少ない事件の一つであった。しかし第二の結婚、そして第三、第四の結婚は彼女が自ら起こした事件であった。

彼女はきわめて強力な意志をもつ女性であったが、その容貌や第一印象は、深いところにある彼女の本性とは裏腹であった。背が低く、丸ぽちゃで、丸顔で、顔立ちは整い、声も態度も特別に静かで、ふるまいと人格はよくあるニューヨーク・パラドクス風に結び合わされていた。彼女はけっしてすばらしい話し手ではなく、機智に富むというのでもなく、独演家でもなかった。むしろ聞き役として、他の人をうまく引きだすために彼女の力は発揮され、コメントは才気煥発というよりは共感的で生真面目なものであった。ところが、彼女の実際の行動は公的な場面でも私的関係においても情け容赦なく、落ちつきがなく、しばしば破壊的であった。

両親の仲はあまりうまくいっていない。その点もフリーダと似ている。母親は強靱で美しく、三人の夫を次々と打ち負かした。父親は怒りっぽく、神経質な弱い男で、メイベルは母親とともに父親を軽蔑していた。彼女は女性特有の力を伸ばしていた。彼女は男に向かって、その仕事、その専門について、いつも男以上に語ることができたのだが、自分は仕事を理解できない、制度というものは自分には現実性をもたない、ということを自らの倫理としていた。「私はいつも機械と警察官を憎んできました」と彼女は明言した。彼女は生命の創造的な力は〈女〉そのものにあるとみていた。「実に、女はいったい男に引き出されないで何かをするということができるのでしょうか。男性原理の役割とは女性的生命に起動力を与えることであるように思われます。」このことばはロレンスがフリーダと生活しはじめたころ、エロス運動の最初の炎が燃えあがったころに言っていたことと明らかに類似している。

メイベルは自然を崇拝し文明を拒否した。彼女は無意識を弁護した。ハチンズ・ハプグッドは彼女に宛てて手紙を送り、彼もまた「自己意識のない一つの瞬間——完全に宇宙と共感する時を達成したいと思うのだが、私はまだ一度もその時をもったことがない。私にはあなたがもっているらしいものが見えるのだが、しかしそれを実感することができない。私は自分の気質によってではなく、ただ想像力によってそれを望んでいるのです」と書いている。自分が妊娠したことについて、メイベルは自然が「私たちを遊ばせ、迷わせ、心理的に己れを失って、心の父である神に身を委ねさせるが、しかし彼女（自然）が私たちを必要とするときは決然として呼びかえし、暖かく、しっかりした母親のように〝さあ、もういい加減にして。もとの仕事に戻る時間ですよ……〟と言うのです。そしてこの何週間か愛したり愛されたりする夢なしに祝福され、意思の摩擦や欲の摩擦なしに、これまでになく真に、深く生きました……私はこの生理的に要求される九か月のためにならば、すべての心理的な生活を捨てても惜しくないと思います」と言っている。

これを書いたのは一九三〇年代、彼女がロレンスおよびフリーダと協同関係にあった時期である。おそらく一九一〇年以前の彼女の信条ではなく、また一九〇二年ごろに彼女がボストン人エドウィン・ドッジと結婚し、耽美主義運動に踏み出したころのものとも確実に違っている。

メイベル・ドッジとしての彼女の経歴は、美の追求のうちに、主としてさまざまな芸術作品にあらわれた過去の美のうちに人生を見いだすことであった。彼女はその異常なエネルギーをトスカナの美しい家、ヴィラ・クローニアの装飾に献げ、またそこで耽美的な人々をもてなすことに費やした。彼女はガートルード・スタイン、エレオノラ・ドゥーゼ、ベレンソン夫妻、またヘンリー・ジェームズの世界に生きる多くの人々と友人になった。この時期の彼女の性的関心が、その自伝で洩らされているように、ほとんど同性愛《レズビアン》であったことは特記に値する。

しかし一九一一年、彼女と彼女の夫――その親切さとひょうきんさは、ちょうどアーネスト・ウィークリーがフリーダを苛立たせたように、じきに彼女を苛立たせるようになっていた――は、ひどく醜いアメリカであるニューヨークに戻り、そこでメイベルはアルモリーで開催する一九一三年の近代美術展に関わる、新しい仕事にとりかかった。彼女はガートルード・スタインについて、彼女のことばの用い方はピカソの絵具の用い方に呼応すると讃え、また展覧会を成功させるために非常な努力をはらった。この第二のキャリアにおいて、彼女はアメリカの近代思想を後援するという役を自らに課し、この目的を追求するために、やや不似合いではあるが、時代精神が彼女に要求した大いなる母《マグナ・マーテル》の役割をもあえて引きうけることにしたのである。

当時の彼女の友人の一人であったリンカーン・ステフアンが彼女に、「あなたには求心的な磁石のような社交力がある。あなたは人を魅きつけ、刺激し、慰める。そして男たちはなぜかあなたの横に並んですわって、そして自分自身と話したくなるのだ。あなたは男たちにもっと雄弁に考えさせるから、彼らは高揚する……楽しいパーティをお過ごしなさい」と言ったそうである。そして事実、彼女のパーティはきわめて盛会で、審美的思想をもった男たちのみならず、政治的な思想、中には革命的思想をもった男たちも集まってきて話をした。そこからパターソン絹織物工場ストライキを弁護する、あのマディソン広場《スクエア・ガーデン》のページェントもはじまったのである。行進の準備の仕事をしているあいだに、彼女はジョン・リードを恋人にした。この時点で彼女の経歴はフリーダの経歴とよく似たものとなり、また後にみるアルマ・マーラーの経歴とも似てくる。彼女はいまや異性間の愛の女王となり、大いなる母《マグナ・マーテル》となったのである。

彼女はリードよりもかなり年上であった。彼は、いわゆるつばめで、熱心であるが忍耐力のない若者であった。しかし彼は政治的熱情にあふれてもいた。そして、彼女がその関係を説明したことばで言えば、彼女は愛の女神であり経験が豊富で、懐疑的で、やさしく、ものごとを複雑にする、アドニスにたいするヴィーナスであった。リードは毎朝新聞を読みたがり、それから何かしに出かけた。一方メイベルは「一生を通じてニュースを読んだことがない」ことを自慢にしている。リードは無意識のうちであったにせよ、その当時の作家・ジャーナリストたち、たとえばフランク・ノリス、スティーヴン・クレイン、ジャック・ロンドンがしたように、リチャード・ハーディング・デイヴィスを手本にしていた。デイヴィスはファン・アイク・ブルックスによって「いわゆる磁気のような魅力をもった人間で……同種の人間に生き方の範型を確立するタイプ」であると記述されている。この記述はもちろんそのままフリーダ、ファニー・ツー、そしてメイベル自身にあてはまるのであるが、しかし彼は彼女たちとちょうど反対の極をなしていた。倫理的にあまり深刻にならない、この若い猛烈戦争特派員は、帝国主義的九〇年代のデカダンス期のただ中によくある父権的男性の一典型であった。イギリスにはこのようなタイプの例が数多く、実生活にも小説の中にもみられ、たとえばキプリング、スティーヴンソンなどがそうであるが、アメリカではもっと強烈なかたちに徹底されている(ヘミングウェイがその代表になろう)。

ジョン・リードとメイベル・ドッジとのあいだには、恋愛事件そのもののうちにすら父権的原理と母権的生活原理との葛藤が秘かに燃えていた。その後の彼の経歴はこの点をとくに象徴的に示している。彼はボリシェヴィキ革命の賛美者となり、アメリカにおける革命の英雄となりクレムリンに埋葬されたが、一方彼の母親になりたいと望んだメイベルは、D・H・ロレンスの信条にしたがって、アメリカ先住民たちとともにタオスに住んだ。一九一三年、彼女がリードをイタリアの別荘に連れていったとき、彼は男たちがこれだけのことをやったということに感銘を受け、自分もその場にいたらもっと積極的に参加できたのにと残念がった。そしてそれが彼女を怒らせた。「それは彼女の生き方と逆行するものであった」から。彼女は彼に自然をあがめ、非人間的なもの、循環するものを讃え、美しいものを感じとってほしかったのである。戦争が勃発したとき、彼は熱心に志願して戦争特派員として出かけ、戦争体験に夢中であったが、彼女はどうしてもそれに共感できなかった。

彼女は雑誌『大衆』に「戦争の秘密」という記事をのせた。その秘密とは男たちがそれを楽しむということである。彼女は、歴史とは男たちが真空の中でとんぼがえりをする行動の研究であるとした。『世界を揺るがした十日間』に革命を記述すべく、リードがロシアへ向かったときには、すでに彼女は彼にたいする関心を失ってしまっていた。彼女はモーリス・スターンと恋人になっており、スターンはロシア系ユダヤ人の画家であったが、彼女は彼を彫刻家に仕立てる決心であった。彼女はふたたび芸術の世界に戻っていたのである。

戦争のことは彼女にはまったくわからず、彼女の政治一般についてのコメントは、彼女が革命派の人々に夢中になっていたころでも、パターソンのストライキやタンネンバウム裁判の折にも、ごくナイーヴであった。彼女は今ふたたび美の世界に向かっていた。もっとも、昔の耽美主義はもうすたれてしまっていて、異なったイデオロギー的文脈に置きなおさねばならなかったが、残念なことにスターンは新しいイデオロギーの探求には何の役にも立たなかった。

一九一三年から一九二〇年まで、彼女はイザドラの妹のエリザベス・ダンカンと親友であった。彼女はイザドラの踊り仲間のトレーナーであった。彼女と彼女のマネージャー、マックス・メルツはダルムシュタットで子供のグループを訓練していたが、イザドラはそれを自分自身の公演に用いた。一九一五年、エリザベスは二代目の学生たちをつれてアメリカへ渡り、メイベル・ドッジの経済的援助を得てグロートンに学校を開いた。ダンカンの踊りのすべてにみられる強烈なギリシア的な性質は、兄レイモンドのサンダルもイザドラのチュニックも、エロス運動の華麗なしるしであった。こうしたすべてのものとのつながりに沿って、メイベルは無意識のうちにロレンスに近づいていたのである（イザドラはわれわれの物語の周辺部分に一度ならず登場する。たとえばシュヴァービングやアスコナといった場面で、彼女はオットー・グロスと知り合ったと考えられる。しかし、はっきりとした資料にあらわれているかぎりでは、本書の主人公たちと彼女とのつながりがいちばん近いのは、彼女の妹とメイベル・スターンとの関わりである）。

メイベルはスターンと結婚した後すぐに、彼を南西部に送り、彼はそこから彼女がそこの先住民の中にライフワークを見いだすことができるだろうと書き送った。彼女は、一九一七年にタオスへ移り、すぐにジョン・コリアーを説得してタオスに来て一年間、アメリカ先住民のために彼らとともに、政治的に働いてほしいと言った。一九二〇年、彼女はD・H・ロレンスにも手紙を書きはじめ、タオスへぜひ来てほしいと頼んだ。彼女はそこの風景と、その場所の感じと、アメリカ先住民の生活と文化を、そして何よりもそこに顕現している世界にたいするすべての希望を、文字にとらえることができるのはロレンスしかいないとすでに決めていた。彼女はもはや白人の時代は終わったと信じ、先住民が世界の主人となるであろうと期待していたからである。彼女はすでにプエブロ族のインディアンの恋人、トニー・ルーハンをみつけて、モーリス・スターンは追いやってしまっていた。彼女は、トニーが彼女にアメリカ・インディアンたちが愛するように愛することを教えてくれたのであり、自分の不安で神経質な自己中心主義を克服し、自然と生命と調和的に生きることを教えてくれたのだと信じていた。「あたかもやさしい生きた芽が生えてくるような感じで、実際心の中で私は小さな、ほとんど見えないような運動が、小さな葉がひろがるような動きを感じます。昼も、夜も、すばらしい滑らかさが支配しているので、起きているときも寝ているときも、繊細で強靱な、甘美な調和が感ぜられるのです。」

ロレンスとフリーダはタオスで、メイベルがきっと見いだすだろうと約束したものをだいたいにおいて見いだしたと言ってよいであろう。その場所はたしかに探し求めていたものであり、都市と文明との強力な反対物であった。メイベルがロレンスについて書いた本について、タオスがいかに大きな変化を彼に及ぼしたか、そこで彼が何を達成したかについて説明していないといってフリーダが非難したほどである。「アメリカ先住民たちが私たちすべてを変え、大地についてのより深い理解と連帯とを与えてくれたことからして、タオスを知らなかったら、彼が『チャタレイ夫人の恋人』を書くことはまったくできなかったでしょう」と彼女は書いている。ロレンス自身もニューメキシコが伝統的なキリスト教的禁忌から自分を最終的に解放してくれたのだと言っている。実際ロレンスの死後、フリーダはそこに定住し、けっしてこの地を離れようとしなかった。

メイベル・ルーハンは彼らの言う意味でタオスを正しくとらえることができた。彼女もまたエロス運動の参加者であったのだから。しかし彼女は誤っていた。それは彼女がエロス運動を十分に生きておらず、エロスの救済がまだ不十分なために自らの昔のわるさをしたり、権力を求めたりする習慣から解放されておらず、彼女は彼らにとってはタオスをだめにするほうに働いていた。彼女はかつて男たちの世界でよこしまな懐疑家であったし、社会の合法的運搬船を襲う海賊といったキャリアを積んでいた。そして〈女〉の世界に「信徒入りした」今となっても、かつての懐疑と邪悪は残った。捨ててしまうにはあまりにおもしろい楽しみだった。そして彼女は自分の慢性の「軽率さ」を捨てる気はないと書いている。

私がおしゃべりで、自分の秘密も他人の秘密も話してしまう、とみんなが言います。それはほんとうです。私は今もって人に言ってほしくないという意図で語られたものを話してしまいたいという、あの特別な欲望を抑えることができません。……でも自分ではそれを必ずしも残念には思っていません。秘密は少ないほうがよいに決まっています。自分のにしても、他人のにしても。秘密をもらすのを恥ずかしいと思う必要があるでしょうか。ありませんね。

これとは対照的にフリーダはきわめて慎重であった。それは、彼女には破壊的な要素がなかったという、より重大な事実の一つのあらわれである。

何よりもメイベルはフリーダより一段格下のエロス秘儀の女祭司であった。彼女がロレンスにたいする性的感情なしに、したがって真のエロス的感情なしに、彼をフリーダからとりあげようと試みたのもそのためである。彼女はエロスのかわりに一つの精神的な関係を提供したのであり、それはまさに彼らが擁護していたものにたいする背信であった。そして彼女がフリーダをたんに肉体的な、たんに性的な存在であるとグロテスクにも誤解していたということからは、いったい彼女がフリーダの主張する信条の意味を解っていたのかどうか、疑わしくなるのである。しかし、もちろんそのようなわがままな女性は、あるときは解っており、別のときには解らない、ということが往々にしてある。フリーダはいかにも彼女らしく、メイベルの悪だくみには「退屈した」と言っている。このことばはほんとうにしてはあまりに高慢なようでもあるが、それはともかくとして、フリーダはその気まぐれさにもかかわらず、たんに人を困らすために他の男に身を投げることはしなかったし、またエロスの引力を感ずることなしにそうすることはけっしてなかった。これは彼女の倫理体系のもつすべての尊厳の根源であり、尊厳さということに関してはフリーダはメイベルに比べて貴族であった。彼女はエロスの秘儀のよりすぐれた司祭であり、ロレンスが二人の女のあいだで真にためらったことがけっしてなかった理由は、最終的にはこの点にある。

しかしながらメイベルのトニー・ルーハンとの結婚は、エロス運動の理想のもっとも著しい例の一つである。明らかにそれはフリーダとラヴァリとの結婚と同じ方向に向き、かつさらに先に進んでいた。あるいはフリーダとロレンスとの結婚のほうへ、またクラーゲスがファニー・ツー・レーヴェントローに説いた方向へ、さらにつきすすんでいたと言えるかもしれない。トニーがつばめ役の恋人だったというのではない。彼は明らかにメイベルが必要としていた父親的人物であった。したがって、二人の関係は大いなる母《マグナ・マーテル》の型《タイプ》にぴったり呼応するものではない。しかし大いなる母《マグナ・マーテル》の型はエロス運動のとるさまざまな形態《ゲシタルト》のうちの、たしかに主要な一つではあるが、あくまで多の中の一にすぎない。本質的な基準は性的関係のそれぞれの型がもつ、倫理的‐心理的効果にあり、メイベルとトニーの場合、その実際的効果はロレンス的基準では最高のものであった。ルーハン夫妻のあいだで精神間の相似性、人格間の競争、神経の相互刺激は最少に抑えられていた。男が他者性と尊厳と分離性を最大限に保っていたからである。

こうしてみるとタオスは、他の多くのものにおけると同様、結婚のスタイルにおいても、ハイデルベルクの反対の極にあった。そこに働いていた力という点ではアスコナと似ていなくもない。オットー・グロスがアスコナに創立することを計画していた無政府主義の大学は、メイベル・ドッジのニューヨークのフェラー学校にちょうど時期を同じくしていたが——そこでは大戦期のメイベルの友人たちによって「建設的無政府主義」が教育されていた——、これは偶然ではない。エマ・ゴールドマンとアレグザンダー・バークマンが教育の課程を立案し、絵画はロベール・アンリとジョルジュ・ベローズによって教えられていた。エリザベス・ガーリー・フリンはかつて自分が逮捕されたパターソン・ストライキについて講義をした。ルイ・レヴィーンとアンドレ・トリトンがサンディカリズムについて講義し、ギテレスがメキシコについて、クラレンス・ダローはヴォルテールについて、エドウィン・マーカムは詩について講じた。実際のところ、ロレンスがはじめにアメリカに共同体をつくろうと考えたときにはそこで学校を経営するつもりで、その学校は当然グロスの学校、あるいはフェラー校と似たものになるはずであった。

このころアスコナでは、フリーダ・グロスが四人の子供たちと貧困のうちに暮らしていた。エルンスト・フリックは彼女のもとを去って、ずっと若い写真家のマルガレッタ・ド・フェレラーと、同じくアスコナに住んでいた。個人的収入のあったマルガレッタはすでに一九二〇年ごろからフリーダとフリックとの関係を脅かしていたが、それでも数年間は二人はあまり仲は良くないままに同棲をつづけていた。フリックの父親は鬱病《メランコリア》にかかっていたことがあり、姉は被害妄想症《パラノイア》で、彼自身の人柄にも病人特有の哀しみと魅力があったようである。彼は七十二歳まで生きたが、つねに、やがてこの世を去ろうとする者の、保護されることを求める訴えがあった。彼は仕事をせず、絵も画かなかった。マックス・ヴェーバーは彼をやがてトルストイ的聖人となるべき人と見、一方フリックは自ら倫理的思想家《モラリスト》――むろん無政府主義の思想家と言っていた。彼を知る人は、彼を生まれながらの紳士と呼び、動機の純粋さは疑うべくもないが、まったく現実ばなれしていると記している。彼はある程度共謀的幻想の世界に生きていた。彼自身、一九一四年の大戦以前に、チューリヒの監獄から何人かの人を解放する策謀に参加して、投獄されたことがある。友人たちに言わせれば、彼が実際に果たした役割は最小限度のものであったが、それを彼は裁判官の前で誇りをもって誇張した。一九三〇年代、彼はブルジョア世界を爆破しようとする無数の陰謀と陰謀対策とのはざまにいると感じていた。彼の死後――フリーダ・グロスはその前にすでに亡くなっていた――マルガレッタ・フェレラーは残された子供たちをひきとっていっしょに住むことにした。フリーダとオットー・グロスのあいだに生まれたただ一人の息子ペーターは、きわめて才能にあふれていたが、しかし問題の多い子供であった。腺病質で、長いこと結核を患い若くして亡くなった。彼はいろいろな本から独学でロシア語を覚えたが、ごくふつうの学生が合格した試験に失敗した。彼はまた自己同一性《アイデンティティ》の危機にあい、父親同様コカインを服用した。彼の妹たちも不仕合せな生涯を送った。一人は自殺した。このようにグロスのアスコナは約束の地ではなかった。フリーダのタオスはそれほど高い目標を掲げず、したがってそれほどひどく失敗しなかったのである。

　しかしタオスで女たちが年をとるにつれ、この村はしだいに引退女性の集合所と化していった。フリーダがドロシー・ブレットやメイベル・ルーハンと交換した手紙には、刺繍や園芸や料理についての話、噂話がふんだんにあり、男たちに欠けていた。男たちの世界のみならず、母権的基準による最高級の男たちも不在であった。それはまさに老齢者向き女学校以下で、メアリ・マッカーシーが昔の女学校について言ったことばがぴったりしている。「乙女っぽいオペレッタがりんりん鳴りひびき、友情がころころ変わり、手紙はこっそり横どり、机から机へ送られるメモ、秘密、秘密」といった調子である。そしてフリーダはメイベルに「あなたはほんとうにいい友達だったわ、憎らしい人。もうあなたは嫌い。みんなにそう言ってふれまわってやるわ。でもだれも私ほどにはあなたのことを知らないし、考えていもしないわ」と書いているし、フリーダからブレットへは「ブレット、もう恨んだり、すねたりはたくさん、あなたの私へのメロドラマ的な想像もたくさんよ。もうこれっきり。あなたはいつまで経ってもちっとも変わらなくて、私がこんなに寛容なのにまったくありがたいとも思わず、自分の恩知らずに気づこうともしないのね。でもあなたはどうせいつだってそんなふくろうのおばかさんだったのだわ。フリーダ・ロレンスより」と書き、もちろんあとになって「ねえブレット、私たちって手紙のやりとりがよく続きますね、恋人とか母親への手紙は別だけれど。あなたに書いたほどきちんきちんと手紙を出した人は他にいないわ」となるのである。

ロレンスの遺灰の埋葬にまつわるばかばかしいドラマは、タオスの凋落を示す最大の例である。一九三五年、アンジェロ・ラヴァリは途中で二度もなくしたあげくやっとフランスからロレンスの遺灰をもち帰り、フリーダはラヴァリの建てた礼拝堂で、農場への埋葬式をしようと計画した。しかしメイベルは、フリーダがロレンスを勝手に利用しようとしているのだと数人の友人を説得してまわって、彼はおそらく天の自由な風のままにその灰をばらまいてほしいと望むだろうと言った。そこで灰を盗んでばらまこうという謀みが企てられたのであった。結局は失敗に終わったが、フリーダはそれを知ってひどく腹をたてた。この事件はみなが熱狂的になったのだし、たしかに重要な問題に関係がなくはない。しかしながらここに示されているのは主として、こうした問題がつまらない喜劇のレベルにまで貶められたということである。これ以後のタオスでの出来事は、世界の再生の希望が実践されている場所とはどうしても思えないものであった。そこはもはや〈女〉の世界ではなく、女たちの世界になりさがっていた。

メイベル・ルーハンは一九三九年の冬、ニューヨーク市へ戻り、自分のサロンを開いて過去の栄光をいま一度復活させようとした。今回彼女のスターたちになったのはソーントン・ワイルダーとか、心理学者A・A・ブリル博士などであった。もしこのサロンが人気を博していたら、そこで彼女の人生の新しい段階がはじまり、タオスやトニー・ルーハンは他のいくつものエピソードとともに陰に退いたことであろう。しかしサロンはうまくいかず、彼女は一九四〇年の春、タオスに戻った。七年後、彼女はドロシー・ブレット、モーリス・スターン、アンジェロ・ラヴァリなどを盛りこんだ『タオスとその芸術家』を出版し、またタオスについての小説を一つ書いた。彼女は一九六二年に死ぬまでずっとタオスにいた。ときおり彼女がニュースの種になることもあったが、大戦後は『タイム』『ニューズウィーク』『ニューヨーカー』といった全国紙に、いつも皮肉な調子で扱われるようになった。彼女の名は笑い草であった。彼女の時代は完全に終わっていた。

フリーダはしだいに母親に似てきた。そうした変化はロレンスが死ぬ前からすでにはじまっていた。アーシュラの青春時代にロレンスがアーシュラとブラングエンを比較したことを思いおこしてみると、フリーダはアーシュラからむしろもう一人のアナ・ブラングエンになっていった。少女のおずおずとしたためらい、共感して夢中になってしまう反応、限りない精神的憧憬は、今では大人の女の誠意、自信、そして現実性に変わっていた。一九二九年、彼女はメイベルに書いている。「私は幸運です、神は私の内面を豊かにつくってくれたのですから」と言い、また『回想と書簡』では「私は宇宙と最高にうまくいっています。もしもあなたが女なら、あなたは好きなように考えていいのです。……女であることで、私たちはすべてのものを愛することを許されています」と書き留めている。おそらくもっとも特徴的なのは、彼女の自分自身にたいする禁止命令「私は自分の血をだめにしてはならない」であり、彼女がよく繰り返すのは「私は自分が愛せるのを知っています」という肯定であった。メイベル・ルーハンは、ロレンスがかつて彼女に、自分が病気のときに「あの女の」手に触れられるのがどんなに嫌か人には解らないだろうと言ったという話をしているが、あるいはほんとうかもしれないと思われるふしがある。しかしもちろん、こうした変化は部分的なもので、フリーダはつねにフリーダであり、彼女の生涯はつねに精神の冒険であった。『回想と書簡』で彼女は「私はごくわずかな女性しかもたぬもの、すなわち真の運命をもっていたと信じています」と言っている。

戦後、姉妹は一度会っている。ヤッフェ夫人はアメリカに子供たちを訪ねてから、アルブケルケへ飛び、そこでフリーダが彼女を出迎えている。末の妹のクルーク夫人はタオスへ行ってフリーダのところに長く滞在したこともあるが、フリーダはエルゼが長くいるのは困る、「あの人は姉貴風を吹かせるから」と手紙に書いている。にもかかわらず姉妹は暖かい手紙を交換し、お互いを尊敬し合っていた——少なくとも離れて住んでいるかぎりは。母親への手紙でフリーダは、エルゼは「何といってもひとかどの者《イェーマント》」なのだから、彼女の要求には沿うように特別気をつけるのだと弁護している。彼女たちはお互いを、自分とは別の精神世界での女王として認め合っていたのであった。

しかも過去からの葛藤のドラマは二人が生きているかぎり続いていた。フリーダは娘のバーバラに、エルゼとマリアンネ・ヴェーバーが二人してマックス・ヴェーバーを殺してしまったのだと語って聞かせた。エルゼの「精神性」が真の愛の犠牲を要求してやまず、恋人は彼女にたいする愛の情熱と妻への忠誠とのあいだで引き裂かれてしまったのだ、と。マリアンネ・ヴェーバーの死に際して姉妹は手紙を交換し、それが結果的には暗黙のうちに隠しておく合意ができていたもの——つまりフリーダがエルゼの恋愛を知っていたこと——を、不本意にも暴露することになったのは、先に見たとおりである。あるいは逆に、二人の愛は世に知らされないのが当然とフリーダが思っていたために、姉はそのあとすぐマックスとアルフレートの甥にあたるエドゥアルト・バウムガルテンに宛てて手紙を送り、自分の死後出版するようにと言ったのかもしれない（マックスは彼女になかば本気で、後世のために手紙をとっておくようにと言っていた）。彼女が手紙を委ねた時期は歴史的な皮肉が重なっている。アルフレート・ヴェーバーは、ナチズムにたいする知的抵抗の英雄としてまだ存命中であった。甥にとっては叔父の両方に義理があり、エルゼとマリアンネ・

ヴェーバーは彼を両立不可能な要求のもとにおいたのであった。一人の叔父に忠実であることは、もう一人の叔父にたいする不実であった。さらに、マックス・ヴェーバーとアルフレート・ヴェーバーとは異なった政治的選択を代表しており、バウムガルテンが二人のうちどちらを選ぶかは、彼の政治的選択にとっても決定的となるはずであった。実のところ、たんに手紙を読むだけでも彼にとっては一大事であった。こうして、古い立場の選択と、その政治的・歴史的つながりとは、一九五〇年代、一九六〇年代へとひきつづき展開していく。アーサー・ミッツマンがマックス・ヴェーバーについての本『鉄の檻』を書くためにハイデルベルクへ行ったとき（この本は一九六八年に出版された）、ヤッフェ夫人はこれまで黙っていたことの数々を語り、ヴェーバーからもらったゲーテのハーフィズによせる愛の詩集に自分がアンダーラインしたものをミッツマンに与えた。しかし彼女は彼に、自分が話したことを印刷してほしくはないと言った。秘密がそんなにも長く保たれていたという、そのことのために、家族のメンバーからはさらに秘密にしておかねばならなかったのである。一九七一年、ヤッフェ夫人が私の訪問予定を知ったとき、彼女はバウムガルテン教授に「もしあなたが何か言ったら地獄に七年いるがいい」と言ったそうである。ちょうどタオスが醜聞の巣と化したように、ハイデルベルクは秘密の巣となっていた。

環境と星座についてはこのくらいである。次に姉妹の付き合いの範囲外にいた人たちにも目を向けたい。そのことによって、彼女たちの特性はもっとはっきりしてくるだろう。

アルマ

アルマ・シントラーは、フリーダ、メイベルと同じ一八七九年に生まれた。しかし彼女が生まれたのは、画家や詩人や作曲家にかこまれた近代芸術のエロス運動の苗床、ウィーンである。彼女はメイベル・ドッジよりもずっと完全な愛の女神となった。気質と経歴の重要な面において、フリーダ・ロレンスと非常によく似ていたが、ウィーンの先端をゆく画家の娘として生まれ、しかも芸術上のいくつもの分野で第一級の芸術家たちに教育された彼女は、はじめの夫として、フリーダの場合よりもっと適当な人物を選んでいた。もっとも結婚生活そのものの幸福という点では、必ずしも成功したとは言えない。

彼女の場合も、自分のエロス経歴とエロス的運命について真剣に考えるようになったのは結婚以後のことであったらしい。それは自分の結婚に落胆した結果ということもあるが、また、しばしばすぐれた男たちからの愛の告白のうちに具体化されるエロス運動の思想が、彼女にとって鮮明なかたちを取るようになったのが一九〇五年以後だったことにもよる。自伝の中には当時の日記からの引用がしばしばみられる、そこに、このような思想に親しんでいたことが示されている。「無意識は物質すべてのあいだをつなぐ糸であり、それは死ぬことのない魔物《デモン》である。意識は批判作用であり、生命であり、運動であり、外界である」等々。

彼女は一九〇二年、グスタフ・マーラーと結婚したが、彼は当時すでにウィーン宮廷歌劇場の監督としても、作曲家としても有名になっていた。彼女は偉大な芸術家たちの中で出世するつもりだったのだが、マーラーは一九一一年に亡くなった。翌年、彼女はココシュカとのあの嵐のような恋におちた。彼女はそれを「愛三年の役《えき》」と呼んでいるが、われわれの関心からすると彼女のすべての恋愛関係の中で、この関係がフリーダとロレンスとの関係にもっとも合致する。「あなたは〈女〉、私は芸術家です」とココシュカは、まさにエロス運動のことばを使って書いている。「私はすぐにもあなたを妻としなければなりません。さもないと私の偉大な天才が惨めに死んでしまいます。あなたが毎夜、魔法の薬のように私を再生してくれなければだめなのです。私には解っています。」けれどもこうしたことばからもわかるように、彼には大いなる母《マグナ・マーテル》を崇拝する用意はなかった。アルマによれば、彼は彼女を支配しようとしており、彼女にはそれが耐えられなかった。彼はアルマの着るものまでいちいち指図し、その貴族的なやり方を変えようとした。二人の関係はメイベル・ドッジとジョン・リードのあいだの、あるいはフリーダとロレンス、ファニーとクラーゲスの関係を一段と激しくしたものとなった。ココシュカはアルマより七歳若く、したがってロレンスより一歳年下であった。彼は一九一三年のリトグラフ『縛られたコロンブス』の中に彼女を描き、またその年の彼のもっとも重要な絵であり、表現主義芸術の勝利である「風の花嫁」

にも彼女を描いた。こうした作品はロレンスが『姉妹』に描いたフリーダ像、モーリス・スターンの「メイベル・ドッジの肖像」と対応しており、いずれも同時期である。これら芸術家たちはそれぞれ愛人にすばらしい賛辞をおくっている。ただ、愛人を妻に変えるのには、それぞれが激しい闘いを余儀なくされた。

一九一二年から一三年にかけて、ロレンスとフリーダがミュンヘン郊外のヴォルフスラートハウゼンにいたとき、アルマとココシュカはしばしばこの町に滞在し、またルー・ザロメもここでヴィクトール・タウスクとの恋愛のエピソードをつくった。ミュンヘンの空気は情感と想像力とに満ちみちていたのに相違ない。しかし、もちろんそれはミュンヘンに限ったことではなかった。ウィーンもあった。そして一九一二年、ココシュカとアルマはロシア・バレエのはじめてのウィーン公演を見にいっている。のちにディアギレフ、ストラヴィンスキー、ピカソ、コクトーの天才を得て、ロシア・バレエはエロス運動の強力な一翼となった。イザドラ・ダンカンの舞踊も強力であった。そしてこの時期、メイベルとジョン・リードの恋愛事件も重なっている。

ロレンスとフリーダ、アルマとココシュカ、メイベルとリード、これらはすべて、女が大いなる母《マグナ・マーテル》の役をなすエロス運動の恋愛であった。逆説的であるが、アルマのはじめの結婚はある程度までこのパターンに準じている。マーラーが妻よりも先に年老いてゆくことにたいする不安を洩らしたときに、フロイトは彼に、アルマは彼の年齢のゆえに、彼の弱さのゆえに、そして彼の精神生活の強烈さのゆえに彼を愛したのであり、彼自身がけっしてエロス的な、あるいはいわゆる「男性的な」人物でないがゆえに彼を愛したのである、と語った。彼女もまた、自分がつねに求めているのは父親のような男で、背が低く、やせて、感受性が強く、神経質な男であると認めた。「私も小柄でやせた男性、そして知恵と精神的優越性をもった男性を求めていた。それが私の知っている、私の愛した父親だったのですから。」ココシュカは彼女にはあまりにも大柄で力が強すぎた。彼女の初期の恋人だったマックス・ブルクハルトもそうであった。ブルクハルトは偉大な水夫であり、登山家であって、シチリアの略奪者たちと生活していたこともある。彼はニーチェ風の思想をもつ反キリストの宣教師でもあり、裁判官、詩人、舞台監督、小説家、劇作家、そして女性たちの恋人であった。「けれども男としては彼は私の好みのタイプではありません。彼の熱意は私を気持ち悪くします。……あの強い男性らしさが……。」彼女はあまりに男性的な男性を好まなかった。フリーダもそうであった。ヴァルター・グロピウスと結婚するという実験に失敗したあと、アルマはフランツ・ヴェルフェルを選んだ。彼は明らかにはじめの夫と同じ「精神的」タイプに属していた。

これらの恋愛関係にはフリーダの場合と同様、社会の偉大な才能を再生させることによって社会そのものを再生させようという希望が含まれていた。アルマは自らを生命とみなし、しばしば自分を愛した男の上に勝利を占めた。なぜなら、男たちは要するに精神だったからである。たとえば彼女はハンス・プフィッツナーとの短い恋愛について次のように書いている。「あなたが自分の中に偉大な芸術家たちを何人ももっている、と私は感じました。その一人一人が人生についての趣味人《ディレッタント》である、と。すべてがその芸術家の作品の中に流れこんでいってしまいます。生命はこうした芸術家たちに応えてくれません。彼らの呼びかけがまちがっているのです。」また一九一一年、もう一人のユダヤ人の恋人、ヨーゼフ・フレンケルに書いている。「運命が私たちを分けるのは、私たちの魂が別の方向へ分かれているからです。私の心のすべての糸は真の生命へと私を引きよせ、あなたのは完全な脱物質化へと向かっています。生きている者に向かうときあなたは惨めな失敗者です。せいぜいのところ、あなたのような人間は本にはさまれ、閉じられ、押し葉にされ、変わりはてた姿で未来の世代によってのみこまれるのです。でもそのような人はけっして生きるということがありません。今では私はすべての力の根源を知っています。それは自然の中に、大地の中に、ある一つの考えのためならば自分の存在を投げだすことをもためらわない人々の中にあるのです。その人たちは、愛することのできる人々です。」これこそ最高潮のときに書かれたエロス運動の基本信条である。彼女はココシュカをすら、生きることに関心がないとして非難した。「私たちは彼の仕事のためにのみ生きていたのです」と彼女は訴えた。これはすべてフリーダに酷似しており、フリーダもかつて自分はロレンスの仕事と結婚したのだと言い、また男の書く詩と彼の生とは、山羊のふんと山羊の生と同じ関係にあると記述した。それでいて同時にアルマはフリーダ同様、芸術に、芸術家に、そして芸術生活に夢中になってもいたのである。彼女が自伝の最後でしている自己正当化は、現代に光をなげかける騎士の何人かのために彼女が鐙《あぶみ》をささえたこと、そして作品が創造者の手を離れる以前から、それが天才によるものだということを知っていたこと、であった。

　彼女の日記を読むと、そのいくつもの箇所に、彼女が愛の関係をただちに芸術的共同者に転換したことがみてとれる。たとえば一九一八年、「何という素晴らしい夜！　ヴェルフェルといっしょだった。……あの人は私の生命の不協和音を解決してくれる。……私のとなりであの人は、戯曲『鏡人』の構想を話した。私はとても気にいって、話が終わるまで休まなかった。あの人をブライテンシュタインの家へ招待しよう。あの人のために暖かく、気持ちよく整えて迎えよう」（アルマが『鏡人』に熱中したというのは興味深い。それはヴェルフェルがオットー・グロスの思想を描き、かつそれを拒否した作品の一つである）。アルマとフリーダとは芸術の評価についての逆説、すなわち芸術が自分にとってきわめて重要であり、かつ重要でないという逆説を、精神よりも生命に重きをおくような芸術を好むということで正当化したのであった。しかしながら日常の経験は生を達成する機会を与えるものであり、ちょうどロレンスの猟師やジプシーたちに代表されるようなきっかけなのであるから、芸術はあくまで選択肢としては副次的《マイナー》であり、したがって、彼女たちのような生の原理を抱く者にとっては、芸術を愛するということはあくまで逆説なのである。実のところ彼女たちは、生を愛すると同じほどに精神を愛していたのである。ただ、彼女たちの原理がそれを変装させていたにすぎない。そして彼女たちの原理は彼女らにとって有利に、そのエロス的自我に有利になるはずのものであった。彼女たちにとっては、生を精神に対面させることが、とりもなおさず芸術家である愛人にたいして自分たちが永遠の優位を保つことであった。ロレンスはマリに会った直後に彼に宛てた手紙の中で、ほとんどの人が――フリーダ以外の人が――自分のことを「ものを書くことのできる奇妙な魚」と考えているのがいやでしかたがないと語った。彼は一生を通じて、そのような分類、たんなるもの書き機械、たんなる感性、たんなる知性と言われまいとして闘ったのであった。彼に、完全に生きた人間としての身分を与えることができるのは、そして彼女が望むならそれを否定することができるのは、フリーダのみであった。

アルマ・マーラーが私たちにとってとくに興味深いのは、彼女のユダヤ人知識人との関係が彼女の同類の姉妹たちに光を当ててくれるからである。グスタフ・マーラーは、ユダヤ人家族の十二人の子供の一人であった。彼はエドガー・ヤッフェ同様小柄で、ハンサムで情熱的であったが、ヤッフェ同様また鬱病でもあった。アルマは彼が「キリスト者のユダヤ人として代償を支払い」、そして「私はキリスト者の異教徒として罰を免れた」と言った。マーラーは苦しみの中にのみ美を見いだした、とも言っている。だから彼は彼女に悲しく、醜くあってほしいと願ったのである。彼女よりずっと年上で、結婚以前にすでに成功をおさめていた彼は、彼女を支配し、結婚以後彼女が作曲することを許さなかった。彼女は自分の作曲した歌を「まるで柩のように」かかえて歩いたのであり、「私は自分の夢を葬ってしまったが、あるいはこれが最良だったのかもしれない。創造的な才能を自分以上の精神に与えるということが私の特権だったのだから。それでも鉄釘は私の魂の中に喰い込み、傷は癒えることがなかった」。このように彼女にとってのユダヤ人の最初の夫は、禁欲主義という、彼女にとってのユダヤ人的特性の一局面を代表していた。しかし、二番目の夫はもっと満足すべきものであった。十歳年下のヴェルフェルにたいし、彼女はついに完全な大いなる母《マグナ・マーテル》の関係を達成したのである。彼は彼女が天才であると言った。それはロレンスがフリーダに、クラーゲスがファニーに言ったことばであった。彼が死んだとき、彼女は「私は大事な大きな子供を喪ってしまった」と言った。彼女はヴェルフェルのうちに、自分を支配しようとせず、彼女が真の性的相互性を達成できるような「若い恋人」を見いだした。「私たち二人のあいだの相似性は信じがたいほどでした。その相似性に彼は〝汎《パン》エロス的〟という名を見つけましたが、ぴったりでした。私には床入りは必要ありませんでした。私はあらゆるもののうちに性の恍惚を感じることができましたから。」彼女はまさに『翼ある蛇』の中のキプリアーノがケイトに教えていることをそのまま書いていた。しかしアルマの関心はたんなる個人的な至福を越えており、彼女のユダヤ人にたいする共感はいくつもの源泉に由来していた。

彼女の友人イダ・デーメルの一九〇五年の日記には次のような一節がある。「マーラーは、父以外で男として私に感銘を与えた最初のユダヤ人であった。もっと粗野な言い方をするならば、不能者として私を驚かせることのなかった人物である。あのように美しく、誇り高く、強いキリスト教徒の少女が彼と結婚したのはとても嬉しい」と。アルマもまた嬉しく思っており、それはたんに個人的な理由だけではなかった。彼女はフリーダと同じく、感受性の強い、自己懐疑的な男たちに力を与えることに誇りを抱いていた。そしてその男たちは、文字どおりのユダヤ人か、象徴的にユダヤ人、つまり芸術家であった。ヴェルフェルと結婚したころの一九二九年に彼女は書いている。「私はユダヤ人なしには生きることができない。――結局のところ私はユダヤ人たちとつねに生活をともにしてきた。でも彼らはしばしば私を怒りで我慢できなくさせる。なぜわれわれは幸せになれないのか、なぜ、今あるもので我慢できないのか？　なぜ私たちは〝他なるもの〟を求めつづけなければならないのか？」

アルマから見るとユダヤ人には二つの面が備わっていた。一つは彼女自身が男性らしさを授けることのできるような、繊細で感受性の強い男という面であり、彼女は性的な能力とともに芸術的な能力をも授与することができる。もう一つは倫理的に強烈で悩める魂であって、偉大さを達成するが幸せを排除するという面である。本書で考察してきたもう一人の大いなる母《マグナ・マーテル》〔＝フリーダ〕の場合は、アルマの場合ほど文字どおりのユダヤ人との関係が大きくはない。しかし結局は芸術家というものはユダヤ人によく似ている。大いなる母《マグナ・マーテル》とユダヤ人とはモダニズム運動の中心で抱きあうのである。

ヴェルフェルより少し前にアルマは一時、ヴァルター・グロピウスと結婚していたことがある。ハンサムで、高潔で、賞賛すべきグロピウスには、大いなる母《マグナ・マーテル》の恋人役を演ずることは不可能であった。彼は男にしてもらう必要がなかったのである。プロテスタントの背景とプロイセンの教育を備えた彼は、すでに仕事と強さと計画と達成の寵児であった。彼の芸術観は集団的かつ政治的であった。一九一三年、彼はアメリカの穀物サイロの美しさを発見し、「われわれは、この機械時代に適応した建築を求める」と宣言して近代工場建築を構想しはじめた。さらに彼は諸芸術の教育者的組織者であり、同じ時代の偉大な建築家たち、たとえばミース、ライト、ル・コルビュジエと異なるのは彼が創造における協同作業を信じていたところである。バウハウスの組織と、バウハウスの集団的様式は、さまざまなかたちで彼の経歴と気質とを表わしている。彼は芸術的才能とくにモダニズムの才能が、エロス運動とはまったく異なる気質のうちにも見いだせることを身をもって例証している。彼は非ユダヤ人としての芸術家であり、大いなる母《マグナ・マーテル》を必要としない男としての芸術家であった。一九一五年、まだグロピウスと結婚したばかりのアルマがヴェルフェルに恋したのも驚くにはあたらない。彼女のことばによると、ある日彼女は夫を待ちながら馬車の中でヴェルフェルの『お互いに』を読んでいた。それは彼を文学における表現主義運動の指導者にした詩集である。そこには彼女を必要としている才能があった。

フリーダ・ロレンス同様、アルマ・マーラーは政治的には保守的であった。『カンガルー』の中のハリエット・ソマーズ同様、「革命を信用しませんでした――革命は古い遊戯で、時代遅れです」。だからアルマは社会生活の構造を変えようとする組織的な試みを軽蔑した。ウィーンの一九一八年の革命に滑稽かつ陰気なものだと言って反対し、ヴェルフェルがそこに首をつっこまないようにと引きとめていた。アルマとともに生活しているうちに、ヴェルフェルは政治を優先すると精神が奴隷化すると信じるようになったが、しかし一九一七年から一八年にかけては彼は反逆罪で捕えられており、当時の共産党の陰謀に活発に関与していたのはたしかである。革命家時代の彼を訪ねた折に、「部屋が悪のにおいを放って」おり、「不死の仕事は創造されえない」場所であるとアルマは感じた。そこで彼女が感じたのはオットー・グロスのにおいであり、娼婦革命のにおいであった。ヴェルフェルの大義名分はオットー・グロス式の共産主義であり、当時彼はグロスにかぶれていた。しかし彼はアルマの申し出を受け入れ、彼女の快適な家と非革命的な芸術を受け入れた。そして以後グロスについて彼の書いた小説は、深いところで視点を異にしている。『バルバラ』『黒いミサ』『鏡人』の他に短篇小説『殺人者にあらず』（この後者三篇は一九一八年から一九二〇年のあいだに書かれている）があるが、そのすべての中で、オットー・グロスないし彼の思想を描き、それを非難しているのはアルマの影響による。アルマはフリーダ同様、モダン・アートに政治的保守主義の影響を及ぼした。

またフリーダ同様、彼女は自らの実際の経歴のうちに実現できなかったものとして、「精神的なもの」への強い憧憬を抱いていた。彼女はインドのアニー・ベザントにサンスクリット語を教えてほしいと頼んでいる。また後にガンディとともに働くつもりでいた。しかしふたたびフリーダ同様に、自分の著作の中で自らを戯画化するしかない運命にあったようである。彼女の書く文章の多くがばかげているほど感傷的だったり、自己賞賛的だったりするので、彼女が第一級の知性をもつ男たちにとっていかに重要な意味をもっていたかを覚えておかないと、この人そのものがとるに足らないとつい考えてしまうほどである。彼女が男たちにそれほど重要だったのは、彼女が重要な思想をそれほどみごとに具現していたからである。アルマ・マーラーとフリーダ・ロレンス、そして同じ思想をもっていた多くのもっとマイナーな女たちは、現代《モダン》の芸術と思想の創造という場面できわめて重要な力になったのである。

イザドラ

モダンアートに力を及ぼした重要な人物の一人がイザドラ・ダンカンであった。一八七八年に生まれた彼女は母親に育てられたが、母は、父が家族を捨てたあと音楽教師をしながら子供たちに詩を読んで聞かせ、その一人一人を芸術家に育てあげたのであった。ダンカン夫人はまた無神論的合理主義を説くロバート・インガソルの論説も子供たちに読んで聞かせた。イザドラは生涯インガソルや、また偉大なドイツの進化論者エルンスト・ヘッケルの信奉者であった。このことはわれわれにアナ・ブラングエンの宗教上の合理主義を想いおこさせるが、さらにそれは彼女の直観的心情主義と奇妙な対照をなしているようにもみえる。この母権的家庭にあって、彼女はまだ幼い子供であったときから結婚反対で、母性を別とすれば結婚とは一種の奴隷状態であると考えていた。

子供時代にはパントマイムで踊っていたが、一九〇〇年、ロンドンで独創的ダンスでデビューし、メンデルスゾーンの春の音楽にボッティチェルリの衣装で踊った。彼女は美にたいする喜びを「ギリシア的」動きの連続で表わしたが、それは当時流行していた徹底的に訓練されたダンス技法を完全に無視したものであった。彼女はつづいてベルリンとブダペストへ行ったが、彼女が最初に本格的に認められたのは一九〇二—三年のミュンヘン、つまりオットー・グロスのミュンヘンであった。彼女自身の語るところによれば当時のミュンヘンはまさに芸術的・知的活動の蜂の巣であった。彼女は非公式にエーリヒ・ミューザムとその友人たちのために踊ったが、それは彼女が彼らと同じ解放運動の一部をなしていたからである。彼女のエロス主義は歓喜と勝利に満ち、イデオロギー的かつ教育的であった。彼女の政治観は「マルセイエーズ」および『スラヴ行進曲』のダンスに認めることができるが、ある意味では彼女のダンスはすべて政治的であった。彼女のダンスは振付法という面では古典バレエにたいする革命であり、彼女の言う「いわゆるダンス、国王の形式としてのダンス」に対抗する示威運動であった。何よりも彼女は解放運動の女性側の一翼を担っていたのであり、したがってとくにミュンヘンで自分にしっくりとした活動の場を見いだしていた。「もし私の芸術が何かを象徴しているとすれば、それは女性の自由と偏屈な慣習からの解放を表わしているはずです」としばしば言っている。彼女が弁護していたのはまさにフリーダ流の解放であり、エルゼのものとも、アルマ・マーラーのものとも、またマリアンネ・ヴェーバーのものとも違っていた。彼女のダンスはフリーダとアルマとがその人生において実践していたことを、舞台で公けに示したものにほかならない。

　ミュンヘンの若者たちはただちに彼女のダンスのもつ宗教的なエロス主義を感知した。それはアメリカの観衆が理解できず、あるいは見落としたものである。彼女はかつてアメリカの興行主オーガスティン・デイリーに、「ロッキー山脈の頂きで若いアメリカの理想像が踊っているのを見た」と話したと書いている。ドイツ人の観衆はそれを理解したが、アメリカの興行主たちは彼女に、あなたの踊りは教会には合うかもしれないが、劇場には向かないと言ったそうである。ちなみに初期のころから彼女の衣装は透明か半透明だったのであるが。しかしドイツでは学生たちが彼女を「神々しい《ゲットリヒ》、聖なる《ハイリゲ》イザドラ」と呼んでいた。ドイツこそが彼女の精神的な故郷となった。ドイツが彼女にとって「思想の聖地」となり、おごそかなエロスの聖性を教えたからである。実際、彼女のギリシアおよびギリシア古代にたいする愛や、彼女の芸術全般にみられる博物館的性格には、何かドイツ的なものがある。ベルリンでは彼女はベートーヴェンの第七交響曲をフル・オーケストラの演奏に合わせて踊り、バイロイトではヴァーグナーに合わせて踊った。彼女の話によると、彼女の踊りのあと学生たちは彼女の馬車の馬となって、誇らかに通りを走ったそうである。彼女は彼らの解放運動の旗印であった。

もし、いま述べた、フリーダやアルマが私的に家庭の中でおこなったことを、公的に舞台で演じるのがイザドラの仕事であったというのが当たっているとすれば、彼女のスタイルはやや豪勢にすぎ非現実的だったと言えよう。おおぜいの子供たちの踊り、徹底的なエロティシズムの追求、社会にたいする華麗な反抗、自分の裸体を公けに見せ、次々に若い恋人をつくること、そのすべてが世界を健全で美しい感性へ復帰させようという倫理的な意図のもとになされていた(イザドラにはつねに学校という観念が頭にあった)。私生活についてもまた、フリーダやアルマとの類似は顕著である。彼女がロメオと呼んだ最初の恋人は彼女にはあまりに男性的で、スタイルが「男らし」すぎた。彼女のことばによれば、彼はロメオではなくなってマーク・アントニーと化し、彼女をただの妻にしようとした。それだけでなく、彼の激しい性交によって彼女の身体が傷つけられ、その後数年間彼女は肉体的愛を避けたほどであった。それ以降、彼女はつねに知的な男性を好み、そしてしばしば性的に不能だったようである。彼女は自分のことを「脳髄型《セレブラル》」と言っていた。性的関係なしに親密な恋愛関係にあった男たちのうち二人がエロス的審美的運動において重要性をもっている。一人はオーストリアの文芸評論家ヘルマン・バールで、ホフマンスタールの友人であり、フロイト主義と表現主義の擁護者であった。もう一人はヘンリー・フォン・トーデでダニエラ・フォン・ビューローの夫であり、ハイデルベルク大学の美術史の教授であった。最初の偉大な恋人ゴードン・クレイグはこの運動における重要な人物であったが、ココシュカと同様、彼にはヴィーナスの若い恋人アドニス役は務められなかった。彼女の最後の有名な恋人、ロシアの詩人セルゲイ・エセーニンは彼女よりずっと年下であった。彼女は後期ロマン主義の重要人物ゴードン・セルフリッジについて、彼が活動型人間に出会った最初であると記述している。「彼はまるでまったく別の性のように思われた。……なぜなら私のすべての恋人たちはまったく女性的で……芸術家であり夢想家であったから。」これはまったくフリーダ的であり、アルマ的である。そして他にも数多くの小さな相似点があり、それ自体としては些細にみえるが、全体としてよくその人柄を表わしている。フリーダたち同様、彼女も痩せ型の女性を讃える当代の傾向を嘆き、フリーダたち同様、苦痛と自己否定からくるやせおとろえた美しさを軽蔑した。イザドラは相当年齢がゆくまでヌードあるいはセミ・ヌードで踊っていた。彼女の手紙には多少は恥ずかしげながらしばしばそのことが自慢されている。そしてもちろん、アナも、グドルーンも、コニーもそうであった。実際、『虹』の中のアーシュラの馬の場面はダンカンのダンスを小説化したものである。そしてイザドラが自分のエロス遍歴について述べるとき、全体の調子がフリーダやアルマによく似ている。「私はかつておどおどした獲物であった。それから攻撃的なバッカスの女となった。だが今は、あたかも海が大胆な泳ぎ手を包みこむように、私の恋人を閉じこめ、渦巻いて、雲と火の波の中にとりかこむ……私は今は咲きほこる花となって、私の肉の花弁が力まかせにその獲物を摑むのだ。」これはアーシュラからコニーにいたるフリーダ像の経歴にほかならない。

一九一二年、この「エロスの年」のイザドラの恋人はガブリエレ・ダヌンツィオで、彼からイザドラおよびエレオノラ・ドゥーゼの繫がりがわれわれの研究に重要な光を与えてくれる。ダヌンツィオはエロスの詩人であり、また将来の政治的冒険者であったという点で、どうしてもロレンスと比べなくてはならない人物である。イザドラの話によれば、ダヌンツィオは彼女を〈自然〉に見立てて口説いた。「おおイザドラよ、あなたとなら〈自然〉の中で二人きりでいられる。他の女は風景をだめにしてしまう。あなただけが〈自然〉の一部になれる。あなたは木々の一部、空の一部、あなたは〈自然〉の偉大なる女神なのだ。」このような、女性を〈自然〉〈愛〉〈大地〉と同一視するのが、エロス運動の総まとめとなる。ただしすべての自然が〈自然〉ではなく、ましてやすべての女が〈女〉ではないが。

イザドラはダヌンツィオに夢中になっていたころからすでに、大女優エレオノラ・ドゥーゼと友人になっていた。彼女はダヌンツィオに捨てられた愛人の一人であるが、〈自然〉と同一化されえない女であった。イザドラはわれわれに十九世紀の運命の女《ファム・ファタル》、つまりエロス運動以前の「運命の女」がどんなものであったかについての興味深い素描を提供している。フリーダ、アルマ、イザドラなどと同じく、ドゥーゼもまたエロス的な運命をもつ女であったが、彼女のはまた別のエロス主義で、すべての憧憬と悲しみとに満ち、惜しみなく与えるものであった。彼女の人柄のスタイルも非常にちがっていた。ダヌンツィオが彼女を捨ててイザドラに求愛したことは時代の動きを示している。イザドラはドゥーゼをダンテのベアトリーチェの生き返りと記し、その苦難と予言者性、偉大さにおいて自分と対極的なタイプとみていることは明らかである。これはロレンスをあいだに挟んだオットリーン・モレルとフリーダ、またアーシュラ・ブラングエンとハーミオーネ・ロディスとのあいだにみられた二つの型《タイプ》の対決であった。ハーミオーネは私的生活と家庭を舞台にしたドゥーゼであった。

エマ

一九一二年のニューヨークには、三個の新しい女性の原-象徴があり、それはイザドラ・ダンカン、メイベル・ドッジ、そしてエマ・ゴールドマンであった、と言われている。三人のうちエマはフリーダ・ロレンスとの共通性がもっとも少ないが、しかし簡単に考察しておくことで、ある種の対照性を明らかにすることができるであろう。

エマは一八六九年、リトアニアのユダヤ人家庭に生まれた。それは彼女の母親にとっては二度目の、不幸な結婚であった。異父姉によって——女の世界によって——父親から守られた彼女は、男性にたいしてある種の敵意をつねに抱いていた。彼女はケーニヒスベルクにあるドイツの学校《ギムナジウム》の一つへの入学試験に合格したが、宗教の先生が必要書類である性格証明書を発行してくれなかった。一家は一八八一年にペテルブルグへ移り、六か月強の訓練をうけたあと、彼女はコルセット工場へ働きにいった。彼女はニコライ・チェルヌィシェフスキーの革命小説『われら何をなすべきか』を読み、その女主人公ヴェラ・パヴロヴナを自分の手本とした。実際、彼女はこのチェルヌィシェフスキーにたいする熱情と、それを手本にする習癖を一生もちつづけていた。ヴェラ・パヴロヴナ同様、協同組合の裁縫店をはじめ、同志結婚をし、一革命家としての生活を送った。アメリカで、のちにヨーロッパとロシアで彼女の主な同伴者となったアレグザンダー・バークマンは、チェルヌィシェフスキーの主人公、革命家ラクメトーフを手本にしていた。こうした諸事実は彼女と三人の愛の女神たちとのあいだの巨大な相違をきわだたせる。エマ・ゴールドマンは基本的に政治的な女性であり、政治的革命家であった。彼女は男たちの世界に参与していたのである。

彼女はバークマンによるカーネギー鉄鋼会社社長ヘンリー・フリック暗殺計画の準備を手伝った。売春婦となって通りを歩き、彼のために拳銃を買う資金を稼いだ。暗殺後、当時有名だったドイツ系アメリカ人の無政府主義者ヨハン・モストがバークマンは頭がおかしいと言ったとき、彼女はモストを馬の鞭で打ったという。一九一〇年のロサンジェルスのタイムズ社ビル、一九一四年のレキシントン街アパート、一九一六年のサンフランシスコの軍備行列などで爆弾事件があると、警察はいつも彼女を疑った。これらはすべてフリーダやアルマやイザドラからかけ離れている。しかしエマ・ゴールドマンの政治は無政府主義、それもクロポトキン的な無政府主義で、一九二〇年、アメリカから追放されてソヴェート・ロシアに着いたとき、個人の自由が欠落しているのをみてすぐに幻滅してしまった。彼女にとって革命とはまず、個人の解放の問題だったのである。

それに彼女はけっして政治一辺倒ではなかった。一九一六年、彼女は産児制限を唱道したため捕えられたが、それは彼女が性的反抗者としても目立っていたからで、エロス運動の影響も受けていた。一八九五年、彼女はルー・ザロメがいた当時のウィーンで、フロイトの講義を聞き、ニーチェとイプセンを同時に読んでいた。彼女自身ホイットマンを講じて、彼が両性的であることを強調した。彼女は、オットー・グロス同様、性的所有欲は克服可能であると信じ、彼女自身、年下で弱い男たちを恋人とした。私生活では彼女もまた大いなる母《マグナ・マーテル》的人物であった。そのうえ、彼女は女性の選挙権獲得が重要な結果を生むと考えず、ジェーン・アダムズとかアイダ・ターベルが自分の求める女性の自由の開拓者であるとは思っていなかった。「真の解放大運動は、自由というものを直視できるような偉大な女の種属にまだ出会っていない。彼女たちの偏狭なピューリタン的解放運動は、男を邪魔者ないし疑わしい人物として、自分たちの感情生活から追放してしまっただけだ」と彼女は書いた。このような発言の中に、エマがフリーダやアルマやイザドラと共通にもっていたもの、彼女たちの中に見いだしてエマが尊敬したかもしれないものが認められる。実際、もしこの三人が政治と本気で取り組んだならば、エマ・ゴールドマンの立場を採ったことであろう。だがそうすることは非政治性を貫く彼女たちにとっては不可能だったかもしれない。それでも、エマ・ゴールドマンはその攻撃性と社会的・政治的問題へのコミットにもかかわらず、人生の目的という点に関してはジェーン・アダムズよりもずっと彼女たちに近かったのである。もしエマがもっと若いときにエロス運動に出会っていたら、もっと彼女たちに似ていたかもしれない。

彼女の気性についてはいくつかの点で他の三人と類似性があった。彼女は文学、とくに演劇に強い関心をもち、性と想像力の解放を唱え、革命とともに反抗を宣伝した。性をほとんど問題にしなかったクロポトキンとの最大の相違点は、性の諸問題についての力強い関心であった。事実、彼女の位置はオットー・グロスに似ており、これを守るために彼女がとった政治活動は、他の三人の女たちの非政治主義を考えなおさせるものがある。

一九〇六年、彼女は『母なる大地』の編集を始めたが、この無政府主義雑誌のタイトルは、無政府主義と母権制思想との親密な関係を象徴している。誌名はもとはホイットマンを記念して『開かれた道』となるはずであった。そしてこの語句がロレンスにとってもっとも大切で重要なものであっただけに、この無政府主義がいかにロレンスと共通するかを思わせるのである。これは、「指導者小説」時代を除けば、ロレンス自身の思想にもっとも近い政治運動であった。『母なる大地』は九年間つづけられ、読者数はその間三五〇〇から一万までの幅があった。そこにはトルストイ、ドストエフスキー、ゴーリキー、エマソン、ホイットマン、ソロー、そしてさらにフロイド・デル、ベン・ヘクト、その他の当時の急進派たちの著作が載せられていた。しかし、この雑誌にはマーガレット・アンダーソンの『リトル・リヴュー』にみられるような文学上の実験もなく、偉大な詩人の登竜門ということもなく、エマ・ゴールドマンの文学にたいする関心の限界と、彼女を支配した政治性の大きさを示している。彼女の人生における芸術と政治との関係を表わす一つのエピソードは、一九一四年、彼女の愛人ベン・ライトマンが『息子たちと恋人たち』に読みふけって、雑誌の仕事も無政府主義の使命も忘れたようになってしまったときのことである。この小説は彼にとって、当時彼やエマといっしょに住んでいた母親と自分との関係全体を明らかにした。ロレンスの小説を読んだ結果、彼があまりに個人生活に夢中になり、無政府主義の仕事も放棄したため、エマは怒って彼と彼の母親を家から追いだしてしまった。芸術は政治にとって危険である。

ライトマンとの長い関係を通して、彼女はずっと母親役を演じ、それは彼女の恋愛関係全体の特徴であった。この点で彼女がフリーダやアルマに似ているとしても、自分の、また二人の公的活動においてより支配的であったという点では、彼女らと異なっている。社会的な演技者としては彼女はイザドラ・ダンカンに近く、彼女はしばしばアメリカ一番の女性演説家と記され、その活動は私的生活、個人的関係にとどまってはいなかったのである。

ルー

ルー・アンドレアス＝ザロメは、その恋人たちに数多くの輝かしい男たちをもっていたという点で、エマ・ゴールドマンよりもはじめの三人に似通っている。しかしより重要な意味で運命をもった女という、別のモデルに関連し、主としてその相違によって彼女はわれわれの女性たちに光を投げかける。

彼女は本書で論じている女性たちよりもかなり年上であり、エマ・ゴールドマンよりさらに八歳年上で、経歴のはじめはまったくちがった育ち方をしている。少女時代、彼女は机に学生革命家ヴェラ・ザスリッチの写真をしまっていた。彼女自身の野心は精力的で知的で男性的であった。明らかに彼女は男たちの世界へ入ろうとしていた。彼女が初期の恋人たち、ヘンドリック・ジロット、ニーチェ、パウル・レーからしつこく性的に迫られて真に困惑していたふしがある。結婚しても、彼女は夫とまったく性的交渉なしに生活していた。彼のほうは家政婦マリーとのあいだに子供をもうけたが、マリー自身はルーに心酔していた。そして彼が妻に恋していることは変わらなかった。彼女の経歴にはハーディやイプセンの学生主人公を思わせるものがある。とくにスー・ブライドヘッドはルーの初期の人生のテーマを小説にしたものと言える。

しかし彼女の人生の第二段階はエロス運動の思想によって形成されており、まったく異なった帰結を生んだ。たとえば世界大戦が男たちの世界には圧倒的に迫ってきていたにもかかわらず、彼女にとっては他のエロス的女性たちと同様まったく現実性がなかった。また彼女はロシアのボリシェヴィキ革命に反対し、農民たちがこの国をよみがえらせるに相違ないと確信していた。彼女はすっかり変わった。装いも、髪型も、姿全体が女性的になった。それは一八九五年、フリーダとアルマとメイベルが十六歳の年に、ルーはウィーンで恋をしたからである。これはたぶんイデオロギー的な行為であって、彼女の愛情の対象がだれであったかはそれほど重要でないかもしれない。が、その対象の名はリヒャルト・ベーア＝ホフマンであった。彼は神話――とくにユダヤ神話――を復活させようとする詩人であり、原始的なもの、不合理的なものに同じような興味を抱く詩人のグループに属していたので、ルーもそれに参加しようとした。それから彼女は、すでにフロイトのセミナーの一員であったウィーン人の医者ピネレス博士の愛人となった。言いかえれば、彼女は性、エロス主義、神話にたいする関心が高いサークル、当時最高潮にあった「宇宙サークル」に匹敵する思想をもつサークルの中で活動していたのである（彼女のエロス的人生における四人の重要人物であるレー、ピネレス、ベーア＝ホフマン、フロイトがすべてユダヤ人であったことは指摘に値する）。彼女には多くの恋愛事件があったが、彼女はだいたいにおいて素気なく、そして一時的に情熱的になり、ちょうどファニー・ツー・レーヴェントローのように大いなる母《マグナ・マーテル》として、エロス上の主導権を「男性的に」維持していたようである。四十歳をすぎてから子供を産む決心をしたが、のちに決心を変え、必ず中絶が遂行できることを確認した（ところで一九〇二年には、本書でとりあげた女性たちのすべて——エルゼ、フリーダ、ヨハンナ・フォン・リヒトホーフェン、メイベル、ルー、アルマ——が妊娠していたことになる）。そして一八九七年、彼女はライナー・マリア・リルケの愛人となってヴォルフラーツハウゼンに棲んでいたが、エルゼもそこに居をかまえ、そこにフリーダとロレンスが新婚旅行に行っている。リルケは二十二歳、彼女は三十六歳であった。リルケはファニー・ツー・レーヴェントローが私生児ロルフのことをいかに喜んでいるかを書き送り、ルーにもそのような異教の聖母となるべく子供を産んでほしいと頼んでいる。

リルケとの関係において彼女が、フリーダがロレンスにたいして、アルマがフランツ・ヴェルフェルにたいして演じた「大地の母」ないし「愛の女神」の役を演じていたのは明らかである。ルーは彼に、外界すなわち自然の世界とどのようにして直接的で自然的な関係をもつことができるかを教えた。彼女は彼に、どのようにして芸術の人工性から、彼の初期の詩のもっていた気ままな感傷性から逃れられるかを教えた。彼女はリルケを教育したが、それはフリーダがロレンスに教育したのと同じやり方であった。しかしルーはリルケと結婚しようとはしなかった。フリーダやアルマよりはメイベルに近かった彼女は、独立を欲し、女神の役は彼女にとってはやさしいものではなかった。それは彼女にとっては一つの思想であった。ルーが蒼い目をきらきらさせながら、「精子を受けることは私にとって恍惚の絶頂です」と宣言するのが聞こえてくるようである。メイベル・ルーハン同様、彼女はこの思想を理解しており、何時間か、あるいは二、三週間かはこの思想を生きぬくことはできたが、しかし他の二人にはとても及ばなかった。またメイベルとルーとが四人のうちでもっとも頭がよく、文筆に優れていたことも偶然ではあるまい。一九一〇年、エロス運動の実りの時期に、ルーはマルティン・ブーバーの紹介で、『エロティックなもの』という本を著わした。それはエロスの神につかえる女祭司の本、と言われている。その調子は呪文のようであり、語りは神託的である。

エルゼの姉妹関係

われわれはフリーダについて、メイベル・ルーハン、アルマ・マーラー、イザドラ・ダンカン、エマ・ゴールドマン、ルー・アンドレアス＝ザロメをそれぞれ比較したが、ヤッフェ夫人についてそのような著しい人物を見つけ出すことは容易ではない。エルゼに匹敵する人物は、多くを語らず、外からはさりげなく見えるかたちで、多くのエネルギーを費やしていなければならない。それに、彼女自身がきわめて慎重な人であったから、彼女について本人や他の人によって書かれたものはほとんどなく、したがって彼女についてはフリーダよりもずっとわずかしか知られていない。マックス・ヴェーバーの書簡が公刊されれば彼女をもっと正確に、もっと有効に「位置づけ」られるであろう。しかし今の段階でもある程度示唆することは可能である。

ルー・アンドレアス＝ザロメ同様、エルゼ・ヤッフェの生涯は精神の、ガイストの、男性的な世界への憧憬からはじまり、その後、女性に自分自身の世界、〈女〉の世界を創造することを要求する新しい理念に出会ったのであった。ごく一時期、彼女がオットー・グロスの教えに応じたことがあるのはすでに見たとおりであり、自分が「民主的」恋人と恋愛をはじめるのは、あなたの教えを実践しているのですと彼女がグロスに言ったとき、本気でそう思っていたのかもしれない。しかしながらグロスがフリーダに、あのような男とのあのような恋愛は、彼と彼女が代表するすべてのものに暗に敵対しているのだ、と言ったのは正しかった。エルゼが〈女〉の世界の市民になれるはずがなかった。彼女の徹底的な忠誠は男たちの世界、アポロンの世界に捧げられたのであって、あの、自由主義的‐批判的‐改革主義の精神に捧げられ、ある意味で彼女がこのような精神に出会ったその日から、すでに運命は決まっていたのである。思想史のリズムからいって時代を一テンポ外して生まれた彼女は、繰り返し繰り返し見当をつけそこね、知的懸賞を得ようとしては負け馬に賭けてしまう運命にあった。彼女はオットーについて誤り、ロレンスについて誤り、アルフレートについて誤った。皮肉なことに、時代の波に乗っていたのは頭の整理の悪いフリーダのほうだったのである。

エルゼとの比較に耐える女性を探すとすれば、社会的・知的目的のためにつくした女性たち、たとえばアメリカのジェーン・アダムズやフロレンス・ケリーのような女性であろう。マックス・ヴェーバーはシカゴに行ったおりに最初の隣保館ハル・ハウスを訪れたが、フロレンス・ケリーについて母親に手紙の中で、この訪問中に会ったすべての人々の中でもっとも感銘を受けたアメリカ人であると書いている。もしかしたら彼女は、彼の母とヤッフェ夫人の両方にもっともよく似たアメリカ人と言えるかもしれない。「彼女は情熱的な社会主義者で、体制の諸悪をわれわれに明らかにしてみせた」と彼は書いている。

フロレンス・ケリーは一八五九年フィラデルフィアに生まれ、一八八二年コーネル大学を卒業した。彼女はイリノイ州の最初の女性工場視察官となり、一八九三年から一八九七年までこの職を務めた。彼女は一八九一年から一八九九年までハル・ハウスに住み、その後シカゴを去ってニューヨークにヘンリー・ストリート・セツルメントを創立した。その経歴を通して彼女はつねに社会保護立法を促進しており、また一八九九年から一九三二年までの三十三年間、国民消費者連盟の事務局長を務めた。エルゼ・ヤッフェは一九一〇年に書いた女性工場視察官についての論文の中で、尊敬をこめて彼女を引用している。

ジェーン・アダムズについてはもう少しよく知られている。彼女はメイベル・ドッジがフィレンツェで舞台化した文化を、そしてアルフレート・ヴェーバーとエルゼ・ヤッフェがハイデルベルクで社会学化した文化を意識的に拒否していた。彼女にはそうした文化はたんに女々しいものであった。ルー・アンドレアス＝ザロメ同様、ジェーン・アダムズは自分の父親を、倫理的にも心情的にも崇拝していた。彼女は父の世界である善き男たちの世界に入り、それに反抗したことは一度もなかった。大学では、ポール・ロワイヤルが彼女の理想であった。のちに社会奉仕につくすようになった。一八八九年にシカゴに創立したセツルメントにくわえ、彼女は数知れないほどの多くの慈善行為に加わった。彼女は南北ダコタ州、アイオワ州、オクラホマ州、コロラド州、カンザス州、ミズーリ州の進歩党の選挙戦に奉仕した。一九一二年にはシカゴ集会での党の結成に参加し、反戦宣言をさせようと努めた。一九一三年、ブダペストの国際参政権拡張同盟に代表として出席した。ルー・アンドレアス＝ザロメ同様、彼女もトルストイ遍歴をしたが、彼女の人生にエロス運動の局面を見つけるなど問題外であった。

一九二〇年にヴェイチェル・リンジーが『スプリングフィールドの宝庫』で描き出した礼拝堂では、アダムズ嬢は生きた聖人として、エマソンとリンカーンと並んで讃えられている。一九三一年、彼女はノーベル平和賞を受けた。彼女のような経歴はそうした成果を深く尊敬するエルゼ・ヤッフェにとって、一時は夢だったかもしれない。だが、エルゼ自身がそうした称号を受けることを望んだような形跡はまったくない。彼女はどうしても世界救済の信仰といったものに「必要以上に」コミットできないのだった。

彼女の経歴のある面は、むしろベアトリス・ウェッブとの比較を示唆している。ベアトリス・ポターとして一八五八年に生まれた後のウェッブ夫人は、九人姉妹の下から二番目で、もっとも頭がよく、この姉妹たちはロンドンの上層中流階級の恐るべき家族となっていた。社会的反抗と独立独歩の主張にもかかわらず、彼女は自分の家族、すなわち姉妹たちへの感情的絆をずっと保っていた。エルゼ・フォン・リヒトホーフェン同様、彼女も父親に献身的で母親とはうまくいかなかった。しばしば彼女の知人の多くが、彼女は「男性的」であると言っている。彼女はまたエルゼ・フォン・リヒトホーフェン同様に美人で、同様に貴族的で、禁欲的な美しさをもち、ほっそりとしていて背が高くまた誇り高かった。彼女は姉妹が結婚した後も独身であった。そして一八九二年、すでに社会学者ないし社会評論家として名をあげたあとで、シドニー・ウェッブと結婚した。彼女が背が高くほっそりしているのと同じ程度に彼は背が低く、ずんぐりしていた。彼女がエルゼ・ヤッフェにもっとも似ているのはまさにその結婚においてである。

エドガー同様、強度の眼鏡をかけ、無表情な顔をし、肌色がさえず、しゃがれた声をしたシドニーは、夫としてまったく不適格な人物であった。二人の男はともに鼻眼鏡をかけ、小さな目をし、不格好な大きな頭と鼻をもっていた。ユダヤ人であるにせよないにせよ、ベアトリスの友人たちの中でシドニーは、その声とマナーからして、いやマナーのなさからして、とくにコクニー（ロンドンの下町」風に見えた。ウェッブとエドガー・ヤッフェとはだいたい似たような徳性と天分をもっていたように見える。すなわち、まず異常なほど勤勉で知的に能率的で、それが特別な利己心のなさと、自分の感情的要求を無視する性向と結びついていた。シドニーは一度読んだだけでそのページを暗記することができたと言われている。ショーは彼のうちに理想的な協同作業者を、より輝かしい資質をもつ彼自身をうまく補ってくれる完璧な補助者を見いだしたのであるが、それはベアトリス・ポターも同じであった。しかし社交的、あるいは男性としての基準ということにかけては、シドニーはエドガー同様まったく軽蔑すべき人物であって、ベアトリスはこの点に関して情け容赦なかった。

　ウェッブ夫妻とヤッフェ夫妻は、ともに男と女が共同《パー》作業者《トナー》を形成しているカップルであり、精神的天分と社会的目的の相似性ないし相補性の大きさが、人格と容貌の著しい不整合を十分カバーしていなければもたなかった（「牧師の娘たち」の中で、ロレンスとフリーダがエルゼとエドガーについて下した判断は、ウェッブ夫妻にもあてはめて読むことができる）。ウェッブ夫妻とヤッフェ夫妻の相似性は、二つの協同関係の関心が社会学的なものであるという事実によってますます高められるが、しかしウェッブ夫妻がいっしょに仕事をして大きな成功を収め、その影響力が大きかったのにたいし、ヤッフェ夫妻には共著がないようである。ウェッブ夫妻は結婚してからやがて『労働組合運動史』を書き、一九一一年には『貧困の予防』、一九二〇年には『大英社会主義国の構成』、一九二四年には『ソヴェート共産主義』などを出しており、これらはごく有名なもののごく一部にすぎない。

　彼らはまたロンドン州参事会、労働党、フェビアン協会、『ニュー・ステイツマン』の紙面でも大きな影響力を及ぼした。彼らはイギリスの文明構造における、またイギリス文化論における主要な変化をひきおこすうえで、目に見えて圧力を及ぼした。おそらく、ウェッブ夫妻の力がより有効だったのは、彼らが「人道的に」より「極端」であったことと関係があるのであろう。ベアトリスは彼女を知っていた人々の回想記の中では怪物といった様相で登場するが、エルゼについては人々はごく慎重に、彼女は慎重であると語るだけである。この二人の女性の才能には似たところがあり、基本的に気質が憂鬱質で、その結果、読書を通して学習することと、思想と表現を明解にすることにエネルギーを費やしたようである。しかしベアトリスは子供のときからエルゼより極端で、何を犠牲にしてもロレンスの言う「社会的情熱」を満足させることを第一にすると決めてかかっていたようである。彼女は子供を産まず、恋人もなかった。一方エルゼ・ヤッフェの生涯では子供は多くを補ってあまりある存在であった。ベアトリスは結婚に際して、舞台や音楽や芸術にたいする関心をすべて諦めて、ただ一つの方向に献身的に働くことにしたのである。結婚前には、すぐれた男性たち、とくにハーバート・スペンサー、ジョゼフ・チェンバレンとの関係が彼女の人生の重要な部分を占めていた。そしてその後もそうした男性たちと知り合っていたが——もっとも著名なのはショーとH・G・ウェルズである——彼女と彼らとの関係は性的にも社会的にもひどく奇異であった。彼女は自分が「ウェッブ夫妻」であるかのように彼らにたいしてふるまった。ベアトリス・ウェッブとエルゼ・ヤッフェとの関係はイザドラ・ダンカンとフリーダ・ロレンスとの関係に似ており、それは身近な肖像にたいするポスターないし戯画の関係である。

エルゼともっとも近い関係にあると考えられるグループは、結局は彼女が見本としたかもしれないすぐれたドイツ女性たちで、その女性たちの周りに十九世紀はじめのロマン主義運動が結晶していた。つまりドロテアおよびカロリーネ・シュレーゲル、ラーエル・レーヴィン、ヘンリエッテ・ヘルツといった女性たちである。彼女たち全員が知的サークルのそれぞれの中心となり、カロリーネ・シュレーゲルを除いてすべてがユダヤ人でベルリンに住んでいた。彼女たちは思い思いのやり方でユダヤ的伝統を捨て、すぐれた非ユダヤ人の男性との遅くなってからの恋愛が、彼女たちの決定的だが危険の多い、アポロンの信条とアテナの様式への転向をドラマティックなものに仕立てあげている。当時の女性たちにとってそのような転向は危険であったが、彼女たちはそれを用心深いやり方で実行し、青踏派にならず、講演をせず、ごく軽い文筆活動以上に関わることを拒否した。彼女たちは、けっして自らをおとしめずに精神の諸価値に奉仕した。読書をし、ノートをとり、批評し、文学と芸術、哲学、政治のあらゆる領域の主題について短い記事を書いた。しかし公けの場では、男友達にその思想上の名誉を譲ったのであった。

彼女たちは自分たちの文化の中での女性の地位を問題にし、「男尊女卑」にたいして闘ったのであるが、そのスタイルは女性参政権運動のような組織的・戦闘的運動ではなく、またフリーダやアルマのような大いなる母《マグナ・マーテル》の個人主義とも異なっていた。彼女たちは中道をとり、改革派であり自由主義者であって、女神アテナのやり方を代表している。彼女たちは父権制の権威の粗野な形式に抵抗し憤慨したが、男たちの世界の最上の価値――アポロンの支配する知的で想像的な国――は喜んで支持した。

早い時期からゲーテの作品の熱狂者であったということは、彼女たちの位置づけにとって象徴的であり、またそれがエルゼ・ヤッフェとの特別な繋がりを形成している。ゲーテに最大の詩人としての評価を与え、シラーよりもはるかに優れていると最初に認めたのはカロリーネともラーエルとも言われている。この二人とドロテアとがこのゲーテ趣味の原理を自分たちのサークルの事実として確立したのであり、そして彼女たちのグループが影響力のある男たちから成っていたため、彼女たちの位置はドイツ文学史の中で、またゲーテ評価の歴史で重要な分岐点となった。そのことは彼女たちを理解するのに重要であり、エルゼを理解するのにも重要である。なぜなら、ゲーテを崇拝することはアポロンを崇拝することなのだから。

グループの一人一人とは、この面、あるいはあの面で異なっていたから、このグループ全体をひとまとめにしてエルゼとつなげてみるのが最善と思われる。それでも、中でも彼女といちばん似ていたのは、たぶんドロテアであろう。ドロテアは一七六四年にユダヤ人哲学者でレッシングの友人であったモーゼス・メンデルスゾーンの娘として生まれた。メンデルスゾーンは自らキリスト教の美徳を実行してユダヤ人への寛容の態度を引き出した模範的ユダヤ人として有名である。したがって彼女は知的な、またきわめて道徳的な家に育ったのであった。彼女は父親に献身的であったが、早く結婚し、その相手は知的な銀行家であったジーモン・ヴァイトである。彼女は彼を愛したことはなかったが、ヘンリエッテ・ヘルツのサロンでフリードリヒ・シュレーゲルに出会うまでは、ずっと彼のもとにいた。彼女はシュレーゲルより年上で、とても美人とはいえなかったが、情熱をこめて彼を理解し、犠牲的な優しさで尽くしたので、彼は彼女を愛するようになった。そして彼女は夫と離れ、彼の愛人となってイエナに住むことにした。そこには弟ヴィルヘルムとその妻カロリーネ、その他のロマン派の人たちが集まっていた。

カロリーネはおそらく二人のうち知的にも社会的にもより輝かしい業績をもっていたが、彼女もまた女性特有の巣づくりとサロンづくりの芸に長けていた。彼女もまた公けの席で男と競争しようとせず、自分の思想、批判的判断、知識を夫が使うのを許していた。二人の女性とも精神生活に献身的であったが、それを私的な面で実行していた。ドロテアはカロリーネよりも神経質で道徳家的で、カロリーネがしだいにフリードリヒ・シェリングを愛するようになったのに驚いてしまった。ドロテアのシュレーゲルにたいする愛は、彼と結婚していなかっただけにことさら妻らしい愛で、彼のために、奴隷のようにとは言わないまでも、母親のように尽くしていた。彼は気むずかしく不満の多い夫で、彼女は自分がないがしろにされるのに耐えねばならなかったが、それでも彼にあらゆる知的励ましを惜しまなかった。彼女のゆえに、彼のカトリックにたいするより想像的な、美的な興味が（二人の）改宗にまで達し、そして結婚に到達したようである。この意味で、彼の経歴にドロテアは大きな力を及ぼしたが、しかし、それは慎しみ深い「妻の」位置からの内助の功であった。

ドロテアとエルゼ・ヤッフェとの類似性は、二人の結婚ないし人生全体にわたるわけではない。――考えてみれば、エルゼのシュレーゲルにあたる人はオットー・グロスであり、彼女は彼と駆け落ちすることを断わったのであった。類似性はむしろその知的な経歴にある。ロマン主義のグループの女性たち同様、ドロテア・シュレーゲルは、より有名な人たちと話をし、彼らの話を聞くことで自己表現した。ヤッフェ夫人同様、彼女は自分の名でものを出版しなかった。彼女は『フローレンティン』という小説をたしかに書いたが、それは実際には夫の名で出版された。しかし大体において、彼女の知的な仕事はヤッフェ夫人と同様、翻訳が主であった。ドロテアは旧いフランスやドイツのロマンスを翻訳し、またスタール夫人の『コリーヌ』を翻訳した。この『コリーヌ』の翻訳の仕事はとりわけ皮肉である。なぜならば、シュレーゲル兄弟はこの才気あふれるフランス女性の邸宅で何か月か過ごし、その間ドロテアはケルンに残って実務的な問題に取り組まねばならなかったのである（『コリーヌ』は『翼ある蛇』に比較できるかもしれない。そしてドロテアはスタール夫人にたいし、エルゼ・ヤッフェがロレンスとフリーダにたいしてと同じ関係にあったと言えるかもしれない）。ちょうどエルゼ・ヤッフェがアルフレート・ヴェーバーと語りあったように、ドロテア・シュレーゲルはフリードリヒと、宗教的・哲学的・詩的思想について語った。フリードリヒはこのような観念で頭をいっぱいにしながらも、うまく明確に表現できないでいたのだった。何よりも、彼女は自らを家庭生活を通して表現し、はじめの夫とのあいだに生まれた息子たちの教育に大きな努力を捧げた。彼女は本質的に母性的な女性であったが、大いなる母《マグナ・マーテル》のタイプではまったくなかった。それは自己犠牲の母性であった。

　エルゼ・ヤッフェとドロテア・シュレーゲルを並べてみることは二重に興味深い。というのは、ジョージ・エリオットが『ミドルマーチ』の主人公ドロシア・ブルックを創作したときに、ドロテアのことが頭にあったに相違ないからである。もちろん主人公ドロシアは主としてエリオットの胸の中にあった像であるが、しかし、ドロシアという名は、ドロテア・シュレーゲルの生涯のもつ「寛い心をもった」、犠牲的な響きのゆえに、適切と思われたのに相違ない。カソボンはドロシア・ブルックにとってのヴァイトにあたる人物であり、ラディスローはシュレーゲルであった。小説の中でドロシアは、愛、結婚、女性にたいするヴィクトリア朝的態度の最高の権化であり、それはロレンスが反対した精神生活である。* それはつまりは、フリーダが、ヴィクトリア朝の女性像の反対物であり、ドロテア・シュレーゲルとエルゼ・ヤッフェの二人が奉仕した自由主義的な思想の反対物であるということになる。ここでふたたび姉妹の両極性と、そのイデオロギー的対立が出現してくる。エルゼと二人のドロテアのあいだには重要な相違がある。エルゼはより知的で、鋭敏で、確固たる人格をもち、自己をドラマ化することを嫌悪した。しかし彼女はその思想のゆえにドロテ

＊　この点についてはエピローグでもう少し詳しく述べる。

アの姉妹グループの一人なのであり、フリーダがアルマ・マーラー、イザドラ・ダンカン、メイベル・ルーハンの姉妹同盟に加わったとき反抗したのは、ほかならぬドロテア・グループにたいしてだったのである。

4　ヴェーバーとロレンス
——二人の遺産とその変様

まず、ロレンスとヴェーバーは敵だったという決定的な事実をもう一度思い起こしてみよう。二人のあいだには、二人の姉妹のあいだの葛藤のどれよりも烈しい、イデオロギー上の闘いがあった。ロレンスには「反逆者」という一篇の詩があるが、それは敵に向けた宣戦布告であり、ハイデルベルクに、そしてヴェーバーその人に向けられている、と言ってもよいものである。

もったいぶって立つあいつらを見よ
あの青白い顔を見よ
まるでまだ力を発揮できるとでもいうように
青白い顔の権威
女像柱《カリヤテイッド》
空が落ちないようにじっと支えて立っている
白く光る青銅の柱像を見よ
やつらは何という仕事を続けているのか
あの貧弱な理想主義的な額がはげた柱頭を
雲のかかる天のなげしに向けて

この詩ははじめ一九二一年に出版された。おそらく、ヴェーバーが死ぬころの時代について——明らかに大戦後の革命以後の時代について書かれたものと考えられる。ロレンスは血の通わない理想主義をその暗さの名で攻撃したのである。

おれには、すべての顔は暗い
すべての唇は黒ずんで、閉じている……
……
おれには、人は暗やみにあっても、触れられ、見えないが
　身近なもので
磁気をおびた警告の波を発したり、真っ黒な誘いの鼓動を
　送る

だが、おまえたち、青白い顔たちよ
苦痛にゆがみ、表面がざらざらになった柱は、ただのつっ
　ぱった木偶の棒で
おれが動こうとすると必ずおまえにぶつかってしまう
おまえはあっちにもこっちにも立っていて、おれは盲目な
　のだから

おまえたちは目が見えるがおれは何も見えない
目をすえたままの柱像よ

おまえたちを倒さずにおくものか、おまえの居丈高な意見
　を打倒せずにおくものか、今にみよ
おまえの重々しい、屋根でおおった善悪の建物を
おまえのひとりよがりの天を
ひとうちで倒さぬものか、今にみよ

この詩は攻撃の宣言であり、敵を必ず倒してみせるという自負の詩である。

おれは黒い、うごめく天使たちの主となって
それからおれは死ぬのだ

しかし一九三〇年にロレンスが死んだとき、彼は万軍の主ではなかった。彼は信念をもちつづけ、ある意味で勝ち誇っていたが、しかし万軍の主ではなかった。彼とヴェーバーとのあいだの闘いはまだ決着がつかず、まだま だ闘いはつづいていた。そして闘いは以後四十年間にわたってそれぞれの副官によって続けられたのである。

しかし、もちろんヴェーバーとロレンスは互いのみを敵にもっていたわけではない。それぞれの遺産はさまざ

まな方向に展開し、場合によってはヴェーバーの遺産を受け継いだ者がロレンスの遺産を受け継いだ者と共同戦線をはるということもあった。しかし基本的敵対関係はつねに潜在しており、本書が研究の対象としているこの百年間の終わりに近づくにつれて、これから二人の遺産を相続した人たちを研究するにつれて、その影はますます鮮明になってくる。

それぞれの評価

一九二〇年のヴェーバーの死は国民的事件として報道された。多くのドイツ人たちはこれを国民的悲劇と受けとった。ルーヨ・ブレンターノは「悲しみの声が上がったのはその弟子たちのあいだからだけではなかった。……ドイツは、最高の人間の一人を、彼をもっとも必要としていた時期に失ってしまった」と書いた。エルンスト・トレルチは、ヴェーバーは「今日のドイツの数少ない偉人の一人であり、私の生涯で会った天才にふさわしいごくまれな人物の一人であった」と述べた。ゲルトルート・ボイムラーは「神々はわれわれを見棄てた」のであり、「どうして彼がわれわれの指導者でなかったのか？」と書いた。フリードリヒ・マイネッケは晩年の彼をレンブラントの後期の自画像にたとえた。またヨーゼフ・A・シュンペーターはドイツにおける自由の教師、しかも力強い自由の教師であると述べた。

このような献辞は同時代人のうちでも業績と経験の豊かな人々から送られたもので、その中には彼の競争相手も含まれている。もっと若い世代は彼の魔性的な面を強調した。のちに西ドイツ大統領となったテオドール・ホイスは、ヴェーバーの死亡記事を次のように書きはじめた。「年長の人々にとっては、また専門の学者にとっては、彼は経済学者とか、何かそういうものであったのだろう。だがわれわれ若い者にとって彼との出会いは、一人の魔神的人間との出会いであった。彼は人々の上に力を及ぼし、破壊的な怒りの力をもち、客観的な明晰さをもち、そして魅力的な優雅さをもっていた。彼の言うことすべては意味深く、生まれながらのカリスマがあり、指導性と優雅さがあった。そして彼にはまた禁欲的な厳格さがあり、悲劇的な諦観ないし一種の悲痛感があり、それは主観的な意志と感情の情熱を必然性の法則のもとに委ねる種類のものであった。」最近出版された全集には、おそらく十本をこえる若い世代の執筆者による死亡記事が収められているが、そのすべてがホイスのことばを確認している。ここではカール・レーヴェンシュタインのものだけをひいておこう。彼は人間以上のスケールの人格がもつ悪魔的な力について語っている。「その存在の大きさという点で、彼はビスマルク級の人間であった。ビスマルクの仕事を攻撃しなければならなかったということは彼にとっての悲劇であった。」レーヴェンシュタインがこの記事を『ベルリン日報』に書いたのは、一九二〇年六月のことであった。四十四年後、ミュンヘン大学でのヴェーバー生誕百年記念式で、彼は記念演説をおこなっている。自分がはじめてヴェーバーに出会ったとき、ヴェーバーは音楽という領域全体を社会学的射程に入れて考えていた。「それは私にとって一つの転換点であった」とレーヴェンシュタインは言っている。「あの瞬間から私は彼に属し、彼に仕える家臣となった。」彼は公開演説者としてのヴェーバーを描写するにあたって、自分が四十五年前に書いたメモをそのままひいている。「彼が考えこむと、その顔は嵐の前の空のように緊張する。その様子は男らしく、何か絶大な、巨人《タイタン》族のような趣きがあった。彼はその青銅を叩くような響きのある声で淀みなく話し、それはすばらしく堂にいったドイツ語で、一つ一つの語が相互に完全な調和をなし、しかも全体がまったく自然であった。彼の火山のような気性がそこにつねに湧き出してきた。」

この若者がヴェーバーによって男性イメージを復活し強化していたことは十分明白である。そのまた五十年近く後、レーヴェンシュタイン自身の生涯の終わりにあっても、ヴェーバーの強烈な印象は変わっていない。彼は自分が見たヴェーバーの、変貌し、しかも帝王のような死顔について語り、その写真はずっと今日まで彼の書斎の机の前にかかっている、と述べた。バウムガルテン教授もまた、ヴェーバーという人だけは、少年時代にはじめて会って以来ずっと、非常に年上の人に思われる、と私に語ったことがある。今日ではバウムガルテンはヴェーバーよりももっと年長なのであるが、なぜか自分があの叔父よりもずっと年下に思われ、その成人男性という範型にどうしても追いつかない、という感じが残っているそうである。ヴェーバーが父権的精神の英雄なのはまさにこの意味においてであり、それは個人的生涯のみならず政治的にも重要である。

『今日からみたマックス・ヴェーバーの政治理念』の中で、レーヴェンシュタイン教授はヴェーバーの思想とその後のドイツ政治史との関係を辿っている。ヴェーバーはドイツに、重大な危険性をはらんでいた「ドイツ的」理念を排斥する機会《チャンス》を与えたと彼は考えている。悲劇的なことに、この機会は一九四五年まで本気でとりあげられることがなかった。たとえばヴェーバーはプロイセン支配体制を断たなければならないと主張していたのだが、それはヴァイマール憲法下でごく試験的に中止されたにすぎない。これは大戦後現代の西ドイツで完全に遂行されたのであった。それだけではない。彼は諸困難を予知しながらも連邦体制をすすめたが、これも後年ようやく採用されることになった。このようにドイツのその後の歴史はヴェーバーを追認しているのである。レーヴェンシュタイン教授の話はあくまで学問的なものであるが、感情的には一人の預言者について説いている。ヴェーバーの死後五十年たっても、彼はこの権威ある学者と争うのはごく些細な点についてだけである。たとえば、彼はビスマルクに「帝王政治《シーザー》主義」という範疇をあてはめることに反対し（「彼はむしろ一つの固有の型《タイプ》であるといったほうがよい」）、シーザー主義は両ナポレオンにのみあてはめるべきであるとした。つまりレーヴェンシュタインの趣旨は、死後においてもヴェーバーが二十世紀のビスマルクであり、少なくともドイツが生んだ、ビスマルクにもっとも近い人間であった、ということである。ヴェーバーはその理念と人格のゆえに、ドイツの主人であり世話人であった。これが一九六六年になって出版されたレーヴェンシュタインによる研究の暗黙のメッセージである。

　一方、ロレンスの死は、ある意味では広い範囲にわたった世界的事件であったが、しかし一つのニュースに近かった。『ニューヨーカー』にロレンスの死について書いたジャネット・フラナーは、誤った情報と見当違いへの非難をこめて次のように書いている――「他のさまざまな奇癖に加えて、彼は洋服を脱ぐこととクワの木に登ることを好んだ」と。これはマックス・ヴェーバーについてはありえないことである（人々はオットー・グロスとその思想についてはこのような語り方をした）。ヴェーバーの成功とロレンスの成功とは質を異にしていた。これはサー・クリフォード・チャタレイが自分のたんなる文筆家としての成功をふりかえって設けた区別を思いおこさせる。本気に値するのは行動の人のみであった。

しかし、たしかにロレンスの立場を弁護する献辞もあった。たとえば一九三〇年三月二十九日に『ネーション』誌と『アテナエウム』誌に送られたE・M・フォースターによるものである。同じ年、リチャード・オルディントンは『エヴリマン』誌に、ロレンスは「読者に彼自身の心と大地と人間の生とに直接触れさせる天才であった。われわれは警察のスパイと軍隊と弁護士とを呼びいれ、彼がとことん消耗し、追いまわされてついに苦い憤慨のうちに異境に住む身に追いこんでしまった。それはわれわれが永久に恥ずべきことである。イギリスはロレンスに謝罪しなければならないと私は思っている」と書いた（ここでふたたびオットー・グロスを思い出さないわけにはいかない。そしていかなる謝罪が彼にふさわしいだろうかと思わずにはいられない。警察、軍、法律家はロレンツォにとってよりもオットーにとってずっと身近なものであった。オットーにとってそのすべてが父親の中に具現されていたのだから）。

マリは『タイムズ・リテラリー・サプルメント』に次のように書いた。「ロレンスは私が出会ったもっとも優れもっとも愛すべき人物である。彼との接触は直接的で、親密で、豊かなものであった。熱い生命の光が彼から流れでていた。陽気なときには――彼はしばしば陽気で私の覚えている彼はだいたいいつも快活で、喜びあふれた人であった――彼はまわりに一種の官能的な魔法をかけているようだった。」ロルフ・ガーディナーはロレンスの力が「ノッティンガムシャーの暗い、豊饒な力によるもので、それが彼の初期の著作に注ぎこまれ」ていたと考え、一方フリーダはついに彼を、「彼がこよなく愛した」地中海的なものと結びつけるのに成功した。これはロレンスについて奏でられた典型的な調べであった。ヴェーバーが指導者となること、秩序を創ることを約束したのにたいし、ロレンスは生命を、感性的な陽気さ、大地との接触、つまりは秩序と指導性のちょうど正反対のものを約束した。

ロレンスの晩年にロレンスと知り合い、そしてちょうどレーヴェンシュタイン教授やバウムガルテン教授がヴェーバー教授から受けたような刺激をロレンスから受けた男女の若者たちがいた。それはガーディナー、リース・ジョーンズ、ブリュースター・ギセリン、バーバラ・ウィークリーなどである。ホイスやヤスパースに相当するのがおそらくオルダス・ハクスリー、ジョン・ミドルトン・マリで、彼らは自分たちの後半生においてロレンスを「活かす」約束をしたのであり、それはホイスやヤスパースがヴェーバーの遺産を活かす約束をしたのと同様である。そしてもちろん、この四人はみなそれぞれ違ったやり方で、その約束を履行した。

ヴェーバーもロレンスもともに寿命を全うせず、突然死んでおり、ともにその死後、本人の著作と本人についての著作が多量に出されている。刊行は六、七年間続いた、その後は重要な人々の主たる関心から外されて、彼らを崇拝しつづけたのはごく献身的な信奉者たちだけであった。その中でヤスパースとリーヴィスだけは大きな例外で、彼らの著作の強烈さはいわゆる信奉者たちとは別格である。しかし、ドイツにおいてはナチスの到来によって、イギリスにおいては戦争によって、二人の評判は「どうでもよいこと」になってしまった。実のところ、ロレンスはナチスの台頭に一役買っていると糾弾されたことがある。エリック・ベントリーの『英雄崇拝の世紀』（一九四四年）とウィリアム・ヨーク・ティンダルの『D・H・ロレンスとその女、スーザン』（一九三九年）が最低の評判を示しているが、それはロレンスにたいする攻撃の激しさと同じほどにまた、彼らの事実関係の不正確さといい加減な調子の低さでも最低である。これと比べると、対応する戦時中のヴェーバー批判であるJ・P・メイヤーのものは、ずっとヴェーバーを尊重している。

しかしながら大戦後になって、二人が、だいたい同じくらいの時間をかけながら一つの学問領域を特性づける思想的・情緒的な大構造の土台となっていった。実に、それぞれが一つの国民文化の一部をなしたと言っても過言ではない。イギリスにおけるロレンスとアメリカにおけるヴェーバーとは、一世代において社会学および文学を学ぶ者にとって、学界を形成する思想の名前であり、そしてその思想が彼らの個人的な知的スタイルをなし、知性以上のものを含むスタイルを形成した。

一九四五年、マリアンネ・ヴェーバーはエドゥアルト・バウムガルテンに、ドイツにおいても彼を知らない世代がいるので、その新しい世代のために、マックス・ヴェーバーを紹介してほしいと依頼した。その十九年後にバウムガルテンは、ヴェーバーがアメリカに大きな影響を及ぼし、今やマルクス、フロイト、ニーチェと並ぶ世界の古典となったと書くことができたのである。ロバート・マートンの『社会理論と社会構造』では、一九四九年の第一版よりも一九五七年の第二版のほうがずっと多くヴェーバーに言及しており、同じ時期にロレンスに割かれる頁数の増した文学史を見つけることも容易である。一九五〇年から一九六〇年までの十年間はこの二人の人間の影響がもっとも大きかった時期で、知識人の中で興味や模倣が高まったが、学生のあいだではロレンスの人気のほうがいつもより高かったと言えよう。しかし六〇年代になると二人ともにいろいろ問題点が出てきて、先に述べた二人の「思想」にそって仕事をすすめてきた弟子たちの問題点はさらに大きくなった。

二人の評判の最高点であり、かつ問題の到来でもあった時期を画する象徴的な出来事は一九六四年、ハイデルベルクのヴェーバー生誕百年記念祭――それはまたドイツ社会学者協会の第十五回会議でもあった――と、一九七〇年、タオスでのロレンス祭が挙げられよう。この二つの会合は強烈な感情と綿密な思考を生みだし、それがともに必ずしも学問的なものにとどまらず、そしてともに必ずしも当の人物を讃えるものではなかった。

ハイデルベルクには一千人が参集し、三日間の議論と激しい意見の相違、そして不満にみちた結論がつづいた。タルコット・パーソンズがまずヴェーバーを客観的社会学の祖として讃える演説をした。これに応じてユルゲン・ハーバーマスが、ヴェーバーがイデオロギー的葛藤を超越していたとやすやすと言えるパーソンズを「羨ましく」思うと言って、学生たちの拍手喝采を得た。ハーバーマスは、ドイツにおいてはヴェーバーはイデオロギー的にみられなければならない、と述べた。ヴェーバーは総統《フューラー》国家を導入した一人として、またナチスのイデオロギー擁護者カール・シュミットの先駆者とみなされねばならないと。次にレーモン・アロンが演説し、ヴェーバーは政治においても社会学においても権力志向の人間であると述べた。それからヴォルフガング・モムゼンが同じような路線で、「国粋主義的」「帝国主義」といった用語をニーチェ、ホッブズ、マキャヴェリの名をあげながら語った。ヘルベルト・マルクーゼは学生の最大の熱狂をもって迎えられたが、彼はヴェーバーの主要な範疇の価値についてすら疑義をはさみ、これに代わるものとしてマルクス主義的分析を提供した。もちろん多くの有名な学者たち、とくにアメリカ人学者がヴェーバーを弁護した。しかしこの会合は弁護よりも攻撃の目立った会合であった。

ロレンス祭のほうはそれほど大きな規模で企画されも実行されもしなかった。しかしそこにはいくつかの国の代表たちと、ロレンスにたいするほとんどの態度を代表する人たちが含まれていた。F・R・リーヴィス自身は出席しなかったが、彼の精神はキース・サガーによって代表されていた。リーヴィス的立場に対立する重要な意見はブルームズベリーを代表するデイヴィッド・ガーネットおよび学者を代表するエミル・ドラヴネからのみならず、ロレンスを「用いて」、自分を「現代的に」しようとしたロバート・ブライ、また自分はロレンスに感銘を受けなかった、彼は「性に神経質だ」と明言したテイラー・ストールからもそれぞれ出された。この二人は現代の若者の二つの傾向を示しており、一方にとってはロレンスは重要であり、もう一方にとっては重要でなかったが、ともに伝統的なリーヴィス的ロレンスを無視している点は同様であった。新しい思想をもつ若い世代が反応することのできるものと言えば「最初のヒッピー」と言えるようなロレンス像であるが、この人物像は彼の書いたこととはやがて辻褄が合わなくなる。

ハイデルベルクと同様にタオスにおいても、ヴェーバーと同様にロレンスが、古典と化して偉大な死者たちとともに棚にしまわれつつあったのは明らかであると思われる。しかし六〇年代におけるこの相対的衰退にもかかわらず、全体として言えば、ロレンスとヴェーバーは死後も強烈に生きて、われわれすべてに今も影響を及ぼしているということができる。この章ではその死後の生を、それぞれの二人の弟子たちに——ロレンスについてはジョン・ミドルトン・マリとF・R・リーヴィスに、ヴェーバーについてはカール・ヤスパースとタルコット・パーソンズにあらわれたかたちを通して、辿ってみたいと思う。現時点からみると明らかにタルコット・パーソンズとF・R・リーヴィスがより重要であるが、死後の数十年はむしろヤスパースとマリのほうが重要であった。この二人の弟子は偉大な人物と個人的な知り合いであり、未亡人を慰め、支え、死者の人格を自らの思想の一部とすることをはっきりと唱い、そして彼らのほうがより活発で、影響力をもっていた。ある意味では——きわめて異なった意味においてであるが——ヤスパースとマリとはそれぞれの英雄を感傷的なものにし、神話化した。

六〇年代にヴェーバーとロレンスの評判がぐっとおちこむのにつれて、ダダイズムと表現主義、そしてジャン・ジュネ、ノーマン・O・ブラウン、R・D・レイン、ティモシー・リアリーへの強烈な反応がオットー・グロスの「思想」の再生を宣言したことは、けっしてただの偶然ではない（リアリーとレインとはともに、経歴についてもイデオロギーについても、オットー・グロスの現代版であった）。ヴィルヘルム・ライヒの性理論の人気が再燃したのも、事実上グロスの性理論への強い関心にほかならない。ライヒがグロスを知っていたという証拠はないが、かつてグロスがはじめて抱いた使命を、彼が今世紀の後半に伝えたのである。二人はともに心理的健康の根本は政治革命にあるとし、そのまた逆も真であるとした。ライヒはグロスの強制力が沈黙させられたちょうどその時期から活発に動きはじめた。ライヒのオルガスムス理論、性格論、性格分析論はすべてグロスに相当する観念からなっており、彼の母権制の理論（とくに彼の『ファシズムの大衆心理』と『性と文化の革命』において重要である）についてはまったく同じである。グロス同様に彼は、個人生活にも社会生活にも純粋な原初形式がなければならず、そこには矛盾もなく、われわれはそこに帰ってゆけるのだ信じていた。これこそ彼らのアプリオリな原理であり、明らかに彼らの素朴な科学主義と関連している。グロス同様、ライヒもまた、フロイト主義とマルクス主義を結合させようとして、その結果双方の正統派から拒否された。一九二九年から一九三五年のあいだにライヒは六冊の本を著し、双方のイデオロギー的主張を結合させ、一方を他方によって変様させようとした。しかし一九三二年、フロイトはライヒの「自虐的性格」は共産党のために書かれたものだと断言し、一方、一九三三年には『ファシズムの大衆心理』が精神分析運動に依っているとされて、彼は共産党から追放されてしまった。オーストリア共産党がすでに一九三〇年にライヒの社会主義的な性と衛生の診察所を閉所し、一九三二年、ドイツ共産党が出版社に彼の著作の配布を禁止したという事実も救いにはならなかった。それを機にライヒはドイツを離れ、やがてヨーロッパを離れ、そしてしだいに政治から離れていった。グロス同様、彼は政治的行動をとるにはあまりに観念的であった。彼は一九三九年アメリカに渡り、一九四二年メーン州に自分の私設研究所を設立したが、一九五七年、フリーダ・ロレンスの死の翌年に獄中で死亡した。フリーダ同様、ライヒもアメリカがヨーロッパよりもずっと同情的かつ共感的であると感じていた（おそらくグロスもそのように感じたのではないだろうか）。一九六〇年代には、彼の思想はポール・グッドマン、ノーマン・メイラー、スーザン・ソンタグらの支持を得て特殊アメリカ的な様相を帯びてくる。したがって、ある意味ではグロスもまたわれわれの時代まで生きのびているのである。しかしこれは影響関係というよりは、むしろ文化的要因が合致したケースであり、ここで詳しく立ち入ることはしない。

本書では思想家たちの系譜によって論を組み立ててきたが、これとは別の枠組みを構成することも可能である。たとえばD・H・ロレンスを受け継いだ小説家はだれであったか（私ならドリス・レッシングと答えよう）とか、政治家としてのヴェーバーを受け継いだ人はだれであったか（これにたいする私の答えは、ヴェーバーから学んだ人という点ではホイスであるが、ヴェーバー的スタイルで顕著な成果をあげた人という点ではドゴールである）[*]。しかしそのようなパターンを構成してしまうと並列関係と対照関係を立てる可能性が消えてしまうので、ここではその知的相続者のみに話を限ることにしたい。

この二人の思想を並列するのみならず、それぞれの死後に他の人々へ及ぼした影響としての、現代の思想としての、また知的活動の原型としての、彼らの人生の軌跡《カーヴ》を辿ってみたい。私の世代の多くの人間にとっては、ロレンスとは時代を救済しイギリスを救済するものの考え方であり感じ方を意味していた。彼と思いを一つにすることによって、私は自分の国と文化にたいして自分が正しい関係にあると感じることができた。彼において私は自分に強制的に崇拝や忠誠を要求してくるもの（ある特

＊　ヴォルフガング・モムゼンもレーモン・アロンも、ヴェーバーとドゴールを結びつけて論じている。

定の作家とか、制度とか、生き方とか様式など）を拒否することができ、自分の崇拝と忠誠とを自分が選んだものに、自己規定のうちに捧げることができた。私は自ら誇りとしうるような英雄と敵とを獲得した。私はロレンスのおかげで、つまり、ロレンスとリーヴィスのおかげでそれを獲得した。同様におそらく一ドイツ人にとってもヴェーバーが彼らに、個人的かつ没個人的な自己創造の原理を与えていたのではないだろうか。しかしヴェーバーの場合はそれにとどまらず、さらにパーソンズの手を通して、一つの純粋な理解の原理を、つまりいかなる場における、いかなる問題についての行動にも先立つ、一つの明確化の原理を提供していた。それは自己創造の原理ではなく、自己からの逃亡の原理であった。ヴェーバーとロレンスとは、第二次大戦後に自己意識にめざめた知的世代全体にもっとも重要なものを提供した。それ以前の十年ないし二十年のあいだはたんに過去の偉大な人間であった。そして将来ふたたびそうなるであろう兆しがすでに見えている。

ヤスパース

まず、ヴェーバーとは切り離して、ヤスパース自身の経歴と人格を調べてみることにしよう。といっても実はヴェーバーとの繋がりがたえず介入してくることは避けられない。ヴェーバーとの繋がりはヤスパースという人間にとっていかなる意味でも決定的であったからである。ヤスパースはヴェーバーを大いに崇拝し、幼いころから彼を熱心に研究していた。

一八八三年生まれのカール・ヤスパースは一九〇九年、ハイデルベルク大学で医学博士の学位を取得した。当時彼は二十六歳、そのころからヴェーバーの日曜の午後の会に出席しはじめたと思われる。彼はヴェーバーより十九歳年下で、次の世代に属していた。その後ハイデルベルク大学の精神医学科の助手となり、初期の出版物はその医学的経験を中心にしたものである。彼はしだいに精神医学と哲学との境界線に近づき、ついにそれを超えていったが、初期の仕事はのちのちまで彼に影響を及ぼしつづけた。一九一三年の『精神病理学総論』は一九五九年にはドイツ語版第七版を重ね、一九六三年にはマンチェスター大学精神医学科のために英訳された。アンダーソン教授がこの本を「ハイデルベルク学派」の、そして現象学的精神医学の重要教科書として紹介したのである。理性的で、科学的で、多元論的方法において、これは現在でもフロイト的な力動心理学に匹敵し、かつ強力に対立するものである。この精神医学という新しい文脈においても、「ハイデルベルク」というラベルはヴェーバーが社会学において代表したものを明確に代表しており、実際ヤスパースは自著の第一版ですでにヴェーバーの思想のいくつかを使用していた（彼はまたオットー・グロスの著作もひいて、「フロイト的」と言っている）。

時がたつにつれ、ヤスパースは科学に、またとくに近代人の科学にたいする信頼に疑問を抱くようになった。彼にはフロイトの心理学もマルクスの経済学も、全人的な自由と責任からの後退を表わしているように思われた。一方、彼は理性そのものを、少なくとも理性主義を信奉することもできなかった。理性が終わるところから哲学は出発する、と彼は言った。われわれは哲学を生きなければならない、すべての哲学的問題は個人的な問題であるのだから。同時に彼は当代の政治に深い関心をもち、二十世紀の文明が設けた諸制度がなげかける倫理的文化への脅威について深く関わっていた。こうした関心がいっしょになって彼の実存主義の源泉をなしているのである。彼に敵対するさまざまの哲学が冗長かつ感傷的、不正確であると非難した彼の思想と言語のスタイルにもかかわらず、ヤスパースは少なくとも一世代のあいだ、実存主義をドイツの支配的時代の倫理哲学にしたのだった。

子供時代から気管支拡張と心臓の代償不全を患いつづけたヤスパースは、三十代前半で膿血症で死ぬだろうと予想していたと言っている。そのため、彼には疲れること、したがって、力を出すことは健康上危険なものとなるという身体的条件があり、彼は隠遁生活を余儀なくされた。その結果、人々は彼の存在を非常に遠いものに感じていた。このようなわけで、二十四歳でエルンスト・マイヤーに会うまではほとんど友人もなかったが、その後エルンストの妹のゲルトルートに会い、一九一〇年にヤスパースは彼女と結婚した。彼らはきわめて勤勉で、真面目で、敬虔で、内省的なユダヤ人の家系であった。エルンスト・マイヤーはヤスパースと同じく医学博士であったが、彼自身鬱病に悩み、ときに精神病を患うことすらあった（妹の一人は入院しており、ゲルトルートは精神病看護婦となった）。しかし、彼は熱心なヤスパース哲学の弟子となり、ヤスパースの大作『哲学』に多くの詳しい批評と示唆を、その出版間際まで加えつづけた。ゲルトルートも同様であった。この兄と妹とがヤスパースに献げた献身的な滅私の関心を、ヤスパース自身はマックス・ヴェーバーに捧げた。彼らはすべての偉大さ――彼らにとっては倫理的な偉大さを意味した――を、また健康よりは病気に関連するものを愛していた。

ヤスパースの人格は、一九六九年、ヘルマン・グロックナーの『ハイデルベルク図鑑』に鮮明に、しかし批判的に述べられている。ヤスパースが講義のため壇上へ上るのをグロックナーがはじめて見たとき、彼は背が高く、痩せて、傲慢そうに見え、だれの顔も見ようともしなかった。彼の細長い顔は「釘にひっかかっているかのように垂れ下がり、なで肩と前かがみの姿勢が、まだ若い身体を病弱に見せ、まるでぴんと開ききらないペンナイフのようだった」。彼はきちんとしたスーツを着、長い黒い髪は青白い顔からまっすぐ後ろへ櫛をいれられていた。小さな、疲れた目はずっと遠くを見つめ、近くにいる人に焦点が合わされることはなかった。額が広く、顔の下半分は痩せて貧弱であった。全体としてきわめて生真面目でうちとけない講義であった。彼は哲学を精神医学と混ぜあわせていた。彼にとってはこの二つの種類の知識は、ちょうどキルケゴールにみられるように、それがいっしょになったときにその最高潮に達するのであった。

ヤスパースは演習の中でヘーゲルをもちだし、自分はヘーゲルの体系を完全に理解することはできないし、しようとも思わない、自分はアカデミックな哲学には興味がないと述べた。彼は『精神現象学』を一つの知的な獲物と見、そこから自分に興味のある世界観を、生きた人間を性格づける生きた思想を切りだすことができるだろうと狙っていた。彼は枯渇した文献研究に終始するドイツの大学哲学の「近代的スコラ主義」を攻撃した。そしてつねに自分の倫理的不満から批判的で痛烈な発言をした。グロックナーによれば、ヤスパースの注意を惹くのはつねに人間的悪の深みであり、それは多くの哲学者が扱うものの背後にあるものであった。本人も語っているように、彼は生の限界状況――Grenzsituationen に棲んでいた。彼の身体的生すらその苦痛の限界であった。彼は当時、ほんの短いあいだだけしか相手を見ることができなかった。彼は努力のあまり眉をひそめ、見たい人を見るために目を大きく見開くのであった。のちに彼はこの顔面神経痛を克服したが、その代償として、顔をつねにこわばらせ、面を被っているようだった。

グロックナーが知るようになったゲルトルート・ヤスパースは、口を開くまでは目立たない人物であったが、話し出すと熱心で、集中的で、とめどもなかった。彼女はまた、相手を個人攻撃するタイプでもあった。見たところ夫よりも道徳的で、きわめて身だしなみがよく、何でもよくこなし、倹約家の家政の達人でもあり、夫の知的経歴にもきわめて強烈な、党派的なやり方で参加していた。この二人が同席し、さらにそこに彼女の兄エルンストが加わると、一つの大義のために時間もエネルギーをも捧げつくす献身的奴隷のつくる一つの党ができあがった。彼らは永久に審判を下しつづけ、身の周りの人物を分析し、そのほとんどの人々を（グロックナーをも含めて）「耽美家」とか「八方美人」とか「この世的」と言って非難した。これらはすべて当時のハイデルベルクの教授たちが提供していたものと鋭い対照をなしていた。それはリーヴィスがケンブリッジの中につくりだした対照にも似ている。ヴェーバーがそうであったように、そこではロレンスが知的厳正さの裁可の規準となった。一九二九年まで、そして一九五〇年代にふたたび、ヤスパースはハイデガーとともにドイツにおける「時の哲学者」であった。グロックナーはヤスパースに現代ドイツ文学の偏向性の責任があると非難している。

ヤスパースは一九二二年、ヴェーバーの死の直後、ハイデルベルクの哲学教授の地位を得、彼自身の説明によるとこの時点で、ヴェーバーの死を出発点として自分の人生の方向を定めた。彼は一九五六年の『哲学的自伝』の中で「私の課題は今や明らかになった。マックス・ヴェーバーは死んだ。私にはアカデミーの哲学は真の哲学ではないと思われた。……［私の使命は］哲学のすすむ道を見とどけ、偉大な哲学者たちに注意を向け、混乱を防止し、若者たちのうちに真の哲学にたいする関心を促進することであった」と述べている。それがヤスパースの企てであり、それを外側からグロックナーが記述し、内側ではマックス・ヴェーバーが手本となる英雄の役割を果たしていた（この引用の中で「哲学」を「文学」に置き換え、「ヴェーバー」を「ロレンス」に置き換えると、この企てはリーヴィスのものとなる）。

エルンスト・モーリッツ・マナッセは、ヤスパースの思想はヴェーバーとの個人的な交際に由来し、カント、キルケゴール、ニーチェの著作との知的関係によって豊かにされたものだと言った。この三人は彼のヴェーバーとの関係を分析する概念的道具を与えたが、ヴェーバーはこの哲学者たちの一生を自分自身の存在と行為と苦しみの中で「反復した」。マナッセによれば、ヤスパースはその一生を通して、ヴェーバーというソクラテスにたいするプラトン役を果たしたのである。マナッセはこれを「ヤスパースとマックス・ヴェーバーとの関係」という論文に書いたが、ヤスパース自身もこれを支持していると思われる。少なくとも彼は大きな感謝をこめて受けとった。マナッセは、ヤスパースの著作にはヴェーバーが、それと明白に名ざされていない箇所にも現在しているとさらに述べている。ヤスパースはまさに『世界観の心理学』に描かれている「新しいタイプ」、つまり魔物《デーモン》に憑かれたような熱狂型の人間で、限界状況に生きつつ永遠なるものを把握し、客観性を体現しつつも、自己投企の行為によってそれを越えてゆくタイプの原型であった。さらに、ヤスパースの『哲学』第二巻においてあげられたすべての可能性を判断する際に彼が用いている隠れた規準は、実はヴェーバーの哲学的実存《エクジステンツ》にほかならない、とマナッセは論じている。ふたたび第三巻では、一般的な哲学的原理が、ヴェーバーの「絶対否定」およびすべての超越のために必要な「失敗」に関するヤスパースの観念に直接関連している、と。

ヤスパースは就任最初の演説をヴェーバー個人についてしたが、それは実際すぐれた哲学的論文であった。一九二〇年七月十七日、ハイデルベルクの学生たちによって開催されたヴェーバーの告別《トライエルファイヤー》式においての演説である（彼は以前すでに、ヴェーバーを現代の偉大な思想家として『精神病理学総論』の中で引用していたし、またマリアンネ・ヴェーバーはマックス宛ての手紙の中で、ヤスパースがマックスについての一理論を打ち立て、彼を「完全な幻滅にもかかわらず、自らのうちに恐ろしい緊張も外界の矛盾をも含み込み、また創りあげる力をもつ、新しいタイプ」としている、と伝えている）。その演説は厳格な倫理的調子で語られた。ヴェーバーのような人間を讃える唯一の方法は、自ら「彼が可能にしたものの実現のために働くこと、自らの小さな部分を引き受けて働きはじめること」であるとヤスパースは断言した。マックス・ヴェーバーは、われわれの時代を代表する哲学者である。そして彼をそのようにみなすこと自体が、彼がわれわれに残した使命の一つなのである。彼はその出版したものについても政治的行動についても、断片的であった。彼は総合的体系をつくらなかった。彼は知識を諸価値から引き離しさえした。しかし価値を求める情熱は彼のうちに、いやが上にも生きていた。彼は哲学者という観念に現代的意味を与えたのである。「哲学者とは代表《リプレゼンタティヴ》である。時代が何であるかを、哲学者は実体的なかたちで存在してみせる。……われわれはマックス・ヴェーバーが肉体をもった実存的哲学者であることをすでにみてきた。……彼は彼の広い精神の中に、われわれの時代の運命を演じてみせた……われわれの時代の〝人間（*Makroanthropos*）〟は彼の中に個人となって、われわれの目前に立ったのである。」ヴェーバーは、ヘーゲルからヴィンデルバントにいたるあらゆる哲学の体系に反対した。それは、彼が人間には全体とか絶対とかを把握することは不可能であると信じていたからである。しかしヴェーバー自身は、いくつもの断片を熱意をこめて把握することによって、哲学的な実存を他の人に感受しうるまでにしたのである。「それはたんに気性の激しさのみではなかった。理念の激しさであった。……〝精神〟が彼のうちにあり、彼の人生を統制できないものとなし、……彼は魔に憑かれた人生の中に生きていた……。」

しかしヴェーバーはまた個性の追求にも反対した、とヤスパースはつづける。彼にとって自由とは、超個人的な力が成長するための媒体にすぎなかった。彼は預言者のようなポーズをとることを避けるために、積極的に自分の限界を明らかにしようとした。彼はいかなる預言者をも自分でも認めず、また人に勧めたこともなかった。彼が勧めたのはひとえに厳格な誠実さであった。「神の前にすべてはゼロに等しい。しかし意味をなそうとし、使命を遂行しようとするのはわれわれの本性である。さもなければわれわれはまったく無価値である。」今日多くの人は現在を俗なものとして、あるいは少なくとも非聖化されたものとして避け、想像の世界に生きようとする。しかしマックス・ヴェーバーはわれわれに、通常なら過去にのみ帰属させられる偉大さ——善にせよ悪にせよ——に満ちみちた現在を与えてくれるのである。

ヤスパースの講義は真にすぐれた陳述であり、今日読んでも人を把えて離さぬところがある。ジャン・パウメンは一九五五年になってからこの講義をとりあげ、実存主義についての主要テキストであると解説した。そしてもちろん講義当時にも多くの人に注目された。ハイデルベルク大学の哲学教授であったハインリヒ・リッケルトは異議を申し立てた。ヤスパースの『哲学的自伝』の話によると、リッケルトはその演説が哲学的ナンセンスであり、ヴェーバーの精神に合致しないのみならず、そもそもヴェーバー自身が、他のいろいろな意味で偉大であったが、哲学的には未熟であったと語ったそうである。リッケルトはさらに、哲学的にはヴェーバーは死に到るまで、自分の、つまりリッケルトの弟子の一人にすぎなかったとヤスパースに言ったそうである。ヤスパースの話には誇張がありそうだが——彼はつねに神話づくりの名人であった——しかしリッケルトとヤスパースのあいだに、激しい、生涯かけての争いがあ、っ、たことは確かで、そしてその争いの種であり象徴であったのがヴェーバーであった。リッケルトはきわめてすぐれた新カント学派の学者であり、ハイデルベルクの大講談哲学者の最後の一人であった。彼はヴェーバーの友人であり、実際彼を尊敬していたが、しかしヤスパースが建てつつあった不明瞭な新しいヴェーバー崇拝制度によって、自分の存在価値のすべてが捨て去られるという状況を受け入れるわけにはいかないと感じた。アカデミズムに反対する学《アカデミック》者で、哲学的体系に反対する哲学者であったヤスパースの深い共感が向けられたのは、病める天才たちであり、ストリンドベリとニーチェに、ファン・ゴッホとキルケゴールに向けられた。これらの人物は彼の預言者であり、これらの人物の精神が、自分の生きている空間と時間の中に、マックス・ヴェーバーとなって具体化されるのを見たのであった。

リッケルトはもともと自分自身の人生を快適と感じ、自らの生きている時代と場所とを快適な用語で解釈する種類の人間であったらしい。彼は厳格さを自分の哲学のためにとっておき、哲学世界とそうでない世界とを別々に生き分けていた。複数の世界を併行してもつという点ではリッケルトはヤスパースよりもヴェーバーに近い。ヤスパースはあらゆるものを同じ倫理的・知的厳格さの中に融合しようとしていたからである。しかしヤスパースが指摘したヴェーバーとリッケルトとのあいだの大きな相違は、まったく正鵠を射ていた。ヴェーバーにとって世界の分離はけっして便宜や快適さのための手段でなく、闘いでありドラマであって、最高に緊張した自決の感覚を含むものであった。ヤスパースがこの相違を指摘したのみならず、相違は決定的であると判断したことも正しかった。ヤスパースのヴェーバーの扱いは彼を（今日用いられる意味合いでの）「関係ある人《レレバント》」にし、リッケルトを「関係ない人《イレレバント》」で、戦後のドイツについて何一つ言うことのない、ヴィルヘルム下の学界の人物とする。リッケルトは専門的な学者政治家であって、ヤスパースがハイデルベルクの第二の講座の教授の椅子を得ないよう、できることすべてをした。哲学科の中のだれかを必ず対立候補に立て、ヤスパースは哲学者であったことは一度もなく、これからもけっしてならないだろう、ただの遅すぎたロマン主義者であるという噂を広めた。リッケルトが時に礼節を示しても、敵意は明らかであった。彼はヤスパースの『ニーチェ』を祝って、これは「こう言ってよろしければ、学者的著作であります」と述べたものである。

一九三二年、ヤスパースは長い論文『マックス・ヴェーバー、政治家にして研究者、哲学者』を出版したが、それは危機にあるドイツに自国の真の叫びを思い出させるために書かれたものである。「彼［ヴェーバー］は現代の人間であった。彼は自己欺瞞に陥ることなく、現実を直視し、その誠実さの中に自分の生を動かす原動力を自覚し、そして絶望を回避することを自らに許そうとしなかった。」戦後に出た再版の序文でヤスパースは次のように述べている。「第一次世界大戦前のドイツの多くの人にとって、マックス・ヴェーバーは人間の偉大さを具現する男であった。人々は彼を信じ、彼の示す方向に従い、そして相手を高揚させ、育成すべき正統なものを育てる愛をもって、彼を愛したのだった」と。ヤスパースがヴィルヘルム体制のドイツでいかに居心地が悪かったかは明らかであり、したがって彼がいかにヴェーバーに感謝したかは想像がつく。ヤスパースはヴェーバーよりもっと単純な意味で時代に矛盾する精神であった。一九三一年に出版された『現代の精神的状況』の中で、彼は一般的な文化の低下を嘆き、少数の最良者たちを救う運動を呼びかけている。彼は自分が進歩と機械と大衆とに敵意を抱いていることを認めた。彼の熱情のすべては今、ここでは成功しえないものに向けられていた。あらゆる種類の俗な自己満足は彼にとって唾棄すべきものであった。ヤスパースに言わせれば、ヴェーバーはわれわれの時代の失敗の意義を一身に背負って神々しく立っていた。それはドイツ文化の敗北であり西欧文明の敗北であった。その敗北の後光が彼の身に射している。そのような敗北とはまさに勝利なのである。無条件的存在のもつ透明さをもって、ヴェーバーは他の人間が彼を通過して自らの存在を所有するに至る道をたすけるのである。

一九三二年はまたヤスパースの三巻の大作『哲学』の年であり、これは彼が実存主義に体系的に取り組んだ大作であった。彼は実存《エグジステンツ》を生の限界状況の経験、すなわち苦難、苛責、闘争、死をふくむ体験であると定義した。そしてここから選択の自由と伝達の可能性とが生まれるのであった。具体的な人生においてそれが何を意味するかと言えば、その実例は言うまでもなく、マックス・ヴェーバーその人である。一九三七年、ヤスパースはナチスによって教授資格を剝奪されたが、理由は一つには彼の政治的意見であり、もう一つには妻がユダヤ人である点であった。ナチスが権力を握っているあいだ、ヤスパースはきわめて隠遁的な生活をハイデルベルクで送っていた。この期間を彼は聖書の研究に捧げたが、その同じ時期にアルフレート・ヴェーバーはギリシア悲劇に捧げていた。一九四五年、ヤスパースは連合国の手で復職し、ハイデルベルクの医学部の再開に際して就任講演をした。彼は、かつてヴェーバーその他が、戦後のドイツの新しい政治をいかに規定するかを論じていた雑誌『変革』に論文を送った。ヤスパースはドイツ人が戦争にたいする罪を認め、自浄することに関心をもっていた。

一九四六年、彼は『責任問題』を出版し、大学の名誉理事に選ばれた。二年後にバーゼル大学の教授の地位を提供され、晩年をそこで過ごした。彼はあくまでマックス・ヴェーバーを時代の英雄とし、とくにドイツにとってはメッセージをもたらした英雄であるとした。実際彼自身、そのメッセージを語りつづけた。アルフレート・

ヴェーバー同様、歴史と悲劇についての哲学‐倫理的テーマを論じたが、それと同時に当時の政治的問題についても、記事を書いたり放送したりした。彼はハイデルベルクの立場から「ボン共和国」を批判し、その過程で多くの論争をひきおこした。彼は今もマックス・ヴェーバーの精神の中に生きていた。

一九五六年、『哲学的自伝』の中でヤスパースは次のように明言した。「マックス・ヴェーバーが死んだとき、私にとっては世界が変わってしまったかのようであった。私の意識のために、この世界を正当化し、生命を与えてくれた偉大な人間はもういない。……マックス・ヴェーバーという権威は審判を下さず、責任回避を許さず、しかし人に勇気を与えた。……今や、絶対の信頼がおける、しかし直接には表明されない、理性的な議論の権威の場であった控訴院が消えてしまったかのようである。……」そして一九五八年、一九三二年の論文を再刊した際に、ヤスパースは「彼はわれわれの時代の最大のドイツ人であった。私はこの確信をもう半世紀ももちつづけている」と語った。

ヤスパースがドイツ平和賞を受けてその経歴に光を添えた同じ一九五八年に、ヴェーバーの『政治論集』の新版があらわれた。当時西ドイツ大統領であったテオドール・ホイスがこれに序文を書き、ヤスパースはさっそくこれにたいして厳しい手紙を書いた。実際多くの人がこの序文についてホイスに手紙を書いたが、その中には「価値自由」の説を攻撃し、それとともにヴェーバー自身をも攻撃したT・W・アドルノもいた。ヴェーバーはもはや前衛のための知的英雄ではなくなっていた。しかしヤスパースは熱狂的信奉者でありつづけ、ホイスはヴェーバーを通常の政治家とではなく、クロムウェル、ビスマルク、カエサルと並べて論じるべきであったとした。「マックス・ヴェーバーは、こういう表現を使ってもよければ、運命によって遣わされた者であり、彼によってドイツの政治家たちは自分たちが何者であるかが試され、そして何者でありうるかが思い起こされたのである。私にはそのような存在であると思われる。が、ドイツ人はこのことに気づかなかった。」今日でもなおヴェーバーはドイツ人の教師である、とヤスパースは主張する。ヴェーバーのみが、権力の重大さと政治思想の倫理にたいするドイツの共感を目覚めさせることができる、と。ヴェーバーを紹介するにあたって、今日のドイツを十分に糾弾しなかったと言ってヤスパースはホイス大統領を責めたのである。

明らかにヤスパースはヴェーバー「から多くをひきだし」、また別の面では彼がヴェーバーの神話化に一役買っていたのは驚くにはあたらない。彼はマリアンネ・ヴェーバーに、ヴェーバーのイメージを損なうような情報は極力抑えるようにと忠告した。ヴェーバーの晩年の手紙のうちの一つは、ドイツの戦争記録を調べる帝国委員会におけるユダヤ人の数についてであった。ヴェーバーは委員会の中にあまり多くのユダヤ人がいるのは望ましくない、それによって右翼の反動を挑発するから、と考えたのであるが、そこで使った用語が反ユダヤ主義的であったと言われたのであると。ヤスパースはまたマリアンネに、ヴェーバーがヤッフェ夫人との関係で彼女を裏切ったはずはないとうけあった。実際にはヴェーバーが関係をもったのはヤッフェ夫人だけではなかったのである。中でも著しいのは、ヤスパースはマリアンネに、ヴェーバーが精神分析のために書いた、自分の神経症の兆候についての説明を破棄するようにと忠告した。それはどうやら貴重な記録だったらしいのだが、現在残っているのは、自分の不眠は、射精をコントロールできないのではないかという不安と関係があるという叙述で、そうした不安はマリアンネを相手にしたときの彼の不能を考え合わせると、きわめて辛辣である。この上ない道徳家であったヤスパースも、これに関しては政治的動機がはたらいて、ナチスの手にこのような資料が渡ったらたいへんだと考えたのである。

ルートヴィヒ・クルティウスがハイデルベルクのヤスパースについて述べていることは、グロックナーの言と符合している。彼はヤスパースの知的スタイルは冷徹で、私生活は修道院暮らしのように厳格であったと述べている。ゲルトルート・ヤスパースはその熱心さのゆえに「小さな炎（das Flämmchen）」と呼ばれていたという。クルティウスはヤスパースが現代の聖人であると感じたが、その思想は論理的にもう一つのジュネーヴ、もう一つのカルヴィニズムへと進むべきもので、自分の性に合わないと感じていた。アルフレート・ヴェーバーはクルティウスの友人であったが、同じ意見をもっと強烈に抱いていたと考えるべきであろう。二人は闘うハイデルベルクの指導者の双璧をなしていたのではあるが。彼はヤスパースに個人的な共感をまったくもたなかったようである。アルフレートはいまだにある種の「生の哲学」的思想をもちつづけており、マックスが主聖人であるような宗教の祭司にはとてもなれなかった。

にもかかわらず、アルフレート・ヴェーバーとカール・ヤスパースとは、ドイツがその根源から立ち直り、厭わしい過去を贖い、長らく抑圧されてきた国民的性格――すなわちハイデルベルク的性格――を前面に押し出すために、協同して働いた。思えばハイデルベルクの四人――アルフレートとマリアンネ・ヴェーバー、エルゼ・ヤッフェ、ヤスパース――が、ナチスの統制下、戦争、ドイツの再建、五〇年代を通して、そしてヤスパースとヤッフェ夫人はさらに六〇年代を、ずっとマックス・ヴェーバーのことを考えつづけて生きたということは瞠目すべき事実である。彼らはヴェーバーの死後四十年、五十年の長きにわたって、ドイツと文化のために働きつづけ、その大問題をつねにヴェーバーの下した判断のもとに考えつづけた。ヤスパースは自分と妻とが大問題にたいしてつねに、「マックス・ヴェーバーなら何と言っただろうか？」と考えたと言っている。心情的には、アルフレートはもちろんヤスパースとはひどく違っていたであろうが、それでもこの四人が四人とも、ドイツと文明のために働くときに、マックス・ヴェーバーを考えていたのである。そして彼らのした仕事は重大であった。彼らこそハイデルベルクだったのだから。ここでロレンスをふりかえってみると、タオスで生活しつづけた女性たち――メイベル・ルーハン、ドロシー・ブレット、そしてフリーダ――は全員が何らかの意味でロレンスに恋しつづけていた。しかし、そのうちのだれも、アメリカのために働いてはいなかった。リーヴィスとマリはロレンスが述べ、ロレンスがそうであった意味において、イギリスのために働いたと言えるが、エリオットとラッセルはそれに反対した。しかもその四人が、一つの町にドラマティックに集中するなどということはなかった。イギリスにはハイデルベルクはなかった。

ヤスパースがマックス・ヴェーバーをいかに多面的に用い、彼からいかに深い霊感を引き出したかは明らかであり、またそれがタルコット・パーソンズによる解釈とはまったく異なっていたことも明白である。そして読者はヤスパースと「ヤスパース党」とが、その精神的気質においていかにF・R・リーヴィスに似ているかにすでに思いいたっておられることであろう。リーヴィスはロレンスからその生涯の使命を受け取り、ロレンスの名においてケンブリッジの学者仲間との激しい論争を続行した。そしてロレンスの生涯と作品から一つの道徳哲学を構成し、それが何世代もの学生を夢中にさせた点で、まさにヤスパースがヴェーバーについておこなったこととそっくりである。カルヴァン派党員の強烈さと、あの、反学者的な学者としての経歴が、この二人のうちに完全に発揮されている。リーヴィスはマリよりももっとヤスパースに似ていた。

マリ

にもかかわらず、私はヤスパースのヴェーバー崇拝をマリのロレンス崇拝と重ね、ユダ像をパトモスのヨハネと重ねてみると啓発されるところ大であると考えている。年代的にも、マリの作品はヤスパースの作品とだいたい対応している。マリのロレンスについての主著は一九三一年、ロレンスの死の直後に出ており、ヤスパースの告別演説がヴェーバーの死の直後であるのに呼応している。それはたしかにきわめて異質なものであったが、同じほどに顕著な作品であった。『女から生まれた者』の中で、マリはロレンスの生涯についての物語を新約聖書の物語と並べて描き、それを強い共感と真剣さをもって語っている。しかし彼の下した診断の重要なポイントは、ロレンスの性的異常、つまり彼の半‐不能と半‐同性愛であり、そしてその異常な傾向を自分からも世界からもどうしても隠さねばならぬということであった。「この男は実は性とは何の関わりもなかったのだと思われる。彼は生まれつきの聖人であった。……母親が死ぬ以前にロレンスに備わっていた、本物の、ひたむきな情熱は、女にではなく男に向けられていった。」実にこの本が暗黙に伝えようとしているのは、ロレンスが実は著者のマリ自身に恋をしていたということである（もちろん、同じようなメッセージはマリの別の本の中にも含まれており、他の人々についても言われている。彼はイギリスの文壇の大いなる恋人であった）。マリのみたところ、ロレンスはわざと自分をイエスの反対のタイプの人間と見立て、自らの運命に反抗した。そしてマリのロレンス解釈は「死んだ男」でクライマックスに達する。なぜならこの話でロレンスはついに自らをイエスの位置におき、復活についての彼自身の解釈を下したからである。マリは後にロレンスの教説がたんなる天邪鬼ではないことを認めたのだが、それでも一九五四年に『女から生まれた者』への新しい序文で、ふたたびロレンスについてのこの解釈を繰り返している。しかし、それでもマリにとってのロレンスは、当代の天才にほかならなかった。「ロレンスを通してわれわれはわれわれ自身を知る。それ以前には人間が自己をそのようなやり方で知ったことはない。」これはヤスパースがヴェーバーについて語ってもおかしくないことばである。

マリのロレンス解釈は、その著書にしても回想録ふうの記事にしても、周囲に非常な興奮を惹き起こし、とくにロレンスの友人や弟子たちのあいだには非常な怒りを惹き起こした。キャサリン・カーズウェルは自分でもロレンス回想記『野蛮な巡礼』を書き、そこでマリを悪者に仕立てた。彼女はマリが『アデルフィ』に掲載した「D・H・ロレンスの思い出」の中の多くの事柄を攻撃し、事実を曲げているとまで言って非難した。マリは彼女こそ事実を曲げていると反論し、自分の主張の論証に成功した。『野蛮な巡礼』の出版社はすでに二千部売れたあとでこの本を絶版にし、一方マリは『D・H・ロレンスの思い出』を本にまとめて出版した。そこには、『アデルフィ』の記事、カーズウェルの異議にたいする反論――それはもとの記事と同じくらいの量があった――、さらになぜ彼が『女から生まれた者』の中でロレンスを「破壊」しなければならなかったかを説明するきわめて感情的な論文、それに（彼の存命中は攻撃しなかったことを実証するための）ロレンスの著作についての自分の書評のすべてが含まれていた。それは言うまでもなく、ロレンスをめぐる浅はかでスキャンダラスな興奮をさらに昂める結果になり、ある意味でT・S・エリオットの非難と嫌悪を正当化することにもなったのである。同じころマリは、リヴァプールの大学から奨励金を受けてブレイクについての本を書き、またキーツについても書こうとしていた。批評家としての、また学者としての彼のキャリアは今や確固たるものにみえた。しかしもっと深層では、マリの批評家としての経歴《キャリア》はロレンスとの出会いによってすでにうち砕かれていた。なぜなら、そのとき彼は共同体を建設し、そこの精神的指導者となる実験をはじめたばかりだったからである。ロレンス以後のマリは、たとえ文芸批評家の第一人者となったとしても不満であった。彼は英雄になるはずだった。

否、あるいはマリがたんなる批評活動に満足できなくなったのは、ロレンスよりもずっと以前の、ドストエフスキーとの出会いであったというべきかもしれない。彼の一九一六年のドストエフスキーについての著作は偶像破壊であり、その文体はひどく「宗教的」であった。しかし彼はその精神的冒険からすでに回帰していた。一九二一年の『文体の問題』は、T・S・エリオットの『聖林』に負うところの大きい、古典的批評への復帰であった。マリはふたたび文人となったが、今度は厳しい知的なスタイルに変わっていた。しかし一九三一年以後、彼の主たるエネルギーは、文学鑑賞ではなく、生の形式を変えることに注がれた。そのときまでにロレンスが、文学以上の何ものかを代表する者としてドストエフスキーにとって代わっており、その後のマリの著作の中でドストエフスキーの占める役割はずっと小さくなっていった。マリの生活のスタイルはロレンス風になった。もはや肺病の乙女とは結婚せず、農場に生き、エロスと結婚とを説いた。もはやロレンス以外のだれのユダも演じようとしなかった。彼が『思い出』の中で、『女から生まれた者』を書くことで古い自分を捨て、ロレンスが自分に与えようとした真実を受け入れたのだと主張する権利は十分ある。

すでに本書では、マリの人柄の変化とロレンスへの改宗について、彼のフリーダとの関係および彼の恋愛生活、つまり彼の私生活に関するかぎり、論じた。ここでは、批評家としての彼とロレンスとの公的関係に関して述べたい。

ユダ的関係の本性からくる多義性を認めたうえでも、マリの初期のロレンス解釈のもつ変則性、ないしときにみせる意識的回避には驚くべきものがある。ちなみに彼は作家としての、つまり小説家として、あるいは詩人としてのロレンスを書かなかった（それはドストエフスキーについても同様である）。これは注目すべきことである。なぜなら、彼はキャサリン・マンスフィールドを書簡作家または文士として見るとともに、範型的な名文家かつ小説家として書いているからである。彼は彼女についてキーツを語るのと同じ用語で語り、明確に二人を重ね合わせていた。一九二一年、まだ彼女の存命中に、彼女の作品の中の文章を手本として引いている。ところが、ロレンスの文章についてはまったくそれをしていない。彼はロレンスをひとえに精神の開拓者と呼び、一方では彼を高く讃えながらも、彼とある種の対決をすることを避け、たとえば文芸批評という、マリが自身の専門として真剣に考えている領域から彼を閉めだしていた（一九二九年の『神』の中で、マリはロレンスを「基本的に宗教的天才である」と記した。彼はこの本そのものが本来「ロレンスによって書かれてしかるべきものである」が、しかし書かれなかったのはロレンスが自分とイエスとの類似性を認めようとせず、深いところにあるドストエフスキー的なキリストとの関わりを認めようとしなかったからである、と述べている）。彼の著作の中でのロレンスの扱い方は、彼が実生活で顔と顔をつきあわせたときのロレンスの扱い方と完全に呼応していた。彼は、たとえばマリとキャサリンの関係についてロレンスが言ったことに当惑し、びっくりしたと明言している。ロレンスには自分の理解を越えた直感と倫理的原則があった、と彼は言っている。それはロレンスが述べた意見についてのマリの感想であるが、われわれからみると、ロレンスの意見がそれほど理解を越えているとも思えない。どうやらマリは、ロレンスが彼に言ったことの多くを理解したくなかったのではないか、と思わざるをえない。ロレンスにきちんと耳をかたむけることをしたくないばかりに、このようなおおげさな敬意を払ったのではないか。

マリがロレンスという人間について書くときも同様であった。書評の中ですら、マリは彼を個人的友人であるが、また「人間的なものを超えた人」でもあると書いている。はじめの友人という部分の調子は、一種の戯れである。『チャタレイ夫人の恋人』についての書評で、彼はロレンスがあらゆる「接触」を性と同一視しているといって咎める。「この瞬間、彼の本を通して私は本の中に潜んでいるロレンス氏に触れているではないか。明らかに私は彼に触れている。私の手を彼の腕におくよりももっと親しく――。」後半分についての調子は高揚し、畏怖の念にうたれている。たとえば『神』の中で彼は、「この私は自分が実はキリスト教の創始者に似ていると突然発見したりする恐れはないが、しかしD・H・ロレンスには明らかにそれがある」(マリは一九二五年から一九二九年にかけてイエスについての本を出版しているが、同時期にロレンスについても書いていた)。二つの調子を結びつけると、彼がロレンスについて肯定的に述べている部分は結局は個人的心情の吐露である。もっとも彼の誠実さにはそれを台無しにしてしまう曖昧さがあるが、ともかくマリが本気でそう言っていることは確かである。実際、一九三一年の作品のタイトルが示すように、彼はロレンスについての一つの最大の真実をとらえたかにみえる。われわれの図式に従えば、次のように言えるだろう。ヤスパースがヴェーバーを「男から生まれた者」と見、精神と正義の権化と見たのにたいし、マリはロレンスを「女から生まれた者」と見た。ただしロレンスを愛と豊饒の権化とは見ていなかった。彼が「女から生まれた者」と言ったのは、主として彼がモレル夫人の息子であり、エディプス・コンプレックスに悩んだ息子という意味だったから、その点で彼は決定的なものを見ていなかったと言わねばならない。

ロレンスについてマリが見落とした点は少なからずあった。それはマリがエロス運動をまったく理解できず、エロス主義とまともに対決したことがなかったからである。自分自身で愛の宗教を打ち立てていた彼は、もちろんロレンスとフリーダが言ったこと、したこと、彼らがそうであったものに深く反応し、高揚させられていた。しかし、彼自身がよく言っていたように、彼には二人がわからなかった。けっしてその教説が知的に理解できないというのでなく、彼自身の想像力のエネルギーがまったく逆の企てに費やされていたからである。後になってもまだ彼はロレンスと闘い、彼を否定した。一九四四年の『アダムとイヴ』で、彼は書いた。「何年も何年も、たしかにあらゆる状況証拠からしてロレンスが正しく、自分がまちがっていたように思われた。それでも、私の魂の奥深いどこかで、どうしても私には譲れないのだった。もしも、ロレンスと周囲の状況が共謀して私から剝ぎ取ろうとしているものをひとたび譲ってしまったら、私の内奥の核が崩れてしまったことであろう。」自己を無にするのはよい、しかし自分に背くことはできない。彼の真実とロレンスの真実とはなおも対立したままであった。

しかしながら、マリの書いたり話したりしたことは、それなりにロレンスの評判を高める宣伝効果があったことは確かである。彼は一般庶民に人気のある堅い作家であった。文化的権威の外側にいる多くの人々、労働者階級の聴衆たち、とくにイングランド北部の非国教徒やカトリック教徒などは彼の「宗教的」誠実、反主知主義、反審美主義の心情に反応を示した。一九二三年の『アデルフィ』誌のための趣意書の中で、彼は「われわれはもう芸術には吐き気をおぼえる」と述べ、この雑誌には書評とか高踏的なものはいっさい掲載しないと約束した。第二次大戦中ですら彼の本は何千部と売れていた。当時彼の評判は、正統派の体制側にも、文学的前衛側にも最低だったにもかかわらず。彼はヤスパースが占めていたような、ロレンスのために自由に使える国民的地位といったものを占めたことは一度もなかった。たしかに一九三四年、レイナー・ヘッペンシュタールは『ミドルトン・マリ――卓越した通常性の研究』によって彼をイギリスの知的指導者に仕立てようとしたが、弟子としてのヘッペンシュタールはヤスパースの弟子のハナ・アーレントと比べてずっとその比重は小さかった。にもかかわらず、マリが影響を及ぼしたことは事実である。マリの著作のおかげでロレンスはイギリスで、たとえばアメリカの文化の中ではけっしてそうではなかったやり方で、大作家となりえたのである。これはある意味でマリの業績を計る尺度ともなる。筆者自身ロレンスに出会ったのはマリを通してであって、リーヴィスを通してではなかった。

つまり、筆者は人としてのロレンスないし伝説のロレンス、つまりマリの友人としてのロレンスに出会ったのである。ロレンスの著作との学問的な出会いを強化したのはリーヴィスの仕事であった。しかし筆者が、ロレンスはすぐれた精神であり、たとえばブレイクと並ぶような人物であろうと考えたのはマリによっている。マリは自分の結婚理論を完成させるのにブレイクとロレンスを援用している。公開された彼の実際の結婚も、ロレンスに多くを負っていた。すでにみたように、彼ははじめベティ・コケインを妻に選んだが、それは彼女が〈女〉であるというロレンス的根拠によるものであった。また長い喧嘩のあとで、「D・H・ロレンスを完遂すべく」彼女とのエロス的和解を図り、彼女とのあいだに子供をもうけて、ロレンスにちなんでデイヴィッドと名づけようと決め、実際にそうしたのである。マリは自分自身の人生にロレンスを作用させることを通して他の人々をロレンスに心服させたのであって、それはもっとずっと謹厳なかたちでヤスパースがヴェーバーのためにしたことにも匹敵している。

ヴェーバーはヤスパースを権力政治と国民主義《ナショナリズム》とに真剣に取り組ませ、それによって彼の人生を変えてしまった。ヤスパース一家はもともとプロイセンとビスマルク帝国を憎み、彼自身反政治的に育っていたのである。ちょうどそのように、ロレンスもまたマリを性と官能的愛とに真剣に取り組ませることで、マリの人生を変えてしまったのだった。こうした反応は典型的なものであって、ヴェーバーは同じような効果をフリードリヒ・ナウマンにも惹き起こしていたし、ロレンスは同じ影響をオルダス・ハクスリーに惹き起こしていた。結局のところヤスパースはヴェーバーの新しい教訓を、他の、より正統的な精神的教説と結びつけたのであり、マリもおなじくロレンスの教説を他の教説と結びつけた。その長い、内的矛盾を感じない生涯の終わりまで、ヤスパースは自分の知恵をうまく総観的にまとめるのに長けていた。少なくとも一九五六年の興味深い論文の中でエドゥアルト・バウムガルテンはそう述べており、そこで彼は、ヤスパースが実はこのようにしてヴェーバーへの忠誠を裏切っているのだと責めている。バウムガルテンはヴェーバーの甥で、彼の知的相続人の一人でもある。したがって彼のヤスパースにたいする非難は、ロレンスの遺産についてのマリとハクスリーとのあいだの相互非難に比べることができよう。バウムガルテンの論ずるところでは、ヤスパースの思想の隠れた核心部は、実はカントとゲーテの対照であり、かつてそこでカントに有利に下された裁断にほかならない。なぜならカントはヤスパースと同様に根本的悪を信じていたからである。しかし、とバウムガルテンは主張する。このような根本悪に専念することは、そもそもヴェーバーの精神に悖ることであって、ヴェーバーがもしこのような対照を前にしたら、そう簡単にカントを選び取りはしなかっただろう、と（同じような非難をマリに向けるとすれば、彼がしばしばシェイクスピアとミルトンを対照させ、その「生への服従」のゆえにシェイクスピアをとったことであろう）。

しかし、この二人の弟子のあいだに相違点があったことはもちろんである。ヤスパースと違って、マリは自分の人生の中で自分の英雄への厳密な忠誠を実現しようとしたり、主張したり、あるいはそれと同値のものを探し求めたりしたことはなかった。ヤスパースがヴェーバーの性的問題を隠し通そうとしたのにたいし、マリがロレンスの性の問題を誇張したのは典型的である。ヤスパースのヴェーバー礼賛の弔辞に対応するマリの『女から生まれた者』は、たいていの読者からみればロレンス攻撃であった。犠牲と刀との関係がロレンスとマリのあいだに完全に成立していると、T・S・エリオットも言っているし、マリ自身、この本を出版することがユダ的裏切り行為であると認めている。彼は本質的にロレンスにたいして多義的であった。しかし、彼はヤスパースと同じほどに自らをも危機に曝して生きていた。彼は精神的‐倫理的な緊張状態にあったのである。さらに彼はロレンスとロレンスの思想に献身的であった。ただし、弁証法的な献身のしかたであった。マリとロレンスとの対決に、エルンスト・マナッセがヤスパースとヴェーバーとの対決について用いた公式を適用すると、少なくともマリの後期の思想はすべて、ロレンスとの「出会い」に由来していると言えるであろう。

マリとヤスパースとの相違のあるものはそれぞれの英雄が信奉した生き方の相違に由来している。ヴェーバーは市民としての人間の倫理を、公的生活の倫理を代表していた。ただし彼はその公的倫理を良心と了解の核心までつきつめていったことは言うまでもない。ロレンスは愛する人間としての倫理、私的生活の倫理を代表していた。ただし彼はそれを精神と良心にまでつきつめていった。マリの忠誠はロレンスの思想への忠誠であるとしても、あくまで愛人としての忠誠であった。一方ヤスパースの忠誠は祭司としての忠誠であった。

「愛人‐批評家」という役柄は、マリがロレンスよりもむしろロシアの作家から学んだものであった。彼の『ドストエフスキー』が、一八九〇年、ロザノフが『宗教裁判所長の伝説』にはじめた解釈批評の系列に属するものであること、そして「ロシア」精神およびユダヤ‐神秘主義にたいするロレンスのもっとも烈しい攻撃がロザノフについての論文にあらわれることは、すでに指摘したとおりである。さらにこのことは、ドストエフスキーとの私的関係のパターンが、ロザノフにとってはマリの場合と同様に、「愛人 - 批評家」であったことを学ぶと二重に興味深く見えてくる。彼はドストエフスキーを讃え、異常なまでに自らを彼と同一化した。実際、彼がドストエフスキーの前の愛人と結婚したのは、彼の精神と親しくなるためだったと述べている。この女性アポリナリア・スースロワは、ドストエフスキーの愛人であったのみならず『賭博者』の中のポリーナの、『白痴』のアグライアの、『カラマーゾフの兄弟』のグルシェンカのモデルであり、彼が描いた尊大で、烈しく、破壊的な女性たちのほとんどのモデルであった。彼女がドストエフスキーの作品の中に占める位置は、フリーダがロレンスの作品の中に占めるものに当たる。ロザノフは一八八〇年、ドストエフスキーの死の前の年に彼女と結婚している。彼は彼女より年下で、ずっと弱い人格の持ち主であったから、彼女は彼をひどく利用した。彼の行動とマリの行動との類似性は、ロレンスにはきわめて著しいものと映ったに相違ない。少なくとも一九二三年以降、フリーダがマリにひかれているのに気づいてからはそうであろう。彼のマリについての小説「境界線」および「ジミーにお熱をあげた女」を、われわれはマリとフリーダの未来の関係についての、彼の想像力あふれる関心を示すものと解してよいであろう。ロレンスはイエスの役割を拒否していたが、彼は明らかに、マリがフリーダとともに自分を裏切っていると感じ、したがって、彼が同時にロレンスにたいする熱狂的な献身を主張しているからには、マリは一種のユダであった。それはにせもののユダであり、自分自身の裏切りを「丹念に練り上げ」、自分の精神的犯罪行為を思って自ら興奮するユダであった。しかし、そういうならロレンスにとってすべてのユダは、本物であろうとにせものであろうとそんな連中であった。こうした彼の受けとり方は、ますますマリのロレンス＝イエス像、つまり裏切られた聖人というイメージを強化する結果になり、ロレンスは、彼自身がそう見られたいと願ったような、高笑いするひげづらのケンタウロスというイメージとはほど遠い、苦しめられ、辱められる、もう一人のドストエフスキーと化していったのである。

ロレンスをこのように眺めることはマリの裏切りであったが、マリにとっては同時に最高の刺激でもあった。なぜなら、それはロレンスのうちに、偉大なロシア人に相似た、分裂した内奥の自己を暴露したからである。それはとりもなおさずロレンスの偉大さを示していた（注意しておきたいが、マリにとって『罪と罰』の真の英雄はスヴィドリガイロフである。すべての偉大な魂は深いところで分裂し、大きな苦悩を担っている。彼らが自らの正常さを犠牲にし、そして裏切られるのは必然だったのだ）。ユダのテーマと、イエスが自分自身の裏切りを招くという発想は、世紀の変わり目のヨーロッパ全体の知識人を魅了していた。ニーチェとイプセンがすでにそうしたテーマで書いており、そして二十世紀のはじめ、フランスとドイツの文学には盛んにそのことが書かれた。しかしある意味で、ニーチェが『反《アンチ》キリスト』の中で指摘したように、それは特別に「ロシア的な」主題であった。なぜなら、この主題とともに、ドストエフスキーおよび彼の退廃した相続人たちの作品の用いた多くのテーマ、すなわち精神性と官能性、辱めと誇り、崇拝と裏切りの交叉のテーマがいっしょにどっと入ってきたからである。中でも一九〇七年のアンドレーエフの『ユダ』はもっともすぐれたものの一つであった。マリは自らイギリスの「ロシア人」となった。これと対照的に、ヤスパースは、ある面でその感受性にはドストエフスキー的なものがあったにもかかわらず、実生活で「ロシア人」の役割を演じたことはけっしてなかった。

マリの行動やその頻繁に発表された自伝、会話、率直で親密な編集記事、広く公開された結婚の経験、キャサリン・マンスフィールドの死後の神秘的礼賛、こうしたものはすべて、「ロシア的」気質の自演である。「演ずる」ということばは、彼が誠実さと勇気をもっていたのは否定できないにしても、それとともに、わざとらしさ、自己顕示、いい加減さの要素をもっていたがゆえに、当を得た表現である。世紀の転換期に知的ヨーロッパを嵐のごとく襲ったあの気性の一つを、彼はイギリスの読者たちのために演じていたのである。それは情熱的な沸騰と神秘的なつつましさとの、感性と情念と精神性との混合物で、トルストイ、ドストエフスキー、チェーホフ、ゴーリキー、シェストフ、ロザノフ、その他ロシア・ルネサンスの人物の小説や小論の中でヨーロッパがはじめて出会ったものである。これらの作家たちは「精神的現実主義者」と呼ばれてフランス文学の「官能的現実主義」と区別され、これこそロレンスに屈服する以前のマりが抱いていた偉大な文士像であった。彼らこそ「知識人であること」からの、そして「特権階級に属すること」からの隠れ家であった。

したがって、「ロシア」風にふるまうことで、マリは、誤ってではあるが、ロレンスと同盟しているつもりであった。このこと自体は一九三一年、彼がロレンスの許に「やってきた」ときにも完全には変わっていなかったが、彼の意見そのもの、彼の本の内容はたしかに変わった。この点で彼は、ヤスパースのヴェーバーにたいする献身がつねに淀みなく、時とともに深まっていったのと異なっており、彼のロレンスの扱いは一九三一年が分水嶺をなしているのである。もちろん自ら経験した変化についてもマリは一貫していたわけではない。たとえばキーツについての扱いは、一九三一年以後も、以前のマリをそのまま表わしつづけている。キーツについて書くときは、彼は〈愛〉を礼賛しつづけた。

マリの愛の宗教はドストエフスキー的‐精神的というよりも、性的なものであった点で、昔のロマン主義的宗教の一つで恋と苦悩と美とが深いところで関わり、相互に生みだし合っているものであった。言うまでもなく、このようなロマン主義的な愛の観念こそ、エロス運動が打倒し、とって代わろうとした当のものである。マリについて言えば、愛の宗教の歴史上の英雄はキーツであった（同時代の英雄は彼自身とキャサリン・マンスフィールドであった）。一九三〇年から一九五五年のあいだに出版した『キーツ研究』の四つの版の中で、マリはキーツのファニー・ブラウンへの苦悩の情熱と、結核による死と、偉大な詩と創作とについて語り、つねにこの三つの過程の相互関係を主張しつづけた。たしかに彼は一方が他方の原因になっていたとは言わなかった。そのときまでには彼は「健全さ」の側に立っており、とくに文学ではなく社会について考えるときにはそうであったし、また美や芸術や愛に病気が必要だと認めたことはけっしてなかった。しかしこの三つを親密なものとし、そこに情感的な統一をつくりあげたのである。マリとキャサリンとにあったこの連関をロレンスが公然と非難したことで彼はひどく打ちのめされ、以後は一生ロレンスの見解を受け入れたり、払いのけたりを繰り返した。

ところでキーツこそ反父権的反抗にふさわしい英雄であり、そのことは十九世紀の彼の評判がすでに明らかにしている。厳密に父権的価値に立つ人間からみると、キーツの美徳としたものは弱さ、女々しさ、感性、自己耽溺である。しかしながら彼を英雄《ヒーロー》にまつる反抗運動は、クラリッサ・ハーローを英雄《ヒロイン》とする反抗と同様、けっして母権的とは言えない。マリは父権制にたいするロマン主義的反抗にすでにコミットしてしまっており、想像力豊かではあるが、マックス・ヴェーバーと同じほどに時代遅れのものでもあった。

彼は自分のスケール、容貌、出身、生涯のすべてをキーツになぞらえていた。ローマに死したすばらしい精神が八十年後、ロンドンで再生したのである。さらにキーツと彼にまつわる物語を自分のものとしていた。結核を患ったこと、作家としての業績を挙げたことでキャサリン・マンスフィールドと、(そしてそれほどではないが二番目の妻ヴィオレ・ル・メートルとに) キーツを重ねあわせた。『キーツ研究』の中の「ファニー・ブラウン」論からとった以下の一節が、愛する者の死についての自分自身の経験のみでなく、その直後の再婚について語っていることは、心得のある読者には明らかである。

愛する人の望みのない病いと長く接していることほど、男の本能と無意識的本性とを情熱的愛に捧げる準備として強力なものはない。深い無意識は死の脅威と死の到来をみつめる苦悩にたいする反作用である。意識はこの運動を無情で冷酷なものとして抑圧しようとするかもしれないが、この運動は止むことがない。本能的存在は物理的死から目をそむけ、情熱的・肉体的愛がその完成にほかならない、本能的な生へと飛びこむことによって再生されようとし、そして死にゆく者のための彼自身の極端な苦しみにあって、もっとも絶望的にこの再生を望んでいるからである。無駄な精神的愛が男の本能に要求する常軌を逸した要求は、全体的生の中に真空の穴をつくりだし、それが一人の女の愛のうちに、ふたたび満たされることを渇望するのである。

この最後の文は、ロレンスと、一九二一年および二三年に『アーロンの杖』と『無意識の幻想』がマリに及ぼした強力な効果とを思い起こさせるものである。このような反応を示すことで、彼はロレンスが多くを彼に教えたことを認めたことになる。しかしエロス主義の挑戦を避けるのに、マリはロレンスを精神の教師ドストエフスキー‐イエスと結びつけ、マリ自身はその恋人の役を演ずるという方策を採った。ロレンスのいわゆる「愛」にたいする軽蔑、彼のエロス関係の内部での葛藤の強調、残酷さ、怒り、はだかの感性、そして何よりも情熱の没個性性の強調が、マリによって、ロレンスが「通常の愛」からイエスと同じほど遠く、しかし反対の方向に離れて立っていることを示すものとされたのであった。この二人は両方とも尊敬に値するが、ふつうの人間であるマリ自身は愛を通して自分の運命を切り開かねばならず、彼らの原理は有用なかぎりにおいて応用するだけである。ごくまれな熱狂の時を除けば、この一線を越えてまでロレンスに譲る意思は彼にはなかった。

しかしながら、一九三一年以後、マリはロレンスの生の解釈の概念化を真剣に扱うようになった。けっして着実にでも全面的にでもなかったが。彼が一九三三年に始めた雑誌『さすらい人』の第二号から、彼は「結婚について」の三つの論文を掲載したが、それはロレンスの教えを、偉大な知性と共感をもって書き直したものであった。「結婚しなかったロレンスの作品を考えることは不可能である」と彼は言っている。「自らのデーモンに駆られ、彼は結婚生活に入った。デーモンに駆られて結婚を世に示してみせた。われわれはそれを眺めるしかない。……今日結婚をどう考えるべきかは、ロレンスについて知らなければだれにもわからない。そして結婚について知らなければ、ロレンスをどう考えていいかわからない。」フリーダは「男の世界」を認めることを拒否し、そして彼女は女であるゆえにロレンスとは区別されることを要求したと彼は指摘している。マリがロレンスと母権制との連関を認めていることは明らかである。

一九四四年に出版された『アダムとイヴ』でも彼はこうした考え方をもちつづけている。この「新しき、よりよき社会へ向けてのエッセイ」は、ロレンスの業績を社会的に利用し、それによってイギリスを救おうとしたマリの努力の主要なものであったと言えよう。それはヤスパースが一九三二年に書いたヴェーバーに関する論文に比べられる。イギリスの危機はドイツよりもずっと後に来たのであるから。その第二部「個人の宗教について」では、マリはオルダス・ハクスリーをロレンスと対比して、精神の開拓者の一タイプとしている。彼は『無意識の幻想』を『灰色の卓越』と、個人の性の達成を個人の自己消滅と、肉体の神秘主義を精神の神秘主義と対照している。そしてそのつど、第二の選択肢を頭から拒否しており、彼がドストエフスキーから離脱したことを示している。「私はハクスリーによって生きようとしたことはない。……一つには――実はそれがこの本の重要なテーマをなしているのだが――私はいつも彼より自分のほうがよく解っているという自信があった。つまり、恋愛の性質についてだ。だがロレンスとなると別だ。ロレンスによって生きようと私はやってみた。実に多くのことを彼から学んだ。私の人生という織物の中の大部分の模様も布地も、彼から借りたものだ。」マリは自分が官能的な愛に没入する決意をしたとき、ロレンスに倣ってそうしたのだ、と述べている。「そして私は、自分でやってみて、彼が誤っていることを自分の血の中に発見した。」ロレンスが誤ったのは、性の成就は柔和さというようなキリスト教の美徳と結びつけうるし、結びつけなければならないからである。すべてを包みこむやさしさによってのみ、われわれは文明を救うことができるのだ。エロティシズムの真実は、ロレンスが両立不能とした精神的・宗教的真実と結びつけることができるのだと、マリはあくまで主張したのである。

エドゥアルト・バウムガルテンのことばを信ずるならば、これは、ヤスパースがヴェーバーをカントと結びつけたやり方をもう少し粗っぽくしたものであった。それぞれの弟子は師にたいする深い尊敬を抱きつづけながらも、その遺産を勝手に処理してしまった。マリとヤスパースとはその師を、偉大な英雄として生きつづけさせたと言える。ヴェーバーをドイツ人の中に、ロレンスをイギリス人の中に。このような比較をさらに拡げてゆくと、二人とも当然のことながら敵にぶつかり、その敵がかつての偉大なる師の友人だったということも同様である。ジェルジ・ルカーチは戦前マックス・ヴェーバーの友人であったが、のちに、ヴェーバーとヤスパースの敵となった。ルカーチは戦時中にマルクス主義共産主義者となり、生地ハンガリーで一九一八年、教育委員《コミッサール》となった。その当時から彼の経歴は共産主義運動の内部のものとなり、一九七二年に死ぬまで共産主義の文芸評論家として、また理論家として、指導的役割を果たしつづけた。彼はその立場から、マックス・ヴェーバーとヤスパースに判断を下さなければならなかったのである。

一九三四年、モスクワで、彼は修正主義の罪を自ら認め、自分を迷わしめた人物として、ゲオルク・ジンメルやマックス・シェーラーとともにヴェーバーを非難した。一九五二年の『理性の破壊』で、彼はヤスパースとハイデガーをひとくくりにして「寄生的主観主義の聖灰水曜日」と言い、ヴェーバーを「帝国主義時代のドイツ社会学」のタイトルのもとに扱った。ヴェーバーは理性にたいする裏切者であり、彼が合理主義と同一視することで資本主義を正当化したのは誤りであった、と彼は批判した。のみならず、ヴェーバーが因果的説明のかわりに類比的説明を用いたことも誤りであった。たとえば彼は近代国家と資本主義的企業とのあいだに類比関係を指摘したが、両者には因果関係が追求されるべきだったのである、と。これはヴェーバーがマルクスと理性そのものに反発していたために反合理主義的にならざるをえなかったからである、とルカーチは説明している。その結果、彼の社会学は反社会主義思想のあらゆる要素を総合し、それを体系化したものとなったのだ、と（ルカーチは昔の友人アルフレート・ヴェーバーをさらに軽蔑的に扱っている）。

後に見るように、マルクス主義思想はヴェーバーに敵対しつづけた。彼が、生気論者や「母権中心的」立場から当然予想される批判を受けたのみならず、それ以上に合理主義的な立場からも批判されているという点は興味深い（エーリヒ・フォン・カーラーは早くも一九二〇年、『学問の使命』の中でこの合理主義的立場からの批判を始めており、ヴェーバーの科学および学問の考え方のすべてを拒否している）。ロレンスの場合に置き直してみると、ヴェーバーにたいするマルクス主義からの攻撃に匹敵するイデオロギー的な批判は、ノーマン・O・ブラウンの反ロレンス主義かもしれない。しかし、伝記的に似た部分も含めて、全体像としてもっとルカーチに対応しているのはバートランド・ラッセルである。戦争初期には彼は、ちょうどルカーチがヴェーバーを崇拝していたようにロレンスの崇拝者であり、ある意味では弟子であった。一九一六年のロレンスからきた一通の非難の手紙がラッセルを自殺寸前に追いこんだほどであった。が、のちにラッセルは大きな軽蔑をこめてロレンスに反発し、ロレンスは「悪への積極的な力」であると言い切った。ラッセルには、彼の「神秘的な血の哲学」は「率直に言って初めからばかばかしいと思われたし、今では激しく反発している。当時はそれが直接アウシュヴィッツに連なっていることに気がつかなかった。」今ふりかえってみると、自分にはロレンスの思想にいかなる価値もあるとは思われない、とラッセルは明言した。「大戦間の世界は狂気に惹きつけられていた。ナチズムはこうした魅力のもっとも際立った表現である。ロレンスはその狂気の祭礼にぴったりの唱道者であった。」ラッセルは、イギリス文化のうち「ブルームズベリー‐合理主義」に属していると言われ、ちょうどマルクス主義が一貫してヴェーバーに敵対していたように、それはロレンスへの一貫した敵対を代表していたと言えよう。ルカーチとゲオルゲがヴェーバーに対立したやり方で、ラッセルとT・S・エリオットはロレンスに対立していた。

　マリとヤスパースとは異質の人物で、偉人の弟子としての経歴がたまたま合致していることには大して意味はない。彼らが一九三二年までロレンスおよびヴェーバーについて出版を重ねたこと、そしてそれ以後は戦後まで他のことに関わっていたこと、マリが一九四六年にフリーダ・ロレンスと文通を再開し、ヤスパースが一九四五年にハイデルベルクで講義を再開したこと――こうした合致はこの二人の男にかぎった特別なことであるよりも、時代の一般的趨勢を示す事柄である。ただ、マリの最後の著作『愛・自由・社会』は、なかばロレンスについて、なかばアルベルト・シュヴァイツァーについてのものであるが、その霊感の一部はヤスパースから来ている。というのは、マリはジュネーヴでヤスパースに出会って尊敬を覚え、実存主義に関心をもちはじめたとき、彼の『悲劇だけでは十分ではない』を読んだのであった。彼はこの新しい関心をロレンスに反映させたので、一九五四年のロレンスについての論文では、イギリスは実存主義思想についての教えを大陸に求める必要はない、「ロレンスがまさにそれだ」と述べることができたのである。実際、マリのロレンスは――ある意味でつねに――実存主義者であった。マリのもっとも痛ましい精神的な側面、いわばヤスパース的な側面は、つねにロレンスに向けられていたのである。この二人の弟子の「ロシア的な」面が、それぞれの師の人格とその思想伝達形態をもっとも強力に変様させたことになる。

　しかしこの遺作となった本の中で、マリは、ロレンスとシュヴァイツァーを対照させるにあたってヤスパース

（およびシモーヌ・ヴェイユ）を引用しているが、そこでヤスパースと同じ程度に浮上してくるのはアルフレート・ヴェーバーである。それは主としてアルフレートがヨーロッパ文化の暗い運命（つまり原子爆弾の脅威）を強く感じていたこと、および共産主義を新しく偉大な、恐ろしく社会的な宗教として眺めていたことによるが、さらに彼の一般的な、漠然とした「生の哲学」のゆえでもある。かくしてロレンスの第一弟子は、ヴェーバーの第一弟子と、ヴェーバーの弟からあまり離れていない位置に立っていたことになる。そこにはロレンスの詩「反逆者」に約束されたような種類の闘いはなかった。しかし、第二弟子たち、また他の主だった弟子たち同士の距離は離れたままであった。そうした人物たちについてももう少し調べてみなければならない。

最後の著作の中で、マリは精力的にリーヴィスに反論している。リーヴィスは一九五七年までに、ロレンスの主たる代弁者および代表者としての位置からマリを完全に追い出した。マリはとくに、リーヴィスの提示した『セント・モール』とエリオットの『カクテル・パーティ』との対照に反対し、エリオットを払拭しようとした。そのときすでに、マリはイデオロギー的にも個人的にもエリオットの友人になっていた。彼はたしかに結婚論ではロレンスの側に立ち、エリオットに対立していたかもしれないが、リーヴィスの場合と異なって、あくまで友好的な対立にすぎない。マリ自身のロレンスにたいする態度はつねに、きわめて謙遜なものであった。「われわれふつうの人間……並の能力しかもたない人間にはとても……」という調子であった。しかし彼は、ロレンスには愛する能力がないと断言し、自分のすべての希望をこの愛する力にかけた。彼はいまだに作家としてロレンスを扱っておらず、したがってリーヴィスをその縄張りで扱うことができずにいたのである。ヤスパース同様、彼が真に関わっていたのは英雄の意味について、その本質についてであって、その作品についてではなかった。ロレンスを作家として業績を通して解釈し、文学への貢献を計る仕事はリーヴィスに残されていた。ちょうど、ヴェーバーの社会学者としての業績と社会学への貢献を解釈する仕事がパーソンズに残されていたように。

さらに、リーヴィスとパーソンズのそれぞれの英雄の著作への集中は、イデオロギー的評価を伴うことにもなった。第二弟子というものはある意味で第一弟子よりも純粋であって、英雄をもっと純粋化するところがある。ヤスパースのヴェーバーはパーソンズのヴェーバー像ほどアポロン的ではなかった。ヤスパースのヴェーバーは、かろうじて自己の内面的矛盾を抑え、かろうじて指導者として立つ精神的苦悩の英雄、一種のグラッドストーン的キルケゴールであった。同様に、マリのロレンスはリーヴィスの描こうとしたロレンス像ほどにデメテール的ではなかった。マリのロレンスも精神的苦悩の英雄であったが、自己の精神性を病的に否定する、一種の「欠陥イエス（Jesus manqué）」であった。第二弟子たちは、師の真の精神を解放するために、こうした「ロシア的」ロマン主義を剥がして捨ててしまわなければならなかったのである。パーソンズの手によって、ヴェーバーは以前よりもずっとすっきりと完全に、男性原理と父権中心の世界秩序と経営とを代表するようになった。そしてリーヴィスの手によってロレンスは、より完全に母権中心の世界、生命と豊饒性と健康の世界を代表するようになったのである。

このように、一九五〇年代にはヤスパースとマリが、イギリスとドイツ、そして全ヨーロッパにおける精神的危機についての英雄のメッセージに耳を傾ける多くの聴衆を見いだしたのであったが、パーソンズとリーヴィスとはより権威ある解釈を提供した。ヴェーバーとロレンスの死後の遺産は今日までこの方向に展開し、それぞれが存在の相対する原理、男性原理と女性原理とをより完全に純粋に具現しており、それに対応する精神の対立原理、すなわちアポロンとディオティーマに象徴される原理を具現するものとされている（ディオティーマは、文芸批評家・思想家としてのリーヴィスの思考の守護神であり、デメテールは想像力あふれる小説家としてのロレンスの世界を示している）。今日のわれわれはアポロンとデメテールの呪術にそれと知らずかかっているので、バハオーフェンの思想の枠組みがきわめて啓蒙的なのである。

もちろん、だれもがこうした呪術のもとにあるというわけではない。フランツ・ユングはオットー・グロスの主だった弟子として、ヤスパースおよびマリにだいたい並行した位置を示しているが、彼の自伝を読むとそれが理解できる。彼の自伝は『内面への道』という題がついており、『タイムズ・リテラリー・サプルメント』では「疎外された自己」という見出しで書評されている。評者は本書が重要であり、著者が現代を代表しているとしつつも、これが扱いがたい孤立と、苦しみと、不適応の生涯を記念している、と結論している。ユングは「ドイツのセリーヌでありえたかもしれない」が、セリーヌとのちがいは彼の虚無主義への信奉すらが破壊されてしまっていることである。グロスが死んだとき、ユングはスパルタクス団の弁士として成功し、一九一八年のドイツ革命の分子の一人であった。実際彼は一度、党のために電話局を占拠したこともある。一九二〇年にはハンブルク出航の船で密航し、水夫たちを説得してムルマンスクへ着けさせ、ソヴェート・ロシアに船を提供した。一九二一年、彼はロシアへ戻り、三年間働き、農業用トラクターの仕事や、マッチ工場の経営、機械器具工場の経営などに携わった。密航者としてロシアを出てからは、何年かドイツに住んで戯曲を書き、またいくつもの新聞社のために財政‐企業欄編集委員として働いた。二〇年代にはグロスの晩年の論文を集め、グロスについての論文も加えて『性の欠乏から社会的破局へ』という本にまとめたこともあった。そして、出版してくれる出版社を探したが無駄であった。彼はまたブレヒトの『マハゴニー』の資金援助もした。彼は自分の足跡をあらゆる場所に残した。どこでも仕事を完遂できなかった。革命の大義のために力をつくしたにもかかわらず、最後には「苦悩の無関心」のうちに「エネルギーを減退」させて一九六三年に亡くなった。彼自身も言っているように、個人が一人一人孤立していては、堕落し敵対する社会から自らを守ることができず、他の犠牲者との団結を実感するための抵抗運動すら展開できないのである。このピッチの高い疎外現象からみると、逆にヤスパースとマリがいかにうまくそれぞれの社会に適応していたかがよくわかる。またここで、一九五七年、アメリカの牢獄で亡くなったヴィルヘルム・ライヒのことを思い起こす人もあるかもしれない。しかしわれわれは、別の二人の第二弟子たちに目を移さなくてはならない。それぞれの弟子の経歴を、ヴェーバーおよびロレンスとの関連において述べよう。それから、それぞれ師から何を受け取ったか、それをいかに制度化し、その中でどのような対立を経験したかを調べてみよう。

リーヴィス

　F・R・リーヴィスは一八九五年、ケンブリッジに生まれ、地元のパース・スクールへ通ったが、この学校では『演劇風に』の作者ヘンリー・コールドウェル・クックが英語の先生をしていた。クックは文学を「演劇《プレイ》・風《ウェイ》に」教えた。つまり主として儀式や行列や戯曲化に創造的に参加させるというやり方である。クックの文学的・文化的趣味は楽しきイギリス風、ウィリアム・モリス風の、一種の田園趣味の傾向にあった。一九一一年以前はパースにまだ赴任していなかったから、クックは直接にはリーヴィスに影響を及ぼしていなかったかもしれない。しかし彼の代表する教育上の倫理《エートス》は、この批評家リーヴィスにはっきりとした跡を残したようである。リーヴィスはパース・スクールからケンブリッジのエマニュエル・コレッジへ進み、はじめ歴史を、のちに文学を専攻して一九二四年、学士号をとった。性格が戦闘的で、何人も敵をつくり、そのため同世代の人が講師になっても彼はならなかった。しかも一九三六年まで、コレッジの奨学金も、大学の助手の職も得られなかったのである。やがて彼はケンブリッジで反体制運動の指導者となった。彼の家は、少なくともある種の文学-イデオロギー的趣味を共有する若い人々の交流のセンターとなり、その趣味の中でもとくに、D・H・ロレンス熱がもっとも重要になっていた。

　リーヴィスは一九三〇年、ロレンスについてのパンフレットを出版した。しかしこれは明らかに批判的な論説で、今日われわれが考えるようにロレンスについてリーヴィスが語る口調とは、だいぶ違っていた。まずはじめに彼は、ロレンスが天才であると認めているが、彼の天才の定義はエリオットのブレイク論のことばを用いてなされている。さらに、E・M・フォースターが『ネーション』に出したロレンスを擁護する寛容な手紙を賞めながらも、リーヴィスは「フォースター氏のいわゆる〝話のわからぬ高踏家〟の一人に入れられてしまうと困るのだが」、ロレンスの後期の小説は自分には「とても最後まで読めない」と白状した（彼はだんだんにほとんどすべての小説を「最後まで読めない」類に入れてしまい、韻文もほとんど詩とは呼べないと言っていた）。

このパンフレットでリーヴィスは『迷える少女』がロレンスの最良の小説であり『チャタレイ夫人の恋人』は芸術的に成功作である、「芸術的な成功が小説の教えを正当化しうるかぎりにおいて、『チャタレイ夫人の恋人』は正当である」と言っている。何よりも驚くべきことに、彼はつづけて、ただし、もしわれわれが『チャタレイ夫人の恋人』を承認するならば、そのかわりにジェーン・オースティンと『インドへの道』との両方を捨てねばならない、と言っている。つまり、そのような犠牲を払ってまで『チャタレイ夫人』をとるのは代償が大きすぎる、と言うのである。言いかえれば、リーヴィスは当時の文学的知識人とその「古典的」感性を自分のものとしている。彼はロレンスをロマン主義者と呼び、いかに自分がロマン主義とロマン主義型の人間からほど遠いかを語っているのである。そのような立場からすると、一九七〇年の彼の立場は、まさに一八〇度の転向であった。この自己転向、この知的遍歴はロレンスの教育を彼が受け入れた結果であり、そして彼は今度はその同じ教育をイギリスに課したのであった。

彼はロレンスから多くのことを受け入れ、その過程で、はじめ権威を感じていたエリオットにたいしては多くのことを拒否した。おそらくこの二つの変化は互いに独立した自律的なものであったのであろうが、両者は働き合い、強化し合っていた。リーヴィスは、エリオットが『クライテリオン』のためのパンフレットを書くように自分に頼んでおきながら、自分が実際に書いたものを拒否した、と言っている。つまり、リーヴィスは当時の書評の手続きと文芸上の派閥を激しく攻撃したのである。エリオットがパンフレットを拒否したのは、体制が攻撃されねばならないような問題を扱うことにエリオットが臆病であることの証明であり、それはまた彼の、権力をもつ愚者やならず者とうまくやってゆこうとする意思表示だ、とリーヴィスは解釈した。ロレンスの「ロマン主義」がリーヴィスにとって魅力あるものと映ったのは、このような古典的な気どりとはまったく対照的であったということもいくぶん作用していたにちがいない。

それでも、一九三二年、リーヴィスが彼の批評季刊誌『スクルーティニー』の編集を始めたとき、創刊号に掲載された彼のはじめての論文ではロレンスにかなり「古典的な」言及をしている。「ロレンスは〝予言者〟であった。しかし彼の予言が重要なのは、彼が天才的芸術家だったからにすぎない。……彼の天分は、思考にではなく経験するところにある……。」要するにリーヴィスの目的はもちろん、マリがロレンスを擁護して主張したことのいくつかと、そしてマリ自身の文芸批評家としての主張を否定することにあった。「『女から生まれた者』はミドルトン・マリ氏についてのもう一つの著作である」とリーヴィスは明言した。つまりそれは、彼がマリから、また思想や経験を本来の文芸批評家の仕事といい加減に結びつけたその種の自伝的批評から、きっぱりと袂を分かつ決意の表明なのである。

しかしすでに第二号から、ロレンスの手紙に言及しながら彼の調子は変わっていた。この人間はその芸術より偉大であったというその発言は、彼の予言が彼の芸術ゆえにのみ重要であると前に言ったことと矛盾している。そして第三号ではエリオットの攻撃からロレンスを弁護して、リーヴィスは主としてロレンスの「正気さ」を強調しているのである。手紙にあらわれているロレンスは「正常であり、中庸であり、天才的と言いたいほどに正気であって、デリケートであるが自信をもって身を構え、対人関係に優れた能力を備えていた」と述べている。このような強調点の変化は、リーヴィスの批評全体の中にある異なった目標のあいだの逆説ないし緊張に由来している。彼はいまだに、作家たちをその同時代的「メッセージ」という観点から論じない、あるいは学界においてそれに相当する、思想史上の位置づけといった観点からは論じないという決意を崩していない。リーヴィスがマリのようないい加減さに陥らなかったのはエリオットに負うところが多く、本人もそれを認めている。しかし、同時に、エリオットがしたように、作家をその作品の純粋に形式的な属性を通じて論じ、芸術を非人格化するということをもうしない、と彼は決めていた。ロレンスがこの新しい方法を完成するテスト・ケースになったのである。そして、リーヴィスが非常に高く評価したロレンスの正常さに読者が実際に近づくことができるという点では、ロレンスの手紙が鍵を握るテキストとなる。批評態度の変化がもたらしたもっとも重要な効果は、リーヴィスのロレンス評価にあらわれており、今やリーヴィスはロレンスがたんに偉大な作家であるのみならず、他のすべての批評の試金石となり、偉大な伝統の試金石となる、「正常‐規範的《ノーマル》なもの」の妥当性を確立するものとなった。ロレンスがテスト・ケースになったのは、彼の芸術作品がエリオットの創作には欠けている強さを体現して、かつエリオットが、批評家としても、あくまで抵抗し反発した強さを体現していたからである。

　あるいはまた次のように言えるかもしれない。ロレンスが――そしてリーヴィスが――彼らのデメテール主義から、エリオットにはなかった一種の倫理的硬直性をひきだしたのだ、と。彼らには共通した多くの文化上の敵すなわち現代文明の諸相を代表している敵がいたが、リーヴィスの目からみると、エリオットは文明のいくつかの局面とあまりに安易に妥協してしまっていた。他の文学的知識人たち、たとえばチャールズ・ウィリアムズ、C・S・ルイス、T・E・ロレンス、ジョイス・ケアリーなどと同様、エリオットはあまりに「オックスフォード人」でありすぎ、学者として、高級社会人として、エリートの役割にはまりすぎていた（エリオットのために編まれた「祝賀記念集」はこのような見方を明らかに支持している）。このような弱点は、無意識のうちにではあるが、彼が周囲に見いだしている世界、すなわち男たちの世界に代わる何かがあるということを、彼はまったく信ずることができないためである。ロレンスの手紙を読んでリーヴィスは、ロレンスがそのようなもう一つの世界を見つけたこと、そしてそれを現前させ、自分の人生の中に、彼の「対人関係におけるまれにみる能力」のうちに実現したことを確信したのであった。デメテール的な、つまり母権中心的な信仰のみがそのような世界を想像する能力を与え、法と秩序の世界のかわりに愛と生命の世界を自力で創造する力を与えるのである。ロレンスとリーヴィスとは――リーヴィスはロレンスのゆえに――自分たちが根をおろすことのできる一つの生の媒体を見つけたと感じた。それは世間の外側へ突出してしまってはいるけれども、世間から引きこもっているわけではなく、父権中心的な世界を追い越して先に進みつつ勝ち誇った叫びをあげているのであった。エリオットはそのような立場がありうるなどとは認めようとしなかった。

　エリオットは一九三一年七月の『クライテリオン』で『女から生まれた者』を書評したとき、ロレンスについてそこで暴露されている事柄は「無知によって作られた、精神的自負の恐るべき物語」であり、「あのような自惚れた自己中心主義はひどく病的な魂からのみ来る」と言った。さらに彼は暗々裡にではあるがロレンスとリーヴィスとを結びつけていった。「もし彼がケンブリッジの教職についたとしたら、彼の無知は彼自身と世界とに恐ろしい結果をもたらしたことであろう、〝自ら腐敗し、他を腐敗させて〞。」ここでエリオットは、リーヴィスが自分をロレンスと同一化しようとしていることについて悪意をもって言及しているのである。この同一化は、事実上も空想上も、つまりその同一化について他の人が誤解していた面においても、以後のイギリス文芸批評の一つの重要な局面をなしている。

しかしながら劣らず重要な点は、リーヴィスがエリオットにも同一化していること、ないし少なくともエリオットに従って、エリオット的な厳格さをロレンスの説明と分析に用いているという点である。文芸批評が現代的であるためには、何らかの「古典的な」厳格さが必要であることを認めたリーヴィスは、つまりはエリオットが詩作にあてはめ、ヘンリー・ジェームズが小説にあてはめた専門家主義を批評のアプローチとして選んだ。これと対照的に、マリは主としてロレンスの影響のもとに自らを「ロマン主義者」と定義し、エリオットとリーヴィスがとった学としての批評への情熱を放棄した。彼は『文体の問題』の中で、その気になれば『聖林』のやり方を踏襲することもできることを示したが、実際にはそうしないことを選択したのであった。彼は『精神の諸国』の中で、「したがって批評の機能は主として文学そのものの機能、すなわち批評家に一つの自己表現の手段を与えることにある」と言ったのである。批評は倫理的機能を果たすものであるとしながらも、彼は批評とは喜びを与える機能をもつ芸術の一つでもあると記している。こうした杜撰さにかかわるものをリーヴィスは探さねばならなかった。その理由についてはこれから考察するが、結局彼の批評の方法は、ロレンスこそ現代のイギリス作家であると認め、マリの一見モダニズム的な、ロレンスをドストエフスキーと、またイエス・キリストと結びつけるやり方は採らなかったのである。

マルコム・ブラッドベリーが指摘しているように、今世紀初頭の二十年間には、芸術にみられたのと並行して批評の方法にも「古典主義」革命があった。この時期は、批評熱がはじめボヘミアンの知識層に向けた前衛的な小さな雑誌の急増というかたちをとったことで目立っている。しかし一九二〇年代以降はこのような新批評が立場を確立し、教育ある一般の読者に正統的趣味を打ち立てようという努力に変わっていった。ブラッドベリーが言うには、一九二〇年代の三大書評誌はエリオットの『クライテリオン』、エジェル・リックワードの『現代作家年代記』——ある意味でリーヴィスの『スクルーティニー』の模範となった雑誌である——、およびマリの『アデルフィ』である。ここで名をあげた四雑誌のうち、最後の『アデルフィ』を除いて三誌は何らかの意味で「古典主義的」である。「古典主義的な」芸術と感性の優越性はエリオットによって、またT・E・ヒュームの死後一九二四年に出版された『スペキュレーションズ』によって、一般に広められていた。「古典主義的な」批評とは、批評を科学と同じほどに厳密な知の様態とする種類の批評であると言ってよいであろう。これは漠としたた「詩的」情熱とか、あらゆる個人趣味による鑑識といったものの対極に位置する。ベルトラム・ヒギンズは『現代作家年代記』の中で、「健全な批評の特性はつねに〝古典主義的〟であり、原理をより厳密化し、秩序をより明確化し、そして広く浅い趣味の小川を結合する方向に向かうものである」と書いている。

リーヴィスもまた批評を厳密な知識とする決意をしていた。自己に溺れ、自己をドラマ化するようなマリのロマン主義は、彼には嫌悪すべきものと映った。しかし彼は厳密化への過程の中で、自分の「古典主義」を修正していかねばならないことに気づいたのである。それは、彼がロレンスの業績の大きさと意義をますます理解するようになったからにほかならない。イギリスにおける古典主義を身をもって代表していたのはT・S・エリオットで、彼はたんに個人的にロレンスに敵対していたというのみならず、ロレンスとは正反対の生の原理、本書ではアポロン的と呼んできた原理をはっきりと擁護していた。エリオットは自分の方法が特殊二十世紀的なアポロン主義——ヴェーバーのアポロン主義——であると考え、これを大きな権威をもって文学に適用したのである。一九二〇年の『聖林』で、彼は同じ年に出版され、同じ敵を頭において書かれたマックス・ヴェーバーの「職業としての政治」「職業としての学問」と同じ教説を説いていた。エリオットの著作の中でももっとも有名な論説「伝統と個人の才能」は「職業としての詩作《デイヒトゥング・アルス・ベルーフ》」いう題が完全に適合する。それは、詩人が自分の個人的人格や感情から逃れる必要について書かれたものであり、ヴェーバーの二つの論文もまさに、政治家と学者がそうした個人性からの回避を必要としていることを説いたものなのだから。「芸術家の進歩とは絶えざる自己犠牲と絶えざる個性の消滅である」とエリオットは書いている。「芸術家が完全であればあるほど、彼の内部で経験する人間と創造する人間とが完全に分離される。……詩人は情緒の解放ではなく、情緒からの逃走である。それは個性の表現ではなく個性からの逃走である。……芸術における情緒は没個性的である。そして、詩人は仕事に完全に身をゆだねることなしには、こうした没個性に到達することはできない。」

　これはまさにヴェーバー主義の、アポロン主義の真髄である。エリオットはわれわれに、詩人の精神とは「感情」が「それ自体の」新しい結びつきに入るための化学的蒸留器としてみるべきであると主張してやまない。詩人自身の人生の冒険はどうでもよい。彼の芸術家としての経歴だけが問題である。そのような教訓はもちろん、ロレンスが代表していたものすべてに反対し、ロレンスの作品にたいして熱狂的に反応することに反対するものであったから、リーヴィスは、エリオットとロレンスという二人の人間を結びつけたと自信をもって宣言できるような批評を打ち立てるためには忠誠に関する一連の選択を強いられたのである。リーヴィスはこうした忠誠問題に賭け、そのような批評を打ち立てたのであるが、しかし時間はかかった。それは彼の生涯の仕事となったのである。

　リーヴィスは一九三〇年代、四〇年代を通してロレンスを論じつづけたが、その間彼はエリオットの、ウィンダム・ルイスの、ブルームズベリーの、マリの、そして他の人たちのどこが誤っていたかをはかる基準としてロレンスを用いていた。彼が批評も創作もふくめて、同時代の著作全体をロレンスとの関係においてはかっており、それでいてロレンスの小説を一つとしてゆっくり論じることなしにそうしていたのだと言っても、言いすぎにはならないであろう。彼がロレンスの小説について完全な分析を試みた論文を出版しはじめたのは一九五〇年代で、一九五五年に『小説家D・H・ロレンス』が出版されている。彼は相変わらずロレンスを試金石として用いつづけた。一九六九年にいたって「今日のイギリス文学の状況と大学」の中で、彼はロレンスの『ハムレット』評(『イタリアの薄明』の中に出てくる)について何ページかを割いて論じているが、これを真に価値のある種類の批評の一例とし、エリオットの『ハムレット』論と対照させている。この章の見出しである「必然的対決、ロレンス」とは、エリオットのみならず、専門的文芸批評家とロレンスとの対決を指しているのである。この句はまたリーヴィス自身の経歴を解明するコメントととることもできる。彼とロレンスとは、力として思想として、われわれの心の中で切り離すことができない。

パーソンズ

ヴェーバーの評価がたどった歴史の中で、リーヴィスに相当するのはタルコット・パーソンズであった。彼は一九〇二年に生まれたが、父は会衆派の牧師で英語の教授でもあり、単科大学の学長も兼任していた。彼は一九二四年にアンハースト大学を卒業、ロンドン大学とハイデルベルク大学に二年間留学し、そこではじめてヴェーバーの著作にふれた。のちにアメリカに戻り、はじめアンハースト大学の、のちにハーヴァード大学の助手となった。ほぼリーヴィスが学問的経歴を始めたころにあたるが、一九二七年以来、パーソンズはハーヴァードで教えていたわけで、英米二つのケンブリッジが、それぞれ熱心な知的使者の「運動」と訓練の誕生の地となったのである。イギリスのケンブリッジからは「ロレンス主義者」たちが、自分たちがそこで受けた光を世界に広めようと散っていき、マサチューセッツのケンブリッジからは「ヴェーバー主義者」たちが巣立っていった。リーヴィスの弟子たち、パーソンズの弟子たちはそれぞれの専門領域で、またもっと広い文化的場面の中で、特筆すべき役割を演じた。

しかしながら予想されるように、パーソンズの学問的経歴はリーヴィスの場合より障害が少なかった。初期に反対に遭いはしたが、一九四四年、社会学部の学部長となり、一九四六年には社会関係学部の学部長となった。さらに、彼はリーヴィスよりもっと広範囲にわたる権力の源の、もっと近いところにいた。たとえば彼はアメリカの対ドイツ政策について正式に諮問を受けている。彼はアメリカ社会学協会の役員であり、彼の仲間とかつての弟子たちが何年間もその協会を管理していた。彼はアメリカの体制側社会学を体現し、代表していたのであり、したがって、ノーム・チョムスキーが新官吏《ニュー・マンダリン》と呼び、ヴェトナム戦争その他にアメリカの国力を誤用するのに共謀したといって非難した、社会科学者全体の表看板であったと言えよう。チョムスキーはパーソンズを名ざしてはいないが、社会科学の急進派にとってパーソンズは官吏そのものであった。一九六五年の社会科学の醜聞、キャメロット計画の汚名を着せられたのもそのためである（アメリカ軍によって支援された特別作戦研究本部が四百六十万ドルを申し出て、チリの左翼暴動について原因を探り、打倒の方法を考える財政的・社会学的研究を開始してほしいと働きかけたという。これが社会学者の「共謀」の典型的スキャンダルであった）。この計画とパーソンズ個人とを結びつける理由は何もないのだが、しかし彼は当代の社会科学者全体を代表する人物として、とくに社会的機能主義者を代表する人物として、いわば連想から有罪とされたのである。今日の若い急進派たちのあいだでは、このことが彼のイメージに色濃い影を投げていると私は考えている。

パーソンズはヴェーバーに三十八年遅れて、しかも別の国に生まれており、ヴェーバーの死後はじめて彼について知るようになった。一方リーヴィスはロレンスの十年年下にすぎず、またロレンスが友人として、あるいは敵として知っていた人々の多くを自分でも知っていた。パーソンズのヴェーバー解釈にはリーヴィス的な、師と自己との同一化のにおいはなく、また少なくとも外から見るかぎり、ヴェーバーにたいする感情の中にもそれはないように思われる。そうしたことは、仮にパーソンズがヴェーバーと時代と国籍を同じくしたとしても、まず考えられないことであった。彼の気質は個人的にも知的にも冷静で客観的でアポロン的であった。それは正統的にか非正統的にかはわからないが、まさに彼がヴェーバーから引き継いだものなのである。

彼は実際には、他の教授よりもヴェーバーにたいして、より疎遠な感じをもっていたのだ、それはヴェーバーの仕事が、一つの崩壊の後の突破口という性格をもっていたからだ、と主張している。自分はむしろもっと論理的な、着実な仕事をもつデュルケムやフロイトにより親近感を抱いていたと言っている。彼らこそ自分の「至上の役割範型《ロール・モデル》」であり、ヴェーバーは「ルター型」であった、と。私としてはフロイトの知的発展には漸進的要素と同じほどに革新的要素のしるしが認められるし、一方ヴェーバーは、むしろ異常なまでの努力と自己規律のタイプであって、パーソンズの主張するような対立は認められないと思う。しかしながらパーソンズの所説の重要な点は、彼が自分自身をあくまでエラスムス的な感覚でとらえ、すべてファウスト的なものを拒否したこと、自分自身を客観性《ザッハリヒカイト》においてとらえようとしたことにあり、それはとどのつまり、マックス・ヴェーバーがもっとも熱心に説きすすめ、彼なりに自ら範を示した徳にほかならない。

リーヴィス同様、パーソンズもまた何十年かにわたる生涯の中でその所説を変えている。彼の一九三五年の論文「社会学における究極的価値」は行動主義にたいする批判であり、『社会的行為の構造』における彼の主要な術語は「行為《アクション》」であった。「行為」は「行動《ビヘイヴィア》」にたいし意志的要因を強調する用語で、行動主義と区別するためにとくに選ばれたものである。しかしその後、彼は、この理論では精神分析と人類学が与えるさまざまな洞察を説明できないというようになった。彼がアメリカ社会学に大きな影響を及ぼすようになるのは一九五一年で、『社会体系論』の出版に発するとしばしば言われており、そこでの主要な術語は「体系《システム》」となった。この本の出た同じ年に『行為についての一般理論』が、また二年後には『行為理論論文集』が刊行されているが、しかし事実上「行為《アクション》」という同語に代わって「体系《システム》」がパーソンズの社会学の主要モデルとなっている。さらに一九五〇年代には、パーソンズは社会学におけるヴェーバーの「了解《フェアシュテーエン》」の原理、すなわち「了解」されうるほどに理性的な行為のみに研究対象を限る原理を少しずつ放棄していった。そのかわりに、人間的な活動のみならず、人間以下の動物的な活動にも適応できるような「均衡《エクイビリウム》」の諸法則を彼は展開していったのである。「体系《システム》」という用語は、同じころのサイバネティクスおよびコンピューターの発達と相まって、当時は魔法のことばのように思われたであろう。そして「体系《システム》」理論はアメリカで社会学を学ぶ学生にとって必修の科目となった。少なくともロバート・W・フリードリクスは一九七〇年に出版された『社会学の社会学』の中でそう述べている。その当時普及していた他の思想も「均衡」とか「体系《システム》」を強調しており、パーソンズはヴェーバーをしだいによりアポロン的な社会理論に適応させていったのである。一九七〇年、彼は『ディーダラス』誌に個人的回想記をのせ、最近書いた二冊の本は「マックス・ヴェーバーの精神で」書かれたものであると言っているが、一九六八年の『社会的行為の構造』への序文では、自分の理論は今やヴェーバーよりはデュルケムに負う点が多く、二人のうち総合的な社会文化体系《システム》に関心をもっていたのはデュルケムのほうであるからと述べている。このように、リーヴィスがロレンスへ近づいていった時期に、パーソンズはヴェーバーから離れていった。しかしそれでも、リーヴィスがよりデメテール的になっていったように、パーソンズはよりアポロン的になっていったのである。

　一九三〇年代、ハイデルベルクでエドガー・ザリンのもとで学んだパーソンズは、在学中ヤスパースのカント演習もとっていたが、ヴェーバー、マルクス、ブレンターノ、ゾンバルトの資本主義論について学位論文を書き、そして彼の第一の大著『社会的行為の構造』（一九三七年）では、ヴェーバーをデュルケム、ヴィルフレド・パレート、アルフレッド・マーシャルと並べ、この四人が一つの社会行為論に収斂することを示した。このようなアプローチは、その後ヴェーバーを他の人々と結びつけようとした彼の著作のすべてに典型的にあらわれている（これにたいしリーヴィスはロレンスを他の人々と対立させ、彼らがロレンスに比べていかにつまらないかを指摘するというやり方をした）。パーソンズはけっしてヴェーバーを私有化しようとせず、また、自分や他のだれともヴェーバーとの関係を演出するようなことはしなかった。アメリカにおける彼のヴェーバーへの貢献が、翻訳というきわめて謙虚なものであり、また彼の著作のいくつかが共著であるということはけっして見逃してよい些細な徴候ではない。実際、彼とヴェーバーとの関わりあい方は思想の理論的展開のみならず、こうしたヴェーバーの著作の翻訳や序論のすべてにあらわれている。彼はヴェーバーの名に文字通り「自分の名を連ねた」のであった。

したがって、パーソンズは自分の英雄の敵をいかに処遇するかについては、リーヴィスほど気にかけなかった。自分自身の敵についても彼は無関心だった。もっとも、たしかに彼はH・M・ロバートソンのヴェーバー資本主義理論批判に答える論文を書いているが。彼は攻撃的な論客ではなかった。むしろ攻撃される側に回り、とくに最後の十年間はその頻度が増していた。攻撃は主として急進派の社会学の学生から受けたが、一九六四年のハイデルベルクの会議では、彼はヘルベルト・マルクーゼと対決させられた。パーソンズの講義は「社会科学における価値と客観性」という題で、学者が学者としてコミットせねばならぬ諸価値を追求する自由という意味における、ヴェーバーの価値自由《ヴェルトフライハイト》の教説を弁護するものであった。学者の価値と他の人々との価値の乖離は社会的な下位体系《サブシステム》としての学問の発達の結果生まれてくるものである。学問は、そのもっとも主観的に感じられる価値の研究においても客観的でありうるし、客観的でなければならない、とパーソンズは論じた。ヴェーバーの著作はまず法律の研究——法律の領域ではマルクスの範疇が不適切であることが明らかだとヴェーバーは考えた——に向けられ、次に政治、そして経済、最後に宗教に向けられた。それはヴェーバーが、社会学の主たる焦点は利害-関心の規範的管理と、この種の管理を成功させるために必要な諸条件に向けられるべきであると考えたからである。いかにして人々の情熱や欲求が社会的に有用な動機に変容されうるか？ パーソンズはヴェーバーの業績を、彼が人文科学的・歴史的学問の遺産をこれまでに達成されたよりもずっと高いレベルで、分析的・経験的社会科学の規準へと構築しなおした点にある、とまとめた。

マルクーゼの講義は「マックス・ヴェーバーの著作における産業主義と資本主義」と題するものであった。その中でマルクーゼは、ヴェーバーが産業主義と資本主義とを、あたかも西欧社会の歴史的運命であり現代ドイツの運命であるかのように扱ったことを非難した。マルクーゼによると、ヴェーバーは現在あるものに似た何かは不可避であると言っているようにみえ、したがって何らかの支配は究極的現実であるかのようにみなされてしまう。そして残るのは、だれが支配するかという問題だけとなる。しかし、とマルクーゼは反論する。ヴェーバーの言う「運命」とは、要するに現状を受容しているにすぎないのだ、と。ヴェーバーは自らの著作をブルジョア階級の歴史的使命に結びつけ、抑圧の諸力との同盟関係を受諾してしまった。彼の言う「合理主義」の合理性はきわめて疑わしい。「〝形式的にもっとも合理的な〟資本計算の中では、人間とその〝諸目的〟とが利得と利益の機会を計算するための変数としてしか登場しない」とマルクーゼは言っている。政治的には、ヴェーバー的理性の概念は、非合理的なカリスマになりかわってしまう、と。そして価値自由《ヴェルトフライハイト》とは学問が、他から課されるいかなる価値をも自由に受け入れることを意味するものとされているが、学問の使命とはそうした価値そのものを問い、考察するところにあるのである。つまり「非難こそ学問の真の機能である」。こうしてマルクーゼは、学生たちの聴衆にもっとも多くの喝采を博し、壇上のメンバーからはもっとも多くの非難を受けた発言者になった。彼とパーソンズとはこの会議でのイデオロギー的両極をなしていた。

　リーヴィスの場合はロレンスについての大いなる対決の日をもっと早く、一九三〇年代にすでに迎えていた。当時彼はロレンスの攻撃者を打倒するためでなく、とるに足らない崇拝者たち、たとえばハリー・T・ムーアなどのちの同僚たちと論争しなければならなかった。「奇妙な神々ののち」の中でエリオットはロレンスのもつ「危険な残酷さ」について、また彼のうちに認められる「退廃の効果」について、そして、その「悪魔的な影響」についてすら語っている。彼のみるところロレンスの描く男たち女たちのすべての関係の中には、いかなる倫理的ないし社会的感覚もなく、いかなる良心もなかった。したがって、ジョイスが教会に反抗しているときですら倫理的には正統派であったのにたいし、ロレンスはほとんど完全に倫理的な異教徒であって、いかなる倫理的訓練も伝統も受け継いでいなかった。エリオットはロレンスには三つの側面がある、としている。ウィンダム・ルイスがうまく扱った言語道断な滑稽な面、疑いの余地なく鋭い直観力、そして性的不健康さ、である。エリオットは、『チャタレイ夫人の恋人』はまさに病人の作品であると結論している。

　かつてエリオットは『新フランス評論』の中で次のように書いたことがあり、それがリーヴィスに彼を拒否させることになった。つまりロレンスは「きわめて病的に書いた……彼の作品の中の人物が性交すると……愛を持続させるために［強調はリーヴィス］、彼らはあらゆる魅力も、洗練も、凝った優雅さもまったく失ってしまうのみならず、彼らは進化の道を遡り、……ついには原形質の何やらいやらしい結合にまで行きついてしまうのだ」。エリオットとリーヴィスのロレンスをめぐる争いは、実は文明の意味についての諍いであり、文化と、文化と自然との関係についての争いであった。全体として言えばエリオットは誤っており、リーヴィスは正しかった。そして少なくとも今まで、他のだれもこの争いに加わろうとしたことはない。

しかし、本書で構成した背景の中のどこにエリオットが収まるかを考えてみるのも興味深い。彼のロレンスとの争いは、エロス主義との争いであり、それが彼を破壊的な逆説に巻き込み、彼がモダニズムの詩人であったというだけの理由で、ばかばかしいまでに極端に押しやられてしまったのである。「生の哲学」の一家では、審美主義とエロス主義とはいとこ同士であるとたしかに言ったが、しかしその一方を情熱的に信奉し一方を排除することも、大変だが可能なのである。このようなかたちで審美主義がエロス主義と争うと、そこには、英語圏では他に類をみないほど鮮やかにエリオットが示してみせた「古典主義的な」現象がみられるのである。彼は審美的にはミルトンを捨ててシェイクスピアをとらねばならなかった。それはリーヴィスもマリも同様である。しかし、シェイクスピアはエロス主義の芸術家‐英雄であったから、エリオットは彼らのように全面的にシェイクスピアに傾倒するわけにはいかなかった。エリオットが愛したのはシェイクスピアの言語上の技術と天分であって、その「哲学」ではなかった。真面目な芸術家のタイプとしてはダンテを好み、劇作家としてはジョンソンを好んだ。こうした一連の好みの型があまりにはっきりあらわれているため、人はここにモダニズムの審美主義と「生の哲学」との乖離があると考えるであろう。エリオットには、そしてもちろん友人のT・E・ヒューム、ウィンダム・ルイスには反《アンチ》‐生ともいうべき特徴が多分にあった。そこにはマックス・ヴェーバーを思わせる一種の現実主義がある。しかし、ひとたびエリオットの文化論をみると、彼がマリ、リーヴィス、ロレンスといかに共通点があるか、彼にとって文化がいかに重要であるか、彼にとっての文化が彼らにとっての文化ときわめて似た役割を果たしており、それが文明といかに対立しているか、に驚かされるのである。エリオットは、彼らと同様、(文化理論のレベルでは) 生命価値を信奉していることがわかる。

審美的な実践のレベルでは、彼の詩も劇ももちろん「非アフロディテ」的であり、どの作家を好むかという点ではエロス主義に敵対し、また直観、衝動、感情といった「生の哲学」的諸価値にも敵対している。もっとも決定的には、彼はハーディとロレンスに鋭く敵対しており、この点に関して彼を攻撃することがリーヴィスのキャリアの大部分を占めているのである。しかしこの問題についての決定的な取り組みはすでに一九三〇年代になされている。一九六〇年代には、リーヴィスにもハイデルベルクの会議に匹敵するようなレベルでの公開の対立の機会があったが、しかし相手はエリオットではなかった。

しかしこの対決を詳しく調べる前に、まずリーヴィスがロレンスから何を受け継いだか、そしてパーソンズがヴェーバーから何を受け継いだかをよりつぶさに定義しなければならない。彼らがそれぞれ何を選びとったのか、それを他からの資料とどのように結びつけたのか、そして何を捨てたのか、を調べてみなければならない。

遺　産

リーヴィスに残された本質的な遺産は何であったか。それは「生命価値」というスローガンにまとめられる。彼がロレンスのうちに見いだしたのは、生というものにたいする敬意であった。それは無数のやり方で、あるものは美的な、あるものは倫理的な、あるものは家政的なさまざまなやり方で、倫理的・想像的な正統性をもって表現されていた。さらにこのような生にたいする敬意の背後には、天才の正統化という問題があった。ロレンスは明らかに——つまり少なくともリーヴィスの批判的感覚には明らかであると思われたのだが——現代の偉大な小説家であり、他の偉大なモダニストの作家たちと並ぶ、想像力あふれる大胆さと創造力をもつ小説家であった。しかもロレンスが他の作家とちがってユニークなのは、彼が正気であり正常であったということである。リーヴィスが早い時期にロレンスについて用いた「天才的と言いたいほどの正気さ」ということばを思い出すべきである。この二つのキイワードのあいだの関係こそが鍵《キイ》であることに、ロレンスが『書簡集』について述べている文の中に、ロレンスが「人間性の未来について何らかの信仰を育てることを可能にしてくれる」ということばがある。同じ関連で、彼はロレンスを超現実主義《シュルレアリスム》と対立させて、次のようなことばを引用している。「ありがたいことだ、根の生えた木が自由でないように、私も自由でない！」超現実主義とはオットー・グロスの精神が文学のかたちをとった表現であるとすれば、このコメントはデメテールのアフロディテ批判とみることができる。リーヴィスにとっての英雄は、グロスと対立するロレンスであり、当時さまざまな芸術の中に起こっていた急進的な実験主義、自由解放主義の多くに対立するロレンスであった。半面ではエリオットはロレンスより、そしてグロスより実験的な精神を備えていた。ことばを換えて言えば、この天才の書簡の中にリーヴィスが見いだして大きな安堵を得た正常性、中庸性、正気さとは、とりもなおさず母権中心的、デメテール的文化のもつ正常性であり、中庸性であり、正気さにほかならなかったのである。

このような資質は、グロスのヘタエリズムとも、またたとえばエリオットの古典化的面にあらわれているアポロン主義とも対立する。実際、『書簡集』についての同じエッセイの中で、リーヴィスはロレンスこそ「古典主義」の最大の批評家であると言っている。もちろんアポロンとその兄弟神たちは、古典主義よりももっと奇怪な表現を、政治および軍国主義の構造全体の中に、そしてリーヴィスが「文明」と呼ぶすべてのものの中に見いだしていた。文化と文明との関係は敵対関係でなければならないというのが彼の確信である。彼がブルームズベリー風の「文明」論に反対したのは、それが鉄の事実の表面をきれいにメッキしたにすぎず、芸術と社交的優雅さという滑らかなビロードの手袋をはめた文人主義にすぎないという理由によるものであった。言いかえれば、彼にとって文明とは父権中心的なものであり、文化とはそれが真に文化の名に値するものであるならば、本来母権中心的なもののはずであった。

このような意味がロレンスに力強く体現されていること

とを見いだした点において、リーヴィスは明らかに正しかった。しかし他方もう一人のロレンスがいた。リーヴィスがロレンスの他の面をほとんど認めようとしなかったということは、些細ではあるが正当なリーヴィス批判となる。しかし、ここで非難の意味を込めずに、リーヴィスが病人ロレンスを、モダニストのロレンスを、政治理論家のロレンスを、新ニーチェ主義者のロレンスを扱わなかったという事実を、はっきり認識しておくことがより重要である。われわれはそれを非難することはできない。なぜならば、彼がロレンスについて現に価値あることを成し遂げるためには、そのような他のことをしなかったことは少なくとも当然であり、あるいは必要であったかもしれないのだから。

　ヴェーバーの遺産はパーソンズにとって、どのような意味をもっていたのだろうか。それは秩序の問題についての一つの解決である。それはパーソンズにとって、つねに社会と社会的行為の理論の鍵となる問題であった。互いに戦争状態にある自然人を、そのもっとも効果的な手段である武力と欺瞞の使用が制限されるようなやり方で支配するにはどうしたらよいか、という問いを提出したのはホッブズであった。この問いからあの社会契約説が生まれた。ロックとその信奉者たちが一つの方向へ、マルクスとその信奉者たちが別の方向へ、この理論を発展させた。ヴェーバーとパーソンズの仕事は同じ問題についての「科学的」な、「価値自由」な考察である。しかし、もしそれが価値自由であるとすれば、にもかかわらずそこには本質的な価値の方向づけがある。なぜならそれは秩序を創りだすような社会規範をめざしているからである。社会的行為理論の功利主義‐実証主義的伝統は、ハーバート・スペンサーをもって終わった。『社会的行為の構造』はこの伝統をあらためて継承する試みであり、彼はそれを行為についての主意主義理論と呼んでいる。それはヴェーバー、デュルケム、パレート、そしてマーシャルのすべてが収斂するような理論であった。

　師匠の人間としての現象全体における重要な要素を無視していたという点では、パーソンズの場合はリーヴィス以上に明白である。彼は政治評論家、政治批評家、潜在的政治指導者マックス・ヴェーバーを抜きにしていた。彼はまたドイツ文化のあらゆる条件によって形成され、また反応していた人物としてのヴェーバーをも排除して考えていた。ヤスパースのヴェーバー、すなわち実存主義者の英雄としてのヴェーバーを抜かしていた。リーヴィスの場合と同様に、パーソンズはヴェーバーのそのような面を無視する権利を完全にもっていたのだが、しかしここで彼の選択の性格がいかなるものであったかを明確にしておかねばならない。それを認識してはじめて、われわれはヴェーバーが、パーソンズのアポロン的社会学の英雄として立ち現われる過程を理解し、評価することができるからである。

リーヴィスがロレンスから、パーソンズがヴェーバーから何を採ったかを明確に理解するために、まずそれぞれが対応する他の人物からどのようなものを提供されたか、そして次にリーヴィス、パーソンズの同時代の人々が、どのような性格の異なるものを「遺産」として受けとることができたのかを知らねばならない。

リーヴィスの場合、文化的にロレンスに匹敵するものを提供した多くの他の作家たち、たとえばトマス・ハーディとジョージ・エリオット、またジョン・バニヤン、リチャード・ジェフリーズとジョージ・ボーンなどにそれぞれ独立に感銘をうけ、また同種の文化活動にも、たとえばイギリスの田舎の民族舞踊や残存する地方民芸から原始社会の芸能や社会風俗といったものに至るまで関心を示したことは明らかと思われる(『スクルーティニー』ではジョージ・ボーンの『車輪店』が注目されている)。こうした現象はすべて〈女〉の世界を代表している。しかし、リーヴィスはほとんど反対の性格のものにも同じほどに関心をよせている。たとえばヘンリー・ジェームズやT・S・エリオットの作品、そして同類のジョゼフ・コンラッドのヨーロッパ的皮肉などにあらわれている、凝ったニューイングランドの「道義《コンシャンス》」芸術である(この二つの系列の混合はリーヴィスが長いこと高くかっていたT・F・ポーイスの作品にみられる)。ごく荒っぽく大ざっぱに整理してみると、彼の好みの型の背後に強く感じられる生の価値のイデオロギーはより多く前者に、彼の批判的・分析的方法はより多く後者に負っていると言えよう。彼のきわめてユニークな文体は、その両方を編みこんだ一本の縄となっている。

その一方、ブルームズベリーの同時代人たちは、彼ら自身の想像的な著作から判断して、ロレンスよりも、そして他の現代作家のだれよりも、ジィドとプルーストに強い反応を示していた。彼らの趣味とスタイルはごくおおざっぱな意味で「フランス的」と言えよう。つまり、リーヴィスとブルームズベリーとの区別をはっきりさせるような趣味とスタイルの特徴を探すならば、そのように言えるということである。リーヴィスはプルーストよりもリチャードソンを、フローベールよりもジョージ・エリオットを、サント・ブーヴよりもアーノルドを選ぶと明言していた（ブルームズベリーはリーヴィスと共通な面も多く、不一致があるとしても、共通の企てのために協同していた。実際リーヴィスはヴァージニア・ウルフ、フォースター、エリオット、ジョイスを評価していたと考えられる。彼らにたいする彼の態度はけっして寛容とは言い難いが）。彼はヘミングウェイ、フォークナー、フィッツジェラルドは大して評価していなかった。アメリカ人作家は、フランス人作家同様、一方にロレンスを乗せて重さを量ろうとしても、こちら側の皿におくものが何もないと彼は感じていた。そしてリーヴィスはロシア作家とくにトルストイを注意深く、感銘をもって読んでいたが、長い議論をすることは避けていた。

彼の趣味は、とくに彼が論文全体で扱う主題というかたちであらわれているものについては、はっきりとイギリス的で、それは彼の生の諸価値が、そして生命にたいする敬意が、健康さという思想を中心としていることにあらわれている。この点でリーヴィスは、キーツ、シェイクスピア、ブレイクについての有名な本を書き、スウィフトの反生命的皮肉に敵対したマリに似ていた（マリはさらにキャサリン・マンスフィールドをシェイクスピア的なイギリスの花としたのだった）。リーヴィスとマリという二人の男の趣味には著しく生気論的なナショナリズムがあり、たとえばT・S・エリオットなどと比べるとその面が浮きあがってくる（他方、エリオットの文化理論そのものは、彼らの理論とそれほど違っていない）。したがって、彼らはごくおおざっぱに言って、ジョン・クーパー・ポーイス、G・ウィルソン・ナイト、ハーバート・リード、そしておそらくヘンリー・ウィリアムソンらと並べられ、彼らはみな神秘的な暗さと血の知識を備えていた。しかし、リーヴィスとマリは他の何人かとともにまた、ジョージ・オーウェルのような純粋に常識《コモン・センス》を代表する人とも並べられる。そしてそのすべてに、ハーディ的な意味での「イギリスの土」のにおい、世界主義を信用せず、積極的で、価値のある、地方主義の感覚がみられる。それは、とくにリーヴィスとオーウェルにもっとも著しくみられ、大戦間のイギリス文化全体を性格づけていた、暗黙のうちにデメテール的な、あの高貴な保守的地方主義の一種であった。実際その根はまだ残っている。同じものはリチャード・ホガートとレイモンド・ウィリアムズにもみられる。

リーヴィスとデニス・トンプソンが一九三三年に出版した『文化と環境——危機意識の訓練』は、文化的趣味という点で彼が何を擁護していたかを示すよい例である。一九六二年、第九刷で再版されたこの本は、文明の侵蝕から古い文化を守るために人々を知的に武装しようとするものであった。そこには「画一化」「レベルの低下」について多くが語られ、「広告、小説、国民生活の潮流」とか「有機的共同体の喪失」といった章があって、「伝統」が「代用 - 生活」と対比されている。このような語句は、人がリーヴィスの中の「清教徒的《ピューリタン》なもの」と呼ぶ、倫理的真面目さと歴史的絶望に呼応している。今日の人々は映画や、新聞や、広告や、宣伝や、安手の小説のうちに「もっとも安価な情緒的反応を利用する競争にさらされて」おり、それらは「もっとも少ない努力でもっとも直接的な快楽を、最低のレベルでの満足を」提供するものである、と説かれている。だからこそ、しだいに勢力範囲を拡大してゆく文明の一般的過程を、また現在の文化的環境を自覚させる教育が必要である、と。

文化が健全な状態にある場合には、市民が無意識のうちにその環境によって形成されるに任せておけばよい、しかし今日のような文化の時代には、つねに批判的意識をもつように体系的に教育されねばならないとリーヴィスは論ずる。リーヴィスの仕事の劇的重要性はまさに、本質的に無意識な何ものかの、そしてもはや失われてとり返しのつかないものの代用物を、意識的に創りだそうとする、その試みにある。「……たしかに連続性を維持するということは、文学の伝統に課された仕事である。しかし文学教育は大部分において代用品であることを忘れてはならない。われわれが失ったのは、有機的共同体とそれが体現していた生きた文化なのである。」民族歌謡や民族舞踊、コッツウォルドの小屋、民芸品はすべて一つの生活の術の表現であり、「歴史以前からの経験の中に生まれた自然の環境と一年間のリズムへの一つの適応の」表現なのである。この国のかくれた地方においては、いまだに話しことばが一つの芸術である。このような彼の一般的感性からつくりだされた文学上の趣味は、『天路歴程』は昔のイギリス国民の至上の表現であり、ボーンの『車輪店』はいつかイギリス古典と認められるだろう、というリーヴィスの言明に示されている。しかし、リーヴィスは詩人としてのT・S・エリオットが代表しているもののすべてをよしとする趣味をもっていた。そして、大胆な美的実験の高みにおいてひとりD・H・ロレンスだけが、こうした「自然で」「有機的な」価値を自ら表現し、かつ描いて再現することもできたのである。

タルコット・パーソンズに話を戻すと、彼が『社会的行為の構造』の中で三人の人間の理論を結びつけたことについては、すでに述べたとおりである。その三人のうち、マーシャルはもっとも影が薄く、彼の名をフロイトに置き換えるとパーソンズの世界観についてより明確な概観図が得られるであろう。その世界観はヴェーバー、デュルケム、パレート、そしてフロイトから育ってきたものである。一九四九年の第二版で、彼はフロイトの名を落としたことが残念だと言っている。この本でとりあげるには、フロイトの業績を知るのが遅すぎたのであるが、しかしフロイトの思考方法は「その出発点が異なり、経験的関心において異なっているとしても、同じ思想運動の重要な一環とみなされるべきである」と彼は言っている。フロイトは、宗教的合理性、政治的合理性、そして近代の社会学によって研究された種類の合理性に加えて、別の種類の合理性と別の種類の規範性を提供した(パーソンズはリーヴィスに劣らず価値ないし規範に関心を抱いていたが、彼の関心の焦点は、どれが正しいかを伝えることではなく、価値が内面化されてゆく過程そのものにあった)。彼が医者という職業の研究をすすめるために病院で働きはじめたころ、エルトン・メイヨーが彼にフロイトを勉強するようにすすめたのである(パーソンズが専門的職業の研究を社会学的にやってみようと決心したのは、専門職の社会構造がマルクス主義的な「階級」分析の目を逃れてしまうように思われたからにほかならない)。一九四六年、彼はボストン精神分析研究所でCクラスの候補者として精神分析の訓練を始め、以降フロイトは彼にとって主たる知的影響力の源となる。それを彼はヴェーバーと結びつけたのであった。

アメリカの知的文化の中でパーソンズが属していた一般的立場ないし複合的関連は、リーヴィスのところで私がおおざっぱに「楽しきイギリス風」と呼んだものに当たるのであるが、ドイツ化の社会学とキリスト教以後時代の社会行政という二つの要因を用いて定義できるであろう。まず、キリスト教以後の社会行政という面について言うならば、アルヴィン・グールドナーは一九六四年の調査で、アメリカの社会学者のうち二七パーセントが、その経歴の中のどこかの段階で、聖職につくことを本気で考えたことがあるのを見いだし、その割合は機能主義者たち、すなわちパーソンズの説にしたがう人たちのあいだでもっとも高かった。自分が牧師でなかった者のうちの多くは牧師館の息子に生まれている。パーソンズの場合は父親が社会的な福音活動をする牧師であったが、アルビヨン・スモールは彼自身牧師であり、またデューイのハル・ハウスでの仕事およびその学校教育は少なくともなかば牧師的であった。

パーソンズ自身については、スモールやデューイよりも後の世代に属しており、彼らと違ってハーヴァード大学内の世界にいたため、われわれは聖職というよりも専門職に結びつけたくなるが、それでも社会の行政に関わる人たちと強い結びつきがあったことには変わりがない。ウィリアム・ミッチェルが指摘したように、パーソンズはたしかに職業について書いたが、それはブルーカラー、ホワイトカラーの労働者については書かず、指導者について書いても被指導者については書かず、宣伝する者について書いても宣伝される側については書かず、医者について書いても患者については書かなかった。

彼の意見の多くは保守的で、そこには行政的立場からの悲観主義がみられる。「しかし（平等の）可能性については、これまで知られているいかなる大規模な社会体系の中でもくわしく研究されたことがない。……上に立つ者の関係を支配する一組の規範こそが、安定した社会体系がどこでも必要とするものとなる。……規律と権威とが重要な役割を果たさねばならない……」等々。ミッチェルの言うところによれば、彼の政治観は政党とは関係なく、彼が接触し、そして尊敬した東部のエリートたち、たとえばアチソン家、ハリマン家、ルーズヴェルト家の影響のもとで形成されている。行政にたいするこうした共感は、彼の規範的秩序への関心から出てきたものである。彼がデュルケムとともに宗教につねに特別な共感を示したのは、その社会秩序の源泉としての役割のゆえである。実際彼自身もアメリカにおける社会学と聖職とのあいだの密接な関係について述べており、社会的な福音活動をする牧師たちが社会福祉一般に関心を抱くようになり、そこから社会学に関心を抱くようになったことに注目している。

その社会行政という面と協働してアメリカ社会学につくした複合的要素のうち、ドイツ化の局面と私が呼んだものは、シュトッカーとヴァーグナー、シュモラーとブレンターノのドイツであり、ヴェーバーがその出発点とした反マルクス主義の講壇社会主義者たちであった（その絶頂期にシカゴ社会学部長であったアルビヨン・スモールは、ロッシャー、シュモラー、ヴァーグナーのもとで一八七九年から一八八一年まで学んでいる）。彼らが強い影響力を及ぼすようになったのはまずウィスコンシン大学で、一八八〇年にハイデルベルクの博士号をもってアメリカに戻ったリチャード・イーリの業績を通してであった。社会についての彼の思想はロベール・M・ラ・フォレットの思想などとあわせて一つにまとめられ、セオドア・ルーズヴェルトを通して進歩党に影響を及ぼし、最終的にはウッドロー・ウィルソン、フランクリン・デラーノ・ルーズヴェルト、そしてニューディール政策へとつながってゆくのである。

このようなドイツ社会学の活動家的傾向とならんで、学問《ヴィッセンシャフト》の強調という路線もあった。ドイツにはヴェーバーのような博識の大家を生みだす素地があり、アメリカ社会学はそれを手本とし、ドイツの学問のスタイルに沿って多くの方法論的機構が含まれる一つの学問を形成した。一九〇四年、ヴェーバーとトレルチも参加したセントルイス会議は、アメリカの学界にドイツが及ぼした影響の広範ぶりを表わすよい例である。三〇八名を下らない人々がそこで主要論文を提出したが、そのうち二〇二名がアメリカ人、四九名がドイツ人、二一名がイギリス人、一七名がフランス人であった。そして、ドイツ人でない者も一〇六名がドイツの教育を受けていた。化学の教授のうち八〇パーセントはドイツ人かドイツの教育を受けた者であった。その割合は歴史学では五三パーセント、社会科学では五〇パーセントを占めていた（ジョン・デューイ、ウッドロー・ウィルソン、フレデリック・ジャクソン・ターナー、J・H・ロビンソンがみなそこで講演している）。この社会学という新しい学問分野では、ドイツ風の学問に代わるようなイギリス風のモデルはとくに見当たらない。この新しい分野はあくまでドイツ式で、その後アメリカ中西部風になった。その特徴は巨大な「調査研究」をすること、および大学の「科学的」な性格を強化することにある。

このドイツ式社会学はシカゴ大学でまず確立した。中西部ではこれまでにない規模の社会問題の解決が急がれており、古い人文科学の伝統は弱く、社会を科学的に調査研究しようとする用意があり、日常的現象が学問的研究に値するのだという民主的な知的態度があり、そしてまた多くのドイツ人亡命者やドイツ系の住民がいたということもあった。

こうした背景の中にパーソンズが位置づけられる。民主的ではあるが、それは潜在的にアポロン的なものであった。リーヴィスの背景がデメテール的であったのと劣らぬ程度に。たしかに彼自身は中西部出身者ではなく、またデューイ、スモール、イーリ、パーク等よりも一世代若かった。彼らとパーソンズとを区別させるのに影響力を及ぼした代表的人物は、L・J・ヘンダーソンである。『社会的行為の構造』の著作に重要な役割を果たした彼は、きわめて父権的であるとともに「貴族的な」精神の持ち主でもあった。ヘンダーソン（一八七八―一九四二）はハーヴァード大学医学部へ入り、シュトラスブルクで生化学者となり、それからハーヴァードで教鞭をとるために帰国した。彼は動物の生体の中和調整作用について研究し、酸基平衡を表わす数学的公式を案出した。一九二九年の彼の『血液』は、血液の記述にホメオスタシス概念を適用したものである。彼とウォルター・キャノンは、社会科学者に広く読まれている物理科学者であるが、二人は身体が内的環境をもつこと、そして生命全体を性格づける条件としてダイナミックな均衡関係があるという考えを打ち出した。これは技術者たちにとってきわめて重要な力学的均衡を生命科学に応用したものである。それは有機体が危機に反応して補償的に適応するやり方、たとえば血液はより速く凝固し、血管は収縮するといったやり方にあらわれるものである。このように、有機体は部分的平衡関係を変化させることによって、全体的均衡関係を維持しようとするのである。

一九二八年、ヘンダーソンはパレートを読み、それ以後パレートが彼の知的霊感の主たる源泉になっていったようである（パレート自身も平衡現象に関心をもっていた。彼は一八九一年の学位論文で弾性体における平衡について数学的理論を扱い、また彼の社会についての悲観的理論はこのモデルを多分に活用したものである）。ヘンダーソンは「社会体系《システム》」について講義したが（ハーヴァード、社会学の23講）、これはパレートの工学的な体系《システム》の思想を生化学的用語に移しかえて定義し、さらに社会をこれにあてはめて考察したものである。

ヘンダーソンはハーヴァード大学における権力の人であり、エリオット学長の友人の一人であり、ローウェル学長の親友であった。彼は一九三三年に研究員協会を設立するのに成功し、つねに情熱的で、また圧倒的な論客で、長老《シニア》研究員会の最初の議長となった。知的にも政治的にも彼は現実的保守主義者であった。彼の医学における英雄はヒポクラテスで、「自然の中庸の道《ホメオスタシス》（*vix mediatrix naturae*）」とは、複雑な調整力にほかならない、と彼は考えていた。彼はヒポクラテスをウォルポール、ビスマルク、リシュリュー、カヴールとともに一つのグループにまとめ、ヘーゲル、ミル、マルクスのグループと対立させた。「私はいわゆる〝知識人〟と呼ばれる人々、感傷的な人々、上昇志向の人々——私にとってはこれらはみないっしょであるが——を恐れる。ちょうど政治家や不当利得者が恐いように、こういう人を私は恐れる。」彼はつねに権力の人と付き合い、ともに活動した。それは国立科学学会においても、企業界においてもそうであった。社会科学という学問が企業人に、この世界の現役の人間に役立ちうるものであるというのが彼の考えであった。彼は基本的に男たちの世界の市民であった。一九二七年、彼はハーヴァード・ビジネス・スクールの疲労研究所の第一期理事となり、西部電力のホーソン工場でなされた有名な社会学上の仕事に影響を及ぼした。

ヘンダーソンはとくにその直接的な社交的人格において、また他人に及ぼす影響力において、マックス・ヴェーバーに似たところがある。ともに権力の人間であり、自分の意見ではないにしても何が合理的で、何が興味深いかの規準を、議論する相手のだれにも要請した。さらに彼らは社会のいたるところに顕現している権力に真剣な関心を抱いており、彼らの理論にはそのような性格と関心の跡が認められる。ヴェーバーのアルフレート・フーゲンベルクにたいする敬意は、ヘンダーソンの友人だった、ニュージャージー州の電信電話局長チェスター・I・バーナードにたいする敬意と呼応している。したがってパーソンズの知的人生の決定的な時期にヘンダーソンが働きかけたということは、ヴェーバーの影響を強化・拡大したに相違ない。そしてとくに初期の中西部社会学者とは対照的に、パーソンズをよりヴェーバー的にしたに相違ないと思われる。

ヘンダーソンははじめパーソンズをパレートに紹介し、それから『社会的行為の構造』をいっしょに一章一章修正していったが、その三か月間は自分の生涯の中でもっとも意義のある経験であったとパーソンズは書いている。二人の政治的立場は異なり、パーソンズはつねに自由主義でヘンダーソンの保守主義に対立していたと言いうるほどにかけはなれていたが、もっと重要なものを二人は共有していた。それは社会管理上の諸問題におけるアポロン的関心であった。ヘンダーソンはウィラード・ギブスがこの世界は体系《システム》の世界であることを証したと考えていた。この体系《システム》は基本的には心理‐化学的体系《システム》であり、現象全体をよりよく説明するのは因果性の命題ではなく、むしろ相互依存性、平衡効果、その他の体系《システム》概念によるものであると彼は考えた。相互依存と平衡効果による説明には、あらゆる体系《システム》が作用と相互作用とが安定する特定の型《パターン》を維持しようとするものであって、それは体系《システム》が、たとえば人間社会の場合、革命のようなショックを受けたあとで——ひとりでに——戻っていこうとする一種の力学的平衡である、という暗黙の前提がある。

そのようなアプローチこそ、パーソンズの仕事の核心にあり、また機能主義社会学者の仕事の核心にあった。ジョージ・C・ホーマンズ、ウィリアム・F・ホワイト、クレイン・ブリントンはヘンダーソンに負うところ大であると言われている。平衡こそ鍵になる語であった。マーシャルの経済学は部分的に平衡モデルによっており、デューイは知識を定義するにあたって、思考と呼ばれる懐疑‐探求の機能によって獲得される平衡状態であるとみなしたし、フロイトの人格理論もまた、シンシア・ラセットも指摘しているように、本質的にはホメオスタシス的である。

ラセットはさらに加えて、平衡のモデルを使用することは革命的変化というような発想を禁じるものであり、パレートやヘンダーソンは言うまでもなく、パーソンズやキャノンの社会的評言がそのことを立証していると述べている。パーソンズは社会学上の急進派であるC・ライト・ミルズのイデオロギー上の大敵であり、一九五六年、ミルズの『パワー・エリート』に敵意に満ちた書評をした。彼の保守主義はもって生まれた気質に由来する。一九六四年のハイデルベルクで、パーソンズが、これからハイデルベルクからモスクワへ出発するのが嬉しい、そこでは人々が真の生活とは何かを知っているからだという意味のことを言ったというエピソードがある。そのときまで彼はマルクーゼを含めて、ユートピア的思想家たちがヴェーバーを批判するのをずっと聞いていたが、ついにこうした話はまったく非現実であると嫌悪をもって言いきったのである。いったいこの人たちは人生というものはいつでも不幸であり、物事は現状より大してよくなりはしないということを知らないのか、と。このエピソードを伝える手紙に厳密でない点があるにせよ、その精神が、パーソンズの思考の核心にある自己規律的な「現実主義」を表わしていることは確かである。この現実主義があるからこそ、彼は本性的自由主義、のっけから人に強い印象を与える「アメリカ人的」楽観主義にもかかわらず、ヴェーバーの、そしてまたパレートの、正当な息子と呼ぶにふさわしいのである。

ヘンダーソンとパレートとの接触の結果、そしてパレートがマキャヴェリの影響を受けていたこともあって、パーソンズはきわめて非アメリカ的な保守主義である高度に「男性的」な無・道徳性を身につけており、それはアポロン的であると同じほどに軍神アレース的でもあった。しかし、パーソンズの精神の中ではこの父権的な雄渾は、別の影響によってその毒性をぬかれていた。パーソンズに匹敵する最良の人物は、あの退廃した第三帝国の中で秩序を、ダイナミックな倫理的秩序である連帯《ソリダリテ》を打ち立てようとした、整然たる精神と整然たる人格をもったデュルケムである。実に、パーソンズが同時代人と、またイデオロギー上のグループ内の同じ愛国者と際立って違っているのは——ちょうどリーヴィスがロレンスにたいする反応について、たとえばブルームズベリーのグループと異なっていたように——まさに彼のマーシャル、パレート、デュルケム、ヴェーバーという四人の異なった国の思想家にたいする扱いにおいてであり、つまりは彼の世界主義《コスモポリタニズム》においてであった。リーヴィスが自国の知的生活における地方化、国民主義《ナショナリズム》化をおしすすめる力となったのにたいし、パーソンズは国際化をおしすすめる力であった。しかし彼はけっして「世知にたけた俗物」ではない、なぜなら、彼の世界主義の大部分は彼の共働主義《コンセンサス》、彼のアポロン主義のもっとも顕著な例にすぎなかったからである。

制度化の問題

この二人の男たちの経歴には、われわれが描いている図式のゆえにとくに興味をひく一つの共通面がある。つまり、彼らが自分たちの研究対象を学問的に制度化したという点である。英文学も社会学もこの二人の男の生きている期間にかぎり、大学での主要科目となり、この二人の信念と行為によって重要な変貌をとげた（ただし英文学の場合、リーヴィスのいた大学以外の場所、および一般的に言ってイギリス以外の場所にはあまり当てはまらないし、その両者の場合についても、局所的な状況については正確に該当するが、より大局的な面では必ずしも合致しないところがある）。ごく簡単に言えば、ロレンスとヴェーバーがこれらの制度と思想の体系の中に何かの役割を担うようになったのは、リーヴィスとパーソンズによる、ということである。この制度化の過程のゆえに、ある意味では今日のわれわれとはきわめて距たりのある二人の男の想像力が、第二次大戦以後のイギリスとアメリカの社会で効果的な力を発揮するようになったのである。両国の学界およびそれに影響を受ける文化的世界は、ヴェーバーとロレンスに大きな反応を示したのであり、しかも当時はこのような文化的世界が強力な力をふるった時代でもあった。学界は多くの人々と多くの出版物と、職業と、より広範な社会に通用する一定の地位とをもち、そして多くの資金を費やした。さらに重要なことは、学界の外で、この制度化の効果が何千、何百万という個人に感じとられていたということである。一方にどのような種類の小説が書かれ、読まれるか、どのような種類の映画が製作され見られるか、があり、他方にいかなる種類の福祉制度が手がけられ、いかなる種類の産業経営がすすめられるか、という対応がある。「精読」と『スクルーティニー』、「プラント社会学」とキャメロット計画、これらすべてがある程度まで遠い源泉を共有していたのである。つまりわれわれが今日生きている世界は、多くの点でヴェーバーとロレンスによって形成されているということである。もちろん、こうした制度によって、またパーソンズとリーヴィスによって媒介された、ヴェーバーとロレンスの及ぼした効果そのものは、その当初の意図とは対照的に、ときに喜劇的あるいは悲しむべきものと化したことは言うまでもない。

英文学の試験制度《トライポス》は一九一七年にケンブリッジで確立されたが、ようやく英文学で学位をとることが可能になるような（少なくとも学位を取りたくなるような）新しい規則がつくられたのは、一九二六年になってからである。同じ年にまた古英語は英文学の試験からはずされて、考古学と人類学の科目となった。こうした事実に加え、戦時および戦争直後の正規の訓練が中断されていた時代に教師陣を雇用したこととがあいまって、英文学試験は「新規」に出発することができ、たとえばオックスフォードの英文学試験に比べて著しく異なった、また近代的なものになったのである。「実践的批評」で論文が一つ、比較文学でもう一つが要求されたが、言語学やチョーサー以前の文学についての論文は必須ではなくなった。

E・M・W・ティヤールが、ドイツの言語学界に対抗してトライポスが発展したという面があると言っているのははなはだ興味深い。ケンブリッジのはじめてのドイツ語教授ブロイアー、およびその従弟でロマンス語学の準教授《リーダー》であったブラウンホルツは、密接な協力者であり恐るべき大学者でもあったが、この二人が英語のトライポスにいかなるものであれ反対であり、かつトライポスのような企画はいかなるものであれ言語学の重要性を弱めるといって二重に反対した。しかし古代英語学《アングロ・サクソン》の教授チャドウィクはベルリンでブランドルの中世英語の音韻変化についての講義を聴いたことがあって、これは学部学生の修めるべき科目とは言えないと判断した。大戦中、ドイツ文学の教授は事実上言論弾圧を受けており、彼らの代表する英文学の観念は、たとえば「ベオウルフ」をチュートン族の『オデュッセイア』と解釈するなど評判がわるかった。インド゠ゲルマン言語学は当時ヴァーグナーやチュートン族の人種優秀説と結びついており、しかも加えておそろしく難解な知的学問でもあった。知的学問そのものはアポロン的であったが、文化上の内容はけっしてそうではなかった。英文学試験《トライポス》は自由主義国イギリスの人道主義の名のもとに、そのスタイルにも内容にも反抗した。したがって、知的にはヴェーバーが代表していたものに反抗していたことになる。エーリヒ・フォン・カーラーがしたように、トライポスはそのような学問概念が要求する残酷な人格の隷属性にたいし、倫理的に、また心情的に反対したのであった。

要するにトライポスは自由主義的なのであった。ティヤールがそう言っているのであるから、そしてまた彼自身の精神がそれを代表しているのであるから。彼は次のように書いている。ケンブリッジでは「昨日書かれたすぐれた短篇とエリザベス期の十四行詩《ソネット》とのあいだに何の区別もあってはならない。そして学ぶ者はどのような土地にも自由に遊ぶ権利をもっている」。つまり英語文学を学ぶ者は事実を「それ自体目的と考えてはならない。彼らは事実を思想の配下に置かなければならない。そしてその思想は自分自身のものでなければならない。……」ティヤールの自由主義は言うまでもなく、彼自身が古典を教えられたときの非自由主義的なやり方にたいする反動であった。

予想されるとおり、このような自由主義はより厳格な思想にとって代わられることを要求していた。さもないと、マリ風のルーズな感情主義とかティヤール風の些細な温情主義に陥ってしまう。この分野に適用された最初の厳格な思想はI・A・リチャーズの方法で、それは精読と言語についての推理——G・E・ムーアが哲学の分野でやったことであるが——に、詩的効果についての生理学的・心理学的説明を結びつけるものであった。ティヤールはリチャーズが『実践的批評』を書いた一九二九年をケンブリッジ自由主義の最高点としたのであるが、リチャーズはまもなく別の方向へ移っていった。

英文学科の他の教授たちをもっと居心地悪くさせた第二の厳格思想が、リーヴィスのものであった。『スクルーティニー』は一九三二年に創刊された。ティヤールは、一九三〇年までには、学校で新しいケンブリッジ思想をすでに教えこまれた少年たちが大学に入りはじめたとつけ加えている。大学に入った彼らにとって教授連のうちリーヴィスだけが、第二段階にふさわしい、倫理的・知的に高揚した情緒を授けてくれる人であった。私はリーヴィスの方法論上の基盤がエリオットにあると言ったが、リチャーズに根差していると言ってもそれは当たっている。しかし、リーヴィスの経歴の決定的な要因は、彼が自ら供給したもの、すなわち生命価値が支配的地位を占める、情熱をこめて抱かれた世界観であり、さらに調子とか引用とか示唆といった細かい点をもってきて、きわめて個人的であるが、全面的な倫理判断の立場や状況の主要な決定因とするような、攻撃的で独断的な道徳主義であった。ロレンスが「人間の未来についてある種の信仰を抱くことを可能にする」作家であったことを想起しよう。そして、どの作家も何かしらそのような規範で判断されるのがつねであり、そしてどの批評家も、そのような作家にたいしてどのような態度をとるかによって判断されるのであった。

リーヴィスは制度というものにたいしてつねに潜在的に敵意をもっていたが、その点では母権中心的な価値をもつほとんどの人と共通している。しかし、彼の抱いた敵意は理論的なものではなく、したがって全面的ではなかった。彼は大学の理念というものが存在すると信じていた。そして、値しない者たちに一時的にのっとられてはいるが、自分と自分の仲間たちこそ真のケンブリッジを代表し、真の英文学のトライポスを代表するものであると公言していた。彼が、ケンブリッジこそロレンスの教えが批判的に説かれるのにふさわしい場であり、したがってロレンスにふさわしい制度上の家である、と言ったとしても、おかしくないと私は考えている。彼は批判的論文の作成が、もっとも字義的、かつまた制度的な意味合いにおいて、教育行為となるようにした。そして『スクルーティニー』がついに廃刊となるとき（一九五三年）に書かれた「回想録」で、彼はこの雑誌は「英文学トライポスの所産であり、その業績を誇らかに正当化するものである」と述べている。

このように、リーヴィスの見解の制度化の第一段階は英文学を教えたということであった。もっともケンブリッジに職をもつ以前に、彼と妻とで築きあげた社交的・知的生活こそ第一段階であったということもできる。たしかに彼らの家庭こそ一つのセンターであり、一種の制度と言えた。実にそこを核として、新しいケンブリッジが成長していったのである。リーヴィス主義の制度化はさらに、『スクルーティニー』への寄稿者の選択に、書かれるべき主題に——文学上の主題のみならず、教育上の主題についても——、そしてまた、寄稿者全体に共通したきわめて攻撃的で、また自らの立場を明確にしてゆく話のすすめ方に展開していた。これらすべてはリーヴィスであった。そしてロレンスは、この雑誌の中に祭られる偉大な作家の最上段に並べられるのみならず、こうした選択の規準にもなっていた。批評季刊誌としての『スクルーティニー』の前身、『現代作家年代記』も似たようなスタイルをもっていたが、少し異なった規準をもっていた。『年代記』はもっとはっきりと「古典的」を看板にして、マリのロマン主義に対抗しており、ロレンスのものを掲載してはいたがロレンス批評は厳しいものであった。たとえばそこには「このようにエリオット氏の『聖林』の中の批評はロレンス氏の最近の小説よりも価値が高いのみならず、それに先行するものであり、かつ彼の小説を時代遅れにするものであると言える」といった文が載せられている。慎重な厳密さとことばの間接的表現、つまりスタイルを維持しつつ評価を逆転することが『スクルーティニー』の役目であったのである。

制度化の次の段階は学界内部での忠実なリーヴィス派メンバーたちのもので、大学および教員養成専門学校においてリーヴィス派がしめた地位にあった。この要因がどう働いたかを細部に立ち入らずに確定することは難しいが、今日一般にリーヴィスの弟子たちの多くがイギリスで教職に就くことができず、自治領《コモンウェルス》の大学に教えにいったり（有名な一例はシンガポールへ行ったD・J・エンライトである）、あるいは、公開講座とか労働者教育協会（WEA）などで教えていたということが認められている。労働者教育協会で教えていたもっとも有名な例はレイモンド・ウィリアムズである。そのようなポストから、その後多くの人々がイギリスの大学の内部へ移っていったが、それは一九六〇年代の大学拡張と、リーヴィスが知的に支配的になっていったことによる（一九三三年のリーヴィスとデニス・トンプソンの共著『文化と環境』は、著者たちの説明によれば、学校のみならず教員養成コレッジでも使えるように編まれており、部分的に労働者教育協会の経験に由来しているものであった）。しかしリーヴィスの理論の影響のもっとも著しい中核は、あくまで教員養成学校であったというのがほんとうであると思われる。このことは驚くにあたらない。リーヴィスの情熱的関心が教育にあり、文化と文明のあいだの戦場としての学校と教室の教育にあったという理由からも、また一方で教員養成学校が、もっとも広義における思想つまり多くの文化に由来する思想が出会う場であるよりも、知的辺境性への非難がそれほど決定的役割を果たさない場であった、という理由からもそうであった。こうした養成学校ではリーヴィスの解釈するロレンスがかけがえのない価値をなしていた。こうしてF・R・リーヴィスの監督のもとに、精巧な制度的装置がイングランド全土にロレンスの思想を伝達したのであった。

社会学はアメリカで、まずシカゴ大学で制度化された（社会学の分野における制度化は、英文学研究の制度化よりもずっと広範にわたる。なぜならもっとも制度化の弱い社会学教授法は、もっとも制度化の強い英文学の教授法に比べても、より制度的であると言いうるからである。それでも、この二つの学問の慣習と特性とを頭にとどめておくならば、このような一般化も許されるであろう）。ごく初期の時代からシカゴ大学の学長も教授連も大学を研究の中心にしようと定めていた。もっとも経験科学としての社会学が始まったのは、ブッカー・T・ワシントンの秘書であるとともにジャーナリストでもあったロバート・パークが教員に加わってのちのことであった。それまでは「ドイツ社会学」は思弁的であり「観念的」なものであった。もっとも、ヴェーバーがしていた研究の一部はアンケート調査によっていたが。

二十世紀のはじめの十年間から、シカゴ大学では学生に調査研究の訓練をはじめた。醜聞をあさる新聞記者たちの調査報告が教室でテーマにされ、フロレンス・ケリーやジョン・コモンズは、その最初の調査であった一九〇七年におけるピッツバーグについての研究の助言者を務めた（彼らを仲介項とする調査技術とハル・ハウスの社会改革派との関係は、けっして偶然のものではない）。第一次大戦以後、パークと、もう一人のシカゴ派社会学者W・T・トマスとは、社会の諸局面を研究するために、いろいろな財団や市役所から多くの委託研究を受けていた。シカゴの社会学のまわりには、一つの専門家の世界がしだいに形成されていった。社会学部での博士論文はシカゴ社会学報に掲載され、『アメリカ社会学誌』がシカゴ大学機関誌となった。社会学研究学会の定期的な夏季講習が、さまざまな人々の、またさまざまな思想の交換の場となり、中西部、北西部の諸大学に就職の道も開かれるようになった。シカゴ、ウィスコンシン、ミシガン大学が先蜂となり、すぐあとにインディアナ、アイオワ、ネブラスカ、イリノイ大学とつづいた。エリートの東部学派と異なって、これらの大学には貴族的ヒューマニズムの伝統といったものは皆無であった。啓蒙の思想から直接に生まれてきた大学だったのである。アメリカ社会学も同じであった。パークは社会学的な知識の普及が、進歩と正義と改革を推進するであろうと確信していた。

イギリスに社会学が栄えたことがないのは興味深い。長いことオックスフォード、ケンブリッジで教えられなかったし、社会学は大学外でのみ、したがって必要な制度上の支持なしに、ベンサムや功利主義者たちのいわばポケットマネーで育っていた。リーヴィスは『スクルーティニー』の初期の号で、イギリスの大学に社会学がないことを嘆き、リンズの『ミドルタウン』のようなアメリカの研究を讃えている。逆に、英文学研究はたしかにアメリカで盛んにおこなわれてはいたが、リーヴィス的な、強烈な文学尊重と社会文化的関連を結びつけるやり方や、リーヴィス風の攻撃的で道徳家的なスタイルに相当するものはアメリカには見当たらない。それにもっとも近いものは比較的制度の弱い『パルティザン・リヴュー』や『コメンタリー』に見いだされるニューヨーク・ユダヤ主義のスタイルであろう。

パークがフィスクへ移るため辞任すると同時に、シカゴはその特権的地位を失った。アメリカ社会学の中心はこうして東に移り、ハーヴァードへ、そしてさらにコロンビア大学へと移っていった。コロンビア大学では応用社会学研究所でのロバート・マートンとポール・ラザースフェルドの仕事が、研究方法を形式化し中規模の理論に徹することで、特定の世界観に加わることを避けようとした。しかしパーソンズが代表していたものはこれとは少し異なっていた。彼はつねに大理論を擁し、それにヴェーバーをおおいに活用した。経験的調査研究成果を一篇の論文にもまとめようとしなかった唯一の顕著なアメリカの社会学者パーソンズは、明白に社会学の理論家であった。

今ここにあげたアメリカ社会学についての素描は、大部分がエドワード・シルズの提供してくれた情報によっているが、彼の考えでは、パーソンズはヴェーバーの思想を発展させた唯一の弟子である。ドイツではカール・マンハイムがほとんど一人でヴェーバーを教えていたが、彼の教歴はナチスによって中断されてしまった。パーソンズはヴェーバーの中心的な思想を見定めて、さらにそれを発展させることができた。もっとも彼はその社会学を、マートンが彼の社会学を制度化したほどに効果的に制度化することはなかった、とシルズも認めている。

アルヴィン・グールドナーがシルズの説明に反対していることに注目しておこう。グールドナーは、パーソンズの社会学の体系《システム》がアメリカ社会学理論の中で断然支配的であり、そのような位置づけを獲得したのは少なからず制度上に原因がある、と考えている。機能主義は明白にハーヴァード大学の所産であり、その温室的な大学という場の中で繁栄し、したがって、すぐれた学生たちに提供すべき管理職の地位をもっている。ロバート・マートン、キングスリー・デイヴィス、ロビン・ウィリアムズ、ウィルバート・ムーアといったパーソンズの学生たちは、アメリカ社会学会の重要な職を務めており、パーソンズ自身、発行していた雑誌の編集委員でもあった。ハーヴァードの社会学部は一九三一年になってはじめて創設されたが、その当時は不況期で、社会的状況を説明するために社会学者が特別に召喚されたということのようである。彼らは経済学者に比べれば汚れた手をしていなかったが、他の学者たちのだれよりも社会に「関係《レレヴァ》があり《ント》」、したがって学生たちにはきわめて魅力的に映ったのである。さらに、当初から、パーソンズ個人がごく有能な学生たちのそれぞれに未完の体系を提供し、独自に解答をさぐってゆけるようにさせることができたのであって、このことは、マルクスの体系とか、当時の学部長であったピティリム・ソローキンの体系のような、「完結」したものと著しい対照を示していた。

ハーヴァードで社会学を学ぶことの知的な有利さにさらに加わったのが、物質的な有利さである。グールドナーは、アメリカが二世代のあいだに、ヨーロッパ全体の国で生みだしたよりも、二倍、三倍以上の社会学専門家の基本的教育をなしとげたことを指摘している。一九六四年の彼の調査によると、アメリカ社会学者の八〇パーセントが多少なりとも機能主義者であった。C・ライト・ミルズとパーソンズがともに述べたように、われわれは社会科学の時代に生きているのである。連邦政府は一九六二年、社会科学に一億一八〇〇万ドルを費やし、一九六三年には一億三九〇〇万ドル、一九六四年には二億ドルとなった。二年間に七〇パーセントの増大である。ベルギーでは、増加は同じ期間に二九〇万から四八〇万である。一九六四年、ヴェーバー生誕百年記念が社会学の進むべき方向についての意見の分かれ目となったのも驚くにあたらない。

　グールドナーが言うには、パーソンズはアメリカの社会学者の中でももっとも知的に現代的であり、他のだれよりも現実に重要な問題にふれてきた。しかしながら、彼はまた他のだれよりも形而上学者であったというのである。彼の「紛れもない」形而上学的確信とは、社会体系《システム》が有機的全体であること、世界は一つであること、そしてそのことが決定的な性格であることであった。彼のカテゴリーは予言力をもつかどうかが試されたときにではなく、そのカテゴリーが事物や思想のさまざまなレベルで同時に適合すること、そして全体を統一し、あるいは統一性を露わにすることが明らかになったとき、勝利を占めるのである。パーソンズが考え出す多様な概念的範疇は（他のあらゆる観点から言っても多すぎるが）、そうした全体性へ向かうための入口なのである。彼は個人には関心がない。人間の行動についての彼の記述は、まずグループの価値からはじまる。それはたとえば内的葛藤とか競争意識からくる行動を無視し、また個人の潜在的な同一性、たとえば性的同一性をも無視している。彼の機能主義は十九世紀実証主義の倫理的秩序の強調を受け継ぐ一方、同じ実証主義のもつ技術的進歩の強調という面は無視している。実証主義よりもさらにアポロン的な機能主義は、社会秩序の問題は経済的あるいは技術的問題をぬきにして解決されうるものだという立場を意味していた。パーソンズはより純粋な実証主義者であり、後の時代にあらわれたアメリカ人のデュルケムあるいはコントであって、彼らと同じ分類癖と、同じ人間行動の非合理性という前提を有していた。

　グールドナーは、パーソンズが一つの全体としての社会体系《システム》というイメージを他のだれよりもうまく伝えたことを認め、そしてこのイメージが社会主義者の仕事を正統化してしまうため、イメージを管理するということはきわめて重要である、と言っている。しかし彼は、パーソンズがこの権力を獲得したのは主としてその概念化のレトリックによるのであって、実際の証明や説明によるものではない、とつけ加えている（これはしばしばリーヴィスにたいして向けられる非難である。もちろんリーヴィスのレトリックはまったく異質のものである）。パーソンズの文体はきわめて概念的で、難解なことで有名であるが、それは主として彼が、あまりに多くの事柄を一度に提示しようとし、どれについても徹底的に扱うことができないでいるからである。それに、彼は結局のところは、部分はどれをとってみても実際に現実に関わる全体に比べればそれほど重要ではない、と感じていたようである。このような感覚という面では、機能主義は、実証主義と同じほどにプラトン主義と並行関係があるとグールドナーは言っている。プラトン哲学と機能主義社会学には行動範囲についての似たような前提と感情があり、両者にとって、人間とは原料であって、神に属することによって、あるいは社会に属することによって救済される。それ自体としては人間とは本質的にただ欲求するものであり、その不安定性こそが世界の悪の根源である。プラトン主義も機能主義もともに心身二元論であり、完全に肉体を排し、全面的に精神の領域で機能する二元論である。両者とも愛を恐れ友情を好み、死を恐れ精神の不死性を追求する。両者は自由とか成就にではなく、秩序に関心をもっている。汚れや悪や無秩序には理念型はなく、たんなる不在にも形式はない。言いかえれば両者ともにアポロン的なのである。

われわれのすすめている議論からすると、パーソンズと彼の社会学に用いた主要なカテゴリーがアポロン的であるというグールドナーの考えは、もちろんきわめてありがたいものである。「秩序を求めること……は社会のアポロン的ヴィジョンを表明している。そのヴィジョンはくっきりした輪郭をもった社会的対象物からなり、それが互いにはっきりとした境界線をもって区別され、限界づけられている。……連続性、累積性、コード化、収斂性、構造化の方法論をひたすら指定していくこと……それがアポロン的な社会観にぴったりと対応する。」グールドナーは、収斂とはまさにヘーゲル的精神《ガイスト》のアメリカ版であり、戦時と冷戦の連帯に学問上で対応するもの、すなわち社会学の専門化と制度化である、と言っている。アメリカにおけるパーソンズは、イギリスにおけるリーヴィス同様、師匠の思想を社会的有効性の極に導くような精巧な装置を設置したのである。

対決

グールドナーの『西欧社会学の来たるべき危機』があらわれたのは一九七〇年、本書が考察している百年間の最後の年で、ここでパーソンズと機能主義にたいする抵抗宣言がなされている。グールドナーはヴェーバーを崇拝し、かつ彼をロマン主義的人物であるとみなす一方、自分の著作は「古典的な」西欧社会学の成果のすべてにたいする反抗である、と考えている（同様に、パーソンズと争ったデニス・ロングも、ヴェーバー自身はパーソンズとまったく違った社会学者である、とみなしている。ロングはヴェーバーを「われわれ社会学者が、これこそ真にわれわれのものだと明らかな権利をもって言いうる唯一の偉大な人間」としている。ただし彼はヴェーバーをフロイト、オーウェルと並べて自分の知的英雄の一人としており、実際たしかにこの三人には重要な意味で共通点がある。彼からみるとパーソンズはずっと幅の狭い人物で、かつ対象の幅を狭める人であった）。グールドナーの反抗は、今日の機能主義は連邦政府の管理権を強化するものだという確信に由来する。古典的社会学者は機能主義者に先導されて、福祉国家の市場調査機関と化し、新しい経営主義の手先となっていると彼はみる。グールドナーにとっては福祉《ウェルフェア》国家とはとりもなおさず戦《ウォー》争《フェア》国家の国内前線であるから、一方に尽くして他方に尽くさないということは欺瞞であった。彼は一九六八年のアメリカ社会学会に対抗して開かれた急進派の学生の社会学解放戦線の大会について、共感をもって記している。こうした会合では、その日の社会学会総会で演説者であった厚生省、文部省、社会福祉部の長官たちが、基調講演の中の反対演説で人民への戦いを企てる軍人として攻撃され、すべての古典派の社会学者たちは、協力的奴隷《アンクル・トム》だ、政府協力者だ、売国奴《キスリング》だと糾弾された。ちょうどその同じ年、かつて一九六四年にハイデルベルクでパーソンズを批判して学生たちの英雄となったハーバーマスが、今度はフランクフルトの学生デモで攻撃されるた。急進主義はより極端なものになっていた。学生たちはあるときはマルクスの声で、あるときはオットー・グロスの声で話していたが、いずれにせよ古典派社会学に反対し、古典主義とか客観性とかの色合いの混じったもののすべてに反対していた。彼らのあいだでは、政治家としてのヴェーバーも劣らず不評であった。ヴェーバーの敵は今日の英雄となり、彼の英雄は敵となっていた。一九一八年のミュンヘン革命――それはかつてエドガー・ヤッフェにとっての革命であり、邪悪でないとしても愚かしいものとしてヴェーバーが否定したように、これまでは否定されていた――に関するセバスチャン・ハフナーの一九六九年の著作では、クルト・アイスナーがドイツ史における革命的英雄とされている。その本では、今日のドイツはいまだに病んでいる、それは革命の裏切りに苦しんでいるからである、と述べられている。『裏切られた革命』というのがこの本の題である。こうした歴史解釈が意味しているのはとりもなおさず、マックス・ヴェーバーではなく、エドガー・ヤッフェこそ、一九一八年のドイツが必要としたものである、ということである。今や、一見したところ革命的であることが権威をもつのであり、体制派であることが疑いをもって見られるようになっていた。ロシア社会学が今や機能主義に傾きつつある、鉄のカーテンの向こう側ではパーソンズが興味と尊敬を受けている、というグールドナーの予想は、学生の確信をさらに裏づけるものでしかなかった。

リーヴィスの場合、そのような反対デモも、学生の怒りも、そして私の知るかぎりではグールドナーの本にあたるような著作も見あたらない。リーヴィスはつねに自ら体制にたいする情熱的反抗者としてあらわれ、けっしてアポロン的人間として登場したことはなかった。彼は、パーソンズへの情熱的な対抗者C・ライト・ミルズのような存在であった。リーヴィスはデメテール的ないしディオティーマ的急進派であった。ちょうどヴェーバーがアポロン的急進派であったように。グールドナーの本にあたるような最近の著作におけるリーヴィス批判を探せば、たとえばジョン・グロスの『文士たちの盛衰記』があるが、それらは昔の恨みの継続である。しかし学生のあいだでの彼の人気は落ちており、パーソンズに向けられたのと同じ二種類の敵意ある分析、つまり、独断的マルクス主義とオットー・グロス的自由解放主義の分析にさらされている。

リーヴィスとパーソンズとの相違は、その容貌にすら鮮やかにあらわれている。リーヴィスはきわめて劇的で、髪を乱し目は血走り、頰はこけてしゃがれ声のかん高い声をして、人の目の前で生のエネルギーを燃焼しつつ、物質的栄養をとるのを拒否する、といったタイプである。一方パーソンズは背が低く、がっちりしていて、これといった特徴がなく、きれいなはげ頭で、金色の口ひげを生やし、落ちついた声で話をする一専門家であり、技術者か技師出身の大佐ないし平服の少佐、あるいは新人官吏たちの黒幕といった感じであった。しかし逆説的にも、自分と自分の知的自伝をどんどん書くのはパーソンズのほうで、リーヴィスはたんなる個人的な役柄を演ずるのを厳しく拒否していた。

この時期のリーヴィスにとっての大いなる対決は、ロレンスとは間接的にしか関連していないのだが、しかし本書が立てようとしているカテゴリーを完全に例示するものである。つまり、科学と二つの文化についての、かの有名なC・P・スノーとの闘いのことである。スノーは本質的に社会の父権的な体制管理者層を代表していた。彼は科学と技術と産業と政治と制度とを擁護し、彼の小説のすべては制度と制度の中で生きられた生活についてであり、制度の中で出てくる倫理的な問題についてであった。リーヴィスが、小説家としてのスノーはひどい醜聞でしかないと言った理由は、主としてそこにある。リーヴィスにとって、文化や芸術は母権的なものであって、つねに何らかのかたちで父権的な文明を攻撃すべきものであった。文学的人間は科学に敵対し、科学にたいする無知から現代文明への完全参加ができなくなってしまう、といってスノーが責めるということ自体が、リーヴィスにはナンセンスであり、かつまたおそろしく皮肉に思われた。

いくつかの段階でロレンスがリーヴィスの議論の中に登場してくる。スノーには認めることができず、ましてや正しく評価することなどとてもできなかった偉大な小説家として。もっと重要なことは、リーヴィスがスノーを、『恋する女たち』に登場するサー・ジョシュア・マティソンに、またロレンスがそのモデルに使ったバートランド・ラッセルに、そしてまたH・G・ウェルズに結びつけていることである。リーヴィスは、これらの人たちがだれも「現場で」生きていなかったと非難している。スノーのことばで言えば、彼らは「社会的希望のうちに」生きていたのである。この「現場で」と「社会的希望のうちに」という二つのスローガンは、リーヴィスが演出上並べてみせたものであるが、それはそのままディオティーマ的およびアポロン的倫理の対照を例示している。前者は「現実化された」肯定において、彼らが無意識のうちに具現している生命価値によって人を判断する。後者は、人が意識的にそのエネルギーの一部を投資する社会的企画によって判断するのである。文学とデメテール的選択とを絶対的に一つのものとするリーヴィスのやり方は、きわめて著しい。文字どおり受け取ってほしいと頼みつつ、彼はスノーが「文学とは何であるか知らないのだ」と繰り返し述べる。なぜなら、リーヴィスにとって文学とはある特定の種類の意味だけに捧げられ、ある特定の領域の価値に捧げられた媒体なのであって、それ以外のもののための手段ではないのだから。*

［リーヴィスは書いている］偉大な文学に親しむにつれて、われわれは心底で自分が何を信じているのかを発見する。何のために、究極的にはいったい何のために？　人は何で生きるのか――この疑問は、思考と感情の宗教的内奥とし か言いようのないところで、はたらき、語るのである。あるいは、この宗教的という形容詞を頭におきながら、あのトム・ブラングエンが夜空のもと、羊小屋のわきで羊のお産をながめながら「彼は自分が自分のものでないことを知っていた」ことを思い出していただければそれでいいのかもしれない。

リーヴィスがこの文の中で開いて見せているのは、実際、

＊　私自身この「二つの文化」論争に加わったが、その当時はぼんやりとしか感じなかった私の分析の限界は、私が無意識のうちに芸術と文学とを母権中心的な文化のものであると、リーヴィス同様に考えていたところに由来していた。リーヴィス同様私は、スノーのように「文明」の父権的世界を描出する小説家がいるということに驚いたが、しかし私はそのこと自体を変則的と思っても、リーヴィスとちがって、そうした現象とそのような小説家はまさにその理由でおもしろいと感じた。私はそのとき「母権的文化」という術語を用いなかったし、その思想を完全に理解してもいなかったが、私が『科学とみじめな詩の後見人』に書いたことはすべて、この議論の一節となるべきものである。

宗教の、つまりロレンスとデメテールの宗教の全射程である。彼は一九四六年、バニヤンについての論文の中で、『天路歴程』は真の宗教なのであって、これは神学ではないと述べたときにも、この同じ宗教に訴えていた。そのときには彼は、『虹』からの文全体を引用した。「しかし長い二月の夜、雌羊たちが産みの苦しみをしているあいだ、小屋から星空をながめながら、彼は自分が自分のものでないことを知っていた」と。リーヴィスはこの宗教には「あらゆる変化に抗して成り立つ妥当性」があるとし、それが世紀を越えてバニヤン、ロレンス、そして自分自身に共有されているのだ、と述べたのだった。

ここで、リーヴィスが用いているロレンス像と、アルフレート・ヴェーバーが『ヨーロッパ史への訣別』の一節で、「目に見えぬ、場所の定まらぬ背景を支配する諸力」を引き合いに出している箇所との相似性を指摘しておくだけのことはあろう。

そして、晴れた星の夜、われわれに目に見える宇宙が立ち現われる。するとわれわれはその本性と配置の中に、一つの勇壮な意志の存在を感じ、自分たちの銀河が、数学によって計算可能な力の焦点や運動のヴェクトルや光の速度、電磁場、あるいは物理学が打ち立てる世界ではなく、それ以外の何ものかによってつくりあげられていることが想像できる。この「それ以外の何ものか」は、われわれのうちではただ鈴の音のように鳴り響くだけなのかもしれない。

明らかにこれは、ロレンスと同じほどに「生の哲学」的な思想である。表現の背後にある気質はやや異なってはいるが、このような瞬間には二人の姉妹のたどった分岐線がふたたび出会い、そこに、彼らの思想のすべてに共通する、一種の保守性が見えてくる。

スノーはマックス・ヴェーバーを思い出させる人物ではないが、パーソンズには似ている。彼は人生、すなわち精神の生活におけるもう一つ別の道の中で、パーソンズと同じ資質を代表している。「自己満足した道徳家」という、グールドナーがパーソンズを記述したことばは、リーヴィスのスノーにたいする反感をぴたりと言い表わしている。スノーとパーソンズを、産業管理体制の世界と結びつけることもできよう。二人とも現代世界を、そこに見いだされる問題の種類によって特徴づけられたものと見、こうした諸問題に二人とも同じような種類の解決を与えている。他の社会学者たちはそれとは対照的に機能主義の解決を排し、リーヴィスのような人々は、問題そのものを排除するか、少なくともそのような問題に帰された重要性を無視するのである。

そのような問題とは何であるか、具体的な例をとってみよう。もっとも憤懣を買った機能主義社会学の下部分野は、おそらくプラント社会学、すなわち工場における産業間の諸関係の研究であろう。プラント社会学者は工場経営者を、たとえば労働者の敵階級としてではなく、安定した社会的有機体を育成する者とみなすそうである。彼は、前意識的な感情レベルで個人が社会全体を構成する一成員であることを前提にしてしまうため、政治の局面つまり意識的思考と自由選択の局面から出てくるはずの「政治的」問題をとり除いてしまうのだ。クラーク・カーとロイド・H・フィッシャーは、プラント社会学は普遍的合理主義にたいして社会を部族化するものだという思想を打ち立て、文化の多様性を人間の統一性に対置し、有機体のアナロジーを機械モデルに対置し、目的に機能を対置させるのだ、と主張している。プラント社会学は一つのグループがいかに働くかを問うが、何のために働くかを問わない。プラントが新しい社会の単位となり、それが工業化によって解体された教会、ギルド、共同体にとって代わる。このように、労働者の仕事への動機づけは理性によってではなく、「感情《センティメント》」によってなされているとみなされている。社会学は「科学的に」政治的情熱を切り崩してゆくものである、と。

プラント社会学ともっとも親密に結びついているのはエルトン・メイヨー、ウィリアム・F・ホワイト、ジョージ・C・ホーマンズの三人であるが、メイヨーは機能主義者であり、とくにパレートとデュルケムの刺激を受けている。そして、もしパーソンズ自身の原理がそのような題材に適用されたならば、同じような結果を生んだであろうと一般に考えられており、したがってプラント社会学は基本的にパーソンズから派生したものと考えてよい。一九五八年、今述べたカーとフィッシャーの論文が出たちょうど一年後に、ラルフ・ダーレンドルフがパーソンズの「プラトン主義」を攻撃し、紛争モデルにもとづく社会学を、合致《コンセンサス》によってではなく抑制によって社会が維持されているとみる社会学を求めた。* ダーレンドルフによれば、パーソンズが——そしてヴェーバーが——現代の産業管理者の抑圧的政治中立主義の元凶でありうるわけである。

もちろん重要なのは、社会学全体が文学と直面したときにいかなる文化的特性をもつかだけでなく、機能主義社会学が社会学の内部でどのような特性をもっていたかをはっきりさせることである。その特性はパーソンズとスノーの両方に結びつけても問題はないであろう。したがって、「二つの文化」論争は最近のイギリスにおけるアポロン原理とデメテール原理とのあいだの最大の衝突であったとみなすことができる（オットー・グロス原理の信奉者はその双方を軽蔑して傍観していた）。今日ほとんどの国で、そのような二つの原理の衝突があるといってよいだろうし、それにグロスを加えれば三つの原理になる。グロスの遺産は知的にはノーマン・O・ブラウンによって、もっと実践的にはR・D・レインによってまとめられている。その制度化とはヒッピー族の問題であり、その対決とは警察との対決である。

しかし、ここで記憶しておきたいのは、とくに父権制の選択に反対する読者たちに記憶しておいていただきたいのは、人々にガンディに関心をもたせたのはロレンスの原理ではなく、ヴェーバーの原理だったということである。ガンディのような現象に共感をもって研究しそうなのはロレンスの弟子ではなくヴェーバーの弟子たちである。ヴィルヘルム・E・ミュールマンは『マックス・ヴェーバーと合理的社会学』の著者であるが、一九五〇年、彼が『ガンディ』という本を著わし、ヴェーバーの範疇をもってしてはじめてこれが可能であったと述べている。ガンディあるいは死んだトルストイのような倫理的-宗教的現象に、父権的な精神は関心をもち、共感を示すのであり、一方、母権的精神はこのような現象にはむしろ深い困惑を覚えるのである。大戦中にヴェーバーは「二つの掟のあいだ」の中で次のように書いている。

> 他の人たちが直接・間接に支払わなければならない家賃を一セントでも受けとる人々、自分のではなく他人の労働の汗が浸みこんだ生産物を所有ないし消費する人々の生活はすべて、愛に欠けた情け容赦ない経済的生存競争に依存している。その闘争はブルジョア的用語では「平和的文化活動」と呼ばれている。……聖書がこれにたいしてどのような態度をとっているかは明らかである。聖書ははっきり

それと言及せず戦争に反対するのみならず、すべての社会の法が、この世的文化、美、尊厳、名誉、人間の偉大さを表わしているかぎりにおいて、究極的にはこれに敵対するのである。

禁欲的立場にたいする強い共鳴はここでとくに興味があるし、またロレンスが共鳴しなかったという事実も同じほどに興味深い（もちろんロレンスがある程度まで関心をもち、同情的であったと思われるふしもある――当然ではないか？――。しかし彼の書いていることはこの興味や共感にもとづくものではない。それはデメテール的自我について彼の形成した意見にそぐわないからである。アポロン的精神は、まさにその自己疎外によって、より容易に自らに敵対する立場に入りやすいという面がある）。同じように、バウムガルテン教授がヒトラーについて、ヴェーバーの方法を用いて本を著わしているが、ロレンスの範疇はそこでは助けにはならないし、またこうした問題と取り組む方向に導いてゆかないのだという点に、いやでも気づかされるのである。

これらすべての事柄は、ロレンスとヴェーバーの個人としての性格の強烈さからはほど遠いものであることは、私も承知している。二つの党派がこの二人の「人物」に由来するとしても、その対応関係は一対一ではない。たとえばロレンスは母権的価値にきわめて懐疑的であったことも一度ならずあるし、ヴェーバーも――全体として理解するには――「父権的」以外の多くの用語で理解されねばならない。リーヴィスもパーソンズも個人的に母権的人物とか父権的人物とか呼ばれるべきではないことはたしかである。この表記はあくまで二人を二つのグループの指導者として、また二つの範疇の代表者としてあてはめているのであるから。さらにフリーダ・ロレンスについてのリーヴィスのことばは、どちらかといえば敵対的であり、けっして彼女をロレンスにおける価値あるものの源としては扱ってはいない。『アンナ・カレーニナ』についてのエッセイの中で、彼はフリーダを「倫理

＊　リーヴィスもまた社会の有機体モデルを用いているが、彼には、現在の社会――たとえば彼のいるケンブリッジ――が抑制によって維持されている、という前提があり、彼の有機体主義が理想的過去にのみあてはめられているかぎり、それほど保守的とは感じられない点に留意しておきたい。

感のないドイツ貴族」と記述している。ロレンスの後期の小説に家庭生活にたいするある種の理解の欠如がみられるが、それはロレンスの根なし草的な生活からくる、と彼は述べている。つまりは彼はロレンスの著作の長所をフリーダに帰するよりも、その弱点を彼女のせいにしているのである。しかしフリーダをこうした理由で攻撃することは、それだけ徹底的にデメテール原理を讃えることであり、彼女もその代表としては取るに足らない、と言っていることにもなる。まさにそのとおり、リーヴィスは『チャタレイ夫人の恋人』はロレンス自身を代表する資格がないと考えている。なぜならそこには結婚にたいする信念あるいは理解が示されていないからである。リーヴィスはフリーダのうちにオットー・グロスの女を見いだしており、彼が彼女を攻撃するのはそのヘタエリズムである。このことは、ちょうどパーソンズがヴェーバーの精神の男らしさのよりファウスト的なあらわれを嫌ったこともそうであるように、この二人の人物に一般的範疇をあてはめるためには多くの条件づけ、妥協、反論などに立ち入らねばならないことを示している。私自身は、パーソンズとリーヴィスに、そしてその点ではロレンスとヴェーバーにこれらの原理が個人的に代表されている、と言っても、読者の方々にはその意味はわかっていただける、つまり、限定された意味においてそうなのだということを理解していただけるものと考えて、書いてきたのである。

にもかかわらずリーヴィスとパーソンズは、弟子たちおよび文学研究と社会学という学問原理とを代表するものとして、それぞれ母権中心的、父権中心的とみなすことはたしかにできる。リーヴィスの弟子たちは、他のどの文芸批評家たちよりも、暗にデメテール的な成長と豊穣性の価値を、個人的関係と個人的感情の正統性を信奉していた。たしかに文学研究者は社会学者よりもそのような価値を守ろうとする傾向がある。逆にパーソンズの弟子たちは、他の社会学者よりも客観性と行政上の正義といった価値、そして大組織の運営に必要な徳と技術を暗に信奉していた。私は今や「二つの文化」とそのあいだの紛争をこのように定義してみたいと思う。それはロレンスとヴェーバーのあいだの闘いであり、精神の使用についての二つの様態のあいだの葛藤であったと言ってもよいであろう。

しかし、私はそのような主題について、ここで本を著わしたいわけではない。私が本を著わした時期以来、このテーマは急迫性を失い、はっきりとした団結も忠誠もなくなってきた。一つの時代が終わった。ヴェーバーもロレンスも、そしてその弟子たちの教説の中に許された彼らの死後の生活も終わった。そのイメージは二人の偉大な、しかし死すべき男の、そして二人の姉妹のよき伴侶のレベルに縮小された。彼らの顔は神話的ではなく、より人間的になり、彼らの名において文明を救うべく考案された制度的装置や理論の厳密さからはほど遠いものになっている。

私がはじめに記述した、フリーダ・ロレンスとエルゼ・ヤッフェとの会見は、こうした学問上のスタイルや学問領域の設定とはまた一段とかけ離れたものにみえるにちがいない。しかし、そこにはたしかに関連はある。フリーダの顔はモダニストの、また非合理主義の伝統における何百という著作の扉に押された目に見えない紋章でありつづけ、エルゼの純粋で古典的な容貌、あるいはちょうどエルゼのような人の容貌が、多くの理性と学究の所産を生みだしつづけていると言えよう。一九六四年、ハイデルベルクでマックス・ヴェーバー記念式典の貴賓席にすわっていたヤッフェ夫人を思い起こしてほしい。フリーダとエルゼの顔は、それぞれ何千という船が船出した港であった。

エピローグ

ロレンスの著作になげかける光とは

新しいランプの明るさを計るには、古いランプを消してみればよくわかる。だが私はそれをするつもりはない。私はリーヴィスおよびヘルマン・ダレスキの批評が、芸術家としてのロレンスの功績のもっとも価値ある部分をすでに照らし出していると考えている。ここでは、個々の作品の評価に関しては、ただ彼らの判断を延長し、敷衍するにとどめよう。私が強調したいのはロレンスの想像的な文脈《コンテキスト》であり、彼の作品の全体を眺めるのにもっともふさわしい文脈を探すことである。そこで私の提案は、これまで伝統的におこなわれていた習慣をかなり根本的に変えることを求める、大きな対立案となる。しかし、この議論によって個々の作品の評価そのものに、あるいは作品の解釈にすら、それほど大きな相違がもたらされることはないであろう。

ここでの私の議論がもついくつかの方向を整理しておくことも無駄ではないであろう。そのためにこれらの方向を、三つの文脈においてロレンスとその作品が受けた影響を、三つのあり方の範疇に分けておきたい。第一にロレンスの多くの想像的経験と小説の着想が、ドイツ文化とのあらゆる接触を含めたフォン・リヒトホーフェンという環境から与えられていたということ、第二にフリーダと生活していたこと、つまりミュンヘン－シュヴァービングという前哨に住んでいたことの効果、そして第三に彼の著作をどの程度までフリーダがともに書いたかである。

リヒトホーフェン環境の効果

この三つの範疇の第一のものは、主として細かい解釈上の示唆というかたちで与えられる。ロレンスがフリーダと駆け落ちしたときに、彼がいかに完全にフォン・リヒトホーフェン環境に浸かりきったかが一般に十分認識されていないのではなかろうか。イギリスを離れたのははじめてであったし、ほとんどことばの通じない国へ行き、社会的にも教育程度も自分より上のランクの家族の世界に彼は入っていった。エルゼおよびヌーシュ・フォン・リヒトホーフェン、そしてリヒトホーフェン男爵夫妻はみなそれぞれに――そして同じ意味でも――恐るべき人々であり、フリーダはたんに彼より年上だったのみならず、彼がこれから始めようとしているエロス的生活においてずっと経験豊富であった。それにロレンスはまったくの一文なしで、二人は当初エルゼの友人たちが貸してくれた家に住んでいた。それは田舎にあって、彼はそのあたりに咲いている花の名も知らず、彼が歩いているときに出会った人たちは、よほど奇妙なよそ者と思ったに相違ない。あるいは彼はみながそう思っていると思っていた。異国にいる自分自身について彼がよく用いたことばは「ただひとり、曝されて、はみだして」という用語であった。はじめの五か月のあいだに書かれた覚え書きでは（たとえば「山の教会」）フリーダとしては別の恋人とそこへ来てもおかしくなかったのだという意味合いがつねに受け取れる。――「何だってあなたを選んだのかしら」と彼女は叫ぶ。しかし、彼のほうはまったく選択の余地がなかった。

さらに、一九一二年から一九一四年に至るロレンスの行動を調べると、フォン・リヒトホーフェン家の他の人々や友人たちに会い、彼らの家に住み、彼らのもてなしを受けるのに彼がいかに多くの時間を費やしていたかに驚かされる。リヒトホーフェン家の人々はたとえばデイヴィッド・ガーネットなどのイギリス人の訪問者と同じほどに、ロレンスおよびフリーダの環境の重要な部分を占めていた。それどころか彼らはロレンスの創作に関してはもっと重要だったとすら言えよう。なぜならこれらのドイツ人たち、たとえばエドガーおよびエルゼ・ヤッフェ夫妻が、フリーダが自らのアイデンティティと運命とを展開するドラマ上の主要な人物であったし、そのドラマが『姉妹』やその当時の短篇にきわめて多くの霊感を与えていたからである。その数か月間にロレンスはフリーダの人生を自分の中に取り込み、彼女が持参金としてもってきたイデオロギー上の実験は彼の一生における想像的資産の主たるものでありつづけた。それを彼は彼女自身からと同じほどにフォン・リヒトホーフェン環境から吸収したのだった。

　すでに私は、『息子たちと恋人たち』がこの環境での経験にもとづくものであることを示唆しておいた。彼は一九一二年九月七日、駆け落ちの四か月後にこの作品を書き直しはじめているが、最終版では、フリーダのエルゼにたいする感情が、クララという人物と彼女についての逸話の外面的形式に及ぼした数々の影響が明らかに認められる。小説全体がゴットフリート・ケラーの『緑のハインリヒ』の第一版に実に酷似していることはすでに述べたとおりである。それはハインリヒの母親の死で終わるかたちになっており、そのころヴェーバー夫妻やヤッフェ夫妻のような人々のあいだで高い評価を受けていた。『息子たちと恋人たち』の主要なテーマと構造はケラーの作品に似ている。たしかに価値観や全体としての感触は異なっているが（この小説の感触《きめ》はまちがいなくトルストイから学んだもので、この特質がロレンスの讃える生命価値をあれほどまでにすばらしく現出しているのである）。ケラーはロレンスよりも深く教養小説《ビルドゥングスロマン》の伝統に浸かった随筆家《エッセイスト》的な小説家であった。エロス運動を志す小説家にとって「理性的乾燥性」を備えることは明らかに恥となったことであろう。『息子たちと恋人たち』では素材の自伝的・回想的性質がそのような危険から彼を救っているが、後になってから別の素材を扱うときでも、ロレンスの教養小説はかなり正統から外れている。

　その著しい例が一つある。『アーロンの杖』がいかに完璧に教養小説の諸規則にしたがって書かれているかはあまり気づかれていないようである。まさにヴィルヘルム・マイスターと同様、アーロン・シソンは居心地のよいブルジョアの家庭を捨てて悪党風《ピカレスク》の冒険の旅に出、そこで根本的な人生の選択を迫られる、という設定ではじまる。アーロンはこれまで交際していたのとはまるで異なった社会的グループに入っていったが、そこの人々は彼の故郷の人よりも洗練されていた。ヴィルヘルム・マイスターの経歴に並行して展開する一連の経過の中で、彼はイングランド中部《ミドランド》からロンドンへ放浪の旅をし、劇場で笛を吹きながら生活し、そこのボヘミアンの一族の一人と恋愛し、神秘家の教師、魔術師《マグス》に会い、重病に罹り、はじめて国外に出、富豪の政治家とノヴァラに滞在し、ミラノやフィレンツェに出かけ、そこで生き生きと描き出される常識への反抗者たちに出会う。アーロンの本質的な性格は、ヴィルヘルムの場合と同様、鋭敏で洗練された一種の素朴さであった。そして人に出会うごとに、その人に圧力をかけられ、新しい方向に向かってゆくのであった。

　この本を書いたとき、ロレンスはフリーダと対立状態にあって、いつもの協力を得ることがなかった。彼は彼女を

〈女〉の世界から解放しようとしていたが、それができるかどうか確信をもっておらず、いくつかの点でこの本は自信に欠けており、したがって形式的に完成されていない。さらに明らかなのは、ロレンスは自分の魔術師リリーを「信用する」ことができず、またアーロンが最終的にリリーに屈服することに疑いを捨てきれず、そのため物語のクライマックスが反《アンチ》クライマックスになっていることである。それ自体としては形式上面白い効果を生んでおり、芸術的にもそれなりの妥当性があるが、しかし全体としての意匠がぼやけているのは確かで、あるいはそのために教養小説としての形式が見逃されてきたのかもしれない。それにもちろんこの小説はヴィルヘルム・マイスターと比較するには、大きさも重みも足りない――これまた著者の自信のなさの結果である。しかしそれでも、直接にかあるいは教養小説という伝統を通してゲーテの小説の第一部がロレンスにその原型を与えたことは確かである。もちろんロレンスは、ケラーやトーマス・マンのもつ深刻さやエッセイスト風の効果を避けており、おそらくそのゆえに『アーロンの杖』は教養小説と認められず、三年後に出版された『魔の山』は教養小説とされたのであろう。構成という点では、マンの小説よりも、ロレンスの小説のほうが、二人ともが従っていた伝統により近かったのである。ジュリアン・ムアナハンはこの作品を英語で書かれたロシア小説だと言ったが、これは実はドイツ小説だったのである。ロレンスがフォン・リヒトホーフェン環境から得たものの一つは、英語でドイツ小説を書く技術であり、ドイツ的要素を導入してイギリスの小説の伝統を拡張してゆく技術であった。

　フォン・リヒトホーフェン・グループの人々自身が書いた著作は別にして、彼らが描かれている主要な作品は『姉妹』であり、これはのちに『虹』と『恋する女たち』に二分されるフリーダについての小説である。これもまた、もとは教養小説であった痕跡があるが、しかし女性の教養小説であった。アーシュラの生涯を、そのスクレベンスキーとの最初の出会いからバーキンとのイタリアへの出発、アルプス山脈にグドルーンを残してゆくことまで、彼女をもう一人のアーロン・シソン、あるいはもう一人のヴィルヘルム・マイスターとして見立てることができる。もちろん彼女が女であることからくるさまざまな相違はある。彼女は男たちを主として恋人として試し、最終的には男たちの世界そのものをエロスの名のもとに排除するのである。

　この小説が書き直され、拡大されるにつれて、ブラングエン姉妹の前史である、家族の祖先たちの生涯がしだいに重要性を増していって、現在のかたちではじめの小説全体が本筋の前置きと化している。この事情がさらに最初の意匠を隠すことになる。『虹』の場合も母権制のさまざまなケースが素材となっている点で、主題としては完全に教養小説に対応している。だが、ロレンスの主題の扱い方では、たとえばクラーゲスの場合などと比べてイデオロギー的な要素がずっと稀薄で、「母権」ではなく「〈女〉の世界」とまとめられるべきものとなっているために、教養小説としての意味合いが見逃されやすい。そして初期の素材がたんに歴史的な、あるいは「宗教的‐詩的‐歴史的」なものに見えてくるのである。しかしはじめの構想をいまいちど想像し直し、もとの材料をそれなりの奥行きをつけてながめると、それが女たちの、女たちのための教養小説であり、すべての男たちが実験的素材として試されていることが明白になる。ジェラルド・クリッチが他のすべての人々、男たちの世界全体、軍隊、鉱山、原始世界への探険、資本主義などを総括しているのは明らかである。それらすべてが彼のうちに一つになり、死へ向かうものとして宣告されている。そして彼の世界に対抗する女性的要素をさがすと——マギー・ショフィールド、ヘルミオーネ、ミネット、そしてグドルーンすら、彼を補足する程度にとどまり、〈女〉の世界を作りだしてはいない。

ひとりアーシュラだけが、バーキンとのつながりにおいて、一つの救済を提供している。力強さがバーキンの知性によって方向づけられ、統制されて、生命のための偉大な力となる。彼女のスクレベンスキーとの関係において顕わにされる破滅的な激しさが否定されないのはこのためである。スクレベンスキーを破壊しているのは生の力そのものであり、空ろで芯がぬけた彼は、生の敵であるのだから。自分の軍人としてのキャリア——男たちの世界——に受け身に身を委ねることで、スクレベンスキーは自分の中にある生命を裏切ったが、その青春の日の裏切りは、ジェラルド・クリッチのより決定的で悲劇的な自己欺瞞を先取りしている。月の夜のあのようなときには、アーシュラは善悪を越えた悪魔的な力に捕えられている。それと意図せずに彼女が大いなる母《マグナ・マーテル》となり、彼は若い恋人アドニスと化し、愛され、押しのけられ、使い果たされ、消耗される。バーキンだけがアーシュラをアフロディテ的あるいはヘタエラ的女神から、デメテール的女神に、生命の源であるとともに法の源でもある女神に変身させることができるのである（もっと家庭的な用語で言えば、ロレンスだけがフリーダに料理や洗濯や家の中の仕事をする気にさせられるのであった）。彼女が彼の教えを受け入れるとき、彼女の教育、形成《ビルドウング》は完成するのである。

形式や思想においてのみならず、より直接的で具体的な面でもこの小説の素材になったのは、明らかにフォン・リヒトホーフェンのドイツであった。ウィルとアナ・ブラングエンは特徴や関係をたいして変えないまま、内面的にはリヒトホーフェン男爵と男爵夫人そのままである（外面的な生活状況は彼のはじめの婚約者であったルイ・バローの一家のもののように思われる）。アーシュラとグドルーンは三人の姉妹を代表しており、アーシュラはエルゼとフリーダの複合像、グドルーンは本質的には、フリーダの自分にたいする感情に霊感を受けたヌーシュの肖像となっている。もっとも別の特徴――とくにキャサリン・マンスフィールドからとられたもの――は、後にグドルーンに接ぎ木されたかたちで書き込まれている。子供時代のアーシュラと父との関係の大部分がフリーダの経験に由来していることは、フリーダの『回想と書簡』から明らかであり、またアーシュラの思春期の経験の多くはエルゼの人生から、たとえば彼女が教鞭をとろうとし、研究をしようと努力したことなどからとられている（『虹』は「エルゼへ」と献辞が書かれており、初期の版では中心的人物はエラ〔エリザベスの変形〕と呼ばれた）。この小説は一言で言えば、フォン・リヒトホーフェン姉妹を描いた教養小説だったのである。

ロレンスは一九一三年、サリー・ホプキンに宛てた手紙で、自分は選挙権よりもっと女性の役に立つものを書いていると言っている。彼が『姉妹』という作品で、女たちがその伝統的な役割の柵から出ようともがき、とびだしてくる様子を描きこみたい、それも共感をもって描きたい、と意図していたことは明らかである。もちろんロレンスは彼女たちが男たちの世界で充足することを望まなかった。エラ／アーシュラは、エルゼである以上にフリーダでなければならなかった。彼女は男たちの世界に入り、そこを通らねばならなかったが、しかしさらにそこをつきぬけて、向こう側へ、私が〈女〉の世界と呼んだ、より高い形式へ進んでゆかねばならなかった。理想的に言えば、そこで彼女はすばらしい人生を達成し、男たちは女たちを讃えつつ、かつ負けじと努力するはずであった。したがってある程度までは、普通選挙の約束にも劣らぬほどに、世界を救済することになると言ってよいであろう。ロレンスのいくつもの小説はこの理想のすべてを成就することを意図し、そしてある意味で実際に成し遂げたのであった。

アーシュラとバーキンが『恋する女たち』の最後で向かってゆくのは、そのような世界救済の計画にほかならない。バーキンは、彼女が血によって知っていたものを知性によって知っていた。最高の「男性的」男性であったジェラルドが死んだ場所であるアルプスを下って、彼女たちはイタリアへ、豊穣と結実の地へ、花開く土地へ、そして歴史的にも、歴史以前からも聖母マリアの土地であったところへ、と歩いていく。彼らは二十世紀の文明の狂気が完全に彼らをしばりつけるイギリスからもドイツからも去っていこうとしていた。完全な雪の白さの中でアーシュラは突然思い出した。「まるで奇跡のように……ずっと彼方に、ずっと下のほうに、暗い結実の地が横たわっていることを、南に向かってオレンジとイトスギの木が茂る暗い土地がのびていることを……」その暗い実りの地とは〈女〉である。彼女とバーキンは「イタリアへ、南へゆく皇帝の道を」とっていった。

このイメージを解釈するにあたって、われわれは教養小説の形式よりはむしろ、フリーダのイデオロギー的持参金の一部で、フォン・リヒトホーフェンの知的環境の一部でもあった、バハオーフェンの思想の枠組みを思い起こすべきである。イタリアのもつ意味も、真のイタリアと偽のイタリアの区別の仕方も、ロレンスとバハオーフェンはまったく同じであった。『イタリアの薄明』は「皇帝の道」の記述をもってはじまり、ドイツの世界支配への欲望は、ローマ帝国から神聖ローマ帝国を介して伝えられたものである、としている。バハオーフェン同様、ロレンスはつねにプロイセンをローマと結びつけ、その両方を憎んでいた。『エトルリアの故地』で彼もまた、モムゼンがローマ史を書くにあたってエトルリア人にまったく盲目であることを指摘している。プロイセンの歴史家はローマと自己同一化しようとするが、しかしエトルリア人こそが真のイタリアなのであった（ロレンスのエトルリア人への最初の言及は、一九二三年十月に発表された詩「イトスギ」の中と思われる）。一九二二年、彼はエルゼ・ヤッフェから、クラーゲスの『宇宙論的エロスについて』を受け取っており、そこにはバハオーフェンとその思想について多くの言及がなされていた。しかし、その前からロレンスはエトルリア人について知っており、「ドイツ」の対立物として自分の想像力の中で一つの「イタリア」をつくりあげていた。その「イタリア」が代表していたのはまさにエトルリア的特性であった。

『回顧』の中でバハオーフェンはエトルリアの墓のもつ毒のある美しさを想起し、その徹底した遥けさとよるべなさのうちに描きだしている。「きわめて鈍感な輩〔つまりモムゼンやニーバー〕によってすべてのものが霧と霞の中に霧散してしまった。彼らは、古代の偉大な時代も自分たち自身の精神に見合うようなつまらないものに縮小されてしまうと自己過信している」と彼は嘆いている。モムゼンとニーバーはともにプロイセン人で、ローマを崇拝した。同様にロレンスも『エトルリアの故地』の中でこう書く。「馬鹿がナイチンゲールに石を投げて殺したからといって、彼がナイチンゲールより偉大だということになろうか？　ローマ人がエトルリア人の生命をとりあげたからといって、だからエトルリア人よりもローマ人のほうが偉大だと言えようか？　まさか！　ローマも衰亡し、ローマ現象も地におちた。今日のイタリアにはローマよりもエトルリアの血が脈打っている。これからもずっとそうであろう。エトルリアの要素は野原の草のようなものであり、稲穂が吹きだしてくるようなものである。これからもずっとそうであろう。」

さて、ここで得た知識を『姉妹』の最後の場面、イタリアへの山越えの部分についてのわれわれの解釈に適用するとどうなるであろうか。今アーシュラはイタリアに、古代的な父権制以前の存在様式を見いだそうとしている。その存在様式は現代においてはルパート・バーキンの父権制以後についての教えに結晶し、世界を非政治的に革命化するであろうものである。このような「イタリア的」ないし「エトルリア的」教えは、正統的な「生の哲学」のエロス主義にほかならない。その教えは、クラーゲスがファニー・ツー・レーヴェントローに宛てた手紙に見られるように、またロレンスのフリーダへの手紙に見られるように、愛に倫理的・形而上学的規律を課すものであるが、しかしまたそれによって愛する者たちを男たちの世界の支配から解放することを約束してもいるのである。

さらに『恋する女たち』の中でロレンスは、生命の流れの他にもう一つ破壊の流れもあって、ともにとどまることなく流れつづけると主張している。バハオーフェンは、破壊の川テュフォンは流れるままにしなければならぬと言ったことがある。その流れは向きを変えさせることはできるかもしれないが、流れそのものを消滅させてはならない。すべてのものは二元性と対極性をもち、歴史の傾向から個人の生活までそうである。この二元性ははじめバハオーフェンがヴィラ・パムフィリの納骨堂で関心を抱いた、墓石に描かれた白黒対照の卵に象徴されている。この二色はまた性とも関連しており、黒は女性的‐物質的であり、白は男性的‐観念的である。男性的力は水ないし光に結びつけられ、女性的力は地ないし太陽と結びつけられる。これはバーキンが自力で発見した「エトルリア的」知恵の一部分であった。

ロレンス自身も、フリーダに連れられて見た風景の中に、このような観念が具現しているのを発見していた。『虹』の中のブラングエン家とその農場の記述は『イタリアの薄明』におけるミュンヘンの近くのバイエルンの風景のいくつかの記述によく似ている。実際今日でも、バイエルンの風景とその地方の農民のからだつきは『虹』の想像的宇宙に属することが見てとれる（ちょうど小説におけるのと同じように、イルシェンハウゼンへ行く小径に鉄道が交叉しているのがはっきりと見られる）。『恋する女たち』の終わりの部分のアルプスの描写も彼の初期の経験からきている。さらに『イタリアの薄明』を読めば、この二つの地理的象徴がもとは密接に結びつき、二つの対極的部分からなる一つの統一をなしていたことは明らかである。ジェラルドが死の直前に見るアルプスの十字架像とコステイの仮面劇は『薄明』の同じページに出てきて、バイエルンの生活の特徴として描かれている。農場の生活は山の生活と明白に対立させられている。「すべてのものは血から、感覚から成っている。精神はない。精神は、身体的熱気のみなぎりにほかならない。精神は身体から分離されず、その中に浸されている。それと同時につねに頭上には、雪の永遠の、否定の輝きがありつづける。足下にあるのが生命で、精巧にめぐる血の交歓である。頭上には不変の非存在の光線が光っている。そして、生命はやがてこの不変の輝きの中へと消えてゆくのだ。……この輝く冷たさは、一瞬存在したすべてのものがふたたび戻ってくるのを待ちかまえているのだ。」『虹』の中では農場の生活は、牧師と領主が代表するものとのみ対照させられている。山のもつ超越性は『恋する女たち』の終わりになってはじめて出てくる。しかし神話の基本的運動はコステイのマーシュ農場ではじまり、バーキンとアーシュラがイタリアへ下って新しい生活をはじめようとするアルプスの峰で終わるのである。

　こうしたバイエルンの山々は、すべての山がロレンスにとってそうであったように、プロメテウスとヤハウェの徴しのもとにそびえていた。彼らは父権的英雄であり神であり、イタリアに属するエロスとディオニュソスの敵であった。山々は狂気と破壊にとって脅威であった。この関連で思い起こすべきなのは十九世紀の理想主義、アーノルド、ワーズワース、レズリー・スティーヴンのみならず、ベルヒテスガーデンの理想主義である。喚起されているのは何よりもまず「進歩」についての理想主義である。またあの、ケープ・ケネディを思い起こすこともできよう。地球の表面を蹴ってとびあがり、ものが成育する土、イタリアに見いだされる土から、高く高く飛翔していってしまったあの男である。山の大気の輝く純粋性の中へと跳躍し、飛翔していった一人の人間にどのような効果が生まれるかと言えば、それは太陽の口づけを得た皮膚の日焼けと輝きであり、目と歯の輝き、発達した筋肉にたまったエネルギーであって、それがあれば通常の人間の限界を越えさせる。ここでワンダーフォーゲルやヒトラー青年《ユーゲント》運動を思い起こすこともできる。ロレンスの世界は「超人的《ユーバーメンシュリヒ》」であった。

　『イタリアの薄明』は、風景の象徴的な意味の定義についても、また後の作品の人物や出来事のスケッチという点でも、『姉妹』の貴重な資料となる。第一章の磔刑像についての文章は、ウィル・ブラングエンの彫刻とその「暗い」、神話的な死への願望に対応している（この文はミリアムのロレンス、そしてハーミオーネのロレンスを、言いかえればフリーダがもし彼を捨てたとしたらより中心的なイメージをなしたであろうロレンスを示唆している）。『虹』の中のアンソニー・ショフィールドという人物は、ロレンスが『イタリアの薄明』

で「イル・ドゥーロ（根性者）」と呼んでいる人物に由来しているのは明らかである。『恋する女たち』に出てくるバーキンの椅子を買う既婚の若い男は、『イタリアの薄明』ではピエトロであり、少年のトム・ブラングエンはジョヴァンニ、母親はマリア、成人したトムはパオロ、と、すべて瞬間的にではあるがはっきりその面影を認めることができる。虹のイメージそのものも、はじめの表題「薄明」のうちに予示されている。光と闇との中間の混じりあいは、虹の輝かしさと対照的である。

ロレンスの思想史上の位置づけについてはどうかと言えば、『薄明』の中に、彼がはっきりとニーチェに言及し、エロス運動とニーチェの関係を述べた、まれな箇所がある。*「そして今、北ヨーロッパが自らのキリスト教に背を向け否定しているときに、イタリア人たちは、いまだに彼らを支配している官能的精神と力いっぱい闘っているのである。北ヨーロッパが、ニーチェを憎もうが憎むまいがディオニュソス的恍惚を実践しているときに、一方の南ヨーロッパはディオニュソスから袂を分かとうとしており、生命の死にたいする勝利宣言から、新生を通しての不死の宣言から逃れようとしているのだ。」このようなテーマを扱うときに、反エロス運動にたいして弁証法的に共感めいたものを匂わせるのは、ロレンスの典型である。『イタリアの薄明』の全体を通して、彼はニーチェの、またバハオーフェンの理念を、彼が自分の身辺に見る生活にあてはめている。さらに、『ハムレット』についての長い魅力的な補記は、『ヴィルヘルム・マイスター』の中の対応する人物への内面的な関連がなかったら書けたはずがない。このように『イタリアの薄明』は、フォン・リヒトホーフェン環境《ミリユウ》の中でフリーダとはじめた数か月についての哲学的日記として読むことができる。これと『海とサルディーニア』とを対照させてみると、ロレンスがいかに違った書き方ができる作家であったか、とくに自分自身について違った書き方ができたかが鮮やかに見えてくる。後期の著作は〈女〉に反発して書かれており、そこでは彼は典型的なエラスムス的イギリス人であった。それについてはモーリス・マグナスの序文でもはっきり述べられている。

では、ロレンスの大作品は、小作品《マイナー》に比べてより「ドイツ的」であると言えようか。とすると、異なった文化との交渉によってより豊かなものが出てくるという説を立てたくなる。『恋する女たち』にはドイツ的なものは無数にあるが、われわれにとってもっとも大切なのはジェラルドとビスマルクとのつながりである。それは、一章全体の中心テーマをなす、兎のビスマルクに強力に象徴化されている。この動物の野蛮さ、性悪さ、血なまぐささ、残酷さが、それをあくまで抑えつけようとするジェラルドから劣らぬ野蛮さを惹きだし、そしてそれが彼とグドルーンの退廃した愛の契約の機会を提供する。象徴的なことに、二人の相互に破壊的な愛は、二人がビスマルク的な「血の渇き」にあえて参加することからきている。しかし、このつながりにはまた別の理屈もつけられる。グドルーンはジェラルドの力が「今日的問題、すなわち現代の産業主義の問題を解決することができる」と信じていた。彼はすでに鉱山で一つの革命を遂行しており、もし彼が彼女の励ましで政界に入ったならば、「労働と産業の大きな泥沼をきれいに解決し……平和時のナポレオンないしビスマルクとなり、彼女は彼の後に立つ女となるだろう。彼女はビスマルクの書簡集を読んで深い感銘を受けていた」。このもう一人のビスマルク、そして今日的問題を解決し、労働と産業の大いなる泥沼をきれいに解決してくれたかもしれない人、それは友人たちが期待したマックス・ヴェーバーでもあった。しかもこの小説ではジェラルドがドイツの大学に留学し、そこで社会学を学び、社会についての新しい学問を学んだとされているのである。

『姉妹』の直後に書かれた小説には、形式的にもイデオロギー的にも、経験という点でも、フォン・リヒトホーフェンの影響は比較的少なく、ただ『カンガルー』の背後にミュンヘン革命がある、というくらいである。この影響の欠如は、その当時ロレンスがフリーダに反発していたということと関係があるであろう。しかし、彼は彼女から引き出した素材を完全に捨てたことはなかったし、また彼女のインスピレーションを完全に否定しさったこともなかった。彼の反発はあくまで部分的なものであり、ハリエット・ソマーズとケイト・レスリーの描写には、怒りと同じほどに忠実さが反映している。『翼ある蛇』の初期の版にはケイトの生いたちと背景が説明されているものがあり、それは昔の共感をもって描かれたフォン・リヒトホーフェンの背景にほかならない。この版でのケイトの母親は、ロレンスにあたる人物（ケイトの死んだ、はじめの夫）ときわめて好い関係にある。彼女は彼をよく理解できた。それは彼女が、

……晩年、寛容になり、ものわかりがよくなったからであった。彼女は娘のケイトのことも理解していた。というのは自分自身が意志の強い、飾らない性格であったからである。しかしフィッツパトリック夫人はつねに社会という枠組みを舞台設定として必要としていた。彼女はいまだにそ

＊　ニーチェはアポロン的‐ディオニュソス的の対照をバハオーフェンからとっているが、バハオーフェンのその他の枠組みは利用していない。実際ニーチェはその先駆者バハオーフェンと同じほどに「宇宙サークル」に強い影響を与えていた。

れを愛していた。フィッツパトリック夫人であること、将軍や貴族を友人にもつことは、彼女にとってつねに一種のゲームであった。……彼女の夫であり、ケイトの父であるアンソニー卿は少なからず礼節・道徳を欠く人間であった……［彼女は］ほんとうは荒っぽいところのある女であった。子供のケイトは母親の厳しいしつけを憎み、母親の荒っぽく、痛烈で、ユーモアのある性格を嫌っていた。彼女は微妙で信頼できないところのあるアンソニー卿を愛していたのだった。

さらに、『チャタレイ夫人の恋人』のコニーとその姉との関係が、フォン・リヒトホーフェン家の姉妹の関係をモデルにしていることも明らかである。エルゼ・ヤッフェは明らかにヒルダに反映している。ヒルダは突然、十歳年上で哲学的な論文を書く、役所勤めの男と結婚する。彼女は「国家の真に知的な権力をもつ」グループと交わって生活していると書かれている。そしてまた彼女は、気むずかしい夫や恋人からつねに敢然とコニーを守ろうとするのである。ロレンスは後年、姉妹と母親との関係がいかに親密であるかを痛感し、彼女たちを結びつけている感情と力の回路に夫たちや恋人たちがまったく入っていけないことを、ひしひしと自覚していたようである。彼は晩年の五年間、一九一四年以降のどの時期よりも、フォン・リヒトホーフェンの世界にひたって過ごしていた。そして、当時は少しばかり憤りの精神を混じえて扱われていた母権中心のテーマは、結局彼の生涯の最後までフォン・リヒトホーフェンと連関しつづけていたのである。

これに加えて、さらにフォン・リヒトホーフェンを素材にしたいくつかの短篇がある。ヌーシュの冒険かフリーダの冒険を書いた「もう一度の、家での休日の終わりに」があり、また、男爵のことを書いた「死のバネ」がある。後者の材料は「大尉の人形」の前半で用いられているし、また後半ではアルプス山脈が『恋する女たち』の場合と同様に用いられている。人形そのものは明らかにドイツに源をもっている。ミュンヘンにいたエドガー・ヤッフェの友人ロッテ・プリッツルがそのような人形をつくっており、一九一八年あるいは一九年、ロレンスがこの小説を書く直前に、ココシュカがアルマ・マーラーの等身大の人形をつくらせて劇場へもっていったことがあった。「新しいイヴと古いアダム」はフリーダについての物語である。戯曲『バルバラの戦い』と同様、これは蜜月のころのフリーダを、『姉妹』よりもより批判的な立場から——しかし貶めることなしに描きだしている。これはエロス運動に批判的な観点から、このようなスタイルの英雄的キャリアが他の人にいかなる犠牲を強いるかということを考えにいれて眺めたときのアーシュラ・ブラングエンであった。「牧師の娘たち」とエルゼの扱いについてはすでに述べたが、次節でふたたびこの点には戻ってゆかねばならない。

　こうした、ふんだんな繋がりを眺めることから促される最大の批判的一般化は何かと言えば、ロレンスがドイツの素材をイギリスの舞台に移し、イギリス的に仕上げるのに多大な手腕をみせた、ということになるであろう。たとえば『虹』のブラングエン家の人々を創るのに、フォン・リヒトホーフェン家の人物をバロー家の状況にうまく合わせる、といったことである。こう編み込みした手順は、たとえば『カンガルー』で著しい効果をみせており、ハリエット・ソマーズという人物はフリーダを鮮やかに描きだしているにもかかわらず、まさにモレル夫人のようでもある、といった具合である。言いかえれば、ロレンスは中欧の貴族とイギリスの下層中流階級の婦人とのあいだを、気づかれずに行き来できる道を見いだしたのであった。おそらくフリーダを代弁しているのはロレンス夫人よりモレル夫人であろう。つまり『息子たちと恋人たち』の中でさえ、原型になっている人物をふくらませ、自分の母親を狭い道徳主義から救いだしてもっと小説の中での役割にふさわしくしたという点がみられる。ロレンスがフォン・リヒトホーフェン夫人ときわめて友好的な関係をもてたということで、世界中どこでも、どのような社会的レベルにおいても、きっと生命の力をきらきらと発散させる女性がいて、「弱い」夫と闘っているのだ、という彼の信念が強まったことはまずまちがいない。このような一般的な診断にたいする確信は『息子たちと恋人たち』という題そのものにも表現されている。

　こうしてロレンスは『カンガルー』において、写実という規準に照らしてどちらの実物にも合っている、すばらしい妥協像を達成した。明らかにここにはアナ・フォン・リヒトホーフェンからブラングエン夫人を生みなおすという、ずっと難しい課題があったわけで、これらの事柄全体を考えれば考えるほど、この脚色の技に、いかに想像力とエネルギーが費やされているかが偲ばれる。たんに大胆な構想をたてるためのエネルギーでなく――もちろんロレンスはそれに事欠かなかったが――忍耐強い、趣味と技能を織りあわせる刺繡細工を仕上げるようなエネルギーであった。つまり、フォン・リヒトホーフェンという素材と形式を彼がいかに用いたかという観点から見ると、彼がきわめて繊細な芸術家であり、名人芸《ヴィルトゥオーソ》をもって非イギリス的素材をイギリス的に仕上げた作家であるという像が浮かび上がってくる。

　しかしながらおそらく、ロレンス自身としては繊細な作家と言われるより、力強い芸術家と言われたかったであろう。そしてフォン・リヒトホーフェン環境から得た恩恵は、イギリスの仲間たちが依拠していたのとはぜんぜん違った小説材料が豊富に与えられたことによって、彼の作品がより独創的に見えたということであろう。だからといって、たとえばE・M・フォースターがヌーシュのような人物に会わなかったということではない。そうではなくて、ロレンスを評価し、ロレンスに反応するにあたって、彼や、ロレンスが知っていたイギリスの作家グループ全体が、ヌーシュという材料をロレンスがどう利用したか、彼のイギリス人とドイツ人とのブレンドの仕方を、肖像画と本物と比較するというかたちではチェックできなかったという意味である。ロレンスはたしかに生きた人物をモデルにしたし、それも一度や二度ではなかったが、その結果を肖像というかたちでは出さなかった。自分の描いた登場人物を「肖像の正確さ」という点でチェックされることは、それを狭い意味での「諷刺画《サタイヤ》」におとしめることであった。ロレンスは諷刺作家になりたくなかった。それは「たんなる文学者」（筆の立つ変わり者）の典型であり、フリーダは彼がそうならないように救ったのである。彼は予言者になりたかった。その主な作品において彼が諷刺作家と化するのを逃れたのは、ある程度はフォン・リヒトホーフェンを素材としたからであった。フリーダの参加という恩恵ぬきで書かれた小説、たとえば『アーロンの杖』は、諷刺であり、そして主著ではない。そして『恋する女たち』のイギリスの部分はまさに諷刺小説と解されており、それがこの著作の切れ味を鈍くしているのである。

さらにフリーダのドイツ性がロレンスにとって重要だったのは、それが彼女の「他者性」を強めたことで、これが自分の自意識と、神経‐精神の相互性から逃れさせてくれるという点で、彼が高く評価したものであった。彼女は非常に深い意味で「他者」であったが、また同時に表面的な意味でも他国に属し、異なった社会階級に属し、異なった言語を話した。フリーダには思想上の意思疎通に際してごく初歩的な問題があって、それが部分的には自らを戯画化してしまうという、精神的な能率の悪さのゆえでもあるということはすでに述べたとおりである。しかしそれはまた彼女のドイツの血のゆえでもあって、それが彼女の「血の意識」を高めてもいた。彼女は自分でことばに表わせるものよりももっともっと豊かな知識をもっていた。それはたんに詩的意味におけるのみならず、ごく散文的な言語上の限界という理由もあったのである。もちろん血の意識の本質的な意味はぜんぜん違うもので、それはロレンスが記しているとおりであるが、しかし、このような状況上の意味合いもまったく効果をもたなかったわけではない。もしロレンスがエロス運動の思想に「英語で」出会っていたならば——実際彼はフリーダに出会うまでに、エドワード・カーペンターを読んである程度は出会っていた——彼の得たものはずっと少なかったであろう。彼はたしかにこのエロス運動に概念的に出会い、頭で知ったであろう――われわれのほとんどがそうするように。しかし幸いにも、彼はこの思想にからだをもって出会うことができた。概念的には語れないフリーダ・ウィークリーというその人のうちに、そしてにもかかわらず、情熱的な思想とすばらしいアイデンティティの火が内部で燃えているのがはっきりと透けて見える人間に出会うことができたのであった。

シュヴァービングに住んでいたことの効果

二番目の命題、すなわちフリーダとともに生きることがそのままシュヴァービングという前哨につねに駐屯することを意味していたということは、まず、ロレンスのいくつかの思想を理解するのに役立つ。言うなればこの事実はもう一つの次元、ないしもう一組の連関を加えることによって、彼の思想をよりイデオロギー的なものにするのを助けている。もちろんリーヴィスがやったように、こうした連関に関係なく、つまりイデオロギーぬきでロレンスを読むことも十分に可能である。そしてリーヴィスがあれほどよくロレンスを説明しているということは、このもう一つの次元が彼を理解するのに不可欠というわけではないことを示している。しかし、リーヴィスが彼をなかば予言者的に読んでいるかぎり、明言していなくても彼にも一つのイデオロギー的コミットがあることを、われわれは知っていることになる。ロレンスをシュヴァービングの文脈において読むことと文脈なしで読むことの相違は「父権《ファーターレヒト》」という語を用いるか、それとも「男たちの世界」という語を用いるかの違いである。後者はとくにイデオロギー的なものを喚起しない。しかしロレンスをシュヴァービングの作家仲間の内側で読むと、彼の立場にイデオロギー構造が見えてくるのである。彼が『エトルリアの故地』の中でことばに出して述べている以上に、またエトルリア人が彼にとって重要であったことがわかるし、またエトルリア人がバハオーフェンの「母権」理論の資料となっていたこと、ロレンスが父権中心的なローマ人とプロイセン人（そしてファシストたち）とをつなげた等価関係は、バハオーフェンがつなげたのとまったく同じものであったこと、そしてそれらの等価物がイデオロギー的意味合いを含んでいて、それはバハオーフェンの中にもっと詳しく説明を得られることなどが見えてくる。またロレンスにとってはコーンウォール人が、イギリスにおけるエトルリア人なのだということに気づかされ、彼がコーンウォール人的な性格をどうしてそのように扱ったのかがはっきりしてくるという面もある。＊

さらに彼の主要な小説にかぎって言えば、この命題は母権中心的な小説である『姉妹』『迷える少女』（後者はずっと軽いものである）と父権中心的指導者小説『アーロンの杖』

『カンガルー』『翼ある蛇』とのあいだに決定的な区別がなされることを要求し、かつなぜそうなるかを説明する（『チャタレイ夫人の恋人』は、男たちの世界で男になろうとし、コニーから逃れようとするクリフォードの闘いに共鳴しているにもかかわらず、ロレンスの昔の信条への復帰であった）。ノンフィクションの作品の中ではおそらく主要なエッセイ（『イタリアの薄明』と『王冠』それに『トマス・ハーディ研究』）は彼の思考のうちシュヴァービング的な面に属しているが、補記はちがっている。もっとも彼がはっきりと反母権制を打ち出している場合でも、多くのシュヴァービング的な特徴が残っていたのは事実である。そういうわけで、ロレンスの指導者小説、とくに『アーロンの杖』の中で、彼が自らをゲオルゲやクラーゲスに近いようなかたちの指導者に擬していることは興味深い。アーロンの自己破壊的なマルチーザ家との関係は、ゲオルゲが禁止したグンドルフの結婚と並べられるし、また『翼ある蛇』でのドン・ラモンの政治は、シュヴァービングの政治であり、そこにヒトラーとの一過性の類似がみられる。しかしそれがヒトラーとロレンスとが等価であると想像するなら誤りである。ロレンスはまったく非政治的な人間であった。

シュヴァービングの思想家たちの中ではルートヴィヒ・クラーゲスとアルフレート・シューラーの思想体系が、ロレンスの思想にもっとも並行関係が強いと言えよう。クラーゲスは『性格学の基礎』の第四版のはしがきで、この本が一九〇五年から一九〇七年にかけてミュンヘンでの講義にもとづいていると言っているが、この日付からしてもその内容からしても、オットー・グロスとフリーダ・ウィークリーの二人あるいはそのどちらかが出席していたか、あるいはその議論を耳にしていた可能性はきわめて大きい。この講義で要素主義的・実験的感覚主義に対抗する心理学を提案しているクラーゲスは、心というものは全体として、一つのイメージとして研究されねばならない、と考えている。それは一つの細胞のようなものだと彼は論じているが、その心理学のモデルを生気論ないしゲーテ的生物学にとっている点はロレンスとよく似ている。真の心理学者はゲーテであり、ジャン・パウルであり、ノヴァーリスである。そして偉大な人間は「魂の偉大な射手にして、精神を知る人」、ニーチェである。ニーチェと同様、クラーゲスはあらゆる倫理的判断のもとには生への恨《ルサンチマン》みがあり、本能の萎縮症が理想主義となって顕われる、としている。

彼の性格学は異なった自我のうちに認められる態度と構造的形態の類型学である。ほとんどの人間は、一方は身体とその欲求に支配されていた原始民族における精神の全面的な抑圧と、他方では救済宗教の禁欲的修道会にみられる身体の全面的な抑圧とのあいだにわたる中間的領域のどこかに生きている（『恋する女たち』の読者は、アフリカの女性像と雪の中の十字架という、ジェラルドにとっての二つの大きな死の象徴によって表わされているものを思い起こすであろう）。

クラーゲスは化学で大学院の学位をとっている（実際、彼はメトンの合成について研究しており、総合生化学の工業化はビスマルクのドイツがとくに卓越していた応用化学のきわめて典型的な例であった）。彼はこの分野の経験主義、実証主義に疑問をもっており、オーケンやシェリングのような生気論者が無視されていることを嘆いていた。科学的「発見」の七五パーセントは無意味であると彼は宣言し、やがて科学的知識のありよう全体を憎むようになった（クラーゲスにはゲーテおよびロレンスの科学とのつながりが認められる）。西洋が科学と呼ぶものはアポロン的精神の主要なあらわれであった。

ロレンスと同様に、そしてゲーテと同様に、クラーゲスは自然力に強く反応する生活をしており、ほとんどの人が人間存在から成るたんに社会的な世界にのみ生きている、と感じていた。ヴォルフスケールに対抗し——そしてすべてのユダヤ人に対抗して、彼が「人々は私の景色である」と言ったときは、大きな自己主張をしていたのである。ふたたびロレンスと同様に、しかしゲーテとは異なって、彼は山にはあまり反応しなかった。彼の自然力は日没、雨、嵐、そして何よりも大洋であり、ディオニュソス的な海であった。『人と土』（一九一三年）の中で野性の生活と風景との破壊を嘆いている彼が土にたいして原始的な畏怖の念を抱き、進歩と技術を攻撃しているのはきわめてロレンス的である。彼は地下に追いやられた地霊の力にたいするプロメテウスの、また、太陽神話の英雄たちの勝利を嘆いている。

ロレンス同様クラーゲスは、恋人たちに、その感情をお互い同士にではなく第三のもっとも重要なものに、お互いのあいだの関係に向けるようにと説いた。愛も性も彼にとって重要ではなく、ただ人の中に入り、その中ではたらく力であるエロスが重要なのであった。ロレンスは同じ説を『虹』の中で展開している。リディアがアナに語っている。「二人のあいだで、愛そのものがもっとも重要なのです。それはあなたでも彼でもありません。それはあなたがたが創らねばならぬ第三のものなのです。」

＊　その一方で——おそらくここで警告が必要であろう——私の用いた術語は本来ロレンス、ヴェーバー、グロスの連結に秩序を与えるために選ばれたものであって、それらはロレンスの世界そのものを開拓するには必ずしもうまく適応しないところがある。『カンガルー』を除いては、彼の小説では「男たちの世界」が主要カテゴリーにはなっておらず、何か別の用語のほうがふさわしいであろう。

重要な意味において、ロレンスとクラーゲスは両方とも、アルフレート・シューラーやその他のシュヴァービングのメンバーとともに反《アンチ》性であり、反《アンチ》愛の倫理家であった。彼らは人格的にもイデオロギー的にも厳しいところがあった。しかし彼らは同時に反《アンチ》キリスト教的な牧羊神《パーン》の礼拝者であり、反《アンチ》禁欲主義的な大いなる母《マグナ・マーテル》の礼賛者でもあった。彼らは想像的に、原始的な過去に属していたのである。彼らは機械を、軍隊を、そして帝国を憎んでいた。しかし闘争そのもの、あるいは殺人ですらもそれとしては憎んでいなかった。彼らは西洋的な意味における組織化された政治を憎んでいた。ロレンス、クラーゲス、シューラーに共通なのは、民主主義を、合理主義を、そして自由主義を激しく軽蔑することであった。そしてまた現在の民主主義的・合理的・自由主義的な政策につづくのは、世界の破滅であるという予言も彼らに共通していた。

　ロレンスの「小説」から引いた次のような一節は、この三人のだれが書いてもおかしくない。「それは最古の牧羊神の神秘劇である。神は全宇宙における炎の生命であり、多様な姿をした炎で、あらゆる色と美しさと苦痛と暗さとを含んでいる。性とはたんなる男根崇拝とは大違いなのだから。」あるいはまた「しっぽを口にくわえた彼を」の中の次のような一節、「善いもの、倫理的なものとは何か。それはわれわれに生命と生命エネルギーの、より強い、より深い流れをもたらすものである」とか、「力強きものは幸いなり」の一節、「強さは〝彼方から〟人におとずれるものでなくてはならない。生命は〝背後から〟くる」、あるいはまた「貴族階級」の中の「太陽はつねに太陽の向こうの太陽の向こうの太陽である。さもなければ古びてひからびてしまう。……太陽の子らが地の王となるであろう」など。ロレンスはこうしたことばをニューメキシコで書いた。彼とフリーダはタオスをシュヴァービングの前哨としたのである。

　シュヴァービングの住人たちのあいだにも重要な相違があったことは言うまでもない。クラーゲスはロレンス同様、近代の無意識に関する精神分析学的な観念は戯画であると考えた。それは、意識が無意識について抱く自らの観念を下方に投射したものにほかならない。彼は無意識的なものを記述し理解するには、神話的なものと神秘的諸概念が必要であると主張した。このような反科学的傾向がロレンスとクラーゲスをともにオットー・グロスから引きはなしている。その違いは、グロスの著作が――少なくとも書かれたものに関するかぎり――彼ら二人の著作とは最終的にかなり異なった感じを与えるくらい重要である。実践的行動についてグロスがすすめることは、彼らがすすめることと変わらず、またある種の純粋に概念的な意味においてすら、グロスの世界観は彼らの世界観に非常によく似ていたのではあるが。

オットー・グロスの影響がみられるのは、ロレンスが聖書のテーマやイメージを使用するときで、それは『息子たちと恋人たち』の序文および『虹』『イタリアの薄明』の中で顕著である。これらはロレンスがフリーダと駆け落ちした直後の作品である。オットーが論文のみならず会話の中でも、聖書に出てくる神話を価値転換しながら利用していたことはよく知られている。この種の素材は駆け落ち以前のロレンスの作品にはあらわれてこない。しかし、アーシュラが教会で創世記の一節——創世記は聖書の中でも彼女の好きな巻で、ヴェルフェルによるとオットーの気に入りでもあったという——に耳を傾けているうちに、彼女はいつのまにか自分流に聖句を解釈しはじめていた。「結局のところ、洪水はそれほど大きかったのかしら。もしかしたら仙女ドリュアスや、牧羊神フォーンなど何人かが恐くなって山の中や谷や森へ逃げていったかもしれないけれど、でもほとんどの人は洪水などにまったく気づかず元気いっぱいだったのではないかしら。水の精のニンフが知らせさえしなければ……アーシュラは自分がニンフだったらよかったのにと思った。そうしたらニンフの私は箱舟の窓から覗いて笑ってやるのに、そしてノアに洪水の滴をぽたぽたらしてやって、それから〝主人〟にとっても〝洪水〟にとっても重要でない人々のところへふらっと走り寄っていっただろうと思った。」この箇所は『虹』の中でも共著者としてのフリーダの存在をもっとも強く感じさせるところである。フリーダの『回想と書簡』から、フリーダがオットーと聖書の再解釈のゲームをしたことは確かであり、彼女がロレンスともこのゲームをしたことはまずまちがいないであろう。

さらに重要なこととして、ロレンスの同性愛を扱ううえでの想像力の自由さ——その表現の自由さとは言わないが——には、オットーの教訓によるところがあるかもしれない。しかもこの種の小説の中での反権威主義、反家政主義、クリッチとブラングエン双方の父親にたいする排斥は、ロレンスの他の小説におけるよりもずっと調子が高い。もちろんウォルター・モレルの場合は例外だが、しかし『息子たちと恋人たち』はフリーダの影響が強く、したがってグロスの影響も強い。そして最後に、ジェラルドの性格把握はロレンスの他の人物にはあてはまらないほど、きわめて精神分析学的である。ただしポール・モレルは非常にオイディプス的であるが、これはまたオットー・グロスの思想に由来している。ジェラルドの父と母にたいする関係、そこでの家庭ドラマ、事故による弟の殺人、女たちとの関係——これらすべて、彼の性格づけの主要な糸をなしているものが、心理学上の事例にことごとに対応しており、それは『恋する女たち』の他の人物、いや、他のどの小説の人物よりも著しい。典型的には、ロレンスの小説の中の主要人物は自決的であって、心理学的あるいは社会学的因子のかけ算の結果ではない。そしてまたグロスはマックス・ヴェーバーが何者であるか、彼のどこが誤っているかについてはっきりした認識をもっており、彼が男たちの世界の主人でありかつ奴隷であり、盲目の、縛られたサムソンであると考えていたことを知っている。* このように、ジェラルド・クリッチ像をヴェーバーのみならずグロスと結びつけたくなる要素も多いのである。フリーダの心の中に住んでいたがゆえに、グロスもまたロレンスに影響を及ぼした。しかし他のシュヴァービングの住人は、彼ともっと個人的に気が合う人たちであった。

クラーゲスの理論の中できわめて重要な部分は、欲望と意志とのあいだに彼が打ち立てた対立関係である。もちろんこの対立関係は他の対立――魂と精神との、また生命と意識とのよりよく知られた対立関係に呼応するもので、それはまたロレンスにも認められる。こうした区別はとくに目新しいものではなかったのだが、ロレンスの場合と同様にクラーゲスの手にかかると、思想のより大きな展開の基礎となるのだった。クラーゲスはイメージこそが究極の現実であって、事物はその概念的保管場所にすぎないと教えている。欲望を追求する中でわれわれが経験するのはイメージであるが、一方意志的な行為の中で経験するのはただわれわれ自身である。身体的必要とそれを満足するイメージとは欲望に属する。動機と目標とは意志に属する。欲望はそれにふさわしいイメージを求めてそこに向かってゆく。意志はただ自らに向かって動いてゆく。欲望は全体的なパターンとリズムの一部を形成する。しかし意志は何もしない。欲望の運動はパトス的であり、行動の運動は反作用的である。欲望は多様であり意志は単一である。

一九〇〇年から一九一三年のあいだに書かれた「異教の火信号」の中で、クラーゲスは意識にたいする侮蔑を表明し、意識とはつねに結果であって原因ではなく、したがって現実ではないと主張している。われわれの感情はほとんどつねに意識的な感情であるから、あまり重要性をおきすぎてはいけないのだと彼は警告する。人生の現実はイメージであって、感情ではない。これに関連して、彼はまたキリスト教の禁欲主義を攻撃し、欲望の満足はあらゆる宇宙的輝きに不可欠な下部構造であると論ずる。プロメテウスとヘラクレスがすでにキリスト教を予示している、とクラーゲスは述べる。彼らは地球の破壊と人間の自動人形化を唱道するものである、と。

あらゆる脱自的経験《オルギー》の起こる場所は血であり、意識はその敵である。生命は流れである。論理とは秩序づけられた暗闇であり、神秘がリズムのある光である。キリスト教は倫理的な眠りと夢とにたいする闘いであるが、夢にこそ健康と真実が見いだされる（「オーディンは熟した果実となり肥沃な種となって夜の木から落ちたが、キリストは十字架から落ちることはない」とアルフレート・シューラーはきわめてロレンス的なイメージを用いながら述べている。『王冠』から判断してよいならば、大戦期のシューラーの講義では、もしロレンスが講義をしたらきっと言ったであろうと思われることが述べられている）。行為、仕事、体系はすべて精神に属し、魂に属すのではない。もちろん芸術家も何かを生産するためには精神的なものをもっていなければならないが、しかしそのもとは魂に根ざしていなければならない。女性と詩人とは深く関わりあっている。バハオーフェンは、男の人生よりもむしろ女の人生における決定的瞬間が血の流れと血の変化に結びついていることを指摘した。月経、処女喪失、懐妊、出産、育児――これらの経験はシュヴァービング的・ロレンス的な血の教説に反映している（この血の教説はナチズムやその他の人種主義に結びつく血の説とは明らかに別物である）。これらの人々は精神よりも血でものを知ろうとし、女が知るように、ものを知ろうとしたが、それはアポロンとアーレスの支配にたいして自らの一貫性を守るためであった。詩人とは女の直観と憧憬に声を与えるものだと彼らは説いた。女は生命の内側の平和を具現し、男は活動的な外側を具現する。英雄たちと悲劇とは、プロメテウスからボナパルトにいたるまで、すべては精神のうつし出すものである。そしてコンスタンティヌス帝、シャルルマーニュ帝、そしてクロムウェルといった社会を組織化するもの（知的領域ではマックス・ヴェーバーも同じ原理を代表していると言えよう）は生からはみだした者である。彼らはヤハウェの道具であって、個人的には無力であり、生命力あふれる人々に復讐をするのである。

クラーゲスはロレンスよりもずっと反ユダヤ主義的で、ユダヤ人を精神と意志の権化とみていた。全盛期の彼は、この反ユダヤ的観念と文字どおりのユダヤ人とを区別しており、そのかぎりにおいて彼の敵は人種としてのグループではなく、マックス・ヴェーバーに代表されるような、客観的・分類学的タイプの学者であったといえる。残念なことに彼が、われわれが全盛期の彼と呼ぶものになるのはまれだったし、なろうと努めようともしなかった。したがって往々にして彼の発言は「ユダヤ人は人類の吸血鬼であり、割れた異教徒の器の断片を収集している」となってゆく。ここで攻撃されている

＊　クラーゲスはヴェーバーの筆蹟の見本を研究した後、マックス・ヴェーバーは本能が歪曲された人物であると述べた。ヴェーバーはエルゼ・ヤッフェに――おそらく彼女がクラーゲスに筆蹟見本を与えたのであろう――この分析は正確であると評価したそうである。

のはヴェーバーの活動であるが、「ユダヤ人」という単語が歪曲されて導入されている。クラーゲスの著作の中では、血の教説はバハオーフェンにおけるほど政治的に無邪気なものばかりとは言えなかった。というのは、しばしばヒューストン・チェンバレンやアルフレート・ローゼンベルクがそこからつくりあげたものとあまり変わらなかったからである。

一九二一年の歴史教科書『ヨーロッパ史における諸運動』の中で、ロレンスが相貌と人種的性格を強調したこと、また暗黙のうちにユダヤ教、キリスト教の倫理にたいし異教を尊重したことはひどくクラーゲスに近いものがある。彼はクラーゲスと同様次のように定義している。「異教には説教も祈禱も、罪とか救済についての話も、礼拝もない……」その代わりに異教には賑やかな行列があり、踊り子が先頭に立ち、神々のために踊っている。「しかしそれはすべて活動的な、現実的な、日常的な、通常の生活の一部であって、生活から遊離したものではない。田舎では農民が花とか小さなケーキとか贈りものとかをあるいは泉のほとりのニンフの祠や、木々のあいだのパーンに、果樹園のプリアポス（生殖神）に、ほら穴のフォーンやニンフたちに好んでもっていく。……こうした小さな聖なる場所に人々が集まるのは楽しいことであった。」ユダヤ人はこれとまったく対照的である。「ユダヤ人の神だけが嫉妬する神である。ユダヤ人だけが自由で気楽な異教の礼拝にたいして憎しみと恐れを表わす。……暗い憎しみと恐れをもってながめ、ついに怒りを爆発させずにいることができず、［彼らは］こうした憎むべき偶像崇拝者と偶像とを石打ちにしようとするのである。*」さらに続けてロレンスはユダヤ人とキリスト教徒を攻撃するが、それはロレンスが、ニーチェとオットー・グロスと同様キリスト教を奴隷の宗教とみていたからである。「……この静かな、もの言わぬキリスト教徒たちはその冷ややかな距離をおいた作法と、控えめな態度と忍耐ある叱責のまなざしと、そしてかくれた力をもっているらしい様子をして……。」

このようなシュヴァービングとの繋がりの糸をさらに辿ってゆくと、サヴォナローラについての議論でロレンスがシューラーとよく似たことを述べているのに気づかされる。ルネサンスの陽気な、すばらしい都市を讃えたあとで、また、ボッカチオをダンテ以上に讃えたあとで、彼は新教徒の宗教改革者たちとフィレンツェの人々を攻撃する。サヴォナローラは「邪悪な破壊の狂気と、興奮をかきたてる出来事をもとめる醜い情欲で人々を満たした。……真実、美、幸福、知恵、こうしたものはそのような狂信者にとっては何の意味ももたなかった」。さらに彼の分析によれば、ドイツとイタリアで達成された国家的統一と自由とは、結局のところ真の自由の戯画にすぎず、あの「美しく、しなやかな、人間的な男と女の自由とはまったく異なる代物であった。近代の共和国においては、一人の男の他の男にたいする優越性とは、ただ金儲けによる優越性だけである。……かくしてイタリアは近代国家イタリアとなった。あるのは不機嫌さと苛立ちのみ、人生に金以外のものは何もない」。とくにイタリアを論ずるにあたって、ロレンスは政治が生活を台なしにすることに怒りを露わにしている。

このようにして自由への運動はイタリアではじまった。多くのことが達成され完成された今となって、われわれは人間の深い宗教的精神が政治に結びついたのを残念に思わずにはいられない。……政治とはついに物質的な生活条件を配置するだけのことになった。……人類を政治で救うことはできない。自由は真の救済ではない。われわれが自由をもたなければならない。しかし自由をもったことで得たのは食物だけだ……

この本の中ではロレンスは、別の箇所に比べてクラーゲスに近い言い方をしている。そしてまた別の箇所に比べてもっと月並みな言い方をしている。それはこの教科書執筆という課題に迫られていたために、観念そのものを語らざるをえなかったからで、もし彼が自由に書いていたのであったら、観念とは個々の行為や性格のイメージのたんなる足場であり、跳躍台にしかならないはずのものである。彼にとっては観念よりもイメージのほうがずっと確かであった。クラーゲスは、もの自体はイメージの概念的寄託されているものにすぎず、われわれの精神が超越的現実であるイメージからでっちあげたものにすぎないと言ったが、たしかにロレンスを含め多くの芸術家の精神生活にとって、歴史についての観念とは、個人についての想像的洞察の概念的寄託されているものにほかならないのである。

しかしながら、観念はまたはしごの役をする構造でもあり、見たいものを見、感じたり、したいことをするのを正当化するために意図的に獲得された構造なのであって、観念がもたらす他の帰結について念入りに試されてできているわけではない。ここでふたたびロレンスが、主題の選択においても、また書くスタイルにおいても、いかに巧妙であったかに思い至らされる。

恋愛に関しては、クラーゲスは宇宙的人間ないし異教的人間はだれか別の人間を愛するのではない、と説いている。彼

＊　このような一節の中で、ロレンスには、フランツ・ヴェルフェルの『黒いミサ』に描かれている、オットー・グロスが幻覚のような鮮やかさで呼びだしたものを手短かに素描している。

は自分自身のエロスの炎の中で燃えるのである。したがって、異教徒にとっては不幸な愛などというものはありえない（ロレンスもまた叶わぬ恋には興味をもたず、クラーゲス同様『トリスタンとイゾルデ』や『アンナ・カレーニナ』、また悲劇的な愛のジャンル全体に目を向けようとしない。彼はこのような感情は暗に虚偽を生みだすイメージにもとづいている、と感じていた）。実際二人とも、もっとも親密な関係のただ中においても、独りであることの不可避性と価値とを強調していた。そしてロレンスは述べている。「生命の魔術とダイナミズムは他者性にある。しかし人間の中核的な成就とは、彼が自分の魂を自分の強さの中にもち、深く、一人でいることである」と。このような教説として述べられていることは、小説のかたちで『セント・モール』の中で扱われている。

もし人が自分の孤立を受け入れるならば、人は自然の諸力をそのまま力として、個人を超越した人格として直視することができる。シューラーは太陽をオンファロスとして、黄金の男根として、男性でも女性でもなく両者以上のものとして見、金の卍の中に力のみなぎったものとして見たが、同じようにロレンスもクラーゲスも非人間的なものの価値を強調した。二人とも、木々や雲や動物界を愛し、評価し、またそれらの価値をわれわれの一般的な生命の方向づけの焦点として理論化した。人間はもともと自然そのものの元素であったと彼らは感じており、そのため、ふたたび自然の元素となる道を探さねばならない。それが文明の脱水化作用を逃れる道なのである。

この二人はともに、主として原始民族とくにギリシアの合理主義が支配的になる以前に文化を築いた人々に関心をもっていた。そのような人々にあてはまるような意味での文化こそ、本質的な文化であって、文明生活の構造ないし上部構造を記述するような文化は本質的ではないと彼らは考えていた。芸術は生命の充溢とみなされるべきであり、あまり技術的に扱われてはならなかった。ある意味で、ロレンスもクラーゲスも反審美主義だったのである。ロレンスは『メキシコの朝』の中で、インディアンの踊りが見物人ではなく仲間の踊り手に向けられていること、そしてそれは、彼らの宗教には一人の圧倒的神というものがないからであることを観察しており、そしてそのほうがよいのだとわれわれに感じさせる。劇場という形式にロレンスは基本的に反対であった。クラーゲス、シューラーもそうであった。西洋の文化の中でこの三人がもっともよしとしたのは民俗歌謡と民俗舞踊であったが、彼らがもっと愛したのはもっと「原始的《プリミティヴ》」な芸術、たとえばアメリカ先住民の部族舞踊であった。これはメキシコで発案されたものだとしても、シュヴァービングの趣味であった。

これらの観念のすべてについてもっとも重要な点は、それらがロレンスによって肯定されていると同時に否定されてもいることである。すなわち、これらの事柄はロレンスの想像力の核心でつねに葛藤をなしていたのである。私は肯定の部分を強調したが、それはあらゆる意味において「まず先にくる」と思われるからであり、またほとんどの批評によって無視されてきているからでもあり、そして彼の作品の最終的な仕上げはあくまでここにあると思われるからである。しかし、その否定のほうもまた真実であり重要である。この観念の葛藤の古典的表現は『無意識の幻想』に由来している。

いったい男が、永遠の主役である男が、底知れぬ深い情念の腹をもつ女から生まれたのだろうか？　それとも女が、深い情念の腹をもつ女が、はじめに創られた、能動的な、男のあばら骨から生まれたのだろうか？　男が、為す者、知る者、存在の原点である男こそが、人生の主なのか？　それとも女が、大いなる母が、愛の子宮から人を生みだす女こそが、至高の女神なのか？

それはあらゆる時代が抱いた問いである。

ロレンスの答えは、男がはじめだというものであるが、しかしその差は紙一重である。

性が主たる目的の成就であるとしてみよ。そうすれば人間の生きる目的は崩壊する。そこに残るのは無秩序だ。合目的性が生命の至上の純粋な活動であるとしてみよ。すると不毛な不妊性に迷いこんでしまう……だがそれでもなお性の成就を副次的なものにしておかなくてはならない……ほんの紙一重のところで。しかし、それでも紙一重分下位にあるのだ。

これは明らかに問題の解決ではなく論争停止である。この論争のつづきは小説のかたちで、『カンガルー』のリチャード・ロヴァト・ソマーズとハリエットのあいだでくりひろげられる。

だがこの論争は実はつねにあったものである。早くも『イタリアの薄明』の中で、イタリアをイギリスに対極的な偉大な救いの地として讃えていたときですら、彼はこれを批判し、自分とのあいだに距離をおいて眺め、自分自身のイメージを官能的神秘の礼拝と対立させて考えていた。「私は色褪せて、透きとおり、光のように微かであった」が、一方イタリア人は「暗く密着し、影のように必ずそこにいた」。ロンドンやその他のヨーロッパの大都市を思うと、それらは無意味に思われた。「世界の王国は何の意味ももたない。そこをうろつき歩くよりほか何ができよう？」しかし一方、彼は自分がイタリアとそのアフロディテ信仰を拒否していることもはっきり知っていた。「男根は、われわれの神の像とはならない。われわれは信じていないのだから。北の民族ならだれも信じない。」そしてさらに「私はイギリスを思った。あのロンドンの大衆、黒煙をふきあげる、労働する中部地方、北方地方を。ひどいところだ。しかしそれでいてイタリアの親分《パドローネ》、この年とった、猿のようなずるい豊饒さより、あのほうがまだよい。過去にどうしようもなく滞まって、にっちもさっちもいかないよりは、前進して誤った道を行くほうがましだ」とまで言っている。そしてロレンスのイギリスについての思いの中に、彼の考える、目的をもった社会事業が何であるかが見いだされる。「イギリスの知識を偉大な真の構造に築きあげるのだ。あそこに、膨大な荒けずりの知識、数知れない機械と装置、多量の観念や方法が横たわっており、何もされないまま放置されている……。」これを何とかすることこそ、彼の意図したことであり、その名のもとに彼は女にたいする男の優位を主張したのだった。それはマックス・ヴェーバーが彼と共有していた理想である。

しかしこれまで母権的と私が呼んだ小説の中では、そのような思想はあまり重要性を発揮しておらず、そこでの主たる声明は明らかに男たちの世界に敵対的であり、男たちの世界が提案する社会的目的の理想にも敵対している。その種の小説の中では一方に「無秩序の性」が、もう一方に「不毛の目的性」があり、さらにその両者と異なる第三の道がある。これら二者は要するにそれぞれヘタエラ的・アポロン的存在様態であって、第三の選択肢はデメテール的なものである。だからアーシュラ・ブラングエンはバーキンの影響のもとに愛の源であるとともに法の源ともなり、創造の源となったのである。ロレンスがこの第三の道を完全に掌握しているときは、すぐ前に引用したような評言の中の「男尊女卑」には傾くことがない。彼の母権的小説の中では男たちの世界は救いようもなく疎外され、彼のメッセージに敵対するものとして描かれている。たとえば『恋する女たち』の中で、ジェラルドはバーキンを次のようなことばでまとめている。「バーキンはすばらしい、魅力的な精神の持ち主であった。しかし結局は彼をそう真面目にとる必要はない。男の中の男と言えるような人物ではなかった」と。『虹』において、ブラングエン家の女たちが農場を背にして「男たちが支配的に創造的に動く」ところへ向かっていったとあるが、この小説の趣旨は、以後の作品がそうであるように、これがすべて幻想だったという点にある。第一章に記述されている農場の生活は女性的存在様態である。たとえそこにもっとも完全に属しているのが男たちであるとしても。ロレンスの目からみると、何にせよ農民‐農業的ないし部族‐原始的生活は女性的である。

「進歩」と「文明」を開始するのが、男性的な男たちのプロメテウス的ないしアポロン的エネルギーなのである。ブラングエンの女たちが男たちの世界に入っていったとき、彼女たちは、男たちは実際にはそこで支配的でも創造的でもないのを見いだした。それさえが『姉妹』のもつ、そしてロレンスの生涯全体のもつイデオロギー的緊張である。『姉妹』の中ではデメテールによる新たな支配を確信することで、その緊張が解消する。しかし、ロレンスの生涯においてはデメテール支配への信念はときにぐらつき、そして緊張が彼を破壊しそうになるときがあった。なぜなら、そのようなときには(男たちの世界を信ずるために)何らかの制度およびイデオロギー上の改革を信じなければならず、それは少なくとも自分の使命感と目的意識と達成感をもてるほどには自分で考案できるものでなければならず、したがって自分自身に確固たるイデオロギー的男性らしさを獲得できるような信念でなければならなかった。これがなかったならば、フリーダのような強力な自我との同棲は耐えがたい奴隷状態と化してしまう。しかもそれでいて、フリーダと同棲することを通して彼女から得たすべてのものが、彼に男たちの世界に生きることを禁止するのであった。彼の『無意識の幻想』はこのようなディレンマの中から語られているのである。

男たちの世界と〈女〉の世界とのあいだの葛藤に関する母権的イメージの中でもっとも明確なものは、リディア・ブラングエンの二つの結婚の対照である。

彼女は二人の夫を両方とも愛していた。一方にたいしては彼女は裸の幼な妻で、彼のためにくるくると働いてつくしていた。もう一人を彼女は報いとして愛した。彼は善良で、彼女に存在性を与えたから、そして名誉をもって彼女に奉仕し、彼女の男となり一体となったから。……はじめの結婚では、彼女は彼ぬきには存在していなかった。彼は実体であり、彼女は彼の足元を走る影であった。……心の中で彼女は主人である夫にたいして、ぼんやりとした優しさと憐憫を感じていた。彼が死んだのはひどいまちがいであった。彼女は耐えられなかった。彼が生きたことがなかったということ、真に彼自身になっていなかったということが。

明らかにこれはいかなる葛藤にも由来していない。問題にはすでに結論が出ている。はじめの夫は政治的・愛国的英雄で——ロレンスが彼に与えた経歴はマックス・ヴェーバーを思わせるところがある——彼はま﹅ち﹅が﹅っ﹅て﹅い﹅る﹅。これは完全なデメテール信仰で書かれており、〈女〉の世界で書かれている。

『虹』の最後で、アーシュラが見た馬たちにとり囲まれ、そこから逃げだす恐ろしい夢は、たしかにこの小説の文脈からして男たちの世界を意味している。フロイト的夢解釈では、もちろんそれは男の性を意味しなければならないが、これはロレンスをフロイト的に解釈しようとするものの限界を示すよい例である。アーシュラは男の性を恐れてはいない。小説の中の出来事のすべてが、それをわれわれに示している。彼女が恐れているのは、彼女の母親もそうであったように、制度と公的行事の世界、学校、軍隊、戦争、警察、工場の世界そのものなのである。これらがアーシュラをとりまき、象徴的に彼女を脅やかしていたのであり、ついには彼女は勝ち誇ってそれらを免れてゆく。『恋する女たち』以降——とくに『アーロンの杖』で——はじめて、われわれは女たちに敵対する強い反論にぶつかる。

『翼ある蛇』は芸術的には調和を欠いた作品だが、逆説的にもこの問題についてはもっとも複雑でもっとも均衡のある発言を含んでいる。ドン・ラモン、ドン・キプリアーノ、そしてメキシコ全体がケイト・レスリーの目を通して描かれているが、ものごとについての彼女の説明がある程度までしか信用できないことがはっきりさせてある。彼女は近代ヨーロッパについてもっとも洗練されかつ繊細な女性的鑑識眼を代表しているが、しかしそれ以上ではない。彼女にはドン・ラモンの視野が欠けている。彼女の限界は繰り返し指摘されている。「いつものとおり、彼女は一人だった。自分が勝手にこの孤独を望んだのだと、彼女はふと気がついた。彼女は他の人たちとうちとけて共にいることができなかった。彼女は猫がするように、いつも自分の個別性の中に身体を丸めてしまうのだった。……突然彼女は、男たちがしばしば彼女を見ている目で自分を見た。自分は大きな猫だ。突発的な官能性をもち、自らの孤立しきった個別性を好色に一生楽しみつづける猫だ。」こうした自我中心性が、彼女に周囲の出来事を否定的に判断させていることは明白であった。「彼女は女であった。彼は男であった。だから——だから——だから彼は現実的でない。つまり完全に人生に忠実でない。……彼女の感受性の強い、欲望に燃えた自我はラモンとキプリアーノに属していた。もう半分の、硬く、できあがってしまった、仕上げの終わった自我は、彼女の母親と、子供たちと、イギリスと、過去全体に属していた。……その自我の中では彼女は個人であり自分の女主人であった……。」ラモンとテレサのうちに、ケイトは自分が知っているのとは正反対のタイプの性的関係に直面する。彼女の知っているのは、彼女が女としてつねに勝利を占め、攻撃の余地を与えない関係であった。「ケイトはびっくりして眺めた。彼女だって男を知っていたはずだ。彼らは彼女を女王のように感じさせ、空が自分の腕にかかり、頭が星々のあいだにあるように思わせる男たちだった。彼女は次第しだいに偉大になっていって、ついに自分の女性性で宇宙を満たしてしまう過程がどんなものか知っていた。今や正反対のことが目の前で起こっていた。ラモンが大王《スルタン》となって……世界の力は女たちを女王にまつりあげる青い目の男たちから、いま黒い男へと移っていた。」青い目の男たちとは彼女の夫ヨアヒムが属する、したがってロレンスが属するグループである（この小説のホートン文庫版では、夫はデズモンド・バーンズと呼ばれているが、デズモンドと義理の母親とは、ロレンス自身と彼の義母と同じ関係にある）。ヨアヒムはケイトが自分の人生を彼に献げなかったがゆえに死んでしまう。「ヨアヒムは、彼の犠牲からは何の利益も受けない人々のために血を流して死んだ。彼は反対の極だったのだ。メキシコの火山の土から生まれる、黒く、巨大な誇り高い意志を彼は知らなかった。彼は白い、自己を捧げものとする神の一人であった。そこに彼女の苦痛があった。」しかし、すでにみたようにケイトはテレサのようにふるまうことができず、彼をだめにしてしまうのである。

しかもそれでいて、ケイトにたいするこのような厳しい批判にもかかわらず、ドン・ラモンが誘った冒険に彼女が抱いた疑惑が、この問題にたいする小説全体としての最終的なことばをなしている。「キプリアーノが〝男である男は男以上だ〟と言うとき、彼は男の意義を極端に誇張し、そして、一種の独断をもって限界をのりこえてしまっているように見える。彼女にはこれはひどい意志であり、純粋な、恐るべき意志の遂行であると思われた。……でも彼と彼女は、明けの明星をまたたかせる二つの電流にすぎないなどということがあるだろうか？　彼女が自分の中に小さな明星をもっているはずではないか？　それが彼女自身であり、自分の魂であり、星自身ではないのか？……個人とは幻影にすぎないのだろうか。男は、いかなる男でも、どの男も彼自身はただの断片で明星を知らないのではないのか？……〝でもそれでも！〟とケイトは言った。〝でも、それでもやっぱり、自分で一つずつ魂をもち、それに責任をもつほうがいいわ！〟」これがこの小説の最終的結論である。ロレンスはフリーダを越えてゆくことはできなかった。

血と精神との、鷲と鳩との、虎と子羊との二極性をフリーダもロレンスも信じていた。実際フリーダはその両極ともを是認しているのであり、その意味は何よりも、彼女がときに応じて自ら鷲になり虎となる権利を主張することもあったということである。しかしロレンスも彼女も、もう一つの別の二極性にも大いに関心があった。それは個人主義と指導性、人間と啓示との対極性である。この十字に交叉した二極関係が彼らの位置関係であった。この第二の二極関係に直面して、フリーダは——その両極に関心をもっていたが、前者のみを是認していた。ロレンスは後者をも是認しようとしていた。それが男たちの世界での活動に必要だったからである。しかし、すでに見たように、彼はついにラモンになりきることはできなかった。

　女主人公にたいする基本的態度が『チャタレイ夫人の恋人』では逆になっている。ロレンスはフリーダに回帰し、あるいはフリーダに屈服した。コニー・チャタレイは読者によって非難されたり、あるいは判断すらされるべき人間ではなく、むしろすべてのものとまたすべての人が、判断されるべき規準である。メラーズがクリフォードより優れているのは、コニーの傷つけられた女性性を認め、それに反応したからである。そのことが至上の価値であり、至上の試験である。メラーズは他のすべての点では卑屈にも人生から身を退いた状態にあるが、その意味で高貴であるがゆえに、彼が小説の主人公なのである。彼は〈女〉の世界の英雄である。『割けた炎』の中でダレスキが言っているように、メラーズは圧倒的に「女性の」性格をもっており、彼の男根意識は女性原理に仕えるためのものである。

　しかし、ここにすらロレンスがクリフォードにたいして想像上の同情を抱き、そしてコニーには憤りを抱いていた証拠がある。クリフォードは「今や世俗的成功の雌神が二つの欲をもっているのに気づいた」と書かれている。「一つは追従と、お世辞にたいする欲で、愛撫し、くすぐるもの、たとえば作家とか芸術家が与えるものである。もう一つはもっと陰気なもので肉と骨にたいする欲である……」ロレンスもまた作家であったから、もう少し文学的効果を高めようとした。「ボルトン夫人はクリフォードに、このもう一つの戦いに加わるようにとそそのかした。彼女はコニーがけっしてやらなかったやり方で彼を男にした。……」彼は鉱山を近代化する仕事にとりかかった。「コニーは彼から距離をおき、彼を自分と自分のおかれている状況について敏感にし、意識させた。ボルトン夫人は外にあるものだけに彼の意識を向けた。彼は内面的には球根のように軟らかくなっていった。しかし外面的にはもっと能率的になった。」もう一人の自我をもって、ロレンスも能率的になろうとし、〈女〉の世界から、芸術の世界から逃れようとしていた。

彼はコニーとともにいてしだいに死につつあった。芸術家の、そして意識的存在の孤立した私生活の中で……。「炭鉱は」彼に権力の実感を、力を与えた。彼は何かをしていた、そして何かをやろうとしていた。彼は勝つために勝とうとしていた。これまで自分の物語や、たんなる評判によって、エネルギーと悪意の消耗のただ中で得てきたようにではなく。そうではなく一人の男の勝利であった……そして彼は勝ち誇っていた。とうとう自分を乗り越えたのだ。今や生涯のひそかな願望であった已れから抜けだすことに成功したのだった。芸術ではだめだった。芸術は事態を悪化させるだけだった。だが今は、ついにやったのだ。

フリーダは、ロレンスがメラーズと同じほどにクリフォードと同化していたと断言しており、右のような文章は、この小説の中に彼自身の運命にたいする、つまり彼女にたいする、憤慨のようなものがこめられていることを明確にしている。それは『翼ある蛇』に表現されているのと同じものである。しかし、もちろんクリフォードに重なっているのはロレンスのもう一人の、影の自我であって、『チャタレイ夫人の恋人』の主人公はメラーズであることに疑問の余地はない――クリフォードは、フリーダがロレンスを救いだした恐るべき運命の典型として、モーリス・マグナスに属している。クリフォードとマグナスの両方の例が示しているように、フリーダは彼をまさに〈女〉としての彼女の力で恐るべき運命から救ったのだ。だからこそ、コニーは小説の中のあらゆる価値の源なのである。ロレンスが価値をおくのは、ときとして彼がひどく神経質に反抗するにしても、明白に、そして強力に母権的でありエロス的である「生の哲学」の諸価値だからである。

このような視点からロレンスに近づいてゆくと、彼が一つの純粋にイギリス的な現象ではなく、ヨーロッパ的現象の一部分として見えてくるため、彼の異なった面が照らしだされてくる。われわれはまたしても、彼がこれらの思想、とくに結婚についての観念を、イギリスの伝統に応用し、より保守的なかたちにつくりかえた技術と業とに感心しないではいられない。また、彼がこうした思想に反イデオロギー的形態を与えたことにも注目させられる。彼は「父権」ではなく男たちの世界について語っている。論説の中ではロレンスはイデオロギー的に大胆であり、かつ優秀であるが、しかし彼は一貫性を目標としておらず、通常の意味での体系というものをつくろうとはしていなかった。そして、小説の中では彼がイデオロギーを隠し、その側面をぼかしていることがわかる。もちろんそうすることによって、彼は抽象的で概念的な体系ではなく強力なイメージを採るという、自分のイデオロギーに忠実だったのである。そのイデオロギーは哲学的理性によってではなく芸術的想像力によって表現されることを要求していた。われながらそんなに性急に、嘲笑的に書いたということで、「多元分析《ポリアナリティク》」を自嘲しつつも、ロレンスは千五百ページの『魂の対立物としての精神』を書いたクラーゲスよりも、もっと血の知識に忠実だったのである。

しかしドイツ的な観念の適用にあたっては、ロレンスはたんにドイツ風の物語の要素とか、人物を小説の材料に用いるといったやり方にとどまらず、それ以上のことをしていた。彼の観念はだれの観念よりも、あくまで彼自身のものであった。彼は十分「自分で考える」能力をもっており、たとえばクラーゲスについても、彼がたまたま自分と同じような道をすすんでいることを発見したにすぎない（エルゼが彼にクラーゲスの『宇宙創造のエロス』を送ったのは一九二二年のことである）。しかし、それにもかかわらず一人の思想家にとって、他の人々が同じような線に沿って考えていることを知るのはきわめて重要であり、それを知っていることが必然的に著しい影響を及ぼすことになる。同じような考えの人々があやつる厳密な思想的術語を詳しく知りたいとは必ずしも望まないかもしれないが、しかし協力できるという一般的な事実と実感とによって大きな励ましを得るのである。フリーダが男たちの思考の方向にきわめて鋭い感受性をもち、無意識の思考をも感じとってしまうということは、彼女のロレンスへの一つの大きな贈りものであった。彼女の表現の仕方は混乱していたが、その反応は強力で、ロレンスはたいていの場合彼女の直観が正しいことに気づいていた。しかし同時に、男や彼の抱く観念が彼女にとって生気なく、あるいは無意味に思えるときには、彼女は残酷なほど無感動であった。ロレンスはこの鈍感さに不満をもらしたが、それは彼女の異常なほどの敏感さの裏面にほかならない。彼女は自分にとって生命が欠けていると思われる観念にたいしては自ら強力な障害を創りだし、「生の哲学」の教義によって定義された「生」に味方するすべてのものについては、それを強力に増幅したのである。

ここでしばし、フリーダとドロテア・ブルックとを比較してみることは興味深い。ジョージ・エリオットは彼女の女主人公を、ドイツの「学（Wissenschaft）」にたいする抗議の象徴、また生命価値の名における抗議の象徴として造型した。しかしドロテアがそのような抗議の十九世紀的様態を代表しているのにたいし、フリーダは二十世紀的様態を代表している。十九世紀は、基本的にリチャードソン風の抗議の延長線上にあって、自由主義的また改革派的と呼ぶこともできるが、しかしある意味では受け身であって、いわば乙女座の徴しのもとにあった。だからジェーン・エアはパメラ・アンドリューズの再現である（エルゼ・ヤッフェとマリアンネ・ヴェーバーが二人ともこの様態に属することは、本書の前半でみたとおりである）。ドロテアは苦しむが抵抗しないし、夫から逃亡しようとすらしない。しかしフリーダは反抗し、逃亡し、喜びを肯定し、悲劇を拒否した。もちろん、彼女もまた苦しみもし憫みもした。同様にドロテアは自己を肯定し、喜びもした。しかしそれでも、この各々に結びつけられるべき主たる感情の様態は対極的である。ドロテアは十九世紀イギリスの自由主義的人道主義を代表しており、それは倫理的宗教性の悲しみによって聖化されていた。これはまさに初期のロレンスにとってミリアムが代表していたものである。彼はフリーダ・ウィークリーを見かけさえしない前に、自分へのミリアムの愛をはっきりとジェーン・エアの愛し方に結びつけ、そうではない、アンナ・カレーニナの愛をはっきりと要求していたのだから。フリーダの中に、彼はついに偉大なもう一つのもの、二十世紀の生の名におけるよろこびあふれた反抗――シュヴァービング的反抗に出会ったのである。

共著者としてのフリーダの影響

ロレンスの作品のいくつかがフリーダとの共著であったと考えると、ロレンスという人物は、重要なところで一人の女性に自らの精神を委ねることによって、作家としての卓抜な、しかも独特な力を獲得するという、特殊なタイプの天才だったと思われてくる。アーネスト・ウィークリーはフリーダにそれを許さなかった。ほとんどの感受性の強い、創造的な男なら、まずそれを許せないであろう。しかしロレンスについては、その作品の倫理-芸術的成功の半分はフリーダにあると言ってよいと思われる。T・S・エリオットの詩人としての成功が彼のどちらの妻のおかげとも言うことはできないし、また『ユリシーズ』のモリー・ブルームのくだりの箇所についてさえも、それがノラ・ジョイスのおかげであるとは言えない。しかしフリーダはロレンスの執筆に霊感を与えたのみならず、導いたとすら言えるのである。彼女は生きることで、ロレンスが想像力の中でしかもちえなかった価値を証明した。彼女はロレンスの創作活動を支え、忍耐強く受け身でありつづけ、それでいて文筆活動に情熱的に反応していた。さらに、彼女が小説の中の場面を想像し、また想像し直すのに加わることもあり、最終的な結果にたいしてつねに、肯定的かつ批判的であった。

ここで、トルストイもプルーストも女に精神をゆだねるという種類の天分をもち合わせていなかったことをつけ加えておこう。そもそもロレンスのような男が、フリーダ・ウィークリーのような女を見いだすということが、こうした枠組みがはたらく前提として要求されている。「一人の女」がそのような精神を支配する、という単純なことではない。それは〈女〉でなければならない。外から見ると、このような営みがいかにも言語道断（そうでなければ嫌らしい）と感じられる所以はまさにその点にある。

もし『白孔雀』あるいは『侵入者』を『息子たちと恋人たち』と比べるならば、あるいは対象にもっとはっきりと焦点をあてて、初期の小説（および「現代の恋人」と「春の影」）において著者の身代わりになっている人物の扱い方とポール・モレルの扱い方とを比べてみると、フリーダがロレンスのために芸術的にどれほどのことをしたかがうかがわれる。彼女は明らかに『息子たちと恋人たち』の最終原稿に深く関わっており、そこの文章は、まったく純粋で厳しい美的基準をもって判断しても、大きな改良が認められるのである。『白孔雀』におけるレティはハーディ的な女主人公であり、ネザミヤはハーディ的舞台であり、そして終わりのない恋愛あそびは『日陰者ジュード』を思わせる。ただ場違いな当世風なところはマリー・コレリを思い出させるが、著者は少々困惑させるようなやり方でいろいろな役柄を試して使っており、その人物がだれか、何を言おうとしているのか、まだ確かでない。『侵入者』の場合にはよく知っている自由な精神の世界にあり、郊外のむさくるしいところ——これはウェルズやバリーやベネットの世界だ——で窒息しそうになっているが、そこに大胆なフランス風の官能のエピソードがはさまったものである。そして『侵入者』のセシル・バーンは『白孔雀』のシリル（ニックネームはシビル）・ビヤゾル同様、本質的に女の侍祭《アコライト》で、男としての自己は疑わしい人間である。文章もそれ自体の統一性に自信がない。これらと『息子たちと恋人たち』との対照は圧倒的である。フリーダはロレンスをたんに性的不能から救ったのみならず、芸術的不能からも救ったのである。しかもそれを一つの同じ恩恵的行為によって。ロレンスにとっては、当時の作家のほとんどにとってそうだったように、この二つのことはいっしょになっていた。文学はエロス運動とともに動いていた。彼らはエロスを主題にして書かねばならず、したがって、エロス主義に全面的に浸ることが必要であった。ポール・モレルがミリアムに、それを得るために彼女のもとを去らねばならない、それを得たあとで戻ってこようと言った、あの情熱の火の洗礼が彼らには必要であった。彼らは、ひとえに作家として、自分が全体を掌握しているのであり、自分自身の経験から真実を語れるのであり、他のだれかがこう言ったが、それはその人が自分よりもっと多くを経験しているからだろう、というようなことを恐れなくてよいような、何かの確証を必要としていた。フリーダの恩恵なしにロレンスは何になれただろうか。労働者階級のE・M・フォースターか、モダニストのエドワード・カーペンターか？

　ロレンスのモダニズムの芸術家としての天分が、フリーダと出会い、大いなる母《マグナ・マーテル》を経験したその充実性に由来すると言えないだろうか？　彼自身が『無意識の幻想』の中で、ある男たちはつねに女に優位をゆずり、女に「創造的積極性」をゆだねると書いているとき、そのような説を暗示しているように思われる。

そしてある時期には――たとえば今のように――男たちの大部分がそろって女を生の源とみなし、創造の連鎖の第一のものとみなす。……今日男の最高の瞬間とは女に自らをゆだねる情感的な瞬間であり、彼女の偉大な情感的な前・創造的な問いかけにたいする、完全な答えを形成する瞬間である。……男は女に劣らぬほどの、いや、女以上の多くの感情をもちはじめている。……男は、奇妙にも強烈な、受け身の性的欲望、ふつうには女に特徴的とされている、あのとられたいという欲望の強力な徴候を見せはじめている。

もしこれが、そのときの文化の隠れた真理であったとすれば、創造的芸術家は、その役割を完全に演じきることを通して道を開拓するように呼びかけられたはずである。マリがその挑戦を全身で受けて立たなかったことは明らかだし、エリオット、マン、ジイド、プルーストといった当時の主たる創造的精神の持ち主のだれもそれをしなかった。この挑戦に応じられなかったということで、それぞれの精神の弱さが説明されるといってももっともなのではないだろうか。モダニズム芸術の天才が出てくるのは、ロレンスが情熱の炎の洗礼と呼ぶもの、とくに大いなる母《マグナ・マーテル》の情熱の洗礼を経験する才能が芸術家にあるとき、ということではないだろうか？

われわれがみてきた年代上の符合には、たしかに毒のある意味が読みとれる。一九一七年、ロレンスが「見よ、ぼくらは　やり抜いた！」を出版したとき、エリオットは『プルーフロックの恋歌』を出版している。こちらには「見よ、ぼくらは　やらなかったぜ、ぼくらは　やり抜かないのだ」という副題がついてもおかしくない。また一九一三年、ロレンスは『虹』を書いているとき、『ヴェニスに死す』を読んでいた。同じ年、ロレンスは『息子たちと恋人たち』を出版し、プルーストは『失われた時を求めて』第一巻を出しているが、この二つの著作はともに、傷ついた息子が個人的な苦痛を審美的甘美さへと練りあげ、すばらしい母に、自分を去勢した大慈悲の母へ捧げものをする物語である。しかし、ロレンスの作品の強さは、自分が救われる、問題は解決しうるという信念にあるが、プルーストの作品の強さは別のところにある。フォースターとヴァージニア・ウルフ、ブルームズベリーが一般に、そしてイギリス全体が、口ではエロスを讃えながら、自分でその火に触れようとしなかった。ロレンス的な可能性をもっていた随筆家の中では、マリについてはすでにロレンスと対照したが、ハクスリーについてもだいたい同様である。ジョイスですら、スティーヴン・ディーダラスとなって硬直し、死んだ、老朽した散文を書いている。それは生命の源である大いなる母《マグナ・マーテル》から追放された者の文である。もっとも、ブルームを通して彼は彼女の秘儀を、すばらしく詩的な冒瀆をもって讃えてはいる。これらすべてはロレンスの達成したものが他の作家の成果とはまったく違った種類のものであることをまず証明している。しかし副次的には、他の作家たちもみなエロスを讃えたかったのであり、彼らはみなエロス運動に籍をおいていたのであるから、つまりはロレンスの成果こそが主であり、彼らの成果は従であったとも言える。とすれば、ある程度までは比較の問題であり、その結果ロレンスのほうが優れているというのが妥当であろう。ロレンスはフリーダとの情熱の火の洗礼を受けていたがゆえに、よりよく書いた。彼はたんなる才子ではなく天才になった。

このような説をたてると問題になってくるのがフランツ・ヴェルフェルである。彼においてはまれにみる才能がすばらしい大いなる母《マグナ・マーテル》的人物と結びついたのだが、しかしそこから天才は生まれなかった。もちろん文化理論というものは錬金術の実験のようなものである。全部処方箋どおりに準備したとしても、せいぜい望んだ出来事が起こるかもしれない予兆が得られる程度である。化学実験のように容赦なく反応を起こさせるわけにはいかない。文化理論が科学的厳密性をもってあらゆる場合をカバーすることを望めないのは言うまでもない。さらにヴェルフェルとロレンスの主たる相違は、ロレンスがずっと鋭い精神と確固たる自己をもっていたことだが、この自己同一性はフリーダのおかげではなく、それについてはフリーダは共著者ではない。さらにアルマ・マーラーには、フリーダが少女時代に悩まされていたような不確かさが少なかった。フリーダはつねに自分が間違っていると感じ、エルゼのゆえに苦しんでいた。彼女がロレンスの権威に敏感だったのはおそらくこのためであり、一方アルマは（グスタフ・マーラーのあとは）だれにたいしてもそれを感じなかったであろう。この権威への敏感さがフリーダの自信とバランスを保っていたのにたいし、アルマの自信には限りがなかった。一人の女がつねに「ウィーンでもっとも美しい女性」として知られているのがよいはずがない。実際フリーダが自分自身であることに落ちつき――今やかなり伝統的な意味での自分を回復し、自分の母親に似てきて、それほど高のぞみをしないがゆえに、批判に敏感に反応しなくなったとき、ロレンスは彼の最高の創造性との闘いに敗れはじめたのである。すでにみたように、彼の後期の作品にはヴェルフェル的な種類の厚かましさの気配が感じられ、もし彼が他の人と同じくらい長生きしたら、どのくらいヴェルフェルに似ていったか見当がつかないほどである。

しかしながら、彼が実際に書いたものについては、その偉大さはフリーダに負うところが大きい。彼女が彼を救ったあとですら、そして彼の母親についての小説を救ったのちですら、彼は最後まで彼女の支えを必要としていた。この依存性については、彼自身の側からも手紙や詩のかたちで多くの痛々しいまでの是認がされているのであるが、これまでそれがただ個人的・心理的な事柄であると決めつけられてしまっている。しかしながらもし『翼ある蛇』と『チャタレイ夫人の恋人』とを比べてみるならば、ロレンスがフリーダと共感し、〈女〉と共感して書いてはじめて、あのもの柔らかな、細胞原形質《プラズマ》のように半透明な生命が彼の文章の中に宿ったのであり、それが彼個人の最良の天分でありかつ彼の最良の総合的部分の本質となりえたことがよくわかるのである。『翼ある蛇』の構想は、ケイトへの共感をさらに超えてゆくよう読者に呼びかけている——彼女はそれを十分ひろげることができないのだ——そして、ドン・ラモンの支配する神秘的な新しい世界にまで入ってゆくことを。しかし、実のところロレンス自身もまた、ケイト－フリーダの共感の域を越えることができないのであって、その結果ドン・ラモンの讃美歌と行列はたんなる機械的装置であり、企ての段階にとどまっている。

今日の女性解放運動の圧力をうけて、われわれはフリーダと「姉妹」関係にあった女性たちが実は女としての状況の犠牲者だったのではないかと問わざるをえないようになっている。まず言っておきたくなるのは、彼女たちがあまりに大きな力を揮っていたので、「解放されていない」ということばが逆説的に聞こえることである。たとえばフリーダ・ロレンスは明らかに、今日のことばの意味において解放された女性ではなかった。彼女は自分を「女であって男ではない」と思っていたし、男たちの世界に入って、男たちと彼らの規準で競合しようとはしなかった。彼女は自己同一性と運命とを「女の」素材からこしらえあげていた。そして彼女の支払った代償は、彼女自身の精神の自己戯画化と私が呼んだものにはっきりあらわれている。しかしそれ以上に明らかなのは、彼女が抱いていた力と成就の実感であり、多くの世界の制度に向けられた意味深い反抗である。彼女の規準で言えば、そしてロレンスの基準で言えば、「女であって男ではない」のは「男であって女ではない」のに劣ることはない。どちらかと言えばむしろ優れている。「解放されていない」という言い方は、彼女の、またアルマ・マーラーの多くの特徴に適合しないので、これをあてはめることはできない。

さて、これがロレンスという作家である。彼は共著作家であった。フリーダの秘書であった。しかもフリーダだけの秘書ではなかった。彼がメイベル・ルーハンを知って一週間もたたないうちに、二人は彼女の経験を土台にした小説をともに書きはじめたのだった。もっともフリーダが途中でやめさせてしまった。そしてこれはおきまりの型《パターン》の、しかも一部にすぎない。フリーダと駆け落ちするとすぐに、彼は彼女の生涯と発展の物語に密着した『姉妹』を書きはじめ、それが二大小説になっていったわけである。『侵入者』はもちろん、全面的にヘレン・コークの経験にもとづいており、『叢林の少年』はモリー・スキナーの経験である。『白孔雀』ですら彼の姉にあたる人物の周辺に構築され、その人物にたいして語り手は控えめな「女性的」役割をとっている。そして『息子たちと恋人たち』は彼の母親を中心にしている。実際、女を中心に書かれていないのは指導者小説であり、自らの運命に反抗する小説で、そのような小説の中ではロレンスの才能がのびきらず、他の小説にみられるような完全さに欠けていると一般に言われている。この意味においてもロレンスは〈女〉の世界の小説家であった。

すべてを知ったいきさつとは

フリーダ・ウィークリーとオットー・グロスとの関係は、私が最初にこのテーマについて考えはじめた時点ですでに秘密ではなかった。けっして秘密ではなかった。フリーダは『回想と書簡』の中で彼の手紙を何箇所か引用しており、編集者は彼女が用いた仮名がだれのことか知っていた。手紙がまだ残っているという事実、たとえばフリーダが所有していた手紙があるということは、それほど一般に知られているわけでもないが、秘密というわけでもない。なるほど資料が判読困難であるため、秘密めいたニュアンスがないとは言えないが。ロイス・マディソン・ホフマンが解読して訳したのが、ちょうど私がテキサスへ研究に行く直前であったのは幸運であった。私はどんなに助かったかわからない。

実はその手紙のやりとりの中でエルゼ・ヤッフェとオットー・グロスとの関係についての情報が得られたのである。これがなかったなら、ヴェーバーの未公開の書簡の中にそれにふれた部分があるとはいえ、まずだれも思い至らなかったことであろう。当時のシュヴァービングの雰囲気から考えて、二人の恋愛関係がこれほど秘密裡に運ばれたのは驚くべきことである。もちろんリヒトホーフェン姉妹は、ファニー・ツー・レーヴェントローとかマリエッタ、エミー・ヘニングズと同じ意味では「シュヴァービングの住人」とは言えない。その点ではフリーダとエルゼは同じ立場にあった。彼女たちには社会生活とともにそれぞれの私生活があり、オットー・グロスとの関係はあくまで私生活に属していた。私生活は、公けのさまざまな関わりあいとはっきり分離されており、私的な場面でのみ、彼女たちの心の中に登場していたのである。彼女たちはオットー・グロスとのやりとりを、そして他の人たちとのやりとりも――「黙っていた」。そうした書簡はたしかに資料ではあるが、しかし公けの資料ではない。フリーダはオットーからの手紙を五十年以上も私有しており、公開したのはロレンス関係のものがすべて出版されたずっと後のことである。もっともすでに述べたとおり、彼女は一九一二年、アーネスト・ウィークリーのもとを去ったときにその説明として彼に手紙を送っている。そしてエルゼはマックス・ヴェーバーからの手紙をそれよりももっと長いあいだ隠していた。

フリーダの出版した『回想と書簡』の中には、一九五四年にエルゼの「大いなる愛」について彼女がエルゼに宛てて書いた手紙が入っている。またフリーダと母親とのあいだの一、二の私信の中で、はっきりとではないがエルゼが愛している男としてヴェーバーのことが書かれている。この「秘密」は半世紀にわたる秘密であったが、最近の数年間に出版された二冊の本に暴露されている。それはアーサー・ミッツマンの『鉄の檻』とエドゥアルト・バウムガルテンの『マックス・ヴェーバー――人と業績』である。ともに、それだけを手に取ってみればきわめて慎重に書かれていて、もしかしたらと思わせる程度のものであるが、しかし、二冊いっしょにしてみると紛れもなく一つの真実を指し示している。もちろんヤッフェ夫人はそれほどむきになってではないが、きっぱり否定している。彼女の気に入りの諺に「嘘をついたらそれを通せ」というのがあると彼女は私に語った。私は初耳であったが、もとはイギリスの諺だと彼女の言うこの知恵は、彼女の口から出るとたしかに含蓄があった。しかしドイツ旅行のあいだに私は自分の仮定のあれこれの細部を確認する証拠を見たり聞いたりした。一方家族の者はだれも知らず、話全体を想像していたのはほんの一人か二人だけであった。

それ以外の情報は、ごく通常の方法で得たものである。私はヴェーバーやロレンス、また本書に出ている他の人物が著わした本や彼らについて書かれた本を読んだ。ドイツ、オーストリアの国立、市立の公文書を調べ、また大学図書館（ハーヴァード、イェール、テキサス）所蔵の未公開の書簡や原稿を読んだ。そして何人かの人々と文通したり直接にインタヴューすることもできた。なかでもフォン・エッカルト夫人とバウムガルテン教授にとくに心から感謝をささげたい。

だが、この節のタイトルには別の二つの意味を込めたつもりである。これらの事柄についての私の知識がどの程度確実なものであるか？　そして読者にどのような反応を期待するものであるか、である。第一の問いについて言えば、私が示した関連や私がそれとみなした動機の中には、比較的事実に近いものがいくつかある。ロレンスとヴェーバーの生涯についての事実は十分確かめられている。もちろんそれらの「事実」は合意によって事実とされたのであり、合意がなくなれば崩れてしまうものではある。しかし、これらの事実の確実性はこの分野ではもっとも強固なものである。そして、ヴェーバーからエルゼ・ヤッフェに宛てた未公開の手紙があることは、単純な新しい事実である。これと対照的に、エルゼ・ヤッフェの感情についてはすべては確証がないことばかりだが、それは彼女が自分自身について慎重であり、また友人たちに極度の慎重さを課したためである。オットー・グロスとの件はエルゼではなくオットーによって書かれたものがずっと多く、これらの文章からわれわれは数多くの「事実」を引き出すことができる。しかし反面、オットーについて書かれたものは皆無に近く、小説の中の作中人物として描かれたものだけである。ヴェーバーもロレンスもともにごく早い時期に受け入れられていた社会的尊敬の世界から彼は排除されており、したがって注意深く客観的に解釈する努力の対象とならなかった。グロスは私的な幻想の世界へ、いや悪夢の世界へ追いやられていたのである。彼について私は、小説家のことばのうち事実的資料にかなり支持されており、かつ複数の人が述べている部分を採用した。そしてその確実性の性格についてはすでに説明した。ヤッフェ夫人の場合についてと同様、私は「たぶん」「あるいは」「かもしれない」という言い方をしたつもりである。

しかしながら、解釈については私はあくまで自分の判断によった。証拠という点ではどちらにも確証がない場合、あるいは自分の直観が誤っていないと自信があるとき、あるいは私の主たる議論に関係がないと思われる点については、賛否両論をいちいち挙げずに断定した。さらに私は、たとえば『牧師の娘たち』のメアリとマシーの話を読んだときにエルゼのことを、またフリーダのエルゼにたいする気持ちを思い起こすようにと、読者を誘った。これは事実ではなく示唆である。この点は、『恋する女たち』の中に想像的にマックス・ヴェーバーをおいてみることを勧めた文にはもっと明確にあてはまる。私の知るかぎりロレンスがヴェーバーのことを考えているわけではないのだが、しかしこの小説のことを考えると私はヴェーバーのことを考える。なぜかと言えば、そうすることによってこの著作がより明確になるからだ、と私ははっきり述べたつもりである。

　このようにして、仮に私が読者を騙しているのではないかという責任からは逃れられたとしても、人の時間を無駄にしているという非難は逃れられないかもしれない。学者のエチケットとして人に不確実な文章を読ませるべきではない、将来何かの実験によってその真実を確認できる性質のものでなければ。それが私が二番目の問いをあげた理由にほかならない。これらの分裂にたいして、どのような反応を読者に期待するのか？　私はこの問いに答えて、これらの命題を提出したこと、そしてその解釈について多少の独断を下したことの正当化を試みたい。

想像的文脈

　私が自分の答えとしたいキーワードは「想像力によって《イマジナティヴ》」ということである。いかにしてわれわれはこうしたことのすべてを知るのか？　想像力によってである。私は読者に、こうした「諸事実」をD・H・ロレンスの想像的文脈の中に、つまりわれわれの想像力の決定的な部分となる文脈の中の要素として出会ってほしいと願うものである。今日、文学の研究はこの種の新しく生きた文脈の中に引きこまれることを必要としており、思想史の文脈ではなく、感受性の歴史ないし想像力の歴史の文脈の中に置かれねばならない。この二種の歴史の相違点は、想像力の歴史が論理的な体系ではなくイメージの集まりを扱うのだというよりはむしろ、それぞれのタイプの歴史が、成分となっている要素のあいだに、またその要素とそれ以外の生活の部分とのあいだに打ち立てる、連結の種類の相違にある。たとえばフリーダの、アルマの、そしてメイベルの、大いなる母《マグナ・マーテル》としてのキャリアが思想史に属さないのはなぜかといえば、それが行動の問題であり、性行動の問題だからである。想像的歴史、想像的生活は、ときどき思想に関わってくることがあるが、しかし大部分はその本性からして不定形の液状である。さらに、その経緯は通常の意味の歴史ではなく、その範囲は私的なものであり、数字とか制度上の帰結をもたない。しかし、それはいかなる想像力の歴史にとっても重要である。というのは他の人々の想像の仕方に大きな変化を及ぼし、彼ら自身の性生活を規定するまでになるからである。これを知ることは想像力をはたらかせてのみ可能である。したがって私の主範疇――ハイデルベルク市、ミュンヘン市、とか、「エロス運動」「母権中心制」また「生の哲学」すら、ここでは想像的歴史として扱われている。それらが思想史の方法に十分耐えるものである場合ですらもそうである。ロレンスにわれわれが出会うのは、このような文脈においてでなければならない。

まず、二、三の定義からはじめなければならない。そしてその定義は、逆説的にも思想史のスタイルでなされねばならない。「生の哲学」はこれらの範疇のうちでもっとも大きく、ゆるやかなものであり、私はこれを一八九〇年代以降の生命諸価値を強調するもののすべてを指すのに用いた。それは無意識なるもの、心情的なるもの、自発的なるもの、原始的なるもの、独創的なるもの、有機的なるもの、豊穣なるものの価値と力とを強調するすべてであり、それに加えて、厳格な倫理的・認識論的体系を、伝統的な確実性と規範を強調する対極的諸価値を分解し、低下させるようなもののすべてである。したがって、「生の哲学」を代表するのはロレンスやクラーゲスとともにウィリアム・ジェームズやアンリ・ベルクソンなのである。

「生の哲学」の範疇に属する多くの思想やグループの中にひときわ目立つ、より統一性のあるカテゴリーがあり、それを私は「エロス運動」と呼んだ。ここには、とくに顕著な人だけをあげればロレンス、クラーゲス、フリーダ・ロレンス、アルマ・マーラー、イザドラ・ダンカンといった名が入るが、しかしベルクソンやジェームズは含まれない。概念的に性格づけるならば、これはエロスの愛を最高の生命価値とすること、無意識なるもの、心情的なるもの、自発的なるもの、原始的なるもの、独創的なるもの、有機的なるもの、豊穣なるものの最高位を愛と呼ぶ運動であるといえよう。この定義は概念的であるが、しかしその活動は概念的であるよりもまず想像的であったことは予想されるとおりである。クラーゲスのようなエロス運動の論理家は、生きた矛盾である。もっと典型的なエロス運動の成員は愛と生命を祝って文学的・音楽的・視覚的イメージを創造した。

エロス運動のかなり急進的な一翼は、イデオロギー上のスローガンとして「母権《ムッターレヒト》」という用語を採用した。このグループにはオットー・グロスもシューラーやクラーゲスとともに含まれている。しかし、もしこのグループを広く「〈女〉の世界を祝う人」と言いかえ、父権制にたいする何らかのイデオロギー的な攻撃をすることという規準に落とせば、よりおおぜいの人が含まれ、急進派の含まれる割合はより少なくなるであろう。小説家のほとんどが、さまざまな種類の芸術家たちが、ある程度は〈女〉の世界を祝う人々である（すでに私は、ロレンスがたいていはこうした大きなグループに属しているような書き方をしていること、つまり、そのようなやり方でロレンスを読んでも完全に理解できるということを指摘した）。

すると、そのような「母権」グループの中に描かれるいくつもの円ないし楕円が共有する中心の一つとして、何人かの個人を、その行動によって、その想像力によって、あるいはその信念によって大いなる母的《マグナ・マーテル》パターン、つまり女が愛と豊穣の巫女であり、女神であり、男が若い美少年の恋人ないし彼女の神秘についての祭司であるような関係を信奉するエロス関係を代表するような人物である。この下位グループにはロレンスは入るが、クラーゲスは入らない。イザドラ・ダンカンとセルゲイ・エセーニンは入るが、ゴードン・セルフリッジは入らず、メイベル・ドッジとジョン・リードは該当するが、トニー・ルーハンは入らない。

　こうしたイデオロギー的な概念とその現実とは――つまりこうした信念を抱いていた人々やあるいはこうした行動様式にしたがった人々は、互いに独立でありうる。一人の男または女がグループの一つに加わりながら他のどれにも属さないことは十分にありうる。しかし、こうしたグループのいくつかが共存することによって、そこに強烈な同心性が発揮されるように思われる。少なくとも想像的な芸術に関するかぎり、そこにはエロス運動への一種の決定的なコミットがあり、そして大いなる母《マグナ・マーテル》の関係に入ることによってのみ達成されるような、さまざまな「生の哲学」の価値へのコミットもあったと考えられる。そこで私は現代の多くの芸術家たちについて、そのようなパターンの関係のうちにどの程度まで自己実現しているかということが、彼の自己同一性と成果をそれと見きわめる重要な鍵となりうると言ったのである。

　これがロレンスの文脈をつくりあげる材料であった。しかしそのような知識はいかにしてはたらきうるか？　いかにして人は、ロレンスを彼の想像的文脈において知ることができるだろうか？　想像的文脈とは想像的つながりを確立することによって、A（たとえばある小説家の作品のある特徴）をB（別の小説家がその主題を扱う扱い方）のもう一つの選択肢として見、それがCの例として見、Dと双性の関係にあると見ることができる。以下同様である。このような連鎖を操ってゆくには想像的適合性《イマジナティヴ・レレヴァンス》についての自分の感覚によるしかない。ある連関はつけるに値し、ある連関はつけても意味がない。想像的適合性という用語はリーヴィスの「批評的《クリティカル》・適合性《レレヴァンス》」を真似たもので、それは文学研究――および他の人文科学研究――がしたがうべき主たる原理である。実際に文学研究はつねに想像的適合性に導かれているのであるが、しばしばそれは非‐自‐意識的である。たとえば小説の中の人物と小説の外の人物――小説家自身、彼の友人、その時代の有名人など――のあいだにどのような関連づけをするに値するか、あるいは関連づけが許されるか、といったことに関して、われわれはつねに強い感覚をもっているのである。われわれがつけるつながりは、公的に書いたり議論したりするときよりも、その小説を「経験」する、私的で個人的な思弁の中でのほうが自由であるが、しかし、私的な場面ですらわれわれは、何が「関係ある《レレヴァント》」かという感覚で、自らの反応を統制している。しかし、その感覚は文芸の歴史における時代によってさまざまである。「許容しうる関係の範囲を狭めてゆくこと」が主たる特徴となっている一つの時代、「実際に書かれたテキスト」に集中してゆくことを強調される時代が、今まさに終わったところである。今やわれわれは自分たちの主要な著作や著者たちを、新しい連関の中に置きなおすことが必要となっている。すると相似性とか対照性やその他のつながりの形式の中に、著しく重要な真実が目にとびこんでくるであろう。

　これまでロレンスは完全にイギリス的な文脈の中で眺められてきた。この文脈はもちろん妥当なものであり、ロレンスの主張したかったポイントも、また彼自身はとるに足らないとした点も浮かびあがらせるのに有用である。それは彼の作品を、その文芸作品としての統一性を害することなく人文主義的な連関、歴史、政治につなげるものである。そして暗黙のうちに、この文脈はそれと認めることなしに、扱う物語や詩の意味を劇的に《ドラマタイズ》仕上げている。たとえばバーキンとハーミオーネを現実的な文化的場面と結びつけることによって、文化を英雄や悪者に仕立てたのであった。何よりも、このロレンスの文脈的な批評は、批評家たちが、作家としてのロレンスについて語りつづけながら、同時代の文学以上の世界について語り、雷鳴と閃光のうちに、拒絶したり照らしだすことを許したのである。私は原理的にはこの点について争う気はない。しかし事実上は、この特定の文脈の有用性は使い果たされ、その実りは枯渇し、その行動や習慣は機械化して、逆に想像力を抑圧するものと化している。今やロレンスをオルダス・ハクスリーやジョン・ミドルトン・マリと並ぶ選択肢として、あるいはT・S・エリオットとヴァージニア・ウルフに並ぶものとして眺めるのではなく、マックス・ヴェーバーの、またオットー・グロスにたいするものとして見るべきときが来たのである。もしロレンスがわれわれにとって生命の源でありつづけるとしたら、彼は新しい想像的文脈の中に投げ入れなければならない。

　私は彼をいくつかの新しい文脈の中に入れたが、それらの文脈は同心円を描いていると言えよう。ヴェーバーとの対照、クラーゲスとシュヴァービングとの連関、グロスを含めたドイツ全体の場面、パーソンズ、リーヴィスを含めたこの世紀の歴史、そして、もっとも大きい輪はバハオーフェンの用いた父権制と母権制の原理とそのさまざまな下部分類の枠組みである。この円が最大である理由は、これが文化の全歴史を照らしだす可能性を提供するからである。このような枠組みは想像力によってのみ知られうるものであり、この意味において、そして何よりもこの意味において、想像力によって私は「これらすべてを」知っているのである。

本書における試みのもっとも単純な一例は、ロレンスとヴェーバーとを線で結ぶということである。この結びつけがもつ伝記上あるいは事実上の内容よりももっと重要なのは、イデオロギー的・想像的な内容である。しかし、この二種類の内容を必ずしも相対立させねばならない理由はない。事実的内容はイデオロギー的な内容を支える骨組みとなる構造であり、全体はこの二人の男が互いにつくりあげている想像的な文脈なのである。

こうした相互的な文脈を用いること――ここでは主として対照的な文脈を用いること――は格別新しいことではない。かつてはディケンズとサッカレーについてそのように考えられたものである。そしてこの方法はロレンスについてもすでにあてはめられており、しかもごく最近、マリのような保守的な作家たちも使っている。マリは『愛・自由・社会』の中でロレンスとシュヴァイツァーを対照し、リーズは彼とシモーヌ・ヴェイユを『勇敢な人々』の中で対照している。しかしこの二つの場合、対照されている二人の人物のあいだには伝記上のつながりはまったくないのであるが、こうした対照にもし伝記的な繋がりが加われば、価値ある骨格ないし筋となるような要素が提供されるものである。それにマリの場合やリーズの場合には、これらの本が彼らの傑作とは言いがたい。著者はその時代の文芸的エトスからすでに外れてしまっており、古ぼけたかつてのモデルに立ち返るしかなかったというのが実情である。現代の研究の中でこのような対照的文脈の方法を用いたものとしては、ジョージ・スタイナーの『トルストイかドストエフスキーか』くらいしか私には思い出せない。この技術をヴェーバーとロレンスについて用いることは、この人物がそれぞれ異なった学問領域と異なった想像の様式を代表しているということからくる、また別の刺激をもつものである。

しかし、結びつきの磁場――もちろん、適切さの原理でつねにコントロールされねばならないが――にあるのは、たんに対照性の文脈だけではない。たとえば並行性ないし相似性も含まれている。ここでもっとも重要なのは、ロレンスの思想とクラーゲスとシューラーの思想の相似性である。後者二人は、十九世紀末のドイツがビスマルクによって突然おそろしく父権中心的になったことの反動として、母権中心的な思想を展開してきた。そこからロレンスに新しい光があたるのである。というのはロレンスの作品だけをとりだして眺めた場合には、それが「男たちの世界」による説明を要求しているとは見えないからである。さらにクラーゲスとシューラーの背後にはミュンヘン－シュヴァービングがあり、それはイギリスに舞台を移したときには何も対応するものがない、一種の母権中心的思想の焦点ともいうべきだからである。そこからわれわれは、ヴェーバーとの対照におけるよりもさらに詳しい背景を、ロレンスのために描きだすことができるわけである。

その一方で、ロレンスと、彼と対応関係がつくられるシュヴァービングの住人たちとのあいだに見られるさまざまな相違もまた重要である。たとえば、ロレンスはけっしてシュヴァービングに住もうとは考えなかった。彼とフリーダはシュヴァービングの外にある村の、イルシェンハウゼンに滞在していた。さらにクラーゲスもシューラーも大いなる母《マグナ・マーテル》の関係に入ったことはまったくない。シュテファン・ゲオルゲも、ヴォルフスケールもそうである。それどころかシューラーもゲオルゲも、どの女性ともエロス的関係を試みたことはなかったようである。シューラーの想像力はドゥーゼ型女性であるオーストリアのエリザベートによって刺激されていたのである。さらにクラーゲスの思想は、ファニー・ツー・レーヴェントローとの関係に失敗して以来、著しい硬化ないし男性化をとげたということがある。イデオロギーそのものは母権中心的であったが、彼の体系性、その精神は父権的になっていた。明らかにその結果として、クラーゲスの政治的な立場は――たとえば反ユダヤ主義についてなど――ロレンスがとったよりもずっと悪意に満ちたものとなった。このように、常のことではあるが、相似性の原理はまた相違性をも含むのである。

オットー・グロスにたいするわれわれの関心を規定しているのは、対照性でも相似性でもない。それはまた、今日のすぐれた思想や人物を彼が予告しているからという点が主なのでもない。われわれがロレンスおよびヴェーバーの両方とオットーとを関連づけるのは、彼ら二人が選んだ選択に挑戦するもう一つの、鮮やかな人生のあり方ないし悲劇的な運命をオットーが代表しているからにほかならない。すべての連関は文脈であるから、それはふたたび彼と二人とが互いに創りあう文脈でもあるが、これはヴェーバーとロレンスのあいだにはたらく多面的な対等の対照というよりは、いわば挑戦の文脈である。

ハンス・グロスという人物はビスマルクといっしょになって、ドイツ父権制のもっとも強力な表示、軍神の僕の観念を提供する。それは十九世紀末、思想の父権的現実主義と行動の支配が世界全体に広がり、教育ある人々の想像全体に広がっていった新しいあり方のすべてを象徴するものである。父親のグロスの仕事の余波とその文化的意義の余波は、今日では警察‐探偵小説の一般読者にまで達している。たとえばジョルジュ・シムノンのメグレ探偵は犯人逮捕の仕事にあたり、グロスの『犯罪調査』を権威あるものとして参照している。そしてメグレ探偵はあらゆる点で父権的な生存様態の小さな象徴なのである。H・R・F・キーティングが描くインド人の探偵、ゴート警部もグロスの『犯罪調査』を権威あるものとして、いや、権威そのものとして参照している。後者の場合、著作はこのインド人が目標としながらも自分で達成できない西欧文明の全体系を象徴しているのにたいし、メグレにはグロスにたいする違和感がなく、自分がもう一人のグロスになっている。キーティングの神話の中では、非父権的文化が父権的なものの象徴の前に屈し、それを模倣《まね》ようとしているのがみられる。シムノンの神話において、われわれはその同じ象徴にほとんど郷愁を覚える。というのは、西欧は父権的原理を自明のこととしており、あるいはそれに反抗するにしても気まぐれにしかしないからである。両方の作品にヨーロッパ文化の構造の中でのグロスの位置づけを見ることができ、その拡大の結果として他の文化にごうごうとおしよせる波の音が聞こえるのである。警察‐探偵小説は、ジャンルとして父権的である。

ハンス・グロスの息子のうちに認められるのは、こうした価値にたいする極端な反動である。オットーの生涯の中で、この抽象的概念の意味が具体的なかたちをとっている。つまり、父権中心主義が極端になると、息子が父親によって牢獄に入れられ、正式に狂気と宣言されたり、子供が自分と子供たちの母親からひきはなされて、自分の父親の子供にされるというようなことが起こる。これほどはっきりしたかたちではないが、しかし重要な意味で、この観念はヴェーバーにも、またロレンスにもあてはまるのである。マックス・ヴェーバーの生涯にはオットーのような事件はなかったし、また人物としての重要性がぜんぜん違っていた。そのことは大切である。しかしながら、オットー・グロスの神話ほど中心的でドラマチックではないにしても、ヴェーバーの神話が、彼の人生感覚が、そうした葛藤と選択と事件とを重要なかたちで示している。D・H・ロレンスについても同様である。彼は十分「反父権的」であった。しかしその「反父権的」の意味を探るには、彼をドイツと帝国主義的拡大の文脈から眺めることが必要である。

われわれの時間的射程を一八七〇年から一九七〇年の一世紀にひきのばしてみると、われわれの主要人物とその作品とを別の問題に関連させて眺めてみることができる。このより大きな文脈では、たとえば反ユダヤ主義とナチズムの両方を考慮に入れなければならない。ロレンスもヴェーバーも、場合によっては個人を人種的観念から考える用意があり、それはだいたいにおいて他の人種よりもユダヤ人を好む結果になったが、ときには、そしてある特徴については、彼らはユダヤ人を嫌った。ヴェーバーの場合、ユダヤ人を好み、尊敬する傾向が強かった。ロレンスの場合は、彼の公式の意見、ないし「ユダヤ人」という用語の使い方について言えば、反ユダヤ主義と呼んでもよいくらいである。しかしながらコテリアンスキーのような人物との関係を調べてみると、思想としても感情としても些細なこうした発言が、ロレンスのうちの何か熱情的なものを表わしているとは思えない。むしろ反ユダヤ主義は彼の母権中心主義の副産物である。ロレンスはユダヤ人のうちに、クラーゲスがロレンスの中に見いだしたものを見た。それは都会の精神であり、根なし草の、亀裂の入った、そして亀裂を入れる、内的な懐疑で、それが高度に知的なレベルで表現されたケースがフロイト、マルクス、アインシュタインである（いかにも奇妙なことであるが、ロレンスとクラーゲスがユダヤ人について嫌悪したものは、プロイセン生まれのマックス・ヴェーバーにも認められたはずである）。十九世紀の末、〈制度〉が人の生活のより大きな部分を支配するにつれ、また制度が「本能的」「有機的」部分を占領してゆくにつれて、多くの思想家にとって、ユダヤ人は父権的精神の使者と映り、いたるところにあらわれて、蟻のように地上をせかせか歩きまわり、金融資本主義の中で大儲けをし、また物理学、精神分析、経済学、社会学といった「ユダヤ人の学問」を用いて世界を知的に支配しているように見えたのであった（エドガー・ヤッフェがこのような考えを例示し、確認しているように見えた人物の一人であることはまちがいない）。

もちろんカンガルーという人物は少し違ったものを代表している。しかしカンガルーの思想はこの「ユダヤ的なもの」の主意主義的な裏がえしである。彼はすべての人とすべての人に愛を捧げるが、それは意志的な愛であって、自然界の動物や植物、あるいは彼自身の本能に根ざすものでもなければ、個人的なエロスの習慣に根ざす愛でもなく、また一方、彼が反発している批判的懐疑に根ざすものでもなかった。カンガルーには根がなく、そのゆえに、フロイトやマルクスやアインシュタインと同じほどに「ユダヤ的」であった。

ユダヤ的なるものについてのクラーゲスの観念は粗雑なもので、一九四〇年になっても、十九世紀の隠れた歴史はユダヤの陰謀であり、二十世紀のユダヤ人は第一次世界大戦の黒幕であり、ロシア革命の雇い人であると言ってはばからぬほどであった。もちろん、彼にしてもすべてのユダヤ人がユダヤ的性格を有するとは思っていないし、またユダヤ人だけがユダヤ的性格をもつわけではない、と認めている。しかし、ユダヤ人はその根《ルーツ》をもたないゆえに自分自身の感情をもたないあやつり人形《ゴーレム》である（彼がこう言うのはヴォルフスケールについて、彼がシューラーのいろいろな思想をゲオルゲに伝え、ゲオルゲがそれを文学に用いて陳腐なものにしてしまったのだと主張する議論の中でのことである）。こうしてもともと世界を救済するはずだった母権中心的な思想が、ユダヤ人と文人たちが介入してきたために本来の目的を果たせなくなってしまったのだ、と。これは明白な反ユダヤ主義である。シューラーは古代ローマについて講義した中で、ネロの生涯を反ユダヤ的神話につくりかえ、そこでセム人たちが、ストア派やキリスト教徒とともに、進化の中で父権的な精神を代表するものとしている。ネロは、ちょうどシューラー自身がそうであったように、母親の子供であった。そしてネロはシューラーの英雄の一人であった。ではなぜネロが母親殺し、兄弟殺しを遂行することになったのか？　責任は部分的には、ユダヤ的だった母親ポッペアにある、とシューラーは説明する。そしてもっと多くの責任は、ネロの家庭教師でストア派の学者だったセネカにある、と。セネカは倫理的観点から母と息子をひきはなし、二人のあいだの自然の絆を枯渇させてしまった。いわば「進化の中枢（Zentrale von Evolution）」がネロに殺人を犯させ、またキリスト教徒の迫害を命じたのであるが、この迫害が長い目でみるとキリスト教を助けることになった。殉教で流した血が、生を憎悪するキリスト教会の毒の木の種を育てる肥料となったのである、と。シューラーはふたたび、三人の女たちが英雄の死に涙を流すという、キリストの死の倒立像としてネロの死を記述している。まさに鏡の中のように、この悲劇にはキリストの物語の価値が倒立して映しだされているのである。

　この例からも明白なように、この種の反ユダヤ主義はまるでキリスト教的ではなかった。実のところ反《アンチ》キリスト教的であり、西洋の倫理的伝統全体に敵対するものであった。聞くところによると（ウィリー・ハース、ハンス・ベーリンガー）、ヒトラーは一九二一年にミュンヘンでシューラーの講義を聞き、またシューラーの直接の伝授をうけたグループの一人だったということである。噂の真偽はともかく、ミュンヘン－シュヴァービングは、地理的にも知的にもナチズムの発祥地であることは明らかである。ヒトラー、ヘス、レーム、ローゼンベルクはみなシュヴァービングに住み、すでに述べたような非合理主義がその場所で、彼らの展開したイデオロギーにふさわしい空気と滋養とを提供した。ナチス主義者も独自のやり方で反アポロン的であり、反父権的党派であった。モーリッツ・ユリウス・ボンはナチスの反プロイセン的な性格、つまり、反父権的な性格を示す一つの物語を提供している。一九三三年、彼がドイツを去る直前に、彼はヒトラーおよびゲッベルスと並んで観兵台に立った。申し分のないプロイセン軍の行進《ゲンゼシュリット》の最後部が消えてしまうと、今度はナチスの茶シャツ党員があらわれたが、プロイセン軍と対照的にいかにもがに股でどやどや歩いているという感じで、それが新しい時代の到来と感じられたのである。新しい精神が指導権を握ったのだ。ドイツ的性格のうちの異なった要素が覇権を握ったのだ。ディオニュソスの前にアポロンが没落した、ドイツのより父権的な性格のあらわれ、すなわちその学問、その官僚制、その軍隊がいまや反父権的な秘儀をおこなう者たちの手の中の道具と化した。それこそまさにマックス・ヴェーバーがしばしば警告を発した当のものである。

一九三一年に出版されたすぐれた著作がある。それはゲオルク・フーフの『ミュンヘンにおける疾風怒濤』で、シューラーとクラーゲスのシュヴァービングをドイツのナチスによる再生の源として描いたものである。シュヴァービングで秘密のドイツがはじめて公式のドイツに反抗したのだった。フーフはまず、一八九二年のシュヴァービングで青年《ユーゲント》がビスマルクにたんなる敬礼をささげたことと一九三一年のヒトラー崇拝とを比較することからはじめている。基本となっている神話の筋書きは、ビスマルクのドイツがヴィルヘルム二世によって裏切られ、軍隊の敗退ののちユダヤ的堕落に陥り（それはフランク・ヴェーデキントに象徴されている）、ついにビスマルクの真の後継者がアドルフ・ヒトラーその人になって出現した、というものである。ユダヤ的堕落はその本性からして凡庸な自由主義的・ブルジョア的慣習主義と結びつくと彼はみなしている。というのは、ヒトラーはその両者に反抗した青年《ユーゲント》運動の後継者であるというのが彼の主張だからである。「疾風怒濤《シュトルム・ウント・ドラング》」という用語を使うことで、フーフはクラーゲス、シューラー、ゲオルゲ、「宇宙サークル」を、一七九〇年代のゲーテとその友人たちと並べて考えているのである。彼らにとってのルソーはこちらにとってのニーチェであり、あるいはむしろバハオーフェンであった。彼らはバハオーフェンから「不吉な運命を負わない人類の新しい子孫こそが支配すべき、そして堕落してしまった人間にたいし至高の無道徳の栄光のうちに勝ちほこる人間が支配すべき」一つの世界を信じていたからである。ファニー・ツー・レーヴェントローはとっておきの「ナチスの母」で、フーフのこの本の女主人公であり、一方その敵は官僚化したソヴェート・ロシアという機械国家であった。このようにして「母権」についての血の知識がヒトラーによって政治的に実行に移され、彼こそがドイツを、枯渇した中産階級の合理主義者（たとえば、マックス・ヴェーバーと言おうか）によって管理される運命から救いつつあったのである。

一八九〇年のユリウス・ラングベーンの『教育者レンブラント』は当時きわめて人気の高かった本であるが、それはドイツの運命についてフーフが書いたのと同じ選択肢を用い、同じ歴史的弁証法を用いて描いたものである。大ざっぱに言えば国家主義的であったのだが、ラングベーンはベルリンが「威容」に欠け、「下士官的《ウンターオフィツィエリッシュ》」であると言って軽蔑していた。彼は内側からの大ドイツの新生を呼びかけ、機械と産業化に反抗して、芸術による新生を呼びかけた。彼は非合理主義（「レンブラント的薄暗がり」）を信奉し、また非合理主義と直観の巨人‐英雄であるビスマルクを崇拝した。ラングベーンの歴史的な枠組みではビスマルクはルターと組み、合理主義者エラスムスとビスマルクの批判者である、憎むべきモムゼンに対置されている。ラングベーンはとくに芸術家たちに向かって語った。彼はまたふるさと民芸運動――健康な芸術は土に魂をもつと信ずる人々――や、クララ・リルケも属していたヴォルプスヴェーデ芸術村運動を通して、シュヴァービングにも影響を及ぼした（クララとライナー・マリア・リルケはともにシュヴァービングに住んでおり、彼の『オルフォイスへのソネット』の神話は多くシューラーによるとされている）。ラングベーンのした新しいドイツの再生への呼びかけは、シュヴァービングに応答を見いだし、生涯シュヴァービングで過ごしたフーフはナチズムこそ自分の政治的代表者であると、一九三一年まで考えていた。

　これらすべてがD・H・ロレンスから遠いものであった。しかし、テキサスにあるフリーダ・ロレンスの未公開の論文には『わが闘争』についての論文のためのメモがある。これらの下書きには日付がないが、本書は「数年前に」出版されたがだれも気がつかなかったのだという彼女のことばから、だいたいの年がわかる。そして、彼女はこの本が多くの人々に新しい生命への推進力を与え、よく書けている、と言っている。いくつか引用をし、そしてそのまま中断しているが――彼女の書類の中にはこうした未完の論文の下書きがいくつかある――明らかに彼女はこの本を推薦し弁護しようとしている。フリーダはもちろん政治についてはロレンス以上に無知《ナイーヴ》であり、彼よりもずっとナチス的ではなかった。にもかかわらず彼女が『わが闘争』を好んだのは驚くに当たらない。もしレーニンによるこのような本を好んだのであれば、それこそ意外である。思うにマックス・ヴェーバーなら、フリーダの論文も、『翼ある蛇』も、ともに現実的な政治的危険性を表わしていると言ったことであろう。描写としては政治的にも芸術的にも些細であるが。もちろん、ヴェーバーの敵に言わせれば、ヒトラーを「招来」したのはヴェーバーである。彼がカリスマ的指導者を要求し、民主主義的政治の氾濫を軽蔑したのだから、と言うであろう。たしかに、ヴェーバーの表向きの枠組みの中に響く真の声を聞いた者ならばだれしも、彼がナチス的なことなどまったく意図していないことを知っている。しかし、第二次世界大戦のさまざまな出来事とナチス帝国の事件は、人々の胸の中ではロレンスとも、ヴェーバーとも、そしてオットー・グロスとも共鳴するように聞こえるのである。

しかしながら、ドイツの反ユダヤ主義の神話がけっして母権中心主義者の所産に限られるわけではないことを忘れてはならない。それはまた父権中心的精神のなしたことでもあったのである。ただし、彼らにとってユダヤ人とは、一見母権中心主義者たちとは逆の性格をもち、モダニズムの芸術と同一視されていた。ユダヤ人についてのこのような性格づけは、クラーゲスやロレンスがユダヤ人を「非創造的」とか「非エロス的」とか呼んだかぎりにおいて、母権中心的発想と矛盾している。しかし、こうした対立そのものはそれほど重要ではない、というのはモダニズム芸術では芸術家たちの多くの作品は生命を維持してゆくという素朴な信念にたいする攻撃にほかならないので、彼らは創造的であるのと同じほどに分析的であり、むしろ懐疑的、「破壊的」とすら言いうるのである。この種のモダニズムはとくに結婚というような社会的制度にたいする信念を破壊するものであって、ある種の破壊性をもった諷刺が——とくにロレンスによって——ユダヤ人と結びつけられていた。アルマ・マーラーの生涯に、グロピウスのプロイセン的率直さよりもヴェルフェルのユダヤ的懐疑のほうがずっと多くのものを提供したことを、われわれはすでに見ている。分析的とも総合的とも言え、感傷的でもあり皮肉でもあるヴェルフェルの芸術作品が、彼女にとって彼の魅力の大半であった。もちろん、ロレンス自身も結婚について、自然について、そして自分の熱狂そのものについて、すぐれた諷刺的攻撃文を書いた。しかし、全体として言えば彼の作品の多くは攻撃ではなくて「肯定」であり、その意味では「土に根をおろして」いたことから、モダニストの作家たちの中での彼の位置づけを特異なものにしている。彼がそのような特性を身につけたのがフリーダとの関係のおかげであることは、十分根拠をもって主張できるであろう。というのは、仮に肯定的であるという点では必ずしも彼が特異とは言えないとしても——モダニストの中にはディオニュソス-アフロディテ的肯定がみられることは確かである——情熱的知識人の中で、彼のようなデメテール的肯定者を見いだすことは難しい(もっと低いレベルの知識人の中には探すことは容易である)。だからこそ、F・R・リーヴィスの価値基準の中でロレンスがあのような重要性をもちえたのである。

ユダヤ人作家の中にそのような肯定的態度を見いだすこともちろん可能である。しかしながら、反ユダヤ主義のこの特殊な意味において、ロレンスは反ユダヤ的作家であった。というのは彼は「ユダヤ的な」分析的-批判的-感傷的知性の対極を行こうとしていたからである。そして彼はたしかに人種差別的考え方をしており、もっとも残酷な政治を容認している。こうした問題に関連してのロレンスには少し用心しなければならない。

最後に、ロレンスが関係していたシュヴァービングのグループは、バハオーフェンの文化人類学の枠組みの中で理解されなければならない。そのような理解はもっとも深い意味において想像的知識なのである。バハオーフェン自身が述べているように、批判的・歴史的方法は、最大の事柄をわれわれに理解させてくれない。「古代の魂の健全さをとり戻すことによってのみ、古代を理解することができる」のだ。マックス・ヴェーバーですら、想像力による知識の様態というものがあることに反対はしないであろう。ただ彼は、それが科学的な知識の様態と区別されるべきである、とつけ加えるであろう。ヴェーバー自身はその区別をもとに、「公的な」知的生活の中心から想像力を駆逐する権利と必要をひきだしたわけであったが、しかしながら今日のわれわれからみると、その必要と権利とは、むしろ彼自身のディレンマの感情に由来しているように見える。彼は自分の自己疎外を自ら磔刑に処さねばならなかったのであり、それを「正当化」したのは次のような信条である。すなわち真の知識の規準で判断すると、想像的あるいは感情的に重大なものはかつて知られたことがなく、知られることがない。それはつねに部分的にはわれわれの幻想の所産であり、われわれは永久に幻滅しなければならない。われわれすべてが、ある程度まではそのような自己規制を実践し、あるいは生きのびなければならないのであって、ヴェーバーの誇り高い自己磔刑は非常に感動的であり、高貴である。しかし、そこにはロレンスの意識的な自発的怒りとか、予言者的ポーズとかがもっていたような、人に自分の模倣を強いる力はなかった。われわれは、望むならばこの二人を自分たちのやり方で――想像的なやり方で――理解してよいのであり、実際それは可能なのである。

世界をバハオーフェンの用語で理解することは、二つの異なった種類の革命性を区別するうえで、今日とくに有用である。父権的な革命性の典型は厳格に組織された共産党細胞であり、そのような細胞からボリシェヴィキ党が育ったことについてはドリス・レッシングの著作に記述がある。これはマックス・ヴェーバーの知的世界に相当する組織的体系である。今日の革命家たちはあらゆる種類の制度にたいして、少なくともあらゆる種類の大規模な制度にたいして反抗している。彼らは生命を根もとの土から再生し、その個人的関係から更新しようとする。しかしこの公式はヘタエラ的およびデメテール的母権中心社会の両方にあてはまり、今日の革命的運動がこの公式の二つの異なった解釈のどちらをとるかによってどのように分割されるかは興味深いところである。そしてまた、どうしてこの二つの領域が互いに相容れないか、という点も考慮に値する。もっとも派手な種類の革命家たちは明らかにヘタエラ的解釈にしたがい、また同性愛解放、女性解放グループのメンバーもこれに含まれる。われわれの観点からすると、彼らはオットー・グロスの信奉者である。しかしまた、別の革命家は隠居制の新しい「家族」生活、あるいは共同体レベルでの家族生活を信奉する。それがロレンスのデメテール信奉者たちなのである。

　両者はともに大学や、また都市の市街で目立った人々である。オットーの信奉者たちはもっと野性的タイプで、言うことも明確でない者、麻薬常用者、だらしない格好をした髪もとかさぬ「危険人物」で、もっとも解放的な社会の規準で測ったとしても、他人にとっても彼ら自身にとっても「危険」である。オットーの信奉者たちがオットーに似ていたほどに、ロレンスの信奉者たちがロレンスに似ている場合もあったが、むしろロレンスが教化のために構成したイメージのほうに似ている傾向があった。たとえば、晩年に書いた記事の中で彼は、もし、ほんの十二人ほどの若い男がピカデリー通りを真っ赤な細身のズボンで歩くだけでも、世の中はどんなに変わっていただろう、と言っている。そして、それが実現したのである。そのような「ハプニング」が習慣になった。そしてまた「死んだ男」でロレンスが示唆したエロス的なキリスト像が、あらゆる大学の構内の芝生に立てられている。黒い瞳をした顔には高貴な純粋さと威厳があふれ、十九世紀のイコンからとった、香水をふった茶色の巻き毛をしながらも、その下には豊かに成熟した褐色の身体が、世界に向かって、この顔の輝く聖なる庭に向かって提供されている。このような像がたんに見いだされるというのみならず、積極的に自己主張をしている。他の何ものにも優って像は構内を支配し、性格づけており、芝生や玄関を自分の舞台にしている。オットーもロレンツォも言うべきことを言った。彼らが望んだものは、社会的実践についてそれにふさわしい規準を呼びおこすことだったという点で、マックス・ヴェーバーが要求したものと同じほどに実現したのである。

　父権的宗教の内部で、バハオーフェンは太陽の子供的、ディオニュソス的、アポロン的という三段階を分けた。クラーゲスやシューラーが望みを託したのは、このうちの第一の段階で、彼らの夢は青年《ユーゲント》運動《ベヴェーグンク》に実現したと言ってよいだろう。太陽の子供とは、彼らにとって本質的に男性的であり、自己愛的で、カストールとポリュデウケースが一体になったものであり、ゲオルゲのマルクス主義がその一例である。しかし思想そのものは必ずしも縁起の悪いものではない。今日これに相当するのは中産階級および学界の輝かしい子供たちで、たしかに父権中心的な社会の賜物を身いっぱい受けながら、自分自身の美しさと無邪気さとに輝き、ウッドストックめざして何千、何十万と隊をなしてゆくのが見られた、あの子供たちである。彼らが世界に提供しうるものは何か――あのヒッピーのスペクタクル以外には、今のところよくわからない。われわれの登場人物でいえば「太陽の子供」と言えるのはフリーダとファニーだけであろう。彼女たちは輝く無邪気さという天分をもち、毎日、自己の内部から生命を再創造することができたのである。しかし、フリーダが世界にたいして何らかの意味を伝えたのはひとえにロレンスを通してであり、つまり異なった存在様態を通してのみ可能であった。実際、バハオーフェンは、輝ける息子、太陽の子供は人間を物質の暗やみから光の中へ救いだすことを約束するのだが、彼自身はまだ母親に支配されている、と言っている。彼は父親を知らず父権的原理をもたない。真の救いはディオニュソスの段階に、太陽が天頂に来たときにのみ起こるのである。

アポロンの主たる敵対者であるディオニュソスが、そのような多くの光とともに連想されるというのは少々不思議である。オットー・グロスが自らを太陽に擬していることを思い起こしてみよう。それは半熱帯的な熱の太陽であり、ロレンスが言う天の黄金の獅子でありシューラーのオンファロスであって、その圧倒的な炎があらゆる人間の精神の中にある文明の絆と障害を溶かしつくし、原始的な存在へと戻してゆく。ディオニュソス的段階は近代生活の中で十分目立っており、たとえばウッドストックのような出来事での、舞台芸術や音楽的な側面に見いだされる。バハオーフェンが指摘しているように、この段階はヘタエラ的な段階の母権制にきわめて密接に結びつき、そしてしばしば人をあのようなタイプの原始主義へと導いてゆきもする（彼によると、そのような回帰現象はアジアやアフリカの文化全体に起こったという）。バハオーフェンにとって、ディオニュソスは本質的に女の神であるが、しかしデメテール的母権制の敵である。ディオニュソスは結婚には反対であり、子供が結婚の目的であり正当化であるというかぎりでは子供にも反対である。ディオニュソスは農業にすら敵対する。その人生は恍惚にある。アルゴスでは、アフロディテの主たる祭りはヒステリアと呼ばれた。そのときに犠牲にささげられたのが雌豚だったからである。アルゴスではまた、すべての人がなかば正気を失う、野放しの祭りがあり、アフロディテの祭司たちはしばしば同性愛者、または宦官であった。レースはテッサリアでのそうした祭りの中で殺されたのであって、祭りはしばしば暴力と結びついている。神話によると、理性的な王ペレウスが批判的に観察するつもりである祭りをのぞいたが、あまりに興奮して自分で衣装をつけてしまい、同じく没我状態になった母親が、彼をライオンと思い込んでずたずたに引き裂いてしまったという。

アポロン的段階はすでにハイデルベルクに重ねて論じたとおりである。マックス・ヴェーバーおよびシュテファン・ゲオルゲの履歴にその輝かしい業績を読むと、それを獲得するのにいかなる努力が払われたかを理解することができる。現況ではアポロンを選択することは何の面白みもなく、劇的でもなくなり、既成のもの、変わりばえのしない選択肢とされているだけに、こうした人物を研究してみる収穫は大きい。彼らの悲壮感、彼らの禁欲的自己疎外、そしてヴィルヘルム二世とヒトラーのもとでのドイツ軍とドイツ官僚制の完全な機能性にみられる制度上の対応物はすべて明白である。しかしながら実はマックス・ヴェーバーがこれらを分析した最大の人間であったのか、そこから帰結してくる災難の預言者であったのか、そして自分の生涯にその災難を生きたのかどうかは、必ずしも自明ではなく、注意深く反省してみなければならない。今日強調を要するのはアポロン的秩序の脆弱さである。父権的世界の安定性が若い人々の目には透明で見えなくなってくるときには、ふたたび彼らにとって価値あるものとして生きかえってくることになろう。

バハオーフェンは人間精神にたいするアポロンの支配の脆弱さに敏感であった。アポロンは女との絆から自由であり、その家系ないし相続は精神的であり、養子縁組的で、そのゆえに彼は死を免れている、と彼は述べる。しかし歴史によれば、人類がアポロンの支配を知るようになったのはローマ帝国と法律、父権的世界とその制度を通してであった。アポロンが手助けなしにディオニュソスと衝突すれば、ディオニュソスが勝利を占める。アポロンはアレスを含む他のオリュンポスの神の助けを必要とする。プトレマイオス王朝の礼拝対象となったのはディオニュソスであった。プトレマイオス朝はアレクサンドロス大王の子供たちであり、アポロンの秩序にもとづく彼の世界の相続人であった。しかしアレクサンドロスはたんに太陽の子供であり、したがってまだ完全には父権的人物ではなかった。そして天頂にのぼった太陽は彼の相続人の合理的信念を溶解させてしまったのである。ヘレニズムのエジプトにおいて、彼らの手の中でギリシアのアポロン的文化はディオニュソス的贅沢と乱舞に屈服したのである。ただローマだけが確固として残ったが、それは体系的なローマ法と厳格なローマの軍隊の力によるものである。そしてこれによってはじめてオクタヴィアヌスがクレオパトラを倒し、アポロンの王国を確立した。これらは父権制の三段階の歴史的場面をうまく表わしている。この枠組みによれば、マックス・ヴェーバーはローマの生まれかわりであり、アポロンの息子であって、兄弟たちをアレスの信奉者と連盟させ、その管理のもとにひきもどそうとしたが、自分の親友たちがディオニュソスの誘惑に負けた結果、父権的秩序全体が破壊していった、ということになる。

何よりもバハオーフェンの枠組みそのものが研究するに値する。彼の著作やクラーゲスの著作が英語圏の読者にほとんど読まれていなかったのには驚くべきものがある。一九六七年に出版されたバハオーフェンのボリンゲン・シリーズの一巻は、彼のほとんど唯一の英語の本であるが、そこでは彼が一九二〇年代に、ミュンヘンのシュテファン・ゲオルゲをとりまく若い人々のグループに再発見されたと書かれている。学問的な著作で一つの文章の中にこれほど多くの誤りが集中しているのを見ることはめったにない。そしてそこには、学者たちがいかにクラーゲスその他について知らなかったかが示されている。私自身クラーゲスとバハオーフェンについてはかじった程度にすぎないが、それでもそれ以前の知識について全体像を得るには十分だったと思っている。*

ここで想像的連関の肯定的原理から目を転じ、これと相補的関係にある想像的適性の否定的原理に向かってみよう。否定的原理の著しい適用として、リヒトホーフェン姉妹の三人目、ヨハンナの不在に気がつくであろう。彼女を対等に扱おうとすれば当然必要であった大量の資料は、大切な連関をつける障害になると私は判断した。最大の問題は、フリーダとエルゼの対照をぼかしてしまう点である。しかし、私は想像的文脈を否定的に適用したからといって自分が責められるとは思っていない。人はむしろこう尋ねるであろう。いったいどのような意味において、こうした積極的な連関が、評価上あるいは解釈上ロレンスの作品に光をあてるだろうか？　と。私はエピローグの前半でこの問題に限って答えようとしたつもりであるが、もっと一般的に言えば、こうした強調点のもつ意味合いからすると、ロレンスの作品を研究することは今日ロレンスに接近するもっとも実り多い方法ではない、ということである。われわれは自らの精神をロレンスという現象

＊　ここで私は、ここに述べたような思想と、『光の都市と朝の子供たち』の中で用いた他のファウスト的、エラスムス的、カルヴァン的用語とのあいだのつながりについて、一言述べておくべきかもしれない。私の現在用いている術語も同種の現実を記述している――つまり、それとしては気質上の型であるがイデオロギー的理想になりうるし、そのゆえに自己形成の目標となるものである。この二組の術語は相互に敵対する。組としてそれぞれが一連の鎖をなし、すべての可能性をカバーし、そしてすべての種類の現象が、もとの三つの型の下位分類型ないし結合型となるからである。それにもかかわらずこの二組は対にして用いられるべきである。マックス・ヴェーバーはアポロン的でファウスト的、D・H・ロレンスはデメテール的でファウスト的である。次に述べるように、エドワード・カーペンターはイデオロギー的にはデメテール的であるが、気質はエラスムス的である。この二組の用語は異なった視点からみたときの二つの山の側面が異なっているように、それぞれ異なっていると考えられる。

全体、その業績、人格、思想、技術とともに遊ばせ、それぞれを異なったほうに結びつけてみることが必要である。このような遊びと戯れを通してのみ、われわれはロレンスについての、真の真剣さをわれわれの中に発見することができるのである。昔の真剣さ、厳密な精読にともなう真剣さでは自分たち自身にも、彼の中へも、より深く入ってゆくことができない（ヴェーバーの場合については、彼の著作に関して自分が新しい光を投げかけたという主張をするつもりはまったくない。私の彼についての理解は大学生程度以上ではない。否むしろ、その新しい光を証明したとは主張していない。ただ、私はたしかに自分のたてた文脈でヴェーバーをみることが彼の知的人格の新しい側面を照らしだすと信じて疑わないし、このようにすれば特定の問題について彼が述べたことをよりよく理解することにつながるとは信じている）。

　このような全的現象との精神の戯れは、恣意的な時間の無駄と見えることも多いであろうし、もしそれが「関連性《レレヴァンス》」という規準によって制御されていなければ、きっと恣意的になるであろう。たとえば個々の芸術作品を解釈するにあたって、私は「クララ」や「メアリ」の背後にエルゼ・ヤッフェを思い起こすように、「エセル・ケイン」の背後にメイベル・ルーハンを、「姫君」の背後にマリアンネ・ヴェーバーを思うようにと示唆してきた。ジェラルドが命を絶ったあの氷のような、抽象的なアルプスの背後に、ヴェーバーの社会学を考えるようにと示唆した。ロレンスが象徴としてのアルプスに固執していたちょうどそのころ、スイスで一般相対性理論を考えていたアインシュタインを思うこともたしかに関連がなくはないが、それほどあるわけではない。そして、たとえばカルヴァンの神学を思い出すことは関係ないであろう。そのような連関はつけてみるだけの価値がない。

　主張できるのはおそらくここまでであろう。想像的妥当性は合理的規準を用いて機能するが、しかし多くの基準のあいだをジグザグに考慮してすすみ、事例の一つ一つに応じてきわめて異なった経過をたどるため、一つ一つの決定は予測不可能、反復不可能であって、ごくゆるい意味で「直観的」となる。「批判的関連性」と同様、他のこうした原理の多くがそうであるように、この原理の働きは事実の後から合理化されるものであるが、しかしそれは、ごく知られたカテゴリーの内部の瑣事を除いては将来の決定が見透しできないようなかたちでのみ可能である。それは実践上の原理であり、実践されることによってのみ習熟できるような種類の技術である。

　想像的知識についての私の考えのまとめとして、私がこの本の中で話したすべての事柄を、三人の象徴的人物を通して知っていただきたいと思う。その一人はヴェーバーで、しっかりとした上質の黒ラシャに糊のきいた襟で身を包み、演壇からおおぜい人の集まった代表大会会場を見下ろしている。その二はロレンスで、だぶっとした麻のジャケットを着て、庭に穴を掘り、シャベルを慣れた手つきでさしこみ、器用に身をかがめて若い苗を植えている。三人目はグロスで、コーヒーのテーブルから跳びあがって友を迎え、彼ないし彼女を脇に座らせ、問いかけるような、よくわかっている、というような顔つきでじっと友の顔を見つめている。それはまたぼさぼさの髪をして、歯が二、三本欠け、皮膚には血のしみや針の傷が見え、午前二時に街のカフェで、たばこの煙と国際紙に埋もれたグロスでもある。ロレンスはすばしこく、集中力に優れ、鳥のように軽快で、自分とロッキー山脈とのあいだにある陽のあたる大空間の沈黙のうちに自足している。ヴェーバーは、身だしなみはあくまで己れに厳しく、正しく、話は残酷なまでにカリスマ的で、他の演説者の感傷的な愚かさや、修辞にひきずられた曖昧さの中で一人際立っている。この三人の象徴的人物を通してわれわれはこうした著作やイデオロギーや政策を——そしてわれわれ自身をも——知ることができるのである。

二、三の挑戦

結びにあたって、私のとった方法をより正統的なロレンス研究の方法と対照させ、次に私の方法がもっとも危険になる場合を挙げてみることにしよう。『D・H・ロレンスとエドワード・カーペンター』の中で、エミル・ドラヴネはこの二人の人間の思想のあいだに著しい類似点があることを示した。そして私は彼のあげる厖大な量の証左から、少なくともロレンスがこうした思想に、まずカーペンターの著作を通じて出会ったであろうと得心させられた。出会ったであろうという意味は、この種の説は完全に証明することはできないからである。そこでは人間の情報や伝達の多様さと多義性が多すぎるからである。そしてわれわれが、ロレンスがこうした思想をウィリー・ホプキンから聞いたと仮に知っているとして（だが、たしかに知っているとは言えない）、またホプキンがカーペンターのものをずっと読んでいたとして、それで何が証明されるだろうか。ロレンスはあるいはこの思想に、記録のない、だれも知らない方法で出会ったかもしれない。たとえば当時ぜんぜん違った、人に知られていないものを読んでいたミリアムから聞き、もしかしたら彼女は誤解していたかもしれず、またほんとうに彼女が読んだかどうか確かめる術もない。さらにそのような証左がごくふつうの人間の思想を「説明するもの」とは、われわれは通常考えないし、ましてやロレンスのような融通無礙の精神に、そのような「説明」づけは事実上不可能である。彼がカーペンターの著作を通してこうした思想に出会ったということは、彼がカーペンター

「からその思想を得た」ことにはならない。しかし私は、彼はたぶんカーペンターの本の中でこの思想に出会ったと思うし、それは興味深いことであると考える。そのような思想が、当時イギリスで一般に普及していたこと、つまりロレンスが「平均的」だったと言えるほどには普及していたことは、頭に留めておいたほうがよい。しかしながら、私が「たぶん」をそこに入れるということは、とりもなおさずドラヴネ氏の観点を私が認めることの意義をとり除くことでもある。なぜなら、氏の議論の全エネルギーは、それがロレンスについて重要なことを証明しているということに由来しているのだから。読者はこれにたいしイエスかノーかを答えねばならず、それが重要な態度決定を導く、と彼は感じているようである。ロレンスがカーペンターからその思想を盗んだのか、それとも思想はロレンスの独創《オリジナル》であったのか。しかしこの二者択一はたんに表面的で内実がない。そこで唯一妥当と思われる解答が、「たぶんカーペンターを読んで」となるが、それは何ら重要な決定に導かないのである。カーペンターは思想の普及者であり、たまたまロレンスにとって重要であり、ロレンスがわれわれにとって重要にした、あの「生の哲学」の思想を一般向きに紹介した。しかしカーペンターか、あるいは他のだれかが、はじめにこの思想をロレンスに伝えたかはどうでもよいことである。私の見るところでは、おそらくロレンスの立場からすると、「生の哲学」の擁護者として、その思想の紹介者として、カーペンターは不適任であったと思われる。カーペンターはロレンスがけっしてなりたくないと考えていた種類の人間であり、そうならずにすんだのはフリーダが救ってくれたおかげであった。このことこそ、カーペンターがロレンスにとって基本的に重要な点である。

カーペンターは上流階級に生まれ、神経衰弱に悩む何人かの姉妹があり、一八七〇年、英国国教会の洗礼を受けたが、自ら性的に不適応であることを発見し、やがて神経障害を患った。ホイットマンを読み、一八九三年、イタリアで長い保養をした。つまり、当時上流階級のイギリス人に伝統的となった「原始的異教主義」に浸ったのである。そして帰国してから、自分の同性愛的傾向を受け入れることができるようになった。一八七四年に教会の職を辞し、大学の公開講座で教えはじめた。一八八二年、ダービシャーに別荘を買い、そこに一九二二年まで住んで、文学的‐哲学的‐政治的主題について講義をしたり書いたりした。そのすべては反父権的であった。彼が思想普及の専門家になったのは、彼の気質がそのイデオロギーと違ってエラスムス的であり、無政府主義的‐革命的なところがまったくなかったからである。彼は紳士であり明晰で、正義にみち、公平な精神をもっていた。彼は申し分のない家庭大学文庫の著作家であり、労働者教育協会の講師であった。しかしロレンスがなりたかったのは強い男であり、深い洞察力をもつ、怒り、愛する男であった。『虹』のスタイルは家庭大学文庫と正反対である。「D・H・ロレンス」は「エドワード・カーペンター」の対極に位置しなければならなかった。E・M・フォースターは、カーペンターが彼の温順な同性愛的小説『モーリス』をある意味で支持し、刺激を与えたと述べている。『モーリス』と『虹』との距りが、ドラヴネ氏の議論の見当違いぶりを物語っている。

さらにまた、この事実が私の方法とドラヴネ氏の方法との対立を示してもいる。私のロレンス観では、また私の想像力で言うと、カーペンターがロレンスにとって何か意味があったとすれば――ロレンスが恐れていた、不能者の優雅さ、別荘で、純文学的な哲学三昧にふけるという運命への脅威であり、この二人の男を連言《アンド》でつなぐならそれしか出てこない。一方ドラヴネのロレンス観では、そして彼の学者としての感覚からすると、カーペンターはロレンスの思想の隠れた源泉をなしていた。

もう一点ある。私は「源泉《ソース》」という、あまり重要でない意味において、カーペンターはロレンスがイギリスを出る前に、ロレンスの源泉の一つをなしていたとしてもおかしくないと同意した。しかし一九一三年の作品におけるロレンスの「生の哲学」の再燃が、ドラヴネ氏の示唆しているように、彼がカーペンターを読みなおしたこと、レリツィ書店で古本を見つけたことによるというのは、まずありえないと思われる。一九一三年のそうした思想の源泉は明らかにフリーダである。ロレンスにとってフリーダは思想の源泉として、カーペンターよりもずっと比べようもなく重要であった。フリーダは生きた思想であった。これほどの明々白々たる事実を無視し、一組の概念的言語が別の概念的言語にのみ由来すると考えるなら、学問はもがきながら袋小路に入ってしまう。

ドラヴネ氏の学問はきわめて限られた種類のもので、私が提案するものの他にも、さまざまな別の可能性があると反論する人もあるであろう。そのとおりである。イギリスでロレンスについてなされた批判的な研究は、ずっと広範なものである。ロレンスをイギリスの階級‐文化的地図の中に位置づけ、また彼と同じグループに位置づけられた、教養ある人々に可能であった倫理的‐想像的なさまざまな選択肢を考察できる。にもかかわらず、そのような広範囲な研究も力尽きて、われわれの想像力を刺激してはくれないということは、すでに述べたとおりである。われわれははじめからやり直さなければならない。そして、新たにはじめるためには、このような文学的な研究に関するかぎり、想像力とはいったい何なのか、知識とはいったい何なのかを根本から問い直してみる必要がある。ドラヴネの仕事はロレンス研究という文脈の中にそれ自身の新しい見方を入れたという点で、有用な出発点を提供している。

　私の解釈が危険になりうる場合というのは「牧師の娘たち」の場合、およびメアリ‐と‐マシーの話をエルゼとエドガー・ヤッフェとのつながりにおいて読むことである。危険の生ずる理由は二つの事実からきている。一つはロレンスが「二つの結婚」という物語――おそらくこの短篇の前身と思われるが――を一九一一年、彼がまだフリーダにもエルゼにも会っていないときに書いていること、もう一つは「牧師の娘たち」のもう一つ別の版が「二つの結婚」という題で一九三四年に出版されており、メアリ‐と‐マシーのテーマを扱ったところはほとんど変わっていない、ということである。もし一九一一年版と一九三四年版とが同じであれば、ロレンスはこの話をエルゼ、エドガー両ヤッフェのことを考えずに書いたことになる。

　私自身は、一九三四年版は一九一二年か一三年に書かれたもので、その話の扱いにロレンスはヤッフェ夫妻との新しい経験を織りこんでいる、と仮定したい。しかし私には、この判断をたんなる仮定以上のものにする根拠がない。私はエピローグのはじめで、彼がたしかに彼ら二人のことを考えていたと断定はしなかった。しかし私は自分の方法に従って、読者に、彼がそうであったと想像的に反応してほしいと書いた。弁解するならば、仮にそうでなかったとしてもたいしたことではない。それでも物語と、この二人とのあいだの想像的な繋がりはあくまで価値があると主張できる。われわれがエルゼの結婚をメアリの結婚の記述と並べてみるのは正当である。とりたててこのことでなくとも、その種のことをロレンスは語っていたのであるから。事実の繋がりは弱いかもしれないが、想像的な繋がりは厳然としてある、と。しかしながら、もし私が事実上、伝記的にそのような繋がりがなかったと知っていたならば、読者にそのような想像的の繋がりをつけるようには頼まないであろう。しかし、私は自分の知識を想像力の名において越えてゆく――知識に反してではないが――用意がある。このような原則について、また当該の適用例については、読者の判断を待つしかない。

訳者あとがき

本書は Martin Green, *The von Richthofen Sisters: The Triumphant and the Tragic Modes of Love*, Basic Books 1974; second edition, the University of New Mexico Press 1988 の翻訳である。第二版には著者の新たな序文「姉妹、その十五年後」が付けられ、この訳書も最終的には第二版にもとづいて成った。

著者グリーンは一九二七年にロンドンで生まれ、本書にも登場するF・R・リーヴィスのもとで英文学を学んだ。英文学関係のほかにも、ガンディーやトルストイを扱った著書や冒険小説関係のもの、カウンター・カルチャーに関する本もあり、本書も含めて、正統的な思想史に対する見直しを試みるというのが、著者の基本的かつユニークなポジションであるように思われる。主要な著書は次のとおりである。

Re-Appraisals: Some Commonsense Readings in American Literature 1967
Children of the Sun: A Narrative of 'decadance' in England after 1918 1976
Dreams of Adventure, Deads of Empire 1980
Tolstoy & Gandhi, Man of Peace 1983
The Great American Adventure: Action Stories from Cooper to Mailer & What They Reveal about American Manhood 1984
Mountain of Truth: The Counterculture begins Ascona 1900-1920 1986（『真理の山——アスコーナ対抗文化年代記』進藤英樹訳、平凡社、一九九八）
The Origins of Nonviolence: Tolstoy & Gandhi in Their

Historical Setting 1986
The Robinson Crusoe Story 1990（『ロビンソン・クルーソー物語』岩尾龍太郎訳、みすず書房、一九九三）
Seven Types of Adventure Tale: An Etiology of a Major Genre 1991
Gandhi: Voice of a New Age Revolution 1993
The Adventurous Male: Chapters in the History of the White Male Mind 1993

ここからもわかるように、本書『リヒトホーフェン姉妹』はグリーンの実質的なデビュー作であり、同時に著者のその後の展開や評価から考えても、代表作と言っていいだろう。

マーティン・グリーンの『リヒトホーフェン姉妹』について、またその翻訳について、お話を伺ったのは今は亡き生松敬三先生からであった。いつであったか、おそらくは先生はフロイトの「機知《ヴィッツ》」や「書簡集」などの翻訳をされたあとの、「フロイト後遺症症候群」を示しておられた一連の時期の最後の頃だったと思う。こんどはかなり厚い本で、しかも、女の話、「ふーん、かなりあるけどやるか？」とおっしゃった。私は「恋愛のところだけ面白いからやらせてください。あとの思想史的な意味合いについてのところは、先生やってください」と、なかば冗談、なかば本気で言った。すでに学生時代から生松先生のご指導、お誘いでE・カッシーラーの『象徴形式の哲学』やG・シェンクの『ロマン主義の精神』、そしてG・リヒトハイムの『ヨーロッパ文明』などの翻訳を手がけさせていただいており、そんな勝手なことも平気でお願いできるような、考えてみれば恵まれた立場にいたのだった。ところが、先生は「全部恋愛だよ」とおっしゃって、なんとなくとりあえずは全部私がやることになってしまった。それでもそのときは、後できっと先生が直してくださるだろうという甘えがあった。

それから何年たったか覚えていないが、私は季刊『へるめす』の8号（岩波書店、一九八六年）に「女性と思想史——フォン・リヒトホーフェン姉妹によせて」という短文を載せている（載せている、というのは私もこのことを忘れていたからである）ので、この頃にはひとまずの翻訳は終わっていたと思う。

「フリードリヒ・フォン・リヒトホーフェン男爵には彼が三美神とよんだ三人の娘、エルゼ、フリーダ、ヨハンナがあった。イギリスの小説家D・H・ロレンスが妻をすててフリーダと駆け落ちしたことはよく知られているが、ドイツの社会学者マックス・ヴェーバーがエルゼを愛し、彼女と駆け落ちしなかったことはそれほど知られていない。この二つの愛の行動は、それぞれ愛の勝利と愛の悲劇を象徴していると言えようが、興味深いのは、この二人の女性の魅力と美しさとが、それぞれ――天才的な――才能をもった男性を通して思想化されていること、かつこの二人の男性とその思想とが、それぞれの愛した女性が姉妹であることによって「思いがけなく」結びつけられた観点から見ると、その相違点とともに、類似点が、ビスマルク時代とそれ以降の思想史上の背景のうえに鮮明に浮かびあがってくる……」

その間に生松先生は病床に倒れられ、一九八四年に亡くなられた。その後、出版事情が悪化したことも手伝い、無策のまま、私は本書の出版をなかば諦めていた。数年前、みすず書房の守田省吾さんと石神純子さんのご厚意とご努力により、やっと出版のめどがついたのだが、さて開けてみると、今度は私自身の訳のスタイルとか日本語とかも変わってしまっていた。そして何よりも、この二十年というのは特に、性についての意識が驚くほど急速に変化し、その加速度も方向も変化している。実際、私の知らないうちに本書の第二版が刊行され、その新しい序文の中で、著者のグリーンは、ドイツでの読者の反応の変化や彼自身の関心の変化について語っている。

かなり前のことだが、私よりずっと若くてずっと優秀な翻訳家である大学の同僚が、「翻訳はかりにその訳に百パーセント満足できなくて、九五パーセントであっても、すぐに出るということのメリットは大きいでしょう」と言ったのをよく覚えている。私は本当にそうだと思っている。本書については、どうだろうか。著者の博識も手伝ってはいるが、すぐに出すことができず、また今回改めて以前の翻訳にかなりの手は入れたものの、「九五パーセントの満足度」にはなかなか行きそうになかった。それでもこの本を世におくる意義は何かと問われるならば、二人の女性を主人公とした百年間にわたるこの思想史＝物語は、とにかく読まれずにおくには惜しいということに尽きる。

世界の主は男か女か、というロレンスの問いは、あるいはそのままでは今日もはや問われないかもしれない。世には「男女」や、「女男」や、そして、何よりも、生物学的な性と心理学的な性との分裂と融合が混然と錯綜している。しかし、ここで語られているエロスの解放をきわめて「倫理的」な「価値」として追求することの意味はほとんど記念碑的なものであると言えるのではないか？　さらに、このイギリスとドイツの人と思想の「交叉」を、その「遺産」を直接に担っているアメリカ文化の中にいる人の手で書かれているこの思想史が、日本の目で読まれたときに、今度はキリスト教文化の遺産としての性の倫理の著しい「潔癖さ」が際立って見えてくるように思われる。日本語にしたことがそのような視点をもつ助けとなるならば、望外の幸せと言うしかない。

本書の扱っている領域や登場する人物・著作などは多岐にわたり、複数言語がつねに問題になっているので、可能なかぎり調べたつもりではあるが、固有名の表記に誤りがあるかもしれない。また、読者の便宜を考えて、巻末には原書にも付されている人名索引以外に、新たに作品名索引を加えたが、そのさいに原書に記された書名の発行年などの誤りにも気づいた。とくにII「百年史」のところである。最低限の訂正は施したが、本文をあまり修正するわけにもいかず、その旨読者のご寛恕をお願いしたい。

みすず書房の守田さんには、溝から這い上がらせていただいたような思いである。本を作り、本を世に出すという地味な編集の仕事の尊さの一端をあらためて認識させられ、かつ深く御礼申し上げる次第である。

二〇〇三年一月

塚本　明子

人名索引

ア

アイスナー　Eisner, Kurt　39, 89, 123, 136, 138, 230, 284, 286, 288, 477
アダムズ　Addams, Jane　280, 281, 384, 389, 390
アブラハム　Abraham, Karl　60
アロン　Aron, Raymond　302, 404, 407
アンドレアス＝ザロメ　Andreas-Salomé, Lou　134, 235, 262, 280, 342, 372, 383, 385-390
アントン　Anton, Gabriel　48, 58

イーリ　Ely, Richard　461, 462

ヴァーグナー，アドルフ　Wagner, Adolph　22, 248, 461
ヴァーグナー，コジマ　Wagner, Cosima　40
ヴァーグナー，リヒャルト　Wagner, Richard　40, 112, 113, 234, 247, 248, 250, 380
ヴァルター　Walter, Bruno　125, 284
ウィークリー，アーネスト　Weekley, Ernest　27-30, 37, 65, 74, 75, 84, 127, 133, 174, 183, 235, 247, 254, 255, 280, 281, 283, 288-294, 296, 299, 300, 316, 354, 359, 519, 525
ウィークリー，フリーダ　→リヒトホーフェン，フリーダ・フォン
ウィルソン　Wilson, Woodrow　138, 284, 290, 461, 462
ヴィンデルバント　Windelband, Wilhelm　41, 203, 413
ウェッブ，シドニー　Webb, Sidney　32, 34, 390-392
ウェッブ，ベアトリス　Webb, Beatrice　32, 390-392
ヴェーデキント　Wedekind, Frank　125, 253, 536
ヴェーバー，アルフレート　Weber, Alfred　7-9, 11, 22, 24, 25, 32, 41, 58, 78, 113, 114, 120, 163, 174, 176, 178, 182, 183, 198, 236-240, 247, 255-258, 260, 261, 279-282, 285, 288-291, 293, 294, 297-301, 308-310, 312, 317, 319-322, 325-341, 353, 354, 357, 369, 370, 388, 389, 395, 416-419, 434, 436, 480
ヴェーバー，マックス　Weber, Max　7-9, 11-13, 22, 24, 30-33, 38-42, 45, 49, 52, 54, 57, 63-65, 74, 77-80, 84, 93, 95, 103, 109, 111, 117, 119, 122, 129, 137-139, 141-184, 188, 191, 192, 194, 196, 197-237, 239-243, 247, 249, 250-262, 279-295, 297-303, 309, 311, 313-315, 317-319, 321-331, 335-338, 340, 353, 357, 366, 369, 370, 388, 389, 397-421, 424, 426, 427, 430-438, 444-453, 455, 456, 459-461, 463-468, 471-474, 476, 477, 480-485, 489, 497, 503, 506, 507, 512, 513, 524-527, 530, 531-534, 536-540, 542-545
ヴェーバー，マリアンネ　Weber, Marianne　12, 30-32, 41, 43, 45, 76-78, 113, 134, 150, 160, 161, 165-172, 176-183, 194, 196-198, 212, 228, 229, 231-233, 239, 240, 242, 243, 247, 253, 259, 262, 285, 288-290, 295, 300, 311-325, 327, 328, 369, 379, 403, 412, 418, 419, 489, 518, 544
ヴェルニッケ　Wernicke, Carl　58
ヴェルフェル，アルマ　→マーラー，アルマ
ヴェルフェル，フランツ　Werfel, Franz　60-62, 99, 100, 102, 129, 234, 373-377, 387, 505, 509, 522, 538
ヴォルフスケール　Wolfskehl, Karl　42, 103, 104, 112, 114, 119, 131, 132, 201, 503, 532, 534
ヴスト　Wust, Peter　322, 323
ウルマン，カミラ　Ullmann, Camilla　43, 84
ウルマン，レギーナ　Ullmann, Regina　43,

61, 80, 81, 126, 251, 302

エセーニン　Esenin, Sergei　381, 529
エデンコーヴァン　Oedenkoven, Henri　139
エリオット　Eliot, T. S.　216, 251, 284, 288, 289, 292 - 294, 297, 299, 303, 323, 350, 355, 419, 421, 422, 427, 435, 436, 439 - 446, 451 - 454, 456, 457, 459, 463, 469, 470, 519, 521, 530
エーリング　Oehring, Richard　97

オストロフスキー　Ostrovsky, Minna　42
オッテン　Otten, Karl　60, 65, 102
オブリスト　Obrist, Hermann　124

カ

カー　Kerr, Clark　481
ガットマン　Guttman, Simon　59
カフカ　Kafka, Franz　54, 61, 99, 287, 290
カーペンター　Carpenter, Edward　158, 330, 500, 520, 543, 545-547
カーラー　Kahler, Erich von　226, 328, 434, 468
ガンソン　→ルーハン，メイベル・ガンソン
カンディンスキー　Kandinski, Vasili　55, 124, 125, 262, 279, 293

クヴィデ　Quidde, Ludwig　138
クック　Cook, Henry Caldwell　439
クラーゲス　Klages, Ludwig　66, 88, 103-112, 114, 119, 120, 124, 129 - 135, 201, 226, 240, 281, 339, 365, 371, 375, 491, 493, 494, 502 - 504, 506 - 510, 517, 518, 528 - 532, 534, 536, 538, 540, 543
クラフト＝エービング　Krafft-Ebing, Richard von　47, 251
クルティウス　Curtius, Ludwig　105, 120, 121, 203, 319, 335, 338, 418
グールドナー　Gouldner, Alvin　304, 460, 473-477, 480
グルーレ，ハンス　Gruhle, Hans　49, 227
クレー　Klee, Paul　125, 249, 285, 293
クレイグ　Craig, Gordon　380
クレーヴ　Cleve, Theodor　226, 322
クレペリン　Kraepelin, Emil　41, 58, 92, 93, 227
グロス，オットー　Gross, Otto　12, 39, 43, 45-103, 105-107, 109, 116, 117, 119, 120, 124, 126 - 131, 133, 134, 136, 139, 141, 156, 167, 171 - 173, 184, 188, 195, 207, 214, 223, 227-230, 233 - 235, 240, 243, 249, 256, 257, 259-261, 280, 281, 284 - 287, 304, 312, 315 - 318, 327, 340, 362, 365, 366, 374, 377 - 379, 383, 384, 388, 394, 401, 402, 406, 407, 409, 437, 438, 454, 476, 478, 482, 484, 502 - 506, 508, 509, 524 - 526, 528, 530, 532, 533, 538, 540, 541, 545
グロス，ハンス　Gross, Hanns　47-53, 61, 63-65, 81, 87, 92-97, 171, 227, 253, 255, 257, 258, 279, 281, 282, 402, 532, 533
グロス，フリーダ　Gross, Frieda　12, 31, 34, 35, 43, 45-47, 55, 56, 70, 71, 74, 75, 77, 78, 84, 86, 87, 94, 95, 97, 126, 127, 139-141, 206, 227-229, 238, 249, 257, 260, 282, 365, 366
グロス，ペーター　Gross, Peter　43, 77, 81, 84, 94, 95, 198, 260, 366
グロックナー　Glockner, Hermann　410, 411, 418
グロピウス　Gropius, Walter　250, 262, 279, 286, 303, 373, 376, 377, 538
クロポトキン　Kropotkin, Peter　88-91, 250, 383, 384
グンドルフ　Gundolph, Friedrich　30, 41, 260, 319, 502

ゲオルゲ　George, Stefan　30, 40-43, 103-105, 112, 130, 201, 204, 205, 229, 258, 262, 294, 328, 435, 502, 532, 535, 536, 540, 542, 543
ケラー　Keller, Gottfried　192 - 194, 252, 313, 489, 490
ケリー　Kelly, Florence　21, 389, 471
ゲルヴィヌス　Gervinus, Georg Gottfried　148, 152-154, 157

コアン＝ベルンシュタイン　Kohan-Bernstein, Mathias　42
コケイン　→マリ，ベティ・コケイン
ココシュカ　Kokoschka, Oskar　235, 251, 261, 280, 371-373, 380, 498
コーブス　Kobus, Kathi　125
ゴールドマン　Goldman, Emma　74, 253, 256, 259, 279, 286, 295, 296, 365, 382 - 385, 388

サ

ザイデル　Seidel, Alfred　226, 322
ザリン　Salin, Edgar　42, 199, 201, 205, 449
ザロモン　Salomon, Alice　22, 31

シェーラー　Scheler, Max　280, 322, 326, 434
シャテンマー　Chatemmer, Lotte　92, 94, 259
シュヴァイツァー　Schweitzer, Albert　235, 248, 262, 298, 300, 303, 356, 435, 531
シュタインベルク　Steinberg, Isaiah　42
シュティルナー　Stirner, Max　88-91, 99, 101
シュテーケル　Stekel, Wilhelm　59, 92, 97, 99, 281
シュトゥク　Stuck, Fritz von　124
ジューベル　Sybel, Heinrich von　146, 157
シュミット＝ロンベルク　Schmid-Romberg, Kläre　41
シュモラー　Schmoller, Gustav　22, 248, 261, 326, 461
シューラー　Schuler, Alfred　66, 103-108, 112, 127, 201, 502, 504, 507, 508, 510, 528, 531, 532, 535-537, 540, 541
シュレーゲル, カロリーネ　Schlegel, Caroline　392-394
シュレーゲル, ドロテア　Schlegel, Dorothea　392-396
シュロッファー　Schloffer, Frieda　→グロス, フリーダ
ジョーンズ　Jones, Ernest　59, 63, 93, 120, 121, 129, 219
シルズ　Shils, Edward　298, 300, 473
シントラー　Schindler, Alma　→マーラー, アルマ
ジンメル, ゲオルク　Simmel, Georg　22, 198, 260, 326, 327, 434
ジンメル, ゲルトルート　Simmel, Gertrud　41

スーシェイ　Souchay, Emilia　147-149, 153, 154, 156, 166
スタイン　Stein, Gertrude　248, 280, 298, 359
スターン　Sterne, Maurice　361, 362, 368, 372
スノー　Snow, C. P.　258, 301, 302, 478-480, 482
スモール　Small, Albion　460-462

セルフリッジ　Selfridge, Gordon　381, 529

ソンタグ　Sontag, Susan　407
ゾンバルト　Sombart, Werner　38, 163, 260, 291, 296, 449

タ

タウスク　Tausk, Victor　92, 235, 280, 372
ダヌンツィオ　D'Annunzio, Gabriele　258, 286, 381, 382
ターベル　Tarbell, Ida　384
ダーレンドルフ　Dahrendolf, Ralf　481
ダンカン　Duncan, Isadora　76, 90, 140, 362, 372, 378-385, 388, 392, 396, 528, 529

チェンバーズ　Chambers, Jessie　171, 176, 177, 179-184, 192-195, 257, 261, 294, 295, 312, 349, 495, 519, 545
チェンバレン　Chamberlain, Houston　113, 508

ディベリウス　Dibelius, Martin　319
ティヤール　Tillyard, E. M. W.　467, 468
デューイ　Dewey, John　460, 462, 464
デュルケム　Durkheim, Emile　295, 448, 449, 455, 459, 461, 465, 466, 474, 481

ドゴール　De Gaulle, Charles　252, 297, 301, 304, 407
ドストエフスキー　Dostoevski, Fyodor　177, 215, 247, 249, 250, 283, 331, 343-346, 349, 350, 353, 355, 384, 422, 423, 427-431, 433, 443, 531
ドッジ　Dodge, Edwin　358, 359
トーデ　Thode, Henry von　40, 380
トーマ　Thoma, Hans　125
トライチュケ　Treitschke, Heinrich von　146, 156, 157, 174, 200, 249-251
ドリーシュ　Driesch, Hans　58, 203
トレルチ　Troeltsch, Ernst　41, 203, 210, 262, 279, 289, 399, 461
トンプソン　Thompson, Denys　458, 470

ナ

ナウマン　Naumann, Friedrich　30, 31, 156, 158, 235, 252, 254–256, 259, 261, 283, 285, 287, 426

ニーチェ　Nietzsche, Friedrich Wilhelm　63, 64, 79, 88, 98, 99, 112, 113, 129, 145, 204, 247, 250, 251, 256, 322, 328, 372, 383, 386, 404, 405, 412, 414, 415, 429, 455, 496, 497, 502, 508, 536

ノイマン　Neumann, Carl　203, 226

ハ

バー　Barr, Barbara　28, 351
バウム　Baum, Marie　41
バウムガルテン，エドゥアルト　Baumgarten, Eduard　151, 176, 182, 229, 241, 242, 296, 369, 370, 400, 402, 404, 426, 433, 483, 525, 526
バウムガルテン，エミー　Baumgarten, Emmy　158, 161, 165, 177, 181, 251
バウムガルテン，オットー　Baumgarten, Otto　148, 153, 155, 157, 158, 161, 175, 177, 250, 255
バウムガルテン，ヘルマン　Baumgarten, Hermann　146, 152, 153, 156–158, 250
パーク　Park, Robert　462, 471, 472
ハクスリー　Huxley, Aldous　254, 288, 291, 293, 353, 354, 403, 426, 432, 433, 521, 530
バークマン　Berkman, Alexander　253, 286, 365, 383
ハーゼンクレヴァー　Hasenclever, Walter　65, 102
パーソンズ　Parsons, Talcott　12, 290–292, 294, 295, 297, 298, 301–304, 324, 404, 405, 408, 419, 436, 437, 446–456, 459–462, 464–467, 472–478, 480–484, 530
バーデン公マックス　Baden, Prince Max von　40, 284, 331
バハオーフェン　Bachofen, Johann Jakob　64, 88, 103, 114–119, 209, 251, 333, 437, 493, 494, 496, 497, 501, 507, 508, 530, 536, 539–543
パレート　Pareto, Vilfredo　295, 449, 455, 459, 463–466, 481
ハンゼル　Hansel, Paul　22
ビスマルク，ヴィルヘルミーネ・メンケン・フォン　Bismarck, Wilhelmine Menken von　6
ビスマルク，オットー・フォン　Bismarck, Otto von　3–7, 9–11, 14, 16–19, 32, 33, 47, 52, 54, 119, 120, 123, 125, 131, 138, 146, 150, 151, 153, 156–158, 173, 174, 178, 200, 203, 206, 219, 248–250, 252, 254, 255, 329, 400, 401, 417, 463, 496, 497, 503, 531, 532, 536, 537
ビスマルク，ヨハンナ・フォン　Bismarck, Johanna von　10–11
ヒトラー　Hitler, Adolf　252, 286, 287, 289–291, 293–297, 304, 324, 483, 495, 502, 535–537, 542
ヒューム　Hulme, T. E.　444, 452
ビューロー　Bülow, Daniela von　40, 380

ファレンシュタイン，イダ　Fallenstein, Ida　146, 148, 149, 152–157, 159, 177
ファレンシュタイン，エミリー　Fallenstein, Emily　153, 177
ファレンシュタイン，ゲオルク・フリードリヒ　Fallenstein, Georg Friedrich　147–149, 152, 153, 156, 171
ファレンシュタイン，ヘレーネ　Fallenstein, Helene　146–152, 154–156, 158–161, 163–166, 168–170, 172, 176, 179, 181, 225, 235, 255, 259, 282, 287, 313, 327, 389
フィッシャー，クノ　Fischer, Kuno　174, 203
フィッシャー，ロイド　Fisher, Lloyd H.　481
フェレラー　Fellerer, Margaretta de　365, 366
フォースター　Forster, E. M.　187, 249, 260, 262, 290, 304, 402, 439, 440, 457, 500, 520, 521, 547
プフィッツナー　Pfitzner, Hans　373
フラウエンドルファー　Frauendorfer, Heinrich von　137, 139, 286
ブラウン　Braun, Heinrich　37
フランク　Frank, Leonhard　60, 91, 94, 102
フリック　Frick, Ernst　75, 86, 87, 95, 126, 139, 365, 366
プリッツル　Pritzl, Lotte　127, 498
ブルクハルト，マックス　Burkhard, Max　372

ブルクハルト, ヤコプ　Burkhardt, Jakob　200, 255
ブレット　Brett, Dorothy　184, 187, 214, 289, 294, 311, 351, 366-368, 419
ブレンターノ　Brentano, Lujo　122, 248, 399, 449, 461
フロイト　Freud, Sigmund　12, 48, 58, 60, 63-65, 74, 77-79, 83, 88, 92-94, 98, 99, 101, 106, 109, 127, 145, 163, 169, 171, 184, 229, 254, 256, 260, 279, 280, 292, 293, 296, 372, 380, 383, 386, 404, 406, 409, 448, 459, 460, 464, 476, 534
ブロッホ　Bloch, Ernst　41, 262, 281
ブロート　Brod, Max　90, 99, 100, 327
ブロネン　Bronnen, Arnold　102

ベーア＝ホフマン　Beer-Hofmann, Richard　386
ベッヒャー　Becher, Johannes　60, 65
ベニヒゼン　Bennigsen, Rudolf von　11, 146
ヘルツ　Herz, Henrietta　392, 393
ベルンシュタイン　Bernstein, Osip　42
ヘンダーソン　Henderson, L. J.　462-465
ベンツ　Benz, Sophie　91, 93, 94, 280

ホイス　Heuss, Theodor　235, 298, 300, 337, 399, 400, 403, 407, 417, 418
ボイムラー　Baümler, Gertrud　22, 31, 260, 261, 323, 399
ポター　Potter, Beatrice　→ウェッブ, ベアトリス
ホフマンスタール　Hofmannsthal, Hugo von　123, 125, 292, 380
ホーマンズ　Homans, George C.　464, 481
ホワイト　Whyte, William F.　464, 481
ボン　Bonn, Moritz Julius　121, 136, 535

マ

マイネッケ　Meinecke, Friedrich　171, 200, 210, 399
マーシャル　Marshall, Alfred　295, 449, 455, 459, 464, 466
マナッセ　Manasse, Ernst Moritz　412, 427
マーラー, アルマ　Mahler, Alma　76, 100, 134, 235, 249, 259, 280, 296, 360, 370-388, 393, 396, 498, 522, 523, 527, 528, 538
マーラー, グスタフ　Mahler, Gustav　254, 260, 261, 279, 342, 371, 372, 375, 376, 522
マリ, ジョン・ミドルトン　Murry, John Middleton　187, 252, 279, 281, 283, 285, 288 - 300, 311, 323, 340 - 357, 374, 402, 403, 405, 406, 419 - 438, 441, 443 - 445, 452, 453, 457, 468, 470, 521, 530, 531
マリ, ベティ・コケイン　Murry, Betty Cockayne　352, 353, 425
マルクーゼ　Marcuse, Herbert　302, 405, 450, 451, 465
マン, トーマス　Mann, Thomas　122, 123, 128, 129, 222, 223, 256, 280, 290, 300, 319, 331, 490, 521
マン, ハインリヒ　Mann, Heinrich　129, 286
マンスフィールド　Mansfield, Katherine　188, 251, 289, 291, 292, 294, 295, 342 - 346, 350-352, 422, 423, 429-431, 457, 492
マンハイム　Mannheim, Karl　473

ミヒェルス　Michels, Robert　163, 260
ミューザム　Mühsam, Erich　59, 88-90, 123, 125 - 127, 130, 131, 135, 136, 140, 227, 283, 286, 379
ミリアム　Miriam　→チェンバーズ
ミルズ　Mills, C. Wright　298, 465, 474, 477

ムハンマド・イクバル　Muhammad Iqbal　41

メイヨー　Mayo, Elton　459, 481
メイラー　Mailer, Norman　301, 407
メートル　Maistre, Violet le　351, 352, 431

モムゼン, ヴォルフガング　Mommsen, Wolfgang　207, 301, 302, 404, 407
モムゼン, テオドール　Mommsen, Theodor　146, 157, 174, 251, 257, 329, 493, 537

ヤ

ヤスパース, カール　Jaspers, Karl　41, 198, 203, 242, 250, 260, 280, 288, 290, 292, 293, 295, 297, 298, 300, 303, 319, 322, 324, 403, 405, 406, 408 - 421, 424 - 427, 429, 430, 432-438, 449, 456
ヤスパース, ゲルトルート　Jaspers, Gert-

rud　41, 260, 409-411, 418, 419
ヤッフェ，エドガー　Jaffe, Edgar　26, 32-39, 73, 77, 78, 122, 123, 126, 127, 130, 135-139, 141, 182, 183, 198, 227, 236, 247, 251, 257, 258, 262, 283-286, 288, 309, 375, 390, 391, 477, 488, 489, 498, 534, 548
ヤッフェ，エルゼ　→リヒトホーフェン，エルゼ・フォン
ヤッフェ，ペーター　Jaffe, Peter　77, 84, 227, 228, 260

ユング，カール・グスタフ　Jung, Carl Gustav　60, 63, 64, 92, 284, 287, 301, 323
ユング，フランツ　Jung, Franz　57-59, 60, 63, 88, 91, 94-97, 99-101, 103, 437, 438

ラ

ライツェンシュタイン　Reitzenstein, Sigismund von　40
ライトマン　Reitman, Ben　385
ライヒ　Reich, Wilhelm　255, 293, 294, 300, 406, 407, 438
ラインシュタイン　Rheinstein, Max　204, 300
ラヴァリ　Ravagli, Angelo　309-311, 340, 353, 357, 364, 367, 368
ラッセル　Russell, Bertrand　187, 191, 197, 216, 220-222, 227, 248, 262, 282, 283, 285, 298, 304, 419, 434, 435, 479
ラートブルフ　Radbruch, Gustav　42, 199, 204
ラング　Lang, Elisabeth　93, 94
ランゲ　Lange, Helene　22, 261
ランダウアー　Landauer, Gustav　88-90, 135, 286
ランプレヒト　Lamprecht, Karl　326

リアリー　Leary, Timothy　59, 406
リーヴィス　Leavis, F. R.　290, 292-295, 297-303, 332, 403, 405, 408, 411, 412, 419, 420, 425, 436, 437, 439-460, 462, 465-472, 475, 477-481, 483, 484, 487, 501, 529, 530, 538
リース　Riess, Curt　91
リッケルト　Rickert, Heinrich　7, 11, 41, 163, 414, 415
リード　Reed, John　280, 360, 361, 371, 372, 529
リヒトホーフェン，アナ・フォン　Richthofen, Anna von　17-21, 30, 35, 152, 189, 239, 292, 308, 338, 368, 369, 488, 491, 499, 515, 522, 525
リヒトホーフェン，エルゼ・フォン　Richthofen, Else von　5, 11, 13-18, 20-27, 29-39, 41-47, 49, 55-57, 61, 65, 67, 68, 70-84, 86-88, 94, 100, 116, 119, 126, 127, 131, 134, 136-139, 143, 144, 152, 156, 172, 182-184, 189, 190, 194-196, 198, 199, 223, 227, 228, 230-233, 235, 236, 239-244, 248, 252, 254, 256-262, 282, 286, 287, 290-292, 294, 295, 302, 304, 307-312, 314-317, 320-322, 324-329, 334-341, 353, 357, 369, 370, 379, 387-396, 418, 419, 480, 485, 488, 489, 492, 493, 498, 507, 518, 522, 524-526, 543, 544, 548
リヒトホーフェン，オズヴァルト・フォン　Richthofen, Oswald von　14
リヒトホーフェン，フリーダ・フォン　Richthofen, Frieda von　5, 11-21, 23-32, 36, 37, 39, 44, 45, 56, 61, 63-78, 80, 81, 84-88, 94, 98, 100, 110-112, 117, 119-121, 124, 126-128, 130, 131, 133-136, 140, 141, 143, 144, 156, 178, 179, 182-184, 186-192, 194-196, 200, 212-214, 216, 217, 222-224, 235, 236, 238, 239, 242-244, 249, 255-257, 259, 279, 281, 282, 284, 287-290, 292-294, 300, 307-312, 315-317, 321, 323, 324, 329, 337-341, 343-346, 348-360, 363, 364, 366-388, 391-393, 395, 396, 402, 407, 419, 424, 428, 432, 435, 480, 483-485, 487-502, 504-506, 513, 515-520, 522-528, 533, 537, 538, 541, 543, 546-548
リヒトホーフェン，フリードリヒ・フォン　Richthofen, Friedrich von　14-17, 21, 34, 153, 279, 282, 309, 488, 491
リヒトホーフェン，マンフレート・フォン　Richthofen, Manfred von　9
リヒトホーフェン，ヨハンナ・フォン　Richthofen, Johanna von　14-16, 20-23, 30, 34, 39, 196, 250, 256, 289, 369, 387, 488, 498, 500, 543
リール，アロア　Riehl, Alois　45
リール，ゾフィー　Riehl, Sophie　31, 32, 45
リルケ　Rilke, Rainer Maria　54, 126, 131, 248, 259, 279, 289, 387, 537

ルーカス　Lucas, Robert　5, 307, 308, 354
ルカーチ　Lukács, Georg　41, 262, 281, 433-435
ルーデンドルフ　Ludendorff, Erich　139, 217, 286
ルーハン，トニー　Luhan, Tony　362-365, 368, 529
ルーハン，メイベル・ドッジ　Luhan, Mabel Dodge　76, 189, 191, 249, 256, 280, 284, 288, 293, 311, 357-372, 382, 386-389, 396, 419, 523, 527, 529, 544
ルビナー　Rubiner, Ludwig　95

レー　Ree, Paul　386
レイン　Laing, R. D.　59, 406, 482
レヴィネ　Levine, Eugene　41, 285, 286
レーヴィン　Levin, Rahel　392, 393
レーヴェンシュタイン　Loewenstein, Karl　400-402
レーヴェントロー　Reventlow, Fanny zu　39, 111, 125, 126, 130-136, 139-141, 213, 227, 247, 282, 285, 343, 360, 365, 371, 375, 386, 387, 494, 525, 532, 536, 541
レーニン　Lenin, Nikolai　135, 247, 256, 258, 259, 261, 279, 283, 290, 537

ロイド・ジョージ　Lloyd George, David　38, 262, 282, 288, 297
ロエブ　Loeb, James　122
ローゼンベルク　Rosenberg, Alfred　113, 508, 535
ロレンス　Lawrence, D. H.　12, 15-21, 24-28, 30, 35-38, 44, 45, 54, 65-67, 69, 73, 75, 84-87, 89, 99, 103, 105-113, 116-119, 121, 127, 128, 132-134, 136, 137, 140-145, 149-152, 158-160, 162-166, 168, 170-197, 200, 201, 207-227, 229, 230, 233-236, 238, 239, 242, 243, 251, 255, 257-262, 279-295, 298-304, 307-309, 311-313, 320, 321, 323, 324, 329, 330, 332, 338-341, 343-359, 361-365, 367, 368, 371-375, 381, 382, 384, 385, 387, 388, 391, 392, 395, 397-399, 401-408, 411, 412, 419-447, 449, 451-457, 459, 465-467, 469-471, 478-480, 482-534, 537-541, 543-548
ロレンス，フリーダ　→リヒトホーフェン，フリーダ・フォン

ワ

ワイルダー　Wilder, Thornton　368

作品名索引

(本書で取り上げられている大半の作品名を，著書，論文，新聞・雑誌，絵画・音楽・映画・バレエに分け，個人の作品については個人のアイウエオ順にしるした．可能なかぎり作品の原題を入れたが，不明のものは本書の原書にある英語での作品名をカッコでしめした．また，発表・刊行年のわかっているものも，その旨しるす)

［著　書］

アイスナー，クルト『裏切られた革命』 *Die Verratene Revolution* 477

アタチュルク，ケマル『新しいトルコ』(*The New Turkey*) (1927) 291

アダムズ，ヘンリー『ヘンリー・アダムズの教育』 *The Education of Henry Adams* (1907) 259

アンテール，ジョージ『機械仕掛けのバレエ』 *ballet mēchanique* (1927) 291

アンドレーエフ『ユダ』 *Judas* (1907) 429

イェーツ，W.B.『アシーン漂流記』 *The Wandering of Oisin* (1889) 252；『塔』 *The Tower* (1928) 291

イプセン，ヘンリック『人形の家』(*The Doll's House*) (1879) 249；『民衆の敵』(*An Enemy of the People*) (1882) 250；『幽霊』(*Ghosts*) (1881) 250；『野鴨』(*The Wild Duck*) (1884) 251

ヴァイニンガー，オットー『性と性格』 *Geschlecht und Character* (1903) 257

ヴァレリー，ポール『精神の危機』 *La Crise de l'esprit* 350

ウィークリー，アーネスト『ことばのロマンス』 *The Romance of Words* (1912) 280, 284, 289；『姓名』 *Surnames* (1916) 283；『名前のロマンス』 *The Romance of Names* (1914) 281；『近代英語語源辞典』 *A Etymological Dictionary of Modern English* (1924) 288；『近代英語語源小辞典』 *A Concise Etymological Dictionary of Modern English* (1924) 290；『古代と近代の語彙』 *Words, Ancient and Modern* (1927) 291；『英語』 *The English Language* (1928) 292, 299；『形容詞その他の語』 *Adjectives and Other Words* (1930) 292；『ことばへの虐待』 *Cruelty to Words* (1931) 293；『ことばについて』 *Something About Words* (1935) 294；『語と名』 *Words and Names* (1932) 293；『ジャックとジル』 *Jack and Jill* (1939) 296

ヴィトゲンシュタイン，ルートヴィヒ『論理哲学論考』 *Tractatus Logico-Philosophicus* (1922) 289；『青本』 *Blue Book* (1958) 301；『茶色本』 *Brown Book* (1958) 301

ウィリアム，ネヴィル『現代史』 *Chronology of the Modern World* (1966) 247

ウェッブ，B＆S『労働組合運動史』 *The History of Trade Unionism* 391；『貧困の予防』 *The Prevention of Destitution* 391；『大英社会主義国の構成』 *The Constitution for the Socialist Commonwealth of Great Britain* 391；『ソヴェート共産主義』 *Soviet Communism* 391

ヴェーデキント，フランク『春のめざめ』 *Frühlings Erwachen* (1891) 253

ヴェーバー，アルフレート『これまでの歴史との訣別——ニヒリズムの克服（ヨーロッパ史への訣別）』 *Abschied von der bisherigen Geschichte: Überbindung des Nihilismus* (*Farewell to*

European History)（1946） 113, 298, 480；『産業立地理論』 *Über den Standort der Industrien*（1909） 261, 325；『宗教と文化』 *Religion und Kultur*（1912） 279, 330；『ドイツの使命についての所感』 *Gedanken zur deutschen Sendung*（1915） 282, 330；『精神労働者の困窮』 *Die Not der Geistigen Arbeiter*（1923） 289；『ドイツとヨーロッパ文化の危機・学問・社会構造』 *Deutschland und die europäische Kulturkrise, Wissenschaft und soziale Struktur*（1924） 290；『ヨーロッパの近代国家思想の危機』 *Die Krise des modernen Staatsgedanken in Europa*（1925） 290；『国家と文化社会学について』 *Ideen zur Staats und Kultursoziologie*（1927） 291；『民主主義の終焉？』 *Das Ende der Demokratie?* 293；「ドイツ民族はどう感ずるか」 Wie das deutsche Volk fuhlt!（1931） 293；『文化社会学としての文化史』 *Kulturgeschichte als Kultursoziologie* 294, 299, 310, 334；『悲劇的なるものと歴史』 *Die Tragische und die Geschichte*（1943） 297, 335；『自由社会主義』 *Freier Sozialismus*（ミッチャーリヒとともに）（1946） 298；『社会学入門』 *Einführung in die Soziologie*（1955） 357

ヴェーバー，マックス『宗教社会学』 *Religionssoziologie* 13, 240, 302；『プロテスタンティズムの倫理と資本主義の精神』 *Die Protestantische Ethik und der 'Geist' des Kapitalismus*（1905） 144, 214, 215, 258；『中国の宗教（儒教と道教）』 *Konfuzionismus und Taoismus* 201, 299；『古代ユダヤ教』 *Das antike Judentum* 205；『社会的・経済的制度に関する組織理論』（*Theory of Social and Economic Organization*） 208；「職業としての学問」 Wissenschaft als Beruf（1919） 222, 287, 328, 444；「職業としての政治」 Politik als Beruf（1919） 227,287,444；『一般社会経済史要綱』*Abriß der universalen Sozial-und Wirtschaftsgeschichte* 287；『国家科学辞典』 *Handwörterbuch der Staatswissenschaften*（1909） 261；「中間考察」 Zwischenbetrachtung（1916） 240, 283；『経済と社会』 *Wirtshaft und Gesellschaft*（1921） 283, 288；『音楽の合理的・社会学的基礎』 *Die rationalen und soziologischen Grundlagen der Musik*（1921） 288；『政治論集』 *Gesammelte politische Schriften*（1921） 288, 417；『経済と社会における法』（*Law in Economy and Society*） 300

ヴェーバー，マリアンネ『法の発達の中の妻と母』 *Ehefrau und Mutter in der Rechtsentwicklung*（1907） 259, 313；『マックス・ヴェーバーの思い出』 *Max Weber: ein Lebensbild*（1926） 290, 311, 318, 321, 324；『性社会の理想』 *Die Ideale der Geschlechtergemeinschaft*（1929） 319；『充実した生活』 *Erfülltes Leben*（1946） 324；『若き日の書簡 1876-1893』（編集） *Jugendbriefe 1876-1893* 295

ウェルズ，H. G.『トーノー・バンゲー』 *Tono-Bungay*（1909） 261

ヴェルフェル，フランツ『バルバラ』 *Barbara, oder die Frömmigkeit* 61, 128, 377；『黒いミサ』 *Die schwarze Messe* 61,377；『ヴェルディ』 *Verdi: Roman oder Oper*（1924） 234；『鏡人』 *Spiegelmensch* 374, 377；『お互いに』 *Einander* 377；『殺人者にあらず』 *Nicht der Morder* 377

ウォー，イヴリン『厭らしい人々』 *Vile Bodies*（1930） 292

ウルフ，ヴァージニア『ダロウェイ夫人』 *Mrs. Dalloway*（1925） 290；『オーランドー』 *Orlando*（1928） 291

エディ，メアリー・ベーカー『科学と健康』 *Science and Health*（1875） 249

エリオット，ジョージ『ミドルマーチ』 *Middlemarch* 395

エリオット，T. S.『プルーフロック』 *Prufrock and Other Observations*（1917） 284；『聖林』 *The Sacred Wood*（1920） 288, 422, 443, 444, 470；『荒地』 *The Waste Land*（1922） 289；『聖灰水曜日』 *Ash-Wednesday*（1930） 292；『異神を追いて――近代異教入門』 *After Strange Gods: A Primer of Modern Heresy*（1933） 294；『四つの四重奏』 *The Four Quartets*（1944） 297；『カクテル・パーティ』 *The Cocktail Party* 436；『大衆の文明と少数者の文化』 *Mass Civilization and Minority Culture*（1930） 440

エリス，ハヴロック『性の心理学』 *The Psychology of Sex*（1897） 255

エンゲルス，フリードリヒ『家族・私有財産・国家の起源』 *Der Ursprung der Familie, des*

Privateigentums und des Staates（1884）　251；（マルクスと共著）『資本論』 *Das Kapital* 第2巻（1885）　251　第3巻（1894）　254, 354
オーウェル，ジョージ『ウィガン桟橋への道』 *The Road to Wigan Pier*（1937）　295；『動物農場』 *Animal Farm*（1945）　297；『一九八四年』 *1984*（1949）　298
オストロゴルスキー，モイゼイ『近代民主主義における政党の組織形態』 *Organizational Forms of the Parties in Modern Democracy*（1893）　253
オルテガ・イ＝ガセット，ホセ『大衆の反逆』 *The Revolt of the Masses*（1930）　292

カー，E. H.『講和の条件』 *The Conditions of Peace*（1942）　296
カーズウェル，キャサリン『野蛮な巡礼』 *Sauvage Pilgrimage*（1932）　293, 421
カーソン，レイチェル『沈黙の春』 *Silent Spring*（1963）　302
カフカ，フランツ『村医者』 *Ein Landarzt*（1920）　287；『城』 *Das Schloß*（1926）　290
カーラー，エーリヒ・フォン『学問の使命』 *Der Beruf von Wissenschaft*（1920）　434
カンディンスキー『芸術における精神的なものについて』 *Über das Geistige in der Kunst*（1912）　55, 279
クック，ヘンリー・コールドウェル『演劇風に』 *The Play Way*　439
クラーク，アダ・ロレンス『若きロレンツォ』 *Young Lorenzo*（1931）　293
クラーゲス『宇宙論的エロスについて』 *Vom Kosmologischen Eros*　108, 493；『魂の対立物としての精神』 *Der Geist als Widersacher der Seele*　109, 517；『性格学の基礎』 *Die Grundlagen der Charakterkunde*　502；『人と土』 *Mensch und Erde*（1913）　503
グラス，ギュンター『ブリキの太鼓』 *Die Blechtrommel*（1963）　302
クラフト＝エービング『性行動の精神病理』 *Psychopathia Sexualis*（1886）　251
グリーア，ジャーメーン『女宦官』 *The Female Eunuch*（1970）　304
グリーン，マーティン『真理の山』 *Mountain of Truth*　ix, x
グールドナー，アヴィン・W.『西欧社会学の来たるべき危機』 *Die westliche Soziologie in der Krise*（1970）　304, 476
グロス，オットー『大脳の二次機能』 *Die cerebrale Sekundarfunktion*（1902）　53, 257；『フロイトの性概念の要因とクレペリンの躁鬱病との関連について』 *Das Freud'sche Ideogenitätsmoment und seine Beziehung zum Manisch-Depressiven Irresein Kraepelins*（1907）　58, 260；『精神病質的劣等者たち』（*On Psycopathic Inferiorities*）　59；『精神病による低能について』 *Über psychopathische Minderwertigkeiten*（1909）　261
グロス，ジョン『文士たちの盛衰記』 *Rise and Fall of the Man of Letters*　477
グロス，ハンス『検事のための手引き』 *Handbuch für Untersuchungsrichter*（1893）　48, 253；『犯罪心理学』 *Die Kriminalpsychologie*（1897）　49, 50, 255；『犯罪学論集』（*Collected Criminological Essays*）　50；『犯罪調査』（*Crimimal Investigation*）　533
グロックナー，ヘルマン『ハイデルベルク図鑑』 *Heidelberger Bilderbuch*（1969）　410
クロポトキン，ペーター『一革命家の手記』 *Memorien eines Revolutioners*（Paroles d'un Rēvoltē）（1884）　250
ケインズ，ジョン・メイナード『平和の経済的帰結』 *The Economic Consequences of the Peace*（1919）　286
ゲーテ，ヨハン・ヴォルフガング・フォン『ファウスト』 *Faust*　24, 100；『ヴィルヘルム・マイスター』 *Wilhelm Meisters Lehrjahre*, *Wilhellm Meisters Wanderjahre*　25, 496
ケラー，ゴットフリード『緑のハインリヒ』 *Der Grüne Heinrich*　192, 313, 489
コーク，ヘレン『ロレンスとアポカリプス』 *Lawrence and Apocalypse*（1933）　294
ゴルツ，ヨアヒム・フォン・デア『父と子』 *Vater und Sohn*　234
ゴールドマン，エマ『無政府主義およびその他の講演集』 *Anarchism and Other Lectures*（1911）　279
コレル，エルンスト『大学』 *Die Hochschule*　226

サルトル，ジャン＝ポール『嘔吐』 *La Nausée* (1937) 295；『存在と無』 *L'Etre et le Néant* (1943) 295
ザロメ，ルー・アンドレアス『エロティックなもの』 *Das Erotik* (1910) 235, 262, 387
サンタヤナ，ジョージ『理性の生活』 *The Life of Reason* (1905) 258；『イギリス独言』 *Soliloquies in England* 349
ジィド，アンドレ『狭き門』 *La Porte Etroite* (1909) 261
シェークスピア『ハムレット』 *Hamlet* 446
ジェームズ，ウィリアム『心理学原理』 *Principles of Psychology* (1890) 252；『プラグマティズム』 *Pragmatism* (1907) 259
シェーラー，マックス『共感の現象学』 *Zur Phänomenologie der Sympathiegefühle* (1913) 280
シェルティング，アレクサンダー・v『マックス・ヴェーバーの学問論』 *Die Wissenschaftslehre Max Webers* (1934) 294
シュヴァイツァー，アルベルト『史的イエスを求めて』 *Geschichte der Leben-Jesu-Forschung* (1910) 262
シュトラウス，D. F.『イエスの生涯』 *das Leben Jesu* 153
シュペングラー『西洋の没落』 *Der Untergang des Abendlandes*（第1部）(1918) 285
シュレーゲル，ドロテア『フローレンティン』 *Florentin* 394
シュレーダー，H. E.『青年クラーゲス』 *Klages : Die Jugend* 107
ショー，ジョージ・バーナード『フェビアン論文集』 *Fabian Essays* (1889) 252
ジョイス，ジェームズ『ダブリン市民』 *The Dubliners* (1914) 281；『若き芸術家の肖像』 *Portrait of the Artist as a Young Man* (1916) 282；『ユリシーズ』 *Ulysses* (1922) 289, 519；『フィネガンズ・ウェイク』 *Finnegans Wake* (1939) 295
ジョージ，ヘンリー『進歩と貧困』 *Progress and Poverty* (1879) 249
ショーロホフ，ミハイル『静かなるドン』 (*Quiet Flows the Don*) (1934) 294
シラー，フリードリヒ『ヴィルヘルム・テル』 *Wilhelm Tell* 102；『オルレアンの少女』 *Jungfrau von Orleans* 108；『バラッド』 *Balladen* 257
スタイナー，ジョージ『トルストイかドフトエフスキーか』 *Tolstoy or Dostoevski* 531
スターリン『マルクス主義と民族問題』 (*Marxism and the National Question*) (1913) 280
スタール夫人『コリーヌ』 *Corinne* 395
ストレイチー，リットン『ヴィクトリア朝の名士』 *Eminent Victorians* (1918) 285
スノー，C. P.『二つの文化と科学革命』 *The Two Cultures and the Scientific Revolution* (1959) 301, 302
スペンサー，ハーバード『社会学研究』 *Study of Sociology* (1873) 248
セリーヌ，L. F.『夜の果てへの旅』 *Voyage au bout de la nuit* (1932) 293
ソルジェニーツィン，アレクサンドル『イヴァン・デニソヴィッチの一日』 (*The Day in the Life of Ivan*) (1962) 302

ダーウィン，チャールズ『人間の由来』 *Descent of Man* (1871) 247
ダレスキ，ヘルマン『割けた炎』 *The Forked Flame* 107, 516
チェーホフ，アントン『三人姉妹』 (*The Three Sisters*) 30；『かもめ』 (*The Seagull*) (1896) 254
チェルヌィシェフスキー，ニコライ『われら何をなすべきか』 *What Is to Be Done?* 383
ツックマイヤー，カール『十字路』 *Kreuzweg* 233；『愉しい葡萄畑』 *Der fröhliche Weinberg* 234
ディルタイ，ヴィルヘルム『体験と詩作』 *Das Erlebnis und die Dichtung* (1905) 258
ティンダル，ウィリアム・ヨーク『D. H. ロレンスとその女，スーザン』 *D.H.Lawrence and Suzan His cow* (1939) 403

デュマ『三銃士』 *Les Trois Mousquetaires*　vii
トウェイン，マーク『トム・ソーヤーの冒険』 *Tom Sawyer*（1875） 249；『ハックルベリー・フィンの冒険』 *Huckleberry Finn*（1884） 251
ドストエフスキー，フョードル『死の家の記録』（*House of the Dead*） 247；『カラマーゾフの兄弟』（*The Brothers Karamazov*）（1880） 249, 343, 428；『賭博者』（*The Gambler*） 428；『白痴』（*The Idiot*） 428；『罪と罰』（*Crime and Punishment*） 429
トーニー『平等』 *Equality*　354
トライチュケ『十九世紀ドイツ史』（*German History in the Nineteenth Century*） 157
ドラヴネ，エミル『D. H. ロレンス――人と作品』 *D.H. Lawrence : L'Homme et la genèse de son Oeuvre*（1969） 303；『D. H. ロレンスとエドワード・カーペンター』（*D.H.Lawrence and Edward Carpenter*） 545
トルストイ，レフ『アンナ・カレーニナ』（*Anna Karenina*） 12, 184, 185, 248, 483, 510；『私の宗教』（*My Religion*）（1885） 251；『暗闇の力』（*The Power of Darkness*）（1885） 251
トレルチ『キリスト教教会およびキリスト教団体の社会理論』 *Die Soziallehren der christlichen Kirchen und Gruppen*（1912） 279
トロツキー『ロシア革命史』 *Geschichte der russischen Revolution*（1933） 294

ナウマン，フリードリヒ『キリスト教社会主義とは何か』 *Was heißt Christlich-Sozial?*（1894） 254；『民主主義と帝政』 *Demokratie und Kaisertum*（1900） 256
ナボコフ，ウラジミール『ロリータ』 *Lolita*（1955） 300
ニーチェ，フリードリヒ『悲劇の誕生』 *Die Geburt der Tragödie*（1871） 247；『喜ばしき知識』 *Die Fröhliche Wissenschaft*（1882） 250；『ツァラトゥストラはかく語りき』 *Also Sprach Zarathusthra*（1883） 250；『善悪の彼岸』 *Jenseits von Gut und Böse*（1886） 251；『反キリスト』 *Der Antichrist*　429
ノース『プルターク』 *Plutarch*　343

ハイデッガー，マルティン『存在と時間』 *Sein und Zeit*（1927） 291
バウムガルテン，エデュワルト『マックス・ヴェーバー――人と業績』 *Max Weber: Werk und Person*　525
ハクスリー，オルダス『クローム・イエロー』 *Crome Yellow*（1921） 288；『恋愛対位法』 *Point Counter-Point*（1928） 291, 353；『ガザに盲いて』 *Eyeless in Gaza*（1936） 353；『目的と手段』 *Ends and Means*（1937） 354；『天才と女神』 *The Genius and the Goddess*（1955） 354；『灰色の卓越』 *Grey Eminence*　432
パステルナーク『ドクトル・ジバゴ』 *Dr. Zhivago*（1958） 301
ハーゼンクレヴァー『息子』 *Der Sohn*　102
パーソンズ，タルコット『社会的行為の構造』 *The Structure of Social Action*（1937） 295, 449, 455, 459, 462, 464；『行為理論論文集』 *Working papers in the Theory of Action*（1953） 448；『社会学説』（編） *Theories of Society*（1961） 301；『行為についての一般理論』 *Towards a General Theory of Action*　448；『社会体系論』 *The Social System*（1951） 448
バッハオーフェン，J. J.『喪の象徴』（*Mortuary Symbolism*）（1859） 114；『母権論』 *Das Mutterrecht*（1861） 114, 117, 118；『原宗教』 *Urreligion*　118；『回顧』（*My Life in Retrospect*） 493
ハーディ，トマス『日陰者ジュード』 *Jude the Obscure*　185, 254, 504；『テス』 *Tess of the d'Urbervilles*（1891） 253
バニヤン『天路歴程』 *The Pilgrim's progress*　480
バリー，J. M.『トミーとグリツェル』 *Tommy and Grizel*　186
ビスマルク『回想録』（*Reflections and Memoirs*）（1898） 255
ヒトラー，アドルフ『わが闘争』 *Mein Kampf*（1925） 290, 537

ピランデルロ，ルイージ『作者を捜す六人の登場人物』（*Six Characters in Search of an Author*）(1919)　286
フィールディング『トム・ジョーンズ』 *Tom Jones*　211
フォースター，E. M.『眺めのいい部屋』 *A Room With a View* (1908)　260；『ハワーズ・エンド』 *Howard's End* (1910)　262；『インドへの道』 *Passage to India* (1924)　290, 440；『モーリス』 *Maurice*　547
フッサール，エトムント『現象学の理念』 *Die Idee der Phönomenologie* (1913)　280
ブーバー，マルティン『我と汝』 *Ich und Du* (1937)　295
フーフ，ゲオルク『ミュンヘンにおける疾風怒濤』 *Sturm und Drang in München* (1931)　536
プラトン『饗宴』 *Symposium*　106
フランク，レオンハルト『心のつながり』 *Links, wo das Herz ist* (1952)　94
フリードリクス，ロバート・W.『社会学の社会学』 *A Sociology of Sociology* (1970)　449
フルヴィッツ，エマヌエル『オットーグロス――フロイトとユングのあいだで天国を求める人』 *Otto Gross: Paradies-Sucher zwischen Freud und Jung* (1978)　x
プルースト『失われた時を求めて』 *A la Recherche du Temps Perdu*　521；『スワン家の方へ』 *Du Côté chez Swan* (1913)　280
フレイザー，ジェームズ『金枝篇』 *The Golden Bough* (1890)　252
ブレット，ドロシー『ロレンスとブレット』 *Lawrence and Brett* (1933)　294
フロイト，ジクムント『ヒステリー研究』 *Studien über Hysterie* (1895)　254；『夢判断』 *Die Traumdeutung* (1900)　256；『トーテムとタブー』 *Totem und Tabu* (1913)　280；『文化のなかの不満』 *Unbehagen in der Kultur* (1930)　292
ブローク「十二」 The Twelve (1918)　285
ブロート，マックス『大いなる無謀』 *Das Große Wagnis* (1919)　90
ブロネン，アルノルト『父親殺し』 *Vatermord*　102
フローベール『ボヴァリー夫人』 *Madame Bovary* (1857)　12, 248
ベヴァリッジ，ウィリアム『自由社会における完全雇用』 *Full Employment in a Free Society* (1944)　297
ベケット，サミュエル『ゴドーを待ちながら』 *En attendant Godot* (1955)　300
ペーター，ウォルター『ルネサンス史研究』 *Studies in the History of the Renaissance* (1873)　248
ヘッセ，ヘルマン『デミアン』 *Demian* (1919)　286
ヘッセル，フランツ『幸福の雑貨店』 *Der Kramaden des Glücks*　ix
ヘッペンシュタール，レイナー『ミドルトン・マリ――卓越した通常性の研究』 *Middleton Murry: A Study in Excellent Normality*　425
ベネット，アーノルド『老妻物語』 *The Old Wives' Tale* (1908)　260
ヘミングウェイ，アーネスト『男だけの世界』 *Men Without Women* (1927)　291
ベルグソン，アンリ『意識の直接与件に関する試論（時間と自由)』 *Essai sur les Données Immédiates de la Concience* (1899)　252；『笑い』 *Le rire* (1900)　256；『創造的進化』 *L'évolution créatrice* (1907)　259；『物質と記憶』 *Matière et Mémoire* (1909)　261
ヘンダーソン，L. J.『血液』 *Blood*　462
ベントリー，エリック『英雄崇拝の世紀』 *A Century of Hero-Worship* (1944)　403
ポーイス，ジョン・クーパー『感性の弁護』 *In Defense of Sensuality* (1930)　292
ボーヴォアール，シモーヌ・ド『第二の性』 *La Deuxiême Sexe* (1949)　298
ホーホフート，ロルフ『神の代理人』 *The Deputy* (1963)　302
ホメロス『オデュッセイア』 *Odyssey*　41, 467
ホワイトヘッド『数学原理』 *Principia Mathematica* (1910)　262
ボーン，ジョージ『車輪店』 *Wheelwright's Shop*　456

マイネッケ，フリードリヒ『世界主義と国民国家』 *Weltbürgertum und Nationalstaat*（1908） 200
マクスウェル，ジェームズ・クラーク『電気，磁気学論』 *Treatise on Electricity and Magnetism*（1873） 248
マートン，ロバート『社会理論と社会構造』 *Social Theory and Social Structure* 404
マリ，ミドルトン『リズム』 *Rhythm*（1911） 279；『詩集 1917-18』 *Poems 1917-18*（1918） 285；『判断する批評家』 *The Critic in Judgment*（1918） 285；『文学の諸相』 *Aspects of Literature*（1920） 288；『精神の諸国』 *Countries of Mind*（1922） 289, 443；『文体の問題』 *Problem of Style*（1922） 289, 346, 422, 443；『発見』 *Discoveries*（1924） 290；『芸術の必要』 *The Necessity of Art*（1924） 290；『未知なる神に』 *To the Unknown God*（1924） 290；『旅』 *The Voyage*（1924） 290；『キーツとシェークスピア』 *Keats and Shakespeare*（1925） 290；『イエスの生涯』 *Life of Jesus*（1926） 290；『ある知識人の生涯』 *The Evolution of an Intellectual*（1927） 291；『神――メタ生物学入門』 *God: An Introduction to the Science of Metabiology*（1929） 292, 423；『女から生まれた者』 *Son of Woman*（1931） 293, 300, 343, 348, 352, 420-422, 427, 441；『共産主義の必要』 *The Necessity of Communism*（1932） 293；『経済学の誤謬』 *The Fallacy of Economics*（1932） 293；『キャサリン・マンスフィールドの生涯』 *Life of Katherine Mansfield*（1933） 294；『D. H. ロレンスの思い出』 *Reminiscences of D. H. Lawrence*（1933） 294, 341, 345, 421；『マルクス主義』 *Marxism*（1935） 294；『両大戦間期』 *Between Two Worlds*（1935） 294；『平和主義の必要』 *The Necessity of Pacifism*（1937） 295；『平和の誓い』 *The Pledge of Peace*（1938） 295；『クリスマス休戦』 *Peace at Christmas*（1938） 295；『天――と地と』 *Heaven-and Earth*（1938） 295；『民主主義の弁護』 *In Defence of Democracy*（1939） 295；『指導者の代償』 *The Price of Leadership*（1939） 295；『民主主義と戦争』 *Democracy and War*（1939） 296；『平和の同盟』 *The Brotherhood of Peace*（1939） 296；『諸教会によるキリスト教背信』 *The Betrayal of Christ by the Church*（1939） 296；『キリスト教のディレンマ』 *The Dilemma of Christianity*（1942） 296；『アダムとイヴ――新しいよりよき社会へ向けて』 *Adam and Eve*（1944） 297, 424, 432；『自由社会』 *The Free Society*（1948） 298；『シュヴァイツァーの挑戦』 *The Challenge of Schweitzer*（1948） 298；『死の克服』 *The Conquest of Death*（1951） 299；『共同農場』 *Community Farm*（1953） 299；『愛・自由・社会』 *Love, Freedom , and Society*（1957） 300, 435, 531；『ドストエフスキー』 *Dostoevsky* 343, 346, 427；『キーツ研究』 *Studies in Keats* 430, 431
マルロー『人間の条件』 *La Condition Humaine*（1933） 294
マン，トーマス『預言者の家にて』（*At the Prophet's*） 128；『ヴェニスに死す』 *Der Tod in Venedig*（1913） 222, 280, 521；『ブッデンブローク家の人々』 *Boddenbrooks*（1900） 256；『魔の山』 *Der Zauberberg*（1923） 290, 490
マンスフィールド，キャサリン『園遊会』 *The Garden Party*（1922） 289；『日記』 *Journal* 295
ミッチェル，ウィリアム『社会学的分析と政治――タルコット・パーソンズの理論』 *Sociological Analysis and Politics : The Theories of Talcott Parsons*（1967） 303
ミッツマン，アーサー『鉄の檻』 *The Iron Cage* 156, 525
ミュールマン，ヴィルヘルム『マックス・ヴェーバーと合理的社会学』 *Max Weber und die rationale Soziologie* 482；『ガンディ』 *Gandhi* 482
ミルズ，ライト『パワー・エリート』 *The Power Elite* 465
ミレット，ケイト『性の政治学』 *Sexual Politics*（1970） 304
ムージル，ロベルト『特性のない男』 *Der Mann ohne Eigenschaften* 47
メイラー，ノーマン『ぼく自身のための広告』 *Advertisements for Myself*（1959） 301
メーテルリンク，モーリス『温室』 *Serres Chauds*（1889） 252
メレジコフスキー『神々の死』 *Death of the Gods* 343

メーン，ヘンリー『古代法』 *Ancient Law*（1861） 114
モムゼン，ヴォルフガング『マックス・ヴェーバーとドイツ政治 1890-1920』 *Max Weber und die deutsche Politik 1890-1920*（1959） 301
モーリー『グラッドストーンの生涯』 *Life of Gladstone* 174

ヤスパース，カール『精神病理学総論』 *Allgemeine Psychopathologie*（1913） 280, 408, 412；『世界観の心理学』 *Psychologie der Weltanschauungen*（1925） 290, 412；『現代の精神的状況』 *Die Geistige Situation der Zeit*（1930） 282, 416；『マックス・ヴェーバー，政治家にして研究者，哲学者』 *Max Weber: Politiker, Forscher, Philosoph*（1932） 293；『責任問題』 *Die Schuldfrage*（1946） 298, 416；『真理について』 *Von der Wahrheit*（1947） 298；『悲劇だけでは十分ではない』（*Tragedy is Not Enough*）（1953） 300, 435；『連邦共和国の諸相』 *Aspekte des Bundesrepublik*（1966） 303；『哲学』 *Philosophie* 410, 412, 416；『哲学的自伝』 *Philosophische Autobiographie in 'Philosophie und Welt'*（1956） 411, 414, 417；『ニーチェ』 *Nietzsche* 415
ヤッフェ，エドガー『イギリス銀行制度』 *Das Englishe Bankwesen*（1910） 262
ヤッフェ，エルゼ「回想録」 Retrospect 231
ユング，カール・グスタフ『心理学的類型（タイプ論）』 *Psychologische Typen*（1920） 60, 287；『無意識』（*The Unconscious*）（1917） 284
ユング，フランツ『内面への道』 *Der Weg Nach Unten* 57, 437；『ゾフィー』 *Sophie*（1915） 59, 94；『性の欠乏から社会的破局へ』 *Von Geschlechter Not zur Sozialen Katastrophe* 438

ライヒ，ヴィルヘルム『ファシズムの大衆心理』 *Die Massenpsychologie des Faschismus*（1933） 294, 406；『性と文化の革命』 *Die sexuelle Revolution* 406
ラヴァリ，アンジェラ『世界の永遠の女性』 *Immortel Women of the World* 310
ラジノヴィッチ『犯罪学研究』 *In Search of Criminology* 49
ラッセル『物質の分析』 *The Analysis of Matter*（1927） 291；『神秘主義と論理』 *Mysticism and Logic*（1918） 285
ラングベーン，ユリウス『教育者レンブラント』 *Rembrandt als Erzieher* 536
ランゲ，ヘレーネ『女性運動の近代的問題』 *Die Frauenbewegung in ihren modernen Problemen*（1909） 261
ランダウアー，グスタフ『社会主義への招請』 *Call to Socialism* 88
ランプレヒト，カール『現代歴史学』 *Moderne Geshichtewissenschaft*（1905） 326；『歴史的思考入門』 *Einführung in das historische Denken*（1913） 326
ランボー，アルテュール『地獄の季節』 *Une Saison en Enfer*（1873） 248
リーヴィス，F. R.『大衆文明と少数者の文化』 *Mass Civilization and Minority Culture*（1930） 292；『英詩の新傾向』 *New Bearings in English Poetry*（1932） 293；『読書教育法——エズラ・パウンド入門』 *How to Teach Reading*（1932） 293；『連続性のために』 *For Continuity*（1933） 294；『教育と大学——ある「イギリスの学校」のスケッチ』 *Education and University :A Sketch for an «English School»*（1943） 297；『偉大なる伝統』 *The Great Tradition*（1948） 298；『小説家 D. H. ロレンス』 *D.H. Lawrence : Novelist*（1955） 300, 446；『現代の英文学と大学』 *English Literature in our Time and the University*（1969） 303
リーヴィス，R. & ポター，S.『D. H. ロレンス』 *D.H. Lawrence*（1930） 292
リーヴィス&トンプソン『文化と環境——危機意識の訓練』 *Curture and Environment* 458, 470
リーズ『勇敢な人々』 *Brave Men* 531
リチャーズ，I. A.『実践的批評』 *Practical Criticism* 468
リチャードソン，サミュエル『パメラ』 *Pamela* 211；『クラリッサ』 *Clarissa* 211

リルケ『新詩集』 *Neue Gedichte*（1907） 259；『ドゥイノの悲歌』 *Duineser Elegien*（1911） 279；『オルフォイスへのソネット』 *Die Sonette an Orpheus*（1922） 289, 537
リンジー，ヴェイチェル『スプリングフィールドの宝庫』 *Golden Book of Springfield* 390
リンズ『ミドルタウン』 *Middletown* 472
ルカーチ，ジェルジュ『理性の破壊』 *Die Zerstörung der Vernunft*（1952） 434
ルクセンブルク，ローザ『社会改革か革命か』 *Sozialreform oder Revolution*（1900） 256；『資本蓄積論』 *Die Akkumulation des Kapitals*（1912） 279
ルーハン，メイベル『タオスのロレンツォ』 *Lorenzo in Taos*（1932） 293；『タオスとその芸術家』 *Taos and Its Artists*（1947） 368
レーヴェンシュタイン『今日からみたマックス・ヴェーバーの政治理念』 *Max Webers staatspolitische Auffassungen in der Sicht unserer Zeit* 401
レーヴェントロー，G. F. Z.『エレン・オーレンステルネ』 *Ellen Olenstjerne* 131, 134, 135；『ご婦人方の目印氏』 *Herr Dames Aufzeichnungen oder Begebenheiten aus einem merkwürdigen Stadtteil* 131
レッシング，ドリス『マルサの跡を求めて』 *Martha Quest*（1952） 299；『金のノート』 *The Golden Notebook*（1962） 302
レーニン『民主主義革命における社会民主党の二つの戦術』（*Two Tactics in the Democratic Revolution*）（1905） 258；『唯物論と経験批判論』 *Materialismus und Empiriokritizismus*（1909） 261
ロザノフ『孤独』 *Solitaria* 349；『宗教裁判所長の伝説』 *Legend of Grand Inquisitor* 427
ロシェ，アンリ＝ピエール『ジュールとジム』 *Jules et Jim* ix
ロラン，ロマン『ジャン・クリストフ』 *Jean Christophe*（1904-1912） 258
ロレンス，D. H.『無意識の幻想』 *Fantasie of the Unconscious* i, 109, 160, 196, 289, 350, 431, 432, 511, 513, 520；『ミスター・ヌーン』 *Mr.Noon* xi；『不死鳥』 *Phoenix*（1936） xiii, 295；『イタリアの薄明』 *Twilight in Italy* xii, 85, 107, 109, 283, 493-496, 502, 505, 511；『王冠』 *The Crown* xii, 109, 172, 188, 502, 507；「悩みの種」 The Thorn in the Flesh 15；『虹』 *The Rainbow*（1915） 15, 17, 21, 23, 27, 37, 121, 179, 185, 213, 223, 242, 282, 299, 317, 381, 480, 490, 492, 494-496, 498, 500, 503, 505, 512, 514, 526；『恋する女たち』 *Women in Love*（1916） 15, 19, 128, 168, 176, 187, 213, 224, 236, 242, 283, 349, 478, 484, 490, 492, 494-496, 498, 500, 503, 505, 512, 514, 526；「浮世の煩わしさ」 The mortal coil 15；『チャタレイ夫人の恋人』 *Lady Chatterley's Lover*（1928） 9, 73, 168, 191, 213, 242, 291, 302, 320, 346, 363, 423, 440, 451, 498, 516, 517, 523；『処女とジプシー』 *The Virgin and the Gypsy*（1930） 28, 292, 308；『牧師の娘たち』 *Daughters of the Vicar* 35, 37, 136, 391, 499, 526, 548；『英国よ，わが英国よ』 *England, My England* 20, 38, 289；『バルバラの戦い』 *The Fight for Barbara* 20, 498；「新しいイヴと古いアダム」 New Eve and Old Adam 28, 498；『姉妹』 *The Sisters* 107, 184, 372, 488, 490, 492, 494, 495, 497；『最後の詩集』 *Last Poems* 109, 293；『息子たちと恋人たち』 *Sons and Lovers*（1913） 110, 117, 121, 162, 164, 170, 180, 184-186, 191, 194, 195, 197, 280, 312, 349, 385, 489, 499, 505, 519, 520, 521；『詩集』 *Poems* 110；『新詩集』 *New Poems*（1918） 285；『アーロンの杖』 *Aaron's Rod* 116, 162, 187, 289, 348, 431, 489, 490, 500-502, 514；「大尉の人形」 The Captain's Doll 127, 224, 289, 498；『白孔雀』 *The White Peacock*（1911） 173, 186, 262, 519, 520, 524；『感傷のトミー』 *Sentimental Tommy* 186；『侵入者』 *The Trespasser*（1912） 186, 279, 519, 520, 524；『トマス・ハーディ研究』 *A Study of Thomas Hardy* xii, 185, 188, 502；『翼ある蛇』 *The Plumed Serpent* 162, 213, 290, 375, 395, 497, 502, 514, 517, 523, 537；『米国古典文学研究』 *Studies in Classic American Literature* 215, 285, 289；『カンガルー』 *Kangaroo* 162, 216, 289, 377, 497, 499, 502, 511；『ヨーロッパ史における諸運動』 *Movements in European History*（1921） 219, 288, 508；『迷える少女』 *The Lost Girl* 224, 288, 501；『プロシャ士官』 *The Prussian Officer*（1914） 281；『未亡人ホルロイド』 *The Widowing of Mrs. Holroyd*（1914） 281；『アモーレ』

Amores (1916) 283；『「見よ，ぼくらは やり抜いた！」の恋歌ほか所見』 *Look, We Have Come Through* (1917) 284, 521；『詩集――湾』 *Bay: A Book of Poems* (1919) 286；『一触即発』 *Touch and Go* (1920) 288；『海とサルディーニア』 *Sea and Sardinia* (1921) 288, 496；『亀』 *Tortoises* (1921) 288；『精神分析と無意識』 *Psychoanalysis and the Unconscious* (1921) 288；「狐」 The Fox (1923) 289, 291；『叢林の少年』 *The Boy in the Bush* (1924) 290, 524；「王女様」 The Princess (1925) 290；「やまあらしの死についての考察」 Reflections on the Death of a Porcupine (1925) 290；『セント・モール』 *St. Mawr* (1925) 290, 436, 510；『メキシコの朝』 *Morning in Mexico* (1927) 291, 510；『D. H. ロレンスの絵』 *The Paintings of D.H.Lawrence* (1929) 292；『パンジー』 *Pansies* (1929) 292；『ポルノグラフィーと猥褻』 *Pornography and Obscenity* (1929) 292；『干し草の中の愛』 *Love Among the Haystacks* (1930) 292；『いらくさ』 *Nettles* (1930) 292；「論説集」 Assorted Articles (1930) 292；「死んだ男」 The Man Who Died (1931) 293, 421, 540；『アポカリプス』 *Apocalypse* (1931) 293；『書簡集』 *Letters* (1932) 293, 454；『愛らしき貴婦人』 *The Lovely Lady* (1932) 293；『エトルリアの故地』 *Etruscan Places* (1932) 293, 493, 501；「現代の愛人」 A Modern Lover (1934) 294；「坑夫の金曜日」 A Collier's Friday Night (1934) 294；『バートランド・ラッセルへの手紙』 *Letters to Bertrand Russell* (1948) 298；「境界線」 The Border Line 311, 352, 355, 428；「旧き夢と生まれでる夢」 Dreams Old and Nascent 338；「ジミーにお熱をあげた女」 Jimmy and the Desperate Woman 352, 428；「二つの結婚」 Two Marriages 548

ロレンス，フリーダ『回想と書簡』 *Memories and Correspondance* 74, 368, 369, 492, 505, 524, 525；『私ではなく，風が……』 *Not I, But the Wind....* (1934) 294, 321

ロレンス，T. E.『知恵の七柱』 *The Seven Pillars of Wisdom* (1926) 290；『砂漠の反乱』 *Revolt in the Desert* (1927) 291

ワイルド，オスカー『装飾芸術について』 *Lectures on the Decorative Arts* (1882) 250；『ドリアン・グレイ』 *Dorian Grey* (1891) 253

［論 文］

ヴェーバー，アルフレート「宗教と文化」 Religion und Kurtur (1905) 259；「文化社会学原理」 Prinzipielles zur Kultursoziologie (1920) 288；「文化の型とその変化」 Der Kulturtyp und seine Wandlung 329；「公務員」 Der Beamte (1910) 330；「われわれは 1945 年に，ドイツ人であることを諦めたのか?」 Haben wir Deutschen Seit 1945 Versagt ? (1949) 298；「若者とドイツの運命」 Die Jugend und das deutsche Schicksal (1955) 300

ヴェーバー，マックス「倫理的中立性」 (Ethical Neutrality) (1917) 240；「二つの掟のあいだ」 (Between Two Laws) (1916) 283, 482；「都市論」 Die Stadt (1920) 288；「古代文明の衰退と社会的原因について」 (Social Causes of the Decay of Ancient Civilization) (1950) 299；「ヒンズー教の社会組織」 (Hindu Social System) (1950) 299；「規律の意味について」 (The Meaning of Discipline) 57；「カリスマ的支配の社会学」 (The Sociology of Charismatic Authority) 57

ヴェーバー，マリアンネ「結婚における権威と自律性について」 (Authority and Antonomy in Marriage) (1909) 317；「性 - 倫理の原理的問題」 Sexuel-ethische Prinzipenfragen (1909) 315；「女子学生における人格の変化」 Vom Typenwandel der studierenden Frau 318；「女性と客観的文化」 Die Frau und die objektive Kultur 317

エリオット「伝統と個人の才能」 Tradition and the Individual Talent 445

グロス，オットー「天国象徴における共産主義的基本思想」 Die Kommunistische Grundidee in der Paradiessymbolik (1920) 61；「個人に及ぼされる共同体の行為」 Die Einwirkung

der Allgemeinheit auf das Individuum 98；「破壊の象徴について」 Über Destruktionssymbolik（1914） 281；「内的葛藤について」 Über den inneren Konflikte（1919） 286
グロス，ハンス「退化と追放」（Degeneration and Deportation）（1905） 51；「去勢と断種法」（Castration and Sterilization） 52
ゾラ，エミール「私は弾劾する」 J'accuse（1898） 200, 255
ドッジ，メイベル「戦争の秘密」 The Secret of War 361
パーソンズ，タルコット「社会研究における理論の役割」 Role of Theory in Social Research（1938） 295；「権威，合法化，政治的行動」 Authority, Ligitimation, and Political Action（1958） 301；「1964年のマックス・ヴェーバー」 Max Weber 1964（1965） 303；「最近のドイツ文献の中の『資本主義』――ゾンバルトとヴェーバー」 'Capitalism' in Recent German Literature: Sombart and Weber（1929） 291；「社会学における究極的価値」 The Place of Ultimate Values in Sociology（1935） 448；「マックス・ヴェーバーと現代の政治的危機」 Max Weber and the Contemporary Political Crisis（1942） 296
マナッセ，エルンスト・モーリッツ「ヤスパースとマックス・ヴェーバーとの関係」 Jaspers 's Relation to Max Weber 412
マリ「結婚について」 On Marriage（1933） 294
ヤッフェ「イギリスにおける労働問題」 Die Arbeiterfrage in England（1913） 38
ユング，カール・グスタフ「早発性痴呆症の心理学について」（On the Psychology of Dementia Praecox）（1906） 60；「個人の運命における父親の意義」（The Significance of the Father in the Fate of the Individual）（1909） 60
ライヒ，ヴィルヘルム「自虐的性格」（The Masochistic Character）（1932） 293
リーヴィス，F. R.「ジャーナリズムと文学の関係」 The Relationship of Journalism to Literature（1924） 290；「エリオット氏，ウィンダム・レーヴィス氏，そしてロレンス」 Mr. Eliot, Mr.Wyndham Lewis and Lawrence（1934） 293；「ロマン的かつ異端的？」 Romantic and Heretic?（1959） 301；「劇詩としての小説」 The Novel as Dramatic Poem（1950） 299
レーヴィット，カール「マックス・ヴェーバーとカール・マルクス」 Max Weber und Karl Marx（1932） 293
ロレンス，D. H.「『チャタレイ夫人の恋人』について」 A Propos of Lady Chatterley's Lover（1930） 292

［新聞・雑誌］

『アテナエウム』 *Athenaeum* 349, 402
『アデルフィ』 *Adelphi* 289, 350, 421, 425, 444
『アメリカ社会学誌』 *American Journal of Sociology* 472
『アメリカ社会学時評』 *American Sociological Review* 303
『イエロー・ブック』 *The Yellow Book*（1894） 254
『一般教育雑誌』 *The Journal of General Educaion*（1950） 299
『イングリッシュ・リヴュー』 *The English Review* 261, 285
『エヴリマン』 *Everyman* 402
『援助』 *Die Hilfe* 31
『オーソリティ』 *Authority* 301
『カイン』 *Kain* 95, 126
『革命』 *Revolution* 95, 96
『クライテリオン』 *The Criterion* 440, 442, 444
『芸術雑誌』 *Blätter für die Kunst*（George） 112

『現代作家年代記』 *Calendar of Modern Letters* 444, 470
『行動』 *Aktion* 95, 97, 99
『コメンタリー』 *Commentary* 472
『さすらい人』 *The Wanderer* (1933) 294, 432
『シギュン』 *Sigyn* 97
『社会科学および社会政策雑誌』(『雑誌』) *Archiv für Sozialwissenschaft und Sozial Politik* 37, 78, 258, 260, 261, 279, 288
『社会学者クラブ紀要』 *Sociologists Club Bulletin* 299
『社会立法・統計雑誌』 *Archiv für soziale Gesetzgebung und Statistik* 251, 257
『自由街道』 *Die freie Straße* 97, 100
『シュモラー年報』 *Schmollers Jahrbuch* 255
『女性蜂起』 *Woman Rebel* (1914) 281
『新自由出版』 *Neue Freie Presse* 96
『新フランス評論』 *La nouvelle Revue Française* 451
『スクルーティニー』 *Scrutiny* 440, 467-470, 472
『スペキュレーションズ』 *Speculations* 444
『政治経済学雑誌』 *The Journal of Political Economy* 291
『ソヴェート』 *Sowjet* 61, 62, 89, 98, 286
『大衆』 *The Masse* 361
『大地』 *Die Erde* 101, 286
『タイム』 *Time* 368
『タイムズ・リテラリー・サプルメント』 *The Times Literary Supplement* 402, 438
『提言新報』 *Die Raete-Zeitung* 89
『ディターミネーションズ』 *Determinaitions* (1934) 294
『ディーダラス』 *Daedalus* 449
『デイリー・メール』 *The Daily Mail* 254
『ニューズウィーク』 *Newsweek* 368
『ニュー・ステイツマン』 *The New Statesman* 391
『ニューヨーカー』 *The New Yorker* 368, 401
『ネーション』 *The Nation* 402, 439
『母なる大地』 *Mother Earth* 259, 384
『パルティザン・リヴュー』 *Partisan Review* 472
『犯罪人類学と犯罪術雑誌』 *Archiv für Kriminalanthropologie und Kriminalistik* 50
『火花(イスクラ)』 *Iskra* 256
『ダス・フォーラム』 *Das Forum* (1919) 286
『ディ・フラウ』 *Die Frau* 283
『プラウダ』 *Pravda* 279
『フランクフルト時報』 *Frankfurter Zeitung* 259, 260, 283, 285, 297
『ベルリン日報』 *Berliner Tageblatt* 400
『変革』 *Wandelung* 297, 416
『未来』 *Zukunft* 96
『無政府主義』 *L'Anarchie 1905-1914* 91
『夜明け(ザリヤ)』 *Zarja* 256
『リズム』 *Rythm* 342, 344
『リトル・リヴュー』 *Little Review* 385
『ロゴス』 *Logos* 240

［絵画・音楽・映画・バレエ］

クレー，パウル『庭園図』 *Gartenplan*（1918） 285
ココシュカ『縛られたコロンブス』 *Der Gefesselte Kolumbus* 371；『風の花嫁』 *Die Windsbraut* 371
ゴッホ，ヴィンセント・ファン『ひまわり』（*Sunflowers*）（1888） 251
デュシャン，マルセル『彼女の独身者たちによって裸にされた花嫁，さえも』 *The Bride Stripped Bare by her Bachelors*（1915） viii, 282；『階段をおりる裸像』 *Nude Descending a Staircase*（1912） 279

ヴェルディ『オテロ』 *Othello* 235
シェーンベルク『月に憑かれたピエロ』 *Pierrot Lunaire*（1912） 279
シベリウス，ヤン『カレリア組曲』 *Karelia suite*（1893） 253；『フィンランディア』 *Finlandia*（1900） 256
シュトラウス，リヒャルト『エレクトラ』 *Elektra*（1907） 184, 259；『薔薇の騎士』 *Der Rosenkavalier* 125；『サロメ』 *Salome* 125；『ドン・ファン』 *Don Juan*（1888） 251；『ツァラトゥストラはかく語りき』 *Also sprach Zarathustra*（1896） 254
ストランヴィンスキー，イーゴリ『火の鳥』 *Fire Bird*（1910） 262；『春の祭典』 *The Rite of Spring*（1913） 280
ドビュッシー，クロード『牧神の午後への前奏曲』 *L'après-Midi d'un Faune*（1894） 254
ハチャトリアン，アラム『スターリン讃歌』 *Ode to Stalin*（1943） 297
プッチーニ『トスカ』 *Tosca*（1900） 256
ヘンデル『メサイヤ』 *The Messiah* 33
マーラー，グスタフ『交響曲第2番』 *Second Sympyony*（1895） 254；『大地の歌』 *Das Lied von der Erde*（1911） 279
ムソルグスキー，モデスト『ボリス・ゴドゥノフ』 *Boris Godunov*（1874上演） 248, 280
ワーグナー，リヒャルト『トリスタンとイゾルデ』 *Tristan und Isolde*（1873） 12, 25, 248, 510；『パルジファル』 *Parsifal* 112, 250；『ワルキューレ』 *Die Walkürie* 247；『神々のたそがれ』 *Götterdämmerung*（1874上演） 248；『ニーベルンゲンの指輪』 *Der Ring*（1876上演） 249

ヴィーネ，ロベルト『カリガリ博士』 *The Cabinet of Dr. Caligari* 102
ダンカン，イザドラの踊り『スラヴ行進曲』 *Marche Slav* 379
ディアギレフ『パレード』 *Parade* 284

著者略歴

(Martin Burgess Green)

1927年ロンドンに生まれる．ケンブリッジのF・R・リーヴィスのもとで英文学を，その後もロンドン，パリ，ミシガンの各大学で学んだのち，バーミンガム大学などをへて，タフツ大学教授．英文学関係の著書の他に，ガンディーやトルストイなど非暴力を扱った著書や冒険小説論，カウンター・カルチャーに関する本を発表するなど，多彩な活動をしている．邦訳されているものとしては他に『ロビンソン・クルーソー物語』（みすず書房）『真理の山――アスコーナ対抗文化年代記』（平凡社）がある．

訳者略歴

塚本明子〈つかもと・あきこ〉 1941年東京に生まれる．1964年東京大学教養学部教養学科イギリス分科卒業．1970年同大学大学院比較文学・比較文化博士課程修了．1975-78年オックスフォード大学留学．現在 東京大学大学院総合文化研究科・教養学部教授（地域文化研究科）．哲学博士．著書『記号学入門』（共著，放送大学出版，1993）『芸と術の間』（ゆみる書房，近刊）．訳書 カッシーラー『象徴形式の哲学 I』（共訳，竹内書店，1972）H・G・シェンク『ロマン主義の精神』（共訳，みすず書房，1975）リヒトハイム『ヨーロッパ文明』（全2巻，みすず書房，1979，1981）．

マーティン・グリーン

リヒトホーフェン姉妹

思想史のなかの女性　1870-1970

塚本明子訳

2003年2月10日　印刷
2003年2月20日　発行

発行所 株式会社 みすず書房
〒113-0033 東京都文京区本郷5丁目32-21
電話 03-3814-0131(営業) 03-3815-9181(編集)
http://www.msz.co.jp

本文印刷所 平文社
扉・カバー印刷所 栗田印刷
製本所 鈴木製本所

ISBN 4-622-07008-1
落丁・乱丁本はお取替えいたします